INTELIGÊNCIA ARTIFICIAL E RELAÇÕES PRIVADAS

VOLUME 1
POSSIBILIDADES E DESAFIOS

MARCOS EHRHARDT JÚNIOR
MARCOS CATALAN
CLÁUDIA RIBEIRO PEREIRA NUNES

Coordenadores

INTELIGÊNCIA ARTIFICIAL E RELAÇÕES PRIVADAS

VOLUME 1
POSSIBILIDADES E DESAFIOS

Belo Horizonte

2023

© 2023 Editora Fórum Ltda.

É proibida a reprodução total ou parcial desta obra, por qualquer meio eletrônico, inclusive por processos xerográficos, sem autorização expressa do Editor.

Conselho Editorial

Adilson Abreu Dallari
Alécia Paolucci Nogueira Bicalho
Alexandre Coutinho Pagliarini
André Ramos Tavares
Carlos Ayres Britto
Carlos Mário da Silva Velloso
Cármen Lúcia Antunes Rocha
Cesar Augusto Guimarães Pereira
Clovis Beznos
Cristiana Fortini
Dinorá Adelaide Musetti Grotti
Diogo de Figueiredo Moreira Neto (*in memoriam*)
Egon Bockmann Moreira
Emerson Gabardo
Fabrício Motta
Fernando Rossi
Flávio Henrique Unes Pereira

Floriano de Azevedo Marques Neto
Gustavo Justino de Oliveira
Inês Virgínia Prado Soares
Jorge Ulisses Jacoby Fernandes
Juarez Freitas
Luciano Ferraz
Lúcio Delfino
Marcia Carla Pereira Ribeiro
Márcio Cammarosano
Marcos Ehrhardt Jr.
Maria Sylvia Zanella Di Pietro
Ney José de Freitas
Oswaldo Othon de Pontes Saraiva Filho
Paulo Modesto
Romeu Felipe Bacellar Filho
Sérgio Guerra
Walber de Moura Agra

FÓRUM
CONHECIMENTO JURÍDICO

Luís Cláudio Rodrigues Ferreira
Presidente e Editor

Coordenação editorial: Leonardo Eustáquio Siqueira Araújo
Aline Sobreira de Oliveira

Rua Paulo Ribeiro Bastos, 211 – Jardim Atlântico – CEP 31710-430
Belo Horizonte – Minas Gerais – Tel.: (31) 99412.0131
www.editoraforum.com.br – editoraforum@editoraforum.com.br

Técnica. Empenho. Zelo. Esses foram alguns dos cuidados aplicados na edição desta obra. No entanto, podem ocorrer erros de impressão, digitação ou mesmo restar alguma dúvida conceitual. Caso se constate algo assim, solicitamos a gentileza de nos comunicar através do *e-mail* editorial@editoraforum.com.br para que possamos esclarecer, no que couber. A sua contribuição é muito importante para mantermos a excelência editorial. A Editora Fórum agradece a sua contribuição.

Dados Internacionais de Catalogação na Publicação (CIP) de acordo com ISBD

L61	Inteligência artificial e relações privadas: possibilidades e desafios / Marcos Ehrhardt Júnior, Marcos Catalan, Cláudia Ribeiro Pereira Nunes. Belo Horizonte: Fórum, 2023. v. 1. 538p.; 14,5cm x 21,5cm. v.1 ISBN: 978-65-5518-576-8 1. Direito civil e tecnologia. 2. Novas tecnologias. 3. Inteligência artificial - IA. 4. Direito e tecnologia. 5. Direito. I. Ehrhardt Júnior, Marcos. II. Catalan, Marcos. III. Nunes, Cláudia Ribeiro Pereira. IV. Título. CDD 342.085 CDU 347

Ficha catalográfica elaborada por Lissandra Ruas Lima – CRB/6 – 2851

Informação bibliográfica deste livro, conforme a NBR 6023:2018 da Associação Brasileira de Normas Técnicas (ABNT):

EHRHARDT JÚNIOR, Marcos; CATALAN, Marcos; NUNES, Cláudia Ribeiro Pereira (Coord.). *Inteligência artificial e relações privadas*: possibilidades e desafios. Belo Horizonte: Fórum, 2023. v. 1. 538 p. ISBN 978-65-5518-576-8.

SUMÁRIO

APRESENTAÇÃO
POSSIBILIDADES E DESAFIOS PULULAM NO CONTATO DA
INTELIGÊNCIA ARTIFICIAL COM O DIREITO PRIVADO
Cláudia Ribeiro Pereira Nunes, Marcos Catalan,
Marcos Ehrhardt Junior 13

PARTE I
PRIMEIROS PASSOS:
COMPREENDENDO A INTELIGÊNCIA ARTIFICIAL

INTELIGÊNCIA ARTIFICIAL: CONCEITOS INTRODUTÓRIOS E
ALGUMAS DE SUAS APLICAÇÕES
Maria Eduarda Fürst, Marcelo L. F. de Macedo Bürger 19
1   Afinal, o que é a inteligência artificial? 19
2   Os elementos necessários a qualquer inteligência artificial
    (sua estrutura) 24
2.1 O *software* e seus algoritmos 25
2.2 O *hardware* 26
2.3 Conjunto suficiente de informações (*Big data*) 27
3   Os processos de aprendizagem da IA 30
4   Algumas das aplicações da IA na economia, nas relações sociais
    e no direito 33
    Referências 37

OS PRINCÍPIOS SEQUESTRADOS PELO POSITIVISMO JURÍDICO:
UM MODELO À REGULAÇÃO DA INTELIGÊNCIA ARTIFICIAL
NO BRASIL?
Eduardo Luiz Busatta 41
1   Introdução 41
2   O positivismo jurídico 43
3   A crítica ao positivismo e o papel dos princípios jurídicos 47
4   Princípios positivados na legislação ordinária: um modelo de
    regulação da inteligência artificial? 54

| 5 | Conclusão | 66 |
| | Referências | 67 |

JUSTIÇA, INJUSTIÇA E INTELIGÊNCIA ARTIFICIAL NAS RELAÇÕES SOCIAIS: ESTRUTURAS TEÓRICAS NA FILOSOFIA CONTEMPORÂNEA

Gabriela Buarque, Adrualdo Catão 73

	Introdução	73
1	Questões de justiça na inteligência artificial	74
2	Lições de justiça na teoria de John Rawls	81
3	Injustiça estrutural e injustiça epistêmica	89
4	Justiça e solidariedade de dados	97
	Considerações finais	103
	Referências	104

RECONHECIMENTO DA PERSONALIDADE JURÍDICA DOS AGENTES ARTIFICIAIS AUTÔNOMOS COMO ENTES DE CAPACIDADE REDUZIDA

Felipe Quintella M. de C. Hansen Beck, Marília Bengtsson Bernardes ... 107

1	Considerações iniciais	108
2	"Entes de inteligência artificial": os agentes artificiais autônomos	109
3	Personalidade e capacidade jurídicas: desafios conceituais	114
4	Personalidade e capacidade jurídicas: em busca de precisão conceitual	119
5	A teoria da personalidade jurídica de Teixeira de Freitas	121
6	O exemplo do reconhecimento da personalidade dos entes hoje denominados *pessoas jurídicas*	128
7	Considerações finais	129
	Referências	130

CONTORNOS JURÍDICO-DOGMÁTICOS DOS SISTEMAS DE INTELIGÊNCIA ARTIFICIAL

Luciano Soares Silvestre, Marcos Ehrhardt Júnior 133

1	Introdução	133
2	Conceito e natureza jurídica	135
3	Critérios classificatórios	144
4	O marco legal da inteligência artificial no Brasil e a responsabilidade civil	149
5	Considerações finais	152
	Referências	153

O RECONHECIMENTO DA PROTEÇÃO DE DADOS COMO UM DIREITO FUNDAMENTAL AUTÔNOMO E SUAS IMPLICAÇÕES NO AVANÇO DA INTELIGÊNCIA ARTIFICIAL
Juliana Petinatti Sarmento, Fabiana Rodrigues Barletta 157

1	Introdução	157
2	Do direito à privacidade à proteção dos dados pessoais	158
3	Proteção de dados pessoais e dignidade da pessoa humana	168
4	O reconhecimento da proteção de dados como um direito fundamental autônomo ao direito à privacidade	175
5	Conclusão	182
	Referências	183

O USO DA INTELIGÊNCIA ARTIFICIAL E SEUS REFLEXOS NAS RELAÇÕES PRIVADAS E NO DIREITO
Priscila de Castro Teixeira Pinto Lopes Agapito,
Camilla Gabriela Chiabrando Castro Alves 187

1	Introdução	187
2	Conceito	188
3	Inteligência artificial e direito: relação	190
4	Questões éticas	193
5	*Lawtechs* e *legaltechs*	195
6	Inteligência artificial e responsabilidade civil	196
7	Inteligência artificial e propriedade intelectual	200
8	Inteligência artificial e a atividade extrajudicial notarial	201
9	Iniciativas de regulação da IA no Brasil	201
10	Conclusão	204
	Referências	204

PARTE II
IMPACTOS DA UTILIZAÇÃO DE APLICAÇÕES DE INTELIGÊNCIA ARTIFICIAL PARA O ENSINO JURÍDICO E DIREITOS AUTORAIS

INTELIGÊNCIA ARTIFICIAL: O PROBLEMA DA AUTORIA
André Luiz Arnt Ramos 209

	Introdução: um admirável mundo novo	209
1	Eu, autor: *quo vado?*	213
2	Requisitos objetivos da proteção autoral	216
	Conclusão	218
	Referências	219

A INTELIGÊNCIA ARTIFICIAL E SEUS IMPACTOS NOS DIREITOS AUTORAIS
Mérian Helen Kielbovicz, Luiz Gonzaga Silva Adolfo

1	Introdução	223
2	A resolução da Sociedade da Informação em geral e os efeitos gerados pela inteligência artificial	224
2.1	A Sociedade da Informação em sua face contemporânea	224
2.2	Inteligência artificial como foco de discussão	226
3	Os princípios dos Direitos Autorais e as principais construções teóricas em torno de autoria e titularidade	229
3.1	A conceituação dos princípios que fundamentam o direito do autor	229
3.2	A construção das teorias que tratam da autoria e titularidade	231
4	A inteligência artificial e os impactos nos Direitos Autorais	233
4.1	Apontamentos sobre a possível ameaça aos Direitos Autorais pelas IAs	233
4.1.1	A inteligência artificial nas produções artísticas e a ausência de proteção legal específica	235
5	Considerações finais	240
	Referências	242

CHATGPT E AS TENSÕES RELATIVAS A DIREITOS AUTORAIS
Marco Antonio Lima Berberi, Joyce Finato Pires 245

1	Introdução	245
2	A inteligência artificial generativa invade a consciência pública	246
3	O que é o ChatGPT?	247
4	As ameaças e os riscos da inteligência artificial generativa	248
5	A autoria artificial	250
6	Plágio acadêmico	253
7	Considerações finais: a importância da pausa para a reflexão sobre sistemas de inteligência artificial	260
	Referências	262

O ESPÍRITO HUMANO E O ESPÍRITO DA/NA MÁQUINA: DIREITO DA PROPRIEDADE INTELECTUAL, TEORIA GERAL DO DIREITO E INTELIGÊNCIA ARTIFICIAL
Débora Vanessa Caús Brandão, Marcel Edvar Simões 267

1	Colocação do problema	267
2	Tentativa de definição estipulativa do conceito de inteligência artificial	272
3	Estado atual da recepção jurídica da matéria	274
4	Contribuição da Teoria Geral do Direito para o debate e conclusões	276
	Referências	278

ENSINO JURÍDICO E INTELIGÊNCIA ARTIFICIAL: ESBOÇO DE UM ENSAIO
Eduardo Nunes de Souza 281
1   Introdução 281
2   A inserção dos problemas jurídicos criados pela inteligência artificial nos currículos universitários de Direito 287
3   A inserção do uso de mecanismos de inteligência artificial nos currículos e o futuro das carreiras jurídicas 294
4   A tese de que a inteligência artificial supriria as funções do ensino jurídico 302
5   À guisa de conclusão: ainda e sempre, a dignidade humana 314
    Referências 319

PARTE III
INTELIGÊNCIA ARTIFICIAL E OS SISTEMAS DE JUSTIÇA

INTELIGÊNCIA ARTIFICIAL NO PODER JUDICIÁRIO: REFLEXÕES CRÍTICAS A PARTIR DO RISCO DE (DES) CELERIDADE PROCESSUAL
José Henrique de Oliveira Couto, Arthur Pinheiro Basan 325
1   Introdução 325
2   Inteligência artificial e decisões judiciais: teoria e prática 328
3   Inteligência artificial aplicada ao Poder Judiciário 334
4   (Des)celeridade processual e inteligência artificial: a instauração de uma nova dinâmica procedimental para garantia da segurança jurídica 335
5   Considerações finais 338
    Referências 338

TECNOLOGIA E JUSTIÇA: INOVAÇÕES PARA MELHORIA DA PRESTAÇÃO JURISDICIONAL
Maria Carla Moutinho Nery, Sílvio Neves Baptista Filho 341
1   Introdução 341
2   A tecnologia em favor do jurisdicionado 342
2.1   Justiça Aqui 344
2.2   Elis 345
2.3   Expedito 347
3   Conclusão 348
      Referências 350

O FUTURO DA ATIVIDADE JURÍDICA NO BRASIL E A INTELIGÊNCIA ARTIFICIAL: COMO AS TECNOLOGIAS DIGITAIS AFETAM O TRABALHO DOS PROFISSIONAIS DO DIREITO

Gabriel Schulman, André Gambier Campos 353

1	Introdução	353
2	Os profissionais do direito no Brasil atual	355
3	Como as tecnologias digitais afetam os profissionais do campo jurídico	362
4	As múltiplas iniciativas de digitalização dos órgãos de justiça	366
4.1	Iniciativas de IA no Poder Judiciário	369
5	Considerações finais: magistratura 'robô', governança e expectativas	372
	Referências	375

A TECNOLOGIA E AS SERVENTIAS EXTRAJUDICIAIS

Marcelo de Oliveira Milagres, Osvaldo José Gonçalves de Mesquita Filho 381

1	Introdução	381
2	As serventias extrajudiciais: "de onde viemos"	382
3	A tecnologia e as serventias extrajudiciais	389
4	Conclusão	396
	Referências	397

A INTELIGÊNCIA ARTIFICIAL E O USO DA *ONLINE DISPUTE RESOLUTION* PELOS TRIBUNAIS DE CONTAS

Ricardo Schneider Rodrigues 401

1	Introdução	401
2	O Governo Digital e os Tribunais de Contas	402
3	O uso da *Online Dispute Resolution* pelos Tribunais de Contas: um ambiente promissor para o uso efetivo da inteligência artificial	406
3.1	Definição e uso da *Online Dispute Resolution*	406
3.2	A *Online Dispute Resolution* e o controle externo: uma possível aplicação no âmbito dos Tribunais de Contas	408
3.3	Inteligência Artificial e *Online Dispute Resolution*	410
3.4	Uma aplicação prática da IA: o uso do ChatGPT na avaliação da adesão à Lei do Governo Digital pelos Tribunais de Contas	411
3.4.1	Os achados da pesquisa desenvolvida por IA: do início promissor às falhas irremediáveis	412
4	Conclusões	419
	Referências	420

PARTE IV
REFLETINDO PARA ALÉM DO DIREITO PRIVADO

O *CONDITIONAL HIERARCHICAL ATTENTION TRANSFORMER* (CHATGPT) E A SUA IMPLEMENTAÇÃO PELA COMUNIDADE JURÍDICA: VIÁVEL OU AMEAÇA?
Zilda Mara Consalter 425
1   Linhas introdutórias 425
2   A sociedade em rede, inteligência artificial e os *chatboots* 426
3   O que é o ChatGPT e qual o seu uso? 429
4   O ChatGPT e o universo jurídico 432
5   Pontuações conclusivas 441
    Referências 442

GÊMEO DIGITAL COMO INSTRUMENTO PARA O DESENVOLVIMENTO DE CIDADES INTELIGENTES SUSTENTÁVEIS BRASILEIRAS RESILIENTES A INUNDAÇÕES: O PAPEL DO DIREITO PRIVADO E DA GESTÃO PÚBLICA DOS RISCOS SOCIAIS
Francisco Campos da Costa, Cássius Guimarães Chai 445
    Introdução 445
1   A evolução do conceito de *smart cities* e a carta brasileira para cidades inteligentes 447
1.1 Cidades inteligentes sustentáveis 451
1.2 Do conceito de cidades inteligentes segundo a Carta Brasileira para Cidades Inteligentes 453
2   Conceito e aplicações da *digital twin* 455
3   A *digital twin* como instrumento para o desenvolvimento de cidades inteligentes sustentáveis brasileiras resilientes a inundações 458
3.1 Cidades inteligentes sustentáveis baseadas em gêmeos digitais e o aperfeiçoamento da governança urbana para redução de desastres provocados por inundações 462
    Considerações finais 465
    Referências 466

NOVOS ITINERÁRIOS DA CONTRATAÇÃO INFORMÁTICA: DO CONTRATO INTELIGENTE AO CONTRATO ALGORÍTMICO
Cláudio Amato, Marcos Catalan 471
1   Introdução 471

2	*Smart contracts*: observações preliminares	475
3	Modelos de contratação inteligente: revisitando o passado na tentativa de compreender o presente	478
4	Os contratos algorítmicos *stricto sensu*: *self driving contracts*	483
5	Conflitos emergem de futuros prováveis	489
6	Tecnologia, democracia, direitos: notas conclusivas	502
	Referências	505

LA INTELIGENCIA ARTIFICIAL (IA): UN ANTES Y UN DESPUES EN EL DERECHO

Edgardo Ignacio Saux 511

1	Reflexiones primarias sobre el tema	511
2	La inteligencia artificial como noción	514
3	Algunos matices de su incidencia en el Derecho	518

SOBRE OS AUTORES 533

APRESENTAÇÃO

POSSIBILIDADES E DESAFIOS PULULAM NO CONTATO DA INTELIGÊNCIA ARTIFICIAL COM O DIREITO PRIVADO

Em um livro incrível publicado antes que última década alcançasse seu fim, José Ignacio Latorre Sentís recorda seus leitores e leitoras que, no século XVII, Descartes propôs dividir a análise do universo em três partes bem delineadas: o mundo externo, a alma humana e Deus; contribuição gigantesca que possibilitou o conhecimento do mundo físico ao isolar referido processo de toda e qualquer espécie de crença metafísica, dentre elas, evidentemente, incontáveis conflitos teológicos. O autor catalão lembra, ainda, que no mesmo século, Isaac Newton apresentou os postulados básicos do movimento dos objetos inanimados, tarefa que exigiu abandonar alguns dos pré-conceitos outrora presentes no pensamento dito científico.[1]

O mundo que hoje abriga a humanidade, nem sempre carinhosamente, sem sombra de dúvidas só existe como tal graças a rupturas desse calado, algumas delas dignas de serem denominadas verdadeiramente paradigmáticas.

O futuro, de outra banda, a despeito das incomensuráveis incertezas a ele fundidas, impõe, como as mesmas lições sugerem, abertura a novas crenças sem que haja demasiado apego às convicções que tendem a acompanhar, diuturnamente, os seres humanos. Afinal, se a pergunta mais retumbante formulada por Alan Turing, ao que tudo indica, ainda não foi respondida de forma positiva, parece faltar bem pouco para que

---

[1] SENTÍS, José Ignacio Latorre. *Ética para máquinas*. Barcelona: Ariel, 2019.

isso ocorra: *Can machines think?*, indagou o gênio britânico no célebre artigo publicado em 1950.[2]

Referida preocupação encontra-se ladeada por outras de igual relevo, como as que foram lapidadas por Erich Fromm acerca da superveniência de uma sociedade mecanizada, controlada por computadores e direcionada ao consumo ou, com alguma sorte, que viria a ser marcada por renovado humanismo, sujeitando a técnica à pessoa humana.[3]

No mais e ainda que se possa identificar, hodiernamente, situações alocadas nas antípodas da discussão delineada pelo citado filósofo e sociólogo alemão sob o império da Guerra Fria, a Contemporaneidade sugere ser possível a coexistência de seres humanos, de um mercado de consumo e de uma sociedade marcados, inexoravelmente, por notável processo de disrupção tecnológica.

Evidentemente, não se olvida que as liberdades delineadas nas entrelinhas do parágrafo anterior dependerão da maior ou menor presença de importantes variáveis como a condição socioeconômica e geopolítica, o acesso à cultura e à educação formais e com qualidade e, antes disso, à segurança – alimentar, pública etc. –, aspectos os quais o Direito é capaz de auxiliar a moldar, para melhor ou pior, por meio de políticas públicas acertadas ou equivocadas.

Um futuro melhor depende, ainda, de modelos hermenêuticos e dogmáticos bem desenhados visando à solução dos problemas cotidianos havidos nas relações humanas no âmbito privado; pano de fundo do qual emerge este livro, um livro que não ignora que ciência e tecnologia criaram possibilidades outrora inimagináveis atraindo tanto a atenção da Ética como do Direito.[4] Afinal, a expressão *inteligência artificial* é fonte de preocupações também por sugerir a comparação de seres humanos e máquinas cuja programação indica haver algum tipo de *inteligência*,[5] mesmo que rudimentar...

E há alguma razão nisso, pois a fusão de algoritmos, *machine learning*, análise preditiva, servidores, sensores, robôs, equipamentos

---

[2] TURING, Alan Mathison. Computing machinery and intelligence. *Mind*, [s.c.], n. 49, p. 433-460, 1950, p. 433.

[3] FROMM, Erich. *La revolución de la esperanza*: hacia una tecnología humanizada. Tradução de Daniel Jiménez Castillejo. México: FCE, 1970, p. 9-34.

[4] SALARDI, Silvia. Robótica e inteligencia artificial: retos para␣el derecho. *Derechos y Libertades*, Madrid, n. 42, e. 2, p. 203-232, ene. 2020, p. 212.

[5] PÉREZ BRITO, Raquel Lucía. La inteligencia inhumana: la evolución de los derechos humanos. *Derechos y Libertades*, Madrid, n. 45, e. 2, p. 163-198, jun. 2021, p. 167.

de conectividade e variadas fontes e formas de captura de informação – nem sempre lícitas – permitiu a tomada de decisões sem a necessidade de mediação humana, realidade imanente ao tempo presente e em franca expansão e que também por isso é outra preocupação que informa este livro, o qual ganha vida na fusão de mais de 20 artigos cuidadosamente escritos por quase 40 pesquisadores visando dar visibilidade a estudos desenvolvidos no Brasil e na América do Sul.

É preciso registrar, ademais, que boa parte deste trabalho é fruto de pesquisa em rede: dentre os autores há integrantes da rede de pesquisas Agendas de Direito Civil Constitucional, ao que tudo indica, a mais antiga na seara do direito privado brasileiro. O trabalho colheu, ainda, artigos escritos por pesquisadores da Argentina e da Itália.

Anote-se, ademais, a presença de grupos de pesquisa vinculados ao CNPq, dentre os quais podem ser listados: (a) Constitucionalização do direito civil e hermenêutica jurídica, (b) Cultura, direito e sociedade, (c) Direito privado e contemporaneidade, (d) *Human rights and constitutional challenges*, (e) Teoria e prática do direito obrigacional e das famílias contemporâneas e (f) Teorias sociais do direito.

Dito isso, é possível relatar que o objetivo mais saliente deste volume inicial – o primeiro de três livros notadamente dedicados ao estudo verticalizado das inteligências artificiais e de seus impactos nas relações civis e de consumo – é explorar o estado da arte no tratamento da inteligência artificial e seus impactos no direito privado.

Busca-se, a partir daí, fomentar a reflexão acerca de assuntos como a regulação das inteligências artificiais no Brasil, vantagens e desvantagens na atribuição de personalidade a estas mesmas inteligências artificiais ou, ainda, eventuais e potenciais conexões entre a inafastável proteção de dados e escolhas algorítmicas nem sempre preocupadas com promoção da igualdade em suas vertentes formal e substancial. A proteção autoral, o ensino jurídico, os sistemas de justiça e as cidades inteligentes também são temas constantes ao largo deste volume.

Não restam dúvidas de que o inegável contato entre Tecnologia e Direito ou de algoritmos com a dogmática e a hermenêutica jurídicas, potencialmente fadado a ampliar-se ao longo das próximas décadas e alcançar territórios não mapeados pelo intelecto humano, torna imperiosa a leitura deste trabalho.

O desafio está posto sob pena de nos distanciarmos do tempo presente, de sermos esquecidos sob os escombros de um mundo analógico cada vez mais distante do cotidiano tanto dos operadores como dos cientistas do Direito.

Enfim, esperamos, de coração, que este trabalho, pensado em seus mínimos detalhes, seja bem recebido como uma oportunidade de crescimento para todas as pessoas que de algum modo tenham contato com ele.

Madrid, Maceió, Porto Alegre,
Inverno de 2023.

Cláudia Ribeiro Pereira Nunes
Marcos Catalan
Marcos Ehrhardt Junior

PARTE I

PRIMEIROS PASSOS: COMPREENDENDO A INTELIGÊNCIA ARTIFICIAL

INTELIGÊNCIA ARTIFICIAL: CONCEITOS INTRODUTÓRIOS E ALGUMAS DE SUAS APLICAÇÕES

MARIA EDUARDA FÜRST
MARCELO L. F. DE MACEDO BÜRGER

1 Afinal, o que é a inteligência artificial?

A capacidade cognitiva humana é um fenômeno notável que nos diferencia de outros animais. Nossa habilidade de criar e manipular ideias abstratas, compreender a complexidade da linguagem e usar a lógica para resolver problemas são exemplos de características que nos destacam como espécie. A autotitulação *homo sapiens* (homem sábio), mostra justamente o quanto tal característica é importante para nós.[1] Estima-se que um cérebro humano adulto contenha cerca de 86 bilhões de neurônios, os quais são responsáveis por transmitir e processar informações no sistema nervoso. Não é tarefa fácil compreender como um mero aglomerado de gordura, proteínas, água e outros minerais pode manipular de forma tão impactante o mundo ao seu redor.

Fascinados pela capacidade cognitiva do cérebro humano, inúmeros pesquisadores buscaram não apenas compreender seu funcionamento, mas sim recriá-lo em máquinas artificiais, tema cujas explorações teóricas datam ainda do século XIX. Estribada apenas na

---

[1] RUSSELL, Stuart; NORVIG, Peter. *Inteligência artificial*. Tradução de Regina Célia Simille de Macedo. Rio de Janeiro: Elsevier, 2013, p. 24.

utilização de símbolos e da lógica, Lady Ada Lovelace já antevira em 1843 que uma máquina poderia "compor elaboradas peças musicais, de qualquer grau de complexidade e extensão" ou ainda "expressar os grandes fatos do mundo natural",[2] algo que se provou verdadeiro em menos de dois séculos.

Na década de 1930 Alan Turing[3] teorizou que, em princípio, toda a computação poderia ser realizada por um sistema matemático (hoje conhecido como máquina de Turing) que processa apenas informações binárias, mediante a construção ou alteração de sequências de 0 e 1. Dando concreção a tal objetivo, em 1940 a equipe de apresentou ao mundo o primeiro computador operacional, uma máquina eletromecânica construída com o objetivo de decifrar mensagens alemãs durante a Segunda Guerra Mundial, dando início a um processo ainda hoje vigente de incessante busca pela automação de comportamentos e decisões por máquinas. Nascia, ali, a inteligência artificial.

A expressão "inteligência artificial", no entanto, foi cunhada apenas em 1956, durante um *workshop* na Dartmouth College organizado por John McCarthy, e tinha por objetivo descrever a aptidão das máquinas em realizar tarefas que requerem habilidades cognitivas inerentes à natureza humana. Somente a partir dos desenvolvimentos das ciências da computação, sobretudo a partir da década de 1980, a inteligência artificial alcançou maiores hipóteses de aplicação, primeiro nos campos de sistemas especializados (como buscadores de internet) e na robótica (sobretudo mecanização do processo industrial),[4] tendo posteriormente conquistado o uso cotidiano[5] por diversos usuários,

---

[2] LOVELACE, A. A. (1843), "Notes by the Translator." Reprinted in R. A. Hyman (ed.), Science and Reform: Selected Works of Charles Babbage. Cambridge: Cambridge University Press, 1989 apud BODEN, Margaret A. AI: its nature and future. Oxford: Oxford University Press, 2016, p. 7-8.
[3] Turing foi um matemático e cientista da computação britânico nascido em 1912 e considerado o pai da ciência da computação teórica e da inteligência artificial. Em que pese a paradigmática contribuição de seus trabalhos ao governo britânico, inclusive durante a Segunda Guerra Mundial, acabou processado criminalmente em 1952 por atos homossexuais e faleceu precocemente, aos 42 anos, tirando a própria vida. Somente em 2009 o primeiro ministro britânico Gordon Brown apresentou um pedido público de desculpas a Turing, que também recebeu perdão póstumo da rainha Elizabeth II ('ALAN Turing law': thousands of gay men to be pardoned. *BBC News*, 20 out. 2016. Disponível em: https://www.bbc.com/news/uk-37711518. Acesso em: 3 jul. 2023).
[4] STEIBEL, Fabro; VICENTE, Victor Freitas; JESUS, Diego Santos Vieira de. Possibilidades e potenciais da utilização da inteligência artificial. In: FRAZÃO, Ana; MULHOLLAND, Caitlin. *Inteligência artificial e direito*. São Paulo: Revista dos Tribunais, 2019, p. 56.
[5] "AI's practical applications are found in the home, the car (and the driverless car), the office, the bank, the hospital, the sky... and the Internet, including the Internet of Things (which connects the ever multiplying physical sensors in our gadgets, clothes, and environments).

desde o simples uso do GPS para buscar caminhos mais rápidos, assistentes pessoais como *Siri* e *Alexa* e mesmo pelas diversas aplicações do recém-apresentado *Chat GPT*.

Mas o que é, afinal, a inteligência artificial?

Stuart Russel e Peter Norvig evidenciam que não existe uma unicidade quanto à definição de inteligência artificial, apresentando oito possíveis definições, que transitam desde "o estudo das computações que tornam possível perceber, raciocinar e agir" até "a arte de criar máquinas que executam funções que exigem inteligência quando executadas por pessoas".[6]

Turing, pioneiro na área, propôs uma definição operacional de inteligência artificial, e não meramente descritiva. Nesta linha, não devemos nos questionar sobre a capacidade de computadores desenvolverem pensamentos; para julgar a capacidade de raciocínio de forma mais eficiente, o sistema que se afirma "inteligente" deve ser capaz de passar por um teste comportamental, posteriormente nomeado de "Teste de Turing", segundo o qual haverá inteligência artificial quando um interrogador não conseguir descobrir se as respostas por ele recebidas vieram de uma pessoa ou de um computador.[7]

Baseado em uma antiga brincadeira de salão ("jogo da imitação"),[8] o teste consiste basicamente em uma conversa entre um árbitro (interlocutor humano) e uma entidade aleatória (interlocutor não humano). Sem ter acesso visual ao seu interlocutor, o árbitro lhe apresenta questões para serem respondidas, e a partir das respostas deve julgar se foram dadas por uma pessoa ou uma máquina.[9]

Some lie outside our planet: robots sent to the Moon and Mars, or satellites orbiting in space. Hollywood animations, video and computer games, satnav systems, and Google's search engine are all based on AI techniques. So are the systems used by financiers to predict movements on the stock market, and by national governments to help guide policy decisions in health and transport. So are the apps on mobile phones. Add avatars in virtual reality, and the toe in the water models of emotion developed for 'companion' robots. Even art galleries use AI on their websites, and also in exhibitions of computer art. Less happily, military drones roam today's battlefields but, thankfully, robot mine sweepers do so too" (BODEN, Margaret A. *AI: its nature and future*. Oxford: Oxford University Press, 2016, p. 2).

[6] RUSSELL, Stuart; NORVIG, Peter. *Inteligência artificial*. Tradução de Regina Célia Simille de Macedo. Rio de Janeiro: Elsevier, 2013, p. 25.

[7] TURING, Alan. Computing Machinery and Intelligence. *Mind*, v. 59, p. 433-460 *apud* RUSSELL, Stuart; NORVIG, Peter. *Inteligência artificial*. Tradução de Regina Célia Simille de Macedo. Rio de Janeiro: Elsevier, 2013.

[8] *The Imitation Game* (*O jogo da imitação*), 2014, é um filme dirigido por Morten Tyldum, o qual se baseia em uma bibliografia de Alan Turing, mostrando como o Reino Unido foi capaz de decifrar códigos utilizados pelo exército alemão durante a Segunda Guerra Mundial.

[9] Ruy Flávio de Oliveira assim explicita o teste de Turing: "O próprio autor simplifica o jogo, opondo um árbitro e uma entidade desconhecida, com o objetivo de identificar se essa

Muitos pesquisadores e filósofos questionam a metodologia de Turing, afinal seria uma máquina realmente capaz de pensar de forma autônoma (e neste caso demonstraria inteligência) ou estaria apenas simulando o pensamento?

Inobstante a insofismável aplicação prática do teste de Turing, não parece ser suficiente para estabelecer ou não a existência de inteligência artificial. O teste poderia ser analogicamente assim reproduzido: você, leitor, que apenas fala chinês, é colocado em uma sela, sem visão da pessoa na sela ao lado, com quem se comunica por bilhetes passados sob a porta. Você escreve os bilhetes com símbolos do idioma chinês, e recebe respostas coerentes também por meio destes símbolos. Acreditaria, provavelmente, que há ali uma outra pessoa, o que seria confirmação suficiente ao teste de Turing.

Porém, pode ali estar uma segunda pessoa, que não fala ou conhece o idioma chinês, mas a quem foi dado um grande livro, que apresenta para cada símbolo chinês recebido, outro que deveria ser enviado em resposta. Esta segunda pessoa consegue dar respostas coerentes ou mesmo corretas, mas não entende o que está fazendo.

Em oposição ao teste, o neurocirurgião britânico Geoffrey Jefferson pontuou que "somente quando uma máquina conseguir escrever um soneto ou compor um concerto em consequência de ter pensado e sentido emoções, e não pela disposição aleatória de símbolos, poderemos concordar que a máquina vai se equiparar ao cérebro, isto é, se ela não apenas escrever, mas souber que escreveu". Daí a dificuldade na aceitação, contemporânea, da definição de inteligência artificial pela definição operacional proposta.

A comparação entre o teste de Turing e a invenção do avião, oferecida por Stuart Russel e Peter Norvig, é elucidativa neste ponto:

> O desafio do *voo artificial* teve sucesso quando os irmãos Wright e outros pesquisadores pararam de imitar os pássaros e começaram a usar túneis de vento e aprender sobre aerodinâmica. Os textos de engenharia aeronáutica não definem como objetivo de seu campo criar 'máquinas que voem exatamente como pombos a ponto de poderem enganar até mesmo outros pombos'.[10]

---

entidade é um ser humano ou não. Caso o árbitro não consiga identificar o ser humano na primeira variação, ou identificar se seu colóquio é com um computador ou com um ser humano na versão simplificada, Turing afirma que a máquina no primeiro caso e a entidade (seja um ser humano ou uma máquina) no segundo caso, são entidades inteligentes" (OLIVEIRA, Ruy Flávio de. *Inteligência artificial*. Londrina: Educacional, 2018, p. 33).

[10] RUSSELL, Stuart; NORVIG, Peter. *Inteligência artificial*. Tradução de Regina Célia Simille de Macedo. Rio de Janeiro: Elsevier, 2013, p. 26.

Para os autores, a inteligência artificial é a capacidade dos sistemas cibernéticos (computadores, *softwares*, sensores e atuadores) de imitar funções cognitivas, e definem tais habilidades como I) percepção, II) aprendizagem e III) resolução de problemas. A percepção se dará pela capacidade de receber ou recolher uma grande quantidade de informações (*inputs*), a aprendizagem pela capacidade de melhorar seu desempenho a partir da experiência, notadamente a partir dos resultados obtidos anteriormente, e, por fim, a resolução de problemas pode ser entendida como a capacidade de realizar tarefas julgadas corretas por algum critério de avaliação.[11]

Passado meio século, o conceito de inteligência artificial (IA) ainda é subjetivo, sobretudo por partirem de linhas de referenciais diversos. De todo modo, contemporaneamente a IA encontra certo grau de uniformidade conceitual, contando inclusive com definições institucionais.

À guisa de exemplo, para a OECD, "um sistema de IA é um sistema baseado em máquina que pode, para um determinado conjunto de objetivos definidos pelo homem, fazer previsões, recomendações ou decisões que influenciam ambientes reais ou virtuais".[12]

Na literatura, em que pese serem várias as definições encontradas, a maior parte delas compartilha como elemento de centralidade para a definição a função desenvolvida pela IA, ou seja, apresentam definições funcionais. Para Margaret Boden,

> a inteligência artificial busca fazer com que computadores realizarem tarefas típicas da mente humana. Algumas destas tarefas (e.g. raciocinar) são descritas como inteligentes. Outras (e.g. a visão) não o são. Mas todas envolvem habilidades psíquicas – como percepção, associação, previsão, planejamento, controle motor – que permitem aos humanos e animais alcançar seus objetivos.[13]

Para fins de introdução do conceito a juristas, que é o objetivo central do presente texto, parece-nos mais didática a definição adotada por Marcos Wachowicz e Lukas Ruthes Gonçalves, que definem a IA

---

[11] A mera apresentação da resposta correta à problemática não atribui à entidade o título de inteligente, visto que mesmo uma calculadora é capaz de solucionar problemas matemáticos, por exemplo. É necessário que os demais pontos estejam presentes.

[12] OECD. *Recommendation of the Council on Artificial Intelligence*, de 22 de maio de 2019. Disponível em: https://legalinstruments.oecd.org/en/instruments/OECD-LEGAL-0449. Acesso em: 3 jul. 2023.

[13] BODEN, Margaret A. *AI*: its nature and future. Oxford: Oxford University Press, 2016, p. 1.

como "a área de estudo focada em desenvolver aplicações que possam emular a capacidade de raciocínio humano para resolver diversos problemas".[14]

Fato é que, conforme já defendido por Russel e Norvig,[15] seria mais produtivo centrarmos nossa atenção não na definição abstrata, mas nos mecanismos de funcionamento dos sistemas inteligentes, cada vez mais capazes de reproduzir competências semelhantes às desenvolvidas pelos seres humanos. Para tanto, a próxima seção apresentará a estrutura dos sistemas de IA (os elementos que a compõe) e seu funcionamento.

2 Os elementos necessários a qualquer inteligência artificial (sua estrutura)

É possível afirmar que qualquer aplicação de inteligência artificial é estruturada por pelo menos três elementos principais que garantem seu funcionamento: (i) o algoritmo que compõe o *software*; (ii) o *hardware* em que ele é executado; e (iii) e os dados ou informações dos quais pode dispor.[16]

A interação entre esses elementos pode ser ilustrada por meio de uma analogia (simplista, porém efetiva) entre mente-corpo (*homo sapiens*) e *software-hardware* (sistemas cibernéticos). Assim como o cérebro humano é composto de neurônios e sinapses que governam as funções cognitivas e motoras do corpo,[17] um *software* é composto de códigos e algoritmos que governam as operações de um computador.

O *hardware*, por sua vez, se assemelha ao corpo físico – no entanto, ao invés de órgãos, tecidos e células que trabalham juntos para executar funções vitais, o *hardware* é a parte física de um computador.

Seja para a mente humana ou o para o *software* darem os melhores comandos ao corpo ou ao *hardware*, precisarão ser alimentados ou ao menos ter a sua disposição um conjunto de informações sobre o ato que pretendem praticar – daí a necessidade, também, de uma base de dados que lhes ofereça as informações necessárias. Afinal, um bebê nasce com

---

[14] WACHOWICZ, Marcos; GONÇALES, Marcos Lukas Ruthes. *Inteligência artificial e criatividade*: novos conceitos na propriedade intelectual. Curitiba: Gedai, 2019, p. 52.

[15] RUSSELL, Stuart; NORVIG, Peter. *Inteligência artificial*. Tradução de Regina Célia Simille de Macedo. Rio de Janeiro: Elsevier, 2013, p. 27.

[16] WACHOWICZ, Marcos; GONÇALES, Marcos Lukas Ruthes. *Inteligência artificial e criatividade*: novos conceitos na propriedade intelectual. Curitiba: Gedai, 2019, p. 52.

[17] ELIASMITH, Chris; ANDERSON, Charles. *Neural Engineering*: Computation, Representation, and Dynamics in Neurobiological Systems. Boston: MIT Press, 2003, p. 1.

cérebro e com corpo, mas ainda não possui as informações ou experiências necessárias para governar suas ações ou coordenar seu corpo.

2.1 O *software* e seus algoritmos

Como já apontado, um *software* é composto de códigos e algoritmos que governam as operações de um computador. Tem por elementos básicos, portanto, algoritmos.

De modo geral, algoritmo é "um conjunto de instruções matemáticas, uma sequência de tarefas para alcançar um resultado esperado em um tempo limitado".[18] Nestes termos, uma receita de bolo pode ser considerada um algoritmo no mundo físico, posto que representa "uma série de instruções para se atingir determinado fim".[19] No mundo virtual e "de forma mais pragmática, o Google define Algoritmo como 'processos e fórmulas computacionais que levam suas perguntas e as convertem em respostas'".[20]

De forma simplista, pode-se dizer que algoritmo é um conjunto finito de direções, que descrevem como executar determinada tarefa. Seu funcionamento se dá pela análise de um dado de entrada (*input*), que é posteriormente convertido em um resultado de saída (*output*).[21] À guisa de exemplo, o algoritmo de um aplicativo de GPS instalado em um veículo recolhe diversas informações – sobretudo mapas da cidade e localização e movimento dos outros veículos que o utilizam) e converte tais dados em um conjunto de instruções sobre qual o caminho mais rápido para chegar ao destino pretendido.

Os algoritmos, assim, descrevem ao *software* como deverá executar determinado programa; vertidos por meio de códigos de computador, os algoritmos são compilados e executados pelo sistema operacional, a que se chama *software*. O conceito de *software* surgiu por volta de 1958, com intuito de se diferenciar da parte física do sistema

---

[18] KAUFMAN, Dora. Os meandros da inteligência artificial: conceitos-chave para leigos. *Estado da Arte*, 1 fev. 2018. Disponível em: https://estadodaarte.estadao.com.br/os-meandros-da-inteligencia-artificial-conceitos-chave-para-leigos/. Acesso em: 3 jul. 2023.
[19] WACHOWICZ, Marcos; GONÇALES, Marcos Lukas Ruthes. *Inteligência artificial e criatividade*: novos conceitos na propriedade intelectual. Curitiba: Gedai, 2019, p. 52.
[20] KAUFMAN, Dora. Os meandros da inteligência artificial: conceitos-chave para leigos. *Estado da Arte*, 1 fev. 2018. Disponível em: https://estadodaarte.estadao.com.br/os-meandros-da-inteligencia-artificial-conceitos-chave-para-leigos/. Acesso em: 3 jul. 2023.
[21] MUELLER, John Paul; MASSARON, Luca. *Data science programming all-in-one*. Hoboken, New Jersey: John Wiley & Sons, 2020, p. 132.

computacional, composto por vários elementos, incluindo programas, dados, bibliotecas e arquivos de configuração.[22]

Esses elementos são organizados em uma série de camadas, cada uma com suas próprias funções e responsabilidades. Por exemplo, o núcleo do sistema operacional é responsável pelo gerenciamento dos recursos do sistema, como memória e processamento, enquanto as camadas superiores do sistema operacional fornecem a interface do usuário e as ferramentas de produtividade. Também conhecido como "programa", constitui técnica de escrita avançada, um código que é posto em funcionamento quando o computador o executa. A configuração do código visa a seu funcionamento correto, com intuito de reproduzir o descrito em cada comando. A programação, portanto, é uma linguagem escrita altamente performativa, [...] projetada para produzir eventos em perspectiva futura"; desta forma, evidencia-se que, "sendo escrito pelo código, se torna programável".[23]

A capacidade dos *softwares* de recriar a habilidade cognitiva humana vem se expandindo exponencialmente; tal complexidade pode ser mensurada justamente através das linhas de código envolvidas. Lúcia Santaella[24] aponta que desde 1990, as linhas do código-fonte do Photoshop cresceram 40 vezes. O Windows, por sua vez, teve sua codificação ampliada em 1000%, apenas nos últimos dez anos. A expansão das linhas de código é tão ampla que não é exagerado pensar que, em alguns anos, poderemos ter sistemas tão complexos quanto o próprio cérebro humano – afinal, não é exagero pensar que um sistema operacional como o Google, por exemplo, o qual possui 2 bilhões de linhas de código, um dia consiga ultrapassar o número de neurônios do cérebro humano (86 bilhões).

2.2 O *hardware*

Corpo e mente estão simbioticamente ligados, de modo que um corpo sadio não consegue se movimentar sem o funcionamento da mente, da mesma sorte que uma mente sadia não é capaz de mover um

---

[22] "A computer system contains many resources, or 'objects,' that need to be protected. These objects can be hardware (e.g., CPUs, memory pages, disk drives, or printers) or software (e.g., processes, files, databases, or semaphores)" (TANENBAUM, Andrew; BOS, Herbert. *Modern operating systems*. 4. ed. Harlow: Pearson Education, 2015, p. 603).

[23] SANTAELLA, Lucia. *A inteligência artificial é inteligente?* Lisboa: Almedina, 2023. p. 29.

[24] SANTAELLA, Lucia. *A inteligência artificial é inteligente?* Lisboa: Almedina, 2023. p. 29.

corpo já paralisado. O mesmo ocorre com as aplicações de inteligência artificial: por melhores e mais precisos que sejam os algoritmos, estes nada conseguirão realizar sem um maquinário adequado para tanto: sem a memória capaz de armazenar as informações necessárias, sem processadores que permitam analisar e converter os dados colhidos ou ainda sem dispositivos que possam apresentar suas respostas, o algoritmo não poderá cumprir sua função.

Não por outra razão que o avanço das aplicações de inteligência artificial acompanha o desenvolvimento da ciência da computação: apenas com computadores com mais rápidos e capazes de colher e armazenar mais dados é que a IA poderá, da mesma sorte, realizar aplicações mais complexas e em menos tempo.

Os componentes do *hardware* incluem desde a placa-mãe, processador, memória RAM até o monitor, teclado e mouse, elementos responsáveis por fornecer os recursos necessários para que o *software* possa executar as tarefas que lhe são atribuídas. Daí porque um bom *hardware* é essencial para que o *software* alcance todo o seu potencial.[25] Com componentes de qualidade, os computadores são capazes de realizar tarefas complexas com maior velocidade e eficiência, o que faz com que o *software* rode de forma mais rápida e estável. Além disso, um *hardware* confiável é essencial para garantir a integridade dos dados e a segurança do sistema, evitando a perda de informações e violações de *segurança*.

Por fim, cabe destacar que, cada vez mais a diferenciação entre hard e *software* está sendo dificultada, pois está se desenvolvendo "um *software* cada vez mais transitivo em direção ao *hardware*, a tal ponto que será cada vez mais complexo no futuro decidir onde começa um e termina o outro".[26]

2.3 Conjunto suficiente de informações (*Big data*)

Por derradeiro, as aplicações de inteligência artificial dependem de informações ou dados a partir dos quais possam analisar, prever e apresentar soluções. Há alguns anos se tornou célebre a expressão de

---

[25] STAIR, Ralph; REYNOLDS, George. *Principles of Information Systems*: A Managerial Approach. Ninth Edition. Boston: Course Technology; Cengage Learning, 2010. Disponível em: https://drive.uqu.edu.sa/_/fbshareef/files/principles%20of%20information%20systems%209th%20stair,%20reynolds.pdf. Acesso em: 3 jul. 2023, p. 12.
[26] SANTAELLA, Lucia. *A inteligência artificial é inteligente?* Lisboa: Almedina, 2023, p. 30.

que "os dados são o novo petróleo", justamente por serem a matéria-prima das mais valiosas Companhias contemporâneas.

O Parlamento Europeu divulgou interessante *briefing*[27] sobre o assunto, demonstrando como a economia global sofreu rápida e profunda transformação com o advento tecnologia digital, verificável pelo crescimento de atividades econômicas cujos produtos são *intangíveis*, como aplicações de tecnologia no lugar das tradicionais companhias de *commodities* e de energia, como se constata pelo quadro abaixo:

Rank	2008			2018		
	Company	Founded	Value (US$ bn)	Company	Founded	Value (US$ bn)
1	PetroChina	1999	728	Apple	1976	890
2	Exxon	1870	492	Google	1998	768
3	General Electric	1892	358	Microsoft	1975	680
4	China Mobile	1997	344	Amazon	1994	592
5	ICBC	1984	336	Facebook	2004	545

Ainda segundo o *briefing*, a quantidade de dados gerada está crescendo exponencialmente. "Em 2016, a IBM reportou que 90% dos dados no mundo naquele ano foram criados apenas nos dois anos anteriores", prevendo o Parlamento Europeu que os dados ganharão ainda maior importância nos próximos anos, já que "a economia está inevitavelmente para novos produtos e serviços baseados em tecnologia, como a inteligência artificial e outras aplicações que dependem de acesso a dados confiáveis".

Por isso se afirmar que os dados são os insumos da inteligência artificial: sem eles, não é possível desenvolver sua função. Por mais moderno e tecnológico que seja o *smartphone* ou o *GPS*, sem sinal telefônico ou de internet não conseguirão dizer ao usuário qual o melhor caminho até o seu destino, pois não terão os dados necessários para tanto. Da mesma sorte, por mais desenvolvido que seja o *software* de diagnóstico médico, sem centenas de milhares de informações de

---

[27] SZCZEPAŃSKI, Marcin. Is data the new oil? Competition issues in the digital economy. *European Parliamentary Research Service*. Briefing, Jan. 2020. Disponível em: https://www.europarl.europa.eu/RegData/etudes/BRIE/2020/646117/EPRS_BRI(2020)646117_EN.pdf. Acesso em: 3 jul. 2023.

exames e diagnósticos anteriores em sua base de dados, não conseguirá apresentar uma resposta satisfatória. Sem acesso ao acervo de decisões do STF, o Victor (sistema de IA da Corte) não conseguiria identificar os temas mais destacados de repercussão geral ou de maior reincidência no tribunal.

O grande avanço da IA nos últimos anos se deve justamente ao exponencial crescimento de informações produzidas e armazenadas nos últimos anos, que vão desde a localização geográfica e os caminhos percorridos por uma pessoa, como seu *status* de crédito, sua preferência alimentar determinada pela reiterada escolha de certa categoria de restaurantes, sua pretensão de consumo extraída das pesquisas em buscadores e mesmo do reconhecimento de sua face e expressões corporais.

Por vezes, o número de dados e informações é tão grande que, para ser analisado pelo ser humano, demandaria um período de tempo tão longo que inviabiliza o tratamento de tais dados, pois ao final já teriam pedido sua atualidade e mesmo utilidade. Quando o armazenamento ou a coleta de informações atinge um "volume, velocidade e variedade tão grandes que requerem uma tecnologia e métodos analíticos específicos para sua transformação em valor",[28] tais dados podem ser definidos como *Big data*. É este justamente o produto colhido e trabalhado por empresas como a Meta, proprietária do Facebook e do Instagram, que justifica seu valor de mercado em mais de 500 bilhões de dólares.

Com tamanho volume de dados à disposição, as aplicações de IA atingem níveis de precisão antes inimagináveis, muito superior ao que poderia ser atingido pelo melhor dos profissionais. O médico francês Laurent Alexandre apresenta o exemplo do oncogeneticista, médico hiperespecializado que analisa os dados genéticos de cada câncer e a partir deles adapta o tratamento a realidade de pacientes específicos, área que embora tenha apresentado resultados bem superiores aos da oncologia ordinária, logo será considerada primitiva se comparada ao potencial da inteligência artificial, que, realizando a análise de centenas de milhares de genes em poucos minutos, oferece ao paciente um tratamento substancialmente mais eficiente.[29]

---

[28] WACHOWICZ, Marcos; GONÇALES, Marcos Lukas Ruthes. *Inteligência artificial e criatividade*: novos conceitos na propriedade intelectual. Curitiba: Gedai, 2019, p. 60.

[29] ALEXANDRE, Laurent. *La Guerre des Intelligences*: intelligence artificielle versus intelligence humaine. Paris: Editions Jean-Claude Lattès, 2017, *passim*.

Em conclusão, são estes os três elementos necessários ao funcionamento de uma aplicação de inteligência artificial. Compreendidos seus componentes, é possível compreender como uma máquina (ou qualquer aplicação de IA) pode ser ensinada ou mesmo aprender sozinha.

3 Os processos de aprendizagem da IA

As máquinas conseguem efetivamente aprender? Sem sombra de dúvida, a resposta à questão é positiva, pois a máquina estará aprendendo sempre que melhorar o seu desempenho futuro, e nesta medida pode ser tomada como *autônoma*.

Mesmo que a inteligência artificial dependa de uma programação inicial, é mesmo indispensável que ela *aprenda* para poder ser considerada uma inteligência, até porque, no atual nível de desenvolvimentos destas aplicações, não seria possível ao programador incluir, de início, todas as infinitas possibilidades de entradas (*inputs*) para dada fórmula e consequentes respostas para a respectiva solução (*output*). Do mesmo modo, o programador não pode prever as modificações que podem ocorrer no ambiente, como por exemplo, a flutuação de preços. O aprendizado, portanto, lhe é fundamental. É o que se convencionou chamar *machine learning*, consistindo na "aptidão da máquina a adquirir aprendizado a partir de suas próprias experiências".[30]

O *machine learning* – ou, em português, o aprendizado da máquina – é um ramo da ciência da computação que tem como enfoque utilizar algoritmos para aprender a partir de dados. Ao invés, portanto, de desenvolver inúmeros *softwares* para realizar tarefas diferentes, através do *machine learning* é possível utilizar os algoritmos para reconhecer padrões. Esse constante treinamento dependerá de uma grande quantidade de dados que precisam ser alimentados, permitindo que a IA afine e melhore cada vez mais seus resultados[31] (ELIAS *apud* SALES, 2023, p. 13).

---

[30] TEPEDINO, Gustavo; SILVA, Rodrigo da Guia. Inteligência artificial e elementos da responsabilidade civil. *In*: FRAZÃO, Ana; MULHOLLAND, Caitlin. *Inteligência artificial e direito*. São Paulo: Revista dos Tribunais, 2019, p. 294-295.

[31] "Neste treinamento, há o envolvimento de grandes quantidades de dados que precisam ser alimentados para o algoritmo (ou aos algoritmos envolvidos), permitindo que ele (o algoritmo) se ajuste e melhore cada vez mais os seus resultados" (SALES, Ana Débora Rocha. *Inteligência Artificial (IA) à luz da teoria da decisão*: um estudo sobre a utilização da IA em decisões judiciais. São Paulo: Dialética, 2023, p. 13).

Para que sejam capazes de aprender, existem diferentes metodologias, dentre elas destacam-se três processos de aprendizagem usualmente atribuídos às aplicações com inteligência artificial: supervisionado, não supervisionado e aprendizado reforçado.

No processo supervisionado, o programador "treina" a aplicação de IA suprindo-a com um conjunto de *inputs* (informações) pré-qualificadas e um conjunto de respostas desejadas (*output*) a ser apresentada para este tipo de informação. Durante a realização destas operações, o agente artificial qualificará as novas informações recebidas, de acordo com o modelo original, respondendo a cada qual conforme programada (e.g., fornecerá um conjunto de recursos especiais que merecem conhecimento, por preencherem determinadas hipóteses de cabimento). Assim, a partir de uma hipótese fornecida por meio de um conjunto inicial de dados, a IA aperfeiçoará a hipótese para que seja aplicada também aos casos futuros. Seguindo no exemplo dado, quando a IA receber um novo recurso especial que não lhe foi previamente atribuído, se este apresentar elementos comuns aos recursos do grupo inicial que merecia conhecimento (hipótese), apresentará uma minuta de conhecimento (consequente); caso o novo recurso não apresente nenhum dos elementos daquele conjunto, minutará uma decisão de não conhecimento. Neste modelo, portanto, a ideia é permitir que a IA, através da generalização, faça previsões para dados não vistos.

Paralelamente, neste modelo de aprendizado o programador dará constantes *feedbacks* para a aplicação, de qual qualificação e resposta foram corretas e quais não foram, e assim a cada resposta incorreta ou indesejada a IA reformulará sua hipótese anterior para nela incluir ou excluir os elementos daquela nova situação, ou a ela atribuir uma resposta diversa.[32] É o caso dos sistemas de *spams*, que colhem os constantes *feedbacks* dos usuários (marcar como lixo eletrônico ou retirar um *e-mail* de tal categoria) para constantemente aperfeiçoar a qualificação e detecção de possíveis *spams*.

No processo não supervisionado, o programador fornece um conjunto inicial de dados qualificados, mas não oferece os resultados/respostas corretas, tampouco *feedbacks* das reações corretas ou incorretas. Após receber a programação inicial, a tarefa da IA será "descobrir a estrutura dos dados, por exemplo, agrupando itens similares ou reduzindo os dados para um pequeno número de dimensões

---

[32] BODEN, Margaret A. *AI*: its nature and future. Oxford: Oxford University Press, 2016, p. 46-47.

importantes",³³ de modo a desvendar um padrão de elementos que, quando se repetirem, receberão o mesmo tratamento. É o caso dos reconhecimentos por voz: sendo certo que cada pessoa possui um timbre próprio, a IA precisará encontrar os elementos comuns nos mais variados tipos para identificar quais os comandos e, aí sim, apresentar respostas.

O *feedback* também não virá do programador, mas da constatação pela própria IA se a resposta fornecida foi aceita/utilizada ou acabou sendo rejeitada, e, a partir destes novos *inputs*, aperfeiçoar a eleição dos elementos de cada comando e dos agrupamentos anteriores,³⁴ como ocorre com o agrupamento de clientes com base em seus hábitos de compra *online*, constantemente (re)construído apenas pelo agente artificial, sem participação do programador.

Finalmente, no aprendizado reforçado, a aplicação de IA aprende por análogos de recompensa e punição, informações que permitirão julgar se a resposta dada foi boa ou ruim. Essas informações podem ser acessíveis a cada resposta, como em um jogo em que cada movimento atribui uma pontuação ao jogador, ou apenas com certo atraso ou ao final de um processo, como em um jogo de xadrez, cujo resultado final definirá se os movimentos anteriores foram bons ou ruins. De todo modo, a própria aplicação de IA aprenderá a partir de seus resultados.

Para além do *machine learning*, encontrado em quase todas as aplicações de IA, existe também um processo de aprendizagem de maior complexidade, denominado *deep learning* ou aprendizagem profunda. Basicamente, tal modalidade de programação/aprendizado se utiliza de redes neurais artificiais que simulam os padrões humanos, escalonados em etapas de cognição.

A aplicação é estruturada mediante a ligação de diversas unidades (sucedâneas de neurônios) ligadas a outras unidades, cada qual recebendo e aperfeiçoando o produto realizado pela anterior. "Desse modo, uma aplicação que utilize *deep learning* vai, em uma primeira etapa, analisar uma sequência de dados para chegar em determinado padrão; em seguida vai passar esse padrão mais refinado e daí em

---

³³ WACHOWICZ, Marcos; GONÇALES, Marcos Lukas Ruthes. *Inteligência artificial e criatividade*: novos conceitos na propriedade intelectual. Curitiba: Gedai, 2019, p. 54.
³⁴ STEIBEL, Fabro; VICENTE, Victor Freitas; JESUS, Diego Santos Vieira de. Possibilidades e potenciais da utilização da inteligência artificial. In: FRAZÃO, Ana; MULHOLLAND, Caitlin. *Inteligência artificial e direito*. São Paulo: Revista dos Tribunais, 2019, p. 56.

diante",[35] permitindo assim o reconhecimento de padrões extremamente complexos e precisos nos dados.

As várias redes neurais profundas são especialmente úteis em tarefas como reconhecimento de imagem, voz, e processamento de linguagem natural. É com a aprendizagem profunda que surgem as verdadeiras técnicas eficientes para implementação de uma "inteligência artificial", que cada vez mais se aproxima do cérebro humano.[36]

4 Algumas das aplicações da IA na economia, nas relações sociais e no direito

Há décadas a IA faz parte do enredo de filmes de ficção científica:[37] em *Blade Runner* (1982), androides já aparecem como parte da trama. No filme *Matrix* (1999), a inteligência artificial controla a realidade na qual os humanos vivem. Atualmente, no século XXI, a disseminação dos sistemas dotados de inteligência artificial é uma realidade que transcende as telas do cinema, e está, exponencialmente, sendo utilizada pela população mundial.

É preciso superar este verdadeiro paradigma da vilania. Muitas pessoas ficam receosas em relação às IAs, justamente devido ao imaginário que se criou pelos filmes e séries, nos quais as máquinas são representadas como vilãs. Ao contrário do que é pintado na indústria cinematográfica, os sistemas dotados de inteligência não estão se expandindo com o intuito de destruir a humanidade, mas, na verdade, se prestam justamente a auxiliá-la.

Ruy Flávio de Oliveira sumariza diversas áreas em que a inteligência artificial está sendo integrada, obtendo resultados positivos e promissores.[38] A primeira área apontada é a produção agrícola, especialmente importante para a economia brasileira.[39] Nessa espacialidade, a IA está utilizando sua conexão à internet por meio de endereçamento

---

[35] WACHOWICZ, Marcos; GONÇALES, Marcos Lukas Ruthes. *Inteligência artificial e criatividade*: novos conceitos na propriedade intelectual. Curitiba: Gedai, 2019, p. 55.
[36] PIRES, João Miguel Neves Gusmão. *Aprendizagem profunda*: estudo e aplicações. Évora: Universidade de Évora, 2017.
[37] CARVALHO, André Carlos Ponces de Leon. Inteligência artificial: riscos, benefícios e uso responsável. *Estudos Avançados*, São Paulo, v. 35, p. 21-36, 19 abr. 2021.
[38] OLIVEIRA, Ruy Flávio de. *Inteligência artificial*. Londrina: Educacional, 2018, p. 31.
[39] O setor de agricultura contribui de forma significativa para o PIB nacional, correspondendo a 21% da soma de todas as riquezas produzidas, 43,2% das exportações brasileiras e um quinto dos empregos (EMBRAPA, 2020).

de IP, em conjunto de técnicas de análise preditiva, para otimizar a produção através de monitoramento de safras, previsão climática, automação de tarefas e melhoria genética de determinadas plantas.

A segunda é a de transporte e mobilidade: aplicativos de geolocalização e gestão de tráfego, como Waze e Google Maps, são utilizados rotineiramente pelos motoristas para indicar o caminho mais curto ou mais rápido, evitar congestionamentos, e mesmo para equiparar em conhecimento de rotas um motorista novato a um veterano, já que dispensa qualquer prévio conhecimento sobre os possíveis caminhos a serem tomados.

Na área de saúde, a IA pode ser especialmente útil no diagnóstico de doenças, através da análise ágil de grandes quantidades de dados clínicos; ainda, atua no monitoramento de pacientes e descoberta de novos medicamentos, identificando possíveis moléculas promissoras. Teresa Ludermir destaca o caso da empresa iFlytek, responsável pela criação do "médico assistente robô", o qual registra sintomas, analisa imagens e é capaz de passar o diagnóstico inicial. A máquina, inclusive, foi capaz de passar no exame nacional para licenciamento de médicos da China. A autora ressalta, todavia, que o objetivo do robô não é substituir os médicos, mas aumentar a eficiência do sistema de saúde.[40]

A quarta área mencionada relaciona-se com a cadeia de fornecimento (*supply chain*), através da previsão de demanda, gerenciamento de estoques, rastreamento de produtos e otimização de rotas de entrega. O aperfeiçoamento dos grandes *hubs* de logística, sobretudo em razão de aplicações de IA, tem permitido a criação de *market places* cada vez maiores e mais organizados, unificando a logística de vários fornecedores e assim reduzindo os custos e prazos de entrega.

Na área de manufatura, apesar da mecanização das linhas de montagem ser realidade desde a Revolução Industrial, é nítido como o implemento da IA permitiu que as máquinas desempenhem cada vez mais funções, não apenas auxiliando na parte mecânica, mas também atuando na inspeção visual, gerenciamento de qualidade e manutenção preditiva.

Por fim, merece referência os novos "assistentes virtuais", programas que utilizam inteligência artificial e tecnologias de Processamento de Linguagem Natural (PLN) para interagir com os usuários. Tais agentes artificiais são capazes de entender comandos de voz, e responder

---

[40] LUDERMIR, Teresa Bernarda. Inteligência artificial e aprendizado de máquina: estado atual e tendências. *Estudos Avançados*, São Paulo, v. 35, n. 101, abr. 2021.

de acordo. Grandes empresas já possuem assistentes virtuais próprias: em dispositivos da Apple, a Siri; da Amazon, a Alexa; da Microsoft, a Cortana; e, do Google, o Google Assistant.

A estas contribuições somam-se diversas outras, como os tradutores automáticos, que utilizam técnicas de PLN, aliadas ao *machine learning*, para traduzir outros idiomas de forma eficiente, precisa e rápida; os sistemas de reconhecimento facial, utilizados tanto no contexto da segurança pública para identificação de criminosos procurados em locais públicos, como para serviços cotidianos do cidadão, desbloqueando o celular, autenticando o usuário ou mesmo liberando catracas; os sistemas de recomendação, utilizados por plataformas como Amazon, Netflix e Spotify, os quais selecionam produtos, filmes e músicas personalizados, com base em seu histórico de visualização, traçando um perfil que cria recomendações com base nas experiências de outros usuários; dentre tantas outras aplicações já consolidadas.

Evidenciado que os sistemas inteligentes já estão há muito integrados na sociedade, é inevitável que também repercutam sobre o direito, e mais precisamente, sobre as relações jurídicas. Sem a pretensão de verticalidade, dado que o presente tema se propõe a ser um texto introdutório, cabe apenas apontar algumas das possíveis aplicações da IA no campo jurídico.

A primeira é a adoção de sistemas inteligentes na tomada de decisões. No setor público, merece destaque o já citado Projeto Victor, utilizado pelo Supremo Tribunal Federal desde 2017 e que desenvolve quatro atividades: "conversão de imagens em textos no processo digital ou eletrônico; separação do começo e do fim de um documento (peça processual, decisão etc.); separação e classificação das peças processuais mais utilizadas nas atividades do STF; e a identificação dos temas de repercussão geral de maior incidência".[41] Na mesma corte, a Rafa, inteligência artificial anunciada em 2020, tem como enfoque a otimização do fluxo de trabalho interno do STF, auxiliando servidores em tarefas como agendamento de reuniões e gestão de documentos. Outros sistemas do Sistema Tribunal Federal também atuam na detecção de plágio em processos judiciais e análise de imagens em vídeos de segurança.

---

[41] PROJETO Victor avança em pesquisa e desenvolvimento para identificação dos temas de repercussão geral. *Supremo Tribunal Federal*, 19 ago. 2021. Disponível em: https://portal.stf.jus.br/noticias/verNoticiaDetalhe.asp?idConteudo=471331&ori=1. Acesso em: 3 jul. 2023.

Em outros países, já existe aplicação de IA capaz de prever a decisões judiciais da Corte Europeia de Direitos Humanos, que "já atingiu índice de acerto em 79% dos casos, graças à capacidade de leitura de padrões não estritamente jurídicos, como delineamentos circunstanciais dos casos".[42]

No campo privado a competição promovida pela LawGeex, empresa de IA voltada a área jurídica, bem demonstra como tais agentes artificiais podem revolucionar a atividade da advocacia. A competição criada pela empresa colocava de um lado um grupo de 20 advogados experientes, e de outro um sistema de IA da companhia, e ambos deveriam analisar e revisar cinco termos de confidencialidade. Como resultado, a IA encontrou 94% das incongruências, ao passo que os advogados encontraram apenas 85%. No quesito tempo, a IA terminou a atividade em 26 segundos, enquanto a média de tempo dos advogados foi de uma hora e meia.[43]

Tais resultados não parecem ser um risco para a profissão da advocacia. Em pesquisa realizada na Inglaterra, apenas 3,5% dos entrevistados disseram acreditar que a advocacia poderá ser substituída pela IA, enquanto 40% acredita na probabilidade de substituição da atividade dos juízes pela inteligência artificial.

Ao invés de eliminar a profissão, o horizonte que se apresenta é o da enorme potencialidade de aplicação de sistemas de IA para contribuir, aprimorar e mesmo facilitar as profissões jurídicas, sobretudo por meio de assistentes pessoais que auxiliam em tarefas do dia a dia, como pesquisas, elaboração de relatórios e redação de *e-mails* ou petições simples.

Cumpre destacar ainda dois programas pioneiros em estabelecer a relação entre IA e Direito: o sistema HYPO20 e o sistema CATO.[44] O primeiro é uma IA desenvolvida pela empresa suíça Swiss Re, o qual, a partir de *machine learning*, tenta prever o resultado de processos judiciais, analisando dados de jurisprudências e avaliando as chances

---

[42] SOUZA, Carlos Affonso Pereira de; OLIVEIRA, Jordan Vinicius de. Sobre os ombros de robôs? A inteligência artificial entre fascínios e desilusões. *In*: FRAZÃO, Ana; MULHOLLAND, Caitlin. *Inteligência artificial e direito*. São Paulo: Revista dos Tribunais, 2019, p. 73.

[43] ENGELMANN, Wilson; DEIVID, Augusto Werner. Inteligência artificial e direito. *In*: FRAZÃO, Ana; MULHOLLAND, Caitlin. *Inteligência artificial e direito*. São Paulo: Revista dos Tribunais, 2019, p. 160.

[44] MARANHÃO, Juliano Souza de Albuquerque; FLORÊNCIO, Juliana Abrusio; ALMADA, Marco. Inteligência artificial aplicada ao direito e o direito da inteligência artificial. *Suprema – Revista de Estudos Constitucionais*, Brasília, v. 1, n. 1, p. 154-180, jan./jun. 2021.

de sucesso de uma ação judicial. O sistema CATO, por sua vez, foi desenvolvido pela empresa brasileira Justto, sendo uma plataforma que utiliza inteligência artificial para solucionar conflitos e gerar soluções personalizadas para as partes. Outras ferramentas que merecem destaque, nesse ponto, incluem o *software* de gestão de escritórios de advocacia, desenvolvido pela Softplan[45] em 2017, batizado de SAJ ADV, que utiliza inteligência artificial para otimizar processos e aumentar a eficiência de trabalhos jurídicos. Há, ainda, o RoboJudicial, plataforma criada pela *startup* brasileira Legal Insights em 2018 para analisar dados de casos passados e identifica padrões decisórios.

Em suma, fica evidente como as IAs já são uma realidade no campo jurídico, oferecendo ferramentas que atuam de forma a aumentar a eficiência dos processos judiciais e de seus operadores, auxiliando na coleta de dados, revisando documentos e até mesmo escrevendo petições e contratos, não deve ser vista como uma vilã, mas sim como uma ferramenta para auxiliar o jurista nas mais diversas atividades por ele praticadas. O futuro está aí, e não há como voltar atrás.

Referências

ALAN Turing law': thousands of gay men to be pardoned. *BBC News*, 20 out. 2016. Disponível em: https://www.bbc.com/news/uk-37711518. Acesso em: 3 jul. 2023.

ALEXANDRE, Laurent. *La Guerre des Intelligences*: intelligence artificielle versus intelligence humaine. Paris: Editions Jean-Claude Lattès, 2017.

BODEN, Margaret A. *AI*: its nature and future. Oxford: Oxford University Press, 2016.

CARVALHO, André Carlos Ponces de Leon. Inteligência artificial: riscos, benefícios e uso responsável. *Estudos Avançados*, São Paulo, v. 35, p. 21-36, 19 abr. 2021.

ELIASMITH, Chris; ANDERSON, Charles. *Neural Engineering*: Computation, Representation, and Dynamics in Neurobiological Systems. Boston: MIT Press, 2003.

ENGELMANN, Wilson; DEIVID, Augusto Werner. Inteligência artificial e direito. *In*: FRAZÃO, Ana; MULHOLLAND, Caitlin. *Inteligência artificial e direito*. São Paulo: Revista dos Tribunais, 2019.

KAUFMAN, Dora. Os meandros da inteligência artificial: conceitos-chave para leigos. *Estado da Arte*, 1 fev. 2018. Disponível em: https://estadodaarte.estadao.com.br/os-meandros-da-inteligencia-artificial-conceitos-chave-para-leigos/. Acesso em: 3 jul. 2023.

LUDERMIR, Teresa Bernarda. Inteligência artificial e aprendizado de máquina: estado atual e tendências. *Estudos Avançados*, São Paulo, v. 35, n. 101, abr. 2021.

---

[45] Empresa brasileira que atua, desde 1990, em soluções de *software* para diversos setores.

MARANHÃO, Juliano Souza de Albuquerque; FLORÊNCIO, Juliana Abrusio; ALMADA, Marco. Inteligência artificial aplicada ao direito e o direito da inteligência artificial. *Suprema – Revista de Estudos Constitucionais*, Brasília, v. 1, n. 1, p. 154-180, jan./jun. 2021.

MUELLER, John Paul; MASSARON, Luca. *Artificial Intelligence For Dummies*. Hoboken, New Jersey: John Wiley & Sons, 2018.

MUELLER, John Paul; MASSARON, Luca. *Data science programming all-in-one*. Hoboken, New Jersey: John Wiley & Sons, 2020.

OECD. *Recommendation of the Council on Artificial Intelligence*, de 22 de maio de 2019. Disponível em: https://legalinstruments.oecd.org/en/instruments/OECD-LEGAL-0449. Acesso em: 3 jul. 2023.

OLIVEIRA, Ruy Flávio de. *Inteligência artificial*. Londrina: Educacional, 2018.

PACHECO, Cesar Augusto Rodrigues; PEREIRA, Natasha Sophie. *Deep Learning* conceitos e utilização nas diversas áreas do conhecimento. *Revista Ada Lovelace*, [S. l.], v. 2, p. 34-49, 2018. Disponível em: http://anais.unievangelica.edu.br/index.php/adalovelace/article/view/4132. Acesso em: 3 jul. 2023.

PIRES, João Miguel Neves Gusmão. *Aprendizagem profunda*: estudo e aplicações. Évora: Universidade de Évora, 2017.

PONTI, Moacir Antonelli; COSTA, Gabriel B. Paranhos da. *Como funciona o* deep learning: tópicos em gerenciamento de dados e informações. Uberlândia: SBC, 2017.

PROJETO Victor avança em pesquisa e desenvolvimento para identificação dos temas de repercussão geral. *Supremo Tribunal Federal*, 19 ago. 2021. Disponível em: https://portal.stf.jus.br/noticias/verNoticiaDetalhe.asp?idConteudo=471331&ori=1. Acesso em: 3 jul. 2023.

RUSSELL, Stuart; NORVIG, Peter. *Inteligência artificial*. Tradução de Regina Célia Simille de Macedo. Rio de Janeiro: Elsevier, 2013.

SALES, Ana Débora Rocha. *Inteligência Artificial (IA) à luz da teoria da decisão*: um estudo sobre a utilização da IA em decisões judiciais. São Paulo: Dialética, 2023.

SANTAELLA, Lucia. *A inteligência artificial é inteligente?* Lisboa: Almedina, 2023.

SOUZA, Carlos Affonso Pereira de; OLIVEIRA, Jordan Vinicius de. Sobre os ombros de robôs? A inteligência artificial entre fascínios e desilusões. *In*: FRAZÃO, Ana; MULHOLLAND, Caitlin. *Inteligência artificial e direito*. São Paulo: Revista dos Tribunais, 2019.

STAIR, Ralph; REYNOLDS, George. *Principles of Information Systems*: A Managerial Approach. Ninth Edition. Boston: Course Technology; Cengage Learning, 2010. Disponível em: https://drive.uqu.edu.sa/_/fbshareef/files/principles%20of%20information%20systems%209th%20-stair,%20reynolds.pdf. Acesso em: 3 jul. 2023

STEIBEL, Fabro; VICENTE, Victor Freitas; JESUS, Diego Santos Vieira de. Possibilidades e potenciais da utilização da inteligência artificial. *In*: FRAZÃO, Ana; MULHOLLAND, Caitlin. *Inteligência artificial e direito*. São Paulo: Revista dos Tribunais, 2019.

SZCZEPAŃSKI, Marcin. Is data the new oil? Competition issues in the digital economy. *European Parliamentary Research Service*. Briefing, Jan. 2020. Disponível em: https://www.europarl.europa.eu/RegData/etudes/BRIE/2020/646117/EPRS_BRI(2020)646117_EN.pdf. Acesso em: 3 jul. 2023.

TANENBAUM, Andrew; BOS, Herbert. *Modern operating systems*. 4. ed. Harlow: Pearson Education, 2015.

TEPEDINO, Gustavo; SILVA, Rodrigo da Guia. Inteligência artificial e elementos da responsabilidade civil. *In*: FRAZÃO, Ana; MULHOLLAND, Caitlin. *Inteligência artificial e direito*. São Paulo: Revista dos Tribunais, 2019.

TURING, Alan. Computing Machinery and Intelligence. *Mind*, v. 59, p. 433-460, 1950. Disponível em: https://redirect.cs.umbc.edu/courses/471/papers/turing.pdf. Acesso em: 3 jul. 2023.

WACHOWICZ, Marcos; GONÇALES, Marcos Lukas Ruthes. *Inteligência artificial e criatividade*: novos conceitos na propriedade intelectual. Curitiba: Gedai, 2019.

Informação bibliográfica deste texto, conforme a NBR 6023:2018 da Associação Brasileira de Normas Técnicas (ABNT):

FÜRST, Maria Eduarda; BÜRGER, Marcelo L. F. de Macedo. Inteligência artificial: conceitos introdutórios e algumas de suas aplicações. *In*: EHRHARDT JÚNIOR, Marcos; CATALAN, Marcos; NUNES, Cláudia Ribeiro Pereira (Coord.). *Inteligência artificial e relações privadas*: possibilidades e desafios. Belo Horizonte: Fórum, 2023. v. 1. p. 19-39. ISBN 978-65-5518-576-8.

OS PRINCÍPIOS SEQUESTRADOS PELO POSITIVISMO JURÍDICO: UM MODELO À REGULAÇÃO DA INTELIGÊNCIA ARTIFICIAL NO BRASIL?

EDUARDO LUIZ BUSATTA

1 Introdução

> *Nada tem mais importância prática imediata para um advogado que as regras que governam suas estratégias e manobras, e nada produz mais indagações profundas e filosóficas que a questão do que deveriam ser essas regras.*
>
> (Ronald Dworkin)[1]

Regras e princípios. Duas expressões correntes no dia a dia de qualquer estudioso do Direito. Talvez seu uso só não seja maior que as controvérsias que têm gerado na teoria do Direito. Tais controvérsias vão desde a distinção entre ambos, passando pela natureza dos princípios (os princípios são jurídicos ou morais?), sua deontologia (os princípios são dotados de normatividade?), a forma com que surgem

---

[1] DWORKIN, Ronald. *Uma questão de princípio*. Tradução de Luís Carlos Borges. São Paulo: Martins Fontes, 2000, p. 105.

para o Direito (de onde provêm os princípios?) culminando na forma com que devem ser aplicados no caso concreto (devem atuar somente em segundo plano ou podem ser usados diretamente, criando por si só direitos e deveres?). Livros e livros foram escritos/desenvolvidos e ainda não se chegou a algo próximo do que se possa considerar pacífico, como ficará visível no desenvolvimento desta pesquisa.

O presente artigo se insere nessa temática, especialmente questionando a utilidade e adequação na regulação da inteligência artificial. Busca, assim, investigar um fenômeno relativamente recente no Brasil e que vem crescendo a cada dia, qual seja, a "positivação de princípios jurídicos" na legislação ordinária. De fato, têm sido comum, nos últimos 30 anos, ou seja, após a Constituição de 1988, as leis apresentarem disposições que elencam um ou mais "princípios", o que é, de certa forma, interessante, pois é justamente a temática dos princípios jurídicos que gerou as maiores críticas e o abalo do positivismo jurídico, considerado, grosso modo, como a visão de que somente o direito posto pode ser considerado Direito. E esse é o modelo que vem sendo pensado na regulação da inteligência artificial. Esse fenômeno – a "positivação de princípios jurídicos" na legislação ordinária – gera muitas dúvidas, dentre elas: (i) estariam os princípios jurídicos sendo *sequestrados* pelo positivismo jurídico? (ii) seriam, efetivamente, princípios jurídicos? (iii) qual sua relação com as demais regras e *princípios não positivados*? (iv) em que medida podem coadjuvar para a construção de uma adequada hermenêutica jurídica no Brasil? Contribuir para responder essas questões é o objetivo do presente trabalho.

Para tanto, inicialmente foi analisado o que se entende por positivismo jurídico e suas deficiências, análise baseada nas críticas formuladas por Ronald Dworkin, em especial de que o Direito não é um mero conjunto de regras, mas que os princípios também desempenham papel essencial.[2] Na sequência, tratou-se justamente da noção e da função dos princípios jurídicos, de como se dá sua aplicação e/ou concretização. É importante ressaltar, desde já, que não há qualquer pretensão de esgotar a matéria. A abordagem foi efetuada trazendo somente o que pode ser considerado essencial para a análise das questões a que se propõe o presente artigo. Por fim, foi traçado um inventário não exaustivo dos "princípios positivados" na legislação, com especial

---

[2] Sobre isso, ver: DWORKIN, Ronald. *Uma questão de princípio*. Tradução de Luís Carlos Borges. São Paulo: Martins Fontes, 2000; DWORKIN, Ronald. *Levando os direitos a sério*. Tradução de Nelson Boeira. 1. ed. São Paulo: Martins Fontes, 2002.

ênfase na temática da inteligência artificial, para então tentar responder as questões acima elencadas.

O trabalho foi desenvolvido via o método fenomenológico-hermenêutico – por meio da análise do fenômeno e da interpretação crítica do Direito a ele correspondente, sem olvidar que sujeito e objeto encontram-se conectados –, valendo-se da revisão bibliográfica. Os principais marcos teóricos utilizados correspondem à concepção "Direito como integridade", provinda de Ronald Dworkin, e à "Crítica Hermenêutica do Direito", de Lenio Luiz Streck, cujas obras são referenciadas no desenvolvimento desta pesquisa.

2 O positivismo jurídico

O *positivismo jurídico*[3] – ou juspositivismo – projeta-se como a teoria jurídica dominante a partir do final do século XVIII,[4] ainda que sem se apresentar sob essa nomenclatura. A expressão *positivismo jurídico* é decorrente da locução *direito positivo* e representa uma oposição à locução *direito natural*. Este é tido como um direito imutável e universal (em qualquer tempo e lugar), decorrente da razão natural ou divina, de forma que pode ser conhecido por meio da razão e, portanto, prescreve comportamentos bons ou maus por si mesmo. Já o direito positivo é a forma de direito mutável e local, posto pela vontade da pessoa (soberano) ou entidade competente (poder legislativo, povo etc.), de maneira que não lhe é inerente que os comportamentos prescritos ou proscritos sejam necessariamente bons ou maus.[5] Sobre isso, assim discorre Lenio Luiz Streck:

> Na tentativa de se opor as (*sic*) ditas abstrações jusnaturalistas, o positivismo partia daquilo que estava posto, positivado. Nesta direção aponta sua raiz etimológica, originado do latim *positivus* (*positus*: particípio passado de *ponere* – colocar, botar, + *tivus*: que designa uma relação ativa

---

[3] Quiçá fosse adequado falar em "positivismos jurídicos", dada a diversidade de "subteorias" que podem ser tidas como positivistas. Contudo, dadas às finalidades e limites da presente pesquisa, somente se fará menção a "subtipos" na medida em que for necessário sustentar o encadeamento das ideias.
[4] STRECK, Lenio Luiz. *Dicionário de hermenêutica*: quarenta temas fundamentais da teoria do direito à luz da crítica hermenêutica do Direito. Belo Horizonte: Letramento; Casa do Direito, 2017a, p. 168.
[5] BOBBIO, Norberto. *O positivismo jurídico*: lições de filosofia do direito. Nello Morra (comp.). Tradução e notas de Márcio Pugliese, Edson Bini e Carlos E. Rodrigues. São Paulo: Ícone, 1995, p. 15; p. 16-23.

ou passiva), que se refere a algo existente de modo explícito, estabelecido e/ou aceito convencionalmente.[6] (grifos do autor)

Assim, tem-se que o *positivismo jurídico* se ocupa do *direito posto*, do *direito positivado*. Seu objeto de análise é somente o direito positivado. Decorre, de tal forma, do "[...] positivismo científico, para o qual só há fatos".[7] E certamente não se pode extrair dos fatos, valores. Logo, o *positivismo jurídico* pode ser considerado como uma teoria jurídica analítica, descritiva e explicativa que se ocupa do direito como ele é e não como deveria ser. Trata-se de teoria que se pretende avalorativa,[8] por não confundir a análise do direito com sua crítica.[9] (tradução nossa)

Assim, em linhas gerais, o *positivismo jurídico* não se ocupa de prescrever o que *deve ser* o direito, mas sim o que *é* o direito. Cumpre ao jurista, nessa perspectiva, simplesmente descrever, explicar o fenômeno jurídico, sem analisá-lo, valorá-lo, adjetivá-lo como bom/ruim, justo/injusto, adequado/inadequado. Há um objeto a ser descrito, e essa descrição nada diz a respeito de "seus méritos morais"[10] – Não há, assim, preocupação com seu conteúdo.

Noberto Bobbio elenca as caraterísticas fundamentais do positivismo jurídico da seguinte forma:

a) o direito é visto como fato e não como valor;
b) o direito é definido em função de sua coação;
c) a legislação é a fonte proeminente do direito;
d) a norma jurídica é um comando a ser obedecido;
e) o ordenamento jurídico é considerado como o conjunto de normas jurídicas vigentes na sociedade;

---

[6] STRECK, Lenio Luiz. *Dicionário de hermenêutica*: quarenta temas fundamentais da teoria do direito à luz da crítica hermenêutica do Direito. Belo Horizonte: Letramento; Casa do Direito, 2017a, p. 167.

[7] STRECK, Lenio Luiz. *Dicionário de hermenêutica*: quarenta temas fundamentais da teoria do direito à luz da crítica hermenêutica do Direito. Belo Horizonte: Letramento; Casa do Direito, 2017a, p. 159.

[8] Pretensão essa que não se realiza, já que, ao escolher seu objeto de estudo, já se está valorando, ou seja, parte-se de uma pré-compreensão de que o direito positivo é melhor que qualquer outra forma de direito.

[9] CAMPBELL, Tom. El sentido del positivismo jurídico. *Doxa*. Cuadernos de Filosofía del Derecho, Traducción de Ángeles Ródenas. [Alicante, Espanha], n. 25, p. 303-331, dic. 2002. DOI: https://doi.org/10.14198/DOXA2002.25.09. Disponível em: https://doxa.ua.es/article/view/2002-n25-el-sentido-del-positivismo-juridico. Acesso em: 4 jun. 2020.

[10] STRECK, Lenio Luiz. *Dicionário de hermenêutica*: quarenta temas fundamentais da teoria do direito à luz da crítica hermenêutica do Direito. Belo Horizonte: Letramento; Casa do Direito, 2017a, p. 181.

f) a interpretação deve ser mecanicista, meramente declaratória do direito;

g) por último e mais controvertido, considera-se que] a lei deve ser obedecida enquanto tal (lei é lei).[11]

Apesar das diversas correntes do positivismo jurídico, o ponto comum entre elas é, justamente, a tese da separação, a qual determina que o direito "deve ser definido de modo que não inclua elementos morais."[12] Portanto, o conceito e a validade do direito, para o positivismo jurídico, não guarda relação necessária com a moral.[13] E complementa Lenio Luiz Streck:

> Isso porque a "Moral", diferentemente do "Direito", não seria capaz de atribuir sentido objetivo para a conduta humana, na medida em que, conceitualmente (para os defensores desta postura), um juízo moral representaria apenas projeção de uma crença subjetiva para o mundo.[14]

Esse modo de visualizar o Direito o reduz a um material jurídico estabelecido pela autoridade humana legitimada para tal.[15] Entende-se, assim, que o campo do Direito é unicamente o campo da lei, e esta define de forma soberana o que é o Direito. Sobre isso, Luís Roberto Barroso aponta o seguinte:

> O fetiche da lei e o legalismo acrítico, subprodutos do positivismo jurídico, serviram de disfarce para autoritarismos de matizes variados. A ideia de que o debate acerca da justiça se encerrava quando da positivação da norma tinha um caráter legitimador da ordem estabelecida. Qualquer ordem.[16]

---

[11] BOBBIO, Norberto. *O positivismo jurídico*: lições de filosofia do direito. Nello Morra (comp.). Tradução e notas de Márcio Pugliese, Edson Bini e Carlos E. Rodrigues. São Paulo: Ícone, 1995, p. 131-134, Adaptado.

[12] ALEXY, Robert. *Conceito e validade do direito*. Ernesto Garzón Valdés et al. (Org.). Tradução de Gercélia Batista de Oliveira Mendes. São Paulo: WMF Martins Fontes, 2009, p. 3.

[13] Cumpre esclarecer que, nesse ponto, há duas correntes do positivismo: (i) positivismo exclusivo ou excludente, para o qual o direito é identificado independentemente de seus méritos morais; (ii) positivismo inclusivo, em que o direito pode guardar conexão com a moral, se assim ele, o direito, estabelecer. Ver a esse respeito em: STRECK, Lenio Luiz. *Dicionário de hermenêutica*: quarenta temas fundamentais da teoria do direito à luz da crítica hermenêutica do Direito. Belo Horizonte: Letramento; Casa do Direito, 2017a, p. 181 *et seq*.

[14] STRECK, Lenio Luiz. *Dicionário de hermenêutica*: quarenta temas fundamentais da teoria do direito à luz da crítica hermenêutica do Direito. Belo Horizonte: Letramento; Casa do Direito, 2017a, p. 181-182.

[15] STRECK, Lenio Luiz. *Dicionário de hermenêutica*: quarenta temas fundamentais da teoria do direito à luz da crítica hermenêutica do Direito. Belo Horizonte: Letramento; Casa do Direito, 2017a, p. 159.

[16] BARROSO, Luís Roberto. *Interpretação e aplicação da Constituição*: fundamentos de uma dogmática constitucional transformadora. 7. ed. São Paulo: Saraiva, 2009, p. 326.

E, importa saber, nesse sentido, ao jurista cabe unicamente descrever o Direito. Inclusive, Hans Kelsen sustenta que o jurista, ao interpretar a lei, deverá somente indicar "as possibilidades que se apresentam no quadro do Direito a aplicar", sendo que a "escolha" pelo juiz de uma das possíveis interpretações constantes da moldura importa em um "ato de vontade" e não em um "ato de conhecimento ou intelectual".[17]

Herbert Hart, filósofo do direito e talvez o maior expoente do positivismo, entendia o ordenamento jurídico, em linhas gerais, como um conjunto composto de *regras primárias* (regras que estabelecem os direitos, deveres, obrigações, enfim, que prescrevem ou proscrevem comportamentos humanos) e de *regras secundárias* (regras que estabelecem a forma como o direito é reconhecido e modificado).[18] Este autor, reconhecendo que o sistema jurídico pode ser incompleto, ou seja, que existem espaços de "não direito", sustenta que, nesses casos, o juiz decide de forma discricionária.[19]

> No que agora interessa, partindo da percepção da *"open texture of Law"* [textura aberta da norma jurídica], Hart separa duas grandes categorias de casos: os casos previstos por normas e aqueles não previstos. A necessidade de distinção entre as categorias é justificada pela circunstância de nos primeiros existir uma resposta clara e correta provida pelo Direito, ao passo que nos segundos não. Nessa linha, nos casos não previstos, isto é, fora da rotina, os juízes teriam maior discricionariedade para solucioná-los. Vale dizer: inexistiria uma resposta correta previamente dada.[20]

---

[17] KELSEN, Hans. *Teoria pura do direito*. Tradução de João Baptista Machado. 8. ed. São Paulo: WMF Martins Fontes, 2009, p. 392-397.

[18] HART, Herbert Lionel Adolphus. *O conceito de direito*. Pós-escrito organizado por Penelope A. Bulloch e Joseph Raz. Tradução de Antonio de Oliveira Sette-Câmara. São Paulo: WMF Martins Fontes, 2009, p. 103-128.

[19] "O conflito direto mais contundente entre a teoria do direito exposta neste livro e a de Dworkin emana de minha afirmação de que sempre haverá, em qualquer sistema jurídico, casos não regulados juridicamente sobre os quais, em certos momentos, o direito não pode fundamentar uma decisão em nenhum sentido, mostrando-se o direito, portanto, parcialmente indeterminado ou incompleto. [...]. Assim, nesses casos não regulamentados juridicamente, o juiz ao mesmo tempo cria direito novo e aplica o direito estabelecido, o qual simultaneamente lhe outorga o poder de legislar e restringe esse poder". HART, 2009, p. 351.

[20] MITIDIERO, Daniel. A tutela dos direitos e a sua unidade: hierarquia, coerência e universalidade dos precedentes. *Revista dos Tribunais* [*on-line*], Thomson Reuter, Revista Brasileira da Advocacia, [Brasil], v. 3/2016, p. 161-170, out./dez. 2016, p. 2.

Da análise das posições de Hans Kelsen e de Herbert Hart, supracitadas, fica clara a despreocupação do positivismo jurídico com a decisão judicial. Não há no positivismo uma teoria de decisão judicial, pois, como visto, se enuncia venturoso somente via a realização de "escolhas" pelo juiz, baseadas em critérios externos ao Direito, sustentando, inclusive, que é mera ficção pensar que a norma tenha só uma interpretação correta.[21] Isso não deixa de ser um paradoxo, já que a razão de existir do positivismo jurídico é, justamente, a busca por segurança e certeza no Direito (que não se confunde com a moral), livrando-o do subjetivismo e do relativismo moral. Contudo, no momento da concretização do direito, da sua aplicação ao caso concreto, deixa/cede ao juiz a tarefa de "escolher" uma das interpretações possíveis (conforme Hans Kelsen) ou, na hipótese de não haver regra aplicável ao caso, dá-se ao juiz "discricionariedade" para decidir (conforme Herbert Hart), ou seja, *abre-se uma janela* para o subjetivismo entrar.[22]

3 A crítica ao positivismo e o papel dos princípios jurídicos

Contra o positivismo como um todo e especialmente a esse modo de ver a atuação do juiz (atuação supramencionada) que, diante dos casos não previstos em regras, deve agir com discricionariedade, realizando "escolhas" com base em critérios exteriores ao Direito, Ronald Dworkin formula seu "ataque geral" por meio de uma série de artigos que foram compilados posteriormente nos livros *Levando os direitos a sério*[23] e *Uma questão de princípio*.[24][25] Neles – nos artigos/livros – sustenta a inexistência de discricionariedade judicial e aponta que é possível a

---

[21] KELSEN, Hans. *Teoria pura do direito*. Tradução de João Baptista Machado. 8. ed. São Paulo: WMF Martins Fontes, 2009, p. 396.

[22] "Na verdade, no plano da decisão judicial, o que a CHD [Crítica Hermenêutica do Direito] tem a propor é que o positivismo jurídico, ao admitir a discricionariedade (e a possibilidade de o juiz lançar mão aos mais diversos argumentos de moralidade), acaba por aceitar na prática judiciária, posturas subjetivistas do juiz, o que remonta a (sic) filosofia da consciência." STRECK, Lenio Luiz. *Dicionário de hermenêutica*: quarenta temas fundamentais da teoria do direito à luz da crítica hermenêutica do Direito. Belo Horizonte: Letramento; Casa do Direito, 2017a, p. 165.

[23] DWORKIN, Ronald. *Levando os direitos a sério*. Tradução de Nelson Boeira. 1. ed. São Paulo: Martins Fontes, 2002.

[24] DWORKIN, Ronald. *Uma questão de princípio*. Tradução de Luís Carlos Borges. São Paulo: Martins Fontes, 2000.

[25] DWORKIN, Ronald. *Levando os direitos a sério*. Tradução de Nelson Boeira. 1. ed. São Paulo: Martins Fontes, 2002, p. 35.

obtenção de uma resposta correta mesmo nos casos difíceis (*hard cases*), [resposta esta] que deve ser encontrada mediante o uso de princípios jurídicos e diretrizes (políticas) de uma determinada comunidade política.[26] Sobre essa questão da discricionariedade judicial, Lenio Luiz Streck apresenta o seguinte posicionamento:

> Dworkin entende que teoria positivista é pobre e não reflete as cores do que uma sociedade democrática chama de Direito. Ou seja, que é possível pensar outra teoria jurídica mais atraente para os ideais de democracia da sociedade. Imagina, então, que a noção que parece tão clara aos positivistas de que o magistrado tem discricionariedade para decidir os casos difíceis é uma incoerência, quando contraposta ao ideal democrático.[27]

Assim, depreende-se que Ronald Dworkin se opõe à ideia de que o ordenamento jurídico é composto unicamente por regras e, portanto, incompleto, defendendo a existência de princípios jurídicos,[28] que correspondem a critérios lógicos argumentativos criados pela doutrina e jurisprudência no cotidiano do Direito e que não decorrem da regra de reconhecimento de Herbert Hart (supracitado). Os princípios funcionam como "um padrão a ser observado", por uma "exigência de justiça ou equidade ou alguma outra dimensão da moralidade."[29] São decorrentes da atividade jurídica cotidiana, da lida dos advogados e juízes com as questões jurídicas mais complexas. "A origem desses princípios enquanto princípios jurídicos não se encontra na decisão

---

[26] MITIDIERO, Daniel. A tutela dos direitos e a sua unidade: hierarquia, coerência e universalidade dos precedentes. *Revista dos Tribunais* [on-line], Thomson Reuter, Revista Brasileira da Advocacia, [Brasil], v. 3/2016, p. 161-170, out./dez. 2016, p. 2.

[27] STRECK, Lenio Luiz. O que ainda podemos aprender com a literatura sobre os princípios jurídicos e suas condições de aplicação? *Revista dos Tribunais* [on-line], Thomson Reuter, Revista de Processo, v. 258/2016, p. 1-17/p. 153-170, ago. 2016b, p. 5.

[28] "Logo, o objetivo central de Dworkin quando promove seu primeiro estudo sobre os princípios é contrapor a tradição do positivismo jurídico, em especial H. L. A. Hart, com sua redução do sistema jurídico apenas ao universo das regras e, assim, combater a tese da existência de lacunas no Orde2namento Jurídico e a possibilidade de o Judiciário agir discricionariamente para completá-las através da criação de normas jurídicas para casos concretos. Assim, separa o ordenamento jurídico em três espécies: regras, princípios e diretrizes políticas, a partir de critérios lógico-argumentativos – e não estruturais como fará Alexy. [...] Ora, uma vez que Dworkin reconhece a existência de princípios que podem prover soluções para os litígios, ele nega uma das teses básicas do positivismo jurídico, que diz respeito à existência de lacunas normativas que autorizam o magistrado a agir discricionariamente ao criar uma norma, e aplicá-la retroativamente". STRECK, 2016b, p. 6.

[29] DWORKIN, Ronald. *Levando os direitos a sério*. Tradução de Nelson Boeira. 1. ed. São Paulo: Martins Fontes, 2002, p. 36.

particular de um poder legislativo ou tribunal, mas na compreensão do que é apropriado, desenvolvida pelos membros da profissão e pelo público ao longo do tempo."[30]

Portanto, ao contrário das regras que valem pelo seu *pedigree* autoritativo,[31] ou seja, pela sua origem e autoridade, em razão de um critério formal (regra de reconhecimento), os princípios valem por seu conteúdo.[32] "A prática jurídica revela que os profissionais do direito, em particular os juízes, se valem dos princípios não porque estes são dotados de autoridade (política), mas antes em razão de sua razoabilidade e justiça."[33]

Além da distinção quanto à origem, Ronald Dworkin defende que os princípios jurídicos se diferenciam das regras por uma questão de natureza lógica, no sentido da orientação que oferecem. Assim, "as regras são aplicadas à maneira do tudo-ou-nada (*sic*)",[34] ou seja, aplicam-se diretamente aos fatos em questão ou simplesmente não se aplicam. Não há meio-termo. Já os princípios jurídicos possuem uma "dimensão de peso e importância",[35] os quais devem ser valorados pelo aplicador diante das circunstâncias do caso concreto.

Logo, não haveria espaço para a discricionariedade, pois as decisões judiciais devem observar as regras e os princípios jurídicos aplicáveis ao caso. E, não havendo regra jurídica aplicável, não ocorre um espaço de não direito, mas sim um espaço em que a decisão judicial deverá ser baseada em princípios jurídicos. A decisão judicial deve dar

---

[30] DWORKIN, Ronald. *Levando os direitos a sério*. Tradução de Nelson Boeira. 1. ed. São Paulo: Martins Fontes, 2002, p. 64.

[31] MACEDO JÚNIOR, Ronaldo Porto. *Do xadrez à cortesia*: Dworkin e a teoria do direito contemporânea. São Paulo: Saraiva, 2013, p. 165.

[32] LOPES FILHO, Juraci Mourão; LOBO, Júlio Cesar Matias; CIDRÃO, Taís Vasconcelos. O positivismo jurídico foi superado no neoconstitucionalismo? *Revista de Estudos Constitucionais, Hermenêutica e Teoria do Direito – RECHTD*, São Leopoldo, v. 10, n. 3, p. 348-361, set./dez. 2018. DOI: 10.4013/rechtd.2018.103.11. Disponível em: http://www.revistas.unisinos.br/index.php/RECHTD/article/view/rechtd.2018.103.11. Acesso em: 4 jun. 2020, p. 354.

[33] MACEDO JÚNIOR, *Do xadrez à cortesia*: Dworkin e a teoria do direito contemporânea. São Paulo: Saraiva, p. 164.

[34] DWORKIN, Ronald. *Levando os direitos a sério*. Tradução de Nelson Boeira. 1. ed. São Paulo: Martins Fontes, 2002, p. 39.

[35] DWORKIN, Ronald. *Levando os direitos a sério*. Tradução de Nelson Boeira. 1. ed. São Paulo: Martins Fontes, 2002, p. 42.

a resposta correta ao caso, à luz da coerência[36] e integridade do Direito. Afinal, "[a] integridade exige que as normas públicas da comunidade sejam criadas e vistas, na medida do possível, de modo a expressar um sistema único e coerente de justiça e equidade na correta proporção."[37]

A crítica feita por Ronald Dworkin abalou profundamente o positivismo jurídico. O próprio Herbert Hart reconheceu, então, que sua teoria deu pouca importância aos princípios jurídicos.[38] A partir de então se tornou comum falar em princípios jurídicos e na sua normatividade. Assim: "[o] que há de singular na dogmática jurídica da quadra histórica atual é o reconhecimento de sua *normatividade*."[39] (grifos do autor) Lenio Luiz Streck assevera, de tal forma que, "[...] para um princípio ser jurídico, tem de ser igualmente deontológico. Deve funcionar no código lícito-ilícito. Se não for assim, não passa de mera retórica."[40] O Direito passa, portanto, a ser visto como um sistema composto de regras e de princípios.

> O uso de princípios na aplicação do Direito no Brasil veio se tornando práxis comum desde a Constituição de 1988. Todos os ramos do Direito, lidos a partir do Texto Maior, passaram a ser compreendidos de uma perspectiva que vai além das regras jurídicas, mas que abarca também princípios, tidos igualmente como normas. Sendo assim, ao longo da tradição do positivismo jurídico, a teoria do direito saiu de um estágio no qual se negava completamente a normatividade dos princípios – por

---

[36] "De fato, uma boa parte da argumentação fundada em princípios pode ser considerada simplesmente como uma instância de busca de um ideal de coerência do sistema jurídico." MICHELON, Claudio. Principles and Coherence in Legal Reasoning (Princípios e Coerência na Argumentación Jurídica). University of Edinburgh – School of Law. Working Paper n. 2009/08, 31 Mar. 2009. Última revisão: 8 Feb. 2012. DOI: http://dx.doi.org/10.2139/ssrn.1371140. Disponível em: https://ssrn.com/abstract=1371140. Acesso em: 16 jun. 2020, p. 5.). OBS: Texto em português.

[37] DWORKIN, Ronald. *O império do direito*. Tradução de Jefferson Luiz Camargo. São Paulo: Martins Fontes, 1999, p. 264.

[38] "Mas gostaria agora de admitir que, em meu livro, eu realmente falei muito pouco sobre o tópico da decisão judicial concreta e sobre o raciocínio jurídico e, especialmente, sobre os argumentos derivados daquilo que meus críticos denominam princípios jurídicos. Admito agora, como um defeito deste livro, que a questão dos princípios só é abordada de passagem." HART, Herbert Lionel Adolphus. *O conceito de direito*. Pós-escrito organizado por Penelope A. Bulloch e Joseph Raz. Tradução de Antonio de Oliveira Sette-Câmara. São Paulo: WMF Martins Fontes, 2009, p. 335.

[39] BARROSO, Luís Roberto. *Interpretação e aplicação da Constituição*: fundamentos de uma dogmática constitucional transformadora. 7. ed. São Paulo: Saraiva, 2009, p. 329.

[40] STRECK, Lenio Luiz. As várias faces da discricionariedade no Direito Civil brasileiro: o "reaparecimento" do movimento do direito livre em *Terrae Brasilis*. *Revista dos Tribunais [on-line]*, Thomson Reuter, Revista de Direito Civil Contemporâneo, v. 8/2016, p. 1-10/p. 37-48, jul./set. 2016a, p. 7.

entende-los (*sic*) como expressão de um Direito Natural – para uma fase no qual se usou falar em *princípios gerais do Direito*; até a perspectiva do pós-positivismo quando nos depararmos com a ideia de que princípios são *espécies* do *gênero* norma jurídica, juntamente com as regras (e as *diretrizes políticas*, como afirma Dworkin).[41] (grifos do autor)

É importante ressaltar esse ponto: os princípios referidos por Ronald Dworkin – citado por Lenio Luiz Streck – não equivalem aos chamados princípios gerais do Direito, que são meros postulados estruturantes, geralmente decorrentes da razão humana, despidos de normatividade e que funcionam como "[...] axiomas de justiça necessários a partir dos quais se realiza a dedução",[42] em um modelo abstrato, no campo da teorização. Na verdade, o conteúdo dos princípios jurídicos está muito mais ligado ao caso concreto, servindo de "valor de construção puramente pragmático, restringindo sua 'lógica' à intepretação objetiva dos problemas".[43] (tradução nossa) Nesse contexto, "[...] se caracterizam por instituir o mundo prático do Direito",[44] permitindo que este se aproxime da realidade e não ocorra *uma revolta dos fatos contra ele*; são – os princípios – elementos fundantes do sentido e da normatividade do Direito e "[...] direcionam a decisão judicial para o sentido mais coerente com o todo de nossas práticas jurídicas num espaço democrático."[45]

Como mencionado, a normatividade dos princípios jurídicos é uma condição que lhe é inerente. Se não há normatividade, não se está

---

[41] STRECK, Lenio Luiz. O que ainda podemos aprender com a literatura sobre os princípios jurídicos e suas condições de aplicação? *Revista dos Tribunais* [*on-line*], Thomson Reuter, Revista de Processo, v. 258/2016, p. 1-17/p. 153-170, ago. 2016b, p. 4.

[42] OLIVEIRA, Rafael Tomaz de. *O conceito de princípio entre a otimização e a resposta correta*: aproximações sobre o problema da fundamentação e da discricionariedade das decisões judiciais a partir da fenomenologia hermenêutica. 2007. 210 f. Dissertação (Mestrado em Direito) – Faculdade de Direito, Universidade do Vale do Rio dos Sinos, São Leopoldo, 2007. Orientador: Lenio Luiz Streck. Disponível em: http://www.repositorio.jesuita.org.br/bitstream/handle/UNISINOS/2413/conceito%20de%20principio.pdf?sequence=1&isAllowed=y. Acesso em: 16 jun. 2020, f. 33.

[43] "[...] valor de construcción puramente pragmático, restringiendo su 'lógica' a la interpretación objetiva de los problemas". ESSER, Josef. *Principio y norma en la elaboración jurisprudencial del derecho privado*. Tradução do alemão por Eduardo Valentí Fiol. Barcelona: Bosch, 1961, p. 62.

[44] STRECK, Lenio Luiz. *Dicionário de hermenêutica*: quarenta temas fundamentais da teoria do direito à luz da crítica hermenêutica do Direito. Belo Horizonte: Letramento; Casa do Direito, 2017a, p. 242.

[45] STRECK, Lenio Luiz. *Dicionário de hermenêutica*: quarenta temas fundamentais da teoria do direito à luz da crítica hermenêutica do Direito. Belo Horizonte: Letramento; Casa do Direito, 2017a, p. 243.

a tratar de princípio jurídico. Contudo, é preciso deixar claro que essa normatividade se dá mediante mútua coordenação entre princípios jurídicos e regras jurídicas. Para Lenio Luiz Streck, nesse sentido, a concretização dos princípios ou a aplicação principiológica se dá sempre por meio de uma regra, pois "[...] todo princípio encontra sua realização em uma regra",[46] a fim de que ele não se afaste do Estado Democrático de Direito,[47] bem como não há regra sem princípio que a institua.[48] Logo, os princípios funcionam como normas de fechamento do sistema e não como normas de abertura.[49] E talvez nesse ponto venha ocorrendo o grande erro da doutrina e jurisprudência brasileiras[50] que, com base em uma intepretação equivocada da doutrina de Robert Alexy – ao sustentar que os princípios jurídicos são "mandamentos de otimização"[51] e que operam "no âmbito da abertura do direito positivo"[52] –, têm sido "[...] usadas para as tarefas mais diversas, solicitando delas mais do que podem oferecer, [sendo abusadas] como panaceia universal para resolver todas as linhagens de perguntas, e[, dessa forma, sejam processadas] do modo mais contraditório".[53] (tradução nossa) Ocorre, dessa forma, um verdadeiro fascínio doutrinário e uma prática judicial confusa,[54] sendo que os princípios jurídicos são utilizados para não aplicar regras claras e objetivas, em atitudes que demonstram verdadeiro desdém com a democracia. Sobre o "uso" dos princípios jurídicos, Claudio Michelon assim dispõe:

---

[46] STRECK, Lenio Luiz. *Verdade e consenso*. 6. ed. São Paulo: Saraiva, 2017b, p. 618.
[47] STRECK, Lenio Luiz. *Verdade e consenso*. 6. ed. São Paulo: Saraiva, 2017b, p. 596.
[48] STRECK, Lenio Luiz. *Verdade e consenso*. 6. ed. São Paulo: Saraiva, 2017b, p. 593.
[49] STRECK, Lenio Luiz. *Verdade e consenso*. 6. ed. São Paulo: Saraiva, 2017b, p. 600 *et seq*.
[50] Sobre isso, ver: TORRANO, Bruno. *Pragmatismo no direito*: e a urgência de um "pós-pós-positivismo" no Brasil. Rio de Janeiro: Lumen Juris, 2018, p. 86 *et seq*.
[51] ALEXY, Robert. *Conceito e validade do direito*. Org. Ernesto Garzón Valdés *et al*. (Org.). Tradução de Gercélia Batista de Oliveira Mendes. São Paulo: WMF Martins Fontes, 2009, p. 85.
[52] ALEXY, Robert. *Conceito e validade do direito*. Org. Ernesto Garzón Valdés *et al*. (Org.). Tradução de Gercélia Batista de Oliveira Mendes. São Paulo: WMF Martins Fontes, 2009, p. 84.
[53] "[...] sean usados para las tareas más diversas, se les pida más do que puedan dar, se abuse de ellos como panacea universal para resolver todo linaje de cuestiones, y se les enjuice del modo más contradictorio". ESSER, Josef. *Principio y norma en la elaboración jurisprudencial del derecho privado*. Tradução do alemão por Eduardo Valentí Fiol. Barcelona: Bosch, 1961, p. 3.
[54] NEVES, Marcelo. *Entre Hidra e Hércules*: princípios e regras constitucionais como diferença paradoxal do sistema jurídico. 3. ed. São Paulo: WMF Martins Fontes, 2019, p. 171-220.

Ironicamente, um conceito que foi originalmente elaborado como uma forma de estabelecer critérios de racionalidade que limitam a discricionariedade judicial é mais comumente associado no Brasil a um instrumento que permite ao juiz mais liberdade em relação à lei e ao direito posto. De fato, os princípios são muitas vezes utilizados por tribunais e doutrinadores como uma forma de eliminar dificuldades postas por regras complexas e/ou que destoam da concepção de justiça do juiz ou escritor.[55]

Portanto, o que era para ser a solução do problema acabou se tornando um problema ainda maior, já que, com isso, não só os *hard cases*, os espaços de não direito, passaram a ser julgados com discricionariedade, mas também, ao menos hipoteticamente, todos os casos. E isso é potencializado com uma crescente *inflação principiológica*, denominada por Lenio Luiz Streck de "pamprincipiologismo".[56]

Como ressalta Claudio Michelon, a solução para tal problema passa por uma valorização da forma do direito, resgatando a autoridade da legislação, o que significa dizer, a efetivação do resgate de seu *status* como fonte primária de aplicação, bem como identificar as formas aceitáveis de utilizar princípios na argumentação jurídica.[57] E é justamente isso que tem defendido Lenio Luiz Streck, como já demonstrado ao longo do texto, e que pode ser resumido, grosso modo – correndo o risco de se apresentar simplificações redutoras – em duas principais linhas: (i) um reduzidíssimo catálogo de princípios jurídicos elevado

---

[55] MICHELON, Claudio. Principles and Coherence in Legal Reasoning (Princípios e Coerência na Argumentacião Jurídica). University of Edinburgh – School of Law. Working Paper n. 2009/08, 31 Mar. 2009. Última revisão: 8 Feb. 2012. DOI: http://dx.doi.org/10.2139/ssrn.1371140. Disponível em: https://ssrn.com/abstract=1371140. Acesso em: 16 jun. 2020, p. 1. OBS: Texto em português.

[56] "Em linha gerais, o *pamprincipiologismo* é um subproduto das teorias axiologistas que redundaram naquilo que vem sendo chamado de neoconstitucionalismo e que acaba por fragilizar as efetivas conquistas que formaram o caldo de cultura que possibilitou a consagração da Constituição brasileira de 1988. Esse *pamprincipiologismo* faz com que – a pretexto de se estar aplicando princípios constitucionais – haja uma proliferação incontrolada de enunciados para resolver determinados problemas concretos, muitas vezes ao alvedrio da própria legalidade constitucional." STRECK, Lenio Luiz. *Dicionário de hermenêutica*: quarenta temas fundamentais da teoria do direito à luz da crítica hermenêutica do Direito. Belo Horizonte: Letramento; Casa do Direito, 2017a, p. 150; grifos do autor.

[57] MICHELON, Claudio. Principles and Coherence in Legal Reasoning (Princípios e Coerência na Argumentacião Jurídica). University of Edinburgh – School of Law. Working Paper n. 2009/08, 31 Mar. 2009. Última revisão: 8 Feb. 2012. DOI: http://dx.doi.org/10.2139/ssrn.1371140. Disponível em: https://ssrn.com/abstract=1371140. Acesso em: 16 jun. 2020, *passim*. OBS: Texto em português.

ao *status* constitucional;⁵⁸ (ii) a aplicação dos princípios em segundo plano, ou seja, por intermédio das regras jurídicas positivadas.

4 Princípios positivados na legislação ordinária: um modelo de regulação da inteligência artificial?

Tem se tornado cada vez mais frequente na legislação ordinária brasileira a "positivação de princípios". Não é incomum, até mesmo, a existência de partes da legislação destinadas a trazer, expressa e de forma agrupada, os "princípios" ligados àquele (determinado) corpo legislativo. Assim o faz, a título de exemplificação, o Código de Defesa do Consumidor (Lei nº 8.078/1990), via art. 4º; o Estatuto da Criança e do Adolescente (Lei nº 8.069/1990), em seu art. 100; o Marco Civil da Internet (Lei nº 12.965/2014), em seu art. 3º; a Lei da Mediação (Lei nº 13.140/2015), em seu art. 2º; a Lei que instituiu a Declaração de Direitos da Liberdade Econômica (Lei nº 13.874/2019), conforme se vê de seu art. 2º. O ápice parece ter ocorrido na Lei Geral de Proteção de Dados (Lei nº 13.709/2018), que "positivou" pelo menos dez princípios em seu art. 6º, estabelecendo textualmente o conteúdo de cada um deles. Por vezes, a inclusão é mais sutil, em que simplesmente se declara um "princípio", como ocorre, dentre outros tantos exemplos possíveis, no Código Civil de 2002 (Lei nº 10.406/2002), especialmente no art. 422. Inclusive, em alguns casos, até mesmo se dispensa a expressão "princípio", como ocorre no Código de Processo Civil (Lei nº 13.105/2015), especialmente nos arts. 5º ao 7º, deixando tal caracterização à doutrina e à jurisprudência.

E esse parece que será o modelo adotado pelo legislador brasileiro na regulação da inteligência artificial, como se infere do Relatório Final da Comissão de Juristas responsável por subsidiar elaboração de substitutivo sobre inteligência artificial no Brasil.⁵⁹ Da análise do texto do substitutivo, extrai-se que o art. 3º, estabelece que o desenvolvimento, implementação e uso de sistema de inteligência artificial, além da boa-fé, devem observar os princípios elencados nos seus doze incisos.⁶⁰

---

⁵⁸ Lenio Luiz Streck apresenta um catálogo de cinco princípios, conforme se pode verificar em sua obra: STRECK, Lenio Luiz. *Verdade e consenso*. 6. ed. São Paulo: Saraiva, 2017b, p. 630-650.

⁵⁹ Relatório disponível em: https://legis.senado.leg.br/comissoes/comissao?codcol=2504. Acesso em: 26 abr. 2023.

⁶⁰ "Art. 3º O desenvolvimento, implementação e uso de sistemas de inteligência artificial observarão a boa-fé e os seguintes princípios:

Essa "técnica legislativa" em uso, especialmente, a partir da década de 1990, ou seja, imediatamente após a Constituição de 1988, gera muitas dúvidas – supramencionadas na *Introdução* deste artigo –, especialmente: (i) estariam os princípios jurídicos sendo *sequestrados* pelo positivismo jurídico? (ii) seriam efetivamente princípios jurídicos? (iii) qual sua relação com as demais regras e *princípios não positivados*? (iv) em que medida podem contribuir para a construção de uma adequada hermenêutica jurídica no Brasil?

Primeiramente, parece não haver dúvida de que, ao trazer para o bojo da legislação, de forma direta e específica, o que o legislador nomina de princípios jurídicos, se está a buscar a recolocação da lei na posição preponderante de fonte do Direito. De certa forma, o positivismo jurídico "confessa" sua insuficiência, "reconhece" a importância dos princípios jurídicos e resolve se apropriar destes a fim de, absorvendo as críticas que lhe foram dirigidas – ao positivismo jurídico –, transformar sua estrutura e reconquistar sua proeminência na teoria do Direito. Esse movimento importa em um *contra-ataque* à crescente criação jurisprudencial do Direito, o que significa dizer à discricionariedade excessiva existente atualmente no Brasil – como ressaltado no item anterior. Não há dúvida de que esse "sequestro" dos "princípios jurídicos", seja por absorção ou por apropriação, pode ser considerado uma *metamorfose* do positivismo, que busca, mediante a *antropofagia dos princípios jurídicos*, se adaptar às novas necessidades do Direito.

Importante asseverar, nesse ponto, que o fenômeno em questão não pode ser simplesmente enquadrado como positivismo inclusivo (moderado ou flexível), ainda que dele possa se aproximar em certos

---

I – crescimento inclusivo, desenvolvimento sustentável e bem-estar;
II – autodeterminação e liberdade de decisão e de escolha;
III – participação humana no ciclo da inteligência artificial e supervisão humana efetiva;
IV – não discriminação;
V – justiça, equidade e inclusão;
VI – transparência, explicabilidade, inteligibilidade e auditabilidade;
VII – confiabilidade e robustez dos sistemas de inteligência artificial e segurança da informação;
VIII – devido processo legal, contestabilidade e contraditório;
IX – rastreabilidade das decisões durante o ciclo de vida de sistemas de inteligência artificial como meio de prestação de contas e atribuição de responsabilidades a uma pessoa natural ou jurídica;
X – prestação de contas, responsabilização e reparação integral de danos;
XI – prevenção, precaução e mitigação de riscos sistêmicos derivados de usos intencionais ou não intencionais e efeitos não previstos de sistemas de inteligência artificial; e
XII – não maleficência e proporcionalidade entre os métodos empregados e as finalidades determinadas e legítimas dos sistemas de inteligência artificial."

aspectos. Afinal, essa linha de pensamento positivista sustenta que, contingencialmente, é possível que uma convenção social determine que a moral deva ser utilizada para determinar a validade e a interpretação das regras jurídicas. Ou seja, a moralidade pode ser condição de legalidade.[61] A moral, para os teóricos dessa corrente, pode filtrar o Direito, pois é Direito, já que admitida pela regra de reconhecimento. Lenio Luiz Streck, explanando sobre o positivismo inclusivo, informa que: "[...] princípios morais podem servir para determinar o Direito, desde que a comunidade os tenha reconhecido com esta finalidade".[62] Não parece ser o que ocorre porventura. Afinal, a "positivação" de inúmeros "princípios jurídicos" em diversas leis visa justamente eliminar a relevância da moral na aplicação do Direito, tornando "legalista" toda [a] construção jurídica. Enquanto no positivismo inclusivo, moderado ou flexível, as fronteiras entre o Direito e a moral são enfraquecidas, com a "positivação dos princípios jurídicos" se dá justamente o oposto: o Direito afasta-se ainda mais da moral, ante a pretensão de abranger todo o Direito na legislação. A clausura dos "princípios" na lei visa, justamente, retomar a proeminência do direito posto pela autoridade legislativa legitimada.

Por isso, parece ser correto afirmar, como já explanado, que o positivismo está sofrendo uma metamorfose, uma efetiva mudança em sua estrutura, pois procura apropriar-se dos princípios jurídicos, sequestrando-os e positivando-os, tornando-os, assim, direito posto. Com isso busca, novamente, reduzir todo o Direito à legislação. Os princípios jurídicos, causa do abalo do positivismo jurídico, são pretensamente, nesse entendimento, trazidos para o bojo da legislação, como uma espécie de *contra-ataque,* com vistas à recuperação de seu caráter dominante no pensamento jurídico.

Obviamente essa pretensão deve ser rechaçada. Afinal, as consequências nefastas de reduzir o direito à lei são bastante conhecidas. Não se pode abrir mão, na atual quadra histórica, de todas as conquistas decorrentes do uso dos princípios jurídicos forjados no trabalho cotidiano dos juristas, que refletem o que é apropriado a uma determinada comunidade com base na equidade e na justiça.

---

[61] A esse respeito, ver: SHAPIRO, Scott J. *The Hart-Dworkin Debate*: A Short Guide for the Perplexed. Yale University – Law School, 5 Mar. 2007, Last revised: 23 Apr. 2017. 54 p. DOI: http://dx.doi.org/10.2139/ssrn.968657. Disponível em: https://ssrn.com/abstract=968657. Acesso em: 22 jul. 2020.

[62] STRECK, Lenio Luiz. *Dicionário de hermenêutica*: quarenta temas fundamentais da teoria do direito à luz da crítica hermenêutica do Direito. Belo Horizonte: Letramento; Casa do Direito, 2017a, p. 194.

Assim, a adoção de "princípios positivados" não pode afastar da aplicação ao caso os princípios jurídicos (na sua acepção mais ampla), que, como ensina Lenio Luiz Streck, possuem *status* constitucional. Afinal, conforme indicações de Marcos Catalan, "[...] é preciso esclarecer, regras e princípios constitucionais hão de nortear o processo de construção de todas as respostas que precisam ser dadas para cada problema surgido na multifacetada existência humana interprivada."[63]

Não se deve cair na tentação de acreditar que a mudança de estrutura aqui mencionada é suficiente para excluir ou tornar obsoletos os princípios jurídicos tal como conhecidos até então e cujo conteúdo foi abordado no item anterior. Contudo, essa possível retomada da "dignidade da legislação",[64] o que significa dizer, de maior preponderância da lei na construção do conteúdo da norma jurídica, na aplicação efetiva do Direito, do ponto de vista da democracia, pode ser bem-vinda a fim de diminuir a discricionariedade que tem sido utilizada na aplicação dos princípios jurídicos.

Some-se a isso o fato de que a crescente complexidade da sociedade tem feito com que o Direito se torne cada vez mais complexo e fragmentado. Assim, são criados, necessariamente, diplomas legais específicos a determinadas matérias, que, justamente por sua recente emergência, não possuem o caldo cultural, a historicidade institucional do Direito necessários à sua adequada aplicação. Por vezes, importante mencionar, o novo diploma legislativo visa justamente romper com a tradição até então existente. Também não é incomum que, em determinadas áreas técnicas às quais o Direito é chamado a disciplinar, como é o caso da inteligência artificial, a evolução da técnica se dê de modo rápido e constante, de forma que a mera criação de regras "fechadas" tornaria os diplomas legislativos rapidamente obsoletos. Assim, tais "princípios positivados", se corretamente aplicados, podem permitir: a) a criação de uma racionalidade própria para determinada área de atuação do Direito; b) a decisão adequada e efetiva dos novos problemas ocasionados pela evolução social e tecnológica, já que sua vagueza semântica permite uma maior adaptabilidade.

---

[63] CATALAN, Marcos. Na escuridão do labirinto, sem a companhia de Ariadne, tampouco a de Teseu: uma ligeira reflexão acerca da medida provisória da liberdade econômica. *Redes – Revista Eletrônica Direito e Sociedade*, Canoas/RS, UnilaSalle, v. 7, n. 2, p. 7-14, ago. 2019. DOI: http://dx.doi.org/10.18316/redes.v7i2.5995. Disponível em: https://revistas.unilasalle.edu.br/index.php/redes/article/view/5995. Acesso em: 22 jul. 2020, p. 11.

[64] Expressão tomada livremente de empréstimo de: WALDRON, Jeremy. *A dignidade da legislação*. Tradução de Luiz Carlos Borges. Revisão da tradução de Marina Appenzeller. São Paulo: Martins Fontes, 2003.

Certamente que, a partir de todo esse entendimento, importa saber que pode haver críticas quanto ao uso de preceitos indeterminados na legislação, especialmente em razão da insegurança que a linguagem intencionalmente vaga pode gerar, bem como em razão da "delegação de competência" do Legislativo ao Judiciário. Contudo, como assevera André Arnt Ramos, a indeterminação deliberada dos comandos legais deve ser vista, na atualidade, como uma possibilidade – e não um problema – à segurança jurídica, ao que ainda acresce:

> Os enunciados deliberadamente indeterminados, então, aparecem como alternativa. Ou, mais propriamente, como um ingrediente fundamental da segurança jurídica (possível). Daí decorre que para o regramento de temas complexos, cambiantes e sujeitos à influência de imprevisíveis combinações de fatores, como a generalidade das relações entre particulares, a estratégia normativa tendencialmente ótima deve buscar a conjugação de enunciados indeterminados vinculantes e enunciados determinados não imediatamente vinculantes (i.e.: que admitem afastamento *ab initio*).[65]

Dito isso, é certo que o simples fato de a lei ter adotado a expressão "princípio" não a constitui como tal. Significa dizer que não é a positivação que torna algo "princípio", ao menos no sentido até aqui defendido. Conforme já ressaltado, os princípios, para serem considerados como tais, devem passar pelo que pode ser chamado de *teste de tempo*. E, sobre isso, Lenio Luiz Streck reitera:

> Isso precisa ficar bem claro: não é possível nomear qualquer coisa como princípio; não é possível inventar um princípio a cada momento, como se no Direito não existisse uma história institucional a impulsionar a formação e identificação dos princípios. Princípios utilizados de maneira *ad hoc* para solucionar pseudoproblemas não são princípios, porque, tanto quanto é correto dizer que os princípios só *são* concretamente – vale dizer, na *applicatio* –, é também correta a afirmação de que princípios não existem sem a historicidade do Direito. Se é certo que os princípios são a história institucional do Direito, eles não cabem dentro de uma concepção instantaneista de tempo; eles não podem ser "criados" a partir de graus zeros de sentido.[66] (grifos do autor)

---

[65] RAMOS, André Luiz Arnt. *Segurança jurídica e enunciados normativos deliberadamente indeterminados*: o caso da função social do contrato. 2019. 228 f. Tese (Doutorado em Direito das Relações Sociais) – Universidade Federal do Paraná, Setor de Ciências Jurídicas, Programa de Pós-Graduação em Direito, Curitiba, 2019. Orientador: Eroulths Cortiano Junior, f. 134.

[66] STRECK, Lenio Luiz. *Verdade e consenso*. 6. ed. São Paulo: Saraiva, 2017b, p. 618.

Assim, uma lei pode declarar algo como princípio jurídico, mas não *constitui* algo como princípio jurídico. É possível que o legislador, reconhecendo a existência de um princípio, acabe por positivá-lo. No entanto, o princípio jurídico já existia anteriormente, independentemente de sua *textura legal*. Podem, os princípios, aparecer, "[...] eventualmente, numa escrita na Constituição e na própria legislação, mas não é esta escrituração que garante aos princípios a condição de princípio".[67] Afinal, como já ressaltado, os princípios jurídicos não se submetem às normas de reconhecimento, ao teste de *pedigree* e, à vista disso, "[...] não se encontra[m] na decisão particular de um poder legislativo ou tribunal [...]", como diz Ronald Dworkin.[68] Não há uma "mão de Midas"[69] na legislação, que transforma tudo que toca (nomina) em princípio jurídico.

Ademais, a maior parte dessas disposições também não pode ser tida como regra jurídica, já que, utilizando-se da caraterização de Ronald Dworkin, já citada, não seguem a lógica do tudo ou nada,[70] de ser simplesmente aplicável ou não aplicável a um dado fato. Funcionam muito mais em uma dimensão de peso, como no caso dos princípios jurídicos propriamente ditos. Toma-se como exemplo o "princípio" da prevenção estabelecido no art. 6º, VIII, da Lei Geral de Proteção de Dados Pessoais (LGPD) e no XI do substitutivo em trâmite no Senado Federal tratando da inteligência artificial, supracitado: ele evoca, nos termos positivados na LGPD, a "[...] adoção de medidas para prevenir a ocorrência de danos em virtude do tratamento de dados pessoais".[71] Ou seja, traz para o bojo da atividade relativa ao tratamento de dados pessoais a necessidade de atuação proativa, técnica, científica e economicamente voltada à evitabilidade do dano. Cumpre aos agentes de tratamento de dados, nessa perspectiva, a efetiva averiguação dos

---

[67] STRECK, Lenio Luiz. *Verdade e consenso*. 6. ed. São Paulo: Saraiva, 2017b, p. 618.
[68] DWORKIN, Ronald. *Levando os direitos a sério*. Tradução de Nelson Boeira. 1. ed. São Paulo: Martins Fontes, 2002, p. 64.
[69] Expressão tomada livremente de empréstimo de: POSCHER, Ralf. A mão de Midas: quando conceitos se tornam jurídicos ou esvaziam o debate Hart-Dworkin. *Revista de Estudos Constitucionais, Hermenêutica e Teoria do Direito* – RECHTD, São Leopoldo, UNISINOS, v. 10, n. 1, p. 2-13, jan./abr. 2018. DOI: 10.4013/rechtd.2018.101.01. Disponível em: http://revistas.unisinos.br/index.php/RECHTD/article/view/rechtd.2018.101.01. Acesso em: 16 jun. 2020.
[70] DWORKIN, Ronald. *Levando os direitos a sério*. Tradução de Nelson Boeira. 1. ed. São Paulo: Martins Fontes, 2002, p. 39.
[71] BRASIL. *Lei n. 13.709, de 14 de agosto de 2018*. Lei Geral de Proteção de Dados Pessoais (LGPD). Brasília, DF: Presidência da República, 2018. Disponível em: http://www.planalto.gov.br/ccivil_03/_ato2015-2018/2018/lei/L13709.htm. Acesso em: 15 abr. 2020.

riscos que recaem sobre sua atividade, o mapeamento dos pontos críticos e a realização das ações necessárias à mitigação dos riscos.

Parece difícil enquadrá-lo, nessa medida, como mera regra jurídica, já que não é possível pensar na sua aplicação na lógica do tudo ou nada (exige-se total prevenção ou nenhuma prevenção diante de determinado caso), sendo muito mais adequado pensar em dimensão ou peso de sua aplicação diante do caso concreto.

A partir desse sentido, há de se levar em conta que, se não se pode considerar tais disposições, por si só, como princípios jurídicos (no sentido apropriado dos marcos teóricos já citados), e também a grande maioria delas não pode ser vista como meras regras jurídicas, qual seria então sua correta classificação? Poder-se-ia nominá-los como princípios setoriais,[72] princípios dogmáticos, subprincípios etc. Contudo, importaria em criar maiores dificuldades para a já muito complicada experiência brasileira a respeito dos princípios jurídicos. Assim, parece ser adequado pensar na definição de "arquétipo legal"[73] (tradução nossa) formulada por Jeremy Waldron, não só por sua nomenclatura, mas também pelo desenvolvimento de sua(s) função(ões).

Jeremy Waldron é rotulado por muitos como um positivista ou mesmo um formalista; ele próprio se descreve como um textualista.[74] Isso parece indicar que ele possui maior apreço ao direito posto do que Ronald Dworkin, que é comumente tido como um interpretativista. Apesar das críticas que dirige ao que poderia ser considerado como "hipertrofia do poder judiciário"[75] na teoria do direito de Ronald Dworkin, Jeremy Waldron concorda com a visão daquele a respeito dos princípios e regras, porém afirma ir um pouco mais além. Sustenta, nesse sentido, ser possível encontrar no Direito disposições legais que

---

[72] VIGO, Rodolfo Luis. *Interpretação jurídica*: do modelo juspositivista-legalista do século XIX às novas perspectivas. Tradução de Susana Elena Dalle Mura. São Paulo: Revista dos Tribunais, 2005, p. 128.

[73] WALDRON, Jeremy. *Torture and Positive Law*: Jurisprudence for the White House. UC Berkeley: Kadish Center for Morality, Law and Public Affairs. Victoria University of Wellington, New Zealand, 30 Sept. 2004. 66 p. Disponível em: https://escholarship.org/uc/item/23d27577. Acesso em: 1 jun. 2020, p. 47.

[74] Ver a respeito em: MORBACH, Gilberto. *A terceira via de Jeremy Waldron*. 2019. 211 f. Dissertação (Mestrado em Direito Público) – Universidade do Vale do Rio dos Sinos, Programa de Pós-Graduação em Direito, São Leopoldo, 2019. Orientador: Lenio Luiz Streck. Disponível em: http://www.repositorio.jesuita.org.br/bitstream/handle/UNISINOS/8965/Gilberto%20Morbach_.pdf?sequence=1&isAllowed=y. Acesso em: 1 jun. 2020, f. 195-196.

[75] Acerca disso, ver: WALDRON, Jeremy. *Contra el gobierno de los jueces*: ventajas y desventajas de tomar decisiones por mayoria en el Congresso y en los tribunales. BERTOMEU, Juan F. González (coord.). Tradução de Leonardo Garcia Jaramillo, Federico Jorge Gaxiola e Santiago Virgües Ruiz. Buenos Aires: Siglo XXI, 2008.

podem ser consideradas como um terceiro gênero, ainda que híbrido,⁷⁶ que se colocam entre as regras e os princípios, possuindo características de ambos, o que nomina de "arquétipo legal".

> Quando uso o termo "arquétipo", refiro-me a um item específico (ou a vários itens) em um sistema normativo que tem um significado que vai além de seu conteúdo normativo imediato, um significado decorrente do fato de fornecer, resumir ou produzir de forma vívida para nós, ou parece fornecer a chave para o ponto, propósito, política ou princípio (ou um dos pontos, propósitos, políticas ou princípios) de toda uma área do direito.⁷⁷ (tradução nossa)

Trata-se, portanto, de "[...] um símbolo subjacente a certas áreas do direito e que serve a este como matriz".⁷⁸ (tradução nossa) Os arquétipos legais seriam, portanto, disposições legais paradigmáticas de uma determinada área do Direito, justamente pelo fato de positivar os fundamentos relevantes, os motivos, as razões que o legislador tomou em consideração quando da elaboração da lei.

E, em linha de princípio, como ocorre com os princípios em Ronald Dworkin e Lenio Luiz Streck, os arquétipos legais exercem uma função em segundo plano, ou seja, direcionam a aplicação das regras jurídicas. Contudo, operam também em primeiro plano, da mesma forma que as regras jurídicas, criando diretamente direitos e obrigações. E, ao desempenharem essa função, vão além do que exigem seus próprios termos.⁷⁹

---

[76] Ver dados em: PLAXTON, Michael. Reflections on Waldron's Archetypes. *Law & Philosophy*, [s. l.], v. 30, n. 1, p. 77-103, jan. 2011. DOI: https://doi.org/10.1007/s10982-010-9084-8. Disponível em: https://search.ebscohost.com/login.aspx?direct=true&db=sih&AN=55511343&lang=pt-br&site=ehost-live. Acesso em: 17 jun. 2020.

[77] "When I use the term 'archetype', I mean a particular item (or ste of items) in a normative system which has a significance going beyond its immediate normative content, a significance stemming from the fact that it furnishes or sums up or makes vivid to us or seems to provide the key to the point, purpose, policy, or principle (or one of the points, purposes, policies, or principles) of a whole area of law". WALDRON, Jeremy. *Torture and Positive Law*: Jurisprudence for the White House. UC Berkeley: Kadish Center for Morality, Law and Public Affairs. Victoria University of Wellington, New Zealand, 30 Sept. 2004. 66 p. Disponível em: https://escholarship.org/uc/item/23d27577. Acesso em: 1 jun. 2020, p. 47.

[78] "[...] un símbolo que subyace a ciertas áreas del derecho y que le sirve de matriz". GALLEGO SAAD, Javier. La teoría 'dworkiniana' del razonamiento jurídico de Jeremy Waldron: el eslabón ignorado. *Isonomía*, n. 50, p. 6-48, 21 fev. 2019. DOI: 10.5347/50.2019.160. Disponível em: http://www.isonomia.itam.mx/index.php/revista-cientifica/article/view/160/395. Acesso em: 25 jun. 2020, p. 29.

[79] WALDRON, Jeremy. *Torture and Positive Law*: Jurisprudence for the White House. UC Berkeley: Kadish Center for Morality, Law and Public Affairs. Victoria University of

A ideia de um arquétipo, então, é a ideia de uma regra ou disposição legal positiva que opere não apenas por sua própria conta e não se limite a uma simples relação cumulativa com outras disposições, mas também opere de maneira que expresse ou sintetize o espírito de toda uma área estruturada de doutrina, e fá-lo-á de maneira vívida, eficaz e pública, estabelecendo o significado dessa área para o empreendimento legal inteiro.[80] (tradução nossa)

Para Gilberto Morbach – o qual defende que a teoria do Direito desenvolvida por Jeremy Waldron pode ser vista como uma terceira via entre o positivismo jurídico e o interpretativismo de Ronald Dworkin –, a noção de arquétipo cunhada por Jeremy Waldron

[...] representa uma norma jurídica que, porque paradigmática e representativa da lógica e da *função* própria do sistema a que pertence, estabelece o significado jurídico autêntico da área em questão; ao assim funcionar, permite exatamente o tipo de interpretação que o império da lei exige dos juízes diante de *hard cases*.[81] (grifos do autor)

Realmente não se podem considerar os "princípios positivados" como meras regras, não só, como já defendido, por não se ajustarem à lógica do tudo ou nada, própria das regras jurídicas, dada sua textura intencionalmente aberta ou vaga, como também pela clara opção legislativa de colocá-los em evidência, como emblemas ou ícones[82] (tradução nossa) de todo o corpo legislativo ao qual estão inseridos. Trazem à luz, normalmente, a força de uma dada razão, da motivação legislativa

---

Wellington, New Zealand, 30 Sept. 2004. 66 p. Disponível em: https://escholarship.org/uc/item/23d27577. Acesso em: 1 jun. 2020, *passim*.

[80] "The idea of an archetype, then, is the idea of a rule or positive law provision that operates not just on its own account, and does not just stand simply in a cumulative relation to other provisions, but operates also in a way that expresses or epitomizes the spirit of a whole structured area of doctrine, and does so vividly, effectively, publicly, establishing the significance of that area for the entire legal enterprise". WALDRON, Jeremy. *Torture and Positive Law*: Jurisprudence for the White House. UC Berkeley: Kadish Center for Morality, Law and Public Affairs. Victoria University of Wellington, New Zealand, 30 Sept. 2004. 66 p. Disponível em: https://escholarship.org/uc/item/23d27577. Acesso em: 1 jun. 2020, p. 47.

[81] MORBACH, Gilberto. *A terceira via de Jeremy Waldron*. 2019. 211 f. Dissertação (Mestrado em Direito Público) – Universidade do Vale do Rio dos Sinos, Programa de Pós-Graduação em Direito, São Leopoldo, 2019. Orientador: Lenio Luiz Streck. Disponível em http://www.repositorio.jesuita.org.br/bitstream/handle/UNISINOS/8965/Gilberto%20Morbach_.pdf?sequence=1&isAllowed=y. Acesso em: 1 jun. 2020, f. 196.

[82] PLAXTON, Michael. Reflections on Waldron's Archetypes. *Law & Philosophy*, [s. l.], v. 30, n. 1, p. 77-103, jan. 2011. DOI: https://doi.org/10.1007/s10982-010-9084-8. Disponível em: https://search.ebscohost.com/login.aspx?direct=true&db=sih&AN=55511343&lang=pt-br&site=ehost-live. Acesso em: 17 jun. 2020.

que culminou na criação da lei. Assim, as razões e as motivações do legislador deixam de estar implícitas e passam a ser expressamente declaradas. Tornam-se padrões normativos. Portanto, a aplicação de todas as demais regras do corpo jurídico específico deve ser feita à luz daquele(s) arquétipo(s). Isso faz com que os arquétipos legais reforcem a coerência que deve existir no corpo jurídico e nas decisões administrativas e judiciais deles decorrentes.[83] Mas não só isso. A aplicação direta, em primeiro plano, também é admissível. Assim, se diante de um determinado caso concreto não houver regra específica a ser aplicada, se necessário for, poderá ocorrer aplicação direta do arquétipo legal. Afinal, não cabe aos arquétipos legais a crítica dirigida aos princípios jurídicos de que sua aplicação direta não é democrática.[84] Os arquétipos

---

[83] A respeito da noção de coerência e sistematicidade em Jeremy Waldron, ver: MORBACH, Gilberto. *A terceira via de Jeremy Waldron*. 2019. 211 f. Dissertação (Mestrado em Direito Público) – Universidade do Vale do Rio dos Sinos, Programa de Pós-Graduação em Direito, São Leopoldo, 2019. Orientador: Lenio Luiz Streck. Disponível em http://www.repositorio.jesuita.org.br/bitstream/handle/UNISINOS/8965/Gilberto%20Morbach_.pdf?sequence=1&isAllowed=y. Acesso em: 01 jun. 2020, f. 152 *et seq.*

[84] "É nesse sentido que, ao ser anti-relativista (sic), a hermenêutica funciona como uma blindagem contra interpretações arbitrárias e discricionariedades e/ou decisionismos por parte dos juízes. Mais do que isso, a hermenêutica será antipositivista, colocando-se como contraponto à admissão de múltiplas respostas advogadas pelos diversos positivismos (pensemos, aqui, nas críticas de Dworkin a Hart). Nesse sentido, lembro que a noção de 'positivismo' é entendida, neste texto e no restante de minhas obras, a partir de sua principal característica: a discricionariedade, que ocorre a partir da 'delegação' em favor dos juízes para a resolução dos casos difíceis (não 'abarcados' pela regra). A *holding* da discussão encontra-se nas críticas dirigidas a Herbert Hart por Ronald Dworkin, para quem o juiz não possui discricionariedade para solver os hard cases.
Insisto e permito-me repetir: *antes de tudo, trata-se de uma questão de democracia*. Por isso, deveria ser despiciendo acentuar ou lembrar que a crítica à discricionariedade judicial não é uma 'proibição de interpretar'. Ora, interpretar é dar sentido (Sinngebung). É fundir horizontes. E direito é um sistema de regras e princípios, 'comandado' por uma Constituição. Que as palavras da lei (*lato sensu*) contêm vaguezas e ambigüidades (sic) e que os princípios podem ser – e na maior parte das vezes são – mais 'abertos' em termos de possibilidades de significado, não constitui nenhuma novidade (até os setores que primam pela estandardização do direito e que praticam uma espécie de 'neopentecostalismo jurídico', já perceberam essa característica 'lingüística' (sic) dos textos jurídicos). O que deve ser entendido é que a aplicação desses textos (isto é, a sua transformação em normas) não depende de uma subjetividade assujeitadora (esquema sujeito-objeto), como se os sentidos a serem atribuídos fossem fruto da vontade do intérprete, como que a dar razão a Kelsen, para quem a interpretação a ser feita pelos juízes é um ato de vontade (sic).
O 'drama' da discricionariedade aqui criticada é que esta transforma os juízes em legisladores. Isso enfraquece a autonomia do direito conquistada principalmente no paradigma do Estado Democrático de Direito. Combater a discricionariedade não significa dizer que os juízes não criam o direito (sem olvidar o relevante fato de que, no mais das vezes, a discricionariedade se transforma em arbitrariedade, soçobrando, assim, o direito produzido democraticamente). Mas não é esse tipo de criação judicial que está em causa no debate Dworkin-Hart e, tampouco, nas críticas que faço ao positivismo à luz da hermenêutica filosófica." STRECK, Lenio Luiz. Da "justeza dos nomes" à "justeza da resposta"

legais, na forma defendida por Jeremy Waldron – e que aqui se defende – configuram-se como direito posto pelo Poder Legislativo.

Tomando-se como exemplo, novamente, o "princípio" da prevenção estabelecido no art. 6º, VIII, da Lei Geral de Proteção de Dados Pessoais,[85] resta claro que o legislador fez uma escolha declarada de que, em tal matéria, deve-se priorizar o agir prévio com o propósito de evitar ou minorar o dano, mudando a racionalidade comum no Direito Civil de que, uma vez ocorrido o dano, busca-se indenizar a vítima. Essa disposição legal opera, inicialmente, em segundo plano, tal qual e juntamente com os princípios jurídicos propriamente ditos, iluminando, conformando, colaborando com a aplicação das demais regras jurídicas estabelecidas na referida lei, fazendo emergir a norma jurídica aplicável ao caso. Entretanto, se necessário for, diante do caso concreto em que não haja uma regra jurídica preestabelecida, é absolutamente admissível a sua aplicação direta e imediata, ou seja, como fundamento mais próximo, na decisão judicial ou administrativa.

É verdade que os arquétipos legais se aproximam das chamadas cláusulas gerais,[86] em razão da sua linguagem intencionalmente vaga ou aberta. Contudo, as cláusulas gerais guardam um aspecto mais voltado à ética ou a um especial modo de exercer os direitos subjetivos, enquanto os arquétipos legais revelam um caráter mais fundante, estruturante do diploma legislativo, aproximando-se, nesse aspecto, dos chamados princípios gerais do direito, das motivações do legislador, da *mens legis*. Assim, a boa-fé objetiva positivada em muitos diplomas legislativos funciona como cláusula geral, ou seja, uma disposição legal semanticamente aberta que impõe que o exercício dos direitos subjetivos seja realizado de forma ética. Não há nela caráter estruturante ou fundante, ainda que especialmente relevante. Diferentemente, no caso da presunção de vulnerabilidade do consumidor, positivada no já citado art. 4º do Código de Defesa do Consumidor,[87] em que fica

---

constitucional. *Revista dos Tribunais* [on-line], Thomson Reuter, Revista do Instituto dos Advogados de São Paulo, v. 22/2008, p. 1-21/p. 134-154, jul./dez. 2008, p. 10.

[85] BRASIL. *Lei n. 13.709, de 14 de agosto de 2018*. Lei Geral de Proteção de Dados Pessoais (LGPD). Brasília, DF: Presidência da República, 2018. Disponível em: http://www.planalto.gov.br/ccivil_03/_ato2015-2018/2018/lei/L13709.htm. Acesso em: 15 abr. 2020.

[86] A respeito das cláusulas gerais, ver: MARTINS-COSTA, Judith. *A boa-fé no direito privado*: sistema e tópica no processo obrigacional. São Paulo: Revista dos Tribunais, 2000.

[87] BRASIL. *Lei 8.078, de 11 de setembro de 1990*. Dispõe sobre a proteção do consumidor e dá outras providências. Legislação informatizada. Brasília. DF: Presidência da República, 1990b. Disponível em: https://www2.camara.leg.br/legin/fed/lei/1990/lei-8078-11-setembro-1990-365086-publicacaooriginal-1-pl.html. Acesso em: 16 jun. 2020.

evidente o caráter de estruturação de todo o diploma legislativo a partir de tal marco. Significa dizer, toda a proteção conferida ao consumidor pelo referido Código decorre justamente do reconhecimento de sua vulnerabilidade. Essas diferenças demonstram claramente que se pode enquadrar a vulnerabilidade do consumidor como arquétipo legal, enquanto a boa-fé deve ser vista como cláusula geral.[88]

A admissão dos arquétipos legais pode ser capaz de contribuir para uma adequada hermenêutica jurídica, inclusive em sede de regulação da inteligência artificial. Afinal, os arquétipos legais, facilmente constatáveis nos textos legais, resumem, de forma paradigmática, a lógica e a função do sistema a que pertencem, por positivar os fundamentos relevantes, os motivos, as razões que o legislador tomou em consideração quando da elaboração da lei, trazendo coerência para o ramo jurídico em questão e mediando a concretização das regras e princípios jurídicos propriamente ditos, que permitem a inserção do mundo fático no Direito. Assim, operando ao lado das regras e dos princípios jurídicos, numa circular colaboração na construção das normas jurídicas, os arquétipos podem importar em uma revalorização da forma do Direito, tornando mais democrático o uso dos princípios jurídicos, colaborando na aplicação adequada do Direito.[89]

Por ser um elemento menos abstrato do que os princípios jurídicos, os arquétipos legais podem servir de bússola na adequada concretização dos princípios e regras. Não se quer dizer aqui que os arquétipos legais devem determinar o sentido dos princípios jurídicos, mas sim que

---

[88] É importante ressaltar esse ponto. Da mesma forma que se defendeu que o simples fato de o legislador nominar algo como princípio não o torna princípio jurídico, não se está defendendo aqui que a simples designação de algo como princípio pelo legislador vá convertê-lo, só por isso, em arquétipo legal. A nominação serve apenas como indício, competindo a verificação, caso a caso, se é possível enquadrar a disposição como arquétipo legal.

[89] "Não basta dizer, pois, que o direito é concretude, e que 'cada caso é um caso', como é comum na linguagem dos juristas. Afinal, é mais do que evidente que o direito é concretude e que é feito para resolver casos particulares. O que não é evidente é que o processo interpretativo é *applicatio*, entendida no sentido da busca da coisa mesma (*Sache selbst*), isto é, do não esquecimento da diferença ontológica. O direito é parte integrante do próprio caso e uma questão de fato é sempre uma questão de direito e vice-versa. Hermenêutica não é filologia. É impossível cindir a compreensão da aplicação. Uma coisa é 'deduzir' de um *topos* ou de uma lei o caso concreto; outra é entender o direito como aplicação: na primeira hipótese, estar-se-á entificando o ser; na segunda, estar-se-á realizando a aplicação de índole hermenêutica, a partir da idéia (*sic*) de que o ser é sempre ser-em (*in Sein*)". STRECK, Lenio Luiz. Bases para a compreensão da hermenêutica jurídica em tempos de superação do esquema sujeito-objeto. *Revista Seqüência*, n. 54, p. 34, jul. 2007. Disponível em: https://periodicos.ufsc.br/index.php/sequencia/article/download/15066/13733. Acesso em: 23 jul. 2020; grifos do autor.

sua utilização pode ajudar a reduzir a discricionariedade comumente presente na prática judicial brasileira quando da "escolha" do princípio aplicável ao caso e na "escolha" do conteúdo deste princípio.

Assim, o que se propõe é que os arquétipos legais funcionem como uma "ponte de sentido" entre as regras e os princípios jurídicos, uma via de mão dupla, não linear, mas circular, contribuindo, assim, com a coerência e integridade do Direito, bem como pela busca da resposta constitucionalmente adequada ao caso – a cada caso.

5 Conclusão

Conforme restou demonstrado no desenvolvimento da presente pesquisa, o positivismo jurídico pode ser tido como uma teoria jurídica analítica, descritiva e explicativa que se ocupa do direito como ele é e não como deveria ser. Seu objeto de estudo é o direito posto, de forma que reduz o direito ao material jurídico posto pela autoridade legitimada para tanto. Separa o Direito da Moral (tese da separabilidade), de maneira que não lhe é inerente que os comportamentos prescritos ou proscritos sejam necessariamente bons ou maus. Também não dispõe de uma teoria da decisão jurídica, de forma que aceita que o juiz julgue com discricionariedade nas hipóteses de inexistência de regra jurídica aplicável ao caso, ou que proceda à escolha de uma das possíveis interpretações dos textos legais (tese da discricionariedade).

Essa forma de ver o Direito restou profundamente abalada em razão das críticas dirigidas por Ronald Dworkin, especialmente no que concerne a que o Direito não é um mero conjunto de regras oriundo da autoridade legitimada, bem como que o juiz não age discricionariamente ao julgar, mesmo nas hipóteses de casos não abrangidos por regras, mas julga mediante o uso de princípios jurídicos, de forma que somente pode se admitir uma única resposta correta para cada caso.

A "positivação de princípios" na legislação ordinária brasileira após a Constituição de 1988, que pode ser tida como uma tentativa de sequestro dos princípios pelo positivismo jurídico, demonstra que este está sofrendo uma metamorfose, uma efetiva mudança em sua estrutura, mediante a apropriação dos princípios jurídicos, tornando-os, assim, direito posto. Com isso busca, novamente, reduzir todo o Direito à legislação.

Conforme demonstrado, os princípios jurídicos, na forma que o Direito, como integridade, e a Crítica Hermenêutica do Direito os entende, não são frutos de textos positivados, mas sim da experiência jurídica, do caldo cultural próprio de uma determinada comunidade jurídica. Nessa medida, os "princípios positivados" pelo legislador devem ser considerados, quando não forem meras regras ou cláusulas gerais, como arquétipos legais, ou seja, como normas paradigmáticas de uma dada lei ou conjunto de leis, demonstrando a força de uma dada razão, da motivação legislativa que culminou na criação da lei. Funcionam como elementos normativos estruturantes ou fundantes da racionalidade jurídica setorial.

Os arquétipos legais operam inicialmente em segundo plano, o que significa dizer, iluminando, juntamente com as regras e os princípios jurídicos, a construção de sentido e aplicação das normas jurídicas. Podem exercer a função de "ponte de sentido" entre as regras e os princípios jurídicos, uma via de mão dupla, não linear, mas circular, contribuindo, assim, com a coerência e integridade do Direito. Também podem operar de forma direta e imediata, em primeiro plano, independentemente da existência de regra jurídica específica, já que a eles não se pode dirigir a crítica que é dirigida aos princípios jurídicos, no sentido de que sua aplicação direta seria não democrática.

Vistos dessa forma, os arquétipos legais podem coadjuvar para a construção de uma adequada hermenêutica jurídica no Brasil, auxiliando na revalorização da forma do Direito e tornando mais democrático (menos discricionário) o uso dos princípios jurídicos.

Isso é particularmente relevante em sede de inteligência artificial, diante da recente emergência da técnica, seu rápido desenvolvimento e os grande riscos potenciais em face dos direitos fundamentais.

Referências

ALEXY, Robert. *Conceito e validade do direito*. Ernesto Garzón Valdés *et al.* (Org.). Tradução de Gercélia Batista de Oliveira Mendes. São Paulo: WMF Martins Fontes, 2009.

BARROSO, Luís Roberto. *Interpretação e aplicação da Constituição*: fundamentos de uma dogmática constitucional transformadora. 7. ed. São Paulo: Saraiva, 2009.

BOBBIO, Norberto. *O positivismo jurídico*: lições de filosofia do direito. Nello Morra (comp.). Tradução e notas de Márcio Pugliese, Edson Bini e Carlos E. Rodrigues. São Paulo: Ícone, 1995.

BRASIL. *Lei 8.069, de 13 de julho de 1990*. Dispõe sobre o Estatuto da Criança e do Adolescente e dá outras providências. Brasília. DF: Presidência da República, 1990a. Disponível em: http://www.planalto.gov.br/ccivil_03/leis/l8069.htm. Acesso em: 16 jun. 2020.

BRASIL. *Lei 8.078, de 11 de setembro de 1990.* Dispõe sobre a proteção do consumidor e dá outras providências. Legislação informatizada. Brasília. DF: Presidência da República, 1990b. Disponível em: https://www2.camara.leg.br/legin/fed/lei/1990/lei-8078-11-setembro-1990-365086-publicacaooriginal-1-pl.html. Acesso em: 16 jun. 2020.

BRASIL. *Lei 10.406, de 10 de janeiro de 2002.* Institui o Código Civil. Brasília. DF: Presidência da República, 2002. Disponível em: http://www.planalto.gov.br/ccivil_03/leis/2002/L10406compilada.htm. Acesso em: 16 jun. 2020.

BRASIL. *Lei 12.965, de 23 de abril de 2014.* Estabelece princípios, garantias, direitos e deveres para o uso da Internet no Brasil. Brasília. DF: Presidência da República, 2014. Disponível em: http://www.planalto.gov.br/ccivil_03/_ato2011-2014/2014/lei/l12965.htm. Acesso em: 16 jun. 2020.

BRASIL. *Lei 13.105, de 16 de março de 2015.* Código de Processo Civil. Brasília. DF: Presidência da República, 2015a. Disponível em: http://www.planalto.gov.br/ccivil_03/_ato2015-2018/2015/lei/l13105.htm. Acesso em: 16 jun. 2020.

BRASIL. *Lei 13.140, de 26 de junho de 2015.* Dispõe sobre a mediação entre particulares como meio de solução de controvérsias e sobre a autocomposição de conflitos no âmbito da administração pública; altera a Lei nº 9.469, de 10 de julho de 1997, e o Decreto nº 70.235, de 6 de março de 1972; e revoga o §2º do art. 6º da Lei nº 9.469, de 10 de julho de 1997. Brasília. DF: Presidência da República, 2015b. Disponível em: https://www.planalto.gov.br/ccivil_03/_ato2015-2018/2015/lei/l13140.htm. Acesso em: 16 jun. 2020.

BRASIL. *Lei n. 13.709, de 14 de agosto de 2018.* Lei Geral de Proteção de Dados Pessoais (LGPD). Brasília, DF: Presidência da República, 2018. Disponível em: http://www.planalto.gov.br/ccivil_03/_ato2015-2018/2018/lei/L13709.htm. Acesso em: 15 abr. 2020.

BRASIL. *Lei 13.874, de 20 de setembro de 2019.* Institui a Declaração de Direitos de Liberdade Econômica; estabelece garantias de livre mercado; altera as Leis nos 10.406, de 10 de janeiro de 2002 (Código Civil), 6.404, de 15 de dezembro de 1976, 11.598, de 3 de dezembro de 2007, 12.682, de 9 de julho de 2012, 6.015, de 31 de dezembro de 1973, 10.522, de 19 de julho de 2002, 8.934, de 18 de novembro de 1994, o Decreto-Lei nº 9.760, de 5 de setembro de 1946 e a Consolidação das Leis do Trabalho, aprovada pelo Decreto-Lei nº 5.452, de 1º de maio de 1943; revoga a Lei Delegada nº 4, de 26 de setembro de 1962, a Lei nº 11.887, de 24 de dezembro de 2008, e dispositivos do Decreto-Lei nº 73, de 21 de novembro de 1966; e dá outras providências. Brasília. DF: Presidência da República, 2019. Disponível em: http://www.planalto.gov.br/ccivil_03/_ato2019-2022/2019/lei/L13874.htm. Acesso em: 16 jun. 2020.

CAMPBELL, Tom. El sentido del positivismo jurídico. *Doxa.* Cuadernos de Filosofía del Derecho, Traducción de Ángeles Ródenas. [Alicante, Espanha], n. 25, p. 303-331, dic. 2002. DOI: https://doi.org/10.14198/DOXA2002.25.09. Disponível em: https://doxa.ua.es/article/view/2002-n25-el-sentido-del-positivismo-juridico. Acesso em: 4 jun. 2020.

CATALAN, Marcos. Na escuridão do labirinto, sem a companhia de Ariadne, tampouco a de Teseu: uma ligeira reflexão acerca da medida provisória da liberdade econômica. *Redes – Revista Eletrônica Direito e Sociedade,* Canoas/RS, UnilaSalle, v. 7, n. 2, p. 7-14, ago. 2019. DOI: http://dx.doi.org/10.18316/redes.v7i2.5995. Disponível em: https://revistas.unilasalle.edu.br/index.php/redes/article/view/5995. Acesso em: 22 jul. 2020.

DWORKIN, Ronald. *O império do direito.* Tradução de Jefferson Luiz Camargo. São Paulo: Martins Fontes, 1999.

DWORKIN, Ronald. *Uma questão de princípio*. Tradução de Luís Carlos Borges. São Paulo: Martins Fontes, 2000.

DWORKIN, Ronald. *Levando os direitos a sério*. Tradução de Nelson Boeira. 1. ed. São Paulo: Martins Fontes, 2002.

ESSER, Josef. *Principio y norma en la elaboración jurisprudencial del derecho privado*. Tradução do alemão por Eduardo Valentí Fiol. Barcelona: Bosch, 1961.

GALLEGO SAAD, Javier. La teoría 'dworkiniana' del razonamiento jurídico de Jeremy Waldron: el eslabón ignorado. *Isonomía*, n. 50, p. 6-48, 21 fev. 2019. DOI: 10.5347/50.2019.160. Disponível em: http://www.isonomia.itam.mx/index.php/revista-cientifica/article/view/160/395. Acesso em 25 jun. 2020.

HART, Herbert Lionel Adolphus. *O conceito de direito*. Pós-escrito organizado por Penelope A. Bulloch e Joseph Raz. Tradução de Antonio de Oliveira Sette-Câmara. São Paulo: WMF Martins Fontes, 2009.

KELSEN, Hans. *Teoria pura do direito*. Tradução de João Baptista Machado. 8. ed. São Paulo: WMF Martins Fontes, 2009.

LOPES FILHO, Juraci Mourão; LOBO, Júlio Cesar Matias; CIDRÃO, Taís Vasconcelos. O positivismo jurídico foi superado no neoconstitucionalismo? *Revista de Estudos Constitucionais, Hermenêutica e Teoria do Direito – RECHTD*, São Leopoldo, v. 10, n. 3, p. 348-361, set./dez. 2018. DOI: 10.4013/rechtd.2018.103.11. Disponível em: http://www.revistas.unisinos.br/index.php/RECHTD/article/view/rechtd.2018.103.11. Acesso em: 4 jun. 2020.

MACEDO JÚNIOR, Ronaldo Porto. *Do xadrez à cortesia*: Dworkin e a teoria do direito contemporânea. São Paulo: Saraiva, 2013.

MARTINS-COSTA, Judith. *A boa-fé no direito privado*: sistema e tópica no processo obrigacional. São Paulo: Revista dos Tribunais, 2000.

MICHELON, Claudio. Principles and Coherence in Legal Reasoning (Princípios e Coerência na Argumentación Jurídica). University of Edinburgh – School of Law. *Working Paper*, n. 2009/08, 31 Mar. 2009. Última revisão: 8 Feb. 2012. DOI: http://dx.doi.org/10.2139/ssrn.1371140. Disponível em: https://ssrn.com/abstract=1371140. Acesso em 16 jun. 2020.

MITIDIERO, Daniel. A tutela dos direitos e a sua unidade: hierarquia, coerência e universalidade dos precedentes. *Revista dos Tribunais [on-line]*, Thomson Reuter, Revista Brasileira da Advocacia, [Brasil], v. 3/2016, p. 161-170, out./dez. 2016.

MORBACH, Gilberto. *A terceira via de Jeremy Waldron*. 2019. 211 f. Dissertação (Mestrado em Direito Público) – Universidade do Vale do Rio dos Sinos, Programa de Pós-Graduação em Direito, São Leopoldo, 2019. Orientador: Lenio Luiz Streck. Disponível em: http://www.repositorio.jesuita.org.br/bitstream/handle/UNISINOS/8965/Gilberto%20Morbach_.pdf?sequence=1&isAllowed=y. Acesso em: 1 jun. 2020.

NEVES, Marcelo. *Entre Hidra e Hércules*: princípios e regras constitucionais como diferença paradoxal do sistema jurídico. 3. ed. São Paulo: WMF Martins Fontes, 2019.

OLIVEIRA, Rafael Tomaz de. *O conceito de princípio entre a otimização e a resposta correta*: aproximações sobre o problema da fundamentação e da discricionariedade das decisões judiciais a partir da fenomenologia hermenêutica. 2007. 210 f. Dissertação (Mestrado em Direito) – Faculdade de Direito, Universidade do Vale do Rio dos Sinos, São Leopoldo, 2007. Orientador: Lenio Luiz Streck. Disponível em: http://www.repositorio.jesuita.org.br/bitstream/handle/UNISINOS/2413/conceito%20de%20principio.pdf?sequence=1&isAllowed=y. Acesso em: 16 jun. 2020.

PLAXTON, Michael. Reflections on Waldron's Archetypes. *Law & Philosophy*, [s. l.], v. 30, n. 1, p. 77-103, jan. 2011. DOI: https://doi.org/10.1007/s10982-010-9084-8. Disponível em: https://search.ebscohost.com/login.aspx?direct=true&db=sih&AN=55511343&lang=pt-br&site=ehost-live. Acesso em: 17 jun. 2020.

POSCHER, Ralf. A mão de Midas: quando conceitos se tornam jurídicos ou esvaziam o debate Hart-Dworkin. *Revista de Estudos Constitucionais, Hermenêutica e Teoria do Direito – RECHTD*, São Leopoldo, v. 10, n. 1, p. 2-13, jan.-abr. 2018. DOI: 10.4013/rechtd.2018.101.01. Disponível em: http://revistas.unisinos.br/index.php/RECHTD/article/view/rechtd.2018.101.01. Acesso em: 16 jun. 2020.

RAMOS, André Luiz Arnt. *Segurança jurídica e enunciados normativos deliberadamente indeterminados*: o caso da função social do contrato. 2019. 228 f. Tese (Doutorado em Direito das Relações Sociais) – Universidade Federal do Paraná, Setor de Ciências Jurídicas, Programa de Pós-Graduação em Direito, Curitiba, 2019. Orientador: Eroulths Cortiano Junior.

SHAPIRO, Scott J. *The Hart-Dworkin Debate*: A Short Guide for the Perplexed. Yale University – Law School, 5 Mar. 2007, Last revised: 23 Apr. 2017. 54 p. DOI: http://dx.doi.org/10.2139/ssrn.968657. Disponível em: https://ssrn.com/abstract=968657. Acesso em: 22 jul. 2020.

STRECK, Lenio Luiz. As várias faces da discricionariedade no Direito Civil brasileiro: o "reaparecimento" do movimento do direito livre em *Terrae Brasilis*. *Revista dos Tribunais* [on-line], Thomson Reuter, Revista de Direito Civil Contemporâneo, v. 8/2016, p. 1-10/p. 37-48, jul.-set. 2016a.

STRECK, Lenio Luiz. Bases para a compreensão da hermenêutica jurídica em tempos de superação do esquema sujeito-objeto. *Revista Seqüência*, n. 54, p. 29-46, jul. 2007. Disponível em: https://periodicos.ufsc.br/index.php/sequencia/article/download/15066/13733. Acesso em: 23 jul. 2020.

STRECK, Lenio Luiz. Da "justeza dos nomes" à "justeza da resposta" constitucional. *Revista dos Tribunais* [on-line], Thomson Reuter, Revista do Instituto dos Advogados de São Paulo, v. 22/2008, p. 1-21/p. 134-154, jul./dez. 2008.

STRECK, Lenio Luiz. *Dicionário de hermenêutica*: quarenta temas fundamentais da teoria do direito à luz da crítica hermenêutica do Direito. Belo Horizonte: Letramento; Casa do Direito, 2017a.

STRECK, Lenio Luiz. O que ainda podemos aprender com a literatura sobre os princípios jurídicos e suas condições de aplicação? *Revista dos Tribunais* [on-line], Thomson Reuter, Revista de Processo, v. 258/2016, p. 1-17/p. 153-170, ago. 2016b.

STRECK, Lenio Luiz. *Verdade e consenso*. 6. ed. São Paulo: Saraiva, 2017b.

TORRANO, Bruno. *Pragmatismo no direito*: e a urgência de um "pós-pós-positivismo" no Brasil. Rio de Janeiro: Lumen Juris, 2018.

VIGO, Rodolfo Luis. *Interpretação jurídica*: do modelo juspositivista-legalista do século XIX às novas perspectivas. Tradução de Susana Elena Dalle Mura. São Paulo: Revista dos Tribunais, 2005.

WALDRON, Jeremy. *A dignidade da legislação*. Tradução de Luiz Carlos Borges. Revisão da tradução de Marina Appenzeller. São Paulo: Martins Fontes, 2003.

WALDRON, Jeremy. *Torture and Positive Law*: Jurisprudence for the White House. *UC Berkeley: Kadish Center for Morality, Law and Public Affairs*. Victoria University of Wellington, New Zealand, 30 Sept. 2004. 66 p. Disponível em: https://escholarship.org/uc/item/23d27577. Acesso em: 1 jun. 2020.

WALDRON, Jeremy. *Contra el gobierno de los jueces*: ventajas y desventajas de tomar decisiones por mayoria en el Congresso y en los tribunales. BERTOMEU, Juan F. González (Coord.). Tradução de Leonardo Garcia Jaramillo, Federico Jorge Gaxiola e Santiago Virgües Ruiz. Buenos Aires: Siglo XXI, 2008.

Informação bibliográfica deste texto, conforme a NBR 6023:2018 da Associação Brasileira de Normas Técnicas (ABNT):

BUSATTA, Eduardo Luiz. Os princípios sequestrados pelo positivismo jurídico: um modelo à regulação da inteligência artificial no Brasil?. *In*: EHRHARDT JÚNIOR, Marcos; CATALAN, Marcos; NUNES, Cláudia Ribeiro Pereira (Coord.). *Inteligência artificial e relações privadas*: possibilidades e desafios. Belo Horizonte: Fórum, 2023. v. 1. p. 41-71. ISBN 978-65-5518-576-8.

JUSTIÇA, INJUSTIÇA E INTELIGÊNCIA ARTIFICIAL NAS RELAÇÕES SOCIAIS: ESTRUTURAS TEÓRICAS NA FILOSOFIA CONTEMPORÂNEA

GABRIELA BUARQUE
ADRUALDO CATÃO

Introdução

A compreensão humana sobre justiça não é uma concepção única com a qual todos concordam. Em termos de ética, observa-se que as máquinas tendem à elaboração de cálculos utilitários quando se deparam com dilemas morais, eis que precisam de métricas objetivas que possam ser otimizadas e calculadas. Ensinar justiça para máquinas, então, torna-se ainda mais difícil, especialmente porque humanos não conseguem transmitir objetivamente a moralidade em métricas mensuráveis que possam ser perfeitamente processadas por uma inteligência artificial (pelo menos não ainda).

Nesse contexto, o reconhecimento da própria impotência é o ponto de partida do presente texto: não se pretende exaurir a temática, eleger uma corrente de justiça nem explorar sequer metade das teorias que se dedicam a compreender esse fenômeno. Busca-se analisar algumas estruturas teóricas da filosofia contemporânea que tentam entender esse conceito, avaliando sua aplicabilidade no contexto da inteligência artificial (IA). Espera-se, assim, que as reflexões possam contribuir com o desenvolvimento de uma concepção de justiça algorítmica.

Importante ressaltar que os atributos morais que eventualmente sejam identificados em algoritmos não são inerentes a esses modelos, sendo, em realidade, um produto da programação e dos sistemas sociais dentro dos quais são implementados. Na sociedade contemporânea, a tecnologia possui utilidades múltiplas e ajuda a desenvolver unidades organizacionais e especializações, além de conduzir objetivos humanos.

Os indivíduos não são apenas influenciados por tecnologias, mas também as desenvolvem por meio de experimentação, desenvolvimento e interação, em um processo efetivamente dialógico. Assim, torna-se imprescindível refletir sobre o desenvolvimento de uma concepção da justiça algorítmica que ajude a verificar quando o uso da IA vem servindo ao bem comum e à autonomia humana.

Nesse sentido, por meio de metodologia dedutiva de revisão bibliográfica e documental, objetiva-se analisar as estruturas teóricas da justiça a partir da obra de John Rawls (1971), passando por sua influência nas filosofias sobre a injustiça de Iris Marion Young (2005) e Miranda Fricker (2007). Nesse contexto, serão observados os pontos de conexão dessas estruturas teóricas com a ideia de justiça de dados (2017) e solidariedade de dados (2022).

Trata-se de texto eminentemente descritivo que visa contribuir com reflexões e pontuar eventuais divergências e convergências entre os teóricos. As estruturas teóricas foram selecionadas a partir da segunda metade do século XX e foram eleitas a partir do critério de que o cerne de suas pesquisas se dedica à compreensão da justiça e da injustiça, ponto central do presente texto.

1 Questões de justiça na inteligência artificial

A reivindicação por justiça no contexto tecnológico é uma demanda cada vez mais forte. Em 2022, houve a instalação de uma Comissão de Juristas, instituída pelo ato do Presidente do Senado nº 4, de 2022, destinada a subsidiar a elaboração de minuta de substitutivo para instruir a apreciação dos Projetos de Lei nºs 5.051, de 2019, 21, de 2020, e 872, de 2021, que versam sobre o marco de princípios, regras, diretrizes e fundamentos para regular o desenvolvimento e a aplicação da inteligência artificial no Brasil. Em 6 de dezembro de 2022, a Comissão de Juristas publicou parecer[1] em que apresenta proposta de substitutivo

---

[1] BRASIL. *CJUSBIA*. Disponível em: https://legis.senado.leg.br/comissoes/comissao?codcol =2504. Acesso em: 31 jan. 2023.

aos projetos de lei. Um dos princípios inseridos no art. 3º, V, da minuta do substitutivo proposto é o da "justiça". Mas o que é justiça?

Uma ideia mais genérica sobre a justiça pode concebê-la como um conjunto de padrões pelos quais seriam julgadas de forma justa certos tipos de reivindicações.[2] Ressalte-se que justiça não é o mesmo que legalidade. Na tragédia grega "Antígona" de Sófocles, o rei Creonte, por considerar Polinice um traidor, estabeleceu que seu corpo não receberia as honrarias tradicionais dos funerais. Entretanto, Antígona, irmã de Polinice, desobedeceu a ordem legal por entender que a decisão do rei era arbitrária e injusta, uma vez que não respeitava as leis naturais que estabeleciam que todo homem merecia ter o seu digno sepultamento.

Verifica-se, assim, que já na Antiguidade Grega se discutia a concepção de justiça, não havendo consenso sobre a sua caracterização, tampouco com sua identificação com a ideia de legalidade. Em que pese tal questão, muitas vezes se pontua que os requisitos de justiça também devem ser requisitos legais.[3] Cathy O'Neil argumenta, ainda, que uma parte crucial da justiça é a igualdade.[4] Ademais, a imparcialidade é um aspecto importante da justiça, mas a justiça não pode ser simplesmente reduzida à imparcialidade.[5]

O desacordo significativo sobre o que a justiça exige é uma dificuldade, considerando que esse termo pode abranger múltiplos elementos e que qualquer conceito ideal de justiça encontra estruturas sociais já existentes e experiências concretas de discriminação e injustiça. A esse ponto do texto, reitera-se: espera-se que nenhuma dessas

---

[2] RAFANELLI, Lúcia M. Justice, injustice, and artificial intelligence: Lessons from political theory and philosophy. *Big Data & Society*, Volume 9, Issue 1, January-June 2022. Disponível em: https://journals.sagepub.com/doi/full/10.1177/20539517221080676. Acesso em: 07 fev. 2023. "We could interpret many who disagree about the precise scope, site, or proper method of investigating justice as endorsing the more general idea above that 'justice' provides a set of standards by which to fairly adjudicate certain kinds of claims." (tradução livre)

[3] RAFANELLI, Lúcia M. Justice, injustice, and artificial intelligence: Lessons from political theory and philosophy. *Big Data & Society*, Volume 9, Issue 1, January-June 2022. Disponível em: https://journals.sagepub.com/doi/full/10.1177/20539517221080676. Acesso em: 07 fev. 2023. "Second, justice is not the same as legality. But it's often thought that requirements of justice should be legal requirements, too." (tradução livre)

[4] O'NEIL, Cathy. *Algoritmos de destruição em massa*: como o *big data* aumenta a desigualdade e ameaça a democracia. 1. ed. Santo André: Rua do Sabão, 2020, p. 152.

[5] BRAUN, Matthias. HUMMEL, Patrik. Data justice and data solidarity. *Patterns* Volume 3, Issue 11, p. 1-8, 11 November 2022. DOI: https://doi.org/10.1016/j.patter.2021.100427. Disponível em: https://www.sciencedirect.com/science/article/pii/S266638992100310X. Acesso em: 8 fev. 2023. "We have shown so far that fairness is an important aspect of justice, but that justice cannot simply be reduced to fairness". (tradução livre)

indefinições desestimule o leitor, cuja experiência será conduzida pelas reflexões que perpassam estruturas teóricas específicas sobre a justiça. Isso porque mesmo os autores que discordam sobre a concepção de justiça, muitas vezes concordam que os padrões de justiça servem a importantes funções sociais:

> Eles fornecem padrões morais, distintos dos legais, que ditam como as pessoas devem ser tratadas – o que não pode ser reduzido a ordens para tornar as pessoas mais felizes ou mais ricas. As pessoas discordam sobre o que a justiça exige. Mas nossas ações e instituições inevitavelmente refletem algumas ideias sobre justiça sobre outras. Somos continuamente confrontados com a questão de quais ideias privilegiar e continuamente desafiados a refazer nossas práticas e instituições compartilhadas a serviço da justiça.[6]

Escolhas sobre o conteúdo e o desenvolvimento de novas tecnologias são tomadas. No entanto, o poder de moldar e influenciar o desenvolvimento tecnológico não é distribuído de maneira homogênea e uniforme em toda a sociedade. Da mesma forma, observa-se que o uso da inteligência artificial na aplicação da lei, na vigilância ou no desenvolvimento de armas autônomas é uma maneira de exercício de poder de grupos específicos. Em que pese a evidente utilidade da IA em inúmeros aspectos da vida social, naturalmente, nem sempre suas previsões são totalmente precisas.

Quando a Netflix[7] ou o Spotify[8] erram uma recomendação de filme ou música, não há grande transtorno a ser contornado. Entretanto, quando um sistema de reconhecimento facial identifica um indivíduo que transita nas ruas como suspeito, investigado ou condenado e determina a sua prisão, podem surgir preocupações. No mesmo sentido, a negativa de um crédito ou de um financiamento bancário em razão de

---

[6] RAFANELLI, Lúcia M. Justice, injustice, and artificial intelligence: Lessons from political theory and philosophy. *Big Data & Society*, Volume 9, Issue 1, January-June 2022. Disponível em: https://journals.sagepub.com/doi/full/10.1177/20539517221080676. Acesso em: 07 fev. 2023 "They provide moral, as distinct from legal, standards dictating how people should be treated which can't be reduced to commands to make people happier or richer. People disagree about what justice requires. But our actions and institutions inevitably reflect some ideas about justice over others. We are continually faced with the question of which ideas to privilege, and continually challenged to remake our shared practices and institutions in the service of justice". (tradução livre)

[7] Netflix é um serviço *online* de *streaming* norte-americano de vídeo sob demanda por assinatura lançado em 2010, disponível em mais de 190 países.

[8] Spotify é um serviço de *streaming* de música, *podcast* e vídeo que foi lançado oficialmente em 7 de outubro de 2008.

uma pontuação de crédito determinada por um algoritmo cujos critérios de definição são desconhecidos pela população em geral. O custo do erro, portanto, aumenta quando a inteligência artificial é utilizada em situações de alto risco.

Com efeito, a IA vem sendo utilizada em sistemas penais, nos quais algoritmos de avaliação de risco determinam padrões de reincidência e avaliam a elegibilidade de uma pessoa à liberdade condicional,[9] além do sistema de reconhecimento facial para fins de segurança pública. Em julho de 2019, a polícia do Rio de Janeiro instalou câmeras de reconhecimento facial no bairro de Copacabana.

Na oportunidade, uma mulher que estava sem documentação foi reconhecida como uma condenada por homicídio e conduzida à delegacia.[10] Ocorre que ela não era a pessoa procurada e a condenada já estava cumprindo pena há quatro anos em presídio. Tratou-se, assim, de erro de algoritmo e de desatualização de banco de dados.

No contexto da mobilidade econômica e do acesso a serviços públicos essenciais, como a assistência social, o uso de ferramentas algorítmicas é igualmente influente, determinando quem é elegível para o apoio social, quem tem acesso à moradia pública e quais famílias são eleitas para serviços infantis.[11] Enquanto isso, na esfera econômica, as instituições financeiras usam esses modelos para determinar quem tem acesso a empréstimos, hipotecas e seguros.[12]

Finalmente, essas ferramentas têm um impacto mais amplo nas perspectivas econômicas dos cidadãos por meio de sua integração nos mecanismos de busca de recomendação de empregos e por meio das

---

[9] LIPTAK, Adam. Sent to prison by a software programs secret algorithms. *The New York Times*, 1 maio 2017. Disponível em: https://www.nytimes.com/2017/05/01/us/politics/sent-to-prison-by-a-software-programs-secret-algorithms.html?_r=0. Acesso em: 17 mar. 2023.

[10] NUNES, Pablo. O algoritmo e o racismo nosso de cada dia. *Piauí*, 2 jan. 2021. Disponível em: https://piaui.folha.uol.com.br/o-algoritmo-e-racismo-nosso-de-cada-dia/. Acesso em: 17 mar. 2023.

[11] GABRIEL, Iason. Toward a theory of justice for artificial intelligence. *Dædalus, the Journal of the American Academy of Arts & Sciences*, v. 151, n. 2, p. 218-231, Spring 2022. Disponível em: https://arxiv.org/ftp/arxiv/papers/2110/2110.14419.pdf. Acesso em: 16 fev. 2023. "In the context of economic mobility and access to key public services such as welfare provision, the use of algorithmic tools is similarly influential, determining who is eligible for welfare support, who has access to public housing, and which families are engaged by child services."

[12] GABRIEL, Iason. Toward a theory of justice for artificial intelligence. *Dædalus, the Journal of the American Academy of Arts & Sciences*, v. 151, n. 2, p. 218-231, Spring 2022. Disponível em: https://arxiv.org/ftp/arxiv/papers/2110/2110.14419.pdf. Acesso em: 16 fev. 2023. "Meanwhile, in the economic sphere, financial institutions use these models to determine who has access to loans, mortgages, and insurance".

ferramentas usadas por instituições educacionais para alocar estudantes ou anunciar oportunidades de ensino superior,[13] além da possibilidade de recomendação de novos tratamentos contra o câncer.[14]

Nesse contexto, a inteligência artificial pode facilitar a discriminação e a caracterização de injustiças. Compete salientar, ainda, que a discriminação e a injustiça também podem operar de maneira indireta:

> Algumas injustiças são criadas pela força cumulativa de inúmeras ações, nenhuma necessariamente mal intencionada. Os atores podem participar de um sistema social compartilhado – como um sistema legal ou econômico. Mas eles não precisam colaborar intencionalmente para promover um objetivo compartilhado. Cada um pode agir de forma independente, por seus próprios motivos. No entanto, suas ações, em conjunto, podem produzir injustiça.[15]

Tratando sobre o uso da IA em processos seletivos de empregos, por exemplo, argumenta-se que seu uso favoreceu currículos de homens em detrimento de mulheres, porque treinado com dados coletados de currículos enviados anteriormente, a maioria dos quais eram homens, refletindo normas patriarcais de que as mulheres não seriam qualificadas para trabalhos técnicos.[16]

Considerando tal impacto nas relações sociais, naturalmente as questões de justiça, transparência e responsabilidade em conexão com

---

[13] GABRIEL, Iason. Toward a theory of justice for artificial intelligence. *Dædalus, the Journal of the American Academy of Arts & Sciences*, v. 151, n. 2, p. 218-231, Spring 2022. Disponível em: https://arxiv.org/ftp/arxiv/papers/2110/2110.14419.pdf. Acesso em: 16 fev. 2023. "Finally, these tools have a wider impact on the economic prospects of citizens via their integration into job recommendation search engines helping to determine who is shown what opportunities and via the tools used by educational institutions to allocate students or advertise opportunities for higher education".

[14] POLONSKI, Vyacheslav. AI trust and AI fears: A media debate that could divide society. *Oxford Internet Institute*, 9 jan. 2018. Disponível em: https://www.oii.ox.ac.uk/news-events/news/ai-trust-and-ai-fears-a-media-debate-that-could-divide-society/#:~:text=An%20exit%20out%20of%20the,we%20are%20normally%20used%20to. Acesso em: 17 mar. 2023.

[15] RAFANELLI, Lúcia M. Justice, injustice, and artificial intelligence: Lessons from political theory and philosophy. *Big Data & Society*, Volume 9, Issue 1, January-June 2022. Disponível em: https://journals.sagepub.com/doi/full/10.1177/20539517221080676. Acesso em: 07 fev. 2023. "Some injustices are created by the cumulative force of countless actions, none necessarily malintentioned. Actors may participate in a shared social system like a legal or economic system. But they need not intentionally collaborate to advance a shared goal. Each may act independently, on their own motives. Nonetheless, their actions, taken together, can produce injustice". (tradução livre)

[16] ELLIS, Nick. Ferramenta de recrutamento da Amazon com AI discriminava candidatas mulheres. *Meio Bit*, 2018. Disponível em: https://meiobit.com/391571/ferramenta-de-recrutamento-amazon-ai-discriminava-mulheres/. Acesso em: 18 mar. 2023.

a mineração de dados e a inteligência artificial têm recebido muita atenção. O Grupo Europeu de Ética na Ciência e Novas Tecnologias, organização independente e multidisciplinar composta por especialistas designados pela Comissão Europeia, publicou as Diretrizes Éticas para a Inteligência Artificial Confiável,[17] documento que visa estabelecer parâmetros mínimos para a aferição da confiabilidade do sistema tecnológico.

As Diretrizes determinam, de início, que a inteligência artificial deve respeitar a autonomia humana, a prevenção de danos, a equidade e a explicabilidade, suscitando que o princípio da equidade deve possuir dimensão substantiva e processual. A dimensão substantiva implica o compromisso de distribuição igualitária e equânime de benefícios e custos, bem como a ausência de discriminações e estigmatizações, na observância da proporcionalidade entre fins e meios e no equilíbrio entre objetivos concorrentes.

Analisando a ideia de justiça desenvolvida pelas Diretrizes, pode-se concluir que se pretendeu fazer uma amálgama em referência a princípios de equidade, liberdade, proporcionalidade, solidariedade social e devido processo legal. Não há dúvida de que as dimensões de equidade são componentes importantes da justiça. Mas esse termo não é unívoco e, naturalmente, pode assumir diferentes sentidos e componentes.

Em razão das várias dimensões da justiça, concebida como a virtude primária das instituições sociais,[18] há o risco de omissão de características relevantes se forem apresentadas explicações estreitas ou excessivamente redutoras desse conceito. Outrossim, reflexões sobre o significado da justiça no contexto de vidas mediadas por algoritmos e dados e como a justiça pode ser incorporada à tecnologia são tarefas relevantes, contínuas e normativamente ricas. Compreende-se que o uso da IA pode ser uma forma de aproveitar as capacidades humanas, tornando questões de justiça centrais para seu empreendimento consciente.[19]

---

[17] ETHICS guidelines for trustworthy AI. *European Commission*, 8 abr. 2019. Disponível em: https://digital-strategy.ec.europa.eu/en/library/ethics-guidelines-trustworthy-ai. Acesso em: 17 mar. 2023.

[18] RAWLS, Jonh. *Uma teoria da justiça*. São Paulo: Martins Fontes, 1997, p. 3.

[19] RAFANELLI, Lúcia M. Justice, injustice, and artificial intelligence: Lessons from political theory and philosophy. *Big Data & Society*, Volume 9, Issue 1, January-June 2022. Disponível em: https://journals.sagepub.com/doi/full/10.1177/20539517221080676. Acesso em: 07 fev. 2023. "As these examples show, and as recent calls for fairness, accountability, and

Ressalte-se que a justiça da própria estruturação tecnológica vem sendo pontuada por outras perspectivas teóricas, como a visão decolonial,[20] por exemplo. Nesse ponto, concebe-se a ideia de colonialismo de dados como sendo a combinação das práticas predatórias do colonialismo histórico com a quantificação abstrata de métodos computacionais, tratando-se de um novo tipo de apropriação no qual as pessoas ou coisas passam a fazer parte de infraestruturas de conexão informacional.[21]

Essa concepção nos ajuda a compreender o problema do classificador de fotos do Google[22] que identificou equivocadamente pessoas negras como gorilas.[23] A tecnologia em questão reforçou uma característica errônea que historicamente tem sido suscitada para sustentar fenômenos discriminatórios. Ignorar a questão racial no campo tecnológico distorce a compreensão que a justiça social exige e nos furta do conhecimento necessário para combater instituições racistas.

Alcançar a justiça, portanto, demandaria novos arranjos explicitamente projetados para subverter práticas injustas. É nesse panorama que surge a necessidade de compreender como as injustiças operam nas tecnologias para tentar desfazê-las desde a sua concepção. Antes de investigar o que as teorias de justiça podem ensinar acerca do uso ético da IA, impende analisar cuidadosamente as estruturas teóricas

---

transparency in AI recognize, the use of AI raises pressing issues of justice. To thoughtfully navigate these issues, I propose we turn to political theory and philosophy, which have developed nuanced theoretical frameworks for understanding and adjudicating questions of justice. Here, I examine contemporary political theory and philosophy to illustrate some of these frameworks, drawing on them to illuminate how the use of AI can implicate questions of justice. Ultimately, I argue that using AI far from removing power from human hands is a way of harnessing human power, making questions of justice central to its conscientious undertaking". (tradução livre)

[20] Por sua riqueza e profundidade, a análise da justiça sob a perspectiva decolonial será feita especificamente em outra oportunidade, não constituindo objeto de pesquisa do presente artigo.

[21] CASSINO, João Francisco. O Sul Global e os desafios pós-coloniais na era digital. *In*: SILVEIRA, Sérgio Amadeu da; SOUZA, Joyce; CASSINO, João Francisco (Orgs.). *Colonialismo de dados*: como opera a trincheira algorítmica na guerra neoliberal: São Paulo: Autonomia Literária, 2021, p. 37.

[22] Google é uma empresa de tecnologia multinacional americana com foco em publicidade *on-line*, tecnologia de mecanismo de pesquisa, computação em nuvem, *software* de computador, computação quântica, comércio eletrônico, inteligência artificial e eletrônicos de consumo.

[23] HARADA, Eduardo. *Fail* épico: sistema do Google Fotos identifica pessoas negras como gorilas. *Tecmundo*, 1 jul. 2015. Disponível em: https://www.tecmundo.com.br/google-fotos/82458-polemica-sistema-google-fotos-identifica-pessoas-negras-gorilas.htm. Acesso em: 19 mar. 2023.

desenvolvidas por alguns autores da filosofia contemporânea para entender a justiça, avaliando suas eventuais concordâncias ou divergências.

2 Lições de justiça na teoria de John Rawls

A Theory of Justice, de John Rawls, menciona a tecnologia em poucas ocasiões. Na obra, Rawls argumenta que, para definir o que seria justiça, os indivíduos deveriam se abstrair das condições do mundo real, imaginando quais princípios de justiça seriam endossados se os envolvidos não soubessem nada sobre suas identidades (por exemplo, raça ou sexo) e se assumissem que os princípios escolhidos seriam respeitados, concebendo a ideia de justiça como equidade.

Essa é a concepção do véu da ignorância,[24] onde as pessoas seriam instadas a escolher princípios de justiça sem que soubessem a posição que ocupariam na sociedade. Dado que as pessoas não teriam o interesse de eventualmente prejudicar a si mesmas a depender da posição que ocupariam, os princípios escolhidos seriam considerados justos, postos que concebidos de forma impessoal. O véu da ignorância condensaria o conceito de justo e assim organizaria a sociedade, com seus dois grandes pilares da justiça: 1. As liberdades fundamentais; e 2. As (des)igualdades econômicas que sejam toleráveis pela maioria e pela minoria e que sejam vantajosas para todos.[25]

Nesse contexto, embora seu relato de justiça pareça ser para uma sociedade que tem um caráter sociotécnico específico (ou seja, com um sistema legal em funcionamento, divisão econômica do trabalho, capacidade de tributação e assim por diante), o conhecimento sobre o nível de tecnologia que uma sociedade alcançou é excluído da posição original ao selecionar princípios de justiça,[26] não sendo um aspecto de

---

[24] RAWLS, Jonh. *Uma teoria da justiça*. São Paulo: Martins Fontes, 1997, p. 146-147.

[25] BAUER, Luciana Dias. As liberdades políticas na era digital: uma leitura conforme a teoria rawlsiana. *Portal Unificado da Justiça Federal da 4ª Região*, 12 jul. 2021. Disponível em: https://www.trf4.jus.br/trf4/controlador.php?acao=pagina_visualizar&id_pagina=1799. Acesso em: 23 fev. 2023.

[26] GABRIEL, Iason. Toward a theory of justice for artificial intelligence. *Dædalus, the Journal of the American Academy of Arts & Sciences*, v. 151, n. 2, p. 218-231, Spring 2022. Disponível em: https://arxiv.org/ftp/arxiv/papers/2110/2110.14419.pdf. Acesso em: 16 fev. 2023. "Moreover, although his account of justice appears to be for a society that has a specific sociotechnical character (that is, one with a functioning legal system, economic division of labor, capacity for taxation, and so on), knowledge about the level of technology that a society has achieved is excluded from the original position when selecting principles of justice".

grande consideração. Somente ao fazer uma avaliação final do que a justiça exige em contextos específicos é que se leva em conta a eficiência econômica e os requisitos de organização e tecnologia.[27]

Em que pese tal contexto, com base na filosofia política de John Rawls, sustenta-se que a estrutura básica da sociedade deve ser entendida como um composto de sistemas sociotécnicos constituídos por meio da interação entre elementos humanos e tecnológicos que interagem de forma dialógica para constituir novas práticas e comportamentos institucionais.[28] Nesse diapasão, impende salientar que a IA molda cada vez mais os elementos da estrutura básica de maneiras relevantes, e, portanto, que seu *design*, desenvolvimento e implantação potencialmente interagem com os princípios de justiça neste contexto.[29]

Essas normas implicam que os sistemas de IA relevantes devem atender a um certo padrão de justificação pública, apoiar os direitos dos cidadãos e promover resultados substancialmente justos, algo que requer atenção especial ao impacto que eles têm sobre os membros mais desfavorecidos da sociedade.[30] Ademais, os princípios da justiça

---

[27] GABRIEL, Iason. Toward a theory of justice for artificial intelligence. *Dædalus, the Journal of the American Academy of Arts & Sciences*, v. 151, n. 2, p. 218-231, Spring 2022. Disponível em: https://arxiv.org/ftp/arxiv/papers/2110/2110.14419.pdf. Acesso em: 16 fev. 2023. "It is only when making a final assessment of what justice requires in specific contexts that we need to "take into account economic efficiency and the requirements of organization and technology".

[28] GABRIEL, Iason. Toward a theory of justice for artificial intelligence. *Dædalus, the Journal of the American Academy of Arts & Sciences*, v. 151, n. 2, p. 218-231, Spring 2022. Disponível em: https://arxiv.org/ftp/arxiv/papers/2110/2110.14419.pdf. Acesso em: 16 fev. 2023. "Drawing upon the political philosophy of John Rawls, it holds that the basic structure of society should be understood as a composite of sociotechnical systems, and that the operation of these systems is increasingly shaped and influenced by AI. Consequently, egalitarian norms of justice apply to the technology when it is deployed in these contexts".

[29] GABRIEL, Iason. Toward a theory of justice for artificial intelligence. *Dædalus, the Journal of the American Academy of Arts & Sciences*, v. 151, n. 2, p. 218-231, Spring 2022. Disponível em: https://arxiv.org/ftp/arxiv/papers/2110/2110.14419.pdf. Acesso em: 16 fev. 2023. "The first is that the basic structure of society is best understood as a composite of sociotechnical systems: that is, systems that are constituted through the interaction of human and technological elements. The claim here is not only that the basic structure contains social and technical elements, but also that these elements interact dynamically to constitute new forms of stable institutional practice and behavior. The second is that AI increasingly shapes elements of the basic structure in relevant ways, and hence that its design, development, and deployment all potentially interface with principles of justice in this context."

[30] GABRIEL, Iason. Toward a theory of justice for artificial intelligence. *Dædalus, the Journal of the American Academy of Arts & Sciences*, v. 151, n. 2, p. 218-231, Spring 2022. Disponível em: https://arxiv.org/ftp/arxiv/papers/2110/2110.14419.pdf. Acesso em: 16 fev. 2023. "Consequently, egalitarian norms of justice apply to the technology when it is deployed in these contexts. These norms entail that the relevant AI systems must meet a certain standard of public justification, support citizens' rights, and promote substantively fair

distributiva se aplicariam às práticas de IA porque estas exercem um impacto profundo sobre as oportunidades de vida de uma pessoa, em particular sobre os termos nos quais as pessoas podem acessar os benefícios da cooperação social, o desenvolvimento de seus objetivos e aspirações e as ocasiões em que eles encontram o poder coercitivo do Estado.[31]

A perspectiva da posição inicial é baseada em condições consideradas necessárias para o desenvolvimento da autonomia moral e da personalidade, independentemente do tempo ou lugar (como a liberdade de consciência). No entanto, Rawls observa que é sensato adotar uma perspectiva histórica que envolva a identificação de direitos e valores adicionais que sejam pertinentes para diferentes sociedades em um momento específico no tempo.[32]

Essa perspectiva traz a ideia da historicidade dos direitos fundamentais, o que permite, contemporaneamente, a discussão sobre direitos como privacidade, esquecimento e as novas facetas da liberdade de expressão. Nesse ponto, Rawls pontua que talvez seja impossível dar uma especificação completa dessas liberdades independentemente das circunstâncias particulares – sociais, econômicas e tecnológicas – de uma dada sociedade e que, para se proteger contra esses riscos, é bastante possível que o direito à privacidade seja então adicionado à lista de liberdades básicas.[33]

---

outcomes, something that requires particular attention to the impact they have on the worst-off members of society".

[31] GABRIEL, Iason. Toward a theory of justice for artificial intelligence. *Dædalus, the Journal of the American Academy of Arts & Sciences*, v. 151, n. 2, p. 218-231, Spring 2022. Disponível em: https://arxiv.org/ftp/arxiv/papers/2110/2110.14419.pdf. Acesso em: 16 fev. 2023. "Second, principles of distributive justice apply to certain practices because they exercise a "profound and pervasive impact" upon a person's life chances.[18] In particular, they shape the terms on which people can access the benefits of social cooperation, the development of their personal goals and aspirations, and the occasions on which they encounter the coercive power of the state".

[32] GABRIEL, Iason. Toward a theory of justice for artificial intelligence. *Dædalus, the Journal of the American Academy of Arts & Sciences*, v. 151, n. 2, p. 218-231, Spring 2022. Disponível em: https://arxiv.org/ftp/arxiv/papers/2110/2110.14419.pdf. Acesso em: 16 fev. 2023. "The initial list is based upon conditions that are held to be necessary for the development of moral autonomy and personhood irrespective of time or place (such as freedom of conscience). However, Rawls also notes that it is wise to take a "historical approach," which involves identifying additional rights that have demonstrable practical value for different societies at a specific moment in time".

[33] GABRIEL, Iason. Toward a theory of justice for artificial intelligence. *Dædalus, the Journal of the American Academy of Arts & Sciences*, v. 151, n. 2, p. 218-231, Spring 2022. Disponível em: https://arxiv.org/ftp/arxiv/papers/2110/2110.14419.pdf. Acesso em: 16 fev. 2023. "As a consequence, Rawls writes that "it is perhaps impossible to give a complete specification

A teoria da justiça desenvolvida por Rawls visa identificar princípios para a governança das instituições sociais que podem ser fundamentados para as pessoas, apesar da variação em suas crenças sobre como seria uma sociedade boa. Em que pese a multiplicidade de visões sobre o tema, torna-se salutar sublinhar a lição de que é necessário discutir um conjunto de princípios para atribuir direitos e deveres básicos e para determinar o que se considera como a distribuição adequada dos benefícios e encargos da cooperação social.[34]

O primeiro princípio de justiça endossado por Rawls exige que cada pessoa tenha o mesmo direito a um sistema totalmente adequado de liberdades básicas, que inclui, no mínimo, liberdade de consciência e pensamento, liberdade de reunião, liberdades políticas e de associação, liberdades de integridade da pessoa (proteção contra opressão física e psicológica) e, finalmente, os direitos e liberdades cobertos pelo Estado de Direito (propriedade privada, direito contra detenção arbitrária etc.).[35] Rawls estabelece o primado da liberdade, sob uma perspectiva kantiana, de modo que as liberdades compõem o princípio basilar da justiça.[36]

As liberdades básicas são relevantes para o projeto e implantação de sistemas de IA. Nesse contexto, um dos objetivos do princípio é fundamentar um *status* comum de cidadania igualitária para os membros da sociedade, de modo que as instituições sejam administradas de maneira eficaz e imparcial, visto que o desvio desse ideal viola os direitos e liberdades cobertas pelo Estado de Direito.[37] Entendido

---

of these liberties independent from the particular circumstances social, economic and technological of a given society."[31] On each occasion, the key question is: what liberties are necessary to protect individuals in the development and pursuit of the conception of the good life, given the specific sociotechnical character of the society in which they live?" [...] To guard against these risks, it is quite possible that a right to privacy should now be added to the list of basic liberties."

[34] RAWLS, Jonh. *Uma teoria da justiça.* São Paulo: Martins Fontes, 1997, p. 5-6.

[35] RAWLS, Jonh. *Uma teoria da justiça.* São Paulo: Martins Fontes, 1997, p. 64-65.

[36] BAUER, Luciana Dias. As liberdades políticas na era digital: uma leitura conforme a teoria rawlsiana. *Portal Unificado da Justiça Federal da 4ª Região,* 12 jul. 2021. Disponível em: https://www.trf4.jus.br/trf4/controlador.php?acao=pagina_visualizar&id_pagina=1799. Acesso em: 23 fev. 2023.

[37] GABRIEL, Iason. Toward a theory of justice for artificial intelligence. *Dædalus, the Journal of the American Academy of Arts & Sciences,* v. 151, n. 2, p. 218-231, Spring 2022. Disponível em: https://arxiv.org/ftp/arxiv/papers/2110/2110.14419.pdf. Acesso em: 16 fev. 2023. "The first concerns the protection they accord citizens. A major aim of this principle is to ground "a secure common status of equal citizenship" for society's members. This aspiration dovetails effectively with the notion that institutions must be "effectively and impartially administered," given that deviation from this ideal contravenes the rights and liberties covered by the rule of law".

desta forma, o gozo de liberdades básicas iguais se opõe às formas de discriminação algorítmica.[38]

A segunda condição, conhecida como princípio da diferença, também tem implicações para o desenvolvimento da IA. Este princípio sustenta que, para que as práticas institucionais sejam justas, todas as desigualdades sociais e econômicas devem ser ordenadas de tal modo que sejam ao mesmo tempo consideradas como vantajosas para todos dentro dos limites do razoável e vinculadas a posições e cargos acessíveis a todos.[39] Ou seja, as desigualdades deveriam funcionar para a maior vantagem dos menos favorecidos.

Segue-se que, quando a IA é integrada a uma prática social chave, de uma forma que afeta a distribuição geral de benefícios e encargos, é pertinente perguntar se ela faz o máximo possível para melhorar a posição do membro menos favorecido da sociedade.[40] Em termos das implicações práticas do princípio da diferença, pode-se observar que qualquer tecnologia que piore a posição dos membros mais desfavorecidos pioraria o bem-estar da sociedade em termos absolutos e, uma vez incorporado à prática social, deixará de atender a um requisito fundamental de justiça, independentemente de outros benefícios que possa trazer (como escalabilidade ou eficiência).[41]

Ressalte-se que o princípio da diferença propõe um padrão mais elevado do que simplesmente melhorar o *status quo*: sugere que os sistemas de IA devem tornar aquilo que é visto como pior no que seja melhor possível em relação a projetos de sistemas alternativos, ou

---

[38] GABRIEL, Iason. Toward a theory of justice for artificial intelligence. *Dædalus, the Journal of the American Academy of Arts & Sciences*, v. 151, n. 2, p. 218-231, Spring 2022. Disponível em: https://arxiv.org/ftp/arxiv/papers/2110/2110.14419.pdf. Acesso em: 16 fev. 2023. "Understood in this way, the enjoyment of equal basic liberties stands in opposition to certain forms of algorithmic discrimination".

[39] RAWLS, Jonh. *Uma teoria da justiça*. São Paulo: Martins Fontes, 1997, p. 64-65.

[40] GABRIEL, Iason. Toward a theory of justice for artificial intelligence. *Dædalus, the Journal of the American Academy of Arts & Sciences*, v. 151, n. 2, p. 218-231, Spring 2022. Disponível em: https://arxiv.org/ftp/arxiv/papers/2110/2110.14419.pdf. Acesso em: 16 fev. 2023. "It follows that when AI is integrated into a key social practice, in a way that affects the overall distribution of benefits and burdens, it is pertinent to ask whether it does the most it possibly can do to improve the position of the least advantaged member of that system".

[41] GABRIEL, Iason. Toward a theory of justice for artificial intelligence. *Dædalus, the Journal of the American Academy of Arts & Sciences*, v. 151, n. 2, p. 218-231, Spring 2022. Disponível em: https://arxiv.org/ftp/arxiv/papers/2110/2110.14419.pdf. Acesso em: 16 fev. 2023. "In terms of the practical implications of the difference principle, it seems clear that any technology that worsens the position of the most disadvantaged member of society in absolute terms, once it has been incorporated into relevant social practice, will fail to meet a key requirement of justice irrespective of other benefits it may bring (such as scalability or efficiency)".

de outra forma correm o risco de serem prejudicados ou considerados como parte de uma prática que não é totalmente legítima.[42] Esse padrão é mais claramente aplicável aos sistemas de IA que foram integrados às principais funções econômicas, mas tem uma aplicabilidade muito mais ampla, estendendo-se a toda a gama de sistemas sociotécnicos que moldam o acesso de uma pessoa a recursos ou impactam sua posição social.[43]

Rawls mitiga aos poucos a utopia de seus primeiros pensamentos acerca de um acordo hipotético ao entender que, para uma teoria da justiça funcionar como pacificadora de um Estado, os cidadãos devem abandonar suas doutrinas irreconciliáveis, em prol de razões razoáveis que possam formar consenso entre os lados opostos, caracterizando o exercício da política em si.[44] Um ponto importante onde a vontade livre se manifesta na teoria de John Rawls – dentro do pacto social – é a ideia de razão pública. Nesse sentido, a razão pública tem seu centro nos valores morais e políticos de um povo que, passados pelo crivo da maioria, se corporificam em leis.[45]

Argumenta-se que hoje as democracias sofrem na sua confecção de razão pública pela manipulação do discurso político impulsionada pela inteligência artificial. Há não só um sério abalo, como uma polarização cada vez mais irreconciliável e artificial, pela desinformação e pelas segmentações ideológicas em redes sociais que muitas vezes manipulam – sem nenhum pudor – eleições inteiras.[46]

---

[42] GABRIEL, Iason. Toward a theory of justice for artificial intelligence. *Dædalus, the Journal of the American Academy of Arts & Sciences*, v. 151, n. 2, p. 218-231, Spring 2022. Disponível em: https://arxiv.org/ftp/arxiv/papers/2110/2110.14419.pdf. Acesso em: 16 fev. 2023. "It suggests that the AI systems must make the worst-off as well-off as they can, relative to alternative system designs, or otherwise risk being part of a practice that is not fully legitimate".

[43] GABRIEL, Iason. Toward a theory of justice for artificial intelligence. *Dædalus, the Journal of the American Academy of Arts & Sciences*, v. 151, n. 2, p. 218-231, Spring 2022. Disponível em: https://arxiv.org/ftp/arxiv/papers/2110/2110.14419.pdf. Acesso em: 16 fev. 2023. "This standard is most clearly applicable to AI systems that have been integrated into core economic functions. However, it potentially has much wider applicability, extending to the full range of sociotechnical systems that shape a person's access to resources or impact upon their social standing and sense of self-worth".

[44] BAUER, Luciana Dias. As liberdades políticas na era digital: uma leitura conforme a teoria rawlsiana. *Portal Unificado da Justiça Federal da 4ª Região*, 12 jul. 2021. Disponível em: https://www.trf4.jus.br/trf4/controlador.php?acao=pagina_visualizar&id_pagina=1799. Acesso em: 23 fev. 2023.

[45] BAUER, Luciana Dias. As liberdades políticas na era digital: uma leitura conforme a teoria rawlsiana. *Portal Unificado da Justiça Federal da 4ª Região*, 12 jul. 2021. Disponível em: https://www.trf4.jus.br/trf4/controlador.php?acao=pagina_visualizar&id_pagina=1799. Acesso em: 23 fev. 2023.

[46] BAUER, Luciana Dias. As liberdades políticas na era digital: uma leitura conforme a teoria rawlsiana. *Portal Unificado da Justiça Federal da 4ª Região*, 12 jul. 2021. Disponível em:

Neste ponto, reitera-se o quanto é importante, na teoria rawlsiana, o conceito de consenso constitucional, o qual veicula o discurso público de nível hierárquico legal maior.[47] Rawls aprimora essa ideia inicial com a figura do consenso sobreposto, em que pessoas de diferentes matizes conseguem ajustar suas diferenças em prol de um ponto comum, que seja o justo para ambas,[48] trazendo estabilidade ao pacto social, a partir de uma vontade livre.

A partir de uma liberdade advinda do confronto de ideias, dos pactos de direitos e da troca hodierna, demonstrando o dano que a manipulação, como a feita pela Cambridge Analytica,[49] pode causar em regimes democráticos,[50] quando destrói qualquer conceito de liberdade de voto, de consciência e de privacidade.[51]

Os mecanismos de inteligência artificial, por meio de desinformação em massa, roubo de dados, manipulação algorítmica e microdirecionamento, portanto, podem amplificar o potencial de ameaça às liberdades e à democracia. Todos esses problemas enfraquecem o pacto social e as democracias constitucionais que, em razão da polarização (a real e a artificial do algoritmo usado política ou comercialmente), retiram o atributo de diálogo das relações micropolíticas que compõem o todo do contrato social de um Estado.[52]

---

https://www.trf4.jus.br/trf4/controlador.php?acao=pagina_visualizar&id_pagina=1799. Acesso em: 23 fev. 2023.

[47] BAUER, Luciana Dias. As liberdades políticas na era digital: uma leitura conforme a teoria rawlsiana. *Portal Unificado da Justiça Federal da 4ª Região*, 12 jul. 2021. Disponível em: https://www.trf4.jus.br/trf4/controlador.php?acao=pagina_visualizar&id_pagina=1799. Acesso em: 23 fev. 2023.

[48] BAUER, Luciana Dias. As liberdades políticas na era digital: uma leitura conforme a teoria rawlsiana. *Portal Unificado da Justiça Federal da 4ª Região*, 12 jul. 2021. Disponível em: https://www.trf4.jus.br/trf4/controlador.php?acao=pagina_visualizar&id_pagina=1799. Acesso em: 23 fev. 2023.

[49] O caso da Cambridge Analytica diz respeito à revelação de que as informações de mais de 50 milhões de pessoas cadastradas no Facebook foram utilizadas sem o consentimento delas pela empresa americana Cambridge Analytica para fazer propaganda política. ENTENDA o escândalo de uso político de dados que derrubou valor do Facebook e o colocou na mira de autoridades. *G1*, 20 mar. 2018. Disponível em: https://g1.globo.com/economia/tecnologia/noticia/entenda-o-escandalo-de-uso-politico-de-dados-que-derrubou-valor-do-facebook-e-o-colocou-na-mira-de-autoridades.ghtml. Acesso em: 18 mar. 2023.

[50] O caso motivou a produção do documentário Privacidade Hackeada (2019).

[51] BAUER, Luciana Dias. As liberdades políticas na era digital: uma leitura conforme a teoria rawlsiana. *Portal Unificado da Justiça Federal da 4ª Região*, 12 jul. 2021. Disponível em: https://www.trf4.jus.br/trf4/controlador.php?acao=pagina_visualizar&id_pagina=1799. Acesso em: 23 fev. 2023

[52] BAUER, Luciana Dias. As liberdades políticas na era digital: uma leitura conforme a teoria rawlsiana. *Portal Unificado da Justiça Federal da 4ª Região*, 12 jul. 2021. Disponível em: https://www.trf4.jus.br/trf4/controlador.php?acao=pagina_visualizar&id_pagina=1799. Acesso em: 23 fev. 2023.

Em análise da perspectiva rawlsiana, autores como Gerald Cohen desafiam a suposição de Rawls de que a justiça se aplica principalmente às instituições, argumentando que ela se aplica igualmente às escolhas cotidianas dos indivíduos. O fundamento da teoria rawlsiana é a diferenciação entre a estrutura básica da sociedade, que abrange a maneira pela qual as instituições sociais se encaixam em um sistema, que deveria observar os princípios de justiça distributiva, e os outros domínios da vida, que não estariam diretamente sujeitos a esses princípios.

Gerald Cohen critica a teoria de Rawls sob o fundamento de que ignora injustificadamente uma divisão injusta do trabalho e relações injustas de poder dentro das famílias.[53] Para Cohen, princípios de justiça distributiva, isto é, sobre a distribuição justa de benefícios e ônus na sociedade, aplicam-se também às escolhas legalmente irrestritas das pessoas.[54]

Essa conclusão sobre o que significa aceitar e implementar o princípio da diferença implica que a justiça de uma sociedade não é função exclusiva de sua estrutura legislativa, de suas normas juridicamente imperativas, mas também das escolhas que as pessoas fazem dentro dessas regras.[55] Uma sociedade que está dentro dos termos do princípio da diferença requer não apenas regras coercitivas, mas também um *ethos* de justiça que informe as escolhas individuais.[56]

---

[53] COHEN, G. A. Where the action is: on the site of distributive justice. *Philosophy & Public Affairs*, v. 26, n. 1, p. 3-30, Winter, 1997. Disponível em: https://www.jstor.org/stable/2961909. Acesso em: 14 fev. 2023. "The substance of the feminist critique is that standard liberal theory of justice, and the theory of Rawls in particular, unjustifiably ignore an unjust division of labor, and unjust power relations, within families (whose legal structure may show no sexism at all)".

[54] COHEN, G. A. Where the action is: on the site of distributive justice. *Philosophy & Public Affairs*, v. 26, n. 1, p. 3-30, Winter, 1997. Disponível em: https://www.jstor.org/stable/2961909. Acesso em: 14 fev. 2023. "That slogan, as it stands, is vague, but I shall mean something reasonably precise by it here, to wit, that principles of distributive justice, principles, that is, about the just distribution of benefits and burdens in society, apply, wherever else they do, to people's legally unconstrained choices".

[55] COHEN, G. A. Where the action is: on the site of distributive justice. *Philosophy & Public Affairs*, v. 26, n. 1, p. 3-30, Winter, 1997. Disponível em: https://www.jstor.org/stable/2961909. Acesso em: 14 fev. 2023. "Now, this conclusion about what it means to accept and implement the difference principle implies that the justice of a society is not exclusively a function of its legislative structure, of its legally imperative rules, but also of the choices people make within those rules".

[56] COHEN, G. A. Where the action is: on the site of distributive justice. *Philosophy & Public Affairs*, v. 26, n. 1, p. 3-30, Winter, 1997. Disponível em: https://www.jstor.org/stable/2961909. Acesso em: 14 fev. 2023. "A society that is just within the terms of the difference principle, so we may conclude, requires not simply just coercive rules, but also an ethos of justice that informs individual choices".

A estrutura coercitiva, para Cohen, funciona no aspecto de impedir que as pessoas procedam com determinadas condutas, garantindo que alguns comportamentos serão punidos.[57] Cohen afirma que a estrutura básica definida coercitivamente é apenas uma instância da justiça distributiva, sendo necessário também pensar na ética, na estrutura informal e nos padrões de escolha pessoal que geram desigualdades.[58] Nesse ponto, Cohen argumenta que o *ethos* de uma sociedade é o conjunto de sentimentos e atitudes em virtude dos quais suas práticas normais e pressões informais são o que são.[59]

3 Injustiça estrutural e injustiça epistêmica

Importante tratar das estruturas teóricas que, após John Rawls, se dedicaram à análise do conceito de injustiça. Elas argumentam que não basta refletir sobre a conceituação de justiça, sendo necessário ir além e entender a injustiça, uma vez que esta não se resumiria na ausência

---

[57] COHEN, G. A. Where the action is: on the site of distributive justice. *Philosophy & Public Affairs*, v. 26, n. 1, p. 3-30, Winter, 1997. Disponível em: https://www.jstor.org/stable/2961909. Acesso em: 14 fev. 2023. "The legally coercive structure of society functions in two ways. It prevents people from doing things by erecting insurmountable barriers (fences, police lines, prison walls, etc.), and it deters people from doing things by ensuring that certain forms of unprevented behavior carry an (appreciable risk of) ~enalty~. The second (deterrent) aspect of coercive structure may be described counterfactually, in terms of what would or might happen to someone who elects the forbidden behavior: knowledge of the relevant counterfactual truths motivates the complying citizen's choices".

[58] COHEN, G. A. Where the action is: on the site of distributive justice. *Philosophy & Public Affairs*, v. 26, n. 1, p. 3-30, Winter, 1997. Disponível em: https://www.jstor.org/stable/2961909. Acesso em: 14 fev. 2023. "Rawls cannot deny the difference between the coercively defined basic structure and that which produces major distributive consequences: the coercively defined basic structure is only an instance of the latter. Yet he must, to retain his position on justice and personal choice, restrict the ambit of justice to what a coercive basic structure produces. But, so I have (by implication) asked: why should we care so disproportionately about the coercive basic structure, when the major reason for caring about it, its impact on people's lives, is also a reason for caring about informal structure and patterns of personal choice? To the extent that we care about coercive structure because it is fateful with regard to benefits and burdens, we must care equally about the ethi that sustain gender inequality, and inegalitarian incentives. And the similarity of our reasons for caring about these matters will make it lame to say: ah, but only the caring about coercive structure is a caring about justice, in a certain distinguishable sense. That thought is, I submit, incapable of coherent elaboration".

[59] COHEN, G. A. Where the action is: on the site of distributive justice. *Philosophy & Public Affairs*, v. 26, n. 1, p. 3-30, Winter, 1997. Disponível em: https://www.jstor.org/stable/2961909. Acesso em: 14 fev. 2023. "Finally, to complete this conceptual review, the ethos of a society is the set of sentiments and attitudes in virtue of which its normal practices, and informal pressures, are what they are".

de justiça.⁶⁰ Tal perspectiva é relevante a partir da constatação de que os vieses na tecnologia contribuem para ideia de injustiça estrutural, desenvolvida por Iris Marion Young.

Young caracteriza a injustiça estrutural quando a operação combinada de ações em instituições coloca grandes categorias de pessoas sob uma ameaça sistemática de dominação ou privação dos meios para desenvolver e exercer suas capacidades, ao mesmo tempo que permitem que outros dominem ou tenham acesso a uma abundância de recursos.⁶¹

É, portanto, um erro distinto da ação injusta de um agente individual ou de políticas deliberadamente repressivas de um Estado, já que ocorre como consequência de muitos indivíduos e instituições agirem em busca de seus objetivos e interesses particulares, dentro de determinadas regras institucionais e normas aceitas.⁶² Todas as pessoas que participam por suas ações nos esquemas de cooperação em curso que constituem essas estruturas são responsáveis por elas, no sentido de que fazem parte do processo que as provoca.⁶³

---

⁶⁰ FRICKER, Miranda. *Epistemic injustice*: power & the ethics of knowing. New York: Oxford University, 2007. "The exploration is orientated not to justice, but rather to injustice. As Judith Shklar points out, philosophy talks a lot about justice, and very little about injustice. While she is surely wrong to claim the same of art, the point about philosophy is true and deeply significant. It is distinctive uniquely of philosophy that it is centrally concerned with rational idealizations of human beings and their activities. Philosophers are very keen to understand what it is to get things right. That's fine; but we should not stop there if we also want to understand the human practices that may only very patchily approximate the rational ideal. The focus on justice creates an impression that justice is the norm and injustice the unfortunate aberration. But, obviously, this may be quite false. It also creates the impression that we should always understand injustice negatively by way of a prior grasp of justice".

⁶¹ YOUNG, Iris Marion. Responsibility and global justice: a social connection model. *Social Philosophy and Policy*, v. 23, n. 1, p. 102-130, 2006. DOI:10.1017/S0265052506060043. Disponível em: https://www.cambridge.org/core/journals/social-philosophy-and-policy/article/abs/responsibility-and-global-justice-a-social-connection-model/9308EE478561C7CE31E1F5A8F26CBE04. Acesso em: 9 fev. 2023. "As I understand it, structural injustice exists when the combined operation of actions in institutions put large categories of persons under a systematic threat of domination or deprivation of the means to develop and exercise their capacities, at the same time as they enable others to dominate or give them access to an abundance of resources.

⁶² YOUNG, Iris Marion. Responsibility and global justice: a social connection model. *Social Philosophy and Policy*, v. 23, n. 1, p. 102-130, 2006. DOI:10.1017/S0265052506060043. Disponível em: https://www.cambridge.org/core/journals/social-philosophy-and-policy/article/abs/responsibility-and-global-justice-a-social-connection-model/9308EE478561C7CE31E1F5A8F26CBE04. Acesso em: 9 fev. 2023. "Structural injustice is a kind of moral wrong distinct from the wrongful action of an individual agent or the willfully repressive policies of a state. Structural injustice occurs as a consequence of many individuals and institutions acting in pursuit of their particular goals and interests, within given institutional rules and accepted norms".

⁶³ YOUNG, Iris Marion. Responsibility and global justice: a social connection model. *Social Philosophy and Policy*, v. 23, n. 1, p. 102-130, 2006. DOI:10.1017/S0265052506060043. Disponível em: https://www.cambridge.org/core/journals/social-philosophy-and-policy/

Young critica o paradigma puramente distributivo[64] e define a justiça social como a eliminação da dominação e da opressão institucionalizada,[65] abrangendo questões institucionais e culturais da estrutura de tomada de decisões.[66] Parte-se, portanto, dos conceitos de dominação e opressão para concepção da justiça social.

A opressão consiste em processos institucionais sistemáticos que impedem algumas pessoas de aprender e usar habilidades satisfatórias e expansivas em ambientes socialmente reconhecidos, ou processos sociais institucionalizados que inibem a capacidade das pessoas de brincar e se comunicar com outras pessoas ou de expressar seus sentimentos e perspectivas sobre a vida social em contextos onde outros podem ouvir.[67] Trata-se, assim, de exploração, marginalização, impotência, imperialismo cultural e violência. Já a dominação consiste em condições institucionais que inibem ou impedem as pessoas de participar na determinação de suas ações ou das condições de suas ações.[68] Ressalte-se que opressão e dominação são conceitos que às vezes se sobrepõem na caracterização das injustiças estruturais.

A injustiça não consiste no simples fato de que as estruturas restringem os atores, pois todas as estruturas sociais restringem e

---

article/abs/responsibility-and-global-justice-a-social-connection-model/9308EE478561C7C E31E1F5A8F26CBE04. Acesso em: 9 fev. 2023. "Structural injustice is a kind of moral wrong distinct from the wrongful action of an individual agent or the willfully repressive policies of a state. Structural injustice occurs as a consequence of many individuals and institutions acting in pursuit of their particular goals and interests, within given institutional rules and accepted norms. All the persons who participate by their actions in the ongoing schemes of cooperation that constitute these structures are responsible for them, in the sense that they are part of the process that causes them".

[64] YOUNG, Iris Marion. *Justice and the politics of difference*. Princeton: Princeton University Press, 2011, p. 33. "The scope of justice is wider than distributive issues".

[65] YOUNG, Iris Marion. *Justice and the politics of difference*. Princeton: Princeton University Press, 2011, p. 15. "I suggest that social justice means the elimination of institutionalized domination and oppression".

[66] YOUNG, Iris Marion. *Justice and the politics of difference*. Princeton: Princeton University Press, 2011, p. 24. "It may be true that philosophical discussions of justice tend to emphasize the distribution of goods and to ignore institutional issues of decisionmaking structure and culture".

[67] YOUNG, Iris Marion. *Justice and the politics of difference*. Princeton: Princeton University Press, 2011, p. 38. "Oppression consists in systematic institutional process which prevent some people from learning and using satisfying and expansive skills in socially recognized settings, or institutionalized social processes which inhibit people's ability to play and communicate with others or to express their feelings and perspective on social life in contexts where others can listen".

[68] YOUNG, Iris Marion. *Justice and the politics of difference*. Princeton: Princeton University Press, 2011, p. 38. "Domination consists in institutional conditions which inhibit or prevent people from participating in determining their actions or the conditions of their actions".

permitem.⁶⁹ Em vez disso, a injustiça consiste na forma como se restringe e possibilita e nas consequências que têm para as oportunidades dos indivíduos.⁷⁰ As regras institucionais, recursos e práticas por meio das quais as pessoas agem não constituem, na frase de Rawls, termos justos de cooperação.⁷¹ Young dispõe que o contexto que gera as obrigações de justiça não são as instituições políticas, mas sim os processos estruturais sociais, e que o modelo de conexão social de responsabilidade diz que todos os agentes que contribuem por meio de suas ações para os processos estruturais que produzem injustiças têm responsabilidades de trabalhar para remediar essas injustiças.⁷²

Nesse panorama, as pessoas ocupariam diferentes posições dentro de estruturas sociais, cada uma com seus desejos, vantagens e ônus. Essas estruturas podem se tornar locais de injustiça quando sistematicamente empoderam algumas pessoas e desempoderam outras, de modo que, ao participar de uma estrutura social, ajudamos a perpetuá-la, contribuindo com as suas injustiças. Portanto, somos responsáveis por empreender ações coletivas que possam remediar essas injustiças estruturais, mesmo que não haja culpa por suas ocorrências.

---

[69] YOUNG, Iris Marion. Responsibility and global justice: a social connection model. *Social Philosophy and Policy*, v. 23, n. 1, p. 102-130, 2006. DOI:10.1017/S0265052506060043. Disponível em: https://www.cambridge.org/core/journals/social-philosophy-and-policy/article/abs/responsibility-and-global-justice-a-social-connection-model/9308EE478561C7CE31E1F5A8F26CBE04. Acesso em: 9 fev. 2023. "The injustice does not consist in the bare fact that structures constrain actors, for all social structures constrain as well as enable".

[70] YOUNG, Iris Marion. Responsibility and global justice: a social connection model. *Social Philosophy and Policy*, v. 23, n. 1, p. 102-130, 2006. DOI:10.1017/S0265052506060043. Disponível em: https://www.cambridge.org/core/journals/social-philosophy-and-policy/article/abs/responsibility-and-global-justice-a-social-connection-model/9308EE478561C7CE31E1F5A8F26CBE04. Acesso em: 9 fev. 2023. "Rather, the injustice consists in the way they constrain and enable and the consequences these have for individuals' opportunities."

[71] YOUNG, Iris Marion. Responsibility and global justice: a social connection model. *Social Philosophy and Policy*, v. 23, n. 1, p. 102-130, 2006. DOI:10.1017/S0265052506060043. Disponível em: https://www.cambridge.org/core/journals/social-philosophy-and-policy/article/abs/responsibility-and-global-justice-a-social-connection-model/9308EE478561C7CE31E1F5A8F26CBE04. Acesso em: 9 fev. 2023. "The institutional rules, resources and practices through which people act do not constitute, in Rawls's phrase, fair terms of cooperation."

[72] YOUNG, Iris Marion. Responsibility and global justice: a social connection model. *Social Philosophy and Policy*, v. 23, n. 1, p. 102-130, 2006. DOI:10.1017/S0265052506060043. Disponível em: https://www.cambridge.org/core/journals/social-philosophy-and-policy/article/abs/responsibility-and-global-justice-a-social-connection-model/9308EE478561C7CE31E1F5A8F26CBE04. Acesso em: 9 fev. 2023. "I will argue that the context that generates obligations of justice is social structural processes rather than political institutions. [...] The social connection model of responsibility says that all agents who contribute by their actions to the structural processes that produce injustice have responsibilities to work to remedy these injustices."

A visão rawlsiana assume que o escopo das obrigações de justiça é definido pela pertença a uma comunidade política comum, de modo que os agentes teriam obrigações de justiça apenas em relação aos outros que pertençam àquela comunidade. Em contraponto, Young defende a posição cosmopolita-utilitária, por considerar que é arbitrário tomar a filiação a uma comunidade como fonte de obrigações de justiça. As pessoas muitas vezes mantêm relacionamentos densos de troca e cooperam com outras pessoas fora de suas comunidades políticas, e esperam termos justos nesses relacionamentos.[73]

Nessa posição, a filiação a um Estado ou qualquer outro tipo de comunidade seria irrelevante para avaliar a natureza, profundidade ou escopo das obrigações que os agentes teriam uns para com os outros, de modo que suas obrigações seriam idênticas para todos os seres humanos, em razão de um imperativo moral de minimizar o sofrimento, onde quer que ele ocorra.[74]

Young fundamenta sua posição na concepção de que as instituições políticas não geram nem fundamentam obrigações de justiça, uma vez que estas surgem da conexão social, nas práticas conectadas ou mutuamente influenciadas por meio das quais as pessoas buscam seus objetivos e realizem seus projetos.[75] Assim, a conexão social seria

---

[73] YOUNG, Iris Marion. Responsibility and global justice: a social connection model. *Social Philosophy and Policy*, v. 23, n. 1, p. 102-130, 2006. DOI:10.1017/S0265052506060043. Disponível em: https://www.cambridge.org/core/journals/social-philosophy-and-policy/article/abs/responsibility-and-global-justice-a-social-connection-model/9308EE478561C7CE31E1F5A8F26CBE04. Acesso em: 9 fev. 2023. "While the basic moral respect owed to all persons grounds the cosmopolitan obligations that Kant calls hospitality, obligations of justice require more and are based on more than common humanity. Critics of the position that limits the scope of obligations of justice to common political membership, on the other hand, are right to argue that it is arbitrary to consider nation-state membership as a source of obligations of justice. Political communities have evolved in contingent and arbitrary ways more connected to power than moral right. People often stand in dense relationships of exchange and cooperate with others outside their political communities, and they rightly expect fair terms in these relationships".

[74] YOUNG, Iris Marion. Responsibility and global justice: a social connection model. *Social Philosophy and Policy*, v. 23, n. 1, p. 102-130, 2006. DOI:10.1017/S0265052506060043. Disponível em: https://www.cambridge.org/core/journals/social-philosophy-and-policy/article/abs/responsibility-and-global-justice-a-social-connection-model/9308EE478561C7CE31E1F5A8F26CBE04. Acesso em: 9 fev. 2023. "A contrary position about moral obligation I will call cosmopolitan-utilitarian. On this view, nation state membership or any other sort of particularist relationship among persons is irrelevant to assessing the nature, depth or scope of obligations they have to one another. Moral agents have obligations that are identical for all human beings and perhaps include other creatures. There is a moral imperative to minimize suffering, wherever it occurs".

[75] YOUNG, Iris Marion. Responsibility and global justice: a social connection model. *Social Philosophy and Policy*, v. 23, n. 1, p. 102-130, 2006. DOI:10.1017/S0265052506060043.

anterior às instituições políticas.⁷⁶ Essa concepção põe luz, desse modo, nas obrigações de justiça decorrentes de processos sociais transnacionais, tão visualizados no contexto de tecnologias globalizantes. Questiona-se, assim, como os agentes devem pensar suas responsabilidades em relação à injustiça estrutural que vai além das fronteiras nacionais.

Young afirma, afinal, que a responsabilidade no combate à injustiça estrutural deve ser compartilhada por todos os agentes que participam das estruturas sociais, o que se amolda à perspectiva de governança multissetorial da internet, não se limitando às fronteiras nacionais de um Estado. Assim, os processos estruturais podem ser alterados apenas se muitos atores em diversas posições sociais trabalharem juntos para intervir e produzir resultados diferentes.⁷⁷

Por outro lado, Miranda Fricker traz a ideia de injustiça epistêmica. A injustiça epistêmica seria a injustiça "feita a alguém... em sua capacidade de conhecedor", que se manifesta como injustiça testemunhal e injustiça hermenêutica.⁷⁸ A injustiça testemunhal ocorre quando o preconceito faz com que o ouvinte dê um nível reduzido de credibilidade à palavra do locutor.

Disponível em: https://www.cambridge.org/core/journals/social-philosophy-and-policy/article/abs/responsibility-and-global-justice-a-social-connection-model/9308EE478561C7CE31E1F5A8F26CBE04. Acesso em: 9 fev. 2023. "Thus, against the cosmopolitan-utilitarian position, I believe that some account needs to be offered of the nature of social relationships that generates obligations of justice. It is not enough to say that the others are human. The nation-state position, however, makes prior what is posterior from a moral point of view. Political institutions neither generate nor ground obligations of justice. These arise from social connection, which may well exist without political institutions specifically to govern it. A society, or a system of social connections, consists in connected or mutually influencing institutions and practices through which people seek their happiness and enact their projects, and in doing so affect conditions under which others act, often profoundly."

⁷⁶ YOUNG, Iris Marion. Responsibility and global justice: a social connection model. *Social Philosophy and Policy*, v. 23, n. 1, p. 102-130, 2006. DOI:10.1017/S0265052506060043. Disponível em: https://www.cambridge.org/core/journals/social-philosophy-and-policy/article/abs/responsibility-and-global-justice-a-social-connection-model/9308EE478561C7CE31E1F5A8F26CBE04. Acesso em: 9 fev. 2023. "Ontologically and morally speaking, though not necessarily temporally, social connection is prior to political institutions."

⁷⁷ YOUNG, Iris Marion. Responsibility and global justice: a social connection model. *Social Philosophy and Policy*, v. 23, n. 1, p. 102-130, 2006. DOI:10.1017/S0265052506060043. Disponível em: https://www.cambridge.org/core/journals/social-philosophy-and-policy/article/abs/responsibility-and-global-justice-a-social-connection-model/9308EE478561C7CE31E1F5A8F26CBE04. Acesso em: 9 fev. 2023. "The structural processes can be altered only if many actors in diverse social positions work together to intervene in them to produce different outcomes".

⁷⁸ FRICKER, Miranda. *Epistemic injustice*: power & the ethics of knowing. New York: Oxford University, 2007, p. 1. "By contrast, the project of this book is to home in on two forms of epistemic injustice that are distinctively epistemic in kind, theorizing them as consisting, most fundamentally, in a wrong done to someone specifically in their capacity as a knower. I call them testimonial injustice and hermeneutical injustice".

A implicação para a injustiça testemunhal persistente é que o desempenho intelectual do sujeito pode ser inibido em longo prazo, sua confiança minada e o seu desenvolvimento frustrado. A injustiça testemunhal pode, dependendo do contexto, exercer um poder construtivo social real, aumentando o dano da injustiça: o insulto epistêmico também é um processo de construção social que restringe quem a pessoa pode ser.[79] O ouvinte virtuoso, então, no que diz respeito à justiça testemunhal, seria alguém cuja sensibilidade testemunhal foi recondicionada por experiências corretivas suficientes e antipreconceituosas para que agora profira de maneira adequada julgamentos de credibilidade, permanecendo continuamente aberto a esse tipo de experiência.

A injustiça hermenêutica ocorre em um estágio anterior, quando uma lacuna nos recursos interpretativos coletivos coloca alguém em uma desvantagem quando se trata de dar sentido às suas experiências sociais (como, por exemplo, a luta das mulheres para entender suas experiências do que agora chamamos de assédio sexual antes desse conceito existir, de modo que não se conseguia compreender adequadamente a própria experiência, muito menos torná-la comunicativamente inteligível para os outros).[80]

Esse tipo de injustiça decorre de uma lacuna nos recursos hermenêuticos coletivos – uma lacuna, isto é, nas ferramentas compartilhadas de interpretação social – onde não é por acaso que a desvantagem cognitiva criada por essa lacuna incide de forma desigual em diferentes grupos sociais.[81] Nesse diapasão, o conhecimento e a influência sobre

---

[79] FRICKER, Miranda. *Epistemic injustice*: power & the ethics of knowing. New York: Oxford University, 2007, p. 58. "Testimonial injustice may, depending on the context, exercise real social constructive power, and where such construction ensues, the primary harm of the injustice is grimly augmented the epistemic insult is also a moment in a process of social construction that constrains who the person can be".

[80] FRICKER, Miranda. *Epistemic injustice*: power & the ethics of knowing. New York: Oxford University, 2007, p. 1. "Testimonial injustice occurs when prejudice causes a hearer to give a deflated level of credibility to a speaker's word; hermeneutical injustice occurs at a prior stage, when a gap in collective interpretive resources puts someone at an unfair disadvantage when it comes to making sense of their social experiences. An example of the first might be that the police do not believe you because you are black; an example of the second might be that you suffer sexual harassment in a culture that still lacks that critical concept. We might say that testimonial injustice is caused by prejudice in the economy of credibility; and that hermeneutical injustice is caused by structural prejudice in the economy of collective hermeneutical resources".

[81] FRICKER, Miranda. *Epistemic injustice*: power & the ethics of knowing. New York: Oxford University, 2007, p. 1. "We might say that testimonial injustice is caused by prejudice in the economy of credibility; and that hermeneutical injustice is caused by structural prejudice in the economy of collective hermeneutical resources".

o desenvolvimento tecnológico também são permeados por desvantagens cognitivas que incidem sobre alguns grupos sociais. A injustiça hermenêutica, portanto, pode resultar de uma marginalização, quando pessoas são excluídas dos processos coletivos pelos quais uma sociedade constrói os conceitos necessários para interpretar áreas significativas da experiência social.

A própria tramitação do Projeto de Lei (PL) nº 21/2020, que visa instituir o marco regulatório da inteligência artificial no Brasil, demonstra a marginalização de grupos sociais no debate tecnológico. Isso porque o projeto foi aprovado em pouco tempo sob o regime de urgência na Câmara dos Deputados, sem oportunizar aos setores interessados o aprofundamento necessário na discussão.[82] Apenas com a chegada do PL no Senado Federal é que houve a instalação de uma Comissão de Juristas com audiências públicas para apreciação de alguns setores interessados na temática. Para Fricker, a erradicação dessas injustiças acabaria por exigir não apenas ouvintes mais virtuosos, mas uma mudança política social coletiva: em questões de injustiça epistêmica, o ético é político.[83]

Um exemplo está na avaliação de programas comerciais que usam *software* de reconhecimento facial para classificar imagens como "masculinas" ou "femininas". A precisão desses programas varia substancialmente com base no gênero e no tom de pele dos participantes e os programas funcionam melhor em homens do que em mulheres e em pessoas de pele mais clara do que em pessoas de pele mais escura, ao passo em que todos têm pior desempenho em mulheres de pele mais escura.[84]

Uma sociedade que depende fortemente desses programas – ou talvez uma empresa que os usa para regular os movimentos dos

---

[82] BISMARCK, Eduardo. *Projeto de Lei nº 21/2020*. Estabelece fundamentos, princípios e diretrizes para o desenvolvimento e a aplicação da inteligência artificial no Brasil; e dá outras providências. Câmara dos Deputados, 4 fev. 2020. Disponível em: https://www.camara.leg.br/propostas-legislativas/2236340. Acesso em: 20 mar. 2023.

[83] FRICKER, Miranda. *Epistemic injustice*: power & the ethics of knowing. New York: Oxford University, 2007, p. 8. "Eradicating these injustices would ultimately take not just more virtuous hearers, but collective social political change in matters of epistemic injustice, the ethical is political".

[84] RAFANELLI, Lúcia M. Justice, injustice, and artificial intelligence: Lessons from political theory and philosophy. *Big Data & Society*, Volume 9, Issue 1, January-June 2022. Disponível em: https://journals.sagepub.com/doi/full/10.1177/20539517221080676. Acesso em: 07 fev. 2023. "These programs' accuracy varies substantially based on the gender and skin tone of the subjects (Buolamwini and Gebru, 2018). All three programs perform better on males than females and on lighter-skinned rather than darker-skinned people, and all perform worst on darker-skinned females".

funcionários em seu campo corporativo – pode vir a identificar a aparência de um homem com a aparência de um homem branco, ao passo em que homens negros podem não ser identificados nessa classificação; eles podem não corresponder à imagem paradigmática do "homem" de sua sociedade, porque ela foi desenhada para corresponder às especificações do homem branco.[85]

Isso pode contribuir para a injustiça epistêmica: o testemunho de homens negros sobre sua própria identidade de gênero pode ser descartado (injustiça testemunhal) e pode ser negado a eles um papel significativo no desenvolvimento da compreensão coletiva de sua sociedade sobre o que significa parecer ou ser homem (marginalização hermenêutica).[86]

A injustiça epistêmica é uma dificuldade para a obtenção da razão pública rawlsiana, que exige que as decisões públicas sejam justificadas por uma fundamentação que cada cidadão possa aceitar como razoável, livre e igual, em razão dos encargos injustos que seriam impostos aos grupos marginalizados. Nesse ponto, a injustiça ocorre quando alguns agentes são tratados injustamente como não confiáveis ou quando são privados de recursos epistêmicos para expressar suas reivindicações.

Compreendidas as modalidades de injustiça, impende ressaltar as estruturas teóricas mais contemporâneas que põem luz sobre a ideia de justiça no contexto específico da inteligência artificial e da datificação.

4 Justiça e solidariedade de dados

Passa-se, então, a analisar uma corrente ainda mais contemporânea: o relato de Linnet Taylor sobre a justiça de dados. Os dados são

---

[85] RAFANELLI, Lúcia M. Justice, injustice, and artificial intelligence: Lessons from political theory and philosophy. *Big Data & Society*, Volume 9, Issue 1, January-June 2022. Disponível em: https://journals.sagepub.com/doi/full/10.1177/20539517221080676. Acesso em: 07 fev. 2023. "A society relying heavily on these programs or perhaps a company using them to regulate employees' movements around its corporate campus might come to identify looking "like a man" with looking like a White man. Men of color might be seen as deficient "men;" they may not match their society's picture of the paradigmatic "man," because it was drawn to match the specifications of White men".

[86] RAFANELLI, Lúcia M. Justice, injustice, and artificial intelligence: Lessons from political theory and philosophy. *Big Data & Society*, Volume 9, Issue 1, January-June 2022. Disponível em: https://journals.sagepub.com/doi/full/10.1177/20539517221080676. Acesso em: 07 fev. 2023. "This could contribute to epistemic injustice: the testimony of men of color about their own gender identity may be discounted (testimonial injustice), and they may be denied a significant role in developing their society's collective understanding of what it means to look like or be a man (hermeneutical marginalization)".

o combustível da inteligência artificial, eis que geralmente utilizados pela máquina na condução de uma resposta otimizada. Nesse ponto, o conceito de justiça de dados já vem sendo abordado em outros documentos, como se verifica no Serviço de Estudos do Parlamento Europeu, segundo o qual uma abordagem de justiça de dados é aquela que se concentra na equidade, no reconhecimento e na representação de interesses plurais e na criação e preservação de bens públicos como seus principais objetivos.[87]

Linnet Taylor, por sua vez, define justiça de dados como a equidade na forma como as pessoas se tornam visíveis, representadas e tratadas como resultado de sua produção de dados digitais.[88] Trata-se de uma estrutura para a revolução de dados que vai além de uma abordagem meramente técnica para uma abordagem impulsionada por uma agenda de justiça social.[89]

Taylor propõe uma estrutura de justiça de dados baseada nos pilares da: a) visibilidade, compreendida como a necessidade de representação e da opção pela não coleta e processamento de dados, b) engajamento digital, compreendido como a necessidade de preservar a autonomia e compartilhar os benefícios dos dados e c) combate à discriminação baseada em dados.[90] A pesquisa e a práxis sobre as maneiras pelas quais a datificação pode servir à cidadania, liberdade e justiça social são mínimas em comparação com a capacidade das corporações e dos Estados de usar dados para intervir e influenciar.[91]

---

[87] GOVERNING data and artificial intelligence for all: models for sustainable and just data governance. *Panel for the Future of Science and Technology (STOA)*, European Parliament, 11 jul. 2022. Disponível em: https://www.europarl.europa.eu/stoa/en/document/EPRS_STU(2022)729533. Acesso em: 25 fev. 2023. "A data justice approach is one that centres on equity, recognition and representation of plural interests, and the creation and preservation of public goods as its principal goals."

[88] TAYLOR, Linnet. What is data justice? The case for connecting digital rights and freedoms globally. *Big Data and Society*, Volume 4, Issue 2, July-December 2017. Disponível em: https://journals.sagepub.com/doi/full/10.1177/2053951717736335. Acesso em: 16 nov. 2022, p. 1.

[89] FRAGOSO, Nathalie. VALENTE, Mariana. Data Rights and Collective Needs: A New Framework for Social Protection in a Digitized World. *A Digital New Deal: Visions of Justice in a Post-Covid World*. 2021. Disponível em: https://projects.itforchange.net/digital-new-deal/2020/10/29/data-rights-collective-needs-framework-social-protection-digitized-world/?utm_source=Mailing+ILAB+Newsletter&utm_campaign=a2045c2547-EMAIL_CAMPAIGN_2018_12_14_08_13_COPY_01&utm_medium=email&utm_term=0_1ff00bd532-a2045c2547-. Acesso em: 08 mar. 2023.

[90] TAYLOR, Linnet. What is data justice? The case for connecting digital rights and freedoms globally. *Big Data and Society*, Volume 4, Issue 2, July-December 2017. Disponível em: https://journals.sagepub.com/doi/full/10.1177/2053951717736335. Acesso em: 16 nov. 2022, p. 8.

[91] TAYLOR, Linnet. What is data justice? The case for connecting digital rights and freedoms globally. *Big Data and Society*, Volume 4, Issue 2, July-December 2017. Disponível em: https://journals.sagepub.com/doi/full/10.1177/2053951717736335. Acesso em: 16 nov. 2022, p. 2.

Nesse contexto, pontua-se que a vulnerabilidade às injustiças facilitadas pela datificação é particularmente alta em populações historicamente marginalizadas. No que tange à visibilidade, sustenta-se que a justiça de dados exige que sejam garantidas formas de representação adequadas, com verificação constante das reivindicações e direitos de todos aqueles que são afetados por um possível uso de determinados dados, com vistas a mitigar a ocorrência da injustiça epistêmica e estrutural.

O engajamento com a tecnologia envolve a autonomia nas escolhas tecnológicas e o compartilhamento adequado dos benefícios do processamento de dados. A antidiscriminação inclui a prevenção e identificação de preconceitos ilegítimos, sob o prisma da injustiça epistêmica. Pensa-se, então, nos algoritmos de reconhecimento facial que corriqueiramente classificam equivocadamente indivíduos ou algoritmos de recrutamento de pessoas e avaliações de crédito que prejudicam determinados grupos injustificadamente.

Um desafio central é o estabelecimento de procedimentos para regular como as experiências de discriminação que foram descobertas podem e devem ser tratadas. Se ficar aparente na escolha dos bancos de dados a serem incluídos, na programação de sistemas algorítmicos ou nas decisões relacionadas ao uso de certos resultados de sistemas algorítmicos que certos grupos estão sub-representados ou não representados, a justiça dos dados dependerá crucialmente de a designação clara dos mecanismos através dos quais a integração dos respectivos grupos pode e deve ocorrer.[92]

A explicação de Taylor é mais ampla do que as abordagens que reduzem a justiça a concepções estreitas de equidade.[93] Isso porque aborda as três áreas que a última parecia negligenciar: ela considera a opressão dedicando atenção específica aos fenômenos de marginalização

---

[92] BRAUN, Matthias. HUMMEL, Patrik. Data justice and data solidarity. *Patterns* Volume 3, Issue 11, p. 1-8, 11 November 2022. DOI: https://doi.org/10.1016/j.patter.2021.100427. Disponível em: https://www.sciencedirect.com/science/article/pii/S266638992100310X. Acesso em: 8 fev. 2023. "If it becomes apparent in the choice of databases to be included, in the programming of algorithmic systems, or in decisions related to the use of certain results of algorithmic systems that certain groups are underrepresented or not represented at all, data justice will depend crucially on the clear designation of mechanisms through which the integration of the respective groups can and should take place".

[93] BRAUN, Matthias. HUMMEL, Patrik. Data justice and data solidarity. *Patterns* Volume 3, Issue 11, p. 1-8, 11 November 2022. DOI: https://doi.org/10.1016/j.patter.2021.100427. Disponível em: https://www.sciencedirect.com/science/article/pii/S266638992100310X. Acesso em: 8 fev. 2023. "As has become clear, Taylor's account is broader than the approaches that reduce justice to narrow conceptions of fairness".

e inclusão em práticas baseadas em dados; ela requer uma ação responsiva ao exigir a tradução entre capacidades e funcionamentos dos titulares de dados; e ela se concentra nas necessidades humanas fundamentais e nos pré-requisitos para o florescimento humano,[94] expandindo, portanto, essa concepção. Retomando as reflexões de Taylor e de Young, impõe-se também como desafio central: como incluir aqueles que são excluídos por injustiças estruturais na negociação de reivindicações de justiça?

Uma ideia complementar à concepção de justiça de dados é a de solidariedade de dados. Existem diversos entendimentos sobre a solidariedade. No entanto, no contexto da presente discussão, compreende-se a solidariedade como práticas compartilhadas de indivíduos ou grupos com base em semelhanças percebidas, em particular, em conexão com seus pontos de vista e objetivos.[95]

Esses objetivos vão desde a intenção de compartilhar riscos e benefícios, criar laços sociais ou reconhecer reivindicações anteriormente excluídas das práticas sociais.[96] Assim, o ponto de solidariedade pode ser melhor descrito como a criação e reforço de um tecido social através de práticas compartilhadas.[97] Ademais, a solidariedade pode

---

[94] BRAUN, Matthias. HUMMEL, Patrik. Data justice and data solidarity. *Patterns* Volume 3, Issue 11, p. 1-8, 11 November 2022. DOI: https://doi.org/10.1016/j.patter.2021.100427. Disponível em: https://www.sciencedirect.com/science/article/pii/S266638992100310X. Acesso em: 8 fev. 2023. "As has become clear, Taylor's account is broader than the approaches that reduce justice to narrow conceptions of fairness; e.g., it addresses the three areas that the latter seemed to neglect: she considers oppression by devoting specific attention to phenomena of marginalization and inclusion in data-driven practices. She calls for responsive action when demanding the promotion of contextual ''conversion factors'' for translating between capabilities and functionings of data subjects. And while she does not explicitly deploy the notion of recognition, she does focus on fundamental human needs and prerequisites for human flourishing in her version of the capability approach".

[95] BRAUN, Matthias. HUMMEL, Patrik. Data justice and data solidarity. *Patterns* Volume 3, Issue 11, p. 1-8, 11 November 2022. DOI: https://doi.org/10.1016/j.patter.2021.100427. Disponível em: https://www.sciencedirect.com/science/article/pii/S266638992100310X. Acesso em: 8 fev. 2023. "In the context of this discussion, we understand solidarity as shared practices of individuals or groups based on perceived similarities, in particular, in connection with their views and goals".

[96] BRAUN, Matthias. HUMMEL, Patrik. Data justice and data solidarity. *Patterns* Volume 3, Issue 11, p. 1-8, 11 November 2022. DOI: https://doi.org/10.1016/j.patter.2021.100427. Disponível em: https://www.sciencedirect.com/science/article/pii/S266638992100310X. Acesso em: 8 fev. 2023 "These goals range from the intention to share risks and benefits, to create social bonds, or to recognize claims previously excluded from social practices".

[97] BRAUN, Matthias. HUMMEL, Patrik. Data justice and data solidarity. *Patterns* Volume 3, Issue 11, p. 1-8, 11 November 2022. DOI: https://doi.org/10.1016/j.patter.2021.100427. Disponível em: https://www.sciencedirect.com/science/article/pii/S266638992100310X. Acesso em: 8 fev. 2023. "Thus, the point of solidarity can be best described as the creation and reinforcement of a social fabric through shared practices".

desempenhar um papel na detecção de injustiças. Frequentemente, os indivíduos se conscientizam de que foram vítimas de injustiça apenas quando consideram sua experiência em conjunto com as experiências dos outros.[98] Por exemplo, ter negado um financiamento, ser submetido ao escrutínio da aplicação da lei ou ser rejeitado em processos de recrutamento pode parecer inócuo isoladamente, mas começará a parecer injusto quando a pessoa perceber que outras pessoas com quem compartilha certos atributos têm experiências semelhantes.[99]

Da mesma forma, os observadores podem ser alertados para possíveis injustiças vividas por determinados indivíduos ou grupos a partir da observação das manifestações e da formação de movimentos de solidariedade.[100] Propõe-se que a justiça dos dados está entrelaçada com solidariedade no sentido de apropriar-se das preocupações e interesses dos outros e comprometer-se a incluí-los em empreendimentos sociais mediados por dados.[101] Somente com a disposição de se comprometer e

---

[98] BRAUN, Matthias. HUMMEL, Patrik. Data justice and data solidarity. *Patterns* Volume 3, Issue 11, p. 1-8, 11 November 2022. DOI: https://doi.org/10.1016/j.patter.2021.100427. Disponível em: https://www.sciencedirect.com/science/article/pii/S266638992100310X. Acesso em: 8 fev. 2023. "Often, individuals will become aware that they have been subjected to injustice only when they consider their experience in conjunction with the experiences of others".

[99] BRAUN, Matthias. HUMMEL, Patrik. Data justice and data solidarity. *Patterns* Volume 3, Issue 11, p. 1-8, 11 November 2022. DOI: https://doi.org/10.1016/j.patter.2021.100427. Disponível em: https://www.sciencedirect.com/science/article/pii/S266638992100310X. Acesso em: 8 fev. 2023. "For example, being denied a credit loan, being subjected to law enforcement scrutiny, or being rejected in recruitment processes might seem innocuous in isolation, but will start to feel unjust especially once one realizes that others with whom one shares certain attributes consistently have similar experiences".

[100] BRAUN, Matthias. HUMMEL, Patrik. Data justice and data solidarity. *Patterns* Volume 3, Issue 11, p. 1-8, 11 November 2022. DOI: https://doi.org/10.1016/j.patter.2021.100427. Disponível em: https://www.sciencedirect.com/science/article/pii/S266638992100310X. Acesso em: 8 fev. 2023. "Second, solidarity can play a role in detecting injustice. Often, individuals will become aware that they have been subjected to injustice only when they consider their experience in conjunction with the experiences of others. For example, being denied a credit loan, being subjected to law enforcement scrutiny, or being rejected in recruitment processes might seem innocuous in isolation, but will start to feel unjust especially once one realizes that others with whom one shares certain attributes consistently have similar experiences. Movements of solidarity that already address experiences of this kind within a society can be epistemically valuable in making these experiences salient as experiences of injustice. Likewise, observers might be alerted to potential injustices experienced by certain individuals or groups on the basis of observing the expressions and the formation of movements of solidarity".

[101] BRAUN, Matthias. HUMMEL, Patrik. Data justice and data solidarity. *Patterns* Volume 3, Issue 11, p. 1-8, 11 November 2022. DOI: https://doi.org/10.1016/j.patter.2021.100427. Disponível em: https://www.sciencedirect.com/science/article/pii/S266638992100310X. Acesso em: 8 fev. 2023. "We have proposed that data justice is intertwined with solidarity in the sense of making the concerns and interests of others one's own and to commit to including them into social endeavors mediated by data".

assumir as preocupações daqueles que, na perspectiva de Taylor Linnet, até agora foram deixados involuntariamente sob a invisibilidade, sem autonomia de se envolver ou se desvincular do processo de datificação, ou, ainda, afetados por preconceitos, mas incapazes de desafiar a discriminação, é que seria possível chegar mais perto de concretizar a justiça de dados.[102]

Além da clareza sobre os contornos da justiça de dados, há uma necessidade fundamental de uma dinâmica de melhoria que comece com os agentes de datificação que refletem, debatem e/ou moldam práticas, tecnologias, inovação e políticas de dados.[103] A justiça de dados somente será possível se houver responsabilização pela injustiça de dados. Esse fenômeno está inerentemente ligado ao movimento emancipatório e à superação ativa da opressão, seja experimentada em primeira mão ou observada ocorrendo a outra pessoa.[104]

É necessário pensar em uma discussão que aponte e critique os sistemas exclusivistas de concentração de poder, ao mesmo tempo que permita que todos os grupos interessados e comunidades afetadas possam participar desse desenvolvimento, conduzindo esse processo para uma efetiva autonomia da pessoa humana.

---

[102] BRAUN, Matthias. HUMMEL, Patrik. Data justice and data solidarity. *Patterns* Volume 3, Issue 11, p. 1-8, 11 November 2022. DOI: https://doi.org/10.1016/j.patter.2021.100427. Disponível em: https://www.sciencedirect.com/science/article/pii/S266638992100310X. Acesso em: 8 fev. 2023. "Only with the readiness to engage and commit to taking up and elevating concerns of those who, in Taylor's terms, are so far left invisible, unwillingly visible, unfree to engage or disengage with datafication, and affected by bias but unable to challenge discrimination, can we get closer to realizing data justice".

[103] BRAUN, Matthias. HUMMEL, Patrik. Data justice and data solidarity. *Patterns* Volume 3, Issue 11, p. 1-8, 11 November 2022. DOI: https://doi.org/10.1016/j.patter.2021.100427. Disponível em: https://www.sciencedirect.com/science/article/pii/S266638992100310X. Acesso em: 8 fev. 2023. "We have proposed that data justice is intertwined with solidarity in the sense of making the concerns and interests of others one's own and to commit to including them into social endeavors mediated by data. Only with the readiness to engage and commit to taking up and elevating concerns of those who, in Taylor's terms, are so far left invisible, unwillingly visible, unfree to engage or disengage with datafication, and affected by bias but unable to challenge discrimination, can we get closer to realizing data justice. Besides clarity about the contours of data justice, there is a fundamental need for an ameliorative dynamic that starts with us, the agents of datafication who reflect on, debate, and/or shape data practices, technologies, innovation, and policy".

[104] BRAUN, Matthias. HUMMEL, Patrik. Data justice and data solidarity. *Patterns* Volume 3, Issue 11, p. 1-8, 11 November 2022. DOI: https://doi.org/10.1016/j.patter.2021.100427. Disponível em: https://www.sciencedirect.com/science/article/pii/S266638992100310X. Acesso em: 8 fev. 2023. "Justice is inherently tied to emancipatory movement and the active overcoming of oppression, whether experienced firsthand or observed occuring to someone else, and to break up structures that weave constraints against some into the social fabric".

Considerações finais

É possível concluir que o poder opera por meio de algoritmos que são programados por humanos, treinados em dados referentes aos indivíduos e colocados em funcionamento por algumas pessoas para monitorar, regular e avaliar as demais. Não se pretende afirmar que a IA é incapaz de fazer justiça ou, ainda, que seu potencial de criar injustiças não pode ser limitado. Inclusive porque a IA também pode mitigar riscos e danos relevantes na sociedade. No entanto, esses sistemas ainda são controlados por organizações que possuem seus próprios interesses.

O ponto é que a discussão sobre a tecnologia é uma discussão sobre equilíbrio de poderes humanos e seu uso, portanto suscita questionamentos de justiça. Como desenvolvedores ou usuários desses sistemas, atrai-se a relevância de discutir essas perguntas, máxime porquanto muitas vezes as organizações respondem ao risco desse desenvolvimento com a promessa de projetar sistemas "justos" e "transparentes". A operacionalização dessa justiça e transparência assumem, portanto, o desafio central. Justos e transparentes para quem?

No que tange à conexão da justiça com a datificação, surgem apontamentos que ampliam a concepção de justiça para além de sentidos excessivamente estreitos de equidade, conduzindo para o leque da justiça social. A justiça de dados requer mais do que focar na justiça dos algoritmos de processamento, ampliando o foco para todo o âmbito de como os dados afetam e interagem o desenvolvimento humano.

Verifica-se também que a teoria ralwsiana traz relevantes contribuições sobre a compreensão da justiça como equidade, notadamente no que se refere ao impacto nos grupos menos favorecidos, à historicidade dos direitos fundamentais, à concepção do princípio das liberdades e da diferença e à noção de razão pública. Além disso, constata-se que algoritmos podem contribuir com a ocorrência de injustiças estruturais e epistêmicas e que os três pilares da justiça de dados (visibilidade, engajamento e combate à discriminação), aliados à concepção de solidariedade de dados, podem contribuir na mitigação dessas injustiças e na construção de uma agenda de justiça algorítmica.

Ressalte, finalmente, que as noções de justiça algorítmica precisam de contínua revisão e complemento para que seja possível melhorar as práticas de processamento de dados e IA. Além da conscientização sobre a concepção da justiça de dados, será imprescindível catalisar mudanças efetivas e procedimentais no campo pragmático diante de um mundo não ideal. A justiça algorítmica não se concretiza meramente com a ausência de injustiça: ela representa a responsabilidade ativa de lutar pela justiça na concepção e no *design* de sistemas de IA.

Referências

BAUER, Luciana Dias. As liberdades políticas na era digital: uma leitura conforme a teoria rawlsiana. *Portal Unificado da Justiça Federal da 4ª Região*, 12 jul. 2021. Disponível em: https://www.trf4.jus.br/trf4/controlador.php?acao=pagina_visualizar&id_pagina=1799. Acesso em: 23 fev. 2023.

BISMARCK, Eduardo. *Projeto de Lei nº 21/2020*. Estabelece fundamentos, princípios e diretrizes para o desenvolvimento e a aplicação da inteligência artificial no Brasil; e dá outras providências. Câmara dos Deputados, 4 fev. 2020. Disponível em: https://www.camara.leg.br/propostas-legislativas/2236340. Acesso em: 20 mar. 2023.

BRASIL. *CJUSBIA*. Disponível em: https://legis.senado.leg.br/comissoes/comissao?codcol=2504. Acesso em: 31 jan. 2023.

BRAUN, Matthias. HUMMEL, Patrik. Data justice and data solidarity. *Patterns* Volume 3, Issue 11, p. 1-8, 11 November 2022. DOI: https://doi.org/10.1016/j.patter.2021.100427. Disponível em: https://www.sciencedirect.com/science/article/pii/S266638992100310X. Acesso em: 8 fev. 2023.

CASSINO, João Francisco. O Sul Global e os desafios pós-coloniais na era digital. *In*: SILVEIRA, Sérgio Amadeu da; SOUZA, Joyce; CASSINO, João Francisco (Orgs.). *Colonialismo de dados*: como opera a trincheira algorítmica na guerra neoliberal: São Paulo: Autonomia Literária, 2021.

COHEN, G. A. Where the action is: on the site of distributive justice. *Philosophy & Public Affairs*, v. 26, n. 1, p. 3-30, Winter, 1997. Disponível em: https://www.jstor.org/stable/2961909. Acesso em: 14 fev. 2023.

ELLIS, Nick. Ferramenta de recrutamento da Amazon com AI discriminava candidatas mulheres. *Meio Bit*, 2018. Disponível em: https://meiobit.com/391571/ferramenta-de-recrutamento-amazon-ai-discriminava-mulheres/. Acesso em: 18 mar. 2023.

ENTENDA o escândalo de uso político de dados que derrubou valor do Facebook e o colocou na mira de autoridades. *G1*, 20 mar. 2018. Disponível em: https://g1.globo.com/economia/tecnologia/noticia/entenda-o-escandalo-de-uso-politico-de-dados-que-derrubou-valor-do-facebook-e-o-colocou-na-mira-de-autoridades.ghtml. Acesso em: 18 mar. 2023.

ETHICS guidelines for trustworthy AI. *European Commission*, 8 abr. 2019. Disponível em: https://digital-strategy.ec.europa.eu/en/library/ethics-guidelines-trustworthy-ai. Acesso em: 17 mar. 2023.

FRAGOSO, Nathalie. VALENTE, Mariana. Data Rights and Collective Needs: A New Framework for Social Protection in a Digitized World. *A Digital New Deal: Visions of Justice in a Post-Covid World*, p. 168-179, jan. 2021. Disponível em: https://projects.itforchange.net/digital-new-deal/pdf/.

FRICKER, Miranda. *Epistemic injustice*: power & the ethics of knowing. New York: Oxford University, 2007.

GABRIEL, Iason. Toward a theory of justice for artificial intelligence. *Dædalus, the Journal of the American Academy of Arts & Sciences*, v. 151, n. 2, p. 218-231, Spring 2022. Disponível em: https://arxiv.org/ftp/arxiv/papers/2110/2110.14419.pdf. Acesso em: 16 fev. 2023.

GOVERNING data and artificial intelligence for all: models for sustainable and just data governance. *Panel for the Future of Science and Technology (STOA)*, European Parliament, 11 jul. 2022. Disponível em: https://www.europarl.europa.eu/stoa/en/document/EPRS_STU(2022)729533. Acesso em: 25 fev. 2023.

HARADA, Eduardo. Fail épico: sistema do Google Fotos identifica pessoas negras como gorilas. Tecmundo, 1 jul. 2015. Disponível em: https://www.tecmundo.com.br/google-fotos/82458-polemica-sistema-google-fotos-identifica-pessoas-negras-gorilas.htm. Acesso em: 19 mar. 2023.

LIPTAK, Adam. Sent to prison by a software programs secret algorithms. *The New York Times*, 1 maio 2017. Disponível em: https://www.nytimes.com/2017/05/01/us/politics/sent-to-prison-by-a-software-programs-secret-algorithms.html?_r=0. Acesso em: 17 mar. 2023.

NUNES, Pablo. O algoritmo e o racismo nosso de cada dia. *Piauí*, 2 jan. 2021. Disponível em: https://piaui.folha.uol.com.br/o-algoritmo-e-racismo-nosso-de-cada-dia/. Acesso em: 17 mar. 2023.

O'NEIL, Cathy. *Algoritmos de destruição em massa*: como o *big data* aumenta a desigualdade e ameaça a democracia. 1. ed. Santo André: Rua do Sabão, 2020.

POLONSKI, Vyacheslav. AI trust and AI fears: A media debate that could divide society. *Oxford Internet Institute*, 9 jan. 2018. Disponível em: https://www.oii.ox.ac.uk/news-events/news/ai-trust-and-ai-fears-a-media-debate-that-could-divide-society/#:~:text=An%20exit%20out%20of%20the,we%20are%20normally%20used%20to. Acesso em: 17 mar. 2023.

RAFANELLI, Lúcia M. Justice, injustice, and artificial intelligence: Lessons from political theory and philosophy. *Big Data & Society*, Volume 9, Issue 1, January-June 2022. Disponível em: https://journals.sagepub.com/doi/full/10.1177/20539517221080676. Acesso em: 07 fev. 2023.

RAWLS, Jonh. *Uma teoria da justiça*. São Paulo: Martins Fontes, 1997.

TAYLOR, Linnet. What is data justice? The case for connecting digital rights and freedoms globally. *Big Data and Society*, Volume 4, Issue 2, July-December 2017. Disponível em: https://journals.sagepub.com/doi/full/10.1177/2053951717736335. Acesso em: 16 nov. 2022.

YOUNG, Iris Marion. *Justice and the politics of difference*. Princeton: Princeton University Press, 2011.

YOUNG, Iris Marion. Responsibility and global justice: a social connection model. *Social Philosophy and Policy*, v. 23, n. 1, p. 102-130, 2006. DOI:10.1017/S0265052506060043. Disponível em: https://www.cambridge.org/core/journals/social-philosophy-and-policy/article/abs/responsibility-and-global-justice-a-social-connection-model/9308EE478561C7CE31E1F5A8F26CBE04. Acesso em: 9 fev. 2023.

Informação bibliográfica deste texto, conforme a NBR 6023:2018 da Associação Brasileira de Normas Técnicas (ABNT):

BUARQUE, Gabriela; CATÃO, Adrualdo. Justiça, injustiça e inteligência artificial nas relações sociais: estruturas teóricas na filosofia contemporânea. *In*: EHRHARDT JÚNIOR, Marcos; CATALAN, Marcos; NUNES, Cláudia Ribeiro Pereira (Coord.). *Inteligência artificial e relações privadas*: possibilidades e desafios. Belo Horizonte: Fórum, 2023. v. 1. p. 73-105. ISBN 978-65-5518-576-8.

RECONHECIMENTO DA PERSONALIDADE JURÍDICA DOS AGENTES ARTIFICIAIS AUTÔNOMOS COMO ENTES DE CAPACIDADE REDUZIDA

FELIPE QUINTELLA M. DE C. HANSEN BECK
MARÍLIA BENGTSSON BERNARDES

> Na doutrina, uma definição pouco exata ou vaga é um erro, que pode causar noções falsas, e uma confusão portanto nas consequências. Na lei, uma definição restrita exclui da disposição casos, que nela se desejaria compreender; e muito vaga, estende essa disposição a casos, que não tinha em vista: é uma falta, cujos resultados são injustiças, e muitas vezes antinomias ou contrariedades, que são o mal que mais se deve recear em uma legislação.
>
> (Augusto Teixeira de Freitas)[1]

---

[1] FREITAS, Augusto Teixeira de. *Esboço de Código Civil*. Rio de Janeiro: Tipografia Universal de Laemmert, 1860, p. 115-116.

1 Considerações iniciais

No contexto da discussão jurídica sobre a inteligência artificial, inevitável examinar o assunto da possibilidade ou não do reconhecimento de personalidade jurídica dos "entes de inteligência artificial", denominados agentes artificiais autônomos.

Já há vários casos, noticiados mundo afora, de pessoas, por exemplo, que se sentiram ofendidas por alguns desses agentes, e que buscam saber quem podem responsabilizar; de quem podem cobrar reparação. Assim como já há casos de textos e imagens desenvolvidos por agentes artificiais, o que atrai, por exemplo, a indagação sobre possíveis direitos autorais. A responsabilidade, ou os direitos, seriam dos criadores das ferramentas? Ou seria possível pensar que seriam dos próprios agentes artificiais?

Em grande parte, o exame da possibilidade ou não do reconhecimento de personalidade jurídica a esses entes se torna complexo pelo fato de que, frequentemente, os debates sobre reconhecimento da personalidade jurídica de outros entes, diversos do ser humano, extrapolam o campo técnico da teoria do Direito, e recaem sobre um receio de *humanização* de tais entes. É o que acontece nas discussões sobre animais; é o que acontece nas discussões sobre o que se poderia denominar "entes de inteligência artificial".

Neste trabalho, após examinar o que seriam os *agentes artificiais autônomos*, como "entes de inteligência artificial" cuja personalidade jurídica pode ser discutida, será feito um exame dos problemas conceituais referentes às ideias de personalidade e de capacidade jurídicas para, em seguida, buscar-se a necessária precisão conceitual, a qual é encontrada na teoria da personalidade jurídica de Teixeira de Freitas, que acabou sendo a base do esquema de capacidades dos Códigos Civis brasileiros.

Por fim, será feita uma breve analogia com a trajetória histórica dos entes hoje denominados pessoas jurídicas, para se concluir que, com base na teoria da personalidade jurídica de Teixeira de Freitas, é possível o reconhecimento da personalidade dos agentes artificiais autônomos, dentro de uma sólida construção técnica, devendo ser regulada a sua capacidade de direito.

2 "Entes de inteligência artificial": os agentes artificiais autônomos

A inteligência artificial é um dos assuntos que mais tem gerado interesse na atualidade. No contexto dela, encontramos uma nova figura: a dos *agentes artificiais autônomos*.

"Agente" possui uma pluralidade de significados, a depender da área de análise. Na visão cotidiana, "agente" é aquele que tem a capacidade de executar ações. Ou seja, seriam aqueles que realizam ações, em vez de serem objetos que recebem a atuação dos outros.[2] "Negar a agência de algo ou alguém é negar a capacidade de agir, pois as ações do agente o distinguem do resto do mundo."[3] Nesse sentido coloquial, quase todos os programas de computador que usamos são agentes, pois executam ações em conformidade com a sua programação.

Ademais, para a Economia, um agente é aquele que age em nome de alguém. "Agência significa qualquer relacionamento em que uma pessoa contrata outra para executar um serviço em circunstâncias que envolvam delegar alguma função sobre a tomada de decisão ao prestador de serviço."[4] Nesse sentido, diversos sistemas computacionais (incluindo robôs) parecem ser agentes no sentido econômico.[5]

Talvez a maior objeção em aceitar os sistemas artificiais como agentes é a ideia de que o agente é o originador da ação. Nas palavras de Samir Chopra: "poderia ser feita a objeção de que os programas não são verdadeiramente agentes, com base em que um agente é o originador da ação, e localizar um agente é localizar o centro e a origem da atividade."[6]

Todavia, tal indagação pode ser superada por meio da ideia de "agente intencional". Em sentido filosófico, agência está relacionada com intenções. Ter "agência" é ser o originador de uma ação, conduzida

---

[2] LOPES, Giovana F. Peluso. *Inteligência artificial*: considerações sobre personalidade, agência e responsabilidade civil. Belo Horizonte: Dialética, 2021.

[3] Original: "to deny something or someone agency is to deny the capacity to take actions, for the actions of the agent distinguish it from the rest of the world" (CHOPRA, Samir. *A legal theory for autonomous artificial agents*. Ann Arbor: The University of Michigan Press, 2011).

[4] LOPES, Giovana F. Peluso. *Inteligência artificial*: considerações sobre personalidade, agência e responsabilidade civil. Belo Horizonte: Dialética, 2021.

[5] CHOPRA, Samir. *A legal theory for autonomous artificial agents*. Ann Arbor: The University of Michigan Press, 2011.

[6] Original: "the objection could be made that programs are not truly agentes, on the basis that an agent is the originator of action, and to locate an agent is to locate the center and origin of activity" (CHOPRA, Samir. *A legal theory for autonomous artificial agents*. Ann Arbor: The University of Michigan Press, 2011).

por motivações e propósitos. Nesse sentido, um agente artificial pode estar, sob uma perspectiva, simplesmente "executando um programa", ou, sob outra, "vendendo livros porque quer responder a oferta feita pelo consumidor".[7]

Ou seja, agência é melhor entendida quando existem ações sendo tomadas por uma razão, não aleatoriamente, e sim objetivando um fim. São exatamente os agentes intencionais que executam tais ações e suas crenças e motivos são as razões para agir. Assim, se é possível ver os agentes artificiais executando ações causadas por suas próprias motivações, então também é possível vê-los como possuidores de agência no sentido intencional. Assim, "um agente artificial pode, e deve, ser entendido como um agente intencional, agindo por razões que são as causas de suas ações".[8]

Para Russel e Norvig, um agente pode ser definido como "qualquer coisa que pode ser vista como percebendo seu ambiente por meio de sensores e agindo nesse ambiente por meio de atuadores".[9] Essa definição, todavia, é muito ampla, abarcando, inclusive, os próprios humanos. Giovana Lopes explica que:

> Um agente humano possui olhos, ouvidos e outros órgãos como sensores, e mãos, pernas e o trato vocal como atuadores. Um agente robótico pode possuir câmeras e sensores de alcance infravermelho, e variados motores como atuadores. Finalmente, um agente de *software* recebe conteúdos de arquivos ou o pressionamento de teclas como *inputs* sensoriais, e atua no ambiente exibindo algo em uma tela, escrevendo arquivos ou enviado pacotes de rede.

É obvio que, no sentido comum do termo, os programas de computador são agentes, pois executam ações. Todavia, o que se espera deles é muito mais do que simplesmente executar ações definidas na sua programação: espera-se que eles operem de forma autônoma, observem e interajam com o seu ambiente, adaptem-se a mudanças e busquem concretizar determinados objetivos.[10]

---

[7] CHOPRA, Samir. *A legal theory for autonomous artificial agents.* Ann Arbor: The University of Michigan Press, 2011.

[8] Original: "an artificial agent could, and should, be understood as an intentional agente, as acting for reasons that are the causes of its actions" (CHOPRA, Samir. *A legal theory for autonomous artificial agents.* Ann Arbor: The University of Michigan Press, 2011).

[9] Original: "an agent is anything that can be viewed as perceiving its environment through sensors and acting on that environment through actuators" (RUSSELL, Stuart J.; NORVIG, Peter. *Artificial Intelligence:* A modern approach. 3. ed. New Jersey: Prentice-Hall, 2010, p. 34).

[10] LOPES, Giovana F. Peluso. *Inteligência artificial*: considerações sobre personalidade, agência e responsabilidade civil. Belo Horizonte: Dialética, 2021.

Como poderíamos, então, conceituar um agente artificial autônomo? Poderíamos defini-lo como *"software* que age em nome de seu usuário e tenta atingir certos objetivos ou tarefas completas sem qualquer *input* ou supervisão direta de seu usuário",[11] ou, ainda, como "sistema computacional situado em algum ambiente, que é capaz de ação autônoma e flexível para atender às suas metas programadas".[12]

Graças aos avanços tecnológicos, os *softwares*/robôs de hoje conseguem não apenas executar programas, como também desenvolveram a autonomia, de forma que se "tornaram cada vez mais similares a agentes que interagem com o seu ambiente e conseguem alterá-lo de forma significativa".[13]

Por isso, diz-se que o agente tem autonomia, na medida em que possui capacidade de aprendizado. "A possibilidade do aprendizado das máquinas está vinculada a uma técnica atribuída aos entes dotados de inteligência artificial, que permite a construção de sistemas capazes de aprender e tomar decisões com base em sua experiência acumulada".[14]

Os agentes artificiais autônomos, portanto, apenas serão considerados como tal se agirem sem instrução humana direta, ou seja, baseando-se nas informações que eles próprios analisam e, mais, sendo capazes de adaptarem suas condutas em um ambiente em constante modificação na busca de determinados objetivos. "São, portanto, capazes de se adaptar e de aprender a partir de suas experiências e interação com o ambiente e com outros agentes, artificiais ou não".[15]

---

[11] Original: "piece of software that acts on behalf of itsuser and tries to meet certain objectives or complete tasks without any direct input or direct super-vision from its user" (BORKING, John; ECK, B. M. A. van; SIEPEL, P. *Intelligent software agents and privacy*. Registratiekamer, The Hague, January 1999. Disponível em: https://www.researchgate.net/publication/237219149_INTELLIGENT_SOFTWARE_AGENTS_AND_PRIVACY. Acesso em: 25 abr. 2023).

[12] Original: "un sistema de computación situado en algún entorno, que es capaz de una acción autónoma y flexible para alcanzar sus objetivos de diseño" (CASALI, Ana. *Agentes Inteligentes. Inteligencia Artificial*. 1. ed. [s. l.]: Iniciativa Latinoamericana de Libros de Texto Abiertos (LATIn), 2014. Disponível em: https://rephip.unr.edu.ar/bitstream/handle/2133/17686/1520250496_Inteligencia-Artificial-CC-BY-SA-3.0-8C.pdf?sequence=2&isAllowed=y. Acesso em: 25 abr. 2023).

[13] UNIÃO EUROPEIA. *Resolução do Parlamento Europeu, de 16 de fevereiro de 2017, que contém recomendações à Comissão sobre disposições de Direito Civil sobre Robótica 2015/2103(INL)*. Estrasburgo: Parlamento Europeu, 2017. Disponível em: https://eur-lex.europa.eu/legal-content/PT/TXT/?uri=CELEX:52017IP0051. Acesso em: 25 abr. 2023.

[14] MONARD, Maria Carolina; BARANAUSKAS, José Augusto. Conceitos sobre aprendizado de máquina. *Sistemas Inteligentes, Fundamentos e Aplicações*, Barueri, v. 1, n. 1, p. 39-56, 2003.

[15] LOPES, Giovana F. Peluso. *Inteligência artificial*: considerações sobre personalidade, agência e responsabilidade civil. Belo Horizonte: Dialética, 2021.

Um exemplo para ilustrar a capacidade do agente artificial autônomo de aprender e responder ao meio ambiente, independentemente da vontade humana, ocorreu em 2002, na Inglaterra, e ficou conhecido como o episódio da fuga do robô Gaak do Magna Science Center:

> A referida instituição realizou um projeto chamado "Robôs Vivos" (Living Robots), que consistiu em atribuir aos robôs os papéis de "predador" ou de "presa", com a diretriz "caçar", para o primeiro, e "fugir" para o segundo, lançando-os em seguida em uma arena. Usando sensores infravermelhos, a "presa" procurava alimentos indicados pela luz e o "predador" caçava e drenava a sua energia. O intuito do experimento era verificar se o princípio da sobrevivência do mais apto seria aplicável aos robôs dotados de IA e se eles poderiam se beneficiar da experiência adquirida, ou seja, se eram capazes de criar, de forma independente, novas técnicas de caça e autodefesa. Ocorre que, durante o experimento, o robô Gaak "presa", involuntariamente deixado sem vigilância durante 15 minutos, conseguiu escapar da arena. O robô atravessou o muro da "prisão", encontrou uma saída e foi para a rua. Chegou ao estacionamento onde foi atingido por um carro.[16]

Percebe-se que a ação do robô citado não foi simplesmente "obedecer" à programação pré-definida, mas sua ação consistiu em um ato potencializado pela interação com o meio. "Programado para afundar uma presa de metal em presas robóticas menores, mas mais ágeis, para 'consumir' sua energia elétrica, em um centro de aventura científica [...]",[17] Gaak tomou a decisão independente de escapar.

Essa característica da autonomia é exatamente o maior atrativo para o desenvolvimento dessa tecnologia. Contudo, é também um dos maiores receios a respeito da inteligência artificial. Isso porque dar a autonomia e, consequentemente, abdicar do controle realizado por humano, gera inúmeras implicações, inclusive jurídicas, principalmente quanto aos aspectos da personalidade jurídica.

---

[16] PIRES, Thatiane Cristina; SILVA, Rafael Peteffi da. A responsabilidade civil pelos atos autônomos da inteligência artificial: notas iniciais sobre a resolução do Parlamento Europeu. *Revista Brasileira de Políticas Públicas*, Brasília, v. 7, n. 3, p. 238-354, dez. 2017. Disponível em: https://www.publicacoesacademicas.uniceub.br/RBPP/article/view/4951. Acesso em: 25 abr. 2023.

[17] Original: "Programmed to sink a metal fang into smaller but more nimble prey robots, to 'eat' their electric power, at a science adventure centre [...]" (WAINWRIGHT, Martin. Robot fails to find a place in the sun. *The Guardian*, 20 jun. 2002. Disponível em: http://www.theguardian.com/uk/2002/jun/20/engineering.highereducation. Acesso em: 25 abr. 2023.)

Nesse diapasão, a própria Resolução do Parlamento Europeu, de 16 de fevereiro de 2017, que contém recomendações à Comissão sobre disposições de Direito Civil sobre Robótica (2015/2103-INL), preocupou-se com o assunto e afirmou que "a autonomia dos robôs suscita a questão da sua natureza à luz das categorias jurídicas existentes, ou se deve ser criada uma nova categoria, com características e implicações próprias".[18]

E não apenas isso. O enquadramento desses agentes em uma determinada categoria gera implicações, como, por exemplo, se possuem direitos, se é possível responsabilizá-los diretamente ou se a responsabilidade recai toda sobre o seu criador. Essas possibilidades, inclusive, já vêm sendo analisadas: especialistas discutem se é possível responsabilizar civilmente o ChatGPT, por exemplo.

Há pesquisadores empenhados em responder a indagação: "a quem responsabilizar civilmente, quando um chatbot de inteligência artificial, como o ChatGPT, produz um texto sobre uma pessoa com informações convincentes, atribuídas a fontes confiáveis, mas inteiramente falsas – e difamatórias".[19]

Por curiosidade, vale destacar que o ChatGPT, quando questionado sobre a sua natureza, se reconhece como um agente artificial autônomo. Em suas palavras:

> User: Você é um agente artificial autônomo?
>
> ChatGPT: *Sim, eu sou um agente artificial autônomo*. Sou um programa de computador projetado para interagir com os usuários, processar informações e fornecer respostas relevantes e úteis. Meu objetivo é ajudar as pessoas a obterem informações, resolverem problemas e realizar tarefas, de forma autônoma e eficiente.
>
> Como um modelo de linguagem natural treinado pela OpenAI, minha programação me permite aprender com exemplos e interações humanas, o que me ajuda a melhorar minha capacidade de compreender e responder aos usuários. No entanto, é importante lembrar que minha capacidade é limitada e ainda estou em constante evolução.[20]

---

[18] UNIÃO EUROPEIA. *Resolução do Parlamento Europeu, de 16 de fevereiro de 2017, que contém recomendações à Comissão sobre disposições de Direito Civil sobre Robótica 2015/2103(INL)*. Estrasburgo: Parlamento Europeu, 2017. Disponível em: https://eur-lex.europa.eu/legal-content/PT/TXT/?uri=CELEX:52017IP0051. Acesso em: 25 abr. 2023.

[19] MELO, João Ozorio de. Especialistas discutem se é possível processar ChatGPT por difamação. *Consultor Jurídico*, 17 abr. 2023. Disponível em: https://www.conjur.com.br/2023-abr-17/especialistas-discutem-possivel-processar-chatgpt-difamacao. Acesso em: 25 abr. 2023.

[20] ChatGPT. Disponível em: https://chat.openai.com/.

Essa dúvida sobre a responsabilização não é nova. A Resolução do Parlamento Europeu 2015/2103(INL), já tratou do assunto e afirmou que:

> considerando que, quanto mais autónomos forem os robôs, menos poderão ser encarados como simples instrumentos nas mãos de outros intervenientes (como o fabricante, o operador, o proprietário, o utilizador, etc.); considerando que, por sua vez, *isto coloca a questão de saber se as normas ordinárias em matéria de responsabilidade são suficientes ou se serão necessários novos princípios e normas para clarificar a responsabilidade jurídica de vários intervenientes* no que respeita à responsabilidade por atos e omissões dos robôs, quando a causa não puder ser atribuída a um interveniente humano específico e os atos ou as omissões dos robôs que causaram os danos pudessem ter sido evitados.[21]

Exatamente em razão deste cenário em que a inteligência artificial pode tomar decisões autônomas é que se faz necessário buscar a sua natureza jurídica, concedendo a ela e seus agentes, personalidade ou não, pois somente assim será possível avaliar as possíveis implicações, tais como a responsabilidade. Este é o objeto do presente estudo, que será explorado nas próximas seções: determinar a natureza jurídica dos agentes artificiais autônomos, considerando as categorias já existentes, ou criando uma nova categoria jurídica.

3 Personalidade e capacidade jurídicas: desafios conceituais

As obras brasileiras de Direito Civil tradicionalmente ensinam que *personalidade* e *capacidade* constituem noções complementares. Veja-se, por exemplo, este excerto de Caio Mário da Silva Pereira:

> Aliada à ideia de personalidade, a ordem jurídica reconhece ao indivíduo a capacidade para a aquisição dos direitos e para exercê-los por si mesmo, ou por intermédio, ou com a assistência de outrem. Personalidade e capacidade completam-se: de nada valeria a personalidade sem a capacidade jurídica que se ajusta assim ao conteúdo da personalidade, na mesma e certa medida em que a utilização do direito integra a ideia de ser alguém titular dele.[22]

---

[21] UNIÃO EUROPEIA. *Resolução do Parlamento Europeu, de 16 de fevereiro de 2017, que contém recomendações à Comissão sobre disposições de Direito Civil sobre Robótica 2015/2103(INL)*. Estrasburgo: Parlamento Europeu, 2017. Disponível em: https://eur-lex.europa.eu/legal-content/PT/TXT/?uri=CELEX:52017IP0051. Acesso em: 25 abr. 2023.

[22] PEREIRA, Caio Mário da Silva. *Instituições de Direito Civil*. 19. ed. Rio de Janeiro: Forense, 2001. v. I, p. 162.

Mais adiante, Caio Mário denomina *capacidade de direito* essa *capacidade jurídica*, e a distingue da *capacidade de fato*: "a esta aptidão oriunda da personalidade, para adquirir os direitos na vida civil, dá-se o nome de *capacidade de direito*, e se distingue da *capacidade de fato*, que é a aptidão para utilizá-los e *exercê-los por si mesmo*".[23]

Essa lição é similar à de Orlando Gomes:

> O termo *capacidade* emprega-se em dois sentidos. No primeiro, com a mesma significação de *personalidade*. Chama-se, então, *capacidade de direito* ou *de gozo*. Para ter direitos na ordem civil todo homem é capaz, porque pessoa. No segundo, é a aptidão para exercer direitos. Denomina-se *capacidade de fato ou de exercício*. Nem todos a possuem. Causas diversas restringem-na.[24]

Miguel Maria de Serpa Lopes segue linha semelhante, partindo, porém, de uma *capacidade* que denomina *civil*:

> A capacidade civil, portanto, é a aptidão de uma pessoa para ser sujeito de direitos e de obrigações, e, de outro lado, a aptidão para exercer esses direitos e cumprir essas obrigações. Consequentemente, do ponto de vista clássico, a palavra *capacidade* é suscetível de dupla acepção: 1º) significa uma aptidão a se tornar sujeito de direitos, ou de todos os direitos, ou de alguns dentre eles, o que se costuma denominar *capacidade de direito*; 2º) aptidão ao exercício desses direitos, isto é, a capacidade de exercício ou capacidade de fato. [...]
> Nem todas as pessoas têm, contudo, a capacidade de *fato*, também denominada capacidade de *exercício* ou de *ação*, que é a aptidão para exercer, por si só, os atos da vida civil.[25]

Dentre os autores contemporâneos, apesar de anunciar que a *personalidade* distingue-se da *capacidade*, Roberto Senise Lisboa afirma que *personalidade* "é a *capacidade de direito ou de gozo* da pessoa de ser titular de direitos e obrigações, independentemente de seu grau de discernimento, em razão de direitos que são inerentes à natureza humana e sua projeção para o mundo exterior".[26] Ou seja, distinta da *personalidade* seria a *capacidade de fato*, que Senise Lisboa também chama de *capacidade*

---

[23] PEREIRA, Caio Mário da Silva. *Instituições de Direito Civil*. 19. ed. Rio de Janeiro: Forense, 2001. v. I, p. 162.
[24] GOMES, Orlando. *Introdução ao Direito Civil*. 3. ed. Rio de Janeiro: Forense, 1971, p. 149.
[25] LOPES, Miguel Maria de Serpa. *Curso de Direito Civil*. 7. ed. Rio de Janeiro: Freitas Bastos, 1989. v. I, p. 267.
[26] LISBOA, Roberto Senise. *Manual de Direito Civil*. 6. ed. São Paulo: Saraiva, 2010. v. I, p. 203.

de exercício, a qual se referiria ao exercício de atos e negócios jurídicos, e que seria aferida pelos critérios definidos pelo legislador: "idade, estado psíquico e aculturação".[27]

Já Francisco Amaral enxerga na *personalidade* um "valor jurídico que se reconhece nos indivíduos e, por extensão, em grupos legalmente constituídos, materializando-se na capacidade jurídica ou de direito",[28] a qual consistiria na "aptidão para alguém ser titular de direitos e deveres".[29] Por sua vez, a *capacidade de fato* consistiria na "aptidão para a prática dos atos da vida civil, e para o exercício dos direitos como efeito imediato da autonomia que as pessoas têm".[30]

Além da variedade de locuções empregadas – *capacidade jurídica, capacidade civil, capacidade de direito, capacidade de fato, capacidade de gozo, capacidade de exercício, capacidade de ação* –, a consulta a essas obras revela a falta de identidade dos *conceitos* atribuídos a cada expressão, o que interfere no panorama geral do que se poderia considerar uma *teoria das capacidades* – sempre plurais, pois o ponto em que não há divergência é justamente o reconhecimento de que há mais de uma *capacidade*.

Buscando material para reflexão em obras brasileiras de Direito Romano dogmático, as quais, mesmo que pobres em valor historiográfico, ainda são amplamente usadas como fonte de argumentos pelos civilistas no Brasil, encontra-se também o uso dessas noções de *capacidades* para explicar a situação das pessoas em Roma – o que poderia sugerir, então, que se trataria de uma tradição imemorial – não conhecesse o historiador os graves problemas metodológicos de tais obras, como o *presentismo*.

Em seu *Direito Romano*, José Carlos Moreira Alves distingue *personalidade jurídica* de *capacidade jurídica*:

> Personalidade jurídica é a aptidão de adquirir direitos e de contrair obrigações. Em geral, os autores consideram sinônimas as expressões *personalidade jurídica* e *capacidade jurídica*. Parece-nos, entretanto, que é mister distingui-las. Com efeito, enquanto *personalidade jurídica* é conceito absoluto (ela existe, ou não existe), *capacidade jurídica* é conceito relativo (pode ter-se mais capacidade jurídica, ou menos). A personalidade jurídica é a potencialidade de adquirir direitos ou de contrair obrigações; a capacidade jurídica é o limite dessa potencialidade.

---

[27] LISBOA, Roberto Senise. *Manual de Direito Civil*. 6. ed. São Paulo: Saraiva, 2010. v. I, p. 251.
[28] AMARAL, Francisco. *Direito Civil*: introdução. 6. ed. São Paulo: Renovar, 2006, p. 218.
[29] AMARAL, Francisco. *Direito Civil*: introdução. 6. ed. São Paulo: Renovar, 2006, p. 227.
[30] AMARAL, Francisco. *Direito Civil*: introdução. 6. ed. São Paulo: Renovar, 2006, p. 227.

No direito romano, há exemplos esclarecedores dessa distinção. Basta citar um: no tempo de Justiniano, os heréticos (que era pessoas físicas; logo, possuíam personalidade jurídica) não podiam receber herança ou legado (por conseguinte, sua capacidade jurídica era menor do que a de alguém que não fosse herético).[31]

Na sequência, distingue a *capacidade de fato*:

> A personalidade jurídica (aptidão de adquirir direitos e de contrair obrigações) e a capacidade jurídica (o limite dessa aptidão) não se confundem com a capacidade de fato, que é a aptidão para praticar, por si só, atos que produzam efeitos jurídicos.[32]

Admite, no entanto, em nota, que "os romanos não tinham termos específicos para exprimir essas três ideias: *personalidade jurídica, capacidade jurídica* e *capacidade de fato*".[33]

Nas suas *Instituições de Direito Romano*, por sua vez, Ebert Vianna Chamoun distingue *capacidade de direito* de *capacidade de fato*, e ainda contempla a gradação desta em *absoluta* e *relativa*:

> Distingue-se a noção abstrata de capacidade e a noção concreta e positiva de titularidade mediata. Realizando-se, esta última, através da manifestação de uma vontade, é óbvio que se exija, em primeiro lugar, que a vontade esteja formada, depois, que haja adquirido uma certa maturidade. À primeira e à segunda noções dá-se o nome de capacidade de direito; a última denomina-se capacidade de fato.
> O direito romano, diferentemente do direito moderno, não entendia que todo homem fosse investido de personalidade. [...]
> A *capitis deminutio* excluía ou restringia a capacidade de direito. [...]
> Por outro lado, havia pessoas que não tinham capacidade de fato. A incapacidade de fato era absoluta e relativa.[34]

Ademais, no seu *Curso de Direito Romano*, José Cretella Júnior ressalta que, "em Roma, pode uma pessoa ter *capacidade de direito* e, no entanto, em razão da *idade*, do *sexo* ou da *mente*, pode não ter *capacidade de fato*".[35]

---

[31] ALVES, José Carlos Moreira. *Direito Romano*. 3. ed. Rio de Janeiro: Forense, 1971. v. I, p. 109-110.
[32] ALVES, José Carlos Moreira. *Direito Romano*. 3. ed. Rio de Janeiro: Forense, 1971. v. I, p. 110.
[33] ALVES, José Carlos Moreira. *Direito Romano*. 3. ed. Rio de Janeiro: Forense, 1971. v. I, p. 110.
[34] CHAMOUN, Ebert Vianna. *Instituições de Direito Romano*. 3. ed. Rio de Janeiro: Forense, 1957, p. 50.
[35] CRETELLA JÚNIOR, José. *Curso de Direito Romano*. Rio de Janeiro: Forense, 1968, p. 96.

A despeito das lições dogmáticas de Direito Romano dos romanistas brasileiros, o historiador português António Manuel Hespanha, reconhecido como um dos maiores historiadores do Direito da atualidade, ensina, no entanto, que a "teoria geral da *capacidade de gozo* e de *exercício* de direitos" teria sido pensada somente no final do século XVIII no Direito germânico.[36]

Pois bem. Ricardo Marcelo Fonseca, um dos maiores historiadores do Direito no Brasil atualmente, em sua *Introdução Teórica à História do Direito*, adverte para o fato de que

> O senso comum dos juristas (fala-se evidentemente de uma maneira generalizadora) gosta de pensar que o direito atual, o direito moderno, é o ápice de todas as elaborações jurídicas de todas as civilizações precedentes, já que é a única ungida com a água benta da "racionalidade".[37]

Essa característica seria ainda mais marcante no Direito Privado, que se apega sempre ao arcabouço que apropriou do Direito Romano.[38]

De fato, as obras de doutrina do Direito Civil brasileiro, desde a promulgação do Código Civil de 1916, apresentam a *disciplina das pessoas* com base nas ideias de *capacidades* sem refletir sobre sua adequação ao contexto local ou temporal, por vezes simplesmente mencionando que teria sido "sempre assim, desde o Direito Romano".

Em sua *Teoria Crítica do Direito Civil*, Luiz Edson Fachin sinaliza para a necessidade dessa reflexão:

> O artigo 4º do Código Civil brasileiro [de 1916], para marcar o início do ingresso da pessoa no estatuto do sujeito de direito, adota a posição segundo a qual estabelece uma via de ingresso da pessoa para saber se ela herda, se pode contratar, se pode tornar-se titular de um bem, se pode testar, já que, para converter-se num sujeito de direito, há de receber sobre si o atributo da personalidade. O questionamento sobre a eventual atribuição de personalidade ao nascituro, definida como de "política legislativa", de há muito acende o debate no cenário nacional, não mitigado com a distinção entre personalidade e capacidade.[39]

---

[36] HESPANHA, António Manuel. *Imbecillitas:* as bem-aventuranças da inferioridade nas sociedades de Antigo Regime. São Paulo: Annablume, 2010, p. 84.
[37] FONSECA, Ricardo Marcelo. *Introdução Teórica à História do Direito*. 3. reimp. Curitiba: Juruá, 2012, p. 23.
[38] FONSECA, Ricardo Marcelo. *Introdução Teórica à História do Direito*. 3. reimp. Curitiba: Juruá, 2012, p. 23.
[39] FACHIN, Luiz Edson. *Teoria Crítica do Direito Civil*. Rio de Janeiro: Renovar, 2000, p. 28-29.

Em síntese, Fachin problematiza a questão da *personalidade* e da *capacidade* como centros da noção de *sujeito de direito* e observa que os seres humanos se tornam "escravos dessa 'máscara'", o que leva o "ser sujeito de direito" a um "ser *eventualmente* sujeito de direito".[40]

4 Personalidade e capacidade jurídicas: em busca de precisão conceitual

Após ter notado a pluralidade de locuções e de conceitos usados em obras do Direito Civil brasileiro acerca do tema das *capacidades*, o primeiro autor deste trabalho, Felipe Quintella Hansen Beck,[41] dedicou sua pesquisa de Mestrado em Direito, na Universidade Federal de Minas Gerais, ao traçado da trajetória de tal teoria no Brasil. Observando-se questões teóricas e metodológicas de história do Direito, a pesquisa se propôs a verificar em que obras surgiu no Direito pátrio uma *teoria das capacidades*, bem como quais conceitos a compunham originalmente, para, em seguida, estudar a trajetória desses conceitos até a promulgação do Código Civil de 1916.[42]

Primeiramente, considerou-se o Direito vigente no Brasil Império, e tomaram-se como fontes obras de Direito Civil português, de Direito Romano e de Direito Civil brasileiro, bem como as normas organizadas na *Consolidação das Leis Civis*.

A análise de obras de Direito Civil português revelou que os autores em Portugal originalmente não faziam uso de qualquer noção de *capacidade* para explicar a *disciplina das pessoas*, mas que, em meados do século XIX, o vocábulo com alguns de seus derivados começou a ser usado, por influência do Código Napoleão.

A análise de três dos textos romanos mais largamente utilizados no Brasil naquela época, por sua vez, revelou que não havia neles qualquer construção teórica que se pudesse considerar uma *teoria das capacidades*, nem neles se encontrarram o vocábulo *capacidade* ou seus derivados.

A análise das três obras de Direito Civil publicadas no Império que guardam relevância com o tema da pesquisa revelou que somente

---

[40] FACHIN, Luiz Edson. *Teoria Crítica do Direito Civil*. Rio de Janeiro: Renovar, 2000, p. 31.
[41] O autor, à época, assinava Felipe Quintella Machado de Carvalho, pois ainda não havia incluído os nomes familiares Hansen Beck.
[42] CARVALHO, Felipe Quintella Machado de. *Teixeira de Freitas e a história da teoria das capacidades no Direito Civil brasileiro*. 2013. 239 f. Dissertação (Mestrado em Direito) – Universidade Federal de Minas Gerais, Belo Horizonte, 2013.

após a publicação da *Nova Apostila* e do *Esboço*, e de estudos do Direito francês, é que ideias de *capacidades* passaram a permear a *disciplina das pessoas* no Brasil.

A análise do repertório normativo vigente – organizado na *Consolidação das Leis Civis* –, por fim, revelou que também no Direito positivo não havia ainda àquele tempo um *esquema de capacidades*.

Na *Nova Apostila*, publicada por Augusto Teixeira de Freitas em 1859, e na primeira parte do *Esboço de Código Civil*, por ele publicada em 1860, encontraram-se reflexões teóricas, um esquema normativo e uma construção conceitual suficientes para que se considere haver nessas obras uma *teoria das capacidades*.

É seguro, por conseguinte, concluir que é a partir de Freitas que o Direito Civil brasileiro passou a incluir na *disciplina das pessoas* uma *teoria das capacidades* com referencial filosófico e conceitos técnicos.

Posteriormente, a pesquisa avançou das obras referidas de Freitas até a promulgação do Código Civil de 1916, adotando como marcos temporais os diferentes projetos de Código Civil elaborados no período.

A análise do *Projeto* de Nabuco de Araujo revelou que este adotara em parte os conceitos propostos por Freitas, e que mantivera o *esquema da incapacidade de fato*, privilegiando a objetividade normativa em detrimento da profundidade científica.

A análise do *Projeto* de Felício dos Santos com seus respectivos comentários revelou que Felício fora inspirado pelos conceitos de *capacidade de direito* e de *capacidade de fato* de Freitas, mas que rejeitou a gradação da *incapacidade de fato* em *absoluta* e *relativa*, bem como a *nulidade* como consequência dos atos praticados pelos *incapazes*, optando por descrever as hipóteses em que seriam *anuláveis*.

A análise do *Projeto* de Coelho Rodrigues revelou que este pretendeu inovar na *disciplina das capacidades*, alterando o esquema normativo usado nos projetos anteriores e propondo novos conceitos, como os de *interrupção* e de *suspensão* da *capacidade civil*.

A análise do *Projeto* de Clóvis Beviláqua, por sua vez, revelou: (1) que este pensava usar os conceitos de Freitas, mas que acabou lhes dando novo conteúdo – sobretudo à *capacidade de direito*, que se aproximou da *personalidade*; (2) que Beviláqua aproveitou parte do *esquema da incapacidade de fato* do *Esboço*, enumerando pessoas *absolutamente incapazes* e pessoas *relativamente incapazes*; (3) que Beviláqua não aproveitou a disciplina da *incapacidade de fato in casu*; (4) que Beviláqua inovou na *disciplina dos atos*, prevendo a *nulidade* dos atos praticados pessoalmente pelos *absolutamente incapazes* e a *anulabilidade* dos atos praticados por si sós pelos *relativamente incapazes*, o que rompeu com a diferença original da gradação em Freitas.

Já a análise dos trabalhos do Congresso acerca do *Projeto Beviláqua*, por fim, revelou que não se discutiram questões conceituais.

A análise do Código Civil de 1916, por fim, revelou que o *esquema das capacidades* de Beviláqua foi mantido quase intacto, porém com uma alteração que ajudaria a sepultar o conceito de *incapacidade de direito* de Freitas: não sobreviveu a previsão da *nulidade* dos atos quando a lei proibia a sua prática.

É seguro, por conseguinte, concluir que: (1) o *esquema das capacidades* do Código Civil de 1916 manteve da *teoria freitiana* o *esquema da incapacidade de fato* estabelecida *a priori* com sua gradação em *incapacidade absoluta* e *incapacidade relativa*, mas que, quanto ao mais, abandonou o esquema de Freitas; (2) os conceitos usados para explicar o Código, por influência de Beviláqua, passaram a comportar conteúdo diverso do originalmente pensado por Freitas.

Situando os resultados da pesquisa no contexto do Direito Civil contemporâneo, concluiu-se que não é adequada a explicação da *disciplina das pessoas* como se tem feito, comparando a *personalidade jurídica* à *capacidade jurídica* ou *civil* e à *capacidade de direito*, e esta à *capacidade de gozo*, e a *capacidade de fato* à *capacidade de exercício* ou *de agir*, porquanto mistura noções do Direito português, do Direito francês e do Direito germânico com noções do Direito brasileiro – freitianas – cujos conteúdos são incompatíveis.

Concluiu-se, ademais, que a se manter a *disciplina das pessoas* centrada na *teoria das capacidades*, mais coerência se consegue com a utilização dos conceitos da teoria de Freitas, sobretudo em razão do peculiar conceito de *capacidade de direito*.

5 A teoria da personalidade jurídica de Teixeira de Freitas

Após a bem-sucedida conclusão da *Consolidação das Leis Civis*, publicada em 1857, e aprovada com louvor pelo Governo Imperial em 1858, Freitas foi contratado para elaborar um projeto de Código Civil em 1859.[43]

Durante o ano de 1859, Freitas labutou sobre o tema das *capacidades* em seu embate com o Visconde de Seabra acerca do projeto do Código Civil português.

---

[43] FREITAS, Augusto Teixeira de. *Esboço de Código Civil*. Rio de Janeiro: Tipografia Universal de Laemmert, 1860, p. III.

Em seguida, em 1860, Freitas publicou a primeira parte dos seus próprios trabalhos de codificação, que denominou *Esboço*, conclamando o público a lhe auxiliar no empreendimento, por meio de críticas.[44]

O volume publicado em 1860 contém um *título preliminar*, denominado "do lugar e do tempo", e o *Livro Primeiro* da *Parte Geral*, denominado "dos elementos dos direitos", contendo três seções: I. das pessoas; II. das coisas; III. dos fatos.[45]

Freitas abre a disciplina das pessoas no *Esboço* com um conceito inovador: *pessoa é todo ente suscetível de aquisição de direitos* (art. 16).

A inovação reside na afirmação de que a *pessoa* se define pela suscetibilidade de aquisição de direitos, enquanto a ideia preponderante era a de que esta seria um consectário daquela. O que se percebe é que Freitas busca um critério determinante de *quem seja pessoa* como ponto de partida do Direito Civil, para evitar o risco de a lei não acompanhar a realidade e não reconhecer a personalidade de entes que efetivamente atuam no plano do Direito.[46]

Segundo ele, "na observação da primeira análise acha-se o *homem* em sua manifestação visível como o único sujeito que adquire direitos, e contrai obrigações".[47] Entretanto, "observa-se logo depois que o sujeito dos direitos e obrigações nem sempre obra para si, pois que representa entidades que não são ele".[48] É então que ele trabalha a ideia de que atuam na cena jurídica *entes de existência visível* – os seres humanos – e *entes de existência ideal*, representados por seres humanos. E justifica solenemente sua constatação: "há dois mundos, o *visível*, e o *ideal*, e desconhecer a existência deste na esfera jurídica, fora não sentir os efeitos de todos os dias, fora negar a realidade de toda a vida individual e social".[49]

---

[44] FREITAS, Augusto Teixeira de. *Esboço de Código Civil*. Rio de Janeiro: Tipografia Universal de Laemmert, 1860, p. III-IV.

[45] FREITAS, Augusto Teixeira de. *Esboço de Código Civil*. Rio de Janeiro: Tipografia Universal de Laemmert, 1860, p. V-VIII.

[46] O que, aliás, acabou ocorrendo no Brasil. Trabalhando com a ideia inversa, de que toda pessoa é capaz de direitos e deveres (a qual o Código Civil de 2002 ainda mantém, no art. 1º), o Direito pátrio não consegue reconhecer a personalidade de entes que não se enquadram nos conceitos vigentes de pessoa natural e pessoa jurídica, conquanto não possa negar a atuação desses entes – denominados *despersonalizados* – na cena jurídica.

[47] FREITAS, Augusto Teixeira de. *Esboço de Código Civil*. Rio de Janeiro: Tipografia Universal de Laemmert, 1860, p. 15.

[48] FREITAS, Augusto Teixeira de. *Esboço de Código Civil*. Rio de Janeiro: Tipografia Universal de Laemmert, 1860, p. 15.

[49] FREITAS, Augusto Teixeira de. *Esboço de Código Civil*. Rio de Janeiro: Tipografia Universal de Laemmert, 1860, p. 16.

Infelizmente, no entanto, o completo desenvolvimento dessas ideias Freitas indica figurar em uma *Introdução* ao *Esboço*, a qual, todavia, em nota prefacial da edição de 1860, ele mesmo revela ter omitido da publicação.[50]

O que se sabe é que, mais adiante, Freitas se mantém firme na distinção entre *personalidade* e *capacidade* – como já o fizera na *Nova Apostila* – ao explicar seu conceito de *capacidade de direito*. Após asseverar que atribui à locução significado diverso do empregado por Savigny, Freitas explica que:

> Para este Escritor, que generalizara o Direito Romano, a *capacidade de direito* é, e não podia deixar de ser, o caráter distintivo dos seres humanos que aquele Direito reputava pessoas, por contraposição aos que privava de personalidade. Para nós, para a civilização atual, todo homem é *pessoa*; pois que não há homem sem a suscetibilidade que não chamo *capacidade de direito* tratando-se de *pessoas*, porque só o seria em relação a entes que não são *pessoas*. Quem, para distinguir a *pessoa* do que não é *pessoa*, empregar a expressão – *capacidade de direito* – *capacidade jurídica*, como fazem os escritores de Direito Natural, confundir-se-á a si mesmo e aos outros; e, ou cairá na teoria do *status* e *capitis deminutio* do Direito Romano, ou não terá terminologia própria para exprimir a *capacidade de direito* das legislações modernas.[51]

Reconhece-se que uma das características dos comentários de Freitas ao seu trabalho é a presunção de que o leitor dialoga com ele. Diversas ideias e argumentos, lamentavelmente, são omitidos, como se o leitor já os conhecesse; como se não fosse necessário explicitá-los. Assim é que a análise do *Esboço* demanda um esforço maior de interpretação sistemática.

---

[50] "Antes de apresentar ao Governo Imperial o Projeto de Código Civil, cuja redação me foi encarregada por Decreto de 11 de janeiro de 1859, entendi que o devia depurar com a estampa das diversas partes deste longo trabalho, que por ora tem o título de Esboço. Expor-me à censura de todos, facilitar minha própria censura, que acharia embaraço na combinação de páginas manuscritas; eis o fruto que pretendo colher desta primeira tentativa.
Fora ela primitivamente talhada em proporções muito mais largas, do que vai agora exibir a sua execução; e tanto assim que nem se achará na parte aqui publicada a Introdução a que se referem as notas do art. 16, nem nas partes subsequentes serão abundantes as ilustrações do texto, só reservadas para os pontos que as não puderem absolutamente dispensar. Mas o tempo é veloz, e eu receio de sua escassez para o pontual desempenho de uma tarefa, que deve estar terminada em dezembro do ano próximo futuro" (FREITAS, Augusto Teixeira de. *Esboço de Código Civil*. Rio de Janeiro: Tipografia Universal de Laemmert, 1860, p. III).

[51] FREITAS, Augusto Teixeira de. *Esboço de Código Civil*. Rio de Janeiro: Tipografia Universal de Laemmert, 1860, p. 23.

Prosseguindo na ideia de que há dois mundos a considerar, Freitas assevera, no art. 17, que as pessoas são de *existência visível* ou de *existência ideal*. No respectivo comentário, em apertadíssima síntese, menciona a confusão dos juristas franceses ao buscar os conceitos de *pessoa, pessoa civil, pessoa moral, pessoa fictícia, capacidade* e *estado*, e alfineta – também aqui – o *Projeto* do Código Civil português do Visconde de Seabra, cujo art. 1º afirmava que "só o homem é pessoa". Conclui, então, sem maiores explicações: "mas como fugir à divisão do nosso texto, seja qual for a denominação que se adote? A realidade da vida aí está, basta observá-la".[52]

Cumpre destacar que, à época da publicação desta parte do *Esboço*, a teoria da pessoa jurídica ainda não se encontrava consolidada na doutrina europeia – nem, também, na americana –, e ainda não fora sistematizada em um Código Civil. Daí a seguinte confissão de Freitas, ao abrir, bem mais à frente, a disciplina das pessoas de existência ideal:

> Com algum receio apresento este Tít. 3º sobre as *pessoas de existência ideal*, não porque haja em meu espírito a mais leve sombra de dúvida, mas pela aparência de novidade, aliás meramente exterior, que apresenta uma síntese que até agora não se tem feito, e sem a qual entretanto não se pode conhecer a *teoria das pessoas*, e toda a beleza e majestade do Direito Civil. Pela primeira vez tenta-se, e, o que é mais, em um Código, a temerária empresa de reunir em um todo o que há de mais metafísico em jurisprudência.[53]

Continuando na sua justificativa do título III – das pessoas de existência ideal, Freitas aprofunda sua noção de *personalidade jurídica*, ao pontuar que:

> Este nosso título não versa unicamente sobre as pessoas, que em geral se tem chamado *morais*, e em sentido menos lato *pessoas jurídicas*. Nada mais comum na jurisprudência prática do que dizer-se, *que uma pessoa faz as vezes de duas ou mais pessoas a diferentes respeitos*. Segundo as tradições, os Romanos originariamente chamavam *persona* a máscara dos atores, – o caráter que estes representavam; e com o tempo, pois que a vida social bem se compara com um grande drama em que cada homem representa o seu papel a palavra *pessoa* veio a designar, e com rigorosa

---

[52] FREITAS, Augusto Teixeira de. *Esboço de Código Civil*. Rio de Janeiro: Tipografia Universal de Laemmert, 1860, p. 18.

[53] FREITAS, Augusto Teixeira de. *Esboço de Código Civil*. Rio de Janeiro: Tipografia Universal de Laemmert, 1860, p. 181.

exação, atestadas pelas relações cotidianas, cada um dos indivíduos considerado, não só em si mesmo, como no ponto de vista de suas *qualidades representativas* –, das diversas *representações* ou *figuras* por ele desempenhadas, tendentes a reproduzir fisicamente entidades que sem este meio não teriam ação exterior em um lugar e tempo dado.

Se estas são as tradições, se não há um só Escritor que não as confirme, não diga explicitamente e por uma teoria completa, mas pela sua linguagem que naturalmente exprime a realidade da vida jurídica e sobretudo, se a observação dos fatos aí está para atestá-las; era de mister adotar uma expressão mais genérica, uma denominação mais ampla do que adotadas de *pessoas morais*, *pessoas jurídicas*, capaz de compreender todas as *representações* possíveis, todas as entidades suscetíveis de aquisição de direitos, todas as *pessoas*, em suma, que não fossem *pessoas de existência visível*.[54]

Impende frisar que essa noção ampla de *pessoas de existência ideal* comporta sem dificuldades os entes hoje denominados *despersonalizados* – os quais a doutrina sofre em tentar situar na teoria das pessoas, dada a ausência das características consideradas essenciais das *pessoas jurídicas*, e o princípio da tipicidade.

Em conclusão do tema da *personalidade jurídica*, pode-se afirmar que, para Freitas, ao jurista cabe apenas, analisando a "realidade de toda a vida social e individual", identificar os entes suscetíveis de aquisição de direitos, cuja personalidade jurídica deve, pois, ser reconhecida, tenham eles existência visível ou ideal. Posteriormente, em se tratando de direitos civis, deve-se passar à análise da *capacidade civil*, a qual é atribuída pela lei.

Na sequência, no *Esboço*, segundo o art. 17, as *pessoas* "podem adquirir os direitos, que o presente Código regula, nos *casos*, pelo *modo*, e *forma*, que no mesmo se determinar".[55] Freitas, então, conclui, ao final do dispositivo: "daí dimana sua *capacidade*, e *incapacidade civil*".[56]

Ou seja, reconhecida a *personalidade jurídica* de um ente, quer dizer, sua condição de *pessoa*, sua suscetibilidade de aquisição de direitos, passa-se à análise dos direitos que, segundo a legislação civil, o ente pode adquirir – o que Freitas denomina *capacidade civil*.

---

[54] FREITAS, Augusto Teixeira de. *Esboço de Código Civil*. Rio de Janeiro: Tipografia Universal de Laemmert, 1860, p. 182-183.
[55] FREITAS, Augusto Teixeira de. *Esboço de Código Civil*. Rio de Janeiro: Tipografia Universal de Laemmert, 1860, p. 17.
[56] FREITAS, Augusto Teixeira de. *Esboço de Código Civil*. Rio de Janeiro: Tipografia Universal de Laemmert, 1860, p. 17.

Essa noção é desdobrada no art. 21, em que se estabelece que "a capacidade civil é de *direito*, ou de *fato*".[57]

No art. 21, Freitas conceitua a *capacidade de direito* – desdobramento da *capacidade civil* – como "grau de aptidão de cada classe de pessoas para adquirir direitos, ou exercer por si ou por outrem atos que não lhe são proibidos".[58]

É preciso muito cuidado ao analisar esse conceito, por se tratar do que mais sofreu alterações no Direito posterior.

O primeiro elemento fundamental dessa noção consiste na natureza da *capacidade de direito* como *grau de aptidão*. O próprio Freitas, em nota, reitera: "não digo *aptidão*, porque não há pessoa sem *capacidade de direito*, por maior que fosse o número das proibições do Código". Toda pessoa, pois, tem *capacidade de direito*, em maior ou menor grau.

O segundo elemento fundamental do conceito consiste no objeto da aptidão: a *aquisição de direitos* e a *prática por si ou por outrem de atos não proibidos*. Primeiramente, a *capacidade de direito* se refere ao grau de aptidão para *adquirir direitos*. Havendo *capacidade de direito*, pois, pode o sujeito adquirir direitos *independentemente* da sua *capacidade de fato*. O próprio Freitas, no entanto, julgou conveniente deixar mais clara ainda a ideia que tinha em mente, e enfatizou a prática *por si ou por outrem* de *atos não proibidos*. É o que explica no excerto a seguir:

> *Para adquirir direitos*: estas palavras traduziriam todo o meu pensamento, como no art. 17, sem acrescentar as outras – *exercer atos* –, se não achasse conveniente, para maior clareza, especificar as duas formas, em que as proibições aparecem.[59]

Impende atentar para o seguinte esclarecimento:

> Quando os direitos são adquiríveis por fatos independentes da vontade de quem pode adquiri-los, o Código proíbe a própria aquisição; como, por exemplo, quando proíbe que os filhos ilegítimos herdem de seus pais por sucessão legal. Quando, porém, os direitos são adquiríveis por atos voluntários, a proibição recai sobre esses atos; pois que, proibidos, proíbe-se, por isso mesmo, a aquisição. Não se diz – *para exercer direitos* –,

---

[57] FREITAS, Augusto Teixeira de. *Esboço de Código Civil*. Rio de Janeiro: Tipografia Universal de Laemmert, 1860, p. 23.

[58] FREITAS, Augusto Teixeira de. *Esboço de Código Civil*. Rio de Janeiro: Tipografia Universal de Laemmert, 1860, p. 23.

[59] FREITAS, Augusto Teixeira de. *Esboço de Código Civil*. Rio de Janeiro: Tipografia Universal de Laemmert, 1860, p. 25.

porque só os incapazes são os que não os podem exercer; ao passo que podem adquirir direitos não só os capazes, como os incapazes.[60]

Apesar da ressalva, essa característica do conceito de *capacidade de direito* de Freitas se perdeu, e caiu de tal forma no esquecimento que, mais tarde, a doutrina precisou usar a ideia de *legitimidade* – originária do Direito Processual – para explicar os atos que o Código Civil proíbe expressamente a certas classes de pessoas, como, por exemplo, a venda de ascendente a descendente sem consentimento expresso do cônjuge e dos demais descendentes.

No art. 22 Freitas apresenta seu conceito de *capacidade de fato* – o outro desdobramento da *capacidade civil*: "consiste a *capacidade de fato* na aptidão, ou grau de aptidão, das pessoas de existência visível para exercer por si os atos da vida civil".[61]

Esse conceito é bastante influenciado por ideias que Freitas colheu do Direito europeu, conforme ele próprio explica:

> *Capacidade de fato: – capacidade de obrar* – na expressão de Savigny, o que é o mesmo. Esta capacidade de obrar é designada pelos Escritores Franceses com as palavras – *exercício de direitos* –, por contraposição ao chamado – *gozo de direitos civis* – do Cod. Nap. Veja-se Marcadé Tom. 1º pag. 83, e Demolombe Tom. 1º pag. 142. Distingue-se em Direito Francês por esta forma a capacidade de direito em geral, quero dizer, a *personalidade*, da *capacidade de fato*: e como, sendo assim, estas capacidades já são *direitos civis*, não há expressão para designar os *direitos adquiridos*.[62]

A primeira inovação neste conceito é a ideia de que a *capacidade de fato* admite três graus: o máximo, da *capacidade plena*, na terminologia que posteriormente se consolidou; o intermediário, da *capacidade relativa*, mais conhecida por *incapacidade relativa*; e o mínimo, da *ausência de capacidade*, a que mais comumente se refere por meio da ideia de *incapacidade absoluta*. Logo, tanto há pessoas plenamente capazes de pessoalmente praticar os atos da vida civil, quanto há aquelas absolutamente impedidas de o fazer, quanto há as que são impedidas

---

[60] FREITAS, Augusto Teixeira de. *Esboço de Código Civil*. Rio de Janeiro: Tipografia Universal de Laemmert, 1860, p. 25.
[61] FREITAS, Augusto Teixeira de. *Esboço de Código Civil*. Rio de Janeiro: Tipografia Universal de Laemmert, 1860, p. 26.
[62] FREITAS, Augusto Teixeira de. *Esboço de Código Civil*. Rio de Janeiro: Tipografia Universal de Laemmert, 1860, p. 26.

apenas relativamente. A análise dessa gradação da *capacidade de fato*, no entanto, já não importa para o escopo deste trabalho.

6 O exemplo do reconhecimento da personalidade dos entes hoje denominados *pessoas jurídicas*

Os entes hoje denominados *pessoas jurídicas* somente foram reconhecidos como pessoas em tempos relativamente recentes, no contexto milenar de história do Direito Civil.

A expressão "pessoa jurídica", com o seu significado atual, é produto de uma longa trajetória histórica. A doutrina, sem maiores preocupações historiográficas, mas de maneira didática, costuma dividir tal trajetória em três períodos: o romano, o medieval e o moderno.

Quanto ao período romano, explica Francisco Amaral que "o direito romano não conheceu a pessoa jurídica como entidade distinta dos indivíduos que a compõem. Essencialmente práticos, não eram dados a tais abstrações. Nos textos jurídicos, *persona* utilizava-se, geralmente, como sinônimo de homem".[63]

As primeiras entidades que, mais tarde, seriam reconhecidas como *pessoas jurídicas* surgiram na Idade Média, na Europa, quando as corporações de ofício foram criadas para proteger os interesses dos artesãos e comerciantes. "Principalmente do século XIV, com a contribuição dos glosadores e canonistas que, reunindo-se elementos do direito romano pós-clássico, do direito germânico e do próprio direito canônico, se chega ao núcleo central do conceito de pessoa jurídica".[64]

Mais tarde, com as alterações políticas e econômicas do século XIX, ou seja, "adotando o princípio da separação de poderes e a lógica capitalista de livre iniciativa, propugnada e impulsionada pelas revoluções francesa e industrial tornaram propício o ambiente para o surgimento de uma nova figura titular de direitos e obrigações",[65] qual seja, a pessoa jurídica.

Até essa época, prevalecia a ideia da pessoa natural, não sendo reconhecida a personalidade dos agrupamentos "personificados", salvo, segundo Valter Godin Pereira, as companhias ultramarinas.[66]

---

[63] AMARAL, Francisco. *Direito civil*: introdução. 10. ed. rev. e modif. São Paulo: Saraiva, 2018.
[64] AMARAL, Francisco. *Direito civil*: introdução. 10. ed. rev. e modif. São Paulo: Saraiva, 2018.
[65] PEREIRA, Valter Godin. Desconsideração da pessoa jurídica. *Revista de Jurisprudência do Tribunal de Justiça do Ceará*, Fortaleza, v. 13, p. 11-38, 2004, p. 11.
[66] PEREIRA, Valter Godin. Desconsideração da pessoa jurídica. *Revista de Jurisprudência do Tribunal de Justiça do Ceará*, Fortaleza, v. 13, p. 11-38, 2004, p. 11.

Não se pode, inclusive, deixar de mencionar que o reconhecimento da personalidade jurídica do próprio ser humano teve distintos momentos na trajetória histórica de tal construção, nem sempre se reconhecendo todo ser humano nascido com vida como pessoa natural. "A decisão de que todos os seres humanos são sujeitos de direito foi uma decisão política que surgiu da ideia de que os governos deveriam tratar cada indivíduo como merecendo igual respeito e preocupação."[67] No Brasil e em outros países, inclusive, até hoje é controvertida a personalidade do nascituro.

E, mesmo em se tratando das pessoas jurídicas, ainda que já tenham a sua personalidade reconhecida, ainda há discussões sobre a sua capacidade de direito. Discute-se, por exemplo, se poderiam sofrer dano moral. Há quem defenda que não, por não se sujeitarem "a padecimento físico e psíquico como o homem, em razão de sentimentos de perda, dor, frustração privativos dos humanos".[68] Contudo, atualmente, o Superior Tribunal de Justiça entende que sim, conforme enunciado na súmula nº 227.

7 Considerações finais

Como o próprio Teixeira de Freitas menciona em seus escritos, a sua proposta de teoria da personalidade jurídica inclui o reconhecimento da personalidade de outros entes, que não, apenas, o ser humano. E isso não implica, por óbvio, *humanização*.

A chave para a construção de Freitas está no conceito de *capacidade de direito*, a qual é sempre *reduzida*, em se tratando de pessoas diversas da hoje denominada *pessoa natural*.

Sendo assim, do mesmo modo como, hoje, já se reconhece, sem dificuldade alguma, a personalidade dos entes que ficaram denominados *pessoas jurídicas*, os quais, por exemplo, não podem se casar, nem fazer testamento – faltam-lhes, por motivos óbvios, essas capacidades

---

[67] Original: "The decision that all human beings are legal subjects was a political decision that sprang from the idea that governments should treat each individual as deserving equal respect and concern" (HILDEBRANDT, Mireille, 'Legal Personhood for AI?', *Law for Computer Scientists and Other Folk*. Oxford, 2020; online edn, Oxford Academic, 23 July 2020. Disponível em: https://academic.oup.com/book/33735/chapter/288378772. Acesso em: 25 abr. 2023).

[68] LENZ, Luís Alberto Thompson Flores. Dano moral contra a pessoa jurídica. *Justitia*, São Paulo, v. 59, n. 178, p. 79-91, abr./jun. 1997. Disponível em: https://core.ac.uk/download/pdf/79073444.pdf. Acesso em: 01 maio 2023.

de direito –, é possível se reconhecer a personalidade de outros entes, como animais e agentes artificiais autônomos, devendo, para tanto, ser regulada a sua capacidade de direito, após os respectivos e necessários estudos, que devem ser desenvolvidos.

Referências

ALVES, José Carlos Moreira. *Direito Romano*. 3. ed. Rio de Janeiro: Forense, 1971. v. I.

AMARAL, Francisco. *Direito Civil:* introdução. 6. ed. São Paulo: Renovar, 2006.

AMARAL, Francisco. *Direito civil*: introdução. 10. ed. rev. e modif. São Paulo: Saraiva, 2018.

BORKING, John; ECK, B. M. A. van; SIEPEL, P. *Intelligent software agents and privacy.* Registratiekamer, The Hague, January 1999. Disponível em: https://www.researchgate.net/publication/237219149_INTELLIGENT_SOFTWARE_AGENTS_AND_PRIVACY. Acesso em: 25 abr. 2023

CARVALHO, Felipe Quintella Machado de. *Teixeira de Freitas e a história da teoria das capacidades no Direito Civil brasileiro.* 2013. 239 f. Dissertação (Mestrado em Direito) – Universidade Federal de Minas Gerais, Belo Horizonte, 2013.

CASALI, Ana. *Agentes Inteligentes. Inteligencia Artificial.* 1. ed. [s. l.]: Iniciativa Latinoamericana de Libros de Texto Abiertos (LATIn), 2014. Disponível em: https://rephip.unr.edu.ar/bitstream/handle/2133/17686/1520250496_Inteligencia-Artificial-CC-BY-SA-3.0-86.pdf?sequence=2&isAllowed=y. Acesso em: 25 abr. 2023.

CHAMOUN, Ebert Vianna. *Instituições de Direito Romano.* 3. ed. Rio de Janeiro: Forense, 1957.

CHOPRA, Samir. *A legal theory for autonomous artificial agents.* Ann Arbor: The University of Michigan Press, 2011.

CRETELLA JÚNIOR, José. *Curso de Direito Romano.* Rio de Janeiro: Forense, 1968.

FACHIN, Luiz Edson. *Teoria Crítica do Direito Civil.* Rio de Janeiro: Renovar, 2000.

FONSECA, Ricardo Marcelo. *Introdução Teórica à História do Direito.* 3. reimp. Curitiba: Juruá, 2012.

FREITAS, Augusto Teixeira de. *Esboço de Código Civil.* Rio de Janeiro: Tipografia Universal de Laemmert, 1860.

GOMES, Orlando. *Introdução ao Direito Civil.* 3. ed. Rio de Janeiro: Forense, 1971.

GONÇALVES, Carlos Roberto. *Direito Civil Brasileiro.* 9. ed. São Paulo: Saraiva, 2011. v. 1.

HESPANHA, António Manuel. *Imbecillitas:* as bem-aventuranças da inferioridade nas sociedades de Antigo Regime. São Paulo: Annablume, 2010.

HILDEBRANDT, Mireille, 'Legal Personhood for AI?', *Law for Computer Scientists and Other Folk.* Oxford, 2020; online edn, Oxford Academic, 23 July 2020. Disponível em: https://academic.oup.com/book/33735/chapter/288378772. Acesso em: 25 abr. 2023.

LISBOA, Roberto Senise. *Manual de Direito Civil.* 6. ed. São Paulo: Saraiva, 2010. v. I.

LENZ, Luís Alberto Thompson Flores. Dano moral contra a pessoa jurídica. *Justitia*, São Paulo, v. 59, n. 178, p. 79-91, abr./jun. 1997. Disponível em: https://core.ac.uk/download/pdf/79073444.pdf. Acesso em: 01 maio 2023.

LOPES, Giovana F. Peluso. *Inteligência artificial*: considerações sobre personalidade, agência e responsabilidade civil. Belo Horizonte: Dialética, 2021.

LOPES, Miguel Maria de Serpa. *Curso de Direito Civil*. 7. ed. Rio de Janeiro: Freitas Bastos, 1989. v. I.

MELO, João Ozorio de. Especialistas discutem se é possível processar ChatGPT por difamação. *Consultor Jurídico*, 17 abr. 2023. Disponível em: https://www.conjur.com.br/2023-abr-17/especialistas-discutem-possivel-processar-chatgpt-difamacao. Acesso em: 25 abr. 2023.

MONARD, Maria Carolina; BARANAUSKAS, José Augusto. Conceitos sobre aprendizado de máquina. *Sistemas Inteligentes, Fundamentos e Aplicações*, Barueri, v. 1, n. 1, p. 39-56, 2003.

PEREIRA, Caio Mário da Silva. *Instituições de Direito Civil*. 19. ed. Rio de Janeiro: Forense, 2001. v. I.

PEREIRA, Valter Godin. Desconsideração da pessoa jurídica. *Revista de Jurisprudência do Tribunal de Justiça do Ceará*, Fortaleza, v. 13, p. 11-38, 2004. Disponível em: https://www.tjce.jus.br/wp-content/uploads/2015/07/revista_jurisprudencia_13.pdf. Acesso em: 25 abr.2023.

PIRES, Thatiane Cristina; SILVA, Rafael Peteffi da. A responsabilidade civil pelos atos autônomos da inteligência artificial: notas iniciais sobre a resolução do Parlamento Europeu. *Revista Brasileira de Políticas Públicas*, Brasília, v. 7, n. 3, p. 238-354, dez. 2017. Disponível em: https://www.publicacoesacademicas.uniceub.br/RBPP/article/view/4951. Acesso em: 25 abr. 2023.

RUSSELL, Stuart J.; NORVIG, Peter. *Artificial Intelligente*: A modern approach. 3. ed. New Jersey: Pretice-Hall, 2010.

UNIÃO EUROPEIA. *Resolução do Parlamento Europeu, de 16 de fevereiro de 2017, que contém recomendações à Comissão sobre disposições de Direito Civil sobre Robótica 2015/2103(INL)*. Estrasburgo: Parlamento Europeu, 2017. Disponível em: https://eur-lex.europa.eu/legal-content/PT/TXT/?uri=CELEX:52017IP0051. Acesso em: 25 abr. 2023.

WAINWRIGHT, Martin. Robot fails to find a place in the sun. *The Guardian*, 20 jun. 2002. Disponível em: http://www.theguardian.com/uk/2002/jun/20/engineering.highereducation. Acesso em: 25 abr. 2023.

Informação bibliográfica deste texto, conforme a NBR 6023:2018 da Associação Brasileira de Normas Técnicas (ABNT):

HANSEN BECK, Felipe Quintella M. de C.; BERNARDES, Marília Bengtsson. Reconhecimento da personalidade jurídica dos agentes artificiais autônomos como entes de capacidade reduzida. *In*: EHRHARDT JÚNIOR, Marcos; CATALAN, Marcos; NUNES, Cláudia Ribeiro Pereira (Coord.). *Inteligência artificial e relações privadas*: possibilidades e desafios. Belo Horizonte: Fórum, 2023. v. 1. p. 107-131. ISBN 978-65-5518-576-8.

CONTORNOS JURÍDICO-DOGMÁTICOS DOS SISTEMAS DE INTELIGÊNCIA ARTIFICIAL

LUCIANO SOARES SILVESTRE
MARCOS EHRHARDT JÚNIOR

1 Introdução

A construção de autômatos inteligentes é um desejo humano antigo, presente em narrativas mitológicas como o mito grego de Prometeu e o mito hebraico de Golem; representa um ser de barro cuja vida é insuflada por meio da inscrição de um termo judaico em sua cabeça.[1] Tais narrativas apontam para o desejo de criação, de domínio da natureza e de conservação e ampliação do potencial humano. Embora esse interesse em superar as limitações humanas possua registros desde a Antiguidade, a inteligência artificial (IA) propriamente dita é um produto da segunda metade do século XX.[2]

O termo foi utilizado pela primeira vez no título do Dartmouth Summer Research Project on Artificial Intelligence, um evento realizado no Dartmouth College em Hanover, New Hampshire, EUA, no verão

---

[1] O mito de Golem é uma lenda judaica que surgiu no século XVI em Praga, atual República Tcheca. De acordo com a lenda, um rabino criou uma figura humana de argila chamada Golem e deu vida a ela ao inscrever em sua testa as letras hebraicas que soletram a palavra "emet", que significa "verdade". *In:* LÖWY, Michael; SAYRE, Robert. *Rebeldes primitivos*: estudos de antropologia social. São Paulo: Cosac Naify, 2015.

[2] BARBOSA, X. C.; BEZERRA, R. F. Breve introdução à história da inteligência artificial. *Jamaxi Revista de História*, Rio Branco, v. 4, p. 90-97, 2020. Disponível em: https://periodicos.ufac.br/index.php/jamaxi/article/view/4730. Acesso em: 29 jan. 2023.

de 1956, com o apoio da Fundação Rockefeller. O evento foi liderado por Claude Shannon, Nathaniel Rochester, Marvin Minsky e John McCarthy e contou com a participação de um grupo de dez cientistas que defendiam a premissa de que todos os aspectos da aprendizagem e outras características da inteligência poderiam ser descritos de maneira tão precisa que seria possível construir uma máquina capaz de simulá-los.[3]

Desde então, o objetivo dos desenvolvedores de IA é entender e construir sistemas inteligentes, o que impacta a cultura ocidental, cujas crenças humanistas e especistas colocam os humanos como superiores e a inteligência como uma dádiva exclusiva da espécie humana. René Descartes, por exemplo, defendia a segregação entre humanos e animais, associando os animais às máquinas por meio do conceito de "animal-máquina" (*bête-machine*), e considerava o ser humano como a única criatura capaz de pensar racionalmente.[4]

Nos dias atuais, é comum encontrar narrativas progressistas sobre a IA que defendem o desenvolvimento de novas técnicas de aprendizado de máquina, promovendo a inovação em vários setores e contribuindo para o aprimoramento humano em termos físicos, mentais e emocionais. Entre os defensores dessa abordagem está Stuart Russel, professor de Ciência da Computação na Universidade da Califórnia e Berkeley, que tem uma visão otimista sobre as possibilidades da IA, mas ressalta a importância de assegurar que a tecnologia seja desenvolvida de forma ética e responsável.[5]

Tais técnicas avançam de maneira cada vez mais complexa e autônoma, o que, consequentemente, tende a incrementar a dificuldade para compreender e controlar os sistemas que delas advêm.[6]

Considerando que, do ponto de vista jurídico, a inteligência artificial é uma realidade nova e diferente, entender seus princípios norteadores, sua natureza jurídica e critérios classificatórios é o ponto de partida para abordar sua regulamentação.[7]

---

[3] KAUFMAN, D. *A inteligência artificial irá suplantar a inteligência humana?* 1. ed. São Paulo: Estação das Letras e Cores, 2019. v. 1.
[4] DESCARTES, René. *Discurso do Método*. São Paulo: Martin Claret, 2013, p. 85.
[5] RUSSELL, Stuart. *Human Compatible*: Artificial Intelligence and the Problem of Control. Nova York: Penguin Press, 2019, p. 152.
[6] KONDER, Carlos Nelson; KONDER, Cíntia Muniz de Souza. Transhumanismo e inteligência artificial. In: SILVA, Rodrigo da Guia; TEPEDINO, Gustavo (Coords.). *O Direito Civil na era da inteligência artificial*. São Paulo: Thomson Reuters Brasil, 2020, p. 105.
[7] CARRILLO, Margarita Robles. Artificial intelligence: From ethics to law. *Telecommunications Policy*, v. 44, n. 6, p. 101937, 2020. Disponível em: https://www.sciencedirect.com/science/. Acesso em: 29 jan. 2023.

2 Conceito e natureza jurídica

Via de regra, as comparações entre inteligência artificial e inteligência humana são baseadas em paralelos com o ser humano, a exemplo de como "a máquina resolveu o problema de forma semelhante a um humano" ou "a decisão da máquina é válida porque foi equivalente à decisão de um humano". No entanto, essa correspondência não é relevante para a caracterização da IA, já que os seres humanos possuem várias competências intelectuais relativamente autônomas.[8]

Para além, levando-se em consideração algumas características relevantes para que um sistema seja considerado como inteligente, tais como aprendizagem, adaptabilidade, predição, autonomia e imprevisibilidade, não se pode reconhecer a condição de inteligente para todo e qualquer dispositivo comumente incluído como inteligência artificial.[9]

A predição, por exemplo, é a capacidade de fazer estimativas ou projeções sobre eventos futuros com base em informações e dados disponíveis no momento. Já a autonomia diz respeito à capacidade de um sistema de IA tomar decisões e ações independentes, sem a necessidade de intervenção humana. Por fim, a imprevisibilidade se refere à capacidade de um sistema de IA produzir resultados ou comportamentos inesperados, que não podem ser previstos com base nas informações disponíveis.[10]

Ademais, há certas limitações da inteligência artificial em relação à humana. Embora um sistema de inteligência artificial possa processar uma quantidade muito maior de texto do que um ser humano, geralmente há dificuldades na compreensão de certas nuances, como sarcasmo e eufemismo, porque essa interpretação tende a ser literal. Além disso, a inteligência humana é altamente flexível e capaz de se adaptar a diferentes situações e contextos, enquanto a IA é geralmente desenvolvida para realizar tarefas específicas ou resolver problemas dentro de um conjunto limitado de parâmetros.[11]

---

[8] GARDNER, Howard. *Estruturas da mente*: a teoria das inteligências múltiplas. Porto Alegre: Artes Médicas, 1994, p. 7.

[9] FONSECA, Aline Klayse. Delineamentos jurídico-dogmáticos da inteligência artificial e seus impactos no instituto da responsabilidade civil. *Civilistica.com*, v. 10, n. 2, p. 1-36, 2021. Disponível em: https://civilistica.emnuvens.com.br/redc/article/view/671. Acesso em: 29 jan. 2023.

[10] FONSECA, Aline Klayse. Delineamentos jurídico-dogmáticos da inteligência artificial e seus impactos no instituto da responsabilidade civil. *Civilistica.com*, v. 10, n. 2, p. 1-36, 2021. Disponível em: https://civilistica.emnuvens.com.br/redc/article/view/671. Acesso em: 29 jan. 2023.

[11] RUSSELL, Stuart; NORVIG, Peter. *Artificial Intelligence*: A Modern Approach (3rd ed.). New Jersey: Prentice Hall, 2010.

Um dos grandes objetos de discussão atualmente tem sido o ChatGPT, ferramenta pública desenvolvida pela OpenAI, um laboratório de pesquisa de inteligência artificial americano, baseada no modelo de linguagem *Generative Pre-Trained Transformer* (GPT).[12] Trata-se de um *chatbot*[13] capaz de atender a uma gama de solicitações de seus usuários. O ChatGPT pode responder desde perguntas simples até escrever textos mais complexos, numa linguagem quase indistinguível da linguagem humana natural. Todavia, por ser construído com base estatística, a qual se vale de padrões definidos por um grande conjunto de dados de texto, apresenta a possibilidade de que preconceitos e estereótipos presentes nos dados sejam replicados. Ou seja, a redação final pode conter fragmentos textuais ofensivos ou preconceituosos.[14]

O debate sobre a personificação de mecanismos de inteligência artificial é fomentado por algumas normativas que tendem a comparar a inteligência humana e a artificial. Em 16 de fevereiro de 2017, esse debate levou à elaboração de um conjunto de regras jurídicas, no âmbito da Comunidade Europeia, específicas para robôs autônomos altamente desenvolvidos, que são considerados como pessoas eletrônicas e, portanto, são responsáveis por reparar quaisquer danos que possam causar. Esse estatuto também pode ser aplicado a casos em que os robôs tomam decisões autônomas ou interagem com terceiros de forma independente.[15]

A ideia de conferir personalidade jurídica aos robôs, a fim de torná-los responsáveis por danos causados, é fundamentada em exemplos práticos de aplicação da inteligência artificial, conforme mencionado na

---

[12] GPT é um modelo de aprendizado artificial que usa técnicas de aprendizado não supervisionado e supervisionado para atender e gerar linguagem semelhante à humana. RADFORD, A.; NARASIMHAN, K.; SUTSKEVER, I. *Improving language understanding by generative pre-training*, 2018. Disponível em: https://www.cs.ubc.ca/~amuham01/LING530/papers/radford2018improving.pdf. Acesso em: 3 abr. 2023.

[13] Por definição, *chatbot* é um programa de computador projetado para simular conversas com usuários humanos, especialmente pela internet. KING, M. R. The future of AI in medicine: A perspective from a chatbot. *Annals of Biomedical Engineering*, v. 51, p. 291-295, 26 dez. 2022. Disponível em: https://link.springer.com/article/10.1007/s10439-022-03121-w. Acesso em: 3 abr. 2023.

[14] MOLLMAN, S. ChatGPT gained 1 million users in under a week. Here's why the AI chatbot is primed to disrupt search as we know it. *Fortune*, 9 dez. 2022. Disponível em: https://fortune.com/2022/12/09/ai-chatbot-chatgpt-could-disrupt-google-search-engines-business/. Acesso em: 3 abr. 2023.

[15] UNIÃO EUROPEIA. Resolução do Parlamento Europeu, de 16 de fevereiro de 2017, com recomendações à Comissão de Direito Civil sobre Robótica (2015/2103(INL), 16 fev. 2017. Disponível em: https://www.europarl.europa.eu/doceo/document/TA-8-2017-0051_PT.html?redirect. Acesso em: 29 jan. 2023.

Resolução do Parlamento Europeu supramencionada. Esses exemplos incluem veículos autônomos, drones inteligentes (que podem violar direitos como privacidade e propriedade), robôs de assistência a idosos e enfermos, robôs médicos (que podem causar danos em tratamentos de saúde), além de algoritmos de processamento e análise de dados que podem resultar em práticas discriminatórias.[16]

Tal perspectiva tende a considerar a inteligência artificial como um fim em si mesmo, o que pode resultar na aproximação direta entre robôs e pessoas naturais. Esse tipo de aproximação pode se mostrar nocivo, sobretudo em análises que afirmam haver sistemas de inteligência artificial "mais inteligentes" do que crianças, pessoas com deficiência mental, pessoas em coma e assim por diante. Nesse ponto, pondera Mafalda Miranda Barbosa,[17] ainda que a atribuição de personalidade jurídica a realidades diversas da pessoa humana seja viável, deve-se encontrar uma justificativa à luz dos interesses da própria pessoa, o que no caso de mecanismos dotados de inteligência artificial não se verifica.

Nessa mesma linha de intelecção, Eduardo Bittar[18] também destaca os riscos da reificação da vida pelo progresso tecnológico, às vezes não se importando com o regresso que se produza sobre o corpo, sobre a natureza e sobre as interações humanas. Qualquer abordagem conceitual de IA que não evoque esse tipo de aproximação com o ser humano tende a fortalecer a primazia deste como epicentro do ordenamento jurídico.

Por conseguinte, sendo a dignidade humana um valor jurídico máximo a ser tutelado em grande parte dos ordenamentos jurídicos atuais, a atribuição de personalidade jurídica para a IA não pode ser feita a partir de um simples paralelo entre os atributos dessas tecnologias e as características humanas.[19]

---

[16] Hipóteses tratadas com maior destaque pela Resolução nos seus parágrafos 24 e ss.

[17] BARBOSA, Mafalda Miranda. Inteligência artificial, e-persons e direito: desafios e perspectivas. Revista Jurídica Luso-Brasileira, local, v. 3, n. 6, p. 1475-1503, 2017. Disponível em: https://www.cidp.pt/revistas/rjlb/2017/6/2017_06_1475_1503.pdf. Acesso em: 29 jan. 2023.

[18] BITTAR, Eduardo. Bioética e direito: a luta pela não reificação da vida. In: MALUF, Adriana Caldas do Rego Freitas Dabus et al. Direitos da personalidade: a contribuição de Silmara J. A. Chinellato. local: Manole, 2019. (versão digital), p. 41.

[19] SOUZA, Eduardo Nunes de. Dilemas atuais do conceito jurídico de personalidade: uma crítica às propostas de subjetivação de animais e de mecanismos de inteligência artificial. Civilistica. com, v. 9, n. 2, p. 1-49, 2020.

Ana Frazão,[20] por seu turno, afirma que a inteligência artificial, para ser confiável, precisa ser lícita, ética e robusta, considerando os riscos, ainda que não intencionais, que oferece para a democracia, as garantias legais, a justiça distributiva, os direitos fundamentais e mesmo a mente humana. Desse modo, os sistemas de inteligência artificial precisam ser centrados no homem e alicerçados no compromisso de serem utilizados a serviço da humanidade, do bem comum e da liberdade.

Nessa perspectiva, a Comunidade Europeia divulgou em 2019 diretrizes éticas[21] para a inteligência artificial confiável, documento que se baseia no trabalho do Grupo de Ética na Ciência e Novas Tecnologias e outros esforços similares. Tais diretrizes determinam que a IA deve respeitar a autonomia humana, a prevenção de danos, a justiça e a explicabilidade, além de observar a situação de grupos vulneráveis, como crianças, adolescentes, idosos e pessoas com deficiência.[22]

Segundo as orientações, a preservação da autonomia humana implica tratar as pessoas com dignidade e respeitá-las como agentes morais, e não como objetos manipuláveis. O documento apresenta requisitos que devem ser avaliados continuamente durante todo o ciclo de vida do sistema de inteligência artificial. A exigência de supervisão e agência humana se refere ao fato de que os sistemas de IA devem permitir uma sociedade democrática e justa, a garantia dos direitos fundamentais e, em todos os casos, a supervisão humana.[23]

---

[20] FRAZÃO, Ana. Quais devem ser os parâmetros éticos e jurídicos para a utilização da inteligência artificial? As respostas oferecidas pelas recentes Diretrizes da União Europeia para a inteligência artificial confiável. *Jota*, 24 abr. 2019. Disponível em: https://www.jota. info/paywall?redirect_to=//www.jota.info/opiniao-eanalise/colunas/constituicao-empresa-e-mercado/quaisdevem-ser-os-parametros-eticos-e-juridicos-para-autilizacao-da-ia-24042019. Acesso em: 29 jan. 2023.

[21] As diretrizes éticas são princípios de conduta que orientam o comportamento humano em determinadas situações. Elas são estabelecidas por organizações profissionais, grupos de interesse ou especialistas em ética e geralmente não possuem caráter obrigatório ou vinculante. As normas jurídicas, por outro lado, são regras estabelecidas por autoridades governamentais com poder de coerção e aplicação de sanções em caso de descumprimento. Elas são obrigatórias e vinculantes para todos os membros da sociedade; seu objetivo é regulamentar e controlar o comportamento humano de acordo com o interesse público. PINTO, A. R. Ética e Direito: Uma análise sobre as diferenças entre as normas éticas e as normas jurídicas. *Revista de Direito e Ética Empresarial*, local, v. 5, n. 1, p. 27-41, 2018.

[22] SILVA, Gabriela Buarque Pereira; EHRHARDT JÚNIOR, Marcos. Diretrizes éticas para a Inteligência Artificial confiável na União Europeia e a regulação jurídica no Brasil. *Revista IBERC*, Belo Horizonte, v. 3, n. 3, p. 1-28, set./dez. 2020. Disponível em: https://revistaiberc.responsabilidadecivil.org/iberc/article/view/133/105. Acesso em: 1 fev. 2023.

[23] FRAZÃO, Ana. Quais devem ser os parâmetros éticos e jurídicos para a utilização da inteligência artificial? As respostas oferecidas pelas recentes Diretrizes da União Europeia para a inteligência artificial confiável. *Jota*, 24 abr. 2019. Disponível em:

Natália Cristina Chaves, em sua análise sobre a possibilidade de conceder personalidade jurídica a entidades dotadas de inteligência artificial, compara os agentes autônomos inteligentes com pessoas jurídicas. Ela assevera que a personificação de uma pessoa jurídica é um processo dinâmico que ocorre por necessidade, ou seja, as entidades surgem inicialmente na esfera social e, em razão da sua importância, são posteriormente regulamentadas pelo Direito.[24]

Contudo, a atribuição da personalidade não resolveria, em tese, a questão da responsabilidade civil. Nessa perspectiva, aponta Guilherme Cabral,[25] a personalidade jurídica não está atrelada à condição humana, pois pessoas jurídicas possuem personalidade e, em determinados momentos da história, existiram seres humanos desprovidos de personalidade jurídica.

A atribuição de personalidade jurídica aos sistemas inteligentes esbarra numa série de imbróglios que exigem, sobretudo dos operadores jurídicos, a compreensão e a releitura de diversos institutos a fim de que se possa "dar vida" às pessoas eletrônicas. Caso a personalidade jurídica seja atribuída a uma IA, isso implicaria reconhecê-la como uma entidade autônoma capaz de possuir direitos e obrigações, como se fosse uma pessoa jurídica. Uma IA com personalidade jurídica, por exemplo, poderia ser titular de patentes e direitos autorais, o que geraria discussões sobre a autoria de obras criadas pela própria IA.

Em todo caso, conforme ficou demonstrado, não se mostra apropriado que isto ocorra a partir da aproximação com as características referentes às pessoas naturais, já que inteligência humana e inteligência artificial são categorias distintas e, consequentemente, possuem implicações jurídicas distintas.

Por mais autônomos que esses mecanismos sejam, por mais antropomórfica que seja a sua estrutura, ou ainda que tais sistemas sejam inteiramente criados por outros, sempre será possível identificar, ao final da cadeia, pessoas naturais juridicamente imputáveis, responsáveis por sua concepção, desenvolvimento, fabricação ou comercialização.

---

https://www.jota.info/paywall?redirect_to=//www.jota.info/opiniao-eanalise/colunas/constituicao-empresa-e-mercado/quaisdevem-ser-os-parametros-eticos-e-juridicos-para-autilizacao-da-ia-24042019. Acesso em: 29 jan. 2023, p. 121.

[24] CHAVES, Natália Cristina. *Inteligência artificial*: os novos rumos da responsabilidade civil. Braga: Universidade do Minho, 2017, p. 60.

[25] CABRAL, Guilherme Sorg. *A responsabilidade civil da inteligência artificial*: veículos autônomos. Rio de Janeiro: Lumen Juris, 2020, p. 141-142.

Logo, personificar um ente dotado de inteligência artificial com o objetivo de facilitar a reparação de danos causados por comportamentos aparentemente autônomos não parece ser uma solução adequada. Essa criação ficta pode ser interpretada como a tentativa de eximir alguns desenvolvedores da responsabilidade de suas próprias criações, ferindo o compromisso ético-moral para com a sociedade.

Ultrapassada a questão em torno da personificação desses sistemas, permanece ainda a discussão acerca de qual natureza jurídica deve ser atribuída à IA, de modo a auxiliar no enquadramento do regime jurídico em concreto, sem comprometer a unidade e a coerência do ordenamento. Uma outra aproximação feita pela doutrina especializada é considerar a natureza jurídica da IA como bem jurídico (objeto de direito), isto é, bem da vida que pode ser elemento do suporte fático de uma regra jurídica.

Segundo Paulo Lôbo, no campo do Direito Civil, bens são objetos materiais ou imateriais que podem ser apropriados ou economicamente utilizados por pessoas físicas ou jurídicas. A doutrina jurídica brasileira destaca que, em geral, os bens possuem características como economicidade, utilidade, suscetibilidade de apropriação e exterioridade, o que reflete sua natureza patrimonial e individual. No entanto, diante das profundas transformações contemporâneas nas relações da pessoa humana com o meio ambiente e com bens comuns ou difusos, essas características têm sido relativizadas. Assim, existem bens que podem ser econômicos ou não, úteis ou não, apropriáveis ou não, exteriores ou inerentes à pessoa.[26]

Tais características apontadas pelo autor na definição jurídica de bens possibilitam uma aproximação com os sistemas de inteligência artificial, à medida que estes, via de regra, assumem uma forma material suscetível de apropriação e utilização econômica. O seu caráter instrumental em relação ao homem é reforçado a partir da necessidade de que os usuários de IA sejam capazes de tomar decisões autônomas e informadas sobre esses sistemas, podendo, inclusive, contestá-los.[27]

---

[26] LÔBO, Paulo. *Direito Civil*: parte geral. São Paulo: Saraiva, 2020. v. 1, p. 184.

[27] FRAZÃO, Ana. Quais devem ser os parâmetros éticos e jurídicos para a utilização da inteligência artificial? As respostas oferecidas pelas recentes Diretrizes da União Europeia para a inteligência artificial confiável. *Jota*, 24 abr. 2019. Disponível em: https://www.jota. info/paywall?redirect_to=//www.jota.info/opiniao-eanalise/colunas/constituicao-empresa-e-mercado/quaisdevem-ser-os-parametros-eticos-e-juridicos-para-autilizacao-da--ia-24042019. Acesso em: 29 jan. 2023, p. 121.

Essa concepção dos sistemas de inteligência artificial como objeto de direito encontra respaldo nas definições que se têm delineado sobre o tema. Embora chegar a um conceito de inteligência artificial seja tarefa hercúlea, dada a multiplicidade de sistemas e técnicas envolvidas, parte-se do pressuposto de que ela é uma realidade, que causa danos e que estes envolvem um grande componente de risco. Para John McCarthy, a quem é atribuída a paternidade do termo Inteligência Artificial, ela pode ser definida como a ciência e a engenharia de criar máquinas inteligentes, especialmente programas de computador inteligentes.[28]

A Comunidade Europeia apresentou em 2018, em sua Comunicação sobre Inteligência Artificial para a Europa, a primeira definição de inteligência artificial dentro da Organização. Segundo o documento, o termo se refere a sistemas que demonstram comportamento inteligente ao analisar seu ambiente e tomar medidas para alcançar objetivos específicos, com certo grau de autonomia. Esses sistemas podem ser totalmente baseados em *software*, atuando no mundo virtual – como assistentes de voz, programas de análise de imagens, motores de busca e sistemas de reconhecimento facial e de fala – ou integrados em dispositivos físicos, como robôs avançados, carros autônomos, drones e aplicações da internet das coisas.[29]

Assim, tanto na perspectiva de habilidade, segundo McCarthy, quanto na visão de sistema, de acordo com a Comissão Europeia, os conceitos apresentados aproximam o objeto de estudo em questão da teoria dos bens jurídicos. Segundo Cristiano Chaves e Nelson Rosenvald, é possível vislumbrar novas figuras na teoria dos bens, resultado da evolução científica e tecnológica, bem como das transformações sociais, estabelecendo um interesse jurídico significativo no meio ambiente (incluindo o cultural), em programas de computador, em *software*, em *know-how* e em outros, que efetivamente podem ser considerados objetos das relações jurídicas.[30]

---

[28] MCCARTHY, John. *What is Artificial Intelligence*. Stanford: Stanford University, 2007. Disponível em: https://www-formal.stanford.edu/jmc/whatisai.pdf. Acesso em: 6 fev. 2023.

[29] Comunicação da Comissão, "Explorar plenamente o potencial da computação em nuvem na Europa", (COM (2012) 529 final, 27 set. 2012; COM (2018) 237 final, p. 1; e ainda, Comunicação da Comissão, Livro Branco sobre inteligência artificial – Uma abordagem europeia virada para a excelência e a confiança, COM (2020) 65 final, 19 fev. 2020, p. 18. Disponível em:https://eur-lex.europa.eu/legal-content/PT/TXT/?uri=CELEX%3A52018DC0237. Acesso em: 6 fev. 2023.

[30] FARIAS, Cristiano Chaves de; ROSENVALD, Nelson. *Curso de Direito Civil*: parte geral e LINDB. 20. ed. rev., ampl. e atual. Salvador: JusPodivm, 2022. v. 1.

É nessa direção que caminha o projeto de regulamentação da IA no Brasil. Em 6 de dezembro de 2022, após um debate que levou meses no Senado Federal e contou com representantes de diversos setores da academia, mercado e sociedade civil, a Comissão de Juristas, presidida pelo Ministro do STJ, Ricardo Villas Bôas Cueva, entregou ao então Presidente da Casa, senador Rodrigo Pacheco, o anteprojeto do texto para regular a inteligência artificial no Brasil.[31] Com explícita inspiração nas recentes propostas de regulamentação do tema pela União Europeia, especialmente na Resolução de 20 de outubro de 2020 do Parlamento Europeu,[32] o anteprojeto visa regular o tema a partir dos riscos gerados pelos diversos sistemas de IA.

Na definição trazida pelo inciso I do art. 4º do anteprojeto, sistema de inteligência artificial é todo sistema computacional, com graus diferentes de autonomia, desenhado para inferir como atingir um dado conjunto de objetivos, utilizando abordagens baseadas em aprendizagem de máquina e/ou lógica e representação do conhecimento, por meio de dados de entrada provenientes de máquinas ou humanos, com o objetivo de produzir previsões, recomendações ou decisões que possam influenciar o ambiente virtual ou real.

O referido anteprojeto traz os conceitos de fornecedor, operador e agente de inteligência artificial,[33] reforçando a ideia de apropriação ou utilização econômica do sistema por um titular, pessoa natural ou jurídica, suscitando diferentes implicações aos sujeitos no campo da responsabilidade civil. Há, como se observa, uma inclinação do ordenamento jurídico em tratar os referidos sistemas como objeto

---

[31] BRASIL. Relatório Final da Comissão de Juristas do Senado Federal responsável por subsidiar a elaboração de substitutivo sobre inteligência artificial no Brasil. Disponível em: https://legis.senado.leg.br/comissoes/mnas?codcol=2504&tp=4. Acesso em: 5 fev. 2023.

[32] PARLAMENTO EUROPEU. Resolução de 20 de outubro de 2020. Contém recomendações à Comissão sobre o regime relativo aos aspectos éticos da inteligência artificial, da robótica e das tecnologias conexas (2020/2012 (INL)). Bruxelas, 20 out. 2020. Disponível em: https://www.europarl.europa.eu/doceo/document/TA-9-2020-0275_PT.html. Acesso em: 5 fev. 2023.

[33] Nos termos do art. 4º do anteprojeto proposto pela Comissão de Juristas do Senado Federal: "II - fornecedor de sistema de inteligência artificial: pessoa natural ou jurídica, de natureza pública ou privada, que desenvolva um sistema de inteligência artificial, diretamente ou por encomenda, com vistas à sua colocação no mercado ou à sua aplicação em serviço por ela fornecido, sob seu próprio nome ou marca, a título oneroso ou gratuito; III - operador de sistema de inteligência artificial: pessoa natural ou jurídica, de natureza pública ou privada, que empregue ou utilize, em seu nome ou benefício, sistema de inteligência artificial, salvo se o referido sistema for utilizado no âmbito de uma atividade pessoal de caráter não profissional; IV - agentes de inteligência artificial: fornecedores e operadores de sistemas de inteligência artificial.

de direito, afastando-se do ideário de personalização analisado anteriormente.

Contudo, deve-se considerar que a IA tratada como bem jurídico detém certas peculiaridades que a distinguem dos demais elementos que compõem essa categoria. Como afirma Aline Fonseca,[34] além de agir com alguma intencionalidade, já que o código subjacente às suas decisões não determina um caminho "concreto" para atingir o objetivo final, os agentes inteligentes podem "desejar" executar um determinado processo de trabalho ou mesmo alterar esse processo para economizar energia da bateria, por exemplo.

Levando-se em conta tais características distintivas da inteligência artificial, inúmeros são os debates jurídicos acerca das aproximações entre agentes inteligentes e os animais, cogitando-se tratar-se de natureza jurídica semelhante, isto é, natureza de semovente.[35] Entretanto, as razões usadas para tentar afastar os animais da natureza jurídica de bem jurídico se dão por fundamentos distintos do que ocorre com a inteligência artificial. A demanda em torno dos animais é marcadamente protetiva contra a ação humana, ao passo que aqueles que propõem que os mecanismos dotados de inteligência artificial deveriam deixar de ser vistos como simples objetos de direitos assim o fazem para que se possa proteger a humanidade contra a sua atuação potencialmente nociva.[36]

Considerando a função que a inteligência artificial assume, ou seja, realizar atividades que as pessoas não desejam ou são incapazes de realizar, ela passa a ser entendida como um servidor sofisticado. Sua natureza jurídica, portanto, seria *sui generis*, porquanto a atribuição da personalidade poderia se dar em cenários específicos.

Todavia, como há uma pluralidade de IAs com diversas finalidades, ainda que elas sejam consideradas como bem jurídico, a elas não deve ser dado um tratamento jurídico idêntico. Deve-se partir de critérios classificatórios, analisando qualidades comuns e distintas, a fim

---

[34] FONSECA, Aline Klayse. Delineamentos jurídico-dogmáticos da inteligência artificial e seus impactos no instituto da responsabilidade civil. *Civilistica.com*, v. 10, n. 2, p. 1-36, 2021. Disponível em: https://civilistica.emnuvens.com.br/redc/article/view/671. Acesso em: 29 jan. 2023, p. 41.

[35] CASTRO JÚNIOR, Marco Aurélio. *A personalidade jurídica do robô e a sua efetividade no Direito*. 2009. 222 f. Tese (Doutorado em Direito Público) – Universidade Federal da Bahia, Salvador, 2009, p. 26. Disponível em: https://repositorio.ufba.br/ri/handle/ri/10719. Acesso em: 29 jan. 2023.

[36] SOUZA, Eduardo Nunes de. Dilemas atuais do conceito jurídico de personalidade: uma crítica às propostas de subjetivação de animais e de mecanismos de inteligência artificial. *Civilistica. com*, v. 9, n. 2, p. 1-49, 2020, p. 32.

de melhor enquadrar os sistemas de inteligência artificial na multiplicidade que representam. A próxima seção será dedicada a essa análise.

3 Critérios classificatórios

Antes de discutir os critérios utilizados para classificar os sistemas de inteligência artificial, cumpre esclarecer alguns conceitos que estão relacionados ao assunto e que, às vezes, podem gerar confusão entre técnica e substância, embora existam interdependências delas. Em outras palavras, a Ciência da Computação utiliza termos específicos, como algoritmo, aprendizado de máquina e *big data*, que o Direito pode interpretar erroneamente como sinônimos de inteligência artificial.

O primeiro conceito remete ao termo algoritmo, que diz respeito à descrição de uma sequência finita e inequívoca de etapas (ou instruções) para produzir resultados – saídas ou *output* – a partir dos dados iniciais – entradas ou *input*. Desse modo, após o processamento dos dados de entrada através da descrição, um modelo é gerado e poderá ser aplicado para determinadas finalidades. Estas, por sua vez, são sempre baseadas em probabilidade, o que significa que há sempre um grau de incerteza associado às classificações que são feitas.[37]

Já *machine learning* é uma abordagem, uma metodologia usada para que o modelo consiga se adaptar a partir dos dados e dos resultados que produz, melhorando sua atuação. A título de exemplo, um modelo projetado para prever os preços do mercado de ações deve aprender a se adaptar quando as condições mudam do súbito crescimento ao fracasso. Não se pode antecipar todas as situações possíveis para determinado cenário, de modo que as técnicas de aprendizado de máquina melhoram automaticamente com a experiência.[38]

Outro exemplo comum de aplicação de *machine learning* é o reconhecimento de imagem. O algoritmo é treinado com uma grande quantidade de imagens que já foram rotuladas por humanos (por exemplo, imagens de gatos e cachorros); com base nesses dados de treinamento, a máquina aprende a reconhecer características específicas que distinguem um gato de um cachorro. Após o treinamento, a máquina é

---

[37] MITROU, Lilian. *Data Protection, Artificial Intelligence and Cognitive Services: Is the General Data Protection Regulation (GDPR) 'Artificial Intelligence-Proof'?*, 31 dez. 2018. Disponível em: https://ssrn.com/abstract=3386914 or http://dx.doi.org/10.2139/ssrn.3386914. Acesso em: 4 fev. 2023, p. 13.

[38] RUSSELL, Stuart; NORVIG, Peter. *Inteligência artificial*. 3. ed. Rio de Janeiro: Elsevier, 2013, p. 806.

capaz de reconhecer, em novas imagens, se há um gato ou um cachorro presente. Esse processo de reconhecimento é possível porque a máquina aprendeu a identificar padrões específicos nas imagens, como a forma das orelhas, o tamanho do nariz e a disposição dos pelos.[39]

Big data, por sua vez, representa os ativos de informação caracterizados por um alto volume, velocidade e variedade, que exigem tecnologia e métodos analíticos específicos para sua transformação em valor. Diversos autores destacam cinco características para *big data*: velocidade, variedade, verificabilidade, valor e volume, sendo esta a mais conhecida, devido à grande quantidade de dados que podem ser coletados e processados.[40]

Para além desses conceitos, deve-se considerar que, atualmente, existem três tipos de inteligência artificial: *Artificial Narrow Intelligence* (ANI), *Artificial General Intelligence* (AGI) e *Artificial Super Intelligence* (ASI).[41] A primeira espécie se caracteriza pelo fato de se especializar numa única área e possuir um único objetivo definido, como as máquinas treinadas para jogar xadrez ou artefatos domésticos eletrônicos (robô aspirador), por exemplo, ou os sistemas de recomendação de produtos em lojas *online* e o reconhecimento de padrões de imagens, a exemplo da identificação de objetos em fotos no Google Fotos.

A segunda espécie mimetiza a mente humana e tem várias habilidades de um modo mais abrangente, como planejar e resolver problemas, pensar abstratamente, compreender ideias complexas e aprender rapidamente por meio da experiência. Atualmente, não há exemplos conhecidos de sistemas de IA AGI, ou seja, sistemas capazes de realizar uma ampla variedade de tarefas cognitivas e aprender de forma autônoma em diferentes áreas, assim como um ser humano.

A última espécie é considerada mais inteligente que o cérebro humano em diversas áreas, incluindo habilidades sociais, raciocínio, discernimento e nível de conhecimento geral, ideia que ainda se restringe ao âmbito da ficção científica. Também não existem exemplos conhecidos de sistemas de IA ASI que seriam capazes de dominar completamente qualquer atividade cognitiva.

---

[39] RUSSELL, Stuart; NORVIG, Peter. *Inteligência artificial*. 3. ed. Rio de Janeiro: Elsevier, 2013, p. 806.
[40] PFEIFFER, Roberto Augusto Castellanos. Digital Economy, Big Data and Competition Law. *Market and Competition Law Review*, local, v. III, n. 1, 53-89, April 2019. Disponível em: https://ssrn.com/abstract=3440346. Acesso em: 4 fev. 2023.
[41] STRELKOVA, O. PASICHNYK, O. *Three types of artificial intelligence*. Disponível em: http://eztuir.ztu.edu.ua/jspui/bitstream/123456789/6479/1/142.pdf. Acesso em: 4 fev. 2023.

Partindo-se, então, para os critérios classificatórios, tem-se que o primeiro deles diz respeito à forma como os sistemas de inteligência artificial podem ser representados. De acordo com esse critério, a IA pode ser intangível, tangível e incorporada.[42] A IA intangível não possui forma física, mas pode ser comunicada por meio de som, notificação em dispositivo e/ou computação invisível. Na obra cinematográfica *Her* (2013), dirigida por Spike Jonze, um sistema operacional, que recebe o nome de Samantha, dispõe de uma inteligência artificial intangível que conversa diariamente, e de forma espontânea, com o usuário, captando, inclusive, as emoções deste.

Por sua vez, a IA tangível está incorporada em uma forma física, com a qual os humanos podem interagir. É o que se observa, por exemplo, em outra obra do cinema hollywoodiano, adaptada do clássico da literatura *Eu, Robô*, de Isaac Asimov. Tanto no filme (2004) quanto no livro (1950), tem-se a existência de robôs que são utilizados como empregados e assistentes humanos. Para que haja a manutenção da ordem, tais robôs possuem um código de programação que impede a violência contra seus proprietários.

Já a IA incorporada é aquela em que se observa a fusão com o cérebro por meio de um mecanismo invasivo ou não invasivo. Embora permaneça em seus estágios iniciais, essa espécie de IA é uma forma de interface cérebro-computador que tem a capacidade de aumentar as funções e habilidades do cérebro humano, incluindo inteligência e humor, sendo mais aplicada na área da neurociência.

Quanto ao critério funcional, a Inteligência Artificial pode apresentar duas distintas abordagens: abordagem lógico-simbólica e a abordagem baseada em dados. Na primeira, a IA é desenvolvida com base em conjuntos de regras e princípios lógicos, enquanto na segunda, a IA deve ser construída com base na observação e na experiência extraída dos dados.

De acordo com Margarita Carrillo,[43] do ponto de vista jurídico, a relevância dessa classificação se dá pelo fato de que, na abordagem lógico-simbólica, os princípios podem fazer parte do *design* da própria

---

[42] KOSTOPOULOS, Lydia. The Emerging Artificial Intelligence Wellness Landscape: Benefits The Emerging Artificial Intelligence. *California Western Law Review*, v. 55, n. 1, Article 6, p. 235-254, 2018. Disponível em: https://core.ac.uk/download/pdf/232623063.pdf. Acesso em: 4 fev. 2023.

[43] CARRILLO, Margarita Robles. Artificial intelligence: From ethics to law. *Telecommunications Policy*, v. 44, n. 6, p. 101937, 2020. Disponível em: https://www.sciencedirect.com/science/. Acesso em: 29 jan. 2023.

IA e podem surgir problemas em sua implementação. Já na abordagem baseada em dados, deve-se buscar a forma de incorporação dos princípios éticos ou legais desde o processo de coleta e processamento de dados. Logo, a regulação da IA tem de ser diferente, já que são abordagens bastante distintas em sua concepção e operação, cujos ilícitos podem ser igualmente diversos, bem como a maneira de identificá-los.

Outro critério classificatório diz respeito à autonomia. Uma distinção pode ser feita entre dois modelos principais que atendem ao seu grau de autonomia no processo de aprendizagem: aprendizado de máquina (*machine learning*) e aprendizado profundo (*deep learning*). A diferença essencial reside na capacidade de aprender, mas, sobretudo, nas consequências da autonomia de aprendizagem. O *deep learning* é uma especialização avançada do *machine learning* e tem a capacidade de processar diferentes tipos de dados de maneira semelhante a um cérebro humano.[44]

As máquinas que utilizam o *deep learning* possuem maior grau de autonomia e menor dependência aos comandos dos usuários, o que pode refletir na responsabilidade civil quando da ocasião de verificação de danos. Em síntese, o *deep learning* pode ser encarado como um aprofundamento do *machine learning*.

Tal aprofundamento é o que possibilita que não haja limitações quanto ao que o sistema de IA possa vir a alcançar, uma vez que quanto mais dados o programa receber, maior será a sua aprendizagem e aptidão para realizar atividades diversas. Daí decorre que os programas comandados por inteligência artificial hoje encontram possibilidades infinitas: podem não apenas ouvir, mas escutar e entender o que é ouvido; podem, efetivamente, ver e descrever uma imagem, e aprender conceitos; podem aprender a ler em diferentes idiomas ainda que seus próprios programadores não sejam capazes de fazê-lo.[45]

Para Lee,[46] a IA autônoma representa o ápice do desenvolvimento das metodologias de IA predecessoras (dependentes e semiautônomas),

---

[44] MULHOLLAND, Caitlin. Responsabilidade civil e processos decisórios autônomos em sistemas de inteligência artificial (IA): autonomia, imputabilidade e responsabilidade. *In*: FRAZÃO, Ana; MULHOLLAND, Caitlin (Coords.). *Inteligência artificial e Direito*: ética, regulação e responsabilidade. São Paulo: Thomson Reuters Brasil, 2019, p. 329.

[45] MEDON, Filipe. Seguros de Responsabilidade Civil como alternativa aos danos causados pela Inteligência Artificial. *In*: GOLDBERG, Ilan; JUNQUEIRA, Thiago. (Orgs.). *Temas atuais de Direito dos Seguros*. 1. ed. São Paulo: Thomson Reuters Brasil, 2020. t. I, p. 186-218.

[46] LEE, Kai-Fu. *AI Superpowers*: China, Silicon Valley, and the New World Order. HMH Books, 2018. Edição do Kindle.

a partir do momento em que consegue fundir suas duas atribuições fundamentais: a habilidade de otimizar os resultados pretendidos com base na análise de complexos sistemas de dados e o seu renovado poder sensorial e de resolução.

Conforme explica Filipe Medon, a IA é revolucionária por ser criativa, não dependendo mais de instruções detalhadas de seus programadores, uma vez que tem a capacidade de executar ações e alcançar resultados que seus criadores não previam ou não podiam alcançar. Em outras palavras, a IA tem a capacidade de aprender por si só, como um autodidata, adquirindo experiência e aprendendo lições que lhe permitem agir de maneiras diferentes em face da mesma situação. Assim, quando uma IA mais avançada é apresentada com um problema para resolver, seus desenvolvedores não fornecem um algoritmo específico que descreva todos os passos para a solução, mas apenas uma descrição do problema em si. É então tarefa da IA buscar uma solução por meio de seu próprio aprendizado, construindo o caminho para chegar a uma solução.[47]

Tais questões envolvendo a autonomia da inteligência artificial permitem ainda uma outra classificação. Para Russel e Norvig,[48] a distinção entre inteligência artificial fraca (ou suave) e inteligência artificial forte (ou profunda) concerne ao nível de inteligência artificial que uma máquina possui.

A IA fraca é uma forma de inteligência que se concentra em resolver problemas específicos, geralmente com uma abordagem baseada em regras. Limita-se a tarefas específicas, como reconhecimento de voz ou tradução automática, e não possui a capacidade de aprender e evoluir como uma entidade autônoma. Já a IA forte, também conhecida como IA profunda, é uma forma de inteligência artificial que se concentra em imitar a inteligência humana de forma generalizada. Ela é capaz de aprender e evoluir com o tempo, realizando tarefas mais amplas e complexas, como a tomada de decisões autônomas ou a realização de tarefas não programadas.[49]

Em resumo, a IA fraca é limitada a tarefas específicas, enquanto a IA forte é capaz de imitar a inteligência humana de forma geral e

---

[47] MEDON, Filipe. Seguros de Responsabilidade Civil como alternativa aos danos causados pela Inteligência Artificial. *In*: GOLDBERG, Ilan; JUNQUEIRA, Thiago. (Orgs.). *Temas atuais de Direito dos Seguros*. 1. ed. São Paulo: Thomson Reuters Brasil, 2020.
[48] RUSSELL, Stuart; NORVIG, Peter. *Artificial Intelligence*: A Modern Approach (3rd ed.). New Jersey: Prentice Hall, 2010, p. 1.173.
[49] RUSSELL, Stuart; NORVIG, Peter. *Artificial Intelligence*: A Modern Approach (3rd ed.). Prentice Hall, 2010, p. 1.175.

aprender com o tempo. Essa distinção é importante porque a IA fraca já está sendo amplamente utilizada em muitas aplicações, como a Siri da Apple ou o Google Assistant, enquanto a IA forte ainda é uma área de pesquisa ativa e está longe de ser amplamente utilizada.

A inteligência artificial pode ainda ser classificada a partir de seus níveis de interpretabilidade, isto é, pelo grau de compreensão de como suas respostas são geradas. Algoritmos de alta interpretabilidade são os mais tradicionais e de fácil compreensão; os de média interpretabilidade são um pouco mais avançados; os de baixa interpretabilidade são aqueles com técnicas avançadas, tais como Redes Neurais Profundas.[50]

4 O marco legal da inteligência artificial no Brasil e a responsabilidade civil

No Brasil, ainda não existe uma legislação específica para a inteligência artificial (IA), mas há algumas iniciativas em andamento para regulamentar o uso dessa tecnologia. Em 2020, o governo brasileiro lançou uma consulta pública sobre a criação de uma política nacional de IA, com o objetivo de coletar opiniões e sugestões de especialistas, empresas e da sociedade em geral sobre a criação de um marco legal para a IA.[51]

Paralelo a isso, tramitam no Congresso Nacional alguns Projetos de Lei que buscam regulamentar a IA no Brasil. O PL nº 2.125/2019,[52] por exemplo, estabelece princípios, direitos e deveres para o uso da IA no país, enquanto o PL nº 4.831/2020[53] propõe a criação de um cadastro nacional de empresas que desenvolvem ou utilizam sistemas de IA.

Em 17 de fevereiro de 2022, por meio de ato do Presidente do Senado Federal, foi instituída uma Comissão de Juristas, composta por 18

---

[50] SILVA, Nilton Correia da. Inteligência Artificial. *In*: FRAZÃO, Ana. MULHOLLAND, Caitlin (Coords.). *Inteligência artificial e Direito*: ética, regulação e responsabilidade. São Paulo: Thomson Reuters Brasil, 2019, p. 47.
[51] BRASIL. Disponível em: https://www.gov.br/mcti/pt-br/acompanhe-o-mcti/transformacao digital/arquivosinteligenciaartificial/ebia-consulta-publica.pdf. Acesso em: 20 fev. 2023.
[52] BRASIL. Senado Federal. Projeto de Lei nº 2.125/2019. Estabelece princípios, direitos e deveres para o uso de inteligência artificial no Brasil. Brasília, DF, 2019. Disponível em: https://www25.senado.leg.br/web/atividade/materias/-/materia/136222. Acesso em: 20 fev. 2023.
[53] BRASIL. Câmara dos Deputados. Projeto de Lei nº 4.831/2020. Dispõe sobre a criação de um cadastro nacional de empresas que desenvolvem ou utilizam sistemas de inteligência artificial. Brasília, DF, 2020. Disponível em: https://www.camara.leg.br/proposicoesWeb/fi chadetramitacao?idProposicao=2263848. Acesso em: 20 fev. 2023.

membros nomeados, a fim de subsidiar a construção do referido marco legal da inteligência artificial no Brasil, além de promover o diálogo com a sociedade, numa perspectiva multissetorial e multidisciplinar, bem como local, regional e global, reunindo visões plurais sobre o tema.

O relatório final da Comissão, apresentado em dezembro de 2022, tem dois objetivos: estabelecer direitos para proteger pessoas naturais dos impactos diários causados por sistemas de IA e fornecer ferramentas de governança e supervisão para criar previsibilidade e segurança jurídica para a inovação e o desenvolvimento econômico-tecnológico.[54]

O anteprojeto de marco legal parte da premissa de que não há uma escolha mutuamente excludente, entre a proteção de direitos e liberdades fundamentais, da valorização do trabalho e da dignidade da pessoa humana em face da ordem econômica e da criação de novas cadeias de valor. Pelo contrário, afirmam os juristas, "seus fundamentos e a sua base principiológica buscam uma harmonização, conformando-se à Constituição Federal e de forma dialógica com outras leis que enfrentam o mesmo tipo de desafio, como o CDC".[55]

O referido relatório traz ainda uma minuta de substitutivo aos Projetos de Leis nºs 5.051/2019, 21/2020 e 872/2021, que conta com 45 artigos e prevê um período de *vacatio legis* de um ano após a sua publicação. O texto, como dispõe seu artigo 1º, estabelece normas gerais de caráter nacional para o desenvolvimento, a implementação e o uso responsável de sistemas de inteligência artificial (IA) no Brasil, visando proteger os direitos fundamentais e garantir a implementação de sistemas seguros e confiáveis, em benefício da pessoa humana, do regime democrático e do desenvolvimento científico e tecnológico.[56]

Têm-se, assim, como pilares fundamentais, a centralidade da pessoa humana e a preocupação com a concretização de direitos, ao tempo que se busca estabelecer diretrizes mínimas para a governança em relação à utilização desta tecnologia que se espraia pelos mais diversos meios da vida social.

---

[54] BRASIL. Relatório Final da Comissão de Juristas responsável por subsidiar a elaboração de substitutivo sobre Inteligência Artificial. Brasília, DF, 2022. Disponível em: https://legis.senado.leg.br/comissoes/comissao?codcol=2504. Acesso em: 20 fev. 2023.

[55] BRASIL. Relatório Final da Comissão de Juristas responsável por subsidiar a elaboração de substitutivo sobre Inteligência Artificial. Brasília, DF, 2022. Disponível em: https://legis.senado.leg.br/comissoes/comissao?codcol=2504. Acesso em: 20 fev. 2023, p. 10.

[56] BRASIL. Relatório Final da Comissão de Juristas responsável por subsidiar a elaboração de substitutivo sobre Inteligência Artificial. Brasília, DF, 2022. Disponível em: https://legis.senado.leg.br/comissoes/comissao?codcol=2504. Acesso em: 20 fev. 2023, p. 15.

Durante os trabalhos da Comissão, um dos temas mais debatidos foi a Responsabilidade Civil,[57] pois era considerado muito importante, tendo em vista que o Projeto de Lei nº 21/2020, aprovado pela Câmara dos Deputados, propôs o uso preferencial do regime de responsabilidade subjetiva, o que gerou muitas críticas de especialistas na área. Essa discordância foi uma das razões principais para a criação da Comissão de Juristas.

Durante as audiências públicas, vários especialistas, como Anderson Schreiber, Caitlin Mulholland, Gisela Sampaio e Nelson Rosenvald, alertaram sobre os riscos de uma regulamentação inadequada da IA, que poderia causar graves problemas para o sistema de Responsabilidade Civil no Brasil. Já representantes de diversos setores, especialmente da indústria e do mercado, defenderam a regulamentação para aumentar a segurança jurídica e criar um ambiente mais adequado de governança.[58]

O anteprojeto adotou uma abordagem restrita de regulação da IA, excluindo certos sujeitos e situações, como usuários de IA para fins não profissionais, Estado, fornecedores previstos pelo CDC e profissionais liberais. Isso significa que proprietários de carros autônomos ou robôs domésticos que causem acidentes em atividades não profissionais, o Estado que utiliza IA e causa danos, hospitais que realizam cirurgias robóticas com IA e causam dano estético, e médicos que causam dano ao paciente usando ferramentas de IA, continuarão a ser regulados por leis, doutrinas e jurisprudências pertinentes.

De forma inegável, o texto apresenta progressos significativos não apenas no que se refere à Responsabilidade Civil, mas também em outros temas fundamentais para o avanço da IA, colocando o ser humano no centro da discussão. Um dos aspectos mais relevantes da minuta ao anteprojeto diz respeito à carta de direitos prevista no artigo 5º, que visa salvaguardar qualquer pessoa afetada por sistemas de inteligência artificial, determinando em seu parágrafo único que "os agentes de inteligência artificial informarão, de forma clara e facilmente acessível, os procedimentos necessários para o exercício desses direitos".

Embora sejam perceptíveis os avanços do anteprojeto, ele não inclui nenhuma sugestão explícita de compensação para pessoas que

---

[57] Sobre o tema, vale a pena conferir o episódio #29 A regulamentação da IA no Brasil, o que esperar para 2023?, do Podcast Fórum Convida da Editora Fórum. Disponível em: https://open.spotify.com/episode/1LXCaZTWp4Sc6j9btap4di?si=iYhoOsseT5-GMyVNYG3aCg. Acesso em: 26 mar. 2023.

[58] BRASIL. Relatório Final da Comissão de Juristas responsável por subsidiar a elaboração de substitutivo sobre Inteligência Artificial. Brasília, DF, 2022. Disponível em: https://legis.senado.leg.br/comissoes/comissao?codcol=2504. Acesso em: 20 fev. 2023, p. 15.

tenham sido prejudicadas por sistemas de inteligência artificial. O texto menciona a obrigação de compensar integralmente os danos causados, contudo não há detalhes sobre como isso será feito.

Nesse ponto, tal lacuna poderá levar em consideração os seguros obrigatórios de Responsabilidade Civil, com vistas a garantir que haja recursos financeiros disponíveis para reparar eventuais danos causados por sistemas de IA. Trata-se de uma prática fomentada em diversos países, sobretudo no âmbito da Comunidade Europeia. Todavia, a definição do que constitui "danos causados por IA" pode ser complexa e variável de acordo com o contexto. Devem-se considerar as especificidades dessa modalidade de seguros, suas características e, sobretudo, a sua viabilidade de contratação.

5 Considerações finais

A discussão sobre a natureza jurídica dos sistemas de inteligência artificial ainda é bastante complexa e divide opiniões. Enquanto algumas correntes doutrinárias ainda buscam a personificação desses sistemas, outras abordagens mais recentes aproximam a IA do conceito de bem jurídico. É importante ressaltar que cada caso deve ser avaliado em específico, levando em consideração as particularidades do sistema em questão e o contexto em que ele está inserido. É fundamental que os profissionais do Direito e da Tecnologia estejam atentos a essas discussões e busquem soluções que possam garantir a proteção dos direitos dos indivíduos envolvidos na utilização dessas tecnologias.

A correta classificação dos sistemas de inteligência artificial é um fator crucial para uma regulamentação eficiente e justa dessas tecnologias. Uma classificação inadequada pode levar a lacunas legais e à falta de proteção para os indivíduos envolvidos, enquanto uma classificação adequada pode garantir que a regulamentação seja aplicável e justa para todos.

O marco legal da inteligência artificial que tramita no Congresso Nacional é uma iniciativa importante para estabelecer regras claras e precisas para a utilização das tecnologias de IA no Brasil. Esse marco legal poderá trazer segurança jurídica para empresas e usuários, além de assegurar que a utilização dessas tecnologias seja feita de forma ética e responsável. É fundamental que esse processo de regulamentação leve em conta as particularidades do país e considere as questões éticas, sociais e econômicas envolvidas na utilização da IA.

Referências

BARBOSA, Mafalda Miranda. Inteligência artificial, e-persons e direito: desafios e perspectivas. *Revista Jurídica Luso-Brasileira*, Lisboa, v. 3, n. 6, p. 1475-1503, 2017. Disponível em: https://www.cidp.pt/revistas/rjlb/2017/6/2017_06_1475_1503.pdf. Acesso em: 29 jan. 2023.

BARBOSA, X. C.; BEZERRA, R. F. Breve introdução à história da inteligência artificial. *Jamaxi Revista de História*, Rio Branco, v. 4, p. 90-97, 2020. Disponível em: https://periodicos.ufac.br/index.php/jamaxi/article/view/4730. Acesso em: 29 jan. 2023.

BITTAR, Eduardo. Bioética e direito: a luta pela não reificação da vida. In: MALUF, Adriana Caldas do Rego Freitas Dabus *et al. Direitos da personalidade*: a contribuição de Silmara J. A. Chinellato. Santana de Parnaíba: Manole, 2019. (versão digital)

BRASIL Consulta Pública sobre Inteligência Artificial. Disponível em: https://www.gov.br/mcti/pt-br/acompanhe-o-mcti/transformacaodigital/arquivosinteligenciaartificial/ebia-consulta-publica.pdf. Acesso em: 20 fev. 2023.

BRASIL. Senado Federal. Projeto de Lei nº 2125/2019. Estabelece princípios, direitos e deveres para o uso de inteligência artificial no Brasil. Brasília, DF, 2019. Disponível em: https://www25.senado.leg.br/web/atividade/materias/-/materia/136222. Acesso em: 20 fev. 2023.

BRASIL. Câmara dos Deputados. Projeto de Lei nº 4831/2020. Dispõe sobre a criação de um cadastro nacional de empresas que desenvolvem ou utilizam sistemas de inteligência artificial. Brasília, DF, 2020. Disponível em: https://www.camara.leg.br/proposicoesWeb/fichadetramitacao?idProposicao=2263848. Acesso em: 20 fev. 2023.

BRASIL. Relatório Final da Comissão de Juristas do Senado Federal responsável por subsidiar a elaboração de substitutivo sobre inteligência artificial no Brasil. Disponível em: https://legis.senado.leg.br/comissoes/mnas?codcol=2504&tp=4. Acesso em: 5 fev. 2023.

CABRAL, Guilherme Sorg. *A responsabilidade civil da inteligência artificial*: veículos autônomos. Rio de Janeiro: Lumen Juris, 2020.

CARRILLO, Margarita Robles. Artificial intelligence: From ethics to law. *Telecommunications Policy*, v. 44, n. 6, p. 101937, 2020. Disponível em: https://www.sciencedirect.com/science/. Acesso em: 29 jan. 2023.

CASTRO JÚNIOR, Marco Aurélio. *A personalidade jurídica do robô e a sua efetividade no Direito*. 2009. 222 f. Tese (Doutorado em Direito Público) – Universidade Federal da Bahia, Salvador, 2009, p. 26. Disponível em: https://repositorio.ufba.br/ri/handle/ri/10719. Acesso em: 29 jan. 2023.

CHAVES, Natália Cristina. *Inteligência artificial*: os novos rumos da responsabilidade civil. Braga: Universidade do Minho, 2017.

DESCARTES, René. *Discurso do Método*. São Paulo: Martin Claret, 2013.

FARIAS, Cristiano Chaves de; ROSENVALD, Nelson. *Curso de Direito Civil*: parte geral e LINDB. 20. ed. rev., ampl. e atual. Salvador: JusPodivm, 2022. v. 1.

FONSECA, Aline Klayse. Delineamentos jurídico-dogmáticos da inteligência artificial e seus impactos no instituto da responsabilidade civil. *Civilistica.com*, v. 10, n. 2, p. 1-36, 2021. Disponível em: https://civilistica.emnuvens.com.br/redc/article/view/671. Acesso em: 29 jan. 2023.

FRAZÃO, Ana. Quais devem ser os parâmetros éticos e jurídicos para a utilização da inteligência artificial? As respostas oferecidas pelas recentes Diretrizes da União Europeia para a inteligência artificial confiável. *Jota*, 24 abr. 2019. Disponível em: https://www.jota. info/paywall?redirect_to=//www.jota.info/opiniao-eanalise/colunas/constituicao-empresa-e-mercado/quaisdevem-ser-os-parametros-eticos-e-juridicos-para-autilizacao-da-ia-24042019. Acesso em: 29 jan. 2023.

GARDNER, Howard. *Estruturas da mente*: a teoria das inteligências múltiplas. Porto Alegre: Artes Médicas, 1994.

KAUFMAN, D. *A inteligência artificial irá suplantar a inteligência humana?* 1. ed. São Paulo: Estação das Letras e Cores, 2019. v. 1.

KING, M. R. The future of AI in medicine: A perspective from a chatbot. *Annals of Biomedical Engineering*, v. 51, p. 291-295, 26 dez. 2022. Disponível em: https://link.springer.com/article/10.1007/s10439-022-03121-w. Acesso em: 3 abr. 2023.

KONDER, Carlos Nelson; KONDER, Cíntia Muniz de Souza. Transhumanismo e inteligência artificial. *In*: SILVA, Rodrigo da Guia; TEPEDINO, Gustavo (Coords.). *O Direito Civil na era da inteligência artificial*. São Paulo: Thomson Reuters Brasil, 2020.

KOSTOPOULOS, Lydia. The Emerging Artificial Intelligence Wellness Landscape: Benefits The Emerging Artificial Intelligence. *California Western Law Review*, v. 55, n. 1, Article 6, p. 235-254, 2018. Disponível em: https://core.ac.uk/download/pdf/232623063.pdf. Acesso em: 4 fev. 2023.

LEE, Kai-Fu. *AI Superpowers*: China, Silicon Valley, and the New World Order. HMH Books, 2018. Edição do Kindle.

LÔBO, Paulo. *Direito Civil*: parte geral. São Paulo: Saraiva, 2020. v. 1.

LÖWY, Michael; SAYRE, Robert. *Rebeldes primitivos*: estudos de antropologia social. São Paulo: Cosac Naify, 2015.

MCCARTHY, John. What is *Artificial Intelligence*. Stanford: Stanford University, 2007. Disponível em: https://www-formal.stanford.edu/jmc/whatisai.pdf. Acesso em: 6 fev. 2023.

MEDON, Filipe. Seguros de Responsabilidade Civil como alternativa aos danos causados pela Inteligência Artificial. *In*: GOLDBERG, Ilan; JUNQUEIRA, Thiago. (Orgs.). *Temas atuais de Direito dos Seguros*. 1. ed. São Paulo: Thomson Reuters Brasil, 2020.

MITROU, Lilian, *Data Protection, Artificial Intelligence and Cognitive Services: Is the General Data Protection Regulation (GDPR) 'Artificial Intelligence-Proof'?*, 31 dez. 2018. Disponível em: https://ssrn.com/abstract=3386914 or http://dx.doi.org/10.2139/ssrn.3386914. Acesso em: 4 fev. 2023.

MOLLMAN, S. ChatGPT gained 1 million users in under a week. Here's why the AI chatbot is primed to disrupt search as we know it. *Fortune*, 9 dez. 2022. Disponível em: https://fortune.com/2022/12/09/ai-chatbot-chatgpt-could-disrupt-google-search-engines-business/. Acesso em: 3 abr. 2023.

MULHOLLAND, Caitlin. Responsabilidade civil e processos decisórios autônomos em sistemas de inteligência artificial (IA): autonomia, imputabilidade e responsabilidade. *In*: FRAZÃO, Ana; MULHOLLAND, Caitlin (Coords.). *Inteligência artificial e Direito*: ética, regulação e responsabilidade. São Paulo: Thomson Reuters Brasil, 2019.

PARLAMENTO EUROPEU. Resolução de 20 de outubro de 2020. Contém recomendações à Comissão sobre o regime relativo aos aspectos éticos da inteligência artificial, da robótica e das tecnologias conexas (2020/2012 (INL)). Bruxelas, 20 out. 2020. Disponível em: https://www.europarl.europa.eu/doceo/document/TA-9-2020-0275_PT.html. Acesso em: 5 fev. 2023.

PFEIFFER, Roberto Augusto Castellanos. Digital Economy, Big Data and Competition Law. *Market and Competition Law Review*, Lisboa, v. III, n. 1, 53-89, April 2019. Disponível em: https://ssrn.com/abstract=3440296. Acesso em: 4 fev. 2023.

PINTO, A. R. Ética e Direito: Uma análise sobre as diferenças entre as normas éticas e as normas jurídicas. *Revista de Direito e Ética Empresarial*, Florianópolis, v. 5, n. 1, p. 27-41, 2018.

RADFORD, A.; NARASIMHAN, K.; SUTSKEVER, I. *Improving language understanding by generative pre-training*, 2018. Disponível em: https://www.cs.ubc.ca/~amuham01/LING530/papers/radford2018improving.pdf. Acesso em: 3 abr. 2023.

RUSSELL, Stuart. *Human Compatible*: Artificial Intelligence and the Problem of Control. Nova York: Penguin Press, 2019.

RUSSELL, Stuart; NORVIG, Peter. *Inteligência artificial*. 3. ed. Rio de Janeiro: Elsevier, 2013.

RUSSELL, Stuart; NORVIG, Peter. *Artificial Intelligence*: A Modern Approach (3rd ed.). New Jersey: Prentice Hall, 2010.

SILVA, Gabriela Buarque Pereira; EHRHARDT JÚNIOR, Marcos. Diretrizes éticas para a Inteligência Artificial confiável na União Europeia e a regulação jurídica no Brasil. *Revista IBERC*, Belo Horizonte, v. 3, n. 3, p. 1-28, set./dez. 2020. Disponível em: https://revistaiberc.responsabilidadecivil.org/iberc/article/view/133/105. Acesso em: 1 fev. 2023.

SILVA, Nilton Correia da. Inteligência Artificial. *In*: FRAZÃO, Ana. MULHOLLAND, Caitlin (Coords.). *Inteligência artificial e Direito*: ética, regulação e responsabilidade. São Paulo: Thomson Reuters Brasil, 2019.

SOUZA, Eduardo Nunes de. Dilemas atuais do conceito jurídico de personalidade: uma crítica às propostas de subjetivação de animais e de mecanismos de inteligência artificial. *Civilistica. com*, v. 9, n. 2, p. 1-49, 2020.

STRELKOVA, O. PASICHNYK, O. *Three types of artificial intelligence*. Disponível em: http://eztuir.ztu.edu.ua/jspui/bitstream/123456789/6479/1/142.pdf. Acesso em: 4 fev. 2023.

UNIÃO EUROPEIA. Resolução do Parlamento Europeu, de 16 de fevereiro de 2017, com recomendações à Comissão de Direito Civil sobre Robótica (2015/2103(INL), 16 fev. 2017. Disponível em: https://www.europarl.europa.eu/doceo/document/TA-8-2017-0051_PT.html?redirect. Acesso em: 29 jan. 2023.

Informação bibliográfica deste texto, conforme a NBR 6023:2018 da Associação Brasileira de Normas Técnicas (ABNT):

SILVESTRE, Luciano Soares; EHRHARDT JÚNIOR, Marcos. Contornos jurídico-dogmáticos dos sistemas de inteligência artificial. *In*: EHRHARDT JÚNIOR, Marcos; CATALAN, Marcos; NUNES, Cláudia Ribeiro Pereira (Coord.). *Inteligência artificial e relações privadas*: possibilidades e desafios. Belo Horizonte: Fórum, 2023. v. 1. p. 133-155. ISBN 978-65-5518-576-8.

O RECONHECIMENTO DA PROTEÇÃO DE DADOS COMO UM DIREITO FUNDAMENTAL AUTÔNOMO E SUAS IMPLICAÇÕES NO AVANÇO DA INTELIGÊNCIA ARTIFICIAL

JULIANA PETINATTI SARMENTO

FABIANA RODRIGUES BARLETTA

1 Introdução

O intenso fluxo de dados pessoais, originado da realização de atividades rotineiras via internet, possibilitou o desenvolvimento de tecnologias digitais responsáveis por controlar comportamentos individuais e coletivos, registrar tendência e formar novos meios de produção e distribuição. A inteligência artificial ganha uma relevância impar no supramencionado cenário, considerando que se vale da ciência de dados para gerar uma tecnologia capaz de reproduzir a inteligência humana, resultando na utilização de computadores como instrumentos técnicos pensantes.

Entretanto, ela acende o debate acerca da privacidade e da utilização de dados pessoais. Nesse sentido, o reconhecimento da proteção de dados pessoais como um direito fundamental autônomo ao direito à privacidade e a sua positivação na Constituição da República Federativa do Brasil foi de vital importância para garantir que os dados pessoais sejam usados de maneira ética e responsável.

Assim, o presente trabalho busca retratar a importância do reconhecimento da proteção de dados como um direito fundamental autônomo ao direito à privacidade, bem como descreve os caminhos percorridos para atingir esse apogeu. Frisa-se que, antes do reconhecimento formal da proteção de dados como um direito fundamental autônomo, autores já reconheciam sua independência, por possuir a fundamentalidade em sentido material, consubstanciada na relevância do conteúdo das posições subjetivas atribuídas a determinado sujeito de direito; e em sentido formal, caracterizada pelo nível das garantias aplicadas àquele direito pelo constituinte.

Porém, a evolução doutrinária apresentou uma diferença conceitual entre ambos os direitos. A privacidade preocupa-se em proteger o sigilo das informações, já a proteção de dados pessoais vai além, vedando a utilização de informações pessoais para prejudicar o titular, como, por exemplo, manipular sua forma de interpretar a realidade.

Então, a positivação da proteção de dados com um direito fundamental, no artigo 5º da Constituição da República Federativa de 1988, estabeleceu a cisão conceitual entre ambos os direitos. Ademais, o referido reconhecimento reforça o princípio da dignidade da pessoa humana e destaca o caráter humanístico e solidário da CFRB de 1988. Vale evidenciar que a dignidade da pessoa humana é um imperativo axiológico da ordem jurídica e fornece o reconhecimento da personalidade jurídica a todos os seres humanos. A proteção de dados pessoais, em conjunto com outros direitos da personalidade, representa o aparato normativo capaz de permitir o livre desenvolvimento da pessoa na sociedade tecnológica.

A metodologia utilizada foi uma revisão bibliográfica, associando a escolha de marcos teóricos principais, bibliografias renomadas na área pesquisada, com a busca de artigos científicos utilizando a plataforma *Periódicos Capes*. Na plataforma, os filtros utilizados na busca foram: "português", "inglês", "periódicos revisados por pares" e produzidos entre os anos de 2015 e 2023. A escolha desses mecanismos foi baseada na qualidade e atualidade dos periódicos buscados.

2 Do direito à privacidade à proteção dos dados pessoais

Inicialmente, é de suma importância retomar o histórico vivenciado pela privacidade até ser reconhecida como um direito. Aqui cabe destacar a obra, *Da privacidade à proteção de dados pessoais*, do autor Danilo Doneda, referência na temática.

O autor relembra que em uma sociedade marcada por um ordenamento jurídico de cunho patrimonialista e corporativista pouco se discutia sobre a tutela jurídica da privacidade. Tal cenário assim se manteve até o final do século XIX, quando *Brandeis e Warren* escreveram o artigo *The right to privacy*, considerado o marco inicial da tutela do direito à privacidade, na época, reconhecido como o "direito de ser deixado só". Observa-se que o referido artigo limitava a privacidade à proteção da vida íntima, familiar e pessoal de cada indivíduo, logo muito estava relacionado à proteção da intimidade.

Cabe salientar que o supramencionado texto é citado por diversos autores em suas obras sobre proteção de dados pessoais. O professor Anderson Schreiber[1] destaca que naquele momento o direito à privacidade apresentava uma conotação puramente negativa, representando um dever de abstenção. Tal cenário se alterou a partir da década de 1960, quando o desenvolvimento tecnológico permitiu um compartilhamento maior de informações, gerando a necessidade de uma tutela legal adequada.

Nesse momento, a privacidade era vista por uma perspectiva individualista, ainda mais considerando o momento em que foi consagrada: no apogeu do liberalismo jurídico clássico. Porém, Doneda destaca que com crescimento do influxo de informações, a proteção da privacidade passou a ocupar um cenário de maior destaque devido a sua importância para manutenção do Estado Democrático de Direito.

A dimensão social do direito à privacidade começa a ganhar relevância com a ascensão do *welfare state*, quando o Estado passou a demandar cada vez mais informações da comunidade que o rondava, realizando censos e pesquisas, além de tornar compulsória a apresentação de determinados dados ao Estado. Tal conduta visava tornar eficiente a administração pública, bem como estabelecer um maior controle social.

Posteriormente, tecnologias mais modernas permitiram o processamento e armazenamento de um maior volume de informações, impactando em situações não patrimoniais e colocando a privacidade em xeque. Assim, a privacidade passa a ser relacionada com outros direitos personalíssimos, modificando a ideia inicialmente adotada em torno dela.

Nesse sentido, Alan Westin, nos anos 1970, defendia a existência de três espécies de ameaças à privacidade: a vigilância física (exercida via microfones e outros mecanismos que permitiam a captação de

---

[1] SCHREIBER, Anderson. *Direitos da personalidade*. 2. ed. São Paulo: Atlas, 2013.

informações em um ambiente físico), a psicológica e a vigilância dos dados pessoais.[2] Segundo Doneda, a teoria apresentada por Westin precisava se modernizar a partir do movimento de convergência das tecnologias observado nas últimas décadas, ou seja, hoje, grande parte do que era considerado como vigilância física ou psicológica passaria a ser considerado vigilância dos dados pessoais. Por exemplo, hoje nossos aparelhos registram nossa localização por meio do nosso endereço de IP. Tal vigilância antes seria considerada uma vigilância física; hoje, é considerada uma vigilância de dados pessoais.

As ideias acima apresentadas comprovam que, realmente, existe uma correlação intrínseca entre o direito à privacidade e o direito à proteção de dados pessoais. Por isso, parte relevante da doutrina moderna, antes da conceituação do direito à proteção de dados como um direito fundamental autônomo, conceitua o direito à proteção dos dados pessoais como um direito fundamental por sua correlação com o direito à privacidade.

Nesse sentido, destaca-se a 3ª edição da obra *Direitos da personalidade*,[3] na qual o autor Anderson Schreiber elabora um raciocínio jurídico tratando em conjunto dos dois direitos supramencionados, como será demonstrado mais à frente. Frisa-se que a edição que está sendo referida aqui foi publicada em 2013, quando a maior parte da doutrina fazia essa correlação entre direito à privacidade e direito à proteção de dados pessoais.

O ilustre autor inicia seu capítulo sobre direito à privacidade fazendo um paralelo entre o direito à privacidade, o *reality show Big Brother* e a obra *1984*, de George Orwell. No referido *reality show*, os participantes renunciam a sua privacidade, por um período, aceitando viver em uma casa recheada de câmeras em todos os cômodos. O show se sustenta não apenas pelos participantes que optaram por mostrar em rede nacional sua rotina, mas também dos espectadores que podem optar por adquirir a versão *pay per view* e observar, 24 horas por dia, a vida dos *brothers* e *sisters*.

Ao fazermos essa observação, alcançamos um patamar em que o direito se mostra obsoleto, pois as normas positivadas no Código Civil acerca da privacidade não se coadunam com a realidade descrita. O artigo 21 do Código Civil prevê que "a vida da pessoa natural é inviolável",

---

[2] DONEDA, Danilo. *Da privacidade à proteção de dados pessoais*. 3. ed. São Paulo: Thomson Reuters Brasil, 2021, *paginação irregular*.
[3] SCHREIBER, Anderson. *Direitos da personalidade*. 2. ed. São Paulo: Atlas, 2013.

bem como, o artigo 11 positiva: "Com exceção dos casos previstos em lei, os direitos da personalidade são intransmissíveis e irrenunciáveis, não podendo o seu exercício sofrer limitação voluntária". Assim, se considerarmos a literalidade do artigo, seria ilegal os participantes do *Big Brother Brasil,* disporem, voluntariamente, de sua privacidade.

Por isso, o professor Anderson Schreiber entende ser inadequado o tratamento ofertado pelo Código Civil à privacidade, criticando a conceituação do termo "vida privada", por restringir a ideia da privacidade aos círculos da intimidade da pessoa humana, ignorando outros aspectos importantes dessa seara, como a privacidade dos dados pessoais.

Visando demonstrar o prejuízo que um acesso não autorizado a dados pessoais pode causar, o professor, apresenta o caso de Álvaro Zeferino, um técnico em refrigeração que trabalhava em uma fábrica de sorvetes no Mato Grosso do Sul, sido condenado a pagar uma dívida avaliada em mais de meio milhão de reais de uma boate localizada no Rio de Janeiro. No caso, a documentação da sociedade apontava Zeferino como um dos sócios, contendo o número do CPF da vítima e uma assinatura forjada. Na época, o delegado do caso afirmou que qualquer pessoa poderia ser vítima de golpes dessa natureza, pois CDs contendo cadastros de dados pessoais de indivíduos são vendidos pelas ruas de São Paulo. Atualmente, como demonstrado na seção primeira, a forma de obtenção de dados se modernizou.

Diante de casos como o supramencionado, Schreiber apresentou a necessária correlação entre a privacidade e a proteção de dados pessoais, veja:

> O direito à privacidade abrange, hoje, não apenas a proteção à vida íntima do indivíduo, mas também a proteção de seus dados pessoais. Em outras palavras: o direito à privacidade hoje é mais amplo do que o simples direito à intimidade. Não se limita ao direito de cada um ser "deixado só" ou de impedir a intromissão alheia na sua vida íntima e particular.[4]

Essa "nova acepção do direito à privacidade", incluindo a proteção aos dados pessoais, impõe deveres de caráter positivo, como o dever de solicitar autorização para coleta de dados, para inclusão do nome de uma pessoa em um cadastro, retirar ou corrigir a informação

---

[4] SCHREIBER, Anderson. *Direitos da personalidade.* 2. ed. São Paulo: Atlas, 2013, p. 137.

a qualquer momento, entre outros. Então, a privacidade passa a apresentar dois panoramas: uma dimensão procedimental, em que se analisa a coleta da informação pessoal e uma dimensão substancial, na qual o uso daquele dado é colocado em xeque.

Na dimensão procedimental da privacidade, como sinalizado, analisa-se a coleta da informação, bem como o compartilhamento desses dados entre os intermediários, porque o intercâmbio permanente de dados é uma realidade do mundo moderno. Schreiber ainda salienta que a coleta da informação não implica em alienação, logo a empresa coletora não pode utilizá-la para finalidades diversas daquela expressada no momento da coleta.

Lembrando que o referido livro foi escrito em 2013, antes da Lei Geral de Proteção de Dados, hoje, a LGPD veda qualquer compartilhamento dos dados coletados sem o consentimento do titular, bem como expressa a necessidade de o órgão coletor indicar para qual finalidade esse dado está sendo armazenado.

A segunda dimensão apresentada pelo autor, a substancial, está relacionada ao emprego da informação coletada, porque a violação da privacidade pode representar a violação de outros direitos fundamentais a depender da forma como os dados foram empregados. Um dos exemplos utilizados pelo autor é a *No-Fly List,* uma lista utilizada nos anos que seguiram ao atentado do 11 de setembro e apontava pessoas consideradas um "risco para a segurança" dos Estados Unidos. Naquela época, profissionais como o Professor Walter Murphy, emérito da Universidade de Princeton, ou o fuzileiro naval Daniel Brown, foram impedidos de embarcar em voos domésticos dentro dos Estados Unidos por integrarem essa lista.[5]

No caso supramencionado, as informações dos integrantes da *No-Fly List* foram utilizadas para violar o direito de ir e vir dessas pessoas. Assim, observa-se que a coleta de dados pessoais pode violar não apenas o direito à privacidade, mas outros direitos fundamentais.

Ao observar os conceitos apresentados na obra, é possível inferir o embrião da noção atualmente adotada para diferenciar a proteção à privacidade da proteção aos dados pessoais. A primeira foca apenas na inviolabilidade da informação, a segunda tutela também o uso ao qual foi empregada a informação obtida. Porém, a cisão conceitual de ambos os direitos ocorreu, apenas, com a evolução doutrinária e a entrada em vigor da Lei Geral de Proteção de Dados Pessoais.

---

[5] SCHREIBER, Anderson. *Direitos da personalidade.* 2. ed. São Paulo: Atlas, 2013, p. 141.

Vale destacar que antes do advento da Lei Geral de Proteção de Dados Pessoais, a privacidade das informações era protegida pelo artigo 5º, inciso X, da Constituição Federal, que garantia a inviolabilidade da intimidade e da vida privada, bem como pelo artigo 21 do Código Civil, cuja redação é: "Art. 21. A vida privada da pessoa natural é inviolável, e o juiz, a requerimento do interessado, adotará as providências necessárias para impedir ou fazer cessar ato contrário a esta norma".[6]

Schreiber, como já mencionado, defendia que o referido artigo oferecia uma proteção insuficiente. Ademais, ele também salienta em sua obra, a necessidade de ponderação do direito à privacidade, por exemplo, nos casos de inspeção da bagagem de passageiros nos aeroportos. Ali, a proteção à privacidade é limitada para assegurar a segurança.

Colocar a "inviolabilidade da vida privada" em conflito com outros direitos é usual na construção do nosso ordenamento jurídico. Aqui é possível destacar diversos casos em que esse cenário se desenhou. Por exemplo, na discussão envolvendo o direito ao esquecimento, biografias não autorizadas, a utilização de imagens capturadas em locais públicos, entre outros. Porém, a ponderação mais relevante no tocante à proteção de dados pessoais é a privacidade dos bancos de dados.

Apresentado os problemas relacionados aos bancos de dados, o autor salienta a impossibilidade de comprarmos um determinado produto sem fornecer dados pessoais ao fornecedor. Por exemplo, ao adquirirmos um medicamento em uma farmácia é normal ser solicitado o número de nosso CPF para compra ser efetuada.

Essa coleta, normalmente, é utilizada para criar um perfil relacionado àquele consumidor, assim a empresa pode utilizar essas informações para guiar decisões de caráter geral, como escolher qual estratégia de *marketing* deve ser adotada. Porém, é possível que esse emprego represente um prejuízo à pessoa, pois pode incluí-la em determinadas categorias que a impeça de acessar um determinado serviço; por exemplo, caso o consumidor seja incluído em uma lista de "mal pagadores", pode ser negado um determinado empréstimo a ele.

Ao analisar essa linha de raciocínio apresentada pelo professor Anderson Schreiber, observamos que em 2013 já era possível prever os problemas advindos da utilização inadequada de informações pessoais. Nesse momento, a doutrina criticava o Código Civil por não apresentar

---

[6] BRASIL, Lei nº 10.406, de 10 de janeiro de 2002. Código Civil. Disponível em: https://www.planalto.gov.br/ccivil_03/leis/2002/l10406compilada.htm. Acesso em: 17 jun. 2021.

uma norma específica para tratar de banco de dados, porém, o Código de Defesa do Consumidor pode suprir tal lacuna em seu artigo 43, veja:

> Art. 43. O consumidor, sem prejuízo do disposto no art. 86, terá acesso às informações existentes em cadastros, fichas, registros e dados pessoais e de consumo arquivados sobre ele, bem como sobre as suas respectivas fontes. §1º Os cadastros e dados de consumidores devem ser objetivos, claros, verdadeiros e em linguagem de fácil compreensão, não podendo conter informações negativas referentes a período superior a cinco anos. §2º A abertura de cadastro, ficha, registro e dados pessoais e de consumo deverá ser comunicada por escrito ao consumidor, quando não solicitada por ele. §3º O consumidor, sempre que encontrar inexatidão nos seus dados e cadastros, poderá exigir sua imediata correção, devendo o arquivista, no prazo de cinco dias úteis, comunicar a alteração aos eventuais destinatários das informações incorretas. §4º Os bancos de dados e cadastros relativos a consumidores, os serviços de proteção ao crédito e congêneres são considerados entidades de caráter público. §5º Consumada a prescrição relativa à cobrança de débitos do consumidor, não serão fornecidas, pelos respectivos Sistemas de Proteção ao Crédito, quaisquer informações que possam impedir ou dificultar novo acesso ao crédito junto aos fornecedores. §6º Todas as informações de que trata o caput deste artigo devem ser disponibilizadas em formatos acessíveis, inclusive para a pessoa com deficiência, mediante solicitação do consumidor (Incluído pela Lei nº 13.146, de 2015) (Vigência).[7]

Atualmente, a Lei Geral de Proteção de Dados Pessoais apresenta normas específicas que asseguram a privacidade das informações presentes no ambiente *online* ou *offline*, bem como prevê a necessidade de apresentar a finalidade para coleta. Porém, em 2013, Schreiber apresentou em sua obra um embrião dessa lógica, nomeando-a de "princípio da especificação dos propósitos":

> De extrema relevância é o chamado princípio da especificação dos propósitos. Impõe, em síntese, que o propósito da coleta de dados pessoais seja sempre informado ao titular dos dados, vedando-se qualquer utilização para finalidade diversa da declarada. Assim, ao solicitar ao hóspede que preencha uma ficha cadastral, o hotel deve informar o motivo pelo qual está solicitando aqueles dados pessoais, os quais somente poderão ser utilizados para o propósito especificado.[8]

---

[7] BRASIL, Lei nº 8.078, de 11 de setembro de 1990. Código Civil de Defesa do Consumidor. Disponível em: http://www.planalto.gov.br/ccivil_03/leis/l8078.htm. Acesso em: 7 jun. 2021.

[8] SCHREIBER, Anderson. *Direitos da personalidade*. 2. ed. São Paulo: Atlas, 2013, p. 157.

Naquele momento, o referido princípio não estava previsto especificamente no ordenamento jurídico, ele deveria ser extraído da boa-fé objetiva. Com a LGPD, tal cenário se alterou, pois o legislador positivou no artigo 6º, inciso I o princípio da finalidade:

> Art. 6º As atividades de tratamento de dados pessoais deverão observar a boa-fé e os seguintes princípios: I - finalidade: realização do tratamento para propósitos legítimos, específicos, explícitos e informados ao titular, sem possibilidade de tratamento posterior de forma incompatível com essas finalidades [...].[9]

Visando ilustrar os prejuízos que o desrespeito a esse princípio pode causar, o autor apresenta um caso julgado em 2009 pelo Tribunal de Justiça do Estado de São Paulo, em que um consumidor forneceu o valor de seus ganhos mensais a uma loja de departamento, para realizar um cadastro, mas essa informação foi utilizada pela mãe de sua filha em uma ação de alimentos. No caso, o referido dado foi fornecido por uma das funcionárias da loja à mãe, que o utilizou para majorar a pensão alimentícia.

Em suma, no livro *Direitos da personalidade*, 2ª edição, escrito em 2013, o professor Anderson Schreiber descreve como o cenário da proteção de dados se apresentava doutrinariamente, antes do advento da Lei Geral de Proteção de Dados Pessoais. Naquele momento, a proteção de dados pessoais era embasada pelo direito à privacidade, porém, em 2023, o fluxo de dados pessoais é consideravelmente maior, bem como tais informações são utilizadas para as mais diversas finalidades possíveis. Por isso, hoje, embasar a proteção de dados pessoais pela sua correlação com o direito à privacidade é insuficiente.

Frisa-se que, como apontado pelo autor supramencionado, a proteção do direito à privacidade, antes do advento da Lei Geral de Proteção de Dados, já era insuficiente. Assim, as normas positivadas no Código Civil já não se coadunam com a realidade observada em 2013, quando as redes sociais estavam começando a ganhar um público mais robusto e, ainda, não havia escândalos envolvendo dados pessoais.

É possível afirmar que, naquela época, o ordenamento jurídico não estava preparado para lidar com questões mais profundas envolvendo as novas tecnologias. Porém, segundo o professor Danilo Doneda,

---

[9] BRASIL. Lei nº 13.709, de 14 de agosto de 2019. Lei Geral de Proteção de Dados Pessoais (LGPD). Disponível em: http://www.planalto.gov.br/ccivil_03/_ato2015-2018/2018/lei/L13709.htm. Acesso em: 21 out. 2021.

atingimos um marco em que não parece existir uma possibilidade de afastarmos o apoio às novas tecnologias, mas sim aceitarmos sua centralidade. Não significa rompermos com o conceito tradicional da privacidade, mas relacioná-la com novos interesses importantes da sociedade moderna.

Outros autores, como o Ministro Ricardo Villas Bôas Cuevas, contextualizam a dinâmica da separação entre o conceito de privacidade e de proteção dos dados pessoais pelo estudo da evolução jurisprudencial observada nessa seara. No capítulo 3 da obra *Lei Geral de Proteção de Dados e suas Repercussões no Direito Brasileiro*, o referido autor trata da evolução jurisprudencial do conceito de privacidade, ressaltando que antes de qualquer positivação legislativa o direito à proteção de dados pessoais já havia sido citado na jurisprudência, veja:

> Já em 1995, o Ministro Ruy Rosado, no REsp 22.337-8/RS, fazia alusão ao direito fundamental à autodeterminação informativa, tal como reconhecido na Alemanha, no contexto de uma crescente vulnerabilidade do indivíduo ante a coleta e o armazenamento de informações que invadem sua intimidade sem o seu consentimento e sem dispor de meios eficazes para ter acesso a essa informação, retificá-la ou cancelá-la.[10]

Esse novo conceito de privacidade era apresentado em acórdãos que tratam da aplicabilidade do Código de Defesa do Consumidor aos Cadastros Negativos de Crédito. No julgado citado pelo autor, o Ministro Ruy Rosado associou expressamente o direito de acesso e retificação de informações presentes nos referidos bancos de dados à matriz constitucional da proteção da intimidade e da vida privada.

Nos anos seguintes, dois acórdãos trataram do direito à proteção de dados pessoais. O primeiro, em 2001, em que a Ministra Eliana Calmon reconheceu o direito à privacidade ao titular de uma conta bancária sobre suas informações pessoais (Resp nº 306.570/SP).[11] O segundo em 2010, quando o Ministro Luis Felipe Salomão consolidou a necessidade de consentimento do interessado para a divulgação de

---

[10] CUEVAS, Ricardo Villas Bôas. A proteção de dados pessoais na jurisprudência do Superior Tribunal de Justiça. In: TEPEDINO, Gustavo; FRAZÃO, Ana; OLIVA, Milena Donato *et al*. *Lei Geral de Proteção de Dados Pessoais e suas repercussões no Direito brasileiro*. São Paulo: Thomson Reuters Brasil, 2019.

[11] *In verbis*: "O contribuinte ou o titular de conta bancária tem direito à privacidade em relação aos seus dados pessoais, além do que não cabe ao Judiciário substituir a parte autora nas diligências que lhe são cabíveis para demandar em juízo" (REsp n. 306.570/SP, relatora Ministra Eliana Calmon, Segunda Turma, julgado em 18/10/2001, DJ de 18/02/2002, p. 340).

seus dados pessoais, ressaltando a importância do direito à privacidade considerando o vertente desenvolvimento tecnológico (Resp. nº 1.168.547/RJ).[12]

Em 2011, com o advento da lei do cadastro positivo de crédito (Lei nº 12.414/2011), a jurisprudência do Superior Tribunal de Justiça, no Resp. nº 1.348.532/SP,[13] reconheceu a abusividade e ilegalidade de cláusulas contratuais que autorizassem as instituições financeiras a compartilharem dados pessoais com outras empresas, incluindo aquelas mantenedoras de cadastros positivos de crédito, sem que fosse oferecida a possibilidade de os consumidores discordarem desse compartilhamento. A ementa adiciona, ainda, que a exposição de dados financeiros oferecem um risco de intromissão indevida na vida privada dos consumidores, além de permitir o monitoramento de suas despesas e estilos de vida.

Nessa época, como destaca o Ministro Ricardo Villas Bôas Cuevas, o STJ recebeu uma enorme demanda de processo nos quais se debatiam os sistemas de avaliação de risco de crédito. Dentre os recursos repetitivos sobre a questão, o autor destaca o Resp. nº 1.457.199/RS,[14]

---

[12] Verifica-se: "10. Com o desenvolvimento da tecnologia, passa a existir um novo conceito de privacidade, sendo o consentimento do interessado o ponto de referência de todo o sistema de tutela da privacidade, direito que toda pessoa tem de dispor com exclusividade sobre as próprias informações, nelas incluindo o direito à imagem" (REsp n. 1.168.547/RJ, relator Ministro Luis Felipe Salomão, Quarta Turma, julgado em 11/05/2010, DJe de 7/02/2011).

[13] Veja: "[...] 2. A Anadec - Associação Nacional de Defesa do Consumidor, da Vida e dos Direitos Civis tem legitimidade para, em ação civil pública, pleitear o reconhecimento de abusividade de cláusulas insertas em contrato de cartão de crédito. Precedentes. 3. É abusiva e ilegal cláusula prevista em contrato de prestação de serviços de cartão de crédito, que autoriza o banco contratante a compartilhar dados dos consumidores com outras entidades financeiras, assim como com entidades mantenedoras de cadastros positivos e negativos de consumidores, sem que seja dada opção de discordar daquele compartilhamento. 4. A cláusula posta em contrato de serviço de cartão de crédito que impõe a anuência com o compartilhamento de dados pessoais do consumidor é abusiva por deixar de atender a dois princípios importantes da relação de consumo: transparência e confiança. 5. A impossibilidade de contratação do serviço de cartão de crédito, sem a opção de negar o compartilhamento dos dados do consumidor, revela exposição que o torna indiscutivelmente vulnerável, de maneira impossível de ser mensurada e projetada. 6. De fato, a partir da exposição de seus dados financeiros abre-se possibilidade para intromissões diversas na vida do consumidor. Conhecem-se seus hábitos, monitoram-se a maneira de viver e a forma de efetuar despesas. Por isso, a imprescindibilidade da autorização real e espontânea quanto à exposição. [...]" (REsp n. 1.348.532/SP, relator Ministro Luis Felipe Salomão, Quarta Turma, julgado em 10/10/2017, DJe de 30/11/2017).

[14] "I - TESES: 1) O sistema *credit scoring* é um método desenvolvido para avaliação do risco de concessão de crédito, a partir de modelos estatísticos, considerando diversas variáveis, com atribuição de uma pontuação ao consumidor avaliado (nota do risco de crédito) 2) Essa prática comercial é lícita, estando autorizada pelo art. 5º, IV, e pelo art. 7º, I, da Lei n. 12.414/2011 (lei do cadastro positivo). 3) Na avaliação do risco de crédito, devem ser respeitados os limites estabelecidos pelo sistema de proteção do consumidor no sentido

em que os julgadores defenderam a legalidade do sistema de *credit scoring*, desde que fosse respeitada a privacidade dos consumidores e a transparência das relações negociais. Somado a isso, salientaram a desnecessidade do consentimento do consumidor, mas o dever das empresas esclarecerem as fontes e quais informações pessoais foram valoradas para fornecer a pontuação do risco de crédito. Aqui, já é possível observar um embrião do direito à proteção de dados pessoais, mesmo que esse anteparo jurídico fosse ofertado apenas no contexto consumerista. Tendo em vista os julgados acima observados, é possível concluir que a jurisprudência do Superior Tribunal de Justiça seguiu o mesmo caminho trilhado pela doutrina da época: contextualizar o direito à proteção de dados pessoais por sua relação com o direito à privacidade.

Com a evolução doutrinária e o advento de casos preocupantes envolvendo os dados pessoais, autores passaram a reconhecer a autonomia do direito à proteção de dados. Porém, antes de atingir esse apogeu protetivo, identificou-se a correlação da proteção de dados pessoais com o princípio da dignidade da pessoa humana, iniciando assim o que viria, posteriormente, a fundamentar a base para o reconhecimento da proteção de dados pessoais como um direito fundamental autônomo.

3 Proteção de dados pessoais e dignidade da pessoa humana

Essa seção visa evidenciar a importância do reconhecimento da proteção de dados pessoais como um direito fundamental autônomo. Para isso, serão apresentados diversos posicionamentos doutrinários que fundamentam a proteção de dados no princípio da dignidade da pessoa humana. Logo, reconhecer a proteção de dados como um direito fundamental representa reforçar a própria dignidade.

Inicialmente, cabe destacar o argumento defendido pelo autor Vieira de Andrade,[15] que sustenta a posição que todos os direitos

---

da tutela da privacidade e da máxima transparência nas relações negociais, conforme previsão do CDC e da Lei n. 12.414/2011. 4) Apesar de desnecessário o consentimento do consumidor consultado, devem ser a ele fornecidos esclarecimentos, caso solicitados, acerca das fontes dos dados considerados (histórico de crédito), bem como as informações pessoais valoradas" (REsp n. 1.457.199/RS, relator Ministro Paulo de Tarso Sanseverino, Segunda Seção, julgado em 12/11/2014, DJe de 17/12/2014).

[15] "CF. J. C, Vieira de Andrade. Os Direitos Fundamentais... p. 101" *apud* SARLET, Ingo Wolfgang. *Dignidade da pessoa humana e direitos fundamentais na Constituição de 1988*. 4. ed. Porto Alegre: Livraria do Advogado, 2006.

fundamentais derivam da dignidade da pessoa humana, porém alguns possuem uma correlação mais imediata ao princípio supramencionado. Assim, nos resta questionar em que medida a proteção de dados pessoais se correlaciona com a dignidade humana.

Um dos meios possíveis para responder tal questionamento é uma inquirição pela jurisprudência, em que diversas decisões jurisprudenciais utilizam a dignidade da pessoa humana como critério hermenêutico. No campo da proteção de dados, insta destacar o julgado AgInt no AREsp 1414871/PR, no qual foi reconhecida a violação da dignidade humana da recorrente pela exposição de seus dados pessoais, como a cidade em que reside, localização e endereço profissional.[16] A partir da leitura do referido julgado, é possível afirmar que, para a jurisprudência, existe uma correlação direta entre a dignidade da pessoa humana e a proteção de dados pessoais.

No campo doutrinário, para responder à referida questão, faz-se necessário um exame da acepção do princípio da dignidade da pessoa humana. Segundo Kant,[17] a noção de dignidade repousa na autonomia pessoal e na liberdade, porque o homem é um ser racional e constitui um fim em si mesmo, nunca um meio para atingir outro fim; por isso, detém dignidade, não preço.

Somando-se à reflexão elaborada pelo filósofo iluminista, Ingo Sarlet cita a teoria de Paulo Mota Pinto,[18] o qual entende que a

---

[16] Veja a ementa: AGRAVO INTERNO NO AGRAVO EM RECURSO ESPECIAL. RESPONSABILIDADE CIVIL. AÇÃO INDENIZATÓRIA. NEGATIVA DE PRESTAÇÃO JURISDICIONAL. INEXISTÊNCIA. DANO À IMAGEM E À HONRA. COMENTÁRIOS OFENSIVOS. NOME CIVIL. PROTEÇÃO. DIVULGAÇÃO DE INFORMAÇÕES PESSOAIS E PROFISSIONAIS. CONTEÚDO INFORMATIVO. AUSÊNCIA. ATO ILÍCITO. CONFIGURAÇÃO. JUROS DE MORA. TERMO INICIAL. EVENTO DANOSO. [...] 4. Os direitos à informação e à livre manifestação do pensamento, apesar de merecedores de relevante proteção constitucional, não possuem caráter absoluto, encontrando limites em outros direitos e garantias constitucionais não menos essenciais à concretização da dignidade da pessoa humana, tais como o direito à honra, à intimidade, à privacidade e à imagem. 5. Na hipótese, ficou demonstrada a configuração do ato ilícito da conduta dos recorrentes, que expôs ao ridículo o nome civil da apelada, com comentários ofensivos, sem nenhum conteúdo informativo, além da desnecessária individualização de outros dados pessoais, tais como a cidade em que reside e a localização de seu endereço profissional. Com efeito, os recorrentes excederam os limites da liberdade de imprensa e de manifestação de pensamento (AgInt no AREsp n. 1.414.871/PR, relator Ministro Ricardo Villas Bôas Cueva, Terceira Turma, julgado em 22/6/2020, DJe de 26/6/2020).
[17] KANT, Immanuel. *Fundamentação da metafísica dos costumes e outros escritos*. São Paulo: Martin Claret, 2003.
[18] PINTO, Paulo Mota. Notas sobre o direito ao livre desenvolvimento da personalidade e os direitos de personalidade no direito português *apud* SARLET, Ingo Wolfgang (Org.). *A constituição concretizada*: construindo pontes com o público e o privado. Porto Alegre: Livraria do Advogado, 2000, p. 61-83.

dignidade da pessoa humana é o verdadeiro imperativo axiológico da ordem jurídica e fornece o reconhecimento da personalidade jurídica a todos os seres humanos, embasando a criação de normas protetivas de direitos subjetivos. Com as referidas conexões, o autor defende ser o princípio da dignidade um imperativo para promoção de condições possibilitadoras do livre desenvolvimento da pessoa. Assim, os direitos da personalidade, em geral, encontram seu fundamento protetivo na dignidade da pessoa humana. Veja:

> [...] Para além das conexões já referidas (especialmente no concernente a liberdade pessoas e seus desdobramentos) – situa-se o reconhecimento e proteção da identidade pessoa (no sentido de autonomia e integridade psíquica e intelectual), concretizando-se – entre outras dimensões – no respeito pela privacidade, intimidade, honra, imagem, assim como o direito ao nome, todas as dimensões umbilicalmente vinculada à dignidade da pessoa, tudo a revelar a já indiciada conexão da dignidade, não apenas como um direito geral ao livre desenvolvimento da personalidade, mas também com os direitos da personalidade em geral.[19]

Frisa-se que, em 2006, ano de elaboração da teoria apresentada, a proteção de dados pessoais ainda não estava no cerne da discussão sobre os direitos da personalidade. Porém, pela lógica construída pelo autor, é imperioso o reconhecimento da dignidade da pessoa humana como o fundamento axiológico da proteção aos dados pessoais.

Insta destacar que a doutrina de Ingo Sarlet entende a dignidade da pessoa humana como valor fundamental, além de representar a razão de existir de todos os direitos fundamentais. Nessa lógica, nas palavras do autor, "[...] sem que se reconheçam à pessoa humana os direitos fundamentais que lhes são inerentes, em verdade estar-se-á negando-lhe a própria dignidade".[20]

Logo, segundo o referido autor,[21] a dignidade da pessoa humana é o elemento que confere unidade de sentido e legitimidade a uma determinada ordem constitucional. O professor o considera como base fundamental do Estado Democrático de Direito. Cabe salientar que a própria Constituição da República Federativa de 1988, em seu artigo 1º,

---

[19] SARLET, Ingo Wolfgang. *Dignidade da pessoa humana e direitos fundamentais na Constituição de 1988*. 4. ed. Porto Alegre: Livraria do Advogado, 2006, p. 86-87.

[20] SARLET, Ingo Wolfgang. *Dignidade da pessoa humana e direitos fundamentais na Constituição de 1988*. 4. ed. Porto Alegre: Livraria do Advogado, 2006, p. 85.

[21] SARLET, Ingo Wolfgang. *Dignidade da pessoa humana e direitos fundamentais na Constituição de 1988*. 4. ed. Porto Alegre: Livraria do Advogado, 2006.

cita a dignidade da pessoa humana como um dos fundamentos do Estado Democrático de Direito.[22] Mais especificamente, o autor Alexandre Pasqualini entende que a dignidade da pessoa humana e os direitos fundamentais formam o centro do discurso jurídico constitucional, convivendo de uma forma indissociável em uma ordem jurídica democrática.[23] Em suma, na visão dos autores, os direitos fundamentais representam explicitações da dignidade da pessoa humana, reforçando o posicionamento defendido pela proteção de dados ser uma expressão do princípio da dignidade da pessoa humana.

Ainda na referida temática, cabe destacar a doutrina de Maria Celina Bodin de Moraes na obra *Princípios do Direito Civil Contemporâneo*,[24] que busca conceituar a dignidade da pessoa humana e relacioná-la com os princípios do Direito Civil contemporâneo, estando a proteção aos dados pessoais ali encaixada. Na visão da autora, quando as Constituições positivam o princípio da dignidade da pessoa humana, reconhecem, ao mesmo tempo, o ser humano como um sujeito de direito, detentor de dignidade.

Nessa toada, a autora destaca as normas responsáveis por positivar inicialmente o princípio da dignidade da pessoa humana, sendo necessário destacar o artigo 1º da Declaração Universal dos Direitos Humanos, proclamada pelas Nações Unidas em 1948: "Todos os seres humanos nascem livres e iguais em dignidade e direitos. São dotados de razão e consciência e devem agir em relação uns aos outros com espírito de fraternidade."[25] A referida norma foi elaborada em um contexto de pós-guerra é um dos primeiros textos jurídicos a positivar a dignidade, com exceção, apenas, da Constituição Italiana de 1947.

No ordenamento jurídico pátrio, a Constituição da República Federativa de 1988 abraçou a redemocratização e apresentou, em seu artigo 1º, a dignidade da pessoa humana, não apenas como um direito fundamental, mas como um dos fundamentos da República. Ao fazer isso, segundo Moraes, o constituinte consagrou-a como um dos alicerces

---

[22] BRASIL. Constituição da República Federativa do Brasil de 1988.
[23] PASQUALINI, Alexandre. *Hermenêutica e Sistema Jurídico*, p. 80 apud SARLET, Ingo Wolfgang. *Dignidade da pessoa humana e direitos fundamentais na Constituição de 1988*. 4. ed. Porto Alegre: Livraria do Advogado, 2006.
[24] MORAES, Maria Celina Bodin de. *Princípios do Direito Civil Contemporâneo*. Rio de Janeiro: Renovar, 2006.
[25] Declaração Universal dos Direitos Humanos. Disponível em: https://www.unicef.org/brazil/declaracao-universal-dos-direitos-humanos. Acesso em: 12 jan. 2023.

da ordem jurídica democrática.[26] Com isso, as normas civis demandaram uma readequação, transportando-se da noção individualista, vigente, até então, para se adequar à dignidade da pessoa humana positivada como um fundamento da República Federativa do Brasil.

A autora, ainda, destaca, que a proteção ofertada pelo referido princípio não se reduz apenas à integridade física do ser humano, mas também gera uma transformação no próprio tratamento axiológico do Direito Civil, se desconectando de valores individualistas para abraçar esse ambiente de "reforçado humanismo". Veja:

> Neste ambiente, de um renovado humanismo, a vulnerabilidade humana será tutelada, prioritariamente, onde quer que ela se manifeste. De modo que terão precedência os direitos e as prerrogativas de determinados grupos considerados, de uma maneira ou de outra, frágeis e que estão a exigir, por conseguinte, a especial proteção da lei. Nestes casos estão as crianças, os adolescentes, os idosos, os portadores de deficiências físicas e mentais, os não-proprietários, os consumidores, os contratantes em situação de inferioridade, as vítimas de acidentes anônimos e de atentados a direitos da personalidade, os membros da família, os membros de minorias, dentre outros.[27]

Em suma, no trecho acima, a autora retratou essa mudança de fundamento axiológico que o Direito Civil sofreu após a Constituição da República Federativa de 1988, porém também destaca a correlação natural entre a dignidade da pessoa humana e os direitos da personalidade. Ademais, ao tratar da integridade psicofísica, interpretando que a garantia dos direitos à vida, ao nome, a imagem, a honra, a privacidade, a identidade pessoal, entre outros, representa o direito a uma existência digna. Logo, a dignidade da pessoa humana é uma cláusula geral de tutela da pessoa humana e embasa diversos direitos da personalidade, incluindo, aqui, o direito à proteção de dados pessoais.

Acompanhando essa temática, convém destacar a doutrina de Daniel Sarmento, cuja obra *Direitos fundamentais e relações privadas* aponta a Constituição da República Federativa de 1988 como "a mais positiva e valiosa",[28] por incorporar em seu texto direitos e garantias

---

[26] MORAES, Maria Celina Bodin de (Coord.). *Princípios do direito civil contemporâneo.* Rio de Janeiro: Renovar, 2006, p. 14.

[27] MORAES, Maria Celina Bodin de (Coord.). *Princípios do direito civil contemporâneo.* Rio de Janeiro: Renovar, 2006, p. 15.

[28] SARMENTO, Daniel. *Direitos fundamentais e relações privadas.* 2. ed. Rio de Janeiro: Lumen Juris, 2010.

fundamentais, elevando-os à condição de cláusulas pétreas expressas. Frisa que ao incorporar as referidas prerrogativas, houve o reconhecimento da pessoa sobre o Estado, sendo o segundo responsável por garantir a promoção e proteção dos direitos fundamentais dos primeiros.

Ademais, em relação à dignidade da pessoa humana, o autor a interpreta como o embasamento de todos os direitos fundamentais. Isso cria um cenário favorável para "revelação de novos direitos, não inscritos no catálogo constitucional". Esse posicionamento dialoga com a atipicidade dos direitos fundamentais, defendida por Maria Celina Bodin de Moraes. Em momentos anteriores a Emenda Constitucional nº 115, o supramencionado debate teria lugar no campo da proteção de dados pessoais, porém, com a positivação da proteção de dados como direito fundamental, o debate acerca da atipicidade dos direitos fundamentais não encontra guarida neste trabalho.

Daniel Sarmento, ainda, destaca o importante papel estatal em realizar prestações positivas para assegurar as condições mínimas para a vida com dignidade, porém o principal objetivo do trabalho é apontar a introdução da dignidade da pessoa humana no direito privado após a constituição de 1988. Nessa toada, convém apontar a diferença, apresentada pelo autor, entre os termos "indivíduo" e "pessoa", sendo o primeiro considerado uma realidade abstrata, um sujeito de direitos, detentor de vontades que empenha livremente seu patrimônio, porém suas características pessoais, como sentir fome, frio, se alegrar ou se entristecer, não eram levadas em consideração. Resumidamente, o indivíduo era concebido pelo direito privado pré-constituição de 1988, como "um ser desenraizado, visto fora das relações sociais nas quais está imerso".[29] Por outro lado, a ideia de pessoa humana considera o ser humano como um valor em si mesmo, um ser situado e concreto, que desenvolve a sua personalidade em sociedade.

Utilizando a referida noção como base, o referido autor defende a composição do princípio da dignidade da pessoa humana a partir da autonomia privada e da autonomia pública. Veja:

> Trata-se do personalismo, que considera o ser humano um valor em si mesmo, axiologicamente superior ao estado e a qualquer coletividade à qual se integre, mas que vê na pessoa humana um ser situado, concreto, que desenvolve a sua personalidade em sociedade, no convívio com seus

---

[29] SARMENTO, Daniel. *Direitos fundamentais e relações privadas*. 2. ed. Rio de Janeiro: Lumen Juris, 2010.

semelhantes. Sob esta perspectiva, a autonomia privada – a "liberdade dos modernos", do indivíduo no "jardim", com seu "direito de ser deixado só" (*right to be let alone*) – e a autonomia pública – a "liberdade dos antigos", do cidadão na praça, decidindo coletivamente o destino da sua comunidade – vão compor, em pé de igualdade, o princípio da dignidade da pessoa humana.[30]

Então, pela argumentação construída, a proteção de dados pessoais contribui para dignidade da pessoa humana nas sociedades modernas porque ela permite às pessoas desenvolverem a sua personalidade de forma livre, evitando a manipulação de sua realidade a ponto de prejudicar sua construção de sentido.

Dialogando com os posicionamentos de Moraes e Sarmento, Gustavo Tepedino também aponta o princípio da dignidade da pessoa humana como a base para se definir uma nova ordem pública, elevando ao ápice do ordenamento a tutela da pessoa humana. Ainda defende a união entre as relações jurídicas privadas e os valores sociais e existenciais.[31]

Portanto, ao analisar as doutrinas supramencionadas, é possível inferir que os direitos da personalidade, aqui incluída a proteção aos dados pessoais, possuem como fundamento axiológico a dignidade. Nessa toada, elevar a proteção aos dados pessoais reforça o princípio da dignidade da pessoa humana, o qual é considerado pela doutrina, aqui destacando Paulo Bonavides como o princípio mais valioso para compendiar a unidade material da Constituição Federal.[32] Ainda, representa um dos alicerces do Estado Democrático de Direito, segundo Maria Celina Bodin de Moraes.

Então, como foi demonstrado na presente seção, estabelecer uma proteção jurídica adequada aos dados pessoais, significa proteger o Estado Democrático de Direito e o espírito humanístico e solidário da Constituição Federal de 1988. Frisa-se que, atualmente, a proteção de dados pessoais é considerada um direito fundamental positivado na Constituição da República Federativa de 1988, detendo aplicabilidade

---

[30] SARMENTO, Daniel. *Direitos fundamentais e relações privadas*. 2. ed. Rio de Janeiro: Lumen Juris, 2010.

[31] TEPEDINO, Gustavo. Direitos humanos e relações jurídicas privadas. *Revista do Ministério Público*, Rio de Janeiro, v. 7, p. 103-116, 1999.

[32] BONAVIDES, Paulo, no Prefácio à obra de SARLET, Ingo Wolfgang. *Dignidade da pessoa humana e direitos fundamentais*. Porto Alegre: Livraria do Advogado, 2001, p. 15.

imediata.³³ Porém, antes de atingir esse apogeu protetivo, o direito à proteção de dados pessoais percorreu um caminho interpretativo até ser reconhecido como um direito autônomo ao direito à privacidade, o qual será detalhado a seguir.

4 O reconhecimento da proteção de dados como um direito fundamental autônomo ao direito à privacidade

Antes do reconhecimento formal da proteção de dados pessoais como um direito fundamental previsto constitucionalmente, em apartado ao direito à privacidade, havia um movimento doutrinário e jurisprudencial para reconhecer a proteção de dados pessoais como um direito autônomo. Tal debate existia tanto no Direito internacional quanto no Direito brasileiro.

O autor Ingo Sarlet, no artigo "Proteção de dados pessoais como direito fundamental na Constituição Federal Brasileira de 1988",³⁴ afirma que quando a Constituição Federal de 1988 positiva o sigilo às comunicações de dados no artigo 5º, inciso XII, não está abarcada uma proteção expressa à proteção de dados pessoais. Esse posicionamento também é corroborado pelo autor Danilo Doneda, cuja teoria descrita no livro *Da privacidade à proteção dos dados pessoais* diferencia ambos os institutos, partindo do pressuposto que o sigilo às comunicações têm como objeto a reserva da troca de informações e não a inviolabilidade dos dados em si.³⁵

Ademais, Sarlet, no artigo "Fundamentos constitucionais: o direito fundamental à proteção de dados pessoais", presente na obra *Tratado de proteção de dados pessoais*, um direito fundamental pode ser definido como tal quando apresentar dois elementos: a fundamentalidade em sentido material, consubstanciada na relevância do conteúdo das posições subjetivas atribuídas a determinado sujeito de direitos; e em sentido formal, caracterizada pelo nível das garantias aplicadas

---

[33] Constituição Federal: Art. 5º §1º As normas definidoras dos direitos e garantias fundamentais têm aplicação imediata. Disponível em: https://www.planalto.gov.br/ccivil_03/constituicao/constituicao.htm. Acesso em: 21 nov. 2022.

[34] SARLET, Ingo Wolfgang. Proteção de dados pessoais como direito fundamental na Constituição Federal brasileira de 1988: contributo para a construção de uma dogmática constitucionalmente adequada. *Direitos Fundamentais & Justiça*, Belo Horizonte, ano 14, n. 42, p. 179-218, jan./jun. 2020. Disponível em: https://doi.org/10.30899/dfj.v14i42.875. Acesso em: 11 dez. 2022.

[35] DONEDA, Danilo. *Da privacidade à proteção dos dados pessoais*. Rio de Janeiro: Renovar, 2006, p. 262.

àquele direito pelo constituinte.³⁶ O autor defende, como será detalhado a seguir, que a proteção de dados pessoais já possuía ambas as fundamentalidades, mesmo antes de sua positivação, logo deveria ser reconhecida como um direito fundamental ao direito à privacidade.

Na visão do autor, o fundamento constitucional para proteção de dados pessoais ser reconhecida como um direito fundamental, é sua associação com direitos fundamentais de caráter geral e especial, bem como por reforçar a proteção conferida a outros direitos, princípios e valores, como a dignidade da pessoa humana, o direito ao livre desenvolvimento da personalidade e o direito à privacidade. Isso representa a fundamentalidade em seu sentido material. Por outro lado, a proteção de dados também é considerada um direito fundamental em seu sentido formal, mesmo sem ser expressamente previsto no texto constitucional, considerando seu *status* em termos de hierarquia normativa.

No mesmo artigo, o professor diferencia o direito à privacidade do direito à proteção de dados pessoais. Utilizando as lições de Stefano Rodotà, destaca que o direito à privacidade é associado à ideia de impedir intromissões alheias na esfera privada de um indivíduo, ou seja, trata-se de um direito de ser deixado só. Entretanto, o direito à proteção de dados pessoais está relacionado à circulação de uma informação e o controle sobre ela, não apenas o sigilo desses elementos.³⁷

Corroborando com esse posicionamento, o Supremo Tribunal Federal no julgamento da ADI nº 6.387 MC-Ref, que referendou a Medida Cautelar nº 954/2020, na qual se debateu o compartilhamento de dados pessoais dos usuários dos serviços de telefonia fixa com o Instituto Brasileiro de Geografia e Estatística. No caso, a corte reconheceu a existência de um direito à proteção de dados pessoais, afirmando que as políticas públicas, mesmo implementadas durante a pandemia, não podem violar a privacidade e a autodeterminação informativa.³⁸

---

[36] MENDES, Laura Schertel; DONEDA, Danilo; SARLET, Ingo Wolfgang; RODRIGUES JR., Otavio Luiz; BIONI, Bruno et al. *Tratado de proteção de dados pessoais*. Rio de Janeiro: Forense, 2021, p. 28-29.

[37] MENDES, Laura Schertel; DONEDA, Danilo; SARLET, Ingo Wolfgang; RODRIGUES JR., Otavio Luiz; BIONI, Bruno et al. *Tratado de proteção de dados pessoais*. Rio de Janeiro: Forense, 2021, p. 32-33.

[38] *In verbis*: "EMENTA MEDIDA CAUTELAR EM AÇÃO DIRETA DE INCONSTITUCIONALIDADE. REFERENDO. MEDIDA PROVISÓRIA Nº 954/2020. EMERGÊNCIA DE SAÚDE PÚBLICA DE IMPORTÂNCIA INTERNACIONAL DECORRENTE DO NOVO CORONAVÍRUS (COVID-19). COMPARTILHAMENTO DE DADOS DOS USUÁRIOS DO SERVIÇO TELEFÔNICO FIXO COMUTADO E DO SERVIÇO MÓVEL PESSOAL, PELAS EMPRESAS PRESTADORAS, COM O INSTITUTO BRASILEIRO DE GEOGRAFIA E ESTATÍSTICA. FUMUS BONI JURIS. PERICULUM IN MORA. DEFERIMENTO.

A referida decisão foi de suma importância por reconhecer o direito à proteção de dados pessoais como um direito autônomo, extraído a partir da leitura sistemática da Constituição Federal.

Insta retomar, como apontado pelo professor Ingo Sarlet,[39] que mesmo sem previsão expressa na Constituição Federal, a proteção de dados pessoais já seria considerada um direito fundamental, tanto na esfera subjetiva, quanto na esfera objetiva. Assim, a proteção de dados funciona como uma garantia dos indivíduos frente a uma atuação arbitrária dos poderes públicos (esfera subjetiva), mas também representa um norte de atuação para o administrador público, legislador e membros do judiciário (esfera objetiva).

Na esfera subjetiva, a legislação infraconstitucional cuida de apontar os direitos dos titulares de dados pessoais, como o direito a ter acesso às informações, corrigi-las, conhecer a identidade dos agentes de tratamento, retificá-las e solicitar a exclusão. Esses, e outros direitos, estão positivados, por exemplo, nos artigos 17 e seguintes da Lei Geral de Proteção de Dados Pessoais; nos artigos 6º e 7º da Lei de Acesso à Informação e no artigo 7º do Marco Civil da Internet.

Já na esfera objetiva, a proteção de dados pessoais se manifesta em três funções principais: 1. Como um direito objetivo que oferta bases para aplicar e interpretar o direito, não apenas nas relações públicas, mas também nas privadas; 2. Como um dever geral de efetivação atribuído ao Estado, o qual deve zelar pelo respeito às legislações protetivas, não apenas na sua atuação, mas na atuação de particulares; 3. Como

---

1. Decorrências dos direitos da personalidade, o respeito à privacidade e à autodeterminação informativa foram positivados, no art. 2º, I e II, da Lei nº 13.709/2018 (Lei Geral de Proteção de Dados Pessoais), como fundamentos específicos da disciplina da proteção de dados pessoais. 2. Na medida em que relacionados à identificação – efetiva ou potencial – de pessoa natural, o tratamento e a manipulação de dados pessoais hão de observar os limites delineados pelo âmbito de proteção das cláusulas constitucionais assecuratórias da liberdade individual (art. 5º, caput), da privacidade e do livre desenvolvimento da personalidade (art. 5º, X e XII), sob pena de lesão a esses direitos. O compartilhamento, com ente público, de dados pessoais custodiados por concessionária de serviço público há de assegurar mecanismos de proteção e segurança desses dados. 3. O Regulamento Sanitário Internacional (RSI 2005) adotado no âmbito da Organização Mundial de Saúde exige, quando essencial o tratamento de dados pessoais para a avaliação e o manejo de um risco para a saúde pública, a garantia de que os dados pessoais manipulados sejam "adequados, relevantes e não excessivos em relação a esse propósito" e "conservados apenas pelo tempo necessário." (artigo 45, §2º, alíneas "b" e "d")" (BRASIL, Supremo Tribunal Federal. REFERENDO NA MEDIDA CAUTELAR NA AÇÃO DIRETA DE INCONSTITUCIONALIDADE 6387-DF. Relator: Ministra Rosa Weber. Distrito Federal, 07/05/2020).

[39] MENDES, Laura Schertel; DONEDA, Danilo; SARLET, Ingo Wolfgang; RODRIGUES JR., Otavio Luiz; BIONI, Bruno et al. Tratado de proteção de dados pessoais. Rio de Janeiro: Forense, 2021. p. 42-44.

um parâmetro para a constituição de organizações estatais e para elaboração de procedimentos que assegurem a proteção desse direito.[40]

Em relação à esfera objetiva, Sarlet ainda explora a eficácia da proteção de dados, mesmo sem sua positivação constitucional como direito fundamental. Destacando a eficácia irradiante, conceituada como a habilidade do direito de fornecer impulsos e diretrizes para a interpretação do direito infraconstitucional. Outra função apontada é a existência de um dever legal de efetivação atribuído ao Estado, a ele incumbe a responsabilidade de zelar pela proteção dos direitos fundamentais. No âmbito da proteção de dados, o Estado cumpre suas obrigações, por meio da Autoridade Nacional da Proteção de Dados Pessoais, a criminalização de ações e omissões e a responsabilização na esfera civil.

No direito internacional a mesma dinâmica interpretativa foi observada, ou seja, em um momento inicial a proteção de dados pessoais foi protegida por sua correlação com o direito à privacidade, como destaca Sarlet.[41] Nesse sentido, foi elaborada a orientação adotada pela Comissão da ONU para Direitos Humanos de estender a proteção positivada no artigo 17 do Pacto Internacional Sobre Direitos Civis e Políticos, para abarcar também a proteção de Dados Pessoais. Veja o texto da referida norma:

> ARTIGO 17 1. Ninguém poderá ser objeto de ingerências arbitrárias ou ilegais em sua vida privada, em sua família, em seu domicílio ou em sua correspondência, nem de ofensas ilegais às suas honra e reputação. 2. Toda pessoa terá direito à proteção da lei contra essas ingerências ou ofensas.[42]

No mesmo sentido, existe o artigo 8º da Convenção Europeia dos Direitos do Homem, veja:

---

[40] SARLET, Ingo Wolfgang. Proteção de dados pessoais como direito fundamental na Constituição Federal brasileira de 1988: contributo para a construção de uma dogmática constitucionalmente adequada. *Direitos Fundamentais & Justiça*, Belo Horizonte, ano 14, n. 42, p. 179-218, jan./jun. 2020. Disponível em: https://doi.org/10.30899/dfj.v14i42.875. Acesso em: 11 dez. 2022.

[41] SARLET, Ingo Wolfgng. Proteção de dados pessoais como direito fundamental na Constituição Federal brasileira de 1988: contributo para a construção de uma dogmática constitucionalmente adequada. *Direitos Fundamentais & Justiça*, Belo Horizonte, ano 14, n. 42, p. 179-218, jan./jun. 2020. Disponível em: https://doi.org/10.30899/dfj.v14i42.875. Acesso em: 11 dez. 2022, p. 182-183.

[42] BRASIL. Decreto nº 592, de 6 de julho de 1992. Pacto internacional sobre direitos civis e políticos. Diário Oficial da União, 1992.

ARTIGO 8º Direito ao respeito pela vida privada e familiar 1. Qualquer pessoa tem direito ao respeito da sua vida privada e familiar, do seu domicílio e da sua correspondência. 2. Não pode haver ingerência da autoridade pública no exercício deste direito senão quando esta ingerência estiver prevista na lei e constituir uma providência que, numa sociedade democrática, seja necessária para a segurança nacional, para a segurança pública, para o bem – estar económico do país, a defesa da ordem e a prevenção das infracções penais, a protecção da saúde ou da moral, ou a protecção dos direitos e das liberdades de terceiros.[43]

As referidas normas são interpretadas extensivamente para abarcar a proteção de dados pessoais em diversos julgados do Tribunal de Justiça da União Europeia. A título de exemplo, destaca-se o Processo C-293/12 *Digital Rights Ireland*,[44] em que foi reconhecida a incompatibilidade da *Diretiva 2006/24/EC* com os artigos supramencionados. Os julgadores reconheceram a vulnerabilidade deixada pela norma, alegando que ela não oferecia a proteção necessária ao tratamento de dados pessoais; isso a tornava incompatível com os artigos 7º e 8º da Convenção Europeia dos Direitos do Homem.

No aludido julgado, fica clara a correlação que o Direito internacional público, realizava entre o direito à privacidade e o direito à proteção de dados pessoais. Foi somente com a elaboração da Convenção nº 108 para a Proteção de Indivíduos com Respeito ao Processamento Automatizado de Dados Pessoais[45] de 1981, comumente denominada de Convenção de Estrasburgo, que a proteção de dados pessoais foi primeiramente reconhecida como um direito fundamental autônomo ao direito à privacidade.

Tal posição foi, posteriormente, corroborada com a criação do artigo 8º da Carta de Direitos Fundamentais da União Europeia (CDFUE) em 2000. Veja:

ARTIGO 8º. Proteção de dados pessoais: 1. Todas as pessoas tem direito à protecção dos dados de carácter pessoal que lhes digam respeito. 2. Esses

---

[43] CONSELHO DA EUROPA. *Convenção europeia dos direitos do Homem*, 1950. Disponível em: https://www.echr.coe.int/documents/convention_por.pdf. Acesso em: 20 fev. 2022.
[44] TRIBUNAL DE JUSTIÇA DA UNIÃO EUROPEIA (Irlanda). Digital Rights Ireland Ltd. ACÓRDÃO DO TRIBUNAL DE JUSTIÇA. [S. l.], 8 abr. 2014. Disponível em: https://curia.europa.eu/juris/document/document.jsf?docid=150642&text=&dir=&doclang=PT&part=1&occ=first&mode=DOC&pageIndex=0&cid=2781673. Acesso em: 17 dez. 2022.
[45] CONSELHO DA EUROPA. Convenção para a Proteção de Indivíduos com Respeito ao Processamento Automatizado de Dados Pessoais, de 28 de janeiro de 1981. Disponível em: https://www.cnpd.pt/bin/legis/internacional/Convencao108.htm. Acesso em: 21 nov. 2022.

dados devem ser objecto de um tratamento leal, para fins específicos e com o consentimento da pessoa interessada ou com outro fundamento legítimo previsto por lei. Todas as pessoas tem o direito de aceder aos dados coligidos que lhes digam respeito e de obter a respectiva rectificação. 3. O cumprimento destas regras fica sujeito a fiscalização por parte de uma autoridade independente.[46]

Em suma, a doutrina e a jurisprudência já defendiam a proteção de dados pessoais como um direito fundamental autônomo em face ao direito à privacidade, mesmo sem estar positivada no texto da Constituição da República Federativa de 1988. Porém, com a evolução doutrinária, tornou-se necessária essa positivação. Assim, formou-se o embrião da Emenda Constitucional nº 115/2022, que adicionou a proteção de dados pessoais ao rol de direitos fundamentais previstos na Constituição Federal.

O debate da referida norma iniciou-se com a Proposta de Emenda à Constituição nº 17/2019, a qual, em um primeiro momento, contava com a inserção dos incisos XII-A, no artigo 5º da Constituição Federal, e XXX no artigo 22º da CFBR. Tais dispositivos, respectivamente, elevavam a proteção de dados a um direito fundamental e reconheciam a competência privativa da União para legislar sobre a matéria.

> Art. 1º Inclua-se no art. 5º, da Constituição Federal, o seguinte inciso XII-A: "Art. 5º XII- A - é assegurado, nos termos da lei, o direito à proteção de dados pessoais, inclusive nos meios digitais". Art. 2º Inclua-se no art. 22, da Constituição Federal, o seguinte inciso XXX, com os ajustes redacionais necessários: "Art. 22 XXX- proteção e tratamento de dados pessoais".[47]

Nas justificativas apresentadas pelo Senado Federal[48] no texto proposto, ressalta-se o destaque fornecido para as legislações internacionais que já reconheciam a proteção de dados como um direito fundamental autônomo. Nesse sentido, frisa-se o Regulamento Geral de Proteção de Dados,[49] aprovado pela União Europeia em 2018; a Constituição Portuguesa, adotada em 1976; as legislações específicas

---

[46] PARLAMENTO EUROPEU. Carta de Direitos Fundamentais da União Europeia, de 7 de dezembro de 2000. Disponível em: https://eur-lex.europa.eu/legal-content/PT/TXT/PDF/?uri=CELEX:12016P/TXT&from=EN. Acesso em: 21 nov. 2022.
[47] BRASIL. Proposta de Emenda à Constituição nº 17, de 2019.
[48] BRASIL. Proposta de Emenda à Constituição nº 17, de 2019.
[49] Tradução utilizada para se referir ao *General Data Protection Regulation*.

referentes a esse tema aprovadas pelo Chile, Argentina, Estônia e Polônia.

Ademais, ainda se tratando da proposta apresentada, o Senador Eduardo Gomes destaca a importância da Lei Geral de Proteção de Dados Pessoais, mas reconhece a necessidade de uma proteção constitucional oferecida ao tema. Frisa, ainda, a necessidade de existir apenas uma legislação uniforme, eliminando as propostas estaduais e municipais que buscavam tutelar o tópico.

Durante a tramitação na Câmara dos Deputados, houve uma proposta para alterar o texto apresentado pelo Senado. Assim, o dispositivo apresentado foi o seguinte:

> Art. 1º O inciso XII do art. 5º da Constituição Federal passa a vigorar com a seguinte redação: "Art. 5º; XII – é inviolável o sigilo da correspondência e das comunicações telegráficas, de dados e das comunicações telefônicas, salvo, no último caso, por ordem judicial, nas hipóteses e na forma que a lei estabelecer para fins de investigação criminal ou instrução processual penal, bem como é assegurado, nos termos da lei, o direito à proteção dos dados pessoais, inclusive nos meios digitais; (NR) Art. 2º O caput do art. 22 da Constituição Federal passa a vigorar acrescido do seguinte inciso XXX: "Art. 22. XXX – proteção e tratamento de dados pessoais."[50]

A proposta continha um desacordo conceitual com a doutrina de Danilo Doneda e Ingo Sarlet, porque para os autores o sigilo das comunicações têm com o objeto o sigilo à troca de informações e não à inviolabilidade dos dados em si. Então, após a deliberação bicameral e corrigindo o problema conceitual apresentado anteriormente, a redação final do dispositivo que se tornou a Emenda Constitucional nº 115 de 10 de fevereiro de 2022, foi a seguinte:

> Art. 1º O caput do art. 5º da Constituição Federal passa a vigorar acrescido do seguinte inciso LXXIX: "Art. 5º LXXIX - é assegurado, nos termos da lei, o direito à proteção dos dados pessoais, inclusive nos meios digitais.

---

[50] BRASIL. Emenda Constitucional nº 115. Altera a Constituição Federal para incluir a proteção de dados pessoais entre os direitos e garantias fundamentais e para fixar a competência privativa da União para legislar sobre proteção e tratamento de dados pessoais. Brasília, em 3 de julho de 2019. Disponível em: https://www.camara.leg.br/proposicoesWeb/prop_mostrarintegra?codteor=1773684. Acesso em: 12 jan. 2023.

Art. 2º O caput do art. 21 da Constituição Federal passa a vigorar acrescido do seguinte inciso XXVI: "Art. 21. XXVI - organizar e fiscalizar a proteção e o tratamento de dados pessoais, nos termos da lei." (NR)
Art. 3º O caput do art. 22 da Constituição Federal passa a vigorar acrescido do seguinte inciso XXX: "Art. 22. XXX - proteção e tratamento de dados pessoais."[51]

Com a referida norma, a proteção de dados pessoais atingiu seu apogeu protetivo, passando a ser reconhecida como um direito fundamental positivado constitucionalmente. Tal fato é extremamente relevante para proteção de privacidade em relação às nova tecnologias, como a inteligência artificial, porque, ao positivar a proteção de dados como um direito fundamental, o exercício hermenêutico utilizado pelos julgadores para dar provimento às questões que colocam em xeque as liberdades asseguradas ficou mais simples. Nessa lógica, quanto mais robusta se encontra a proteção estabelecida aos dados pessoais, menores são as chances de ocorrer violações que abrem margem para manipulações.

5 Conclusão

O presente trabalho possibilitou concluir que o reconhecimento doutrinário da proteção de dados pessoais como um direito fundamental autônomo ao direito à privacidade ocorreu antes do seu reconhecimento formal na Constituição da República Federativa do Brasil de 1988, como defende Ingo Sarlet, por já possuir a fundamentalidade em sentido material, consubstanciada na relevância do conteúdo das posições subjetivas atribuídas a determinado sujeito de direito; e em sentido formal, caracterizada pelo nível das garantias aplicadas àquele direito pelo constituinte. Porém, denota-se a diferença conceitual entre ambos os direitos: a privacidade preocupa-se em proteger o sigilo das informações, já a proteção de dados pessoais vai além, vedando a utilização de informações pessoais para prejudicar o titular, como, por exemplo, manipular sua forma de interpretar a realidade. Logo, é inegável que a positivação, no artigo 5º da CFBR, foi essencial para

---

[51] BRASIL. Emenda Constitucional nº 115. Altera a Constituição Federal para incluir a proteção de dados pessoais entre os direitos e garantias fundamentais e para fixar a competência privativa da União para legislar sobre proteção e tratamento de dados pessoais. Brasília, em 3 de julho de 2019. Disponível em: https://www.camara.leg.br/proposicoesWeb/prop_mostrarintegra?codteor=1773684. Acesso em: 12 jan. 2023.

estabelecer a cisão conceitual entre o direito à privacidade e a proteção de dados pessoais, bem como guiá-la ao seu apogeu protetivo.

Ademais, conclui-se que elevar a proteção de dados pessoais a um direito fundamental assegura a defesa do princípio da dignidade da pessoa humana, que representa um dos alicerces da ordem jurídica democrática. Logo, estabelecer uma proteção jurídica adequada aos dados pessoais significa proteger o Estado Democrático de Direito e o espírito humanístico e solidário da Constituição Federal de 1988.

Em um mundo cada vez mais conectado, a proteção de dados é mais importante do que nunca. A crescente quantidade de informações pessoais armazenadas em bases de dados digitais torna a privacidade uma questão cada vez mais urgente. É por isso que é fundamental que as sociedades adotem medidas para proteger os dados de seus cidadãos e garantir que as informações sejam usadas de maneira ética e responsável. Em resumo, a proteção de dados é crucial para a democracia e o bem-estar das sociedades. Ela incentiva a confiança, a inovação e a livre expressão, e é fundamental para garantir que as informações pessoais sejam usadas de maneira responsável e ética.

Referências

ABBOUD, George; NERY, Nelson; CAMPOS, Ricardo *et al.* Fake news *e regulação*. 2. ed. São Paulo: Thomson Reuters Brasil, 2020.

ALBERINI, Adrien, BENHAMOU, Yaniv. Data portability and interoperability: an issue that needs to be anticipated in today's IT-driven world. *Expert Focus*, Genebra, n. 8, p. 518-523, 2017. Disponível em: http://archive-ouverte.unige.ch/unige:96170. Acesso em: 20 fev. 2022.

BARLETTA, Fabiana. Liberdade, igualdade e solidariedade como direitos fundamentais na democracia. *Revista Direito, Estado e Sociedade*, Rio de Janeiro, n. 27, p. 33-50, 2014.

BIONI, Bruno Ricardo. *Proteção de dados pessoais*: a função e os limites do consentimento. São Paulo; Rio de Janeiro: Gen; Forense, 2019.

BONAVIDES, Paulo *et al. Curso de Direito Constitucional.* São Paulo: Malheiros, 1994.

BRASIL. Emenda Constitucional nº 115. Altera a Constituição Federal para incluir a proteção de dados pessoais entre os direitos e garantias fundamentais e para fixar a competência privativa da União para legislar sobre proteção e tratamento de dados pessoais. Brasília, em 3 de julho de 2019. Disponível em: https://www.camara.leg.br/proposicoesWeb/prop_mostrarintegra?codteor=1773684. Acesso em: 12 jan. 2023.

BRASIL. Constituição da República Federativa do Brasil de 1988. Disponível em: https://www.planalto.gov.br/ccivil_03/constituicao/constituicao.htm. Acesso em: 7 maio 2022.

BRASIL. Decreto nº 592, de 6 de julho de 1992. Pacto internacional sobre direitos civis e políticos. Diário Oficial da União, 1992.

BRASIL. Lei nº 10.406, de 10 de janeiro de 2002. Código Civil. Disponível em: https://www.planalto.gov.br/ccivil_03/leis/2002/l10406compilada.htm. Acesso em: 17 jun. 2021.

BRASIL. Lei nº 12.527, de 18 de novembro de 2011. Disponível em: https://www.planalto.gov.br/ccivil_03/_ato2011-2014/2011/lei/l12527.htm. Acesso em: 3 jun. 2021.

BRASIL. Lei nº 12.965, de 23 de abril de 2014. Marco Civil da Internet. Disponível em: https://www.planalto.gov.br/ccivil_03/_ato2011-2014/2014/lei/l12965.htm. Acesso em: 10 maio 2021.

BRASIL. Lei nº 13.709, de 14 de agosto de 2019. Lei Geral de Proteção de Dados Pessoais (LGPD). Disponível em: http://www.planalto.gov.br/ccivil_03/_ato2015-2018/2018/lei/L13709.htm. Acesso em: 21 out. 2021.

BRASIL. Lei nº 4.990, de 12 de dezembro de 2012. Regula o acesso a informações no Distrito Federal previsto no art. 5º, XXXIII, v. 37, 2011.

BRASIL. Lei nº 8.078, de 11 de setembro de 1990. Código de Defesa do Consumidor. Disponível em: http://www.planalto.gov.br/ccivil_03/leis/l8078.htm. Acesso em: 7 jul. 2021.

BRASIL. Lei nº 9.507, de 12 de novembro de 1997. Disponível em: https://www.planalto.gov.br/ccivil_03/leis/l9507.htm. Acesso em: 11 jan. 2022.

BRASIL. Proposta de Emenda à Constituição nº 17, de 2019. Disponível em: https://www25.senado.leg.br/web/atividade/materias/-/materia/135594. Acesso em: 4 mar. 2022.

BRASIL, Supremo Tribunal Federal. Referendo na Medida Cautelar na Ação Direta de Inconstitucionalidade 6.387-Df. Relatora: Ministra Rosa Weber. Distrito Federal, 7 maio 2020.

BRASIL, Tribunal Regional Federal da Segunda Região, Apelação Cível nº 0010965-24.2007.4.02.5101. 7ª Turma Especializada, Rel. Des. Fed. Reis Friede, julgado em 6 ago. 2014.

BRASIL. REsp nº 1.168.547/RJ, relator Ministro Luis Felipe Salomão, Quarta Turma, julgado em 11/5/2010, DJe de 7/2/2011.

BRASIL. REsp nº 1.348.532/SP, relator Ministro Luis Felipe Salomão, Quarta Turma, julgado em 10/10/2017, DJe de 30/11/2017.

BRASIL. REsp nº 1.457.199/RS, relator Ministro Paulo de Tarso Sanseverino, Segunda Seção, julgado em 12/11/2014, DJe de 17/12/2014.

BRASIL. REsp nº 306.570/SP, relatora Ministra Eliana Calmon, Segunda Turma, julgado em 18/10/2001, DJ de 18/2/2002, p. 340.

CONSELHO DA EUROPA. *Convenção europeia dos direitos do Homem*, 1950. Disponível em: https://www.echr.coe.int/documents/convention_por.pdf. Acesso em: 20 fev. 2022.

CONSELHO DA EUROPA. PROTEÇÃO DOS DADOS PESSOAIS. *Convenção para a Proteção de Indivíduos com Respeito ao Processamento Automatizado de Dados Pessoais, de 28 de janeiro de 1981*. Disponível em: https://www.cnpd.pt/bin/legis/internacional/Convencao108.htm. Acesso em: 23 jan. 2023.

COORDENAÇÃO-Geral de Fiscalização da ANPD divulga novo formulário para envio de Comunicados de Incidentes de Segurança. Autoridade Nacional de Proteção de Dados. *Gov. br*, 23 dez. 2022. Disponível em: https://www.gov.br/anpd/pt-br/assuntos/noticias/coordenacao-geral-de-fiscalizacao-da-anpd-divulga-novo-formulario-para-envio-de-comunicados-de-incidentes-de-seguranca. Acesso em: 12 jan. 2023.

CUEVAS, Ricardo Villas Bôas. A proteção de dados pessoais na jurisprudência do Superior Tribunal de Justiça. *In*: TEPEDINO, Gustavo; FRAZÃO, Ana; OLIVA, Milena Donato *et al*. *Lei Geral de Proteção de Dados Pessoais e suas repercussões no Direito brasileiro*. São Paulo: Thomson Reuters Brasil, 2019.

DONEDA, Danilo. *Da privacidade à proteção de dados pessoais*. 3. ed. São Paulo: Thomson Reuters Brasil, 2021.

DREYER, Stephan; SCHULZ, Wolfgang. *The GDPR and algorithmic decision-making: Safeguarding individual rights but forgetting society*. Völkerrechtsblog, 2019. Disponível em: https://voelkerrechtsblog.org/the-gdpr-and-algorithmic-decision-making/. Acesso em: 20. jan. 2023.

KANT, Immanuel. *Fundamentação da metafísica dos costumes e outros escritos*. São Paulo: Martin Claret, 2003.

KRETZMANN, Renata Pozzi. O legítimo interesse no tratamento de dados pessoais do consumidor. *Consultor Jurídico*. 6 out. 2021. Disponível em: https://www.conjur.com.br/2021-out-06/garantias-consumo-legitimo-interesse-tratamento-dados-pessoais-consumidor. Acesso em: 30 jan. 2023.

KURT, Christian; WITTNER, Florian; SEMMANN, Martin; SCHULZ, Wolfgang; BOHMANN, Tilo. *The Unlikely Siblings in the GDPR Family: A Techno-Legal Analysis of Major Platforms in the Diffusion of Personal Data in Service Ecosystems*. Conference: 52nd Hawaii International Conference on System Sciences (HICSS), Maui, Hawaii, United States (Best Paper Nomination) Volume: 52, p. 5059-5068, Jan. 2019. Disponível em: https://www.researchgate.net/publication/327690060. Acesso em: 20 fev. 2022.

MALDONADO, Viviane Nóbrega; BLUM, Renato Opice *et al*. *LGPD*: Lei Geral de Proteção de Dados Comentada. 2. ed. São Paulo: Thomson Reuters Brasil, 2020.

MEDON, Filipe. *Inteligência Artificial e responsabilidade civil*: autonomia, riscos e solidariedade. Salvador: JusPodivm, 2020.

MENDES, Laura Schertel; DONEDA, Danilo; SARLET, Ingo Wolfgang; RODRIGUES JR., Otavio Luiz; BIONI, Bruno *et al*. *Tratado de proteção de dados pessoais*. Rio de Janeiro: Forense, 2021.

MORAES, Maria Celina Bodin de. O princípio da dignidade humana. *In*: MORAES, Maria Celina Bodin de (Coord.). *Princípios do direito civil contemporâneo*. Rio de Janeiro: Renovar, 2006. 592 p.

MORAES, Maria Celina Bodin de; QUEIROZ, João Quinelato de. Autodeterminação informativa e responsabilização proativa: novos instrumentos de tutela da pessoa humana na LGPD. *Cadernos Adenauer*, XX, n. 3 - Proteção de dados pessoais: privacidade *versus* avanço tecnológico. Rio de Janeiro: Fundação Konrad Adenauer, 2019.

OLIVEIRA, Fabiane Araújo de; LANZILLIO, Anderson Souza da Silva. Estado, novas tecnologias e proteção de dados pessoais como direito fundamental. *Revista de Direito, Governança e Novas Tecnologias*, Florianópolis, v. 7, n. 1, p. 92-107, 2021. Disponível em: 10.26668/IndexLawJournals/2526-0049/2021.v7i1.7901. Acesso em: 11 dez. 2022.

ORGANIZAÇÃO DAS NAÇÕES UNIDAS. *Declaração Universal dos Direitos Humanos*, 1948. Disponível em: https://www.unicef.org/brazil/declaracao-universal-dos-direitos-humanos. Acesso em: 12 dez. 2022.

PARLAMENTO EUROPEU. *Carta de Direitos Fundamentais da União Europeia, de 7 de dezembro de 2000*. Disponível em: https://eur-lex.europa.eu/legal-content/PT/TXT/PDF/?uri=CELEX:12016P/TXT&from=EN. Acesso em: 20 jan. 2023.

PEREIRA, Caio Mário da Silva. *Instituições de Direito Civil*: contratos. 21. ed. Rio de Janeiro: Forense, 2017.

PINTO, Paulo Mota. Notas sobre o direito ao livre desenvolvimento da personalidade e os direitos de personalidade no direito português. *In*: SARLET, Ingo Wolfgang (Org.). *A constituição concretizada*: construindo pontes com o público e o privado. Porto Alegre: Livraria do Advogado, 2000. p. 61-83.

SARLET, Ingo Wolfgang. *Dignidade da pessoa humana e direitos fundamentais na Constituição de 1988*. 4. ed. Porto Alegre: Livraria do Advogado, 2006.

SARLET, Ingo Wolfgang. Proteção de dados pessoais como direito fundamental na Constituição Federal brasileira de 1988: contributo para a construção de uma dogmática constitucionalmente adequada. *Direitos Fundamentais & Justiça*, Belo Horizonte, ano 14, n. 42, p. 179-218, jan./jun. 2020. Disponível em: https://doi.org/10.30899/dfj.v14i42.875. Acesso em: 11 dez. 2022.

SARMENTO, Daniel. *Direitos fundamentais e relações privadas*. 2. ed. Rio de Janeiro: Lumen Juris, 2010.

SCHREIBER, Anderson. *Direitos da personalidade*. 2. ed. São Paulo: Atlas, 2013.

TEPEDINO, Gustavo. Direitos humanos e relações jurídicas privadas. *Revista do Ministério Público*, Rio de Janeiro, v. 7, p. 103-116, 1999.

TEPEDINO, Gustavo; FRAZÃO, Ana; OLIVA, Milena Donato *et al*. *Lei Geral de Proteção de Dados Pessoais*: e suas repercussões no Direito brasileiro. São Paulo: Thomson Reuters Brasil, 2019.

WOLFGANG, Hoffmann-Riem. Big data e inteligência artificial: desafios para o Direito. *Revista de Estudos Institucionais*, Rio de Janeiro, v. 6, n. 2, p. 431-506, 2020. Disponível em: https://doi.org/10.21783/rei.v6i2.484. Acesso em: 26 abr. 2023.

Informação bibliográfica deste texto, conforme a NBR 6023:2018 da Associação Brasileira de Normas Técnicas (ABNT):

SARMENTO, Juliana Petinatti; BARLETTA, Fabiana Rodrigues. O reconhecimento da proteção de dados como um direito fundamental autônomo e suas implicações no avanço da inteligência artificial. *In*: EHRHARDT JÚNIOR, Marcos; CATALAN, Marcos; NUNES, Cláudia Ribeiro Pereira (Coord.). *Inteligência artificial e relações privadas*: possibilidades e desafios. Belo Horizonte: Fórum, 2023. v. 1. p. 157-186. ISBN 978-65-5518-576-8.

O USO DA INTELIGÊNCIA ARTIFICIAL E SEUS REFLEXOS NAS RELAÇÕES PRIVADAS E NO DIREITO

PRISCILA DE CASTRO TEIXEIRA PINTO LOPES AGAPITO
CAMILLA GABRIELA CHIABRANDO CASTRO ALVES

1 Introdução

Quando pensamos em inteligência artificial (IA), em um primeiro momento, vem à nossa mente casas automatizadas, robôs fazendo o trabalho doméstico, carros voando, como víamos no seriado animado *Jetsons*, nos idos dos anos 1970.

Naquela época, tudo parecia pouco crível.

Contudo, atualmente, a inteligência artificial está mais presente em nossas vidas do que percebemos. Pegamos como exemplo os dispositivos de assistência virtual como Siri, Alexa, Cortana ou o Google Assistente, responsáveis por dar suporte aos seus usuários nas tarefas do cotidiano, como alarme, músicas, pesquisa na internet e até o controle da *smart home*.

Outros exemplos do uso da inteligência artificial em nosso cotidiano são os sistemas de reconhecimento facial, os aplicativos de traçar rotas, sistemas de detecção de *spam* utilizados pelo Gmail ou Outlook, aplicativos de buscas, redes sociais, teclados inteligentes etc.

São tantos e talvez a grande maioria das pessoas sequer tenha consciência de que estas ferramentas utilizadas cotidianamente por nós são produtos da tecnologia vinda de inteligência artificial.

Entretanto, justamente pelo fato de a inteligência artificial estar sendo usada constante e corriqueiramente, sentimos a necessidade de refletir sobre o impacto desta tecnologia no Direito, nas relações privadas e as questões advindas desta relação.

Portanto, este artigo pretende discutir, sem pretensão de exaurir, alguns pontos cruciais existentes na relação inteligência artificial – Direito – relações privadas.

2 Conceito

A inteligência artificial passou a ser estudada logo após a Segunda Guerra Mundial por Alan Turing, conhecido como o "pai" da ciência da computação e responsável por escrever o artigo denominado *Computing Machinery and Intelligence*,[1] onde definiu a IA como "sistemas que agem como humanos". Contudo, John McCarthy cunhou o nome da tecnologia em "inteligência artificial" e foi responsável por, no ano de 1956, pelo nascimento da IA no evento conhecido como Conferência de Dartmouth (EUA). A partir daí vários cientistas também passaram a estudar e contribuir com a atual inteligência artificial.

De acordo com o dicionário Oxford o verbete "inteligência" significa:

> 1. faculdade de conhecer, compreender e aprender.
> 2. capacidade de compreender e resolver novos problemas e conflitos e de adaptar-se a novas situações.
> 3. conjunto de funções psíquicas e psicofisiológicas que contribuem para o conhecimento, para a compreensão da natureza das coisas e do significado dos fatos.
> 4. modo de interpretar, de julgar; interpretação, juízo.[2]

Para a psicóloga estadunidense Nancy Seagal, da Universidade de Minnesota, a inteligência é o "Raciocínio, aprendizado, memória, motivação, capacidade de se adaptar e de resolver problemas são partes distintas da inteligência, mas que trabalham harmoniosamente para a obtenção dos resultados".[3]

---

[1] TURING, Alan M. *Computing Machinery and Intelligence*, 1950. Disponível em: https://www.csee.umbc.edu/courses/471/papers/turing.pdf. Acesso em: 16 abr. 2023.

[2] INTELIGÊNCIA. *Oxford Languages*. Disponível em: https://www.google.com/search?q=INTELIG%C3%8ANCIA+DEFINI%C3%87%C3%83O&oq=INTELIG%C3%8ANCIA+DEFINI%C3%87%C3%83O+&aqs=chrome..69i57j0i22i30l8j0i15i22i30.7772j1j7&sourceid=chrome&ie=UTF-8. Acesso em: 16 abr. 2023.

[3] O QUE é a Inteligência. Disponível em: http://www.inf.ufsc.br/~j.barreto/IA/conceitos.htm. Acesso em: 27 jul. 2023.

O citado John MacCarthy conceitua a inteligência artificial como:

[...] a ciência e a engenharia de fabricar máquinas inteligentes, especialmente programas de computador inteligentes. Ela está relacionada à tarefa semelhante de usar computadores para entender a inteligência humana, mas a IA não precisa se limitar aos métodos biologicamente observáveis.[4]

A inteligência artificial nada mais é do que processamento de dados digitais, onde os algoritmos ditam as regras, como peças centrais para que a máquina consiga chegar o mais próximo possível da capacidade de pensar e sentir do ser humano. Logo, quanto mais dados este algoritmo recebe, mais "inteligente" se tornará. Sua finalidade, portanto, é que as máquinas aprendam e executem tarefas para alcançar determinado objetivo.

Bruno Mirage a define como:

Essa noção de inteligência artificial compreende a capacidade de um determinado sistema informatizado não apenas executar comandos pré-programados, mas também interpretar um determinado contexto e atuar sem prévia definição, apenas de acordo com a representação que estabeleça sobre a ação mais adequada para intervir em certa situação. Daí a noção de "inteligência" reconhecida como capacidade de interpretação da realidade e determinação de uma ação de forma autônoma, independente de comandos anteriores definidos por programação. Será "artificial" porque desenvolvida no âmbito da computação e das tecnologias da informação, em oposição àquela natural, reconhecida aos seres humanos.[5]

São três áreas de aplicação da inteligência artificial: *machine learning, deep learning* e *natural language processing*.

A *machine learning* é a mais comumente utilizada pois "permite o desenvolvimento de sistemas com habilidades para aprender e aprimorar os conhecimentos através de experiências sem que tenham sido programados para tal finalidade."[6] Isto indica que os algoritmos

---

[4] WHAT is artificial intelligence (AI)? *IBM*. Disponível em: https://www.ibm.com/br-pt/cloud/learn/what-is-artificial-intelligence. Acesso em: 16 abr. 2023.

[5] MIRAGEM, Bruno. Novo paradigma tecnológico, mercado de consumo digital e o direito do consumidor. *Revista de Direito do Consumidor*, São Paulo, v. 125/2019, set./out. 2019. Disponível em: https://brunomiragem.com.br/wp-content/uploads/2020/06/003-novo-paradigma-tecnologico-e-consumo.pdf. Acesso em: 16 abr. 2023, p. 17-18.

[6] TACCA, Adriano; ROCHA, Leonel Severo. Inteligência artificial: reflexos no sistema do direito. *Nomos – Revista da Programa de Pós-Graduação em Direito – UFC*, Fortaleza, v. 38,

de *machine learning* teoricamente têm a capacidade de detectar, analisar de certa forma aprender com os dados conforme eles são apresentados, justificando seu nome, "aprendizado de máquina".

Já o *deep learning* trata-se de um sistema com a aptidão para englobar "a percepção e a assimilação de múltiplos e complexos comportamentos e padrões."[7] Os sistemas de *deep learning* têm a capacidade de descobrir estratégias para solucionar problemas que o ser humano possa ter levado uma grande quantia de tempo para apurar.

Conforme é apresentado por Tacca e Rocha,[8] as tecnologias de *natural language processing* são usadas para que os computadores consigam processar ou examinar e chegar a conclusões com base na linguagem. São propícios para um grande espectro de aplicações, como reconhecimento de voz, traduções, análises morfológicas e sintáticas (como identificação de classe gramatical) e geração de linguagem, como é usado em *softwares* como o Chat-GPT, da OpenAI.

Cumpre observar que a inteligência artificial não é uma simulação do nosso cérebro e não foi desenvolvida com a intenção de imitá-lo, na forma em que ele se desenvolve para alcançar os seus objetivos.

A inteligência, como o próprio nome já diz, é artificial, contrapondo-se à natural, aquela inerente ao ser humano. Ao contrário da IA, o cérebro humano possui como característica a capacidade de adaptação, de se ajustar ao ambiente para encontrar o que melhor se encaixa ao nosso comportamento frente às novas situações. Isso não ocorre com a inteligência artificial.

3 Inteligência artificial e direito: relação

A inteligência artificial está muito presente em nosso cotidiano, mas também é muito utilizada na medicina, na economia e em diversos setores.

---

n. 2, p. 58, jul./dez. 2018. Disponível em: http://periodicos.ufc.br/nomos/article/view/20493/95963 Acesso em: 16 abr. 2023.

[7] TACCA, Adriano; ROCHA, Leonel Severo. Inteligência artificial: reflexos no sistema do direito. *Nomos – Revista da Programa de Pós-Graduação em Direito – UFC*, Fortaleza, v. 38, n. 2, p. 58, jul./dez. 2018. Disponível em: http://periodicos.ufc.br/nomos/article/view/20493/95963 Acesso em: 16 abr. 2023.

[8] TACCA, Adriano; ROCHA, Leonel Severo. Inteligência artificial: reflexos no sistema do direito. *Nomos – Revista da Programa de Pós-Graduação em Direito – UFC*, Fortaleza, v. 38, n. 2, p. 58, jul./dez. 2018. Disponível em: http://periodicos.ufc.br/nomos/article/view/20493/95963 Acesso em: 16 abr. 2023.

Segundo o Ministro Luís Roberto Barroso, "[...] a revolução digital mudou a maneira como vivemos, compramos, pesquisamos, ouvimos músicas. Às vezes não nos damos conta das mudanças."[9] E por essa razão, entende-se que:

> com a constitucionalização do direito civil, afasta-se a antiga noção de que reina no âmbito de relações privadas a autonomia da vontade. A Constituição irradia sua força normativa, com supremacia formal e material. Desse modo, passada a fase do dirigismo contratual, na qual foram introduzidas normas cogentes de ordem pública para afastar a autonomia da vontade em alguns casos, o atual direito civil já reconhece que a dignidade humana deve impor limites diante da eficácia direta e imediata de direitos fundamentais. [...]
>
> "Dessa forma, o direito civil na legalidade constitucional parte do pressuposto teórico de que não basta reconhecer que princípios constitucionais possuem valor normativo, mas também a sua supremacia no ordenamento. O sistema jurídico sofre o influxo de diversas fontes. A grande questão gira em torno se a inteligência artificial poderia vir a substituir o ser humano, e quais os impactos de seus atos e decisões para o Direito. e não há problema, mas é importante garantir que todas sejam lidas e interpretadas de acordo com a Constituição (não o contrário). É essa a visão adotada pela teoria do neoconstitucionalismo:
>
> O neoconstitucionalismo assume claramente ares iluministas. Não adota nenhum discurso irracionalista acerca da vida do direito na contemporaneidade, nem endossa qualquer posição próxima ao palavrório pós-moderno de fim de cultura, fragmentação das narrativas, incomensurabilidade de discursos etc. A segunda, a de que nas sociedades complexas do capitalismo tardio a vida social passa a ser permeada pelas normas jurídicas ("encarar o mundo pelos olhos da juridicidade"). Terceiro, o neoconstitucionalista abandona o privilégio do ponto de vista privatista à compreensão do ordenamento jurídico; o centro de sua vida agora é o direito constitucional (MAIA, 2011, p. 58)."[10]

Entretanto, quando nos deparamos com discussões envolvendo inteligência artificial e o Direito, temos como uma das grandes preocupações a proteção dos direitos fundamentais. Seria ela (IA) uma ameaça a esses direitos?

---

[9] BARROSO, Luís Roberto. *Curso de direito constitucional contemporâneo*. Rio de Janeiro: Saraiva, 2009, p. 102-105.
[10] FARIAS, Maria Clara Cunha Farias; ANJOS dos, Rodrigo Faria Vieira. O ser humano e a inteligência artificial: a proteção dos direitos fundamentais face ao uso da tecnologia. *Res Severa Verum Gaudium*, Porto Alegre, v. 6 n. 1, p. 316-333, 2021. Disponível em: https://seer.ufrgs.br/index.php/ressevaverumgaudium/article/view/114264/65361. Acesso em: 16 abr. 2023.

Intrigante é o raciocínio trazido por Ryan Calo:

> Os robôs são marcados por (i) materialidade, (ii) comportamento emergente (geralmente denominado de "autonomia") e (iii) valor social." A materialidade é a característica que faz com que a inteligência artificial passe a interagir com o ambiente sem ser abstrato, porque o robô será percebido pela sua forma, seja ele, parecido com o humano ou não. O comportamento emergente está na capacidade de aprendizado e estímulos que o robô tende aprender com a circunstância envolvida, ou seja, o treinamento para reagir aos estímulos que recebem isso significa que a máquina tomou a decisão autônoma. Já o valor social desperta uma curiosidade que, a inteligência artificial, corporificada em um robô, que se assemelhe com um humano. Poderia então, conceder forma de **personalidade jurídica?**[11]

Christine Albiani afirma que "o desenvolvimento da inteligência artificial implica na reflexão de que, a depender da situação, a máquina não mais pode ser tratada como mero objeto do direito, o que remete à observação do conceito de pessoa jurídica e se esta seria uma alternativa compatível com a integral reparação de danos".[12]

Portanto, diante da nova realidade, do avanço da inteligência artificial no cotidiano de todo o mundo, é primordial que se encontre a solução para as demandas que virão sempre com amparo nos direitos constitucionais, na preservação dos direitos fundamentais.

Como exemplo, citamos o crescente uso do trabalho automatizado pelas empresas e indústrias. Em um primeiro momento há o medo do desemprego, pela substituição do homem pela inteligência artificial. Entretanto, se ao invés de simplesmente substituir o homem pela *machine learning*, a usarmos como forma de aprimoramento do trabalho do ser humano, tornando seus afazeres mais produtivos com melhoria na qualidade de vida do empregado, teremos aí o equilíbrio entre a preservação das garantias constitucionais e a tecnologia.

A proteção aos direitos do trabalhador, remonta à década de 1940, onde a Declaração Universal dos Direitos Humanos, afirmava que: "Artigo XXIII: toda pessoa tem direito ao trabalho, à livre escolha de emprego, a condições justas e favoráveis de trabalho e à proteção contra o desemprego."[13]

---

[11] CALO, Ryan. Robotics and the leassons cyberlaw. *California Law Review*, Berkeley, v. 103, n. 3, p. 513-563, jun. 2015, p. 513-515.

[12] ALBIANI, Christine. *Responsabilidade civil e inteligência artificial*: quem responde pelos danos causados por robôs inteligentes?. 2019, p. 13. Disponível em: https://itsrio.org/wp-content/uploads/2019/03/Christine-Albiani.pdf. Acesso em: 19 mar. 2023, p. 3.

[13] ORGANIZAÇÃO DAS NAÇÕES UNIDAS, 1948.

Com o advento da Constituição Federal, em 1988, o artigo 7º veio a reforçar a Declaração Universal dos Direitos Humano quanto à proteção dos direitos dos trabalhadores e no seu inciso XXVII, especialmente a proteção em face automação, como se denota da leitura do seu artigo 7º, XXVII que prevê: "Art. 7º São direitos dos trabalhadores urbanos e rurais, além de outros que visem à melhoria de sua condição social: [...] XXVII - proteção em face da automação, na forma da lei;"

O desafio que se encontra posto sobre a mesa é encontrar o equilíbrio entre o desenvolvimento e uso da inteligência artificial nas relações de trabalho, preservando-se a garantia fundamental do trabalhador ao emprego, sem que estas novas tecnologias venham a substituir o trabalho humano (consequentemente gerando desemprego), ou que venham a diminuir a renda daquele trabalhador onde a IA está atuando como forma de aprimoramento e facilitação do seu trabalho.

4 Questões éticas

O crescente uso da inteligência artificial no mundo faz com que sejam discutidas suas implicações éticas, buscando-se solução para que a IA não venha a ferir direitos, e que seja utilizada de forma positiva e produtiva em favor dos cidadãos.

E novamente aqui encontramos a necessidade de se buscar um equilíbrio para que a inteligência artificial não seja sobreutilizada a ponto de refletir negativamente na vida dos seres humanos (citemos aqui o exemplo dado no capítulo anterior acerca da problemática da automação e as relações de emprego) ou subutilizada ao ponto de as pessoas deixarem de aproveitar e se beneficiar dessas tecnologias.

> Entendemos que o melhor caminho para discussões éticas que pretendam aplicabilidade seja por meio da análise "bottom-up", buscando equilíbrio reflexivo entre princípios gerais e casos concretos em setores específicos.[17] Ou seja, trata-se de discutir não os princípios universais da ética computacional ou algorítmica, mas de desenhar princípios específicos para diferentes setores de aplicação: ética algorítmica no campo da medicina, no campo jurídico, no âmbito comercial, etc. Refletindo as prioridades existentes em cada domínio de aplicação, será possível construir sistemas inteligentes que sejam centrados nas demandas humanas (BRYSON; THEODOROU, 2019; COMISSÃO EUROPEIA, 2018)[14]

---

[14] MARANHÃO, Juliano Souza de Albuquerque; FLORÊNCIO, Juliana Abrusio; ALMADA, Marco. Inteligência artificial aplicada ao direito e o direito da inteligência artificia.

Dentre as várias questões éticas que envolvem a inteligência artificial, destacamos aquelas que se relacionam ao uso das assistentes virtuais, como a *Alexa*, ou sistemas de reconhecimento biométrico/facial, programas de tradução etc.

Nestes casos, tem-se percebido falhas éticas desses sistemas, onde o resultado, por exemplo, se demonstra estereotipado, discriminatório em prejuízo a um grupo de minorias.

E para assegurar que a ética seja mantida:

> [...] é necessário que requisitos técnicos específicos possam ser formulados e o alinhamento de sistemas com estes requisitos seja mensurável. Neste sentido, cumpre destacar que instituições com alta reputação internacional, como o IEEE, tem empreendido esforços na construção de normas e recomendações técnicas relacionadas, especificamente, à garantia de comportamento ético de sistemas baseados em IA.

Além de estabelecer normas e recomendações técnicas, é preciso desenvolver mecanismos para promover e garantir seu cumprimento. Dentre as iniciativas em direção à promoção da ética, podemos citar métodos algorítmicos que visam garantir sistemas sem comportamento discriminatório, por exemplo, pela eliminação de variáveis sensíveis na inferência de um modelo ou pelo emprego de métricas para quantificar imparcialidade.[15]

Claramente esta discussão é complexa, considerando a própria complexidade da inteligência artificial, a capacidade de alcance de seus braços e o que efetivamente estará ela atingindo, de tal forma que no presente artigo não se pretende exaurir de forma alguma o assunto, mas apenas aguçar a mente para estas questões.

Ao final, conclui-se que, independentemente da complexidade deste tema, a solução estará sempre na regulação da matéria, na fiscalização da inteligência artificial e, sobretudo, na constante e incessante educação da sociedade para evitar que atos discriminatórios possam ser praticados pela própria tecnologia, que deverá sempre trabalhar a favor do cidadão, para a melhoria do seu modo de vida e jamais para regredir em questões fundamentais.

SUPREMA – *Revista de Estudos Constitucionais*, Brasília, v. 1, n. 1, p. 154-180, jan./jun. 2021. Disponível em: https://suprema.stf.jus.br/index.php/suprema/article/view/20/18. Acesso em: 16 abr. 2023.

[15] SILVA, Flávio S. Corrêa da; HIRATA, Nina S. T. Inteligência ética. *Computação Brasil – Revista da Sociedade Brasileira de Computação*, Porto Alegre, n. 47, p. 15-18, jul. 2022. Disponível em: https://www.sbc.org.br/images/flippingbook/computacaobrasil/computa_47/pdf/CompBrasil_47.pdf. Acesso em: 16 abr. 2023, p. 15.

5 Lawtechs e legaltechs

Ao falarmos do uso da inteligência artificial no cotidiano dos operadores do Direito, não é possível deixar de citar as *lawtechs* e *legaltechs* que "são empresas de tecnologia jurídica, que desenvolvem soluções para otimizar a rotina deste setor. Suas soluções permitem que os advogados gastem menos tempo em tarefas manuais e possam se dedicar às suas estratégias ou até mesmo à captação de clientes."[16]

Elas oferecem soluções tecnológicas aos escritórios de advocacia e aos departamentos jurídicos, trazendo maior eficácia e encontrando soluções que venham a viabilizar e agilizar o cotidiano destas empresas.

Frisamos que *lawtech* e *legaltch*, a despeito de possuírem finalidades semelhantes, se diferem em suas funções, a saber:

> *Legaltechs*: empresas que desenvolvem serviços e produtos com o objetivo de aumentar a eficiência de escritórios ou departamentos jurídicos. Seus serviços são voltados aos advogados;
> *Lawtechs*: empresas que desenvolvem produtos e serviços para pessoas e empresas que precisam de algum tipo de consultoria jurídica.[17]

O impacto das *lawtechs* e *legaltechs* pode ser percebido diretamente na rotina dos escritórios, considerando que estas *startups* desenvolvem tecnologia para analisar e armazenar informações com maior rapidez, para controle de prazos processuais e até para elaboração de documentos, contratos ou petições.

Citamos a seguir alguns exemplos de *lawtechs*:

> **Digesto**: A plataforma do Digesto consulta dados jurídicos de todo o Brasil e cria uma base de dados centralizada. Como a própria empresa define, é o mapeamento do "genoma legal brasileiro".
> **Enlighten**: A empresa desenvolveu uma solução que sugere a chance de sucesso de uma ação em determinada corte. E também presta o serviço de implantação de projetos de inteligência artificial em departamentos jurídicos de empresas.

---

[16] O QUE é uma *lawtech* e qual sua importância para advogados? Veja aqui!. *Advise Blog*, 14 jul. 2022. Disponível em: https://blog.advise.com.br/o-que-e-uma-lawtech/#:~:text=As%20 lawtechs%20e%20legaltechs%20s%C3%A3o,mesmo%20%C3%A0%20 capta%C3%A7%C3%A3o%20de%20clientes. Acesso em: 16 abr. 2023.

[17] O QUE é uma *lawtech* e qual sua importância para advogados? Veja aqui!. *Advise Blog*, 14 jul. 2022. Disponível em: https://blog.advise.com.br/o-que-e-uma-lawtech/#:~:text=As%20 lawtechs%20e%20legaltechs%20s%C3%A3o,mesmo%20%C3%A0%20 capta%C3%A7%C3%A3o%20de%20clientes. Acesso em: 16 abr. 2023.

Legal Labs: O Legal Labs é uma plataforma desenvolvida para pesquisar jurisprudência com o auxílio da inteligência artificial. A solução reduz o tempo de busca pelas informações e aumenta a qualidade das peças processuais.

LegAut: A LegalAut desenvolveu um algoritmo que analisa documentos com inteligência artificial, de forma automatizada e inteligente.[18]

Com a otimização da rotina dos escritórios por estas *startups*, o advogado terá mais tempo para focar seu trabalho no que realmente importa, havendo redução dos custos, melhorias de produtividade e eficiência, o que refletirá no sistema do Poder Judiciário como um todo.

6 Inteligência artificial e responsabilidade civil

Não menos intrigante é a discussão envolvendo inteligência artificial e responsabilidade civil quando o dano for causado por robôs, máquinas, aplicativos ou qualquer outro sistema que utilize esta tecnologia.

Pensemos em um veículo totalmente autônomo, guiado por sistema de inteligência artificial e que venha a se envolver em acidente de trânsito. De quem seria a responsabilidade?

Há um caso notório envolvendo um veículo inteligente da Google que se envolveu em acidente com ônibus, na Califórnia, no ano de 2016.

> Após as investigações preliminares, concluiu-se que o carro estava a apenas duas milhas por hora na pista, mas o seu sensor informou que estariam presentes sacos de areia na frente do veículo. Então, o robô decidiu trocar da pista direita para a esquerda, sem que a tecnologia percebesse que um ônibus estava trocando de pista no mesmo momento. (MINGTSUNG; QIAOYING; YOU, 2020, p. 624).
>
> Esse caso ilustra a primeira dificuldade para o Estado-Regulador: nos próximos vinte anos, seres humanos e carros com condução automática irão dividir as estradas. ZMOGINSKI, 2021). A legislação sobre o assunto já começou a surgir nos Estados Unidos: nos estados de Nevada e Califórnia, os legisladores explicitamente previram que a responsabilidade por qualquer acidente referentes a carros autônomos recai sobre o operador do veículo, definindo-se operador como a pessoa que "ativa a tecnologia" (CALIFORNIA, 2021). Ou seja, o que determina

---

[18] INTELIGÊNCIA artificial no Direito: o que é e principais impactos. *FIA Business School*, 11 set. 2019. Disponível em: https://fia.com.br/blog/inteligencia-artificial-no-direito/. Acesso em: 16 abr. 2023.

a responsabilidade é o elemento de controle sobre a tecnologia. O ser humano que assumiu o risco de controlar o carro autônomo irá arcar com as consequências da responsabilidade civil (U.S. CHAMBER, 2018).

Além da responsabilização do usuário do carro automatizado, será preciso determinar um *standard* para a avaliação da responsabilidade do fabricante do veículo. Existe uma obrigação de projetar um veículo que seja completamente à prova de acidentes? (U.S. CHAMBER, 2018).

A fim de responder à questão, inicialmente vale destacar que, nas palavras do Professor Marcelo Cama Proença (2012, p. 214), à luz de uma análise principiológica do direito civil "a tradicional distinção entre as responsabilidades contratual e extracontratual, como elementos completamente dissociados e sem um ponto de toque, já não mais subsiste". (FERNANDES, 2012, p. 214).[19]

A discussão é grande e está longe de ser pacificada, pois como conferir responsabilidade por ato ilícito cometido por um sistema que age de forma totalmente autônoma, sem a interferência humana? Enquanto uns entendem que a responsabilidade deverá ser conferida àquele que fabricou ou operou o robô, por exemplo, outros aventam a possibilidade de conferir personalidade jurídica à inteligência artificial e responsabilizá-la pelos atos ilícitos por ela cometidos.

Relembrando as questões atinentes à responsabilidade civil no ordenamento jurídico brasileiro, temos no artigo 927 do Código Civil a responsabilidade subjetiva (extracontratual/aquiliana), onde há necessidade de comprovação da culpa do agente, seja por ato de negligência, imprudência ou imperícia.

Entretanto, no parágrafo único deste artigo 927, há previsão da responsabilidade civil objetiva, aquela que independe da culpa do agente causador do dano. O Código de Defesa do Consumidor também aventa, em seus artigos 12, 14 e 18, a responsanbilidade objetiva do fornecedor ou prestador de serviços.

Completando essa linha de raciocínio, trazemos o *caput* do artigo 8º do CDC, que prevê: "Os produtos e serviços colocados no mercado de consumo não acarretarão riscos à saúde ou segurança dos consumidores, exceto os considerados normais e previsíveis em decorrência de sua natureza e fruição, obrigando-se os fornecedores,

---

[19] FARIAS, Maria Clara Cunha Farias; ANJOS dos, Rodrigo Faria Vieira. O ser humano e a inteligência artificial: a proteção dos direitos fundamentais face ao uso da tecnologia. *Res Severa Verum Gaudium*, Porto Alegre, v. 6 n. 1, p. 316-333, 2021. Disponível em: https://seer.ufrgs.br/index.php/ressevera verumgaudium/article/view/114264/65361. Acesso em: 16 abr. 2023, p. 325.

em qualquer hipótese, a dar as informações necessárias e adequadas a seu respeito."[20]

Dito isso, com base nas leis atualmente vigentes no Brasil, temos a primeira grande questão envolvendo responsabidade civil e a inteligência artificial, pois, a despeito do previsto nas normas supracitadas, notadamente o artigo 8º do CDC, a IA por muitas vezes é capaz, ao longo do tempo, de captar experiências e aprendizados que por muitas vezes poderá agir de forma totalmente independente, sem qualquer ingerência do seu fabricante (ou programador), de tal forma que não é possível prever todos os seus atos, uma vez que poderão eles superar aqueles inicialmente inseridos no seu sistema.

Nesta situação, ante a imprevisibilidade da capacidade da inteligência artificial, da sua autonomia e modo de agir, não tendo o fabricante condições de garantir o alcance da liberdade de agir desse sistema, e, por consequência, sua segurança, deveria o produto ser retirado do mercado?

Sobre isso afirma Christine Albiani:[21]

> Assim, indaga-se se seria possível a arguição, em contrapartida, do risco do desenvolvimento para afastar a responsabilidade do fabricante ou proprietário de tecnologias dotadas de inteligência artificial. Essa tese consiste na possibilidade de que um determinado produto ou serviço seja colocado no mercado sem que possua defeito cognoscível, ainda que exaustivamente testado, ante ao grau de conhecimento disponível à época da sua introdução. Ocorre, todavia, que posteriormente, após determinado período do início da sua circulação no mercado de consumo, venha se detectar defeito –ante a evolução dos meios técnicos e científicos – capaz de gerar danos aos consumidores. Assim, os riscos só vêm a ser descobertos após um período de uso do produto, seja em razão de acidentes ou danos, ou de avanços nos estudos e testes realizados.
>
> Em razão da condição narrada, há quem entenda que, nessa hipótese, deveria haver a exclusão da responsabilidade do fornecedor como medida para se garantir o desenvolvimento tecnológico nesta seara. A ideia central é a de que o dano ocorreria não porque o fornecedor falhou nos seus deveres de segurança e diligência, mas sim porque a incogniscibilidade do defeito era absoluta diante do presente estado da técnica. Diante disso, não haveria frustação da legítima expectativa do consumidor, porque nenhuma expectativa deveria ser considerada legítima

---

[20] BRASIL. Art. 8º, Lei 8.078, de 11 de setembro de 1990.
[21] ALBIANI, Christine. *Responsabilidade civil e inteligência artificial*: quem responde pelos danos causados por robôs inteligentes?. 2019, p. 13. Disponível em: https://itsrio.org/wp-content/uploads/2019/03/Christine-Albiani.pdf. Acesso em: 19 mar. 2023.

se pretende ir além do estado mais avançado da tecnologia da sua época. Por outro lado, há quem entenda que sua aplicação poderia acabar permitindo que o consumidor arcasse sozinho com a incerteza da tecnologia adquirida. Além de não ter plena consciência dos riscos e do grau de conhecimento alcançado pela ciência, ele ainda assumiria integralmente os danos que viesse a sofrer decorrentes do uso normal do produto ou serviço.

Fato é que, com base no que temos atualmente no Brasil em termos de legislação, não seria possível considerar a inteligência artificial um ser autônomo passível de responsabilização, de tal forma que entendemos que por ora, a responsabilidade recairá diretamente no seu fabricante ou desenvolvedor.

Neste sentido, Christine Albiani tece as seguintes considerações:

> Vale ressaltar que, se em face do empresário seria possível aplicar a teoria do risco, o mesmo não ocorre quanto ao programador, já que este só poderia ser responsabilizado subjetivamente (por ser profissional liberal), ou seja, quando comprovada a ocorrência de falha na programação ou que havia previsibilidade quanto à conduta lesiva (ainda que não programada). Vale observar, no entanto, que só seria necessário perquirir a responsabilidade do programador quando este não estivesse vinculado a nenhuma sociedade empresária, já que esta responderia de forma objetiva.[22]

Danilo Doneda entende que, "não parece que criar uma personalidade jurídica autônoma seja a única (e quiçá a melhor) forma de direcionar a questão dos danos causados por robôs inteligentes".[23]

"Sendo assim, com todos esses dilemas o direito deve avançar e compreender o que são os robôs inteligentes e quais são os objetivos que a robótica pode trazer em plano de uma "sociedade livre e sem barreiras".[24]

A questão traz outras vertentes passíveis de reflexão. Contudo, o que se pretende com o presente é provocar o leitor sobre a

---

[22] ALBIANI, Christine. *Responsabilidade civil e inteligência artificial*: quem responde pelos danos causados por robôs inteligentes?. 2019, p. 13. Disponível em: https://itsrio.org/wp-content/uploads/2019/03/Christine-Albiani.pdf. Acesso em: 19 mar. 2023.

[23] DONEDA, Danilo, C. M. Considerações iniciais sobre inteligência artificial, ética e autonomia pessoal. *Pensar Revista de Ciências Jurídicas*, Fortaleza, v. 23, n. 4, p. 1-17, out./dez. 2018. ISSN: 2317-2150, DOI:10.5020/2317-2150.2018.8257, p. 9.

[24] DONEDA, 2018, p. 8 *apud* SILVA, Sheila Aparecida da. Inteligência artificial no Direito. *Jus.com.br*, 20 mar. 2021. Disponível em: https://jus.com.br/artigos/89283/inteligencia-artificial-no-direito. Acesso em: 16 abr. 2023.

responsabilidade civil envolvendo atos praticados por inteligência artificial, uma vez que, enquanto não houver regulamentação legal acerca do tema, há necessidade de nos debruçarmos e tomarmos conclusões com base no que temos de vigente no ordenamento jurídico brasileiro.

7 Inteligência artificial e propriedade intelectual

Vimos acima que a tecnologia envolvendo a inteligência artificial está presente em nosso cotidiano, seja em forma de assistentes domésticos, em carros autônomos, drones, sistemas de reconhecimento facial, na medicina, onde realizam trabalhos em centros cirúrgicos ou auxiliam no diagnóstico médico e em tantos outros lugares.

A aplicação da inteligência artificial nos parece ser muito mais abrangente e poderá dominar qualquer área de atuação do ser humano, até no que diz respeito à propriedade intelectual.

Vejam que interessante: uma máquina é capaz de desenvolver invenções científicas, de fazer contratos, poemas e até pintar quadros. Nesses casos, como ficariam os direitos atinentes a propriedade intelectual?

Atualmente a propriedade intelectual protege somente criações humanas, ou seja, ainda não há nenhuma norma legal que venha a conferir direitos a invenções, por exemplo, advindas de um robô.

> Dentre as críticas à concessão de patentes às inteligências artificiais, há o argumento de que o direito deveria proteger apenas as atividades mentais e seus resultados. máquinas não podem pensar. No entanto, segundo *abbott*, se elas pensam ou não é irrelevante. O que realmente importa para a sociedade é como a nova invenção pode beneficiar as pessoas.[25]

Fato é que, assim como na responsabilidade civil, a discussão envolvendo inteligência artificial e direitos de propriedade intelectual está longe de chegar ao fim, diante a grande complexidade que envolve o tema.

---

[25] WACHOWICZ, Marcos; MICHELOTTO, Giulia Michelotto. A inteligência artificial e o Direito. *Ioda*, 3 ago. 2022. Disponível em: https://ioda.org.br/inteligencia-artificial-e-direito/. Acesso em: 16 abr. 2023.

8 Inteligência artificial e a atividade extrajudicial notarial

Não é de agora que os notários brasileiros já se utilizam de algoritmos para a consecução de várias obrigações acessórias. Lembrando que no campo notarial só será permitido usar a IA quando não houver necessidade de colheita de manifestação de vontade das partes, pois, por óbvio, esse é um serviço humano indelegável. Contudo, remanescerá a possibilidade de aprimorar-se o uso da IA, estudando-se utilizar o já conhecido sistema de algoritmo para o cumprimento de obrigações acessórias, como por exemplo: consulta às centrais de indisponibilidade de bens, CESDI (Central se Escrituras de Divórcios e Inventários), CENSEC (Central Nacional de Serviços Compartilhados), comunicações feitas às Receitas Estaduais (SeFaz) e Federal (D.O.I. – Declaração de Operação Imobiliária), o confronto de dados do DENATRAN e a emissão do e-notariado. Todas essas centrais podem ser interligadas aos sistemas internos e particulares dos tabeliães, de maneira a se otimizar a elaboração das minutas. De toda forma, não resta dúvida de que, aqui, a responsabilidade civil será sempre do tabelião, que deverá providenciar a dupla conferência, vez que sabemos que o sistema de IA é falível.

Para o auxílio na elaboração de minutas e seus requisitos, cremos que ainda vai levar um bom tempo para que a IA possa auxiliar os escreventes e tabeliães, não só pelo fato de não haver informações suficientes ainda nos repositórios utilizados, por exemplo em um Chat GPT, mas porque o "jeito tradicional" ainda é, sem dúvida, o mais confiável: escolher um bom profissional e da sua confiança, que seja atualizado com a legislação e a jurisprudência e que vai conseguir traduzir a sua manifestação de vontade em um excelente contrato jurídico, lhe imprimindo segurança e evitando que seja necessário litigar no futuro.

9 Iniciativas de regulação da IA no Brasil

Como vimos, é necessária a regulamentação da inteligência artificial a fim de que o desenvolvimento tecnológico seja incentivado, desde que se preservem as garantias fundamentais do cidadão.

> Visto a crescente utilização dos algoritmos de inteligência artificial, a Organização para a Cooperação e Desenvolvimento Econômico (OECD, na sigla em inglês), na qual o Brasil é um parceiro-chave, por meio do instrumento OECD/LEGAL/0449, apresentou a necessidade de garantir que o desenvolvimento de IAs respeitem determinados princípios, tais

como os previstos em sua seção 1, sendo eles: o crescimento inclusivo, desenvolvimento sustentável e bem-estar para as pessoas; valores centrados no ser humano e justiça; transparência e utilidade; e robustez, segurança, proteção e responsabilidade.[26]

Há grande preocupação por parte das empresas privadas que temem que a regulamentação da matéria possa trazer retrocesso aos avanços da inteligência artificial.

Para o advogado **Ricardo Freitas Silveira**, especialista em Direito Digital e sócio da Lee, Brock, Camargo Advogados, a regulação da inteligência artificial trará mais benefícios para empresas e usuários do que entraves, "embora sempre haja o receio de que uma regulamentação mais extensa possa servir de obstáculo ao desenvolvimento e progresso da IA", diz. Ele destaca que alguns players do setor são contra todo tipo de regulamentação, temendo que haja um engessamento do desenvolvimento dessa tecnologia; mas outros ponderam que o marco legal ajudará a propiciar segurança jurídica para a IA e proteção aos direitos dos usuários, evitando o uso discriminatório, por exemplo.

Segundo o advogado, a aprovação do Marco Legal da IA também está em sintonia com diretriz definida pela Organização para Cooperação e Desenvolvimento (OCDE), que é um órgão de importância internacional e do qual o Brasil quer fazer parte.

"A aprovação do Marco da Inteligência Artificial vem se somar a outros diplomas legais inovadores como o Marco Civil da Internet e a Lei Geral de Proteção de Dados, que trará mais transparência a essa tecnologia e permitirá que as empresas entrem em conformidade com os princípios expressos na IA", diz.[27]

No Brasil, podemos citar como alguns avanços legais neste sentido.

O Projeto de Lei nº 21/2020[28] cria o "marco legal do desenvolvimento e uso da inteligência artificial (IA) pelo poder público, por empresas, entidades diversas e pessoas físicas. O texto, em tramitação na Câmara dos Deputados, estabelece princípios, direitos, deveres e instrumentos de governança para a IA."

---

[26] A REGULAÇÃO da inteligência artificial no Brasil. Disponível em: https://resh.com.br/blog/a-regulacao-da-inteligencia-artificial-no-brasil/. Acesso em: 16 abr. 2023.

[27] CÂMARA aprova projeto que regulamenta uso da inteligência artificial. 30 de setembro de 2021. *Consultor Jurídico*, 30 set. 2021. Disponível em: https://www.conjur.com.br/2021-set-30/camara-aprova-projeto-regula-uso-inteligencia-artificial. Acesso em: 16 abr. 2023.

[28] Para acompanhamento da tramitação, acesse: https://www.camara.leg.br/propostas-legislativas/2236260. Acesso em: 16 abr. 2023.

"Entre outros pontos, a proposta estabelece que o uso da IA terá como fundamento o respeito aos direitos humanos e aos valores democráticos, a igualdade, a não discriminação, a pluralidade, a livre iniciativa e a privacidade de dados."[29]

Em 6 de abril de 2021 foi emitida, pelo Ministério da Ciência, a Portaria nº 4.617/2021, que instituiu a "Estratégia Brasileira de Inteligência Artificial e seus eixos temáticos".

Em 30.03.23 foi instalada, por meio do Ato nº 4/2022 do Presidente do Senado Federal, a Comissão de Juristas (CJSUBIA) responsável por subsidiar a apresentação de minuta de substitutivos legais aos projetos de lei em tramitação sobre o tema de nº 5.051/2019; PL nº 21/2020 e PL nº 872/2021.[30] Essa comissão é composta por 18 especialistas[31] e presidida pelo Ministro do Superior Tribunal de Justiça, Dr. Ricardo Villas Bôas Cueva, e possui a missão de elaborar o Marco Regulatório da Inteligência Artificial.

Também devemos frisar que o uso da inteligência artificial está intimamente ligado à Lei Geral de Proteção de Dados (LGPD).

> Por ter essa relação direta com a tecnologia é de se imaginar que a Inteligência Artificial sofra com as mudanças trazidas nas normas da Lei 13.709/2018. Recentemente, o presidente da ANPD (Autoridade Nacional de Proteção de Dados) Waldemar Gonçalves Ortunho, deu uma declaração durante a Brasscom TecFórum 2022 sobre a necessidade de ambas caminharem juntas.
>
> Ele considera que *"a inteligência artificial é muito ligada à proteção de dados pessoais, já que uma das ações da IA é estabelecer perfis, no que dados pessoais estão fortemente atrelados"* e destacou ainda a necessidade da ANPD – agência reguladora responsável por verificar se as instituições estão seguindo a legislação e por sancionar em casos de não cumprimento – estar presente em definições de um marco legal (qualquer legislação que conduza um assunto) referente a IA, algo bastante discutido pelo Congresso Nacional.[32]

---

[29] PROJETO cria marco legal para uso de inteligência artificial no Brasil. *Câmara dos Deputados*, 4 mar. 2020. Disponível em: https://www.camara.leg.br/noticias/641927-projeto-cria-marco-legal-para-uso-de-inteligencia-artificial-no-brasil/. Acesso em: 16 abr. 2023.

[30] Para acompanhamento dos trabalhos da CJSUBIA acesse: https://legis.senado.leg.br/comissoes/comissao?codcol=2504. Acesso em: 16 abr. 2023.

[31] Ricardo Villas Bôas Cueva (Presidente), Laura Schertel Mendes (relatora), Ana Frazão, Bruno Bioni, Danilo Doneda, Fabrício da Mota, Miriam Wimmer, Wederson Siqueira, Cláudia Lima Marques, Juliano Maranhão, Thiago Sombra, Georges Abboud, Frederico D'Almeida, Victor Marcel, Estela Aranha, Clara Iglesias Keller, Mariana Valente e Filipe Medon.

[32] A EXIGÊNCIA da LGPD na utilização da inteligência artificial. *LGPD Brasil*. 22 abr. 2022. Disponível em: https://www.lgpdbrasil.com.br/a-exigencia-da-lgpd-na-utilizacao-da-inteligencia-artificial/. Acesso em: 16 abr. 2023.

Com o uso cada vez maior desta tecnologia e os riscos que podem vir a trazer, principalmente nas relações privadas, cada vez mais se torna urgente a necessidade de se regulamentar a matéria, a fim de conferir segurança jurídica a todos os envolvidos.

10 Conclusão

Concluímos que sim, a IA pode e deve ser utilizada em vários campos do Direito para **AUXILIAR** o operador jurídico, otimizando o tempo despendido com pesquisas, comunicações etc. Porém, uma vez que a relação entre o operador do Direito, seja ele qual for (advogado, tabelião, juiz, promotor etc.) e a parte é uma relação **HUMANA**, na qual devem ser captados sentimentos como temores, afetos, angústias, demandando muitas vezes até a sensibilidade e a intuição do operador e não só a sua capacidade técnica, deduz-se que esse serviço nunca poderá ser substituído por um robô, ou uma inteligência artificial.

Há que se extrair e usufruir o que de útil e necessário a tecnologia nos tem a oferecer, mas sem nunca nos esquecermos que só o homem possui determinados talentos e o de compreender e resolver o problema do seu semelhante é o maior deles. Isso é infungível e indelegável.

Referências

A EXIGÊNCIA da LGPD na utilização da inteligência artificial. *LGPD Brasil*. 22 abr. 2022. Disponível em: https://www.lgpdbrasil.com.br/a-exigencia-da-lgpd-na-utilizacao-da-inteligencia-artificial/. Acesso em: 16 abr. 2023.

ALBIANI, Christine. *Responsabilidade civil e inteligência artificial*: quem responde pelos danos causados por robôs inteligentes?. 2019, p. 13. Disponível em: https://itsrio.org/wp-content/uploads/2019/03/Christine-Albiani.pdf. Acesso em: 19 mar. 2023.

BARROSO, Luís Roberto. *Curso de direito constitucional contemporâneo*. Rio de Janeiro: Saraiva, 2009.

BRASIL. Supremo Tribunal Federal. Ministro Barroso defende uso de tecnologia para melhorar a prestação jurisdicional. Disponível em: http://portal.stf.jus.br/noticias/verNoticiaDetalhe.asp?idConteudo=461359&ori=1. Acesso em: 18 mar. 2023.

CALO, Ryan. Robotics and the leassons cyberlaw. *California Law Review*, Berkeley, v. 103, n. 3, p. 513-563, jun. 2015.

CÂMARA aprova projeto que regulamenta uso da inteligência artificial. 30 de setembro de 2021. *Consultor Jurídico*, 30 set. 2021. Disponível em: https://www.conjur.com.br/2021-set-30/camara-aprova-projeto-regula-uso-inteligencia-artificial. Acesso em: 16 abr. 2023.

DONEDA, Danilo, C. M. Considerações iniciais sobre inteligência artificial, ética e autonomia pessoal. *Pensar Revista de Ciências Jurídicas*, Fortaleza, v. 23, n. 4, p. 1-17, out./dez. 2018. ISSN:2317-2150, DOI:10.5020/2317-2150.2018.8257.

FARIAS, Maria Clara Cunha Farias; ANJOS dos, Rodrigo Faria Vieira. O ser humano e a inteligência artificial: a proteção dos direitos fundamentais face ao uso da tecnologia. *Res Severa Verum Gaudium*, Porto Alegre, v. 6 n. 1, p. 316-333, 2021. Disponível em: https://seer.ufrgs.br/index.php/resseveraverumgaudium/article/view/114264/65361. Acesso em: 16 abr. 2023.

INTELIGÊNCIA artificial no Direito: o que é e principais impactos. *FIA Business School*, 11 set. 2019. Disponível em: https://fia.com.br/blog/inteligencia-artificial-no-direito/. Acesso em: 16 abr. 2023.

INTELIGÊNCIA. *Oxford Languages*. Disponível em: https://www.google.com/search?q=INTELIG%C3%8ANCIA+DEFINI%C3%87%C3%83O&oq=INTELIG%C3%8ANCIA+DEFINI%C3%87%C3%83O+&aqs=chrome..69i57j0i22i30l8j0i15i22i30.7772j1j7&sourceid=chrome&ie=UTF-8. Acesso em: 16 abr. 2023.

MARANHÃO, Juliano Souza de Albuquerque; FLORÊNCIO, Juliana Abrusio; ALMADA, Marco. Inteligência artificial aplicada ao direito e o direito da inteligência artificia. *SUPREMA – Revista de Estudos Constitucionais*, Brasília, v. 1, n. 1, p. 154-180, jan./jun. 2021. Disponível em: https://suprema.stf.jus.br/index.php/suprema/article/view/20/18. Acesso em: 16 abr. 2023.

MIRAGEM, Bruno. Novo paradigma tecnológico, mercado de consumo digital e o direito do consumidor. *Revista de Direito do Consumidor*, São Paulo, v. 125/2019, set./out. 2019. Disponível em: https://brunomiragem.com.br/wp-content/uploads/2020/06/003-novo-paradigma-tecnologico-e-consumo.pdf. Acesso em: 16 abr. 2023.

O QUE é a Inteligência. Disponível em: http://www.inf.ufsc.br/~j.barreto/IA/conceitos.htm. Acesso em: 27 jul. 2023.

O QUE é uma *lawtech* e qual sua importância para advogados? Veja aqui!. *Advise Blog*, 14 jul. 2022. Disponível em: https://blog.advise.com.br/o-que-e-uma-lawtech/#:~:text=As%20lawtechs%20e%20legaltechs%20s%C3%A3o,mesmo%20%C3%A0%20capta%C3%A7%C3%A3o%20de%20clientes. Acesso em: 16 abr. 2023.

PROJETO cria marco legal para uso de inteligência artificial no Brasil. *Câmara dos Deputados*, 4 mar. 2020. Disponível em: https://www.camara.leg.br/noticias/641927-projeto-cria-marco-legal-para-uso-de-inteligencia-artificial-no-brasil/. Acesso em: 16 abr. 2023.

SILVA, Flávio S. Corrêa da; HIRATA, Nina S. T. Inteligência ética. *Computação Brasil – Revista da Sociedade Brasileira de Computação*, Porto Alegre, n. 47, p. 15-18, jul. 2022. Disponível em: https://www.sbc.org.br/images/flippingbook/computacaobrasil/computa_47/pdf/CompBrasil_47.pdf. Acesso em: 16 abr. 2023.

SILVA, Sheila Aparecida da. Inteligência artificial no Direito. *Jus.com.br*, 20 mar. 2021. Disponível em: https://jus.com.br/artigos/89283/inteligencia-artificial-no-direito. Acesso em: 16 abr. 2023.

TACCA, Adriano; ROCHA, Leonel Severo. Inteligência artificial: reflexos no sistema do direito. *Nomos – Revista da Programa de Pós-Graduação em Direito – UFC*, Fortaleza, v. 38, n. 2, p. 58, jul./dez. 2018. Disponível em: http://periodicos.ufc.br/nomos/article/view/20493/95963 Acesso em: 16 abr. 2023.

TURING, Alan M. *Computing Machinery and Intelligence*, 1950. Disponível em: https://www.csee.umbc.edu/courses/471/papers/turing.pdf. Acesso em: 16 abr. 2023.

WACHOWICZ, Marcos; MICHELOTTO, Giulia Michelotto. A inteligência artificial e o Direito. *Ioda*, 3 ago. 2022. Disponível em: https://ioda.org.br/inteligencia-artificial-e-direito/. Acesso em: 16 abr. 2023.

WHAT is artificial intelligence (AI)? *IBM*. Disponível em: https://www.ibm.com/br-pt/cloud/learn/what-is-artificial-intelligence. Acesso em: 16 abr. 2023.

Informação bibliográfica deste texto, conforme a NBR 6023:2018 da Associação Brasileira de Normas Técnicas (ABNT):

AGAPITO, Priscila de Castro Teixeira Pinto Lopes; ALVES, Camilla Gabriela Chiabrando Castro. O uso da inteligência artificial e seus reflexos nas relações privadas e no Direito. *In*: EHRHARDT JÚNIOR, Marcos; CATALAN, Marcos; NUNES, Cláudia Ribeiro Pereira (Coord.). *Inteligência artificial e relações privadas*: possibilidades e desafios. Belo Horizonte: Fórum, 2023. v. 1. p. 187-206. ISBN 978-65-5518-576-8.

PARTE II

IMPACTOS DA UTILIZAÇÃO DE APLICAÇÕES DE INTELIGÊNCIA ARTIFICIAL PARA O ENSINO JURÍDICO E DIREITOS AUTORAIS

INTELIGÊNCIA ARTIFICIAL: O PROBLEMA DA AUTORIA[1]

ANDRÉ LUIZ ARNT RAMOS

Introdução: um admirável mundo novo

Os recentes desdobramentos da robótica e da inteligência artificial[2] aproximam a humanidade de cenários antes cogitados apenas no campo da ficção científica. Se há pouco robôs[3] se prestavam sobretudo a atividade perigosas ou complementares ao trabalho humano, hoje é certo que uma nova realidade se desenha no horizonte, mormente a partir do desenvolvimento de robôs e outras formidáveis aplicações da inteligência artificial.

A nova geração de soluções tecnológicas supera a barreira da possibilidade de interação autônoma com humanos de modos

---

[1] O manuscrito corresponde, com ligeiras alterações de forma, ao texto-base de aula magna ministrada aos alunos da Faculdade de Direito da Univel Centro Universitário em 16.03.2023.

[2] Trata-se, no dizer de Ehrhardt Júnior e Silva, de "um mecanismo de acúmulo e representação de conhecimento, que se expande na medida em que coleta mais dados" (EHRHARDT JÚNIOR, M.; SILVA, G. B. P. Pessoa e sujeito: reflexões sobre a proposta europeia de personalidade jurídica eletrônica. *Revista Brasileira de Direito Civil*, Belo Horizonte, v. 23, p. 57-79, jan./mar. 2020, p. 67). Ou, o que parece ser seguro dizer, simplesmente de estatística aplicada ao *big data*.

[3] Ao nascer deste projeto de pesquisa, parte-se da concepção de Richards e Smart de que robôs são uma notável aplicação da inteligência artificial, consistentes em sistemas construídos que manifestam ações físicas e mentais, conquanto não estejam (ou sejam) *vivos* no sentido biológico. V. RICHARDS, N. M.; SMART, W. D. How should the Law think about robots? Disponível em: http://robots.law.miami.edu/wp-content/uploads/2012/03/RichardsSmart_HowShouldTheLawThink.pdf. Acesso em: 13 mar. 2023.

socialmente significativos.⁴ A capacidade de interação com outros seres inteligentes e de manifestação de características concebidas como inatas ao ser humano (e.g.: inteligência, sentimentos e criatividade), põe em xeque a suficiência das respostas construídas a partir do Direito e de suas categorias. Sinal disso é o debate contemporâneo acerca da própria personalidade, diante de pressões pela edificação de subjetividades jurídicas não humanas a inteligências artificiais avançadas.⁵ Um debate que depende ainda de amadurecimento para que origine uma solução coerente com o Ordenamento Jurídico brasileiro, cuja ausência provoca inquietações comuns a todos os ramos do Direito.

Ilustrativamente, pode-se cogitar de repercussões do tema *pelo menos* para as seguintes searas do que costumeiramente se designa *Direito material*:

(i) o Direito Civil existencial, a exemplo da possibilidade ou não de um robô social integrar ou constituir agrupamento familiar;⁶

(ii) o Direito Civil patrimonial, *v.g.* pelo potencial de causação de danos em escala por entidades dotadas de inteligência artificial *forte*,⁷ bem como a aparente insuficiência dos filtros tradicionais do juízo de reparação frente à tomada autônoma de decisão por uma máquina arrostam os limites e possibilidades do Direito de Danos;⁸

---

[4] V. LEE, K. M. *et al.* Can robots manifest personality? An empirical test of personality recognition, social responses, and social presence in human-robot interaction. *Journal of Communication*, Washington, DC., n. 56, p. 754-772, 2006.

[5] A propósito: VALDIVIA, A. K. C. No es solo un robot: consideraciones en torno de una nueva personalidad jurídica y el redimensionamiento de las relaciones interpersonales. *Revista Ius et Praxis*. Talca, a. 26, n. 2, p. 55-77, 2020.

[6] Embora aparentemente mais distante do tempo presente, esta possibilidade é amplamente explorada pelo cinema e pela televisão. É o caso, ilustrativamente, da série *WandaVision* (2021), produzida pelos Estúdios Marvel a partir de narrativas consagradas em histórias em quadrinhos, a qual retrata a vivência familiar de uma humana com uma espécie de robô extremamente avançado.

[7] Kurzweil explica a inteligência artificial forte a partir de "aptidão similar às amplas, profundas e sutis características da inteligência humana, particularmente os poderes de reconhecer padrões e de comandar a linguagem" (KURZWEIL, R. *The singularity is near*: when humans transcend biology. Londres: Duckworth, 2005, p. 89).

[8] Na esteira do que sugeriu Schreiber em sua tese de doutoramento (SCHREIBER, A. *Novos paradigmas da responsabilidade civil*: da erosão dos filtros da reparação à diluição dos danos. 4. ed. São Paulo: Atlas, 2012) e em simetria ao que se propõe na comunidade jurídica internacional, a civilística brasileira cogita do enfrentamento deste desafio mediante recurso a seguros obrigatórios, públicos ou privados (EHRHARDT JÚNIOR, M.; SILVA, G. B. P. Pessoa e sujeito: reflexões sobre a proposta europeia de personalidade jurídica eletrônica. *Revista Brasileira de Direito Civil*, Belo Horizonte, v. 23, p. 57-79, jan./mar. 2020, p. 75).

(iii) o Direito Penal,[9] não só pela medida da pena aplicável à inteligência não humana, como também pela possibilidade de tomada consciente de decisão quando à produção de resultado típico, ou mesmo pelos impactos que a capacidade de processamento de uma inteligência artificial possa implicar para as noções de *dolo eventual* e de *culpa consciente*;

(iv) o Direito Tributário,[10] pela inevitável prática de atos signo-presuntivos de riqueza por robôs, a ensejar deveres de toda sorte perante o Fisco, com perspectivas tão precárias quanto às pontuadas adiante para efeito de reparação de danos;

(v) o Direito Constitucional,[11] dada, por exemplo, a possibilidade de extensão, mesmo que parcial, dos direitos fundamentais a robôs sociais, com desdobramentos tão curiosos quanto incertos; e

(vi) o Direito do Trabalho,[12] em virtude da perspectiva de agravamento da substituição de mão de obra humana por soluções automatizadas e autônomas.

Essas questões, de um modo geral, não são ainda alvo de iniciativas legislativas abrangentes. Todavia, ao tempo do fechamento deste texto, tramita no Congresso Nacional o Projeto de Lei nº 21/2020, de autoria do Deputado Eduardo Bismarck, cujo texto propõe a estruturação de um marco normativo para o desenvolvimento e o uso da inteligência artificial no Brasil. A despeito de sua tramitação em regime de urgência, que catapultou o texto projetado para a revisão no Senado Federal com notável agilidade, a comunidade jurídica especializada tem envidado esforços para contribuir com sua melhoria. Exemplos desses esforços são a nota técnica publicada pelo Centro de Inovação, Administração e Pesquisa do Judiciário da Fundação Getulio Vargas, capitaneada pelo Ministro Luis Felipe Salomão, do Superior Tribunal de Justiça,[13] bem assim o extenso relatório final da comissão

---

[9] V. HALLEVY, G. The criminal liability of artificial intelligence entities: from science fiction to legal social control. *Akron Intellectual Property Journal*. Ohio, v. 4, p. 171-199, 2016.

[10] V. HOFFER, S. What if Tax Law's future is now? *The Ohio State Technology Law Journal*. Ohio, v. 16, n. 1, p. 67-72, 2020.

[11] V. WRIGHT, R. G. The constitutional rights of advanced robots (and of human beings). *Arkansas Law Review*. Fayetteville, v. 71, n. 3, p. 613-646, 2019.

[12] V. DÍAZ, D. P. Robots inteligentes: implicaciones ético-jurídicas de la introcción de tecnologias disruptivas en los entornos de trabajo. *DILEMATA – Revista Internacional de Éticas Aplicadas*, Madri, a. 13, n. 34, p. 89-104, 2021.

[13] SALOMÃO, L. F. (Coord.). *Marco legal da inteligência artificial*: nota técnica sobre o Projeto de Lei 21/2020. Rio de Janeiro: FGV, 2021.

de juristas responsável por subsidiar a elaboração de substitutivo sobre o dito projeto de lei.[14] Mesmo com o avanço dos trabalhos legislativos concernentes ao PL em comento e com sua eventual materialização em Lei Federal, é certo que a generalidade dos desdobramentos supracitados permanecerá em aberto, à espera de soluções específicas.

Em perspectiva bem mais concreta e atual, aplicações de inteligência artificial já se fazem presentes na operação do *Direito Processual* brasileiro. Isso é exposto e discutido minuciosamente pela segunda edição do relatório "Inteligência Artificial: tecnologia aplicada à gestão dos conflitos não âmbito do Poder Judiciário brasileiro", coordenado pelo Ministro do Superior Tribunal de Justiça Luis Felipe Salomão no bojo do Centro de Inovação, Administração e Pesquisa do Judiciário da Fundação Getulio Vargas. O estudo dá conta de que mais de 70% dos Tribunais brasileiros emprega aplicações de inteligência artificial em prol de melhorias na administração de seus afazeres.[15] Essa realidade, que se intensificou dramaticamente por ocasião da pandemia de COVID-19, despertou o olhar atento do Conselho Nacional de Justiça, o qual editou a Resolução nº 332 de 2020 para estabelecer balizas destinadas a enfrentar os vieses e deficiências da inteligência artificial. Mais ainda, para assegurar que seu emprego seja controlável e não amesquinhe direitos fundamentais.[16]

A transversalidade do tema permite vislumbrar, a despeito de seu aparente caráter tópico, que ele demanda reconsiderar o Ordenamento Jurídico como um todo. É dizer: mais que resolver desafios tecnológicos a partir de expedientes técnico-jurídicos,[17] a emergência e a rápida proliferação de aplicações refinadas de inteligência artificial põem em

---

[14] BRASIL. Senado Federal. *Relatório Final* da comissão de juristas responsável por subsidiar elaboração de substitutivo sobre inteligência artificial no Brasil. Brasília, 2022. Disponível em: https://legis.senado.leg.br/comissoes/reuniao?0&reuniao=11056&codcol=2504. Acesso em: 13 mar. 2023.

[15] SALOMÃO, L. F. (Coord.). *Marco legal da inteligência artificial*: nota técnica sobre o Projeto de Lei 21/2020. Rio de Janeiro: FGV, 2021.

[16] BRASIL. Conselho Nacional de Justiça. Resolução 332/2020. Dispõe sobre a ética, a transparência e a governança na produção e no uso de Inteligência Artificial no Poder Judiciário e dá outras providências. Brasília: CNJ, 2020. Disponível em: https://atos.cnj.jus.br/atos/detalhar/3429. Acesso em: 13 mar. 2023.

[17] É o que sugerem, *inter alia*, Teubner (v. TEUBNER, G. Rights of non-humans? Electronic agents and animals as new actors in Politics and Law. *Journal of Law and Society*. Amherst, n. 33, p. 497-521, 2006, *passim*) e, no Brasil, Milagres, malgrado acompanhada de questionamento sobre a efetiva utilidade prática da solução (v. MILAGRES, M. O. A robótica e as discussões sobre a personalidade eletrônica. *In*: EHRHARDT JÚNIOR, M.; CATALAN, M.; CUNHA FROTA, P. M. (Coords.). *Direito Civil e tecnologia*. Belo Horizonte: Fórum, 2020).

questão o sentido de *Direito*[18] e sua vocação à proteção e promoção da *pessoa humana*.[19] A problemática da autoria eventualmente atribuível a aplicações de inteligência artificial ilustra bem esse revolvimento profundo dos alicerces do Direito brasileiro. E oportuniza uma reflexão muito interessante sobre os limites e possibilidades das soluções normativas existentes.

1 Eu, autor: *quo vado?*

Nesse contexto é que se insere o tema desta intervenção: *inteligência artificial e o problema da autoria*. Sua eleição se deve ao fato de que a criação de obras intelectuais e artísticas por inteligências artificiais põem em causa a concepção jurídica de *obra* como *criação do espírito humano*.[20] Na mesma esteira, problematiza o sentido jurídico de *autoria* e toda a proteção jurídica que daí decorre para o *autor* – a principiar pela fundamental pergunta acerca da possibilidade de proteção de tais obras, de que são bons exemplos:

(i) o projeto *The Next Rembrandt*, que *criou* pinturas ao estilo do célebre artista mediante emprego extensivo de inteligência artificial, ainda em 2016;

(ii) o curta-metragem *Sunspring*, cujo roteiro foi inteiramente escrito por um robô inteligente, a partir de redes neurais, também em 2016;

(iii) a contemplação da obra "Théâtre D'opéra Spatial" com a primeira colocação na categoria *digital* da feira de arte do Colorado (*Colorado State Fair*), em setembro de 2022;[21]

(iv) o uso da ferramenta ChatGPT para redação, por exemplo, de sermões e homilias[22] em fevereiro de 2023.

---

[18] MIRANDA BARBOSA, A. M. C. N. Inteligência artificial, e-persons e Direito: desafios e perspetivas. *RJLB*, Lisboa, a. 3, n. 6, p. 1475-1503, 2017, p. 1496.

[19] A despeito do anacronismo desnudado pelo sentido jurídico contemporâneo da dignidade humana, não é demais anotar o vetusto brocardo que diz *"hominum causa (omne) ius constitutum est"*.

[20] V. BÜRGER, M. L. F. M.; CORRÊA, R. Dos pincéis aos algoritmos: a titularidade das expressões artísticas e criativas resultantes da aplicação da inteligência artificial. *In*: EHRHARDT JÚNIOR, M.; CATALAN, M.; CUNHA FROTA, P. M. (Coords.). *Direito Civil e tecnologia*. Belo Horizonte: Fórum, 2020.

[21] ROOSE, Kevin. An A.I.-Generated Picture Won an Art Prize. Artists Aren't Happy. *The News York Times*, 2 set. 2022. Disponível em: https://www.nytimes.com/2022/09/02/technology/ai-artificial-intelligence-artists.html. Acesso em: 13 mar. 2023.

[22] V. TEH, C. A rabbi used ChatGPT to write a sermon. He said his congregation's reaction made him 'deathly afraid' – but that it won't put him out of a job just yet. *Business Insider*,

O problema delimitado, como se vê, não é puramente cerebrino, tampouco uma conjectura sobre o futuro possível. Antes, é um tema do presente. E que demanda uma reflexão urgente e que já tarda para se articular, mesmo que com lastro em normativas pré-existentes e em orientações consolidadas dos Tribunais. Esses elementos convergem para a qualidade necessariamente *humana* do autor para efeito da atribuição da proteção própria do Direito Intelectual – a obra é, afinal e como dito, uma *manifestação do espírito humano*; uma expressão criativa do intelecto da complexidade ontológica que se reconhece como *pessoa humana*. A propósito:

> O que se pode extrair da interpretação do art. 11 [da Lei 9.610/1998] dentro do contexto antropocêntrico garantido pela legislação autoral é o seguinte: para ser autor, é necessário que o agente (i) seja uma pessoa física, (ii) incorra em ato de criação e (iii) que a sua criação seja uma obra literária, artística ou científica.[23]

Diante desse ponto de partida, a primeira dimensão da análise indispensável ao enfrentamento do *problema da autoria* frente a obras produzidas com emprego de inteligência artificial diz respeito à existência de relação causal entre ações humanas alimentadoras e o resultado gerado pela máquina. É o que diz Schirru: "um ponto que é essencial para análise aqui proposta é a busca pela identificação do nível de interferência humana no resultado final dos processos realizados pelo sistema".[24] A razão para tanto é singela: se houver evidente causalidade entre o *input* humano e o *output* da máquina, os velhos critérios aplicáveis à proteção de obras bastam. Isso para efeito de atribuição da autoria e da titularidade da obra a uma pessoa natural, nos lindes da legislação vigente.

As coisas se tornam um tanto mais dificultosas à medida que crescem a complexidade e a autonomia da inteligência artificial. Isso

---

16 fev. 2023. Disponível em: https://www.businessinsider.com/rabbi-chat-gpt-ai-sermon-deathly-afraid-2023-2. Acesso em: 13 mar. 2023; BALLOUSSIER, A. B. ChatGPT chega a igrejas e gera debate entre pastores. *Acessa*.com, 11 fev. 2023. Disponível em: https://www.acessa.com/economia/2023/02/128556-chatgpt-chega-a-igrejas-e-gera-debate-entre-pastores.html. Acesso em: 13 mar. 2023.

[23] SCHIRRU, L. *Inteligência artificial e o Direito Autoral*: o domínio público em perspectiva. Disponível em: https://itsrio.org/wp-content/uploads/2019/04/Luca-Schirru-rev2-1.pdf. Acesso em: 13 mar. 2023.

[24] SCHIRRU, L. *Inteligência artificial e o Direito Autoral*: o domínio público em perspectiva. Disponível em: https://itsrio.org/wp-content/uploads/2019/04/Luca-Schirru-rev2-1.pdf. Acesso em: 13 mar. 2023, p. 5.

porque, como relatam Gonçalves e Lana, "chega-se a um ponto onde se observariam agentes autônomos capazes de gerar novas ideias com total ou relativa independência do programador [...], e isso significaria que não poderia ser atribuída paternidade da obra a uma pessoa natural".[25] Vale dizer: faltariam elementos à composição do suporte fático indispensável à incidência normativa da proteção autoral à luz do Direito brasileiro.

A segunda dimensão de tal análise recai sobre a distinção fundamental entre a proteção autoral do *software* que articula a inteligência artificial e a eventualmente cabível ao resultado de sua aplicação. Como argumentam Gonçalves e Lana, "é necessário compreender essa natureza dual de uma aplicação do tipo em ser ao mesmo tempo criação e criadora de obras".[26] Isso porque, de um lado e como sublinhado acima, hoje não há elementos jurídicos que permitam atribuir personalidade e/ou capacidade de direito às aplicações de inteligência artificial.[27] Logo, faltaria aptidão à titularidade de posições jurídicas, o que desaguaria na aporia do direito sem sujeito. Por outras palavras, inexistiria *prima facie* proteção autoral aos produtos desenvolvidos por inteligências artificiais robustas, em virtude da inexistência de personalidade jurídica e de capacidade de direito.

Não bastasse, como identificam Hohendorf, Cantali e D'Ávila, "no Brasil, sequer a Lei dos Programas de Computador trata das possíveis criações provenientes dos *softwares*, apenas tutela o código fonte do programa".[28]

O suporte fático que atrai a incidência da proteção autoral, todavia, é integrado por outros elementos. Como visto, a obra deve ser uma *expressão criativa* – i.e.: original e efetiva – do *intelecto* humano. Assim, para a eventualidade de se superar a primeira barreira à admissão da

---

[25] GONÇALVES, L. R.; LANA, P. P. A autoria de obras tuteláveis pelo Direito Autoral por aplicações de inteligência artificial no Direito Brasileiro e Português. *In*: WACHOWICZ, M.; DIAS PEREIRA, A. L.; LANA, P. P. *Novos direitos intelectuais*: estudos luso-brasileiros sobre propriedade intelectual, inovação e tecnologia. Curitiba: Gedai, 2019, p. 36.

[26] GONÇALVES, L. R.; LANA, P. P. A autoria de obras tuteláveis pelo Direito Autoral por aplicações de inteligência artificial no Direito Brasileiro e Português. *In*: WACHOWICZ, M.; DIAS PEREIRA, A. L.; LANA, P. P. *Novos direitos intelectuais*: estudos luso-brasileiros sobre propriedade intelectual, inovação e tecnologia. Curitiba: Gedai, 2019, p. 37.

[27] Sobre este universo temático e suas nuanças, v. WACHOWICZ, M.; GONÇALVES, L. R. Inteligência artificial e criatividade: novos conceitos na propriedade intelectual. Curitiba: Gedai, 2019.

[28] HOHENDORFF, R.; CANTALI, F. B.; D'ÁVILA, F. F. Inteligência artificial e direitos autorais: desafios e possibilidades no cenário jurídico brasileiro e internacional. *PragMATIZES – Revista Latino-Americana de Estudos em Cultura*, Niterói, a. 10, n. 19, p. 249-279, set. 2020, p. 262.

autoria e da titularidade de direitos dela decorrente para aplicações de inteligência artificial, cumpre debater se seus produtos podem ser considerados (i) *criativos* – i.e.: originais e efetivos; e (ii) expressões intelectuais.

2 Requisitos objetivos da proteção autoral

A questão da originalidade é espinhosa e conduz a respostas contraintuitivas, pois, a despeito da compreensão da inteligência artificial como estatística aplicada ao *big data*, é voz corrente que os resultados de programas de computador avançados não podem ser antecipados com precisão. Dessarte, quando menos no tocante ao produto do processo criativo, as criações realizadas por aplicações de inteligência artificial bastariam a atender ao requisito.[29] Demais disso, a própria criatividade humana não é muito mais do que um "amálgama de trabalhos criativos anteriores vividos e aprendidos pelo artista",[30] pelo que

> No que se refere à originalidade de uma obra, independentemente de ela ter sido produzida por um humano ou uma aplicação, ela deve ser tomada como inovadora quando tem sucesso em continuar o fluxo criativo que a inspirou. Isso habilitar a aplicações de IA a apresentar sim produtos originais.[31]

Já a problemática da efetividade – ou seja: do reconhecimento de uma obra criativa como tal pela comunidade em que publicada – é menos complexa. Isso porque o requisito é uma função da apreciação pelo público, o que se pode quantificar objetivamente pelo sucesso comercial de vendas de obras produzidas por aplicações de inteligência artificial ou, por uma via menos mercadológica, pela contemplação de tais obras com prêmios em feiras e exposições – caso do já mencionado "Théâtre D'opéra Spatial", vencedor da *Colorado State Fair* de 2022. Assim, é factível a afirmação de que as obras provenientes de aplicações de inteligência artificial são efetivas. E, pela conjugação de originalidade e efetividade, *criativas*.

---

[29] CÁCERES, J. B. e MUÑOS, F. N. Inteligencia artificial y derecho de autor: una discusión necesaria. TERLIZZI, M. S. e WACHOWICZ, M. *Propiedad intelectual, sociedad y desarrollo*: reflexiones desde Lationamerica. Buenos Aires: Flasco, 2020, p. 35.

[30] WACHOWICZ, M.; GONÇALVES, L. R. Inteligência artificial e criatividade: novos conceitos na propriedade intelectual. Curitiba: Gedai, 2019, p. 73.

[31] WACHOWICZ, M.; GONÇALVES, L. R. Inteligência artificial e criatividade: novos conceitos na propriedade intelectual. Curitiba: Gedai, 2019, p. 74.

A caracterização da obra produzida por aplicações de inteligência artificial como expressão intelectual, de seu turno, suscita a pergunta "poderia um programa imbuir uma obra criativa de seus traços pessoais (o seu *persönlichen Geist*) de modo a ser considerada como autora?".[32]

O enfrentamento da pergunta, novamente, resvala na maior ou menor autonomia de cada aplicação de inteligência artificial. As inteligências artificiais *fortes*, dotadas de autonomia que lhes permite criar virtualmente sem intervenção ou condução humana, aparentemente teriam o condão de imbuir a obra de traços próprios. Mormente diante dos burburinhos em torno de comportamentos de *chatbots* que denotam algum nível de senciência.[33]

Isso tudo permite vislumbrar que as obras produzidas autonomamente por aplicações de inteligência artificial podem ser criativas e, aparentemente, podem ser entendidas como expressões intelectuais, as quais não se credenciam à proteção autoral sobretudo pela falta de um *autor* humano.

Diante dessa ordem de ideias, nos casos de menor autonomia e, conseguintemente, maior intervenção (ou controle) humana no desenrolar do processo criativo, será possível sustentar a atribuição da proteção autoral ao operador humano. Por outro lado, na hipótese de máxima autonomia e de total independência da atuação criativa da aplicação de inteligência artificial, três soluções possíveis se desenham: (i) a obra é de autoria e titularidade da própria aplicação de inteligência artificial; (ii) a autoria e a titularidade serão daquele que gerou o conjunto de arranjos necessários à criação pela inteligência artificial ou, a depender do grau de interferência, daquele que a encomendou; e (iii) a obra não é passível de proteção autoral, pelo que integra do domínio público.

A primeira solução, como visto, esbarra nos limites da linguagem empregada pela legislação específica do Brasil, bem assim na impossibilidade atual de atribuição de titularidade a *não sujeitos*, face à ausência de caminhos normativos para atribuição de personalidade jurídica (ou algo semelhante) às aplicações de inteligência artificial.

---

[32] WACHOWICZ, M.; GONÇALVES, L. R. Inteligência artificial e criatividade: novos conceitos na propriedade intelectual. Curitiba: Gedai, 2019, p. 77.

[33] A propósito: LEMOINE, B. "I worked on Google's AI. My fears are coming true". *Newsweek*, 27 fev. 2023. Disponível em: https://www.newsweek.com/google-ai-blake-lemoine-bing-chatbot-sentient-1783340. Acesso em: 13 mar. 2023; TIKU, N. The Google engineer who thinks the company's AI has come to life. *The Washington Post*, 11 jun. 2022. Disponível em: https://www.washingtonpost.com/technology/2022/06/11/google-ai-lamda-blake-lemoine/. Acesso em: 13 mar. 2023.

A segunda solução, de seu turno, parece insuficiente porque apegada a um estágio de desenvolvimento da inteligência artificial em que o *input* humano é determinante à produção do resultado analisado. Ela não responde à pergunta quanto à titularidade da obra criada de modo (quase) totalmente independente e autônomo por uma inteligência artificial forte. E, frente à possibilidade de criação tendencialmente infinita de obras por aplicações dessa sorte, poderia refrear processos criativos humanos em vez de estimulá-los, como seria da vocação originária do Direito Intelectual.

A terceira solução, por fim, é a que hodiernamente predomina na literatura especializada brasileira. E tanto pelo viés econômico de fomentar a criação e a inovação quanto pelo viés social de promover o acesso à cultura. A propósito, Gonçalves e Lana argumentam pela existência de duas grandes justificativas para ela. A um, "é preservada a consistência e coerência teórica dos princípios estruturais do direito autoral com base no *droit d'auteur* […], pois esses modelos têm como foco os autores […], buscando um equilíbrio com o interesse público".[34] A dois, a solução promove "o compartilhamento de conhecimento, o ganho em acessibilidade às obras e sua utilização por outros artistas para imitação competitiva".[35] Schirru acrescenta, ainda, que tal "a situação normal das obras, e a exclusão a sua exceção".[36]

Conclusão

À luz de tudo isso, é seguro concluir que aplicações avançadas de inteligência artificial *podem* gerar obras intelectuais e criativas, pelo que, ao menos objetivamente, seriam em tese elegíveis a proteção autoral. Todavia, precisamente pela inexistência de solução atribuidora de subjetividade jurídica àquelas, é impossível cogitar de qualquer direito de exclusividade decorrente da paternidade de obras. Isso por

---

[34] GONÇALVES, L. R.; LANA, P. P. A autoria de obras tuteláveis pelo Direito Autoral por aplicações de inteligência artificial no Direito Brasileiro e Português. *In*: WACHOWICZ, M.; DIAS PEREIRA, A. L.; LANA, P. P. *Novos direitos intelectuais*: estudos luso-brasileiros sobre propriedade intelectual, inovação e tecnologia. Curitiba: Gedai, 2019, p. 58.

[35] GONÇALVES, L. R.; LANA, P. P. A autoria de obras tuteláveis pelo Direito Autoral por aplicações de inteligência artificial no Direito Brasileiro e Português. *In*: WACHOWICZ, M.; DIAS PEREIRA, A. L.; LANA, P. P. *Novos direitos intelectuais*: estudos luso-brasileiros sobre propriedade intelectual, inovação e tecnologia. Curitiba: Gedai, 2019, p. 58.

[36] SCHIRRU, L. *Inteligência artificial e o Direito Autoral*: o domínio público em perspectiva. Disponível em: https://itsrio.org/wp-content/uploads/2019/04/Luca-Schirru-rev2-1.pdf. Acesso em: 13 mar. 2023, p. 22.

ora, já que discussões sobre a construção de uma *e*-personalidade têm ganhado corpo *urbe et orbe*.

Nesse cenário, a atribuição da titularidade e das prerrogativas dela decorrentes ao programador ou ao usuário da aplicação de inteligência artificial criadora da obra carece de tônus para acomodar a crescente autonomia de tais aplicações e, por consequência, a notável imprevisibilidade de seus resultados.

Por fim, haja vista as escolhas que alicerceiam o Direito Intelectual brasileiro e as vocações normativas delas decorrentes, a resposta que se coloca *para o momento* à pergunta quanto à autoria e à titularidade de obras criadas por aplicações de inteligência artificial aponta para o domínio público. Assim, sem prejuízo da afirmação do destino *ordinário* das obras no Direito pátrio, promove-se amplo acesso à cultura e aos bens culturais, bem assim a (re)criação livre.[37]

Referências

BALLOUSSIER, A. B. ChatGPT chega a igrejas e gera debate entre pastores. *Acessa*.com, 11 fev. 2023. Disponível em: https://www.acessa.com/economia/2023/02/128556-chatgpt-chega-a-igrejas-e-gera-debate-entre-pastores.html. Acesso em: 13 mar. 2023.

BRANCO, S. *O domínio público no Direito Autoral brasileiro*: uma obra em domínio público. Rio de Janeiro: Lumen Juris, 2011.

BRASIL. Conselho Nacional de Justiça. Resolução 332/2020. Dispõe sobre a ética, a transparência e a governança na produção e no uso de inteligência artificial no Poder Judiciário e dá outras providências. Brasília: CNJ, 2020.

BRASIL. Senado Federal. *Relatório Final* da comissão de juristas responsável por subsidiar elaboração de substitutivo sobre inteligência artificial no Brasil. Brasília, 2022.

BÜRGER, M. L. F. M.; CORRÊA, R. Dos pincéis aos algoritmos: a titularidade das expressões artísticas e criativas resultantes da aplicação da inteligência artificial. *In*: EHRHARDT JÚNIOR, M.; CATALAN, M.; CUNHA FROTA, P. M. (Coords.). *Direito Civil e tecnologia*. Belo Horizonte: Fórum, 2020.

CÁCERES, J. B.; MUÑOS, F. N. Inteligencia artificial y derecho de autor: una discusión necesaria. *In*: TERLIZZI, M. S.; WACHOWICZ, M. *Propiedad intelectual, sociedad y desarrollo*: reflexiones desde Lationamerica. Buenos Aires: Flasco, 2020.

DÍAZ, D. P. Robots inteligentes: implicaciones ético-jurídicas de la introcción de tecnologias disruptivas en los entornos de trabajo. *DILEMATA – Revista Internacional de Éticas Aplicadas*, Madri, a. 13, n. 34, p. 89-104, 2021.

---

[37] A expressão é de BRANCO, S. *O domínio público no Direito Autoral brasileiro*: uma obra em domínio público. Rio de Janeiro: Lumen Juris, 2011, p. 57.

EHRHARDT JÚNIOR, M.; SILVA, G. B. P. Pessoa e sujeito: reflexões sobre a proposta europeia de personalidade jurídica eletrônica. *Revista Brasileira de Direito Civil*, Belo Horizonte, v. 23, p. 57-79, jan./mar. 2020.

GONÇALVES, L. R.; LANA, P. P. A autoria de obras tuteláveis pelo Direito Autoral por aplicações de inteligência artificial no Direito Brasileiro e Português. *In*: WACHOWICZ, M.; DIAS PEREIRA, A. L.; LANA, P. P. *Novos direitos intelectuais*: estudos luso-brasileiros sobre propriedade intelectual, inovação e tecnologia. Curitiba: Gedai, 2019.

HALLEVY, G. The criminal liability of artificial intelligence entities: from science fiction to legal social control. *Akron Intellectual Property Journal*. Ohio, v. 4, p. 171-199, 2016.

HOFFER, S. What if Tax Law's future is now? *The Ohio State Technology Law Journal*. Ohio, v. 16, n. 1, p. 67-72, 2020.

HOHENDORFF, R.; CANTALI, F. B.; D'ÁVILA, F. F. Inteligência artificial e direitos autorais: desafios e possibilidades no cenário jurídico brasileiro e internacional. *PragMATIZES – Revista Latino-Americana de Estudos em Cultura*, Niterói, a. 10, n. 19, p. 249-279, set. 2020.

KURZWEIL, R. *The singularity is near*: when humans transcend biology. Londres: Duckworth, 2005.

LEE, K. M. *et al*. Can robots manifest personality? An empirical test of personality recognition, social responses, and social presence in human-robot interaction. *Journal of Communication*, Washington, DC., n. 56, p. 754-772, 2006.

LEMOINE, B. "I worked on Google's AI. My fears are coming true". *Newsweek*, 27 fev. 2023. Disponível em: https://www.newsweek.com/google-ai-blake-lemoine-bing-chatbot-sentient-1783340. Acesso em: 13 mar. 2023.

MILAGRES, M. O. A robótica e as discussões sobre a personalidade eletrônica. *In*: EHRHARDT JÚNIOR, M.; CATALAN, M.; CUNHA FROTA, P. M. (Coords.). *Direito Civil e tecnologia*. Belo Horizonte: Fórum, 2020.

MIRANDA BARBOSA, A. M. C. N. Inteligência artificial, e-persons e Direito: desafios e perspetivas. *RJLB*, Lisboa, a. 3, n. 6, p. 1475-1503, 2017.

RICHARDS, N. M.; SMART, W. D. How should the Law think about robots? Disponível em: http://robots.law.miami.edu/wp-content/uploads/2012/03/RichardsSmart_HowShouldTheLawThink.pdf. Acesso em: 13 mar. 2023.

ROOSE, Kevin. An A.I.-Generated Picture Won an Art Prize. Artists Aren't Happy. *The News York Times*, 2 set. 2022. Disponível em: https://www.nytimes.com/2022/09/02/technology/ai-artificial-intelligence-artists.html. Acesso em: 13 mar. 2023.

SALOMÃO, L. F. (Coord.). *Marco legal da inteligência artificial*: nota técnica sobre o Projeto de Lei 21/2020. Rio de Janeiro: FGV, 2021.

SCHIRRU, L. *Inteligência artificial e o Direito Autoral*: o domínio público em perspectiva. Disponível em: https://itsrio.org/wp-content/uploads/2019/04/Luca-Schirru-rev2-1.pdf. Acesso em: 13 mar. 2023.

SCHREIBER, A. *Novos paradigmas da responsabilidade civil*: da erosão dos filtros da reparação à diluição dos danos. 4. ed. São Paulo: Atlas, 2012.

TEH, C. A rabbi used ChatGPT to write a sermon. He said his congregation's reaction made him 'deathly afraid' – but that it won't put him out of a job just yet. *Business Insider*, 16 fev. 2023. Disponível em: https://www.businessinsider.com/rabbi-chat-gpt-ai-sermon-deathly-afraid-2023-2. Acesso em: 13 mar. 2023.

TEUBNER, G. Rights of non-humans? Electronic agents and animals as new actors in Politics and Law. *Journal of Law and Society*. Amherst, n. 33, p. 497-521, 2006.

TIKU, N. The Google engineer who thinks the company's AI has come to life. *The Washington Post*, 11 jun. 2022. Disponível em: https://www.washingtonpost.com/technology/2022/06/11/google-ai-lamda-blake-lemoine/. Acesso em: 13 mar. 2023.

VALDIVIA, A. K. C. No es solo un robot: consideraciones en torno de una nueva personalidad jurídica y el redimensionamiento de las relaciones interpersonales. *Revista Ius et Praxis*. Talca, a. 26, n. 2, p. 55-77, 2020.

WACHOWICZ, M.; GONÇALVES, L. R. Inteligência artificial e criatividade: novos conceitos na propriedade intelectual. Curitiba: Gedai, 2019.

WRIGHT, R. G. The constitutional rights of advanced robots (and of human beings). *Arkansas Law Review*. Fayetteville, v. 71, n. 3, p. 613-646, 2019.

Informação bibliográfica deste texto, conforme a NBR 6023:2018 da Associação Brasileira de Normas Técnicas (ABNT):

RAMOS, André Luiz Arnt. Inteligência artificial: o problema da autoria. *In*: EHRHARDT JÚNIOR, Marcos; CATALAN, Marcos; NUNES, Cláudia Ribeiro Pereira (Coord.). *Inteligência artificial e relações privadas*: possibilidades e desafios. Belo Horizonte: Fórum, 2023. v. 1. p. 209-221. ISBN 978-65-5518-576-8.

A INTELIGÊNCIA ARTIFICIAL E SEUS IMPACTOS NOS DIREITOS AUTORAIS

MÉRIAN HELEN KIELBOVICZ
LUIZ GONZAGA SILVA ADOLFO

1 Introdução

A pesquisa tem como tema a inteligência artificial e os Direitos Autorais e busca responder a seguinte indagação: Quais são os impactos gerados pelas IAs no direito do autor?

Com a finalidade de discutir sobre o foco do estudo, surgem os objetivos que fundamentarão o artigo. O geral será o de analisar a produção de conteúdo por IA sob a ótica dos Direitos Autorais, fundamentando-se em princípios e teorias que formam o instituto. Ademais, nos objetivos específicos, o artigo se debruçará em conceitos da legislação autoral e da Sociedade da Informação, com o enfoque na inteligência artificial.

As hipóteses levantadas possuem sustentação nos diversos questionamentos em que se apresenta o assunto, visto que ainda se mostra incipiente no Direito Internacional e brasileiro, estando sujeito a diversos obstáculos legais pela falta de casos concretos e paradigmas.

A temática proposta se justifica ao trazer reflexões a respeito dos direitos do autor e as tecnologias das IAs, visto que frente à realidade da Sociedade da Informação, surgem constantemente novas questões sobre os impactos gerados e às garantias já conferidas aos autores das obras protegidas. Assim, no presente trabalho, buscar-se-á delinear possíveis soluções no âmbito do direito do autor.

Com relação à pesquisa, trata-se do tipo qualitativa e exploratória e o procedimento de coleta é o bibliográfico, desenvolvendo-se a partir do uso da metodologia de abordagem crítico-descritiva das leituras da doutrina, leis, jurisprudência e artigos sobre o tema.

Concluiu-se que a ausência de uma legislação vigente sobre as garantias do direito do autor no que se refere às IAs poderá criar danos ao titular da obra, visto que inexiste proteção específica, o que gera, desta forma, lacunas ainda sobre a temática, seja em relação a quem seria o titular/autor ou nos casos em que se constata a infração dos Direitos Autorais pelo uso da base de dados da IA.

2 A resolução da Sociedade da Informação em geral e os efeitos gerados pela inteligência artificial

A sociedade está em constante transformação desde sua existência. Partimos de caçadas por alimentos até o pedido por *delivery*; evoluímos de conversas por cartas até a mensagem instantânea. Hoje, é possível pedir para um autofalante nos preparar um pedido de supermercado ou preparar um texto por meio de comandos a uma inteligência artificial. Fomos de *Flintstones* aos *Jetsons* em poucos séculos. Afinal, como chegamos até aqui?

O objetivo deste capítulo é, de forma breve, delinear sobre a Sociedade da Informação até o uso da inteligência artificial, ao apresentar conceitos e fundamentos que projetam a contemporaneidade.

2.1 A Sociedade da Informação em sua face contemporânea

Para que seja possível analisar os pontos que formam a Sociedade da Informação, faz-se necessária a compreensão da origem histórica e aplicabilidade na contemporaneidade, sendo este o objetivo do presente item. Partindo-se do conceito da origem, destaca-se que foi com os avanços gerados após a terceira Revolução Industrial, em meados do século XX, que ocorreu uma efetiva mudança na sociedade, denominada de "Revolução Técnico-Científica" ou "Revolução da Informação" (DELBIANCO; VALENTIM, 2022).

Neste passo, com o fim da Segunda Guerra Mundial, houve diversas mudanças nas relações sociais e econômicas, tornando-se a informação e a tecnologia um reflexo dentro da Economia. Ainda, frisa-se que a partir desse cenário, consolidaram-se as Tecnologias da

Informação e Comunicação (TIC), bem como o surgimento de ambientes digitais de comunicação (DELBIANCO; VALENTIM, 2022).

Frente à evolução gerada, a Sociedade da Informação trouxe também novas demandas para a coletividade, por meio do consumo e elaboração de informação, estas desencadeadas por um processo contínuo para seu desenvolvimento (PALETTA; PELISSARO, 2016). Isto é, com uma nova face da sociedade, a tecnologia se torna a nova base, e com ela surgem questões que até este ponto da história não eram conhecidas ou discutidas, criando-se um capítulo na vida contemporânea.

E o efeito passa, então, a refletir nas relações sociais, econômicas e culturais, o que se torna um grande ponto de diferenciação para as sociedades anteriores: a velocidade da mutação social. Dito isto, verifica-se que os paradigmas que levavam décadas a serem quebrados e, assim, constituírem novas ideias e pensamentos, modificaram-se de forma demasiada, pois, em segundos, a informação pode alcançar tamanhos estratosféricos, mundialmente, sem qualquer tipo de controle (RANGEL DA SILVA; GIUBLIN TEIXEIRA, 2019).

Assim, o que caracteriza a convencionalmente denominada Sociedade da Informação é a assunção da informação como obra-prima da obtenção de poder, que é caracterizada pelo centro econômico, social e principalmente político de criar e circular o conteúdo informacional (RANGEL DA SILVA; GIUBLIN TEIXEIRA, 2019). Contudo, além da criação de novos impasses sociológicos, também surgem pontos positivos, ao se utilizar da tecnologia para otimizar o tempo, tarefas cotidianas, com a finalidade de acelerar a busca e obtenção das informações, o que gera resultados positivos tanto no âmbito profissional, quanto no círculo acadêmico e/ou pessoal (DELBIANCO; VALENTIM, 2022).

Desta forma, a Sociedade da Informação é constituída em tecnologias de informação e comunicação que não transformam a sociedade por si só, mas são utilizadas pelas pessoas em seus contextos sociais, econômicos e políticos, criando uma estrutura social, que tem reflexos na sociedade local e global, surgindo assim a Sociedade da Informação (SIQUEIRA JÚNIOR, 2012). Portanto, observa-se que os modos de pensamento e de valores se desenvolvem com o crescimento do ciberespaço, que passa então a ser um meio de comunicação que surge da interconexão mundial dos computadores, ao gerar um universo oceânico de informações, alimentado pelos usuários – a sociedade – que navegam e vivem essa dimensão cibernética (LÉVY, 1999).

Essa afirmação de vivência dentro do mundo cibernético atualmente é vista como algo real. Indivíduos se casam pelos meios digitais, criam avatares que estão imersos no mundo fora do real, pois possuem uma vida projetada por eles, com o carro dos sonhos, traços do rosto e até personalidade, o que por vezes confunde o que é um jogo e o que corresponde à realidade. E a partir do momento em que determinada tecnologia passa a ser adotada pela pessoa como potencializador de alguma atividade humana, como é o caso da inteligência artificial, é o ponto em que a criação da tecnologia se torna um fator de desenvolvimento ou interferência comportamental (RANGEL DA SILVA; GIUBLIN TEIXEIRA, 2019).

Pontua-se, desta forma, que "são tecnologias para agir sobre a informação, não apenas informação para agir sobre a tecnologia, como foi o caso das revoluções tecnológicas anteriores" (CASTELLS, 2005, p. 78). Referidos conceitos trazidos até aqui evidenciam que os processos de inteligência coletiva se desenvolvem de forma eficaz graças ao ciberespaço, sendo um de seus principais efeitos acelerar cada vez mais o ritmo da alteração tecno social, daqueles que não entraram no ciclo positivo da alteração, de sua compreensão e apropriação (LÉVY, 1999).

Verifica-se, com base no exposto, que ao mesmo tempo que a tecnologia prejudica e causa problemas ao indivíduo, a sociedade em si se apresenta problemática, considerando que é quem precisa lidar com questões políticas, problemas econômicos e sociais, guerras, lacunas na educação e cultura, além de englobar em sua rede os próprios indivíduos que carregam suas próprias crenças e valores (PALETTA; PELISSARO, 2016). Mencionadas questões surgem como uma maneira de impulsionar as mudanças, trazer pontos de reflexão e evolução, mesmo por vezes apresentando-se com retrocessos, principalmente de uma parte da coletividade que entende que permanecer no estático é conservar os valores sociais, o que gera ainda mais discussões, seja no mundo virtual ou no físico.

Neste ponto, assinala-se que com o avanço da Sociedade da Informação, com enfoque às TICs e o uso da *web*, percebe-se a influência direta no desenvolvimento da sociedade contemporânea, sendo o objetivo da próxima subseção abordar um panorama sobre uma dessas principais mudanças: a inteligência artificial.

2.2 Inteligência artificial como foco de discussão

A sociedade avançou, em pouco tempo algo já se torna *vintage* e mais rápido ainda está no *hype*. A vida se torna instantânea como um *story*, com muitos filtros e com o objetivo de viralizar; afinal, todos querem ser notados, seja na realidade, seja no mundo digital por meio de seus "avatares". O tópico anterior tratou de forma resumida como a história se transformou na atualidade, chegando-se neste item com o objetivo de apresentar um dos assuntos mais promissores e inquietantes: a influência da inteligência artificial na vida dos indivíduos.

A inteligência artificial corresponde a um produto da segunda metade do século XX, tendo seu surgimento na Segunda Guerra Mundial, a partir das experiências que esse trágico evento desencadeou. Adentrando ainda mais no tópico da IA, ressalta-se que se fundamenta no campo do conhecimento vinculado à Ciência da Computação e associa-se a questões como: linguagem, inteligência, raciocínio, aprendizagem e resolução de problemas, que perpassa vários domínios das ciências (BARBOSA; BEZERRA, 2020).

Registre-se que não existe uma definição acadêmica ao termo inteligência artificial, tendo como fundamento basilar desenvolver sistemas computacionais que solucionam problemas. Delimitando-se sua finalidade, pontua-se ainda que a IA utiliza um número diverso de técnicas e modelos, dependendo dos problemas abordados (SICHMAN, 2021). Neste passo, o objetivo da IA é entender e construir sistemas inteligentes capazes de desenvolver ações complexas e resolver problemas "raciocinando" ou simulando tal ação (BARBOSA; BEZERRA, 2020).

E frente a uma revolução tecnológica advinda pela inteligência artificial, passa-se a novas discussões a respeito do que é efetivamente a tecnologia, o seu estado atual e a perspectiva de futuro. Desta forma, apresentam-se cenários, por enquanto apenas imagináveis, sobre a evolução da IA, ao se buscar ponderar sobre o seu futuro e os possíveis riscos que podem gerar sua aplicabilidade nos diversos setores, seja na seara cotidiana ou no mercado de trabalho (VINAGRE; MONIZ, 2020).

O que se tem, como real, é que o domínio de uma IA se caracteriza por ser uma coleção de modelos, técnicas e tecnologias que, isoladamente ou agrupadas, possuem como finalidade resolver problemas baseados em paradigmas distintos, destacando-se os principais, paradigmas simbólico, conexionista, evolutivo e probabilístico (SICHMAN, 2021). Entretanto, engana-se quem acredita que a IA foi desenvolvida para substituir a inteligência humana, uma vez que sua função central é de complementar ou aumentar essa capacidade (VINAGRE; MONIZ, 2020).

O medo da sociedade decorre pela incerteza, pois é a primeira vez que o ser humano criou algo sobre o qual não tem controle, visto que se desconhece a origem dos riscos e do imponderável, que podem afetar o futuro da humanidade (KAUFMAN, 2016). Portanto, é em decorrência da incerteza que a problemática se instala, visto que se máquinas puderem substituir indivíduos, o temor retratado em filmes futuristas, torna-se o presente, afinal nenhum indivíduo quer ter seu trabalho ou atividade ameaçados. Mas sabe-se, indiscutivelmente, que o sistema não permitiria a expansão da tecnologia sem o controle de quem possui o poder direto e indireto na sociedade (JULIBONI, 2023).

Os avanços notáveis da IA chamaram a atenção do mundo quando em uma partida de xadrez entre homem *versus* a máquina, o campeão soviético Garry Kasparov foi derrotado em uma das rodadas pelo computador *Deep Blue*, da IBM (VERLE, 1998). Pontua-se que os usos de IA não se limitam apenas a jogos, visto que vão desde carros autodirigíveis, assistentes virtuais, plataformas de *streaming*, reconhecimento facial e as redes sociais. Estes serviços/plataformas que são ofertados constantemente, têm como missão gerar uma vida mais célere e eficaz, por meio de uma inteligência artificial (BARBOSA; BEZERRA, 2020).

Conforme se verifica, a IA é talvez a primeira grande tecnologia disruptiva, ao considerar seu funcionamento e utilização pela sociedade. Neste sentido, cresce o investimento no avanço da IA, principalmente por grandes corporações, o que não pode se tornar uma forma de gerar desequilíbrios entre grupos sociais ou países, mesmo sabendo-se que futuramente pode ser que uma IA seja uma nova ameaça nas e para as organizações sem que estas sejam democraticamente escrutinadas (VINAGRE; MONIZ, 2020).

O cenário de avanço, mas também o surgimento de receios pela IA, refletiu em uma recente carta aberta realizada por mais de 1.100 especialistas e líderes do setor *tech*, dentre eles o magnata Elon Musk e o cofundador da Apple Steve Wozniack, ao firmarem um pedido formal para que houvesse uma pausa imediata de seis meses no desenvolvimento de inteligências artificiais avançadas. Inclusive, o ponto chave foi a partir da criação de AIs mais evoluídas, como é o caso do GPT-4, que será tratado com mais vagar no último capítulo desde estudo (PAUSE..., 2023).

Em resumo, a carta contém um texto em que as IAs só sejam desenvolvidas e testadas quando existir um panorama mais real e claro sobre os seus riscos, para que seja possível assim, garantir um nível mínimo de planejamento do setor, uma vez que os desenvolvedores de AI iniciaram uma verdadeira corrida para garantir que as mentes digitais sejam lançadas e comercializadas no mercado (PAUSE..., 2023).

Com o até aqui apresentado, nota-se o caráter multidisciplinar das IAs, mas com maior enfoque na área da ciência da computação (AZEVEDO; ALBINO, 2022). Portanto, a IA já é uma realidade no cotidiano da sociedade, o que a partir disso gerará cada vez mais efeitos no mercado, economia, política e demais campos sociais.

Assinala-se que o foco central do presente estudo possui conexão com a IA e os Direitos Autorais, tratando-se, no próximo item, dos princípios e bases teóricas que tratam da autoria e titularidade, para que assim seja possível, na derradeira seção, responder se as IAs ferem ou não os Direitos Autorais em produções artísticas.

3 Os princípios dos Direitos Autorais e as principais construções teóricas em torno de autoria e titularidade

Após a apresentação da linha histórica da Sociedade da Informação e a criação e utilização da inteligência artificial, no presente item se irá desenvolver a pesquisa sobre os Direito Autorais, por meio dos princípios e teorias que envolvem os temas da autoria e titularidade. De plano, menciona-se que o Direito Autoral tem como uma de suas funções proteger e gerar estímulo na produção de obras intelectuais (PANZOLINI; DEMARTINI, 2020).

Com base nesse conceito, parte-se para o estudo, que ao final tem como objetivo ponderar como as novas tecnologias, com enfoque na IA, acabam por refletir no campo dos Direitos Autorais.

3.1 A conceituação dos princípios que fundamentam o direito do autor

Antes de no tópico se aprofundar nos princípios, registre-se que o Direito Intelectual é delimitado pela classificação de direitos subjetivos na órbita do Direito privado, que trata dos direitos criados a partir do intelecto humano (SOARES; SOARES, 2013). O Direito Autoral está inserido no ramo da Propriedade Intelectual, que corresponde à propriedade imaterial (PANZOLINI; DEMARTINI, 2020). O primeiro autor destas linhas prefere a expressão Direitos Intelectuais (ADOLFO, 2022).

A expressão "propriedade intelectual" protege os bens jurídicos no rol das propriedades à luz do liberalismo jurídico. O termo foi consagrado no acordo TRIPS (*Agreement on Trade Related Aspects of Intellectual Property Rights*), ao reconhecer a propriedade intelectual como fundamental no desenvolvimento socioeconômico-cultural da sociedade (SOARES; SOARES, 2013).

Isto posto, tem-se que o Direito Autoral é um instrumento jurídico fundamental para a proteção das obras intelectuais e, por consequência, auxilia no crescimento da produção criativa e econômica de qualquer nação. Assim, ao se reconhecer o direito do autor como peça importante para o Direito, sua aplicação confere valores, tais como segurança jurídica, pacificação social, justiça, transparência, ética, clareza, boa-fé e honestidade intelectual (PANZOLINI; DEMARTINI, 2020).

Ressalta-se que é o autor o detentor do direito de exigir a divulgação de seu nome junto à sua obra e, também, o de proibir a utilização de seu nome junto a ela. Também exerce o autor aquele que é denominado direito à integridade da obra, que visa à proteção que o autor tem de se opor a quaisquer modificações ou à prática de atos que possam prejudicá-la ou atingi-la (SANTANA-FERNANDES; FERNANDES; GOLDIM JR., 2008).

E ao se adentrar no processo de fundamentação do Direito Autoral, encontram-se elementos que garantem a força regulatória da regra jurídica autoral, como é o caso dos princípios (SOARES; SOARES, 2013). Pontua-se que assim como outros campos do Direito, a gama de princípios por vezes é extensa, sendo o foco da presente pesquisa delinear a respeito de determinados conceitos principiológicos, sem se adentrar na conveniência ou não de todos serem denominados assim.

O Princípio da Funcionalidade corresponde à função de identificação do autor de uma determinada obra intelectual, relacionando-se com o direito de paternidade (reconhecimento da autoria) sob a ótica da subjetividade indivíduo-autor. Isto é, a utilização desse princípio serve para que ocorra o estímulo à criação intelectual, o que garante que exista um influxo da indústria dos bens intelectuais na apropriação da informação enquanto mercadoria (SOARES; SOARES, 2013).

O Princípio da Exclusividade de Utilização garante ao autor o monopólio para a utilização econômica da obra de sua titularidade, o que lhe possibilita usar, gozar, autorizar o uso e transmitir por sucessão os direitos sobre sua criação (BITTAR, 1999). Neste passo, o supramencionado princípio possui função de alicerce em relação aos demais princípios que tratam sobre os Direitos Autorais, uma vez que garante ao titular da obra o uso e o proveito econômico (PIMENTA, 2005).

Já o Princípio da Fiscalização tem previsão expressa no artigo 5º, inciso XXVIII, da Constituição Federal, ao disciplinar a respeito do aproveitamento econômico das obras pelo seu titular, ou ainda de quem houver participado da criação, como intérpretes, e suas respectivas representações sindicais (BRASIL, 1988). Neste passo, a ação de vigilância busca controlar as vantagens ou as utilizações de determinada obra intelectual pelos sujeitos de Direito Autoral e/ou por seus lídimos mandatários, com a finalidade de colimar uma justa remuneração aos criadores intelectuais (SOARES; SOARES, 2013).

O Princípio da Proteção visa tutelar as participações individuais em obras coletivas e é consagrado no texto constitucional no art. 5º, inciso XXVIII, e, também, possui regulamento pelo art. 17 da Lei de Direitos Autorais (SOARES; SOARES, 2013; BRASIL, 1988). Registre-se, contudo, que a proteção jurídica constitucional dos Direitos Autorais não se limita aos incisos XXVII e XXVIII do artigo 5º da Constituição Federal, considerando que a proteção dos Direitos Autorais atinge diversos setores da sociedade, o que deve ser analisado quando se busca compreender e aplicar o conteúdo constitucional desta proteção (SOUZA, 2005; BRASIL, 1988).

Nota-se, a partir da exposição de alguns dos princípios que regem os direitos do autor, a força de proteção que a legislação conferiu ao titular da obra, com a finalidade de consagrar direitos e ele conferido. Passa-se, então, à análise dos fundamentos teóricos que embasam o tema aqui em estudo.

3.2 A construção das teorias que tratam da autoria e titularidade

Além dos princípios, os Direitos Autorais também são baseados em teorias, estas que fixam os contornos desse microssistema jurídico no exame da relação jurídica autoral. A Lei de Direitos Autorais (LDA) corresponde à lei básica do microssistema autoral dotada de regras e princípios destinados a regular os casos concretos. Fundamentada em uma visão constitucionalizada, sua função objetiva compatibilizar as novas tecnologias, a liberdade de expressão artística, intelectual e científica, o acesso aos bens culturais, à informação e ao conhecimento com o exercício da exclusividade de exploração econômica do titular de Direitos Autorais (SOARES; SOARES, 2013).

Assinala-se que o Direito Autoral é amparado por normas jurídicas, tanto na legislação pátria como também nos tratados internacionais. O Brasil é signatário de diversas convenções e tratados internacionais, dentre eles, a Convenção de Berna e a Declaração Universal dos Direitos Humanos (SANTOS, 2009). Neste passo, destaca-se que os direitos patrimoniais é que geram o que ficou conhecido como sendo *copyright*, nos países de *common law*, como os Estados Unidos e o Reino Unido (SANTANA-FERNANDES; FERNANDES; GOLDIM JR., 2008).

Desta forma, com fulcro nos princípios e teorias, o Direito Autoral efetiva o vínculo jurídico entre autor e obra pela exteriorização da personalidade do criador, tratando-se também a respeito do aspecto da exploração econômica da criação intelectual (SOARES; SOARES, 2013). Noutras palavras, o Direito Autoral é um conjunto de prerrogativas conferidas por lei à pessoa natural ou jurídica que cria obra intelectual, com a prerrogativa de que, a partir de sua proteção, o titular possa usufruir dos benefícios morais e patrimoniais resultantes da exploração de suas criações (LEAL; SILVA; FERREIRA, 2016).

Dentre as premissas que envolvem o direito do autor, assinala-se que para que haja autor, faz-se necessário que a obra seja produzida por um ser humano. Desta feita, a obra que surge da natureza, ou que advém acidentalmente a partir de alguma coisa, não é considerada uma obra literária, artística ou científica, e por consequência não recebe a proteção do direito de autor (SANTANA-FERNANDES; FERNANDES; GOLDIM JR., 2008). Ressalta-se que o citado entendimento também é aplicado em outros países, o que será analisado posteriormente com maior detalhamento.

A Lei de Direitos Autorais (Lei nº 9.610/98) tratou diretamente do tema no seu artigo 11, ao referir que a criação corresponde ao criador intelectual, que é considerado como sendo o titular dos direitos sobre a obra intelectual. Entretanto, a lei não se refere apenas ao autor criador intelectual, mas também ao titular originário da obra criada e, ainda, ao seu atual titular (SANTANA-FERNANDES; FERNANDES; GOLDIM JR., 2008; BRASIL, 1998). Para o presente estudo, este tópico merece destaque, visto que expressamente a legislação pátria somente garante que a proteção dos Direitos Autorais será aplicada nos casos em que a obra tenha sido produzida por um intelecto humano.

Neste passo, a proteção da titularidade garante ao criador intelectual da obra, isto é, à pessoa que produziu aquela obra, os direitos a ela inerentes, como seu uso e proveito econômico (MENEGHETTI, 2013). Assim, o titular tem proteção em relação à obra, desde que seja pessoa física, o que determina a concepção de que a obra emana do espírito do autor, sendo este o fato que indica quem possui então a titularidade de direitos morais (ASCENSÃO, 1997).

Em apartada síntese, autor é a pessoa física criadora de obra literária, artística ou científica e a titularidade é cedida de forma onerosa ou gratuita. Assim, o autor poderá deter a autoria e a titularidade da obra ou apenas a autoria, visto que esta pode ser cedida a terceiros.

Ainda, outra conceituação que merece destaque é os direitos morais e patrimoniais do autor. Os direitos patrimoniais são passíveis de alienação ligados às características econômicas e pecuniárias da obra, enquanto os direitos morais do autor se referem à personalidade do autor, tratando-se de direitos inalienáveis, ligados à paternidade da obra, nominação ou alteração (WACHOWICZ, 2008). O primeiro autor desta pesquisa utiliza a expressão direitos extrapatrimoniais, em vez de direitos morais (ADOLFO, 2008).

Com base no até aqui apresentado, verifica-se que a legislação pátria buscou garantir ao autor proteção em relação à obra, ao determinar de forma expressa quais seriam então os direitos reservados ao titular. Desta feita, supera-se o questionamento a respeito dos fundamentos dos Direitos Autorais e parte-se para o tema de fundo da pesquisa: quais são os reais impactos que IAs – a exemplo o ChatGPT e outras inteligências artificiais – podem gerar ao ramo dos Direitos Autorais, caso não haja regulamentação adequada. Afinal, o que se objetiva é segurança jurídica, indiscutivelmente.

4 A inteligência artificial e os impactos nos Direitos Autorais

Denotou-se, ao longo dos temas e discussões aqui tratadas, que a tecnologia IA reflete em diversos setores, incluindo nos Direitos Autorais, e em todas as searas se apresentam os mesmos questionamentos: quais seus limites e efeitos a curto e longo prazo? Com base nesse dilema, o derradeiro tópico do presente estudo irá discutir como as inteligências artificiais podem gerar impactos nos Direito Autorais.

4.1 Apontamentos sobre a possível ameaça aos Direitos Autorais pelas IAs

Com as primeiras pesquisas a respeito das IAs e seus efeitos no direito do autor, notou-se se tratar de um tema recente e com diversos questionamento inquietantes em diversas áreas e setores que já a utilizam ou estudam, o que gera um desconforto, tamanha as incertezas, principalmente no campo jurídico, sendo necessário se antever os possíveis danos e infrações realizadas, seja por pessoas naturais ou por avatares. Aquele conhecido termo "internet é terra sem lei" modificou-se nos últimos anos. Existem leis, mas ainda são recentes ou generalistas, o que se observa algumas vezes é uma camada nova e insegura para a sociedade.

No que se refere à criação de obras por meio de inteligência artificial, estas podem ter implicações muito importantes para o direito do autor, uma vez que nas conceituações tradicionais a titularidade dos Direitos Autorais das obras geradas por computador não era tão questionada porque o programa nada mais era do que uma ferramenta de apoio ao processo criativo, que se assemelhava ao lápis e papel. Porém, considerando que os trabalhos criativos gozam de proteção de Direitos Autorais se forem originais, os requisitos se fundamentam na definição de originalidade que requer um autor humano. Este entendimento é a base na maioria das molduras normativas, incluindo países da Europa, Estados Unidos e no Brasil, ao determinar aqui expressamente o Estatuto Autoralista que apenas obras criadas por um ser humano podem ser protegidas por Direitos Autorais (GUADAMUZ, 2017).

Frisa-se, de plano, que as ferramentas de IA são utilizadas há décadas na indústria musical, precisamente nos experimentos de Alan Turing com melodias geradas por computador em 1951. Ainda, de livros a imagens e música, sendo a questão da titularidade uma antiga preocupação dos artistas e da seara jurídica (KOE, 2022).

Pontua-se que em 1965, o Copyright Office observou essa preocupação em seu relatório anual em uma seção intitulada "Problemas decorrentes da tecnologia de computadores". No citado relatório se discutiu a respeito de um pedido de composição musical feita por computador. Concluiu-se, que o número de obras produzidas ou "criadas" por computadores quanto os problemas do Copyright Office nessa área tenderiam aumentar (KOE, 2022).

Quase 50 anos se passaram e ainda resta o questionamento: quais os verdadeiros impactos gerados pelas máquinas aos Direitos Autorais? As IAs infringem os direitos do autor ao utilizar de bancos de dados de obras protegidas? Quem é o autor, a IA ou quem gera o comando?

Tais indagações são pertinentes, visto que ao adentrar nos sistemas de IA, verifica-se que a modalidade para criação de obras artísticas colocaria então em cheque sua viabilidade, visto que se utiliza de obras protegidas pelos Direitos Autorais, para uma modificação e posterior criação de uma nova obra. Ascensão (1997) acrescenta a discussão que não se deve falar em plágio de uma interpretação/

execução, uma vez que inúmeros artistas já tentaram tocar violino como Oistrakh, cantar como Elvis Presley, dançar como Margot Fonteyn, mas que sim, plágio pode ser identificado na conceituação da lei brasileira quando se copiam obras devidamente protegidas.

Com base no pensamento do doutrinador Ascensão, a IA seria então uma interpretação ou uma junção de cópias das produções já registradas por seus titulares? Apresentam-se, na próxima subseção, as possíveis discussões que os impactos da inteligência artificial podem gerar na prática da sociedade.

4.1.1 A inteligência artificial nas produções artísticas e a ausência de proteção legal específica

Para que seja possível compreender quais os impactos da inteligência artificial nas produções artísticas, passar-se-á ao debate de tecnologias que utilizam já do sistema e como são tratados no Brasil e ao redor do mundo. Assim, o objetivo do último tópico do estudo será de apresentar *cases*, indagações e busca concluir, ao final, se a legislação pátria se encontra preparada para encarar os efeitos gerados pela IA nos Direitos Autorais.

Registre-se que a IA é um programa de computador desenvolvido para aprendizado de máquina baseado em um algoritmo que permite aprender com os dados de entrada, evoluir e tomar decisões que podem ser direcionadas ou autônomas. Ainda, nos casos em que as IAs são utilizadas em obras artísticas, musicais e literárias, os algoritmos de aprendizado de máquina aprendem com as informações fornecidas pelos programadores ou com a base de dados que formam a tecnologia (GUADAMUZ, 2017).

Dito isto, é a partir desses dados que se gera uma nova obra, isto é, entende-se que a IA seria autônoma, uma vez que embora os programadores possam definir alguns parâmetros, o trabalho é elaborado pelo próprio programa de computador, denominado de rede neural, por meio de um processo semelhante ao do pensamento humano (GUADAMUZ, 2017).

Contudo, consoante será apresentado ao longo desta subseção, as definições e parâmetros não são consolidadas ainda de forma que se compreenda quem seria o titular e/ou autor da obra ou se o uso dos dados infringe as normas autorais. Neste sentido, passa-se a uma ponderação a respeito das IAs desenvolvidas para realizar atividades artísticas.

Adentrando no sistema de IA do Google chamado MusicLM, este tem como função gerar músicas de qualquer gênero, utilizando-se de descrição de texto. A tecnologia ainda não foi lançada oficialmente, visto que teme pelas implicações geradas ao direito do autor. A grande distinção dessa IA para outras já lançadas é que a *big tech* conseguiu um sistema capaz de criar composições complexas com textos, zumbidos e até a descrição de uma pintura (VENINO, 2023).

De plano, verifica-se que a primeira IA aqui analisada já suspendeu seu lançamento por entender que as ações dentro da plataforma podem gerar repercussões aos Direitos Autorais, o que levanta maiores especulações para as demais IAs do mercado atual e futuro.

Seguindo em linha semelhante, tem-se o Riffusion, uma ferramenta que permite criar sons a partir de comandos de textos simples. A versão atual da Riffusion é uma adaptação de outra inteligência artificial mais conhecida, a Stable Diffusion. A contar da IA existe a possibilidade de se criar imagens originais a partir de comandos de textos, que é alimentada por um amplo banco de dados composto por imagens pré-existentes, que ajudam a treinar o sistema para associar determinadas imagens a textos. O sistema autoriza a criação de espectrogramas decorrentes dos textos. Neste passo, a IA utiliza de código aberto da Stable Diffusion para transformar textos em espectrogramas e daí, criar uma música original (MALAR, 2023). Mas será mesmo uma obra estritamente original?

Se a tecnologia realiza a compilações de obras já feitas, ao ser comercializada a arte e a música, esbarra-se nos fundamentos da Propriedade Intelectual, uma vez que o detentor de direitos de músicas tem sua música utilizada para criar algo, mas isso não quer dizer original, obviamente (MALAR, 2023).

Ademais, nota-se que determinadas tecnologias se utilizam de letras já criadas e outros de sons já produzidos, tendo o Google desenvolvido uma ferramenta de criação de música por inteligência artificial que gera canções completas, incluindo letras, denominada de AudioLM. A tecnologia do Google é semelhante a outra tecnologia chamada Mubert AI, tendo como principal diferença que esta última cria sons instrumentais, feitos especialmente para serem usados como trilha para vídeos, *podcasts* e *streams*, tendo outra característica de distinção que esta consegue remunerar os músicos que colaboram com a ferramenta. Desta forma, verifica-se que o Mubert AI garante que os titulares das obras utilizadas recebam pelo seu trabalho, diferentemente do Google AudioLM, que não assegura os direitos do autor das obras utilizadas como "inspiração" (ELLIS, 2022).

Já o sistema IA ChatGPT corresponde a um modelo de linguagem treinado pela organização sem fins lucrativos OpenAI para responder perguntas de usuários e auxiliá-los com tarefas de processamento de linguagem natural, diferenciando-se dos demais *chatbots* e modelos de linguagem existentes por ser uma ferramenta de IA que gera respostas e conteúdos escritos de forma realista, dinâmica e fluente, em patamares que simulam com grande eficiência o processo discursivo humano (ALLEMAND; MAGRO, 2023).

Ainda, frisa-se que o modelo GPT-3 (*Generative Pre-training Transformer*) não tem capacidade de consciência ou vontade, mas gera questionamentos por conseguir aplicar em suas ferramentas elementos de diversas profissões, como é o caso do compositor musical ou de um escritor (ALLEMAND; MAGRO, 2023).

Nota-se que, dentre todas as IAs acima mencionadas, existe uma questão em comum: a forma como os sistemas de IA generativos são treinados, considerando que a maioria dos *softwares* de aprendizado de máquina funcionam identificando e replicando padrões nos dados. Frise-se que como esses programas são usados para gerar código, texto, música e arte, os dados seriam então criados por humanos, extraídos da *web* e protegidos por Direitos Autorais (VINCENT, 2022).

E qual seria então a possível solução para frear ou ao menos amortecer os impactos das IAs aos Direitos Autorais sem inibir seu desenvolvimento?

Dentre as sugestões, destaca-se o licenciamento dos dados e pagar seus criadores. Entretanto, uma vez que muitas tecnologias são geradas por *startups*, empresas que estão ainda em desenvolvimento e buscam financiamento externo para se expandirem, haveria a impossibilidade de arcar com despesas tão elevadas, o que geraria uma estagnação da tecnologia (VINCENT, 2022).

Ainda, tem-se a criação de um sistema chamado de The Stack, que corresponde a um conjunto de dados para IA de treinamento projetado especificamente para evitar acusações de violação de Direitos Autorais. A tecnologia inclui apenas o licenciamento de código aberto mais permissivo possível e oferece aos desenvolvedores uma maneira fácil de remover seus dados mediante solicitação, podendo ser utilizado em toda a indústria (VINCENT, 2022).

Enquanto o licenciamento parece uma realidade distante, criar uma nova IA para conter uma IA também não parece ser uma solução eficaz, não ao menos até se delimitar quais seriam então os direitos, garantias e reflexos gerados pelas IAs nos direitos do autor.

Visando responder o questionamento e preencher as lacunas advindas do tema, está em votação o Projeto de Lei nº 21/2020, que estabelece fundamentos, princípios e diretrizes para o desenvolvimento e a aplicação de inteligências artificiais no Brasil (BRASIL, 2020). O que se observa, de plano, é que o citado projeto de lei não possui determinação sobre como o campo dos Direitos Autorais será protegido, o que ainda trará incertezas sobre o assunto, até que casos concretos possam discutir o tema e criar parâmetros legais.

Neste rumo, a utilização das obras musicais em conteúdos ou qualquer outro dispositivo, deve referenciar título e autor, informar o nome ou pseudônimo do intérprete, informar o ano da publicação, informar o nome ou a marca que identifique o produtor. Desta forma, a Lei nº 9.610/98, em seu art. 7º, dispõe que as obras intelectuais serão protegidas, incluindo as composições musicais que tenham ou não letra; as traduções, adaptações e arranjos; fonogramas. Ainda, nos casos das traduções, adaptações, arranjos, orquestrações e outras formas de transformações de obras originais, apresentadas como criação intelectual nova, pois, nestes casos, é indispensável a concordância do autor da obra original, salvo obra que já esteja em domínio público (LEAL; SILVA; FERREIRA, 2016; BRASIL, 1998).

De acordo com a Associação Brasileira de Direitos Reprográficos (ABDR), toda reprodução é uma cópia, que pode ou não ser consentida. Assinala-se que a forma mais eficaz de reprodução sem cometer infração é a citação, conforme indica o conteúdo do artigo 46 da LDA (LEAL; SILVA; FERREIRA, 2016; BRASIL, 1998).

Ainda, outra solução é a utilização de mecanismos Copyleft. O sistema se transforma em um local no qual artistas disponibilizam suas obras para que outros a possam copiar, modificar e, quem sabe, até melhorar, mas protegendo ainda o autor. A Creative Commons, entidade que se baseia na filosofia Copyleft tem aplicação no Brasil. O Centro de Tecnologia e Sociedade (CTS) da Fundação Getulio Vargas é a entidade responsável por adaptar a Creative Commons à realidade local e incentivar sua adoção (LEAL; SILVA; FERREIRA, 2016).

Assim, a sociedade deve reconhecer o labor criativo que está por trás da criação de uma obra intelectual, considerando o investimento de tempo, subsídio financeiro e criatividade (PANZOLINI; DEMARTINI, 2020). Para isso, garantir que ao titular será referenciado seu nome junto à obra é um dos pilares fundamentais dos Direitos Autorais.

Ademais, outro ponto que merece enfoque é a possibilidade de proteção legal a obras realizadas por uma inteligência artificial. Dito isto, textos, articulados ou não, gerados por *chatbots* e modelos de linguagem como o ChatGPT recaem em questões de licença e de plágio (ALLEMAND; MAGRO, 2023).

Diferentemente do que se verifica nos tribunais brasileiros, o Direito comparado já discute casos concretos como a inteligência artificial pode impactar nos Direitos Autorais, como foi a decisão de 2018 confirmada em 2023 pelo Escritório de Direitos Autorais dos Estados Unidos (*US Copyright Office*) ao negar registro a uma coleção de imagens autonomamente gerada por algoritmos de computador sem contribuição de um autor humano. Desta forma, considerando que a legislação de Direito Autoral somente protege "os frutos de trabalho intelectual que se baseiam nos poderes criativos da mente humana", não é permitido o registro de obras que não sejam criadas por um ser humano (ALLEMAND; MAGRO, 2023).

Dentre outros casos tratados pelo Escritório de Direitos Autorais dos EUA (USCO) que tiveram semelhante entendimento, cite-se que em 2018, decidiu-se que um macaco que tirou uma *selfie* não pode processar por violação de Direitos Autorais. Neste rumo, se um macaco não pode ser protegido pelos Direitos Autorais, isso também significa que o código não pode ser o autor de uma obra musical? (KOE, 2022).

Já no cenário europeu, destaca-se o entendimento do Tribunal Europeu de Justiça (ECJ) e do Tribunal de Justiça da União Europeia (CJEU), ao interpretar e delimitar o requisito de originalidade que é base para a proteção autoral desde a Convenção de Berna, também aderida pelo Brasil. Na decisão do caso *Infopaq International* A/S v. *Danske Dagblades Forening*, o Tribunal Europeu definiu que os direitos de autor são aplicáveis apenas a uma obra (ou elemento de uma obra) que se expresse como "criação intelectual do próprio autor". Ainda, o Tribunal de Justiça da UE, no julgamento do caso *Eva-Maria Painer* v. *Standard VerlagsGmbH* e Outros, também definiu que uma criação intelectual é do próprio autor se "refletir sua personalidade", o que ocorrerá quando "o autor foi capaz de expressar suas habilidades criativas na produção da obra mediante escolhas livres e criativas" (ALLEMAND; MAGRO, 2023).

Ainda, pontua-se que, dentro da estrutura legal do Reino Unido, a legislação indica que quando uma obra literária, dramática, musical ou artística é gerada por computador, o autor deve ser considerado a pessoa por quem os arranjos necessários para a criação do trabalho são realizados. Dito isto, nos casos em que a música gerada por IA/computador, pela lei britânica, na qual não há autor humano direto, será considerado autor o responsável pela organização dos sistemas de IA (OKEWALE, 2023).

Com base nesses entendimentos, conclui-se que o autor para assim sê-lo deve ser necessariamente ser humano; excluindo-se de proteção como Direito Autoral as criações exclusivamente oriundas de sistemas artificiais (ALLEMAND; MAGRO, 2023). Portanto, entende-se até o momento que uma IA não pode ser dona de uma obra que ela produz. Logo, as obras decorrentes desse método de produção, pelo menos no Direito brasileiro, serão dos titulares e utilizadores desse tipo de programa (WACHOWICZ; GONÇALVES, 2019).

Frente a todos os apontamentos aqui delineados, verifica-se que é necessário que ocorra uma nova legislação para lidar com os novos impactos da IA, ou, ainda, deve-se aplicar a legislação existente nas práticas de licenciamento que requerem maior supervisão e garantias aos titulares das obras (OKEWALE, 2023). Portanto, seja nas normas brasileiras ou em outros países, evidencia-se que as IAs ainda são uma incógnita para as empresas e para o legislador, que diante dos próximos passos da tecnologia terão que se adaptar e remodelar, com base na realidade e desenvolvimento da sociedade.

5 Considerações finais

Após o estudo sobre a Sociedade da Informação, com enfoque na inteligência artificial, os princípios e teorias que regem o direito do autor, apresentou-se o cenário atual dos impactos gerados pelas inteligências artificiais nos Direitos Autorais. Neste passo, considerando as novas tecnologias e a atual situação da sociedade contemporânea, surgem questões como uma maneira de impulsionar mudanças, trazer pontos de reflexão e evolução, seja no mundo virtual ou no físico.

Neste ponto, assinala-se que com o avanço da Sociedade da Informação, com enfoque às TICs e o uso da *web*, percebe-se a influência direta no desenvolvimento da sociedade contemporânea, principalmente no assunto em foco do momento, a inteligência artificial. A IA visa entender e construir sistemas inteligentes por meio de sistemas inteligentes, que são capazes de desenvolver atividades complexas e resolver problemas de forma eficaz e célere.

Contudo, frente à tamanha evolução tecnológica, criam-se, a partir disso, questionamentos dos reflexos que a IA pode desencadear em diversos setores, inclusive nos Direitos Autorais. As indagações não são novidades, pois há muito tempo se discute sobre os verdadeiros impactos gerados pelas máquinas nos Direitos Autorais, se as IAs infringem os direitos do autor ao utilizar de bancos de dados de obras protegidas, e nos casos das novas produções, de quem é a autoria. O tema está em voga porque hoje máquinas se aproximam cada vez mais de pessoas.

E diante de tantos pontos de discussão, observou-se ao longo de toda a pesquisa que, por mais que *cases* práticos que refletem a temática já ocorreram em alguns países, ainda não foi possível deliminar ou garantir paradigmas nos direitos do autor, o que gera ainda mais dúvidas e inseguranças sobre a IA. Assim, concluiu-se que a ausência de uma legislação vigente sobre as garantias do direito do autor no que se refere às IAs já levanta problemáticas ao titular da obra, visto que inexiste proteção específica, seja em relação a quem seria o titular/autor ou nos casos em que se constata a infração dos Direitos Autorais pelo uso da base de dados da IA.

Realce merece também o aspecto especialmente referido alhures, de que a autoria é considerada como sendo somente a humana, no Brasil.

Registre-se que todas as perguntas não foram respondidas neste artigo, seja pela falta de conteúdo doutrinário e jurisprudencial, ou, ainda, pela rasa aplicação, considerando a ausência de casos concretos e por não haver ainda um patamar mais seguramente estabelecido. Assim, o que se objetivou foi trazer indagações para que se continue evoluindo, a sociedade e a tecnologia, mas com proteção legal específica e eficaz.

Principalmente com foco e preocupação com o autor e com os demais titulares de direitos conexos, mormente aqueles que têm no labor intelectual a sua sobrevivência.

Desta forma, nota-se a necessidade de que se crie ou se adapte uma legislação que enfrente de maneira diligente e dinâmica os impactos da IA, vez que o sistema e as plataformas não são o grande impasse, sendo claro que seu desenvolvimento tende a se expandir exponencialmente, mas que exista segurança jurídica proporcional às novas tecnologias, capazes de garantir o direito ao indivíduo-criador, isto é, ao autor.

Referências

ADOLFO, Luiz Gonzaga Silva. *Em busca da reforma perdida*: percursos dos Direitos Autorais na Sociedade da Informação. Porto Alegre: Dialogar, 2022.

ADOLFO, Luiz Gonzaga Silva. *Obras privadas, benefícios coletivos*: a dimensão pública dos Direitos Autorais na Sociedade da Informação. Porto Alegre: SAFe, 2008.

ALLEMAND, Luiz Cláudio; MAGRO, Américo Ribeiro. A natureza e proteção das obras geradas pelo ChatGPT e outros sistemas de inteligência artificial. *Instituto dos Advogados Brasileiros – IAB*, 10 fev. 2023. Disponível em: https://www.iabnacional.org.br/opiniao/a-natureza-e-protecao-das-obras-geradas-pelo-chat-gpt-e-outros-sistemas-de-inteligencia-artificial. Acesso em: 2 abr. 2023.

ASCENSÃO, José de Oliveira. *Direito Autoral*. 2. ed. ref. e ampl. Rio de Janeiro: Renovar, 1997.

AZEVEDO, Lauren de Almeida Barros; ALBINO, Jaqueline; FIGUEIREDO, Josiel Maimone. O uso da inteligência artificial nas atividades de controle governamental. *Cadernos Técnicos da CGU*, Brasília, p. 30-42, 4 jun. 2022.

BARBOSA, Xênia de Castro; BEZERRA, Ruth Ferreira. Breve introdução à história da inteligência artificial. *Jamaxi Revista de História*, Rio Branco, v. 4, p. 90-97, 2020.

BITTAR, Carlos Alberto. *Contornos atuais do direito do autor*. São Paulo: Revista dos Tribunais, 1999.

BRASIL. Projeto de Lei n. 21/2020, de 4 de fevereiro de 2020. Estabelece princípios, direitos e deveres para o uso de inteligência artificial no Brasil, e dá outras providências. Brasília: Câmara dos Deputados, 2020. Disponível em: https://www.camara.leg.br/propostas-legislativas/2236260. Acesso em: 4 mar. 2023.

BRASIL. Constituição da República Federativa do Brasil (1988). 9. ed. São Paulo: Revista dos Tribunais, 2004.

BRASIL. Lei n. 9.610/98, de 19 de fevereiro de 1998. Altera, atualiza e consolida a legislação sobre Direitos Autorais e dá outras providências. Diário Oficial da União, Brasília, 20 de fev. de 1997.

CASTELLS, Manuel. *A sociedade em rede*. 5. ed. Rio de Janeiro: Paz e Terra, 2005.

DELBIANCO, Natalia Rodrigues; VALENTIM, Marta Lígia Pomim. Sociedade da Informação e as Mídias Sociais no Contexto da Comunicação Científica. Atoz: *Novas Práticas em Informação e Conhecimento*, Curitiba, v. 11, p. 1-11, 2022.

ELLIS, Nick. Mubert AI usa inteligência artificial para criar músicas e trilhas sem Direitos Autorais. *Olhar Digital*, 21 out. 2022. Disponível em: https://olhardigital.com.br/2022/10/21/reviews/mubert-ai-usa-inteligencia-artificial-para-criar-musicas-e-trilhas-sem-direitos-autorais/. Acesso em: 10 fev. 2023.

GUADAMUZ, Andres. Artificial intelligence and copyright. *World Intellectual Property Organization - WIPO Magazine*, out. 2017. Disponível em: https://www.wipo.int/wipo_magazine/en/2017/05/article_0003.html. Acesso em: 27 fev. 2023.

JULIBONI, Márcio. ChatGPT é vilão? Veja a íntegra da carta em que Musk, Wozniak e mais de 1 mil pedem pausa nas pesquisas de IA. *Money Times*, 29 mar. 2023. Disponível em: https://www.moneytimes.com.br/chatgpt-e-vilao-veja-a-integra-da-carta-em-que-musk-wozniak-e-mais-de-1-mil-pedem-pausa-nas-pesquisas-de-ia/. Acesso em: 1 abr. 2023.

KAUFMAN, Dora. Inteligência artificial: questões éticas a serem enfrentadas. *In*: SIMPÓSIO NACIONAL ABCIBER, IX, 8 a10 dez. 2016, São Paulo. PUC/SP, 2016. Disponível em: https://abciber.org.br/anaiseletronicos/wp-content/uploads/2016/trabalhos/inteligencia_artificial_questoes_eticas_a_serem_enfrentadas_dora_kaufman.pdf. Acesso em: 27 fev. 2023.

KOE, Crystal. Art created by AI cannot be copyrighted, says US officials – what does this mean for music? *MusicTech*, 2022. Disponível em: https://musictech.com/news/industry/art-created-by-ai-cannot-be-copyrighted-says-us-officials-what-does-this-mean-for-music/. Acesso em: 5 mar. 2023.

LEAL, Ana Luiza Coutinho da Silva; SILVA, Mara Lúcia Sousa; FERREIRA, Marília de Leal. Direitos autorais: uma abordagem artística e jurídica. *Revista Conexão UEPG*, Ponta Grossa, v. 12 n. 2, p. 330-341, maio/ago. 2016. Disponível em: https://revistas.uepg.br/index.php/conexao/article/view/8392/5293. Acesso em: 5 mar. 2023.

LÉVY, Pierre. *Cibercultura*. São Paulo: Ed. 34, 1999.

MALAR, João Pedro. Riffusion: inteligência artificial cria músicas a partir de textos. *Exame Future of Money*, 2023. Disponível em: https://exame.com/future-of-money/riffusion-inteligencia-artificial-cria-musicas-a-partir-de-textos-conheca/. Acesso em: 13 fev. 2023.

MENEGHETTI, Tarcísio Vilton. *Autoria e Titularidade em Jogos Eletrônicos*. 2013. 210 f. Dissertação (Mestrado) – Curso de Direito, Centro de Ciências Jurídicas, Universidade Federal de Santa Catarina, Florianópolis, 2013. Disponível em: https://repositorio.ufsc.br/handle/123456789/122912. Acesso em: 26 mar. 2023.

OKEWALE, Tunde. GRM exclusive: when AI generates music, what happens to copyright protection? *GRM Daily*, 2023. Disponível em: https://grmdaily.com/ai-music-copyrights-explained/. Acesso em: 14 fev. 2023.

PALETTA, Francisco Carlos; PELISSARO, Bárbara. Informação, Ciência e Tecnologia na Sociedade da Informação no Contexto da Web 3.0. *Revista Conhecimento em Ação*, Rio de Janeiro, v. 1, p. 18-28, 2016.

PANZOLINI, Carolina; DEMARTINI, Silvana. *Manual de Direitos Autorais*. Brasília: TCU, Secretaria-Geral de Administração, 2020.

PAUSE Giant AI Experiments: An Open Letter. *Future Of Life Institute*, 22 mar. 2023. Disponível em: https://futureoflife.org/open-letter/pause-giant-ai-experiments/?utm_source=the%20news&utm_medium=newsletter&utm_campaign=30_03. Acesso em: 1 abr. 2023.

PIMENTA, Eduardo. *Princípios de Direitos Autorais:* os Direitos Autorais do trabalhador – Estudo sobre a obra intelectual criada em cumprimento de dever funcional. Rio de Janeiro: Lumen Juris, 2005.

RANGEL DA SILVA, Felipe; GIUBLIN TEIXEIRA, Rodrigo Valente. A Sociedade da Informação e seus desafios: a necessidade de efetivação de uma Política Pública de combate ao *ransomware* no Brasil. *Revista da Faculdade de Direito da UERJ*, Rio de Janeiro, n. 36, p. 23-52, 2019.

RUSSELL, Stuart; NORVIG, Peter. *Inteligência artificial*. Tradução da terceira edição. Rio de Janeiro: Elsevier, 2013.

SANTANA-FERNANDES, Márcia; FERNANDES, Carolina Fernandez; GOLDIM JR. Autoria, Direitos Autorais e produção científica: aspectos éticos e legais. *Revista do HCPA & Faculdade de Medicina da Universidade Federal do Rio Grande do Sul*, Porto Alegre, v. 28, p. 26-32, 2008.

SANTOS, Manuella Silva. *Direito Autoral da era digital:* impactos, controvérsias e possíveis soluções. São Paulo: Universidade Pontifícia Católica de São Paulo, 2009.

SICHMAN, Jaime Simão. Inteligência artificial e sociedade: avanços e riscos. *Estudos Avançados (online)*, v. 35, p. 37-50, 2021.

SIQUEIRA JÚNIOR, Paulo Hamilton. *Teoria do Direito.* 3. ed. São Paulo: Saraiva, 2012.

SOARES, Sávio de Aguiar; SOARES, Camila Januário Ferreira. Princípios de Direitos Autorais e sua tutela sob o aspecto patrimonial. *In*: CONGRESSO NACIONAL DO CONPEDI, XXII, 2013, São Paulo. *Anais...*, 2013.

SOUZA, Allan Rocha de. Os limites dos Direitos Autorais: uma interpretação civil-constitucional. *In*: CONGRESSO NACIONAL DO CONPEDI, XIV, 2005, Fortaleza. *Anais...* Unifor – Fortaleza: Boiteux, 2005.

VENINO, Eddy. Inteligência artificial do Google cria música de qualquer gênero a partir de um texto. *Mundo Conectado*, 2023. Disponível em: https://mundoconectado.com.br/noticias/v/31186/inteligencia-artificial-do-google-cria-musica-de-qualquer-genero-a-partir-de-um-texto. Acesso em: 02 fev. 2023.

VERLE, Lenara. Tecnologias do imaginário: Deep Blue x Kasparov. *Revista Famecos*, PUC/RS, Porto Alegre, n. 9, p. 63-67, dez. 1998.

VINAGRE, João; MONIZ, Nuno. Inteligência artificial: riscos e promessas. *Revista Ciência Elementar*, [s. l.], v. 8, n. 4, p. 1-9, dez. 2020. DOI http://doi.org/10.24927/rce2020.052

VINCENT, James. The scary truth about AI copyright is nobody knows what will happen next. *The Verge*, 15 nov. 2022. Disponível em: https://www.theverge.com/23444685/generative-ai-copyright-infringement-legal-fair-use-training-data. Acesso em: 12 mar. 2023.

WACHOWICZ, Marcos. Direito Autoral. *Revista Jurídica Empresarial*, Porto Alegre, v. V, p. 89-104, 2008.

WACHOWICZ, Marcos; GONÇALVES, Lukas Reuthes. *Inteligência artificial e criatividade:* novos conceitos na propriedade intelectual. Curitiba: GEDAI, 2019.

Informação bibliográfica deste texto, conforme a NBR 6023:2018 da Associação Brasileira de Normas Técnicas (ABNT):

KIELBOVICZ, Mérian Helen; ADOLFO, Luiz Gonzaga Silva. A inteligência artificial e seus impactos nos Direitos Autorais. *In*: EHRHARDT JÚNIOR, Marcos; CATALAN, Marcos; NUNES, Cláudia Ribeiro Pereira (Coord.). *Inteligência artificial e relações privadas*: possibilidades e desafios. Belo Horizonte: Fórum, 2023. v. 1. p. 223-244. ISBN 978-65-5518-576-8.

CHATGPT E AS TENSÕES RELATIVAS A DIREITOS AUTORAIS

MARCO ANTONIO LIMA BERBERI
JOYCE FINATO PIRES

1 Introdução

Disclaimer: este texto não foi escrito pelo ChatGPT.

"As mudanças são encontros de mundos que se movem", escreveu o poeta Ericson Pires.[1] Um simples trecho que resume bem o desenrolar da história que a sociedade como um todo agora acompanha: as mudanças promovidas pelas disrupções tecnológicas são frutos do encontro entre a necessidade humana de melhorias constantes da realidade em que se vive e o aprimoramento cada vez mais vertiginoso da técnica (dois mundos em constante movimento).

A revolução mais recente em debate, que semanalmente toma conta de *sites*, jornais e noticiários, foi trazida pelo ChatGPT e a multiplicidade de seu uso. Com as facilidades trazidas, chegam também inúmeras dúvidas: como usar? Como regular? Quais os limites? Quais consequências serão trazidas ao campo da originalidade e da autoralidade? Entre outras.

A escassez de respostas plenamente satisfatórias ainda é a regra. São muitas as opiniões, divididas entre os mais otimistas, que enxergam

---

[1] PIRES, Ericson. *Pele tecido*. Rio de Janeiro: 7 Letras, 2010, p. 56.

nesse modelo de linguagem um enorme salto em direção ao avanço e ao aprimoramento de certos afazeres humanos (pesquisa, escrita e apoio criativo) e aqueles menos otimistas, que enxergam nele uma ameaça à autonomia humana, que pode levar a consequências, que vão desde a perda de empregos que antes eram necessariamente desempenhados por pessoas, até ao cataclisma do mundo como o conhecemos.

Entre as duas posições há ainda a dos mais moderados, que enxergam na ferramenta uma espécie de ajudante útil, que pode ficar a cargo da execução de tarefas menores e ajudar o ser humano em certas demandas, mas que necessita também de acompanhamento e de regulações que limitam seu campo de ação, para que não haja riscos de incidentes sérios que ameacem criar uma reviravolta no mundo atual.

O que fica claro em meio a tantas desavenças é que ainda é muito cedo para grandes conclusões. O tempo, que parece correr desenfreado quando se trata de avanços tecnológicos, ainda não desempenhou por completo o seu papel de mediador.

Em relação às consequências dessa nova ferramenta para os direitos autorais, que é o cerne deste artigo, o que resta, então, é tentar entender melhor o contexto no qual ela está se desenvolvendo e quais são as suas potencialidades até o momento previsíveis. Um trabalho que faz parte de uma rede muito maior, sempre em construção, onde cada contribuição é capaz de captar apenas um momento específico e que logo corre o risco de ficar obsoleta, mas que necessita ser continuamente feito e refeito, como os traçados de uma fina e perene tapeçaria.

2 A inteligência artificial generativa invade a consciência pública

Os grandes modelos de linguagem (LLM – *large language models*, em inglês) são sistemas de inteligência artificial que utilizam aprendizado de máquina para processar grandes conjuntos de dados linguísticos e, com isso, desenvolver habilidades cada vez mais eficazes no trato da linguagem humana. Na área de processamento de linguagem natural (PLN), esses modelos são construídos por meio de técnicas de modelagem artificial e matemática, em vez de serem baseados no conhecimento gramatical da linguagem.[2] De maneira inesperada,

---

[2] No original: "Large language models are AI systems built from huge collections of data analyzed by machine learning and resulting in an ability to deal with human language in increasingly effective ways. Language models used in NLP are not based on grammatical

e muitas vezes imperceptível, os sistemas de inteligência artificial generativa têm penetrado na consciência pública,[3] alterando a forma como nos relacionamos uns com os outros e com a informação, seja por meio de assistentes virtuais, *chatbots* ou algoritmos de recomendação.[4]

3 O que é o ChatGPT?

GPT, cujo acrônimo é *Generative Pre-trained Transformer*, e pode ser livremente traduzido como *transformador pré-treinado generativo*, é um modelo de linguagem de última geração, desenvolvido pela OpenAI, que utiliza inteligência artificial para gerar textos que se assemelham à escrita humana com alta precisão e poder.[5] Esse modelo passou por um treinamento com dados textuais diversos, como livros, artigos e conversas *online*, com o objetivo de capacitar-se para manter diálogos complexos e fornecer informações acuradas sobre diversos temas.[6]

Recentemente, têm sido divulgadas notícias em diversos *sites* e plataformas de mídias sociais a respeito desse sistema de inteligência artificial. Um juiz colombiano, por exemplo, utilizou o ChatGPT para sentenciar.[7] Em outra situação, o próprio ChatGPT foi aprovado, mesmo que com nota mediana, em provas de cursos de direito e negócios em duas universidades norte-americanas.[8] Embora haja um sentimento

---

knowledge of the language, but rather are built upon artificial and mathematical modeling of language data" (GODWIN-JONES, Robert. Partnering with AI: Intelligent writing assistance and instructed language learning. *Language Learning & Technology*, [s. l.], v. 26, n. 2, p. 05-24, jun. 2022, p. 11).

[3] A fim de contribuir com a discussão, William Soares Pugliese estabelece um diálogo com o ChatGPT acerca do direito processual civil, tentando identificar a opção teórica que impulsiona o sistema a produzir suas respostas (PUGLIESE, William Soares. O que o ChatGPT pensa sobre o processo civil? *Revista de Processo*, [s. l.], v. 340, p. 01-12, jun. 2023).

[4] Sobre este tema, sugere-se o livro de Eli Pariser: PARISER, Eli. *O filtro invisível*: o que a internet está escondendo de você. Rio de Janeiro: Zahar, 2011.

[5] O modelo utilizado para o acesso gratuito ao ChatGPT é o modelo GPT3.5. Entretanto, a sua versão paga oferece acesso ao GPT4, mais sofisticado. (GIMPEL, Henner; HALL, Kristina; DECKER, Stefan; EYMANN, Torsten; LÄMMERMANN, Luis; MÄDCHE, Alexander; RÖGLINGER, Maximilian; RUINER, Caroline; SCHOCH, Manfred; SCHOOP, Mareike; URBACH, Nils; VANDIRK, Steffen. *Unlocking the power of generative AI models and systems such as GPT-4 and ChatGPT for higher education*: a guide for students and lecturers. Stuttgart: University of Hohenheim, 2023, p. 14).

[6] SUSNJAK, Teo. ChatGPT: the end of online exam integrity? *Arxiv*, 19 dez. 2022. Disponível em: https://bit.ly/3zvGD9p. Acesso em: 4 abr. 2023. DOI https://doi.org/10.48550/arXiv.2212.09292, p. 3.

[7] TAYLOR, Luke. Colombian judge says he used ChatGPT in ruling. *The Guardian*, 3 fev. 2023. Disponível em: https://bit.ly/43WR6bI. Acesso em: 4 abr. 2023.

[8] KELLY, Samantha Murphy. ChatGPT passes exams from law and business schools. *CNN Business*, 26 jan. 2023. Disponível em: https://cnn.it/3LtYV1t. Acesso em: 4 abr. 2023.

generalizado de apreensão e medo[9] em relação ao rápido progresso da tecnologia, é inegável que as inteligências artificiais se tornarão cada vez mais presentes em praticamente todos os aspectos da vida humana.

4 As ameaças e os riscos da inteligência artificial generativa

A capacidade de uma inteligência artificial gerar conteúdo a partir de dados prévios é uma das promessas mais intrigantes e desafiadoras da atualidade. Esse tipo de tecnologia tem sido cada vez mais aplicado em diversas áreas, desde a produção de textos e imagens, até a criação de músicas e roteiros de filmes. Dessa forma, destacam-se inúmeros cenários em que se pensa usar esse tipo de inteligência artificial generativa:

a) Ensino Superior: o ChatGPT pode ser treinado para compreender estilo e formatação de um trabalho acadêmico, podendo até mesmo sugerir correções para melhorar a clareza e coerência da escrita, sendo especialmente útil para quem está aprendendo as nuances de uma língua estrangeira ou mesmo para alunos com certas dificuldades na escrita.[10]

b) Correção de trabalhos: o ChatGPT poderia ser usado para corrigir trabalhos e fornecer *feedback* aos alunos, permitindo uma experiência no ensino-aprendizagem mais personalizada.[11]

c) Tradução: o ChatGPT pode ser um grande aliado em traduções, ajudando a superar barreiras linguísticas.[12]

Apesar das possibilidades fascinantes que a inteligência artificial generativa pode oferecer, é preciso estar atento aos perigos que ela também apresenta. Um dos principais desafios é garantir que as

---

[9] A expressão *Complexo de Frankenstein* foi criada por Isaac Asimov para descrever o temor que algumas pessoas experimentam em relação às possíveis implicações decorrentes do progresso tecnológico (ASIMOV, Isaac. The machine and the robot. In: WARRICK, Patricia; GREENBERG, Martin Harry; OLANDER, Joseph (Orgs.). *Science Fiction*: contemporary mythology. New York: Harper & Row, 1978, p. 244-253).

[10] ATLAS, Stephen. *ChatGPT for higher education and professional development:* a guide to conversational AI. Kingston: University of Rhode Island, 2023, p. 5.

[11] COTTON, Debby R. E.; COTTON, Peter A.; SHIPWAY, J. Reuben. Chatting and cheating: ensuring academic integrity in the era of ChatGPT. *Taylor & Francis Online*, 13 mar. 2023. Disponível em: https://bit.ly/3mdE7Bl. Acesso em: 4 abr. 2023, p. 2.

[12] JIAO, Wenxiang; WANG, Wenxuan; HUANG, Jen-tse; WANG, Xing; TU, Zhaopeng. Is ChatGPT a good translator? Yes with GPT-4 as the engine. *Arxiv*, 20 jan. 2023. Disponível em: https://bit.ly/41ksh7y. Acesso em: 4 abr. 2023. DOI https://doi.org/10.48550/arXiv.2301.08745.

informações geradas sejam verdadeiras e confiáveis, evitando a disseminação de desinformação e *fake news*. Além disso, há o risco de que essas inteligências possam ser utilizadas para fins maliciosos, como a criação de conteúdo falso para manipular a opinião pública ou a produção de *deepfakes*[13] para difamar pessoas. Dentre as questões importantes envolvendo seus aspectos negativos, destacam-se:

a) Escrita de periódicos científicos: embora o ChatGPT tenha sido capaz de produzir argumentos médicos convincentes em alguns casos, com referências a artigos científicos, uma análise cuidadosa das referências mostrou que os periódicos e autores mencionados existem, mas os títulos dos artigos não. Além disso, os *links* DOI levam a artigos inexistentes.[14]

b) Treinamento utilizando dados: há uma grande chance de o ChatGPT ter utilizado dados disponíveis na internet para fazer seu treinamento. Caso o leitor tenha escrito algum *blog*, comentado sobre algum produto ou serviço, ou até mesmo feito algum comentário em *websites*, é possível que as informações fornecidas tenham sido utilizadas no treinamento do ChatGPT.[15] Tal prática pode ser considerada problemática, já que não houve solicitação prévia da OpenAI para o uso de dados disponíveis na internet.[16] E, mesmo que estes dados

---

[13] Duas sugestões de textos sobre *deepfakes*:
(i) SCHREIBER, Anderson; RIBAS, Felipe; MANSUR, Rafael. Deepfakes: regulação e responsabilidade civil. *In*: TEPEDINO, Gustavo; SILVA, Rodrigo da Guia (Coords.). *O direito civil na era da inteligência artificial*. São Paulo: Thomson Reuters Brasil, 2020, p. 609-626.
(ii) PIRES, Joyce Finato; BERBERI, Marco Antonio Lima. Paródia artificial: como os deepfakes têm aberto novos caminhos para se discutir direitos autorais. *In*: NOGUEIRA, Humberto; ALVITES, Elena; SCHIER, Paulo; SARLET, Ingo W. (Orgs.). *Anais da VIII Jornada da Rede Interamericana de Direitos Fundamentais e Democracia*. Porto Alegre: Fundação Fênix, 2021, p. 577-593. v. 1.

[14] KITAMURA, Felipe C. ChatGPT is shaping the future of medical writing but still requires human judgment. *Radiology*, v. 307, n. 2, jan. 2023. Disponível em: https://bit.ly/3zxvrsJ. Acesso em: 4 abr. 2023. DOI https://doi.org/10.1148/radiol.230171. Outro ponto importante é perceber a falta de citações ou referências fornecidas, e examiná-las caso tenham sido fornecidas (COTTON, Debby R. E.; COTTON, Peter A.; SHIPWAY, J. Reuben. Chatting and cheating: ensuring academic integrity in the era of ChatGPT. *Taylor & Francis Online*, 13 mar. 2023. Disponível em: https://bit.ly/3mdE7Bl. Acesso em: 4 abr. 2023, p. 4).

[15] GAL, Uri. ChatGPT is a data privacy nightmare: if you've ever posted online, you ought to be concerned. *The Conversation*, 8 fev. 2023. Disponível em: https://bit.ly/40p2Hxh. Acesso em: 4 abr. 2023.

[16] "Plataformas como Facebook ou Google são novos suseranos. Lavramos incansavelmente suas terras e produzimos dados preciosos, que eles depois devoram. Sentimo-nos livres mesmo sendo completamente explorados, monitorados e controlados. Em um sistema que explora a liberdade, não se forma resistência. A dominação se completa no momento em

estivessem publicamente abertos, sua utilização pode significar a violação da integridade contextual.[17]

c) Obscuridade da gestão informacional: é necessário mais estudos para se conseguir entender qual o grau de hierarquização para a priorização das informações que o sistema fornece.[18]

d) Falta de criatividade e originalidade: é um aspecto controverso em relação ao ChatGPT, uma vez que alguns autores argumentam que, devido ao treinamento com base nos textos disponíveis na internet, o sistema carece do toque único de originalidade e criatividade que somente os autores humanos possuem.

Embora os conceitos de criatividade e originalidade[19] estejam na seara dos direitos autorais, buscamos dar enfoque a outros aspectos dos direitos autorais que têm chamado a atenção quando o assunto é o uso de inteligência artificial na produção de qualquer tipo de conteúdo: a autoria e o plágio.

Comecemos pela autoria.

5 A autoria artificial

a) Autoria: alguns autores em artigos científicos da área da medicina colocaram o ChatGPT como autor. Acontecimento que aponta que a nomeação da autoria é importante também para se saber quando da responsabilização do conteúdo.

O tema da autoria é abordado como um processo histórico que interliga diversas concepções ao longo do tempo. Na Idade Média, por

---

que coincide com a liberdade" (HAN, Byung-Chul. *Não-coisas*: reviravoltas do mundo da vida. Tradução de Rafael Rodrigues Garcia. Petrópolis: Vozes, 2022, p. 51).

[17] Termo cunhado por Helen Nissenbaum. *Contextual integrity* significa levar em consideração a privacidade a partir das perspectivas de como as informações fluem, ou seja, enfoca na circulação de informações em determinados contextos (NISSENBAUM, Helen. Privacy as contextual integrity. *Washington Law Review*, [s. l.], v. 79, n. 01, p. 119-158, 2004).

[18] Sobre a inversão da hierarquia do fluxo informacional, sugere-se a leitura de: CESARINO, Letícia. *O mundo do avesso*: verdade e política na era digital. São Paulo: Ubu, 2022.

[19] A disposição sobre a proteção autoral se dá no art. 7º, da LDA. Entretanto, a lei nada fala sobre a originalidade. Somente no seu art. 10 é mencionada a proteção da originalidade dos títulos de obras, mas sem explicação do que seja. "A Convenção de Berna não define o requisito de originalidade, pela dificuldade em estabelecer um padrão consensual. Mas, conforme já se mencionou, a originalidade é considerada, tanto no sistema do direito de autor quanto no de copyright, como o requisito nuclear da tutela legal" (SANTOS, Manoel J. Pereira dos. A questão da autoria e da originalidade em direito de autor. *In*: SANTOS, Manoel J. Pereira dos; JABUR, Wilson Pinheiro; ASCENSÃO, José de Oliveira. *Direito autoral*. 2. ed. São Paulo: Saraiva, 2020, p. 49-87, p. 67).

exemplo, a compreensão predominante era de que o autor não detinha a capacidade criativa, mas sim atuava como um mero receptor da voz divina.[20] A figura do autor, portanto, era secundária nesse contexto.[21] Guilherme Carboni destaca que, nesse período histórico, não era conferida a devida autoria aos trechos inseridos nas obras.[22]

Durante o Renascimento, o autor poderia ser considerado ora como um artesão, ora visto como um indivíduo inspirado por uma musa ou por Deus.[23] A construção contemporânea da noção de autor teve origem na Era Moderna, período no qual o autor passa a ser visto como um sujeito autônomo e livre para criar e pensar, sendo, então, o criador da obra, conforme destaca Guilherme Carboni.[24] Carla Hesse aponta que é com base nessa autonomia que surge a ideia de propriedade literária e, posteriormente, a noção de propriedade intelectual.[25]

O conceito de autor moderno, no sentido romântico da expressão, é consolidado na Convenção de Berna de 1886. No entanto, a Convenção não estabelece critérios para a autoria, deixando a cargo de cada país-membro defini-la de acordo com sua compreensão. A LDA (Lei de Direitos Autorais – Lei nº 9.610/1998) estabelece, no seu art. 11, que a autoria é atribuída à pessoa física criadora de obra literária, artística ou científica. Além disso, o Enunciado nº 670 da IX Jornada de Direito Civil dispõe que: "ENUNCIADO 670 – Art. 11 da Lei nº 9.610/1998:

---

[20] BERBERI, Marco Antonio Lima. Máquina autora: interseções entre direitos autorais e inteligência artificial. *In*: BUSSINGUER, Elda Coelho de Azevedo; TRAMONTINA, Robison; LORENZETTO, Bruno Meneses (Orgs.). *Direitos fundamentais e democracia*. Vitória: FDV Publicações, 2020, p. 25-49, p. 29. Vale a pena conferir também: ECO, Umberto. *Arte e beleza na estética medieval*. Tradução de Mario Sabino. 5. ed. rev. e atual. Rio de Janeiro: Record, 2020, p. 16.

[21] Marcelo Conrado aponta que "A autoria não era considerada, pois a propriedade das obras pertencia à realeza ou à Igreja. A prova dessa situação é confirmada observando-se a ausência de assinatura nas obras feitas até então" (CONRADO, Marcelo. *Arte, originalidade e direitos autorais*. São Paulo: Ed. da Universidade de São Paulo, 2022, p. 45).

[22] CARBONI, Guilherme. Direito autoral, diversidade das expressões culturais e pluralidade de autorias. *In*: ADOLFO, Luiz Gonzaga Silva; WACHOWICZ, Marcos (Coords.). *Direito da propriedade intelectual*: estudos em homenagem ao Pe. Bruno Jorge Hammes. Curitiba: Juruá, 2014, p. 137-150, p. 141-142. v. II.

[23] WOODMANSEE, Martha. The genius and the copyright: economic and legal conditions of the emergence of the "author". *Eighteenth-Century Studies*, [s. l.], v. 17, n. 04, p. 425-448, 1984, p. 426-427.

[24] CARBONI, Guilherme. Direito autoral, diversidade das expressões culturais e pluralidade de autorias. *In*: ADOLFO, Luiz Gonzaga Silva; WACHOWICZ, Marcos (Coords.). *Direito da propriedade intelectual*: estudos em homenagem ao Pe. Bruno Jorge Hammes. Curitiba: Juruá, 2014, p. 137-150, p. 142. v. II.

[25] HESSE, Carla. The rise of intellectual property, 700 B.C.-A.D. 2000: an idea in the balance. *Dædalus: Journal of the American Academy of Arts and Sciences*, Cambridge, v. 131, n. 02, p. 26-45, 2002, p. 26.

Independentemente do grau de autonomia de um sistema de inteligência artificial, a condição de autor é restrita a seres humanos".[26]

Até o presente momento, a possibilidade de uma autoria artificial nunca havia sido considerada.[27] Este breve salto histórico exemplifica de forma ilustrativa que as novas tecnologias estão transformando a percepção da noção de autoria, sempre vista nos sistemas de direitos autorais como individual ou em coautoria, e, invariavelmente, realizada somente por um ser humano.

A autoria em publicações acadêmicas é um tema de grande importância e relevância, pois dela depende a atribuição de responsabilidades e direitos sobre a pesquisa ou estudo. É interessante notar que as recentes evoluções tecnológicas, como a inteligência artificial, têm gerado discussões acerca da autoria em trabalhos produzidos por esses sistemas generativos.

Um exemplo disso é o *preprint*[28] médico publicado no repositório *medRxiv*, que apresenta uma lista de 12 pessoas figurando como autores, dentre os quais está presente o ChatGPT.[29] Para além desse exemplo, o ChatGPT recebeu mais três reconhecimentos de autoria.[30]

Até o momento, não há registros de sistemas de inteligência artificial dotados de capacidade volitiva. Eles não buscam por

---

[26] JORNADA DIREITO CIVIL. IX, 2022, Brasília. *Jornada Direito Civil*: comemoração dos 20 anos da Lei nº 10.406/2022 e da instituição da Jornada de Direito Civil – enunciados aprovados. Brasília: Conselho da Justiça Federal, Centro de Estudos Judiciários, 2022, p. 41.

[27] A autoria em trabalhos produzidos por sistemas de inteligência artificial tem sido objeto de intensos debates, especialmente em relação a tecnologias como o *Midjourney, Dall-E* e similares. Acredita-se que, em um futuro não muito distante, a ideia de atribuir autoria a vídeos produzidos por tais sistemas também possa se tornar uma realidade concreta. Para mais, verificar: LAWLER, Richard. The US Copyright Office says you can't copyright Midjourney AI-generated images. *The Verge*, 22 fev. 2023. Disponível em: https://bit.ly/3IxHF8F. Acesso em: 4 abr. 2023.

[28] O denominado *preprint* são artigos científicos publicados sem passar pelo chamado revisão por pares (como o *double-blind review*, um processo anônimo para os revisores e para os autores). Servem para receber *feedback* antes da submissão em uma revista científica.

[29] O *preprint* pode ser visualizado no link: KUNG, Tiffany H.; CHEATHAM, Morgan; ChatGPT; MEDENILLA, Arielle; SILLOS, Czarina; DE LEON, Lorie; ELEPAÑO, Camille; MADRIAGA, Maria; AGGABAO, Rimel; DIAZ-CANDIDO, Giezel; MANINGO, James; TSENG, Victor. Performance of ChatGPT on USMLE: potential for AI-assisted medical education using Large Language Models. *PLOS Digital Health*, 20 dez. 2022. Disponível em: https://bit.ly/43aYwrI. Acesso em: 4 abr. 2023. DOI https://doi.org/10.1101/2022.12.19.2 2283643.

[30] DONATO, Helena; ESCADA, Pedro; VILLANUEVA, Tiago. A transparência da ciência com o ChatGPT e as ferramentas emergentes de inteligência artificial: como se devem posicionar as revistas científicas médicas? *AMP – Acta Médica Portuguesa*, [s. l.], v. 36, n. 3, p. 147-148, mar. 2023. DOI: https://doi.org/10.20344/amp.19694. Acesso em: 4 abr. 2023.

reconhecimento de autoria.[31] Em relação a revistas científicas da área médica, o International Committee of Medical Journal Editors (ICMJE) tem como um dos critérios de autoria que o autor seja "responsável pelo conteúdo e integridade da informação científica do artigo (*accountability*), pelo que é evidente que o ChatGPT não preenche tal critério, já que não pode assumir essa responsabilidade".[32]

A discussão acerca da autoria em sistemas generativos ainda é um tema em aberto e objeto de debates intensos na comunidade acadêmica e na sociedade em geral. Os sistemas artificiais generativos vêm gerando discussões não apenas acerca da autoria, mas também sobre a originalidade e a criatividade não só de textos científicos, mas de obras de arte, pintura e música.

6 Plágio acadêmico

b) Plágio: o ChatGPT é treinado com todos os textos públicos disponíveis na internet, portanto, a chance de ter utilizado trechos protegidos por direitos autorais é muito alta.[33] É provável, então, que as revistas científicas passem a receber uma porcentagem elevada de artigos com indícios de plágio por conta do uso da ferramenta.

Para se ter uma ideia da gravidade desse novo cenário, um grupo de pesquisadores solicitou que o ChatGPT produzisse 50 resumos de pesquisas médicas com base em uma seleção publicada em revistas renomadas como *JAMA, The New England Journal of Medicine, The BMJ, The Lancet* e *Nature Medicine*. Em seguida, foi realizada uma comparação desses resumos com os originais, submetendo-os a um detector de plágio[34] e a um detector de conteúdo de inteligência artificial, além de pedirem a um grupo de pesquisadores médicos que identificassem os resumos. Os resumos gerados pelo ChatGPT passaram pelo detector

---

[31] KING, Michael R. A place for Large Language Models in scientific publishing, apart from credited authorship. *BMES – Biomedical Engineering Society*, p. 01-04, 2023, p. 02.

[32] DONATO, Helena; ESCADA, Pedro; VILLANUEVA, Tiago. A transparência da ciência com o ChatGPT e as ferramentas emergentes de inteligência artificial: como se devem posicionar as revistas científicas médicas? *AMP – Acta Médica Portuguesa*, [s. l.], v. 36, n. 3, p. 147-148, mar. 2023. DOI: https://doi.org/10.20344/amp.19694. Acesso em: 4 abr. 2023, p. 148.

[33] GAL, Uri. ChatGPT is a data privacy nightmare: if you've ever posted online, you ought to be concerned. *The Conversation*, 8 fev. 2023. Disponível em: https://bit.ly/40p2Hxh. Acesso em: 4 abr. 2023.

[34] Um programa de detecção de plágio realiza várias buscas em plataformas *online* para encontrar trechos idênticos ao texto avaliado, e avalia o grau de semelhança entre o trecho encontrado e o texto original.

de plágio, pois a pontuação média de originalidade foi de 100%, o que indica não haver nenhum indício de plágio. Já o detector de conteúdo de inteligência artificial identificou 66% dos resumos gerados como sendo originados por alguma inteligência artificial. Em comparação, os revisores humanos identificaram corretamente apenas 68% dos resumos gerados como feitos por inteligência artificial e 86% dos resumos originais, feitos por seres humanos. Eles classificaram erroneamente 32% dos resumos gerados como verdadeiros e 14% dos resumos verdadeiros como gerados por inteligência artificial.[35]

Mas, afinal, o que leva as pessoas a plagiar? Em relação a alunos, a resposta é muito clara: o fazem para ganhar tempo, para obter melhores notas ou ambos.[36] A educação sobre plágio é um tópico crucial em instituições acadêmicas em todo o mundo, pois pode ter implicações significativas para os estudantes. Educá-los sobre o plágio pode ser uma maneira eficaz de preveni-lo. Levando isso em conta, é possível fornecer informações sobre o plágio e discuti-lo em sala de aula, bem como destacar suas consequências. Além disso, é possível exigir que os estudantes façam uma declaração escrita afirmando que o trabalho é de sua autoria e que eles não usaram modelos de linguagem de inteligência artificial. Essa atitude, em um primeiro momento, pode desencorajar o plágio e responsabilizar os estudantes.[37]

Na antiga civilização grega, assim como em outras culturas orais, canções e histórias eram mais fluidas do que fixas e a criação era coletiva, com cantores e contadores de histórias adotando e adaptando temas e frases uns dos outros.[38]

Essa tradição coletiva passou a ter mudanças substanciais a partir do primeiro século d.C. O poeta romano Marcial utilizou a palavra *plagiarius* para designar alguém que roubava o escravo de outra pessoa ou escravizava pessoas livres.[39] Ele sentiu na pele quando Fidentino

---

[35] ELSE, Holly. Research summaries written by AI fool scientists. *Scientific American, Nature Magazine*, 13 jan. 2023. Disponível em: https://bit.ly/3ZMcpJI. Acesso em: 4 abr. 2023.
[36] POSNER, Richard A. *The little book of plagiarism*. New York: Pantheon Books, 2007, p. 89.
[37] COTTON, Debby R. E.; COTTON, Peter A.; SHIPWAY, J. Reuben. Chatting and cheating: ensuring academic integrity in the era of ChatGPT. *Taylor & Francis Online*, 13 mar. 2023. Disponível em: https://bit.ly/3mdE7Bl. Acesso em: 4 abr. 2023, p. 5.
[38] BRIGGS, Asa; BURKE, Peter. *Uma história social da mídia*: de Gutenberg à internet. Tradução de Maria Carmelita Pádua Dias. 2. ed., rev. e ampl. Rio de Janeiro: Jorge Zahar, 2006, p. 17.
[39] Tradução livre: "A palavra em latim *plagiarius*, da qual deriva o termo em inglês *plagiarist*, foi utilizada pela primeira vez (em um documento sobrevivente - a primeira utilização real pode ter sido muito anterior) em algo semelhante ao seu sentido moderno pelo poeta romano Marcial no primeiro século d.C. Um *plagiarius* era alguém que tanto roubava o

recitou seus poemas sem lhe dar a devida autoria. Marcial entendia que "[...] ao publicar um poema, sua obra tornava-se de domínio comum, mas o plagiário escravizava como seus os versos que eram livres ao apropriar-se indevidamente deles".[40]

Contemporaneamente, fala-se de plágio em direitos autorais quando alguém toma um produto intelectual de terceiro como seu. Os produtos intelectuais são os de natureza artística, científica ou literária, descritos em um rol exemplificativo na LDA, em seu art. 7º.[41] Entretanto, ela não disciplina sobre o plágio, deixando-o a cargo do Código Penal.[42][43]

Ainda nos dias atuais paira no ar a dúvida sobre a possibilidade de se cometer plágio em obras em domínio público. Apenas a título

---

escravo de outra pessoa quanto escravizava uma pessoa livre". No original: "The Latin word *plagiarius*, from which the English plagiarist derives, was first used (in a surviving document-the actual first use may have been much earlier) in something like its modern sense by the Roman poet Martial in the first century A.D. A plagiarius was someone who either stole someone else's slave or enslaved a free person" (POSNER, Richard A. *The little book of plagiarism*. New York: Pantheon Books, 2007, p. 49-50).

[40] SANTOS, Manoel J. Pereira dos. Contrafação e plágio como violações de direito autoral. *In*: SANTOS, Manoel J. Pereira dos; JABUR, Wilson Pinheiro; ASCENSÃO, José de Oliveira. *Direito autoral*. 2. ed. São Paulo: Saraiva, 2020, p. 173-224, p. 188.

[41] Art. 7º, LDA. São obras intelectuais protegidas as criações do espírito, expressas por qualquer meio ou fixadas em qualquer suporte, tangível ou intangível, conhecido ou que se invente no futuro, tais como: I – os textos de obras literárias, artísticas ou científicas; II – as conferências, alocuções, sermões e outras obras da mesma natureza; III – as obras dramáticas e dramático-musicais; IV – as obras coreográficas e pantomímicas, cuja execução cênica se fixe por escrito ou por outra qualquer forma; V – as composições musicais, tenham ou não letra; VI – as obras audiovisuais, sonorizadas ou não, inclusive as cinematográficas; VII – as obras fotográficas e as produzidas por qualquer processo análogo ao da fotografia; VIII – as obras de desenho, pintura, gravura, escultura, litografia e arte cinética; IX – as ilustrações, cartas geográficas e outras obras da mesma natureza; X – os projetos, esboços e obras plásticas concernentes à geografia, engenharia, topografia, arquitetura, paisagismo, cenografia e ciência; XI – as adaptações, traduções e outras transformações de obras originais, apresentadas como criação intelectual nova; XII – os programas de computador; XIII – as coletâneas ou compilações, antologias, enciclopédias, dicionários, bases de dados e outras obras, que, por sua seleção, organização ou disposição de seu conteúdo, constituam uma criação intelectual.

[42] O capítulo I do título III do Código Penal disciplina as violações de direitos autorais.

[43] Um outro ilícito autoral, a denominada contrafação, difere-se do plágio por sua definição disposta no art. 5º, VII, da LDA: Art. 5º, LDA. Para os efeitos desta Lei, considera-se: VII – contrafação – a reprodução não autorizada;
Na linguagem comum, a contrafação está relacionada com a denominada *pirataria*. Ela pode ser de dois tipos: a integral e a parcial. Manoel J. Pereira dos Santos explica que "[...] a reprodução pode ser integral ou parcial, com ou sem modificação da obra originária, com ou sem usurpação de autoria". Havendo usurpação de autoria, tem-se o plágio (SANTOS, Manoel J. Pereira dos. Contrafação e plágio como violações de direito autoral. *In*: SANTOS, Manoel J. Pereira dos; JABUR, Wilson Pinheiro; ASCENSÃO, José de Oliveira. *Direito autoral*. 2. ed. São Paulo: Saraiva, 2020, p. 173-224, p. 183).

de contextualização: o domínio público pode acontecer quando (i) se passou 70 anos do falecimento do autor;[44] (ii) quando o autor falecido não deixa sucessores;[45] (iii) quando se trata de autor desconhecido,[46] ou (iv) quando o próprio autor decide renunciar os direitos patrimoniais autorais, como no caso da obra *O domínio público no direito autoral brasileiro: uma obra em domínio público*, de Sérgio Branco.[47] Nesses casos, a obra em domínio público pode ser utilizada pela sociedade, independente de autorização. O que é preciso é se atentar para os direitos pessoais

---

[44] Há duas frações de direitos ao autor: a fração pessoal, de vinculação do autor à sua criação, e a fração patrimonial, que se relaciona à exploração econômica da obra. A duração de 70 anos disposta no art. 41 da LDA só diz respeito aos direitos patrimoniais autorais, que se findam depois deste prazo. Já os direitos pessoais autorais, que constam no rol do art. 24 da LDA, não podem ser cedidos, renunciados ou transferidos.
Art. 24, LDA. São direitos morais do autor: I – o de reivindicar, a qualquer tempo, a autoria da obra; II – o de ter seu nome, pseudônimo ou sinal convencional indicado ou anunciado, como sendo o do autor, na utilização de sua obra; III – o de conservar a obra inédita; IV – o de assegurar a integridade da obra, opondo-se a quaisquer modificações ou à prática de atos que, de qualquer forma, possam prejudicá-la ou atingi-lo, como autor, em sua reputação ou honra; V – o de modificar a obra, antes ou depois de utilizada; VI – o de retirar de circulação a obra ou de suspender qualquer forma de utilização já autorizada, quando a circulação ou utilização implicarem afronta à sua reputação e imagem; VII – o de ter acesso a exemplar único e raro da obra, quando se encontre legitimamente em poder de outrem, para o fim de, por meio de processo fotográfico ou assemelhado, ou audiovisual, preservar sua memória, de forma que cause o menor inconveniente possível a seu detentor, que, em todo caso, será indenizado de qualquer dano ou prejuízo que lhe seja causado. §1º Por morte do autor, transmitem-se a seus sucessores os direitos a que se referem os incisos I a IV. §2º Compete ao Estado a defesa da integridade e autoria da obra caída em domínio público. §3º Nos casos dos incisos V e VI, ressalvam-se as prévias indenizações a terceiros, quando couberem.
Art. 41, LDA. Os direitos patrimoniais do autor perduram por setenta anos contados de 1º de janeiro do ano subsequente ao de seu falecimento, obedecida a ordem sucessória da lei civil. Parágrafo único. Aplica-se às obras póstumas o prazo de proteção a que alude o *caput* deste artigo.

[45] Art. 45, LDA. Além das obras em relação às quais decorreu o prazo de proteção aos direitos patrimoniais, pertencem ao domínio público: I - as de autores falecidos que não tenham deixado sucessores; II - as de autor desconhecido, ressalvada a proteção legal aos conhecimentos étnicos e tradicionais.

[46] Art. 45, LDA.

[47] Consta na obra a seguinte informação: "Esta obra encontra-se em domínio público pela vontade de seu autor. Nesse sentido, o autor expressamente renuncia, irrevogavelmente e em âmbito mundial, a todos os seus direitos patrimoniais e antecipa os efeitos do domínio público sobre seus direitos morais, na extensão permitida por lei. Em razão do ingresso desta obra em domínio público, você pode, independentemente de outra autorização ou do pagamento de qualquer valor: – Copiá-la e distribuí-la, integral ou parcialmente; – Explorá-la economicamente; – Modificá-la, criando obras derivadas. Em qualquer hipótese de utilização, a autoria da obra original deverá ser devidamente informada" (BRANCO, Sérgio. *O domínio público no direito autoral brasileiro*: uma obra em domínio público. Rio de Janeiro: Lumen Juris, 2011).

autorais,[48] ou seja, o respeito pela autoria da obra original, que jamais se extingue devido ao vínculo indissolúvel do autor com sua obra.[49]

Importa lembrar que as ideias são de uso de todas as pessoas e "[...] não podem ser aprisionadas pelo titular de direitos autorais. Se não fosse assim, não seria possível haver filmes com temas semelhantes, realizados próximos uns dos outros, como aliás é comum acontecer".[50] Portanto, as ideias precisam estar materializadas para que possam ter proteção autoral.

Existem três tipos de plágio: a cópia direta ou integral, a cópia transformativa e o autoplágio. Segundo a literatura autoral, a cópia direta ou integral possui também a nomenclatura *plágio material*, que se trata da cópia servil da forma literal de expressão. Uma das maneiras mais eficazes de evitar o plágio é por meio de paráfrases, que consistem em reescrever o conteúdo de um texto com suas próprias palavras e sem alterar o significado original, evitando assim a cópia direta ou integral que caracteriza esse tipo de plágio.[51][52]

---

[48] A LDA abre seu Capítulo II dispondo sobre os direitos morais autorais. Entretanto, os autores deste artigo entendem, na esteira de José de Oliveira Ascensão, que o termo *direitos morais* é expressão equivocada. "Afastamo-nos da terminologia corrente. A lei e os autores falam antes em direitos ou faculdades morais do que num direito pessoal. Mas por mais generalizado, o qualificativo 'moral' é impróprio e incorreto. É impróprio, pois há setores não-éticos no chamado direito moral e é incorreto, pois foi importado sem tradução da língua francesa. Aí se fala em pessoas morais, danos morais, direitos morais, e assim por diante. Mas no significado que se pretende o qualificativo é estranho à língua portuguesa e deve, pois, ser substituído. Dizendo-se 'direito moral' quer-se significar simplesmente o direito pessoal, por oposição ao direito patrimonial. Falaremos, pois, exclusivamente em direito pessoal, para tornar a matéria mais facilmente compreensível" (ASCENSÃO, José de Oliveira. *Direito autoral*. 2. ed. ref. e ampl. Rio de Janeiro: Renovar, 1997, p. 129-130).

[49] CÂNCIO, Maria Miguel Gomez de Almeida Pereira. *Domínio público intelectual?* 2012. 21 p. Dissertação (Mestrado em Direito Administrativo) – Universidade Católica Portuguesa, Faculdade de Direito, Escola de Lisboa, Lisboa, 2012. Disponível em: https://bit.ly/3pBuACa. Acesso em: 22 ago. 2022, p. 12.

[50] PARANAGUÁ, Pedro; BRANCO, Sérgio. *Direitos autorais*. Rio de Janeiro: Ed. FGV, 2009, p. 31.

[51] GALVÃO, Helder. Plágio e internet. *In*: MARTINS, Guilherme Magalhães; LONGHI, João Victor Rozatti (Coords.). *Direito digital*: direito privado e internet. 3. ed. Indaiatuba: Foco, 2020, p. 671-684, p. 674.
O art. 47, da LDA, aponta que "São livres as paráfrases e paródias que não forem verdadeiras reproduções da obra originária nem lhe implicarem descrédito".

[52] "Como ter certeza de que uma paráfrase não é um plágio? Antes de tudo, se for muito mais curta do que o original, é claro. Mas há casos em que o autor diz coisas de grande conteúdo numa frase por período curtíssimo, de sorte que a paráfrase deve ser muito mais longa do que o trecho original. Neste caso, não se deve preocupar doentiamente em nunca colocar as mesmas palavras, pois às vezes é inevitável ou mesmo útil que certos termos permaneçam imutáveis. A prova mais cabal é dada quando conseguimos parafrasear o texto sem tê-lo diante dos olhos, significando que não só não o copiamos como o entendemos" (ECO, Umberto. *Como fazer uma tese*. São Paulo: Perspectiva, 1977, p. 128).

Uma metodologia de comparação de obras, geralmente por laudos periciais, pode ajudar a identificar elementos comuns para caracterizar a ilicitude. É o chamado *teste das semelhanças*, que "consiste em definir um método de cotejo entre duas obras, uma denominada 'paradigma' e a outra 'objeto da comparação'".[53]

Em relação à cópia transformativa, é possível afirmar que é mais complexa. A literatura autoral a denomina também de *plágio virtual ou ideológico*. José de Oliveira Ascensão afirma que "*Plágio* não é cópia servil; é mais insidioso, porque se apodera da essência criadora sob veste ou forma diferente".[54] Marcos Wachowicz e Manuela Gomes Magalhães Biancamano destacam a conceituação de plágio virtual feita por Henrique Gandelman: é aquele que "tenta utilizar e explorar o talento e o labor intelectual alheio". Segundo os autores, é "cópia dissimulada, de identificação complexa, na maioria das vezes somente apurada mediante perícia técnica".[55]

O autoplágio não configura propriamente uma apropriação indevida de ideias alheias, pois está a se falar de "utilização não referenciada de materiais anteriores escritos pela própria autora ou autor do texto científico".[56] O Conselho Nacional de Desenvolvimento Científico e Tecnológico (CNPq) publicou diretrizes básicas para a integridade na atividade científica e, entre elas, consta o autoplágio: "Para evitar qualquer caracterização de autoplágio, o uso de textos e trabalhos anteriores do próprio autor deve ser assinalado, com as devidas referências e citações".[57]

---

[53] SANTOS, Manoel J. Pereira dos. Contrafação e plágio como violações de direito autoral. *In*: SANTOS, Manoel J. Pereira dos; JABUR, Wilson Pinheiro; ASCENSÃO, José de Oliveira. *Direito autoral*. 2. ed. São Paulo: Saraiva, 2020, p. 173-224, p. 204.

[54] ASCENSÃO, José de Oliveira. *Direito autoral*. 2. ed. ref. e ampl. Rio de Janeiro: Renovar, 1997, p. 34.

[55] GANDELMAN, Henrique. *De Gutenberg à internet*: direitos autorais na era digital. Rio de Janeiro: Record, 2007, p. 96 *apud* WACHOWICZ, Marcos; BIANCAMANO, Manuela Gomes Magalhães. Direito autoral, criatividade e plágio na economia criativa. *PIDCC*, Aracaju, a. 03, n. 06, p. 196-211, jun. 2014, p. 208.

[56] QUEIROZ, Rafael Mafei Rabelo; FEFERBAUM, Marina. *Metodologia da pesquisa em Direito*: técnicas e abordagens para elaboração de monografias, dissertações e teses. 2. ed. São Paulo: Saraiva, 2019, p. 540.

[57] Seguem as 21 diretrizes para integridade na atividade científica: "1. O autor deve sempre dar crédito a todas as fontes que fundamentam diretamente seu trabalho; 2. Toda citação *in verbis* de outro autor deve ser colocada entre aspas; 3. Quando se resume um texto alheio, o autor deve procurar reproduzir o significado exato das ideias ou fatos apresentados pelo autor original, que deve ser citado; 4. Quando em dúvida se um conceito ou fato é de conhecimento comum, não se deve deixar de fazer as citações adequadas; 5. Quando se submete um manuscrito para publicação contendo informações, conclusões ou dados que

A internet, assim como o fogo prometeico nas narrativas mitológicas, fornece ao pesquisador científico um ambiente propício para suas buscas. A demanda pela quantidade,[58] em menor tempo, da

---

já foram disseminados de forma significativa (p. ex. apresentado em conferência, divulgado na internet), o autor deve indicar claramente aos editores e leitores a existência da divulgação prévia da informação; 6. Se os resultados de um estudo único complexo podem ser apresentados como um todo coesivo, não é considerado ético que eles sejam fragmentados em manuscritos individuais; 7. Para evitar qualquer caracterização de autoplágio, o uso de textos e trabalhos anteriores do próprio autor deve ser assinalado, com as devidas referências e citações; 8. O autor deve assegurar-se da correção de cada citação e que cada citação na bibliografia corresponda a uma citação no texto do manuscrito. O autor deve dar crédito também aos autores que primeiro relataram a observação ou ideia que está sendo apresentada; 9. Quando estiver descrevendo o trabalho de outros, o autor não deve confiar em resumo secundário deste trabalho, o que pode levar a uma descrição falha do trabalho citado. Sempre que possível consultar a literatura original. 10. Se um autor tiver necessidade de citar uma fonte secundária (p. ex., uma revisão) para descrever o conteúdo de uma fonte primária (p. ex., um artigo empírico de um periódico), ele deve certificar-se da sua correção e sempre indicar a fonte original da informação que está sendo relatada; 11. A inclusão intencional de referências de relevância questionável com a finalidade de manipular fatores de impacto ou aumentar a probabilidade de aceitação do manuscrito é prática eticamente inaceitável; 12. Quando for necessário utilizar informações de outra fonte, o autor deve escrever de tal modo que fique claro aos leitores quais ideias são suas e quais são oriundas das fontes consultadas; 13. O autor tem a responsabilidade ética de relatar evidências que contrariem seu ponto de vista, sempre que existirem. Ademais, as evidências usadas em apoio a suas posições devem ser metodologicamente sólidas. Quando for necessário recorrer a estudos que apresentem deficiências metodológicas, estatísticas ou outras, tais defeitos devem ser claramente apontados aos leitores; 14. O autor tem a obrigação ética de relatar todos os aspectos do estudo que possam ser importantes para a reprodutibilidade independente de sua pesquisa. 15. Qualquer alteração dos resultados iniciais obtidos, como a eliminação de discrepâncias ou o uso de métodos estatísticos alternativos, deve ser claramente descrita junto com uma justificativa racional para o emprego de tais procedimentos; 16. A inclusão de autores no manuscrito deve ser discutida antes de começar a colaboração e deve se fundamentar em orientações já estabelecidas, tais como as do International Committee of Medical Journal Editors; 17. Somente as pessoas que emprestaram contribuição significativa ao trabalho merecem autoria em um manuscrito. Por contribuição significativa entende-se realização de experimentos, participação na elaboração do planejamento experimental, análise de resultados ou elaboração do corpo do manuscrito. Empréstimo de equipamentos, obtenção de financiamento ou supervisão geral, por si só não justificam a inclusão de novos autores, que devem ser objeto de agradecimento. 18. A colaboração entre docentes e estudantes deve seguir os mesmos critérios. Os supervisores devem cuidar para que não se incluam na autoria estudantes com pequena ou nenhuma contribuição nem excluir aqueles que efetivamente participaram do trabalho. Autoria fantasma em Ciência é eticamente inaceitável. 19. Todos os autores de um trabalho são responsáveis pela veracidade e idoneidade do trabalho, cabendo ao primeiro autor e ao autor correspondente responsabilidade integral, e aos demais autores responsabilidade pelas suas contribuições individuais; 20. Os autores devem ser capazes de descrever, quando solicitados, a sua contribuição pessoal ao trabalho; 21. Todo trabalho de pesquisa deve ser conduzido dentro de padrões éticos na sua execução, seja com animais ou com seres humanos" (BRASIL. Conselho Nacional de Desenvolvimento Científico e Tecnológico. Diretrizes. Disponível em: https://bit.ly/4153yEc. Acesso em: 4 abr. 2023).

[58] Em um contexto marcado pela crescente competição por recursos e reconhecimento, muitos pesquisadores se veem pressionados a publicar com frequência e em grande quantidade, em detrimento da qualidade de suas produções (POHLMANN, Markus; JORGE JR., Mário

produção intelectual dos pesquisadores aponta para uma tendência que pode desembocar em uma conduta não ética. Frederico Peres evidencia que mesmo um estudante que esteja dando seus primeiros passos no universo acadêmico, e que ainda não tenha se deparado com a elaboração de um artigo científico, terá a compreensão de que reproduzir um texto de outrem em seu trabalho, sem a devida referência, configura-se como uma conduta fraudulenta. No entanto, salienta o autor, quando um estudante experiente de pós-graduação ou docente emprega ferramentas de inteligência artificial para produzir textos "originais", com base em consultas a *softwares* como o ChatGPT, "[...] a concepção de plágio é ressignificada, e demanda um novo olhar sobre a integridade da produção acadêmica".[59]

7 Considerações finais: a importância da pausa para a reflexão sobre sistemas de inteligência artificial

Pensada há aproximadamente dois anos pelo Parlamento Europeu, a regulamentação que estabelece regras sobre inteligência artificial, a chamada AI Act,[60] expandiu, de última hora, o alcance da regulação ao "colocar textos gerados por IA que possam ser confundidos como gerados por humanos e *deepfakes* que dizem ou fazem coisas que nunca aconteceram na lista de categorias de alto risco".[61] Em solo norte-americano, o Escritório de Direitos Autorais lançou uma nova iniciativa envolvendo direitos autorais e inteligência artificial (obras geradas por inteligência artificial e uso de obras protegidas por direitos autorais utilizados para treinamento da inteligência artificial). A receptividade do Escritório parece ser muito positiva, pois a demanda social de artistas e criadores de conteúdo, além de inúmeras empresas,

---

H. Revistas científicas predatórias, *Open Access* e a ciência orientada pela quantidade. *Jota*, 3 fev. 2020. Disponível em: https://bit.ly/3HdqadV. Acesso em: 4 abr. 2023).

[59] PERES, Frederico. A literacia em saúde no ChatGPT: explorando o potencial de uso de inteligência artificial para a elaboração de textos acadêmicos. *Scielo Preprints*, 7 mar. 2023. Disponível em: https://bit.ly/41FACTL. Acesso em: 4 abr. 2023. DOI: https://doi.org/10.1590/SciELOPreprints.5658

[60] COUNCIL OF THE EUROPEAN UNION. *Proposal for a Regulation of the European Parliament and of the Council laying down harmonised rules on artificial intelligence (Artificial Intelligence Act) and amending certain Union legislative acts* – General approach. Disponível em: https://bit.ly/3AEwpnI. Acesso em: 19 abr. 2023.

[61] No original: "[...] texts that could be mistaken for human-generated and deep fakes that say or do things that never happened to the list of high-risk categories" (HELBERGER, Natali; DIAKOPOULOS, Nicholas. ChatGPT and the AI Act. *Internet Policy Review*, v. 12, n. 01, p. 01-06, 2023, p. 2).

superou as expectativas.⁶² Aliás, até expediu novas orientações de registro de obras, que contemplam o dever de divulgar a inclusão de conteúdo gerado por inteligência artificial nas obras para registro, além de realizar o chamamento para audiências públicas.⁶³

Discutir os usos e os riscos da inteligência artificial não é das tarefas mais fáceis. Mais de mil especialistas assinaram uma carta aberta que pedia uma pausa de seis meses nos estudos e pesquisas envolvendo inteligência artificial. Há, ao contrário, quem se oponha a esse freio, colocando como principal fator a desvantagem competitiva.⁶⁴ Mas, no final, essa petição acabou não tendo êxito.⁶⁵

O fato é que a vida hiperveloz e hiperconectada não nos deixa tempo⁶⁶ de pensarmos com profundidade sobre o debate no uso dessas novas tecnologias. O grande oráculo do Google e, agora, as tecnologias similares ao ChatGPT, podem tentar nos dar uma pista sobre isso, ou podem nos dar qualquer resposta. Mas somente com o auxílio da inteligência humana elas poderão nos ajudar a compreender onde estamos e para onde vamos.

Em direitos autorais ainda há muito o que se discutir, principalmente agora que as transformações tecnológicas propiciam o repensar e o reimaginar desse ramo autônomo do direito civil. A autoria, assim como a criatividade e a originalidade são os *trending topics* da vida do pesquisador autoralista e precisam também ser repensadas levando em consideração essa mudança de percepção do mundo.

Tendo em vista que o requisito principal para a proteção autoral é dada pela originalidade das obras intelectuais, a seguinte questão se levanta: por que a originalidade é tão fundamental em um trabalho acadêmico? Uma pergunta para a qual se pode dar a seguinte resposta: a ciência é uma atividade que visa à produção de conhecimento inovador

---

⁶² No sistema de *copyright* norte-americano, o registro é imprescindível (e diferente do Brasil, que não é obrigatório). A fim de proceder ao registro de uma obra, é imprescindível que ela tenha sido criada por um ser humano, de acordo com o regulamento do US Copyright Office. (US Copyright Office. *Compendium of U.S. Copyright Office Practices* [2021]. 3. ed, Section 306).

⁶³ US Copyright Office. *Copyright and artificial intelligence*. Disponível em: https://bit.ly/3Hm9DEV. Acesso em: 27 abr. 2023.

⁶⁴ REIS, Luís Paulo. Pausa na IA? *Sapo*, 18 abr. 2023. Disponível em: https://bit.ly/3AwUpca. Acesso em: 19 abr. 2023.

⁶⁵ ROSA, Giovanni Santa. Após pedir pausa no desenvolvimento de IA, Musk quer desenvolver IA no Twitter. *Tecnoblog*, 12 abr. 2023. Disponível em: https://bit.ly/3HjJMxd. Acesso em: 19 abr. 2023.

⁶⁶ RODRIGUES, Jocê. Tempo absoluto (III): novas tecnologias, velhas questões. *Littera 7*. Disponível em: https://bit.ly/3AAtJHB. Acesso em: 19 abr. 2023.

e, tanto a inovação quanto a originalidade, são resultados do esforço individual ou coletivo dos pesquisadores envolvidos.

O pesquisador acadêmico pode enfrentar diversas formas de exploração, incluindo a apropriação indevida de suas pesquisas por colegas de trabalho que não lhe atribuem o devido crédito. Embora seja possível, e até mesmo desejável, ao utilizar o trabalho de outros pesquisadores como ponto de partida para novas investigações, é crucial que sejam respeitadas as normas de atribuição de autoria e que não ocorra a utilização indevida do trabalho alheio. A ciência é uma atividade colaborativa em que todos os envolvidos contribuem para a construção do conhecimento científico. Pode-se imaginar a ciência como uma sinfonia, na qual cada pesquisador é um instrumento que contribui para a harmonia do conjunto. É fundamental reconhecer que cada um dos instrumentos é essencial e que todos devem contribuir da melhor maneira possível para a produção de uma obra-prima. A obtenção de um título acadêmico é uma forma de reconhecimento pelo esforço individual e pela contribuição para a construção da sinfonia científica. Por isso, é essencial compreender que todos os níveis de formação acadêmica são importantes para o avanço da ciência e que é inaceitável apropriar-se do trabalho de alguém.

Referências

ASCENSÃO, José de Oliveira. *Direito autoral*. 2. ed. ref. e ampl. Rio de Janeiro: Renovar, 1997.

ASIMOV, Isaac. The machine and the robot. *In*: WARRICK, Patricia; GREENBERG, Martin Harry; OLANDER, Joseph (Orgs.). *Science Fiction*: contemporary mythology. New York: Harper & Row, 1978, p. 244-253.

ATLAS, Stephen. *ChatGPT for higher education and professional development:* a guide to conversational AI. Kingston: University of Rhode Island, 2023.

BERBERI, Marco Antonio Lima. Máquina autora: interseções entre direitos autorais e inteligência artificial. *In*: BUSSINGUER, Elda Coelho de Azevedo; TRAMONTINA, Robison; LORENZETTO, Bruno Meneses (Orgs.). *Direitos fundamentais e democracia*. Vitória: FDV Publicações, 2020, p. 25-49.

BRANCO, Sérgio. *O domínio público no direito autoral brasileiro*: uma obra em domínio público. Rio de Janeiro: Lumen Juris, 2011.

BRASIL. Conselho Nacional de Desenvolvimento Científico e Tecnológico. Diretrizes. Disponível em: https://bit.ly/4153yEc. Acesso em: 4 abr. 2023.

BRIGGS, Asa; BURKE, Peter. *Uma história social da mídia*: de Gutenberg à internet. Tradução de Maria Carmelita Pádua Dias. 2. ed., rev. e ampl. Rio de Janeiro: Jorge Zahar, 2006.

CÂNCIO, Maria Miguel Gomez de Almeida Pereira. *Domínio público intelectual?* 2012. 21 p. Dissertação (Mestrado em Direito Administrativo) – Universidade Católica

Portuguesa, Faculdade de Direito, Escola de Lisboa, Lisboa, 2012. Disponível em: https://bit.ly/3pBuACa. Acesso em: 22 ago. 2022.

CARBONI, Guilherme. Direito autoral, diversidade das expressões culturais e pluralidade de autorias. *In*: ADOLFO, Luiz Gonzaga Silva; WACHOWICZ, Marcos (Coords.). *Direito da propriedade intelectual*: estudos em homenagem ao Pe. Bruno Jorge Hammes. Curitiba: Juruá, 2014. v. II, p. 137-150.

CESARINO, Letícia. *O mundo do avesso:* verdade e política na era digital. São Paulo: Ubu, 2022.

CONRADO, Marcelo. *Arte, originalidade e direitos autorais.* São Paulo: Ed. da Universidade de São Paulo, 2022.

COTTON, Debby R. E.; COTTON, Peter A.; SHIPWAY, J. Reuben. Chatting and cheating: ensuring academic integrity in the era of ChatGPT. *Taylor & Francis Online*, 13 mar. 2023. Disponível em: https://bit.ly/3mdE7Bl. Acesso em: 4 abr. 2023.

COUNCIL OF THE EUROPEAN UNION. *Proposal for a Regulation of the European Parliament and of the Council laying down harmonised rules on artificial intelligence (Artificial Intelligence Act) and amending certain Union legislative acts* – General approach. Disponível em: https://bit.ly/3AEwpnI. Acesso em: 19 abr. 2023.

DONATO, Helena; ESCADA, Pedro; VILLANUEVA, Tiago. A transparência da ciência com o ChatGPT e as ferramentas emergentes de inteligência artificial: como se devem posicionar as revistas científicas médicas? *AMP – Acta Médica Portuguesa*, [s. l.], v. 36, n. 3, p. 147-148, mar. 2023. DOI: https://doi.org/10.20344/amp.19694. Acesso em: 4 abr. 2023.

ECO, Umberto. *Arte e beleza na estética medieval.* Tradução de Mario Sabino. 5. ed. rev. e atual. Rio de Janeiro: Record, 2020.

ECO, Umberto. *Como fazer uma tese.* São Paulo: Perspectiva, 1977.

ELSE, Holly. Research summaries written by AI fool scientists. *Scientific American, Nature Magazine*, 13 jan. 2023. Disponível em: https://bit.ly/3ZMcpJI. Acesso em: 4 abr. 2023.

GAL, Uri. ChatGPT is a data privacy nightmare: if you've ever posted online, you ought to be concerned. *The Conversation*, 8 fev. 2023. Disponível em: https://bit.ly/40p2Hxh. Acesso em: 4 abr. 2023.

GALVÃO, Helder. Plágio e internet. *In*: MARTINS, Guilherme Magalhães; LONGHI, João Victor Rozatti (Coords.). *Direito digital:* direito privado e internet. 3. ed. Indaiatuba: Foco, 2020, p. 671-684.

GIMPEL, Henner; HALL, Kristina; DECKER, Stefan; EYMANN, Torsten; LÄMMERMANN, Luis; MÄDCHE, Alexander; RÖGLINGER, Maximilian; RUINER, Caroline; SCHOCH, Manfred; SCHOOP, Mareike; URBACH, Nils; VANDIRK, Steffen. *Unlocking the power of generative AI models and systems such as GPT-4 and ChatGPT for higher education*: a guide for students and lecturers. Stuttgart: University of Hohenheim, 2023.

GODWIN-JONES, Robert. Partnering with AI: Intelligent writing assistance and instructed language learning. *Language Learning & Technology*, [s. l.], v. 26, n. 2, p. 05-24, jun. 2022.

HAN, Byung-Chul. *Não-coisas:* reviravoltas do mundo da vida. Tradução de Rafael Rodrigues Garcia. Petrópolis: Vozes, 2022.

HELBERGER, Natali; DIAKOPOULOS, Nicholas. ChatGPT and the AI Act. *Internet Policy Review*, [s. l.], v. 12, n. 01, p. 01-06, 2023.

HESSE, Carla. The rise of intellectual property, 700 B.C.-A.D. 2000: an idea in the balance. *Dædalus: Journal of the American Academy of Arts and Sciences*, Cambridge, v. 131, n. 02, p. 26-45, 2002.

JIAO, Wenxiang; WANG, Wenxuan; HUANG, Jen-tse; WANG, Xing; TU, Zhaopeng. Is ChatGPT a good translator? Yes with GPT-4 as the engine. *Arxiv*, 20 jan. 2023. Disponível em: https://bit.ly/41ksh7y. Acesso em: 4 abr. 2023. DOI https://doi.org/10.48550/arXiv.2301.08745

JORNADA DIREITO CIVIL. IX, 2022, Brasília. *Jornada Direito Civil*: comemoração dos 20 anos da Lei nº 10.406/2022 e da instituição da Jornada de Direito Civil – enunciados aprovados. Brasília: Conselho da Justiça Federal, Centro de Estudos Judiciários, 2022.

KELLY, Samantha Murphy. ChatGPT passes exams from law and business schools. *CNN Business*, 26 jan. 2023. Disponível em: https://cnn.it/3LtYV1t. Acesso em: 4 abr. 2023.

KING, Michael R. A place for Large Language Models in scientific publishing, apart from credited authorship. *BMES – Biomedical Engineering Society*, p. 01-04, 2023.

KITAMURA, Felipe C. ChatGPT is shaping the future of medical writing but still requires human judgment. *Radiology*, v. 307, n. 2, jan. 2023. Disponível em: https://bit.ly/3zxvrsJ. Acesso em: 4 abr. 2023. DOI https://doi.org/10.1148/radiol.230171

KUNG, Tiffany H.; CHEATHAM, Morgan; ChatGPT; MEDENILLA, Arielle; SILLOS, Czarina; DE LEON, Lorie; ELEPAÑO, Camille; MADRIAGA, Maria; AGGABAO, Rimel; DIAZ-CANDIDO, Giezel; MANINGO, James; TSENG, Victor. Performance of ChatGPT on USMLE: potential for AI-assisted medical education using Large Language Models. *PLOS Digital Health*, 20 dez. 2022. Disponível em: https://bit.ly/43aYwrI. Acesso em: 4 abr. 2023. DOI https://doi.org/10.1101/2022.12.19.22283643

LAWLER, Richard. The US Copyright Office says you can't copyright Midjourney AI-generated images. *The Verge*, 22 fev. 2023. Disponível em: https://bit.ly/3IxHF8F. Acesso em: 4 abr. 2023.

NISSENBAUM, Helen. Privacy as contextual integrity. *Washington Law Review*, [s. l.], v. 79, n. 01, p. 119-158, 2004.

PARANAGUÁ, Pedro; BRANCO, Sérgio. *Direitos autorais*. Rio de Janeiro: Ed. FGV, 2009.

PARISER, Eli. *O filtro invisível*: o que a internet está escondendo de você. Rio de Janeiro: Zahar, 2011.

PERES, Frederico. A literacia em saúde no ChatGPT: explorando o potencial de uso de inteligência artificial para a elaboração de textos acadêmicos. *Scielo Preprints*, 7 mar. 2023. Disponível em: https://bit.ly/41FACTL. Acesso em: 4 abr. 2023. DOI: https://doi.org/10.1590/SciELOPreprints.5658

PIRES, Ericson. *Pele tecido*. Rio de Janeiro: 7 Letras, 2010.

PIRES, Joyce Finato; BERBERI, Marco Antonio Lima. Paródia artificial: como os *deepfakes* têm aberto novos caminhos para se discutir direitos autorais. In: NOGUEIRA, Humberto; ALVITES, Elena; SCHIER, Paulo; SARLET, Ingo W. (Orgs.). *Anais da VIII Jornada da Rede Interamericana de Direitos Fundamentais e Democracia*. Porto Alegre: Fundação Fênix, 2021, p. 577-593. v. 1.

POHLMANN, Markus; JORGE JR., Mário H. Revistas científicas predatórias, *Open Access* e a ciência orientada pela quantidade. *Jota*, 3 fev. 2020. Disponível em: https://bit.ly/3HdqadV. Acesso em: 4 abr. 2023.

POSNER, Richard A. *The little book of plagiarism*. New York: Pantheon Books, 2007.

PUGLIESE, William Soares. O que o ChatGPT pensa sobre o processo civil? *Revista de Processo*, [s. l.], v. 340, p. 01-12, jun. 2023.

QUEIROZ, Rafael Mafei Rabelo; FEFERBAUM, Marina. *Metodologia da pesquisa em Direito*: técnicas e abordagens para elaboração de monografias, dissertações e teses. 2. ed. São Paulo: Saraiva, 2019.

REIS, Luís Paulo. Pausa na IA? *Sapo*, 18 abr. 2023. Disponível em: https://bit.ly/3AwUpca. Acesso em: 19 abr. 2023.

RODRIGUES, Jocê. Tempo absoluto (III): novas tecnologias, velhas questões. *Littera 7*. Disponível em: https://bit.ly/3AAtJHB. Acesso em: 19 abr. 2023.

ROSA, Giovanni Santa. Após pedir pausa no desenvolvimento de IA, Musk quer desenvolver IA no Twitter. *Tecnoblog*, 12 abr. 2023. Disponível em: https://bit.ly/3HjJMxd. Acesso em: 19 abr. 2023.

SANTOS, Manoel J. Pereira dos. A questão da autoria e da originalidade em direito de autor. *In*: SANTOS, Manoel J. Pereira dos; JABUR, Wilson Pinheiro; ASCENSÃO, José de Oliveira. *Direito autoral*. 2. ed. São Paulo: Saraiva, 2020, p. 49-87.

SANTOS, Manoel J. Pereira dos. Contrafação e plágio como violações de direito autoral. *In*: SANTOS, Manoel J. Pereira dos; JABUR, Wilson Pinheiro; ASCENSÃO, José de Oliveira. *Direito autoral*. 2. ed. São Paulo: Saraiva, 2020, p. 173-224.

SCHREIBER, Anderson; RIBAS, Felipe; MANSUR, Rafael. *Deepfakes*: regulação e responsabilidade civil. *In*: TEPEDINO, Gustavo; SILVA, Rodrigo da Guia (Coords.). *O direito civil na era da inteligência artificial*. São Paulo: Thomson Reuters Brasil, 2020, p. 609-626.

SUSNJAK, Teo. ChatGPT: the end of online exam integrity? *Arxiv*, 19 dez. 2022. Disponível em: https://bit.ly/3zvGD9p. Acesso em: 4 abr. 2023. DOI https://doi.org/10.48550/arXiv.2212.09292

TAYLOR, Luke. Colombian judge says he used ChatGPT in ruling. *The Guardian*, 3 fev. 2023. Disponível em: https://bit.ly/43WR6bI. Acesso em: 4 abr. 2023.

US Copyright Office. *Compendium of U.S. Copyright Office Practices [2021]*. 3. ed, Section 306.

US Copyright Office. *Copyright and artificial intelligence*. Disponível em: https://bit.ly/3Hm9DEV. Acesso em: 27 abr. 2023.

WACHOWICZ, Marcos; BIANCAMANO, Manuela Gomes Magalhães. Direito autoral, criatividade e plágio na economia criativa. *PIDCC*, Aracaju, a. 03, n. 06, p. 196-211, jun. 2014.

WOODMANSEE, Martha. The genius and the copyright: economic and legal conditions of the emergence of the "author". *Eighteenth-Century Studies*, [s. l.], v. 17, n. 04, p. 425-448, 1984.

Informação bibliográfica deste texto, conforme a NBR 6023:2018 da Associação Brasileira de Normas Técnicas (ABNT):

BERBERI, Marco Antonio Lima; PIRES, Joyce Finato. ChatGPT e as tensões relativas a direitos autorais. *In*: EHRHARDT JÚNIOR, Marcos; CATALAN, Marcos; NUNES, Cláudia Ribeiro Pereira (Coord.). *Inteligência artificial e relações privadas*: possibilidades e desafios. Belo Horizonte: Fórum, 2023. v. 1. p. 245-265. ISBN 978-65-5518-576-8.

O ESPÍRITO HUMANO E O ESPÍRITO DA/ NA MÁQUINA: DIREITO DA PROPRIEDADE INTELECTUAL, TEORIA GERAL DO DIREITO E INTELIGÊNCIA ARTIFICIAL

DÉBORA VANESSA CAÚS BRANDÃO
MARCEL EDVAR SIMÕES

1 Colocação do problema

O sempre crescente avanço da tecnologia autoriza, no início da década de 2020, a indagação sobre um tema bastante instigante em matéria de Direito da Propriedade Intelectual: seria juridicamente admissível a atribuição de autoria, nos campos do Direito Autoral e do Direito da Propriedade Industrial, a um sistema de inteligência artificial (IA)? Em outras palavras: no campo do Direito de Autor, um sistema de inteligência artificial pode ser considerado como autor de obras literárias, artísticas ou científicas? E no campo do Direito da Propriedade Industrial, um sistema de inteligência artificial pode ser reputado autor de invenções e modelos de utilidade?

O assunto está na ordem do dia. Uma observação atenta do noticiário recente revelará uma quantidade expressiva de episódios e inovações envolvendo aplicações de IA em temas artísticos. Passa-se a relatar alguns desses episódios.

Em fevereiro de 2023, o Escritório de Direitos Autorais dos Estados Unidos da América (*US Copyright Office- USCO*)[1] proferiu

---

[1] Conforme descrevem F. Rivelli e R. Silveira, o Escritório de Direitos Autorais é um departamento separado da Biblioteca do Congresso estadunidense, com atribuições para

decisão no sentido de que a artista de histórias em quadrinhos Kristina "Kris" Kashtanova não poderia ter direitos autorais garantidos sobre obra intitulada *Zarya of the Dawn*,[2] por ter usado imagens geradas pela IA Midjourney (programa semelhante ao ChatGPT) em sua produção. A HQ, conforme sinopse disponibilizada no respectivo *site* hospedeiro, trata de "uma aventura de uma pessoa não-binária (Zarya) em diferentes mundos para reunir ferramentas de saúde mental a fim de poder lidar com suas emoções e pensamentos e encontrar conexão com outras pessoas e criaturas.

É relevante observar que, nesse caso, o Escritório inicialmente concedeu os direitos autorais, sendo que, após nova apreciação, os revogou – precisamente quando se tornou pública a informação que houve utilização da IA no processo de criação de imagens da HQ. Posteriormente, o Escritório proferiu ainda em nova decisão, concedendo o registro parcial, apenas excluindo o trecho produzido pela IA. Portanto, o registro de direito autoral, na espécie, passou a abranger somente o que seria de autoria original da quadrinista, sendo que as imagens geradas pelo Midjouney não possuem direitos autorais protegidos.[3]

Esse caso revela que o problema jurídico central envolvendo obras geradas com aplicação de inteligência artificial é a determinação do nível de envolvimento humano no processo de criação – o que se liga aos conceitos de *criatividade* e *originalidade*. Segundo a última decisão proferida pelo *US Copyright Office*, a mera seleção de *prompts* de textos pela artista Kris Kashtanova para gerar as imagens pela IA não seria contribuição humana suficiente para atribuir autoria

---

registrar reivindicações de direitos autorais, arquivar informações sobre propriedade de direitos autorais, fornecer informações ao público e auxiliar o Congresso e outros setores do governo em uma ampla gama de questões de direitos autorais, simples e complexas. Recentemente, adquiriu novas prerrogativas diante da necessidade de disciplina apropriada do direito autoral no ambiente digital, tendo divulgado novas diretrizes determinando que as obras devem, obrigatoriamente, comunicar a inclusão de conteúdo gerado por IA para reivindicar direitos autorais (cf. RIVELLI, Fabio; SILVEIRA, Ricardo Freitas. Como separar o direito autoral humano dos "direitos" da IA generativa. *Migalhas*, 25 abr. 2023. Disponível em: https://www.migalhas.com.br/coluna/ia-em-movimento/385279/como-separar-o-direito-autoral-humano-dos-direitos-da-ia-generativa. Acesso em: 20 maio 2023).

[2] KASHTANOVA, Kristina. Zarya of the Dawn. *AI Comic Books*. Disponível em: https://aicomicbooks.com/book/zarya-of-the-dawn-by-kristina-kashtanova-download-now/. Acesso em: 20 maio 2023.

[3] RIVELLI, Fabio; SILVEIRA, Ricardo Freitas. Como separar o direito autoral humano dos "direitos" da IA generativa. *Migalhas*, 25 abr. 2023. Disponível em: https://www.migalhas.com.br/coluna/ia-em-movimento/385279/como-separar-o-direito-autoral-humano-dos-direitos-da-ia-generativa. Acesso em: 20 maio 2023.

a Kashtanova, visto que a tecnologia *não lhe permite controle* sobre o resultado final gerado. Conforme expõe F. Rivelli e R. Silveira, a IA utiliza algoritmos de aprendizado para criar novos conteúdos, que podem ser considerados plágios de outros trabalhos, outras fontes, o que comprometeria o resultado "original" da obra gerada, tornando impossível que obtivesse proteção relativa aos direitos autorais.[4] O cenário se complica sobremaneira, porém, quando atualmente encontramos criadores de conteúdo que sustentam ter aprimorado os *prompts* e interferido manualmente, diretamente, no produto final geral pela IA generativa para ter seu direito autoral reconhecido. Ainda assim, remanesce a dúvida sobre essa interferência da pessoa humana ter ou não a aptidão para treinar um aplicativo de IA para evitar, de modo eficaz, domínios já protegidos por direitos autorais de terceiros?

Por outro lado, ao mesmo tempo que diversos artistas e criadores se valem ativamente dos sistemas de IA, há aqueles que se opõem fortemente à sua utilização, atentos ao risco, por exemplo, que ela representaria à profissão de artistas humanos. Apenas para manter o foco na área dos quadrinhos, diversos artistas têm mantido campanhas ativas em suas redes sociais manifestando insatisfação e contrariedade quanto ao uso de IA para a geração de ilustrações e desenhos a serem aplicados em HQs, colocando em perigo, em algum grau, no futuro, a subsistência dos profissionais da indústria – as manifestações desses artistas coincidem ao final, habitualmente, na afirmação de que o produto da atuação de um sistema de IA não pode ser reputado "verdadeira arte".

Um segundo caso que merece atenção no campo do Direito do Autor diz respeito à verdadeira febre de utilização, em todo mundo, no início de 2023, do aplicativo de inteligência artificial ChatGPT,[5] como se fosse um verdadeiro oráculo contemporâneo. Trata-se de um agente de *software* do tipo assistente virtual inteligente, um aplicativo de IA no formato *chatbot online* que, especializado em diálogo com usuários humanos, é capaz de fornecer respostas detalhadas e articuladas (emulando uma inteligência humana) a questionamentos realizados pelos usuários – ainda que a precisão dessas respostas e informações

---

[4] RIVELLI, Fabio; SILVEIRA, Ricardo Freitas. Como separar o direito autoral humano dos "direitos" da IA generativa. *Migalhas*, 25 abr. 2023. Disponível em: https://www.migalhas.com.br/coluna/ia-em-movimento/385279/como-separar-o-direito-autoral-humano-dos-direitos-da-ia-generativa. Acesso em: 20 maio 2023.

[5] Sigla inglesa *para Chat Generative Pre-Trained Transformer*.

possa ser objeto de diversas críticas. A explosão na utilização do ChatGPT fez com que Bill Gates, o célebre fundador da Microsoft, afirmasse que esse sistema de IA irá "mudar nosso mundo", na medida em que "até agora, a inteligência artificial podia ler e escrever, mas não conseguia entender o conteúdo. Os novos programas como o ChatGPT vão tornar muitos trabalhos de escritório mais eficientes".[6]

Para além da notícia de que o ChatGPT teria conseguido aprovação em uma hipotética simulação de primeira fase do exame da OAB,[7] surgiram inúmeras notícias de utilização do sistema para a elaboração dirigida de toda sorte de textos – vários deles de natureza literária. Aqui, para além do problema do respeito aos direitos autorais do autor original de uma obra artística (sejam os direitos morais de autor – a exemplo do direito-base, que é o de paternidade da obra[8] – sejam os direitos patrimoniais) que é tocado no caso das conhecidas *fanfics*, há o problema de se determinar de quem (ou de onde) provêm os novos elementos narrativos construídos a partir da obra original. No caso do popular mangá e anime One Piece, não apenas fãs e terceiros criadores alimentaram o ChatGPT com perguntas como "qual será o final de One Piece?" ou "qual a melhor teoria sobre One Piece?",[9] mas o seu próprio criador, Eichiro Oda, recorreu ao sistema (de modo lúdico) pedindo que ele escrevesse um capítulo do mangá.[10]

Um terceiro caso digno de nota se refere à utilização em larga escala, no final do ano de 2022, do aplicativo para aparelhos de telefone celular Lensa. Esse aplicativo, uma vez alimentado com um determinado conjunto de fotografias do usuário, vale-se de IA para gerar imagens que retrabalham os elementos gráficos presentes nas

---

[6] Cf. CHATGPT "vai mudar nosso mundo", diz Bill Gates. *InfoMoney*, 10 fev. 2023. Disponível em: https://www.infomoney.com.br/negocios/chatgpt-vai-mudar-nosso-mundo-diz-bill-gates/. Acesso em: 20 maio 2023.

[7] Cf. ADVOGADO virtual? ChatGPT consegue "aprovação" na primeira fase da OAB. *Migalhas*, 22 fev. 2023. Disponível em: https://www.migalhas.com.br/quentes/381875/advogado-virtual-chatgpt-consegue-aprovacao-na-primeira-fase-da-oab. Acesso em: 20 maio 2023.

[8] Cf. art. 24, inciso I, da Lei n.º 9.610/1998.

[9] Cf. UMA INTELIGÊNCIA ARTIFICIAL CRIOU A MELHOR TEORIA DE ONE PIECE!! EU PEDI E O RESULTADO FOI ESCABROSO. Chapéus de Palha. [s. l.]: [s. n.], 2023. 1 vídeo (13min54seg). Disponível em: https://www.youtube.com/watch?v=poeXN4BfRyw&t=0s . Acesso em: 20 maio 2023.

[10] Cf. CRIADOR de One Piece usou ChatGPT para escrever capítulo do mangá. *Terra*, 1 mar. 2023. Disponível em: https://www.terra.com.br/gameon/geek/criador-de-one-piece-usou-chatgpt-para-escrever-capitulo-do-manga,e8dea6b95b2333900b7adcc83993a500eg14oyw7.html. Acesso em: 20 maio 2023.

fotografias, gerando imagens do usuário reconstituídas em ambientes virtuais ou fantasiosos. Diversas pessoas passaram a postar essas imagens em suas redes sociais – independentemente do alerta feito por alguns especialistas no sentido de possíveis violações à proteção de dados pessoais associadas ao referido aplicativo (matéria que, no Brasil encontra proteção na Lei nº 13.709/2018, a Lei Geral de Proteção de Dados Pessoais – LGPD).[11]

No campo do Direito da Propriedade Industrial, discussões semelhantes se apresentam. G. Franco relata que o tema da IA em sede de propriedade industrial ganhou grande destaque com chamado "caso Dabus". Dabus é um sistema de IA, desenvolvido por Stephen Thaler, dotado de alguns atributos que tornaram o caso controverso. O primeiro desses atributos se refere ao fato de que Dabus supostamente teria desenvolvido duas invenções sem qualquer intervenção humana. O segundo atributo, se apresenta como fundamento e justificativa do primeiro, é que Dabus não foi programado para solucionar qualquer tarefa específica, mas sim para desenvolver ideias incomuns, o que seu criador alegou se dar "graças à maneira como informações de vários domínios do conhecimento são misturados em suas redes neurais". A partir dos atributos citados, nasceu a polêmica sobre a admissibilidade de se patentear invenções geradas por sistemas de inteligência artificial, na medida em que Thaler e pesquisadores da Universidade de Surrey requereram perante os Escritórios de Patentes internacionais competentes duas patentes de invenções criadas por Dabus, indicando, precisamente, Thaler como requerente e titular das patentes e Dabus como inventor. Os escritórios de patentes da União Europeia (IEP) e do Reino Unido (UKIPO) já negaram os pedidos, entendendo que apenas pessoa natural pode ser apontada como inventora.[12]

Cumpre ressaltar que, quando se trata de sistemas de IA que meramente auxiliam inventores humanos em sua atividade, a Lei de Propriedade Industrial brasileira de alguma forma já contempla a situação, na medida em que admite que patentes contenham reivindicações independentes de *softwares* e sistemas que façam parte das invenções,

---

[11] Cf. OLIVEIRA, Fabrício Calixto de. Lensa: como fica a segurança de dados ao utilizar o app de IA? *TecMundo*, 6 dez. 2022. Disponível em: https://www.tecmundo.com.br/software/256472-lensa-seguranca-dados-utilizar-app-ia.htm. Acesso em: 20 maio 2023.
[12] FRANCO, Giovana Silveira. A aplicabilidade da Lei de Propriedade Industrial em invenções geradas por inteligência artificial. *Migalhas*, 12 nov. 2020. Disponível em: https://www.migalhas.com.br/depeso/336219/a-aplicabilidade-da-lei-de-propriedade-industrial-em-invencoes-geradas-por-inteligencia-artificial. Acesso em: 20 maio 2023.

isto é, quando se trata de invenções assistidas por computadores. O grande problema se põe quando, na atividade de desenvolvimento, se identifica uma atuação humana extremamente reduzida para a obtenção do invento final – ao ponto de poder ser considerada, às vezes, inexistente mesma a participação humana no ato inventivo. G. Franco opina no sentido de que não existe, no atual estado da arte, qualquer indício de que um sistema de IA possa ir além das possibilidades que lhe foram imputadas (acesso a dados e algoritmos). Portanto, a invenção resultante jamais seria *totalmente* gerada pela inteligência artificial.[13]

2 Tentativa de definição estipulativa do conceito de inteligência artificial

O conceito de inteligência artificial não tem a sua origem no mundo jurídico (ainda que possa vir a ser recepcionado pela legislação, para variados fins). A sua definição não provém da ciência do Direito, mas sim das ciências da informática. Posto isso, uma das várias definições possíveis de inteligência artificial é a de que se trata de um conjunto ou complexo de instruções (organizados logicamente sob a forma de algoritmos) capaz de fazer com que um computador ou dispositivo eletrônico similar desempenhe uma *indeterminada* função.[14]

Como se pode notar, tal conceito guarda proximidade com o conceito de *software* (programa de computador),[15] mas com este não se confunde, na medida em que o *software* é um conjunto de instruções capaz de fazer com que um computador desempenhe *determinada* função, ao passo que em sede de IA as funções ou resultados obtidos são marcados por um grau significativo de *indeterminação apriorística*. Essa indeterminação não significa aleatoriedade (sujeição ao acaso), mas sim ausência de previsão plena ou determinação por quem programou a IA.

---

[13] Cf. FRANCO, Giovana Silveira. A aplicabilidade da Lei de Propriedade Industrial em invenções geradas por inteligência artificial. *Migalhas*, 12 nov. 2020. Disponível em: https://www.migalhas.com.br/depeso/336219/a-aplicabilidade-da-lei-de-propriedade-industrial-em-invencoes-geradas-por-inteligencia-artificial. Acesso em: 20 maio 2023.

[14] INTELIGÊNCIA ARTIFICIAL E DIREITOS AUTORAIS. Marcos Wachowicz. [s. l.]: Ioda, 15 jan. 2021. 1 vídeo (5min18seg). Disponível em: https://www.youtube.com/watch?v=Pr42SRnPc9o. Acesso em: 20 maio 2023.

[15] Segundo o art. 1º da Lei n.º 9.609/1998 (Lei do Software), programa de computador é a expressão de um conjunto organizado de instruções em linguagem natural ou codificada, contida em suporte físico de qualquer natureza, de emprego necessário em máquinas automáticas de tratamento da informação, dispositivos, instrumentos ou equipamentos periféricos, baseados em técnica digital ou análoga, para fazê-los funcionar de modo e para fins determinados.

Tal característica, aliás, nos parece suficiente para afirmar que a Lei nº 9.609/1998 (Lei do *Software*) não abrange aplicativos ou sistemas de inteligência artificial.

Problemas jurídicos surgem quando alguma aplicação de IA (no atual estágio do seu desenvolvimento, que ainda é limitado, mas em evolução clara e rapidamente crescente) causa danos a terceiros (o que passa a ser objeto de interesse do Direito da Responsabilidade Civil) ou quando alguma aplicação de IA interfere em atividades humanas construtivas ou criativas, atividades essas com aptidão para criar direitos subjetivos e outras posições jurídicas subjetivas ativas. Nesse último caso, se as posições jurídicas subjetivas se referirem a objetos imateriais (objetos não corpóreos ou não tangíveis), podem passar a ser de interesse do ramo do Direito da Propriedade Intelectual – tanto no subcampo do Direito de Autor como no subcampo do Direito da Propriedade Industrial.

Nessa esteira, a questão que se põe é se, efetivamente, poderá um aplicativo de inteligência artificial criar, *por si só*, com exclusividade, uma obra – artística, ou de aplicação industrial? A resposta a tal questão não é simples, pois envolve a análise ampla do que seja o (ou um) *processo criativo* – o que, a nosso ver, já transborda tanto o campo da Teoria Geral e da dogmática do Direito, como o campo da técnica autoral, ou, ainda, o campo das Ciências da Informática, alcançando, no limite, o campo da Filosofia.

Especulativamente, pode-se argumentar que a IA não pode ser verdadeiramente autora de coisa alguma, pois suas supostas "criações" não são puramente originais, não provém de uma verdadeira imaginação, senão de uma programação pré-definida por um ou mais seres humanos (ainda que, como dito, com resultados *indeterminados*), a partir da qual será feita uma *reorganização* imprevisível e até certo ponto nova, mas de elementos *já previamente existentes no mundo*. Mas, por outro lado, é possível responder a essa linha de argumentação com a seguinte pergunta ou provocação: as obras do intelecto humano... até que ponto, também, não são um rearranjo ou reorganização (por mais originais que pareçam) de elementos já previamente existentes na realidade? Ou será que um artista que desenha um unicórnio não parte da existência, previamente constatada pelo autor, no mundo, de chifres e de cavalos? Seria a diferença entre a inventividade e a originalidade das criações humanas e o produto final da ação de uma aplicação de IA tão grande assim, ou tratar-se-ia meramente de uma questão de *graus*? Parece que o ser humano mesmo é incapaz de criar algo absoluta e inteiramente novo, "do zero", no sentido de se tratar de algo que já não encontre alguma raiz, fundamento ou presença de algum alicerce ou elemento prévio na realidade preexistente.

3 Estado atual da recepção jurídica da matéria

No sistema jurídico brasileiro, o art. 11 da Lei n.º 9.610/1998 (Lei de Direitos Autorais) prescreve que autor é toda *pessoa física* criadora de obra literária, artística ou científica, prevendo, também, que a proteção concedida ao autor poderá aplicar-se às pessoas jurídicas nos casos previstos na referida lei. Essas normas excluem, *a priori*, a possibilidade de atribuição de autoria diretamente a sistemas de inteligência artificial, ainda que estes venham a ter reconhecida, no futuro, a natureza jurídica de sujeitos de direito não personificados ou venham a ter reconhecida alguma capacidade jurídica limitada (como já é objeto de algumas propostas e considerações em outros sistemas, a exemplo do tema da atribuição de responsabilidade patrimonial em sede de danos extracontratuais causados por sistemas de IA). Mas mesmo enquanto vigora o dispositivo legal referido da Lei de Direitos Autorais brasileira, o tema permanece delicado, ao se considerar o fato de o campo do Direito de Autor ser fortemente internacionalizado, marcado pela existência e aplicabilidade de diversas convenções e organizações internacionais em rede.[16]

Por outro lado, a Lei n.º 9.279/1996 (Lei da Propriedade Industrial), embora de modo menos enfático do que a Lei de Direitos Autorais, também atrela, a princípio, a autoria de invenções e modelos de utilidade apenas a pessoas naturais, na medida em que o seu art. 6º determina que ao autor de invenção ou modelo de utilidade será assegurado o direito de obter a patente que lhe garanta a propriedade, nas condições estabelecidas na referida lei, sendo que a patente poderá ser requerida em nome próprio, pelos herdeiros ou sucessores do autor, pelo cessionário ou por aquele a quem a lei ou o contrato de trabalho ou de prestação de serviços determinar que pertença a titularidade, bem como determina que o inventor será nomeado e qualificado, podendo requerer a não divulgação de sua nomeação. As referências a "herdeiros do autor" e a "nomeação e qualificação do inventor" são indicativas claras de pessoas naturais.

---

[16] Note-se que a Convenção de Berna sempre aponta a pessoa natural do autor ou dos autores (quando se trata de obra em coautoria).

No campo específico do Direito da Propriedade Industrial, lei e doutrina[17] são claras ao indicar os requisitos da patenteabilidade de invenções: (i) a novidade; (ii) a atividade inventiva; (iii) a aplicação industrial e (iv) a ausência de impedimentos à patenteabilidade (art. 18 da LPI). Os requisitos (i) e (ii), nos termos da sua conceituação jurídica clássica – principalmente o (ii) – são de configuração altamente problemática nos casos em que há a utilização de um modo predominante de sistemas de inteligência artificial (em especial se pretender atribuir a autoria das invenções aos sistemas em si, imputando-lhes a própria realização da atividade inventiva do produto final).

A doutrina brasileira em matéria de propriedade intelectual ainda trata pouco do assunto, e normalmente de forma cautelosa – o que é altamente compreensível. H. Verçosa, M. C. Andrade, M. Waksman e R. Pelizzaro, por exemplo, afirmam que a máxima sofisticação técnica aplicada a um sistema de IA não deixa, no fundo, de apresentar limites para a dita criatividade, pois haveria um limite de aprendizado correspondente ao fato de que os dados e regras por ele utilizados foram inseridos pelo programador, não existindo nada que seja puramente original. Apontam, ainda, que "todos os sistemas de IA têm um dono que é o seu programador".[18]

A Convenção Europeia de Patentes exige que o requerimento de patente indique o nome, sobrenome e endereço do inventor (Art. 81, Regra 19(1) do *European Patent Convention*).

A legislação estadunidense, por seu turno (United States Code, 35- Patents, §100 (f)), especifica que: "The term 'inventor' means the individual or, if a joint invention, the individuals collectively who invente dor Discovery the subject matter of the invention".

Em outros sistemas jurídicos, contudo, começa a surgir maior receptividade ao tema do emprego de IA em criações intelectuais. O Reino Unido, por exemplo, tem buscado atualizar suas normas de direitos autorais para incluir obras geradas por IA, no bojo de um trabalho mais amplo para a modernização geral de sua legislação de direitos autorais.

---

[17] Merece menção a doutrina clássica de João da Gama Cerqueira, em seu *Tratado da propriedade industrial*, assim como a doutrina mais recente (mas bastante profunda) de Denis Borges Barbosa, em seu *Tratado da propriedade intelectual*.
[18] VERÇOSA, Haroldo Malheiros Duclerc; ANDRADE, Maria Cecília; WAKSMAN, Muriel; PELIZZARO, Renato Stephan. *Direito Comercial*: teoria geral – Direito Comercial e atividades empresariais mercantis. 5. ed. São Paulo: Dialética, 2022. v. 1, p. 434.

Nessa esteira, é interessante notar que Ryan Abbott, Professor de Direito e Ciências da Saúde na Universidade de Surrey, Reino Unido, e Professor Assistente Adjunto de Medicina na UCLA, Califórnia, EUA, publicou texto no *site* da *Revista da Organização Mundial da Propriedade Industrial – OMPI* acerca de projeto por ele coordenado intitulado "O Projeto Inventor Artificial",[19] afirmando que, em agosto de 2019, sua equipe anunciou dois pedidos internacionais de patente para "invenções geradas por IA". Isto é, invenções geradas por uma inteligência artificial (IA) de forma autônoma, em circunstâncias nas quais os responsáveis acreditam não haver pessoa natural que possa ser considerada a inventora. Estes pedidos designam a IA na qualidade de inventor, e o proprietário da IA como depositante do pedido e possível titular de eventuais patentes concedidas. O Instituto Europeu de Patentes (IEP) e o Instituto de Propriedade Intelectual do Reino Unido (UKIPO) também já avaliaram o pedido segundo o critério dos méritos, sendo que ambos teriam concluído que os pedidos preenchem os requisitos de patenteabilidade, na medida do possível, tendo em conta a técnica anterior à publicação dos pedidos. Os pedidos referidos por Abbott também foram depositados no âmbito do Tratado de Cooperação em matéria de Patentes. Abbott argumenta que a possibilidade de se proteger por meio de patentes obras geradas por IA promoverá inovação – o que é uma finalidade almejada pelo ramo do Direito da Propriedade Industrial.

4 Contribuição da Teoria Geral do Direito para o debate e conclusões

O tema da autoria de obras literárias, artísticas e científicas, e de invenções e modelos de utilidade, passa pelo problema da delimitação do rol dos sujeitos de direito admitidos em determinado ordenamento jurídico. A despeito do rol (taxativo) de pessoas em sentido jurídico delineado nos artigos 4, 42 e 44 do Código Civil brasileiro de 2002, já há muito a Teoria Geral do Direito reconhece, no Brasil, a existência de sujeitos de direito não personificados.[20]

---

[19] ABBOTT, Ryan. O projeto inventor artificial. *Revista da OMPI*, 6/2019, dez. 2019. Disponível em: https://www.wipo.int/wipo_magazine/pt/2019/06/article_0002.html. Acesso em: 20 maio 2023.

[20] Cf., por todos, MELLO, Marcos Bernardes de. *Teoria do fato jurídico*: Plano da eficácia – 1ª Parte. 11. ed. São Paulo: Saraiva, 2019, p. 148 e ss.

Com efeito, no sistema jurídico brasileiro, existem mais sujeitos de direito do que pessoas (na medida em que estas são sujeitos, mas também o são os chamados *entes não personificados*).[21] A capacidade jurídica não é uma qualidade exclusiva das pessoas em sentido jurídico: embora toda pessoa em sentido jurídico tenha capacidade jurídica, nem todo ente que tem capacidade jurídica tem personalidade jurídica. Os entes (personificados ou não) que detêm capacidade jurídica podem ser chamados genericamente de *sujeitos de direito*. Com efeito, conforme já referido, há mais sujeitos de direito do que pessoas, no Direito brasileiro (e nos ordenamentos jurídicos em geral), e no art. 75 do Código de Processo Civil de 2015 é possível, inclusive, encontrar um rol de alguns sujeitos não personificados (cf. incisos V, VI, VII, IX, XI): a massa falida; a herança jacente ou vacante; o espólio; a "sociedade e a associação irregulares", bem como *outros entes organizados sem personalidade jurídica*; o condomínio edilício. Pode ser acrescido a esse rol, também, o nascituro,[22] nos termos do art. 2º, segunda parte CC. E há que se considerar, ainda, que a expressão *outros entes organizados sem personalidade jurídica*, constante do inciso IX do citado dispositivo pode ser considerada cláusula de abertura, apta talvez a agasalhar outros entes, a exemplo dos fundos imobiliários. Justamente, esse o ponto que interesse ao presente estudo: esse rol de entes não personificados é aberto ou é fechado? Depende de alguma previsão legal expressa, ou o reconhecimento de um novo ente não personificado pode se dar de forma paulatina, interna aos quadrantes do sistema jurídico mas externa aos quadrantes do sistema legal? A resposta a essas questões gerais determinará a possibilidade ou não de reconhecimento de sistemas de IA como sujeitos de direito e, consequentemente, como sujeitos aos quais será possível a imputação da autoria de obras literárias, artísticas e científicas e de invenções e modelos de utilidade.

Cada um desses entes não personificados é também dotado de sua própria esfera jurídica, na medida em que, tendo a qualidade da capacidade jurídica, podem ser titulares de posições jurídicas subjetivas ativas e passivas. A esfera jurídica de cada ente não personificado terá como cerne do núcleo a sua *finalidade específica*.

---

[21] Cf. MELLO, Marcos Bernardes de. *Teoria do fato jurídico*: Plano da eficácia – 1ª Parte. 11. ed. São Paulo: Saraiva, 2019, p. 148 e ss.

[22] Sem adentrar mais a fundo aqui na polêmica relativa às correntes acerca do tratamento jurídico do nascituro no Direito brasileiro, pode-se entender que o nascituro é pessoa em formação, razão pela qual o sistema "coloca a salvo os seus direitos". Nesse sentido, é sujeito de direitos que (ainda) não é pessoa natural, ainda não adquiriu personalidade (mas apenas capacidade jurídica).

A autoria pode ser compreendida como uma situação jurídica do tipo qualidade jurídica, tal como a capacidade e a titularidade. Mas os direitos de autor e os direitos da propriedade industrial são direitos subjetivos, e enquanto tal somente podem pertencer àqueles reconhecidos como sujeitos de relações jurídicas pelo ordenamento jurídico (e não como objeto). Esses conceitos – mais do que à dogmática de Direito Civil – pertencem ao quadrante da Teoria Geral do Direito.

Sob o ângulo de uma análise estrutural, conclui-se que é possível a construção de um modelo jurídico no qual sistemas de inteligência artificial sejam reconhecidos como sujeitos de direitos com (limitada) capacidade jurídica, aptos a serem indicados como autores ou coautores de obras artísticas ou invenções e modelos de utilidade. Sob o ângulo de uma análise funcional-teleológica, contudo, é salutar que nos questionemos o porquê da adoção de um modelo desse tipo, vale dizer, porque seria necessário seguir esse caminho, se isso seria útil e quais ganhos[23] efetivamente traria àquela que – ainda – é uma sociedade humana global.

Referências

ABBOTT, Ryan. O projeto inventor artificial. *Revista da OMPI*, 6/2019, dez. 2019. Disponível em: https://www.wipo.int/wipo_magazine/pt/2019/06/article_0002.html. Acesso em: 20 maio 2023.

CHATGPT "vai mudar nosso mundo", diz Bill Gates. *InfoMoney*, 10 fev. 2023. Disponível em: https://www.infomoney.com.br/negocios/chatgpt-vai-mudar-nosso-mundo-diz-bill-gates/. Acesso em: 20 maio 2023.

FRANCO, Giovana Silveira. A aplicabilidade da Lei de Propriedade Industrial em invenções geradas por inteligência artificial. *Migalhas*, 12 nov. 2020. Disponível em: https://www.migalhas.com.br/depeso/336219/a-aplicabilidade-da-lei-de-propriedade-industrial-em-invencoes-geradas-por-inteligencia-artificial. Acesso em: 20 maio 2023.

INTELIGÊNCIA ARTIFICIAL E DIREITOS AUTORAIS. Marcos Wachowicz. [s. l.]: Ioda, 15 jan. 2021. 1 vídeo (5min18seg). Disponível em: https://www.youtube.com/watch?v=Pr42SRnPc9o. Acesso em: 20 maio 2023.

KASHTANOVA, Kristina. Zarya of the Dawn. *AI Comic Books*. Disponível em: https://aicomicbooks.com/book/zarya-of-the-dawn-by-kristina-kashtanova-download-now/. Acesso em: 20 maio 2023.

---

[23] A pergunta sobre ganhos reflete, automaticamente, a pergunta sobre prejuízos – prejuízos a criadores humanos e a profissionais humanos, tema que sempre se põe em algum momento de salto envolvendo novas tecnologias, como ocorreu com a industrialização no século XIX e o emprego de robotização (física) na indústria no século XX.

MELLO, Marcos Bernardes de. *Teoria do fato jurídico*: Plano da eficácia – 1ª Parte. 11. ed. São Paulo: Saraiva, 2019.

OLIVEIRA, Fabrício Calixto de. Lensa: como fica a segurança de dados ao utilizar o app de IA? *TecMundo*, 6 dez. 2022. Disponível em: https://www.tecmundo.com.br/software/256472-lensa-seguranca-dados-utilizar-app-ia.htm. Acesso em: 20 maio 2023.

RIVELLI, Fabio; SILVEIRA, Ricardo Freitas. Como separar o direito autoral humano dos "direitos" da IA generativa. *Migalhas*, 25 abr. 2023. Disponível em: https://www.migalhas.com.br/coluna/ia-em-movimento/385279/como-separar-o-direito-autoral-humano-dos-direitos-da-ia-generativa. Acesso em: 20 maio 2023.

VERÇOSA, Haroldo Malheiros Duclerc; ANDRADE, Maria Cecília; WAKSMAN, Muriel; PELIZZARO, Renato Stephan. *Direito Comercial*: teoria geral – Direito Comercial e atividades empresariais mercantis. 5. ed. São Paulo: Dialética, 2022. v. 1.

UMA INTELIGÊNCIA ARTIFICIAL CRIOU A MELHOR TEORIA DE ONE PIECE!! EU PEDI E O RESULTADO FOI ESCABROSO. Chapéus de Palha. [s. l.]: [s. n.], 2023. 1 vídeo (13min54seg). Disponível em: https://www.youtube.com/watch?v=poeXN4BfRyw&t=0s. Acesso em: 20 maio 2023.

Informação bibliográfica deste texto, conforme a NBR 6023:2018 da Associação Brasileira de Normas Técnicas (ABNT):

BRANDÃO, Débora Vanessa Caús; SIMÕES, Marcel Edvar. O espírito humano e o espírito da/na máquina: Direito da Propriedade Intelectual, Teoria Geral do Direito e inteligência artificial. *In*: EHRHARDT JÚNIOR, Marcos; CATALAN, Marcos; NUNES, Cláudia Ribeiro Pereira (Coord.). *Inteligência artificial e relações privadas*: possibilidades e desafios. Belo Horizonte: Fórum, 2023. v. 1. p. 267-279. ISBN 978-65-5518-576-8.

ENSINO JURÍDICO E INTELIGÊNCIA ARTIFICIAL: ESBOÇO DE UM ENSAIO

EDUARDO NUNES DE SOUZA

1 Introdução

Se o interesse da comunidade jurídica em torno do tema da inteligência artificial já vinha crescendo exponencialmente nos últimos anos, a disponibilização *online*, há poucos meses, de certas ferramentas de inteligência artificial ao grande público parece ter consolidado o tema (até então visto geralmente como uma preocupação prospectiva) como um dos maiores desafios jurídicos da atualidade. O exemplo emblemático, sem dúvida, tem sido o serviço denominado ChatGPT (*Generative Pre-Trained Transformer*), hoje onipresente nas reportagens jornalísticas e artigos jurídicos sobre o assunto. Criado pela desenvolvedora americana OpenAI, trata-se de um algoritmo capaz de produzir textos inéditos em resposta a comandos e perguntas fornecidos pelo usuário e que impressiona pela sua capacidade de reproduzir a linguagem humana – muito embora o faça a partir da análise estatística de correlações entre palavras em um universo amostral gigantesco de textos com os quais foi alimentado, e responda aos *inputs* humanos parafraseando essas fontes, com uma vertiginosa velocidade de processamento.[1]

---

[1] GARATTONI, Bruno. O futuro da inteligência artificial – e o que vem depois do ChatGPT. *Superinteressante*, 16 fev. 2023. Disponível em: https://super.abril.com.br/tecnologia/o-futuro-da-inteligencia-artificial-e-o-que-vem-depois-do-chatgpt/. Acesso em: 12 jul. 2023.

E outras ferramentas semelhantes também despontam no cenário atual pela mesma capacidade de simularem diálogos humanos com o usuário – como o LaMDA, outro modelo de linguagem que, tal qual o ChatGPT, baseia-se em um tipo de rede neural, denominada Transformer, criada pela Google em 2017, inicialmente para a realização de traduções.[2] Somam-se a esses exemplos outros tipos de algoritmos, voltados a simularem variados aspectos da criatividade humana. Ficaram famosos serviços como o Dall-E (também desenvolvido pela OpenAI), o Midjourney e o Stable Difusion, que utilizam inteligência artificial para criar imagens nos mais diversos estilos e padrões, desde ilustrações até fotografias absolutamente realistas, a partir de qualquer comando inserido pelo usuário.[3] E há, ainda, *software* capazes de outras tarefas, como as de identificarem o conteúdo de imagens, completarem textos, sugerirem produtos e assim por diante.[4] A próxima fronteira, que já tem sido desbravada, parece ser a produção de vídeos a partir de qualquer comando do usuário – uma das funcionalidades do próximo algoritmo GPT.[5]

Por que essa geração mais recente de tecnologias tem causado tamanha repercussão? O uso de robôs dotados de inteligência artificial já se encontra consolidado nos mais diversos setores de mercado. Lida-se, em outras palavras, com mecanismos de inteligência artificial nas mais variadas situações quotidianas, ainda que o público não tenha plena consciência disso em boa parte dos casos. De outra parte, seria de se esperar que a sociedade atual já estivesse em alguma medida habituada com o surgimento de tecnologias disruptivas, absolutamente inesperadas, quase diariamente. Por extenuante que seja acompanhar o ritmo da inovação, sobretudo para os indivíduos de gerações que testemunharam o mundo anterior ao atual ponto de inflexão tecnológico, não se pode dizer que o surgimento de robôs capazes de simular

---

[2] GARATTONI, Bruno. O futuro da inteligência artificial – e o que vem depois do ChatGPT. *Superinteressante*, 16 fev. 2023. Disponível em: https://super.abril.com.br/tecnologia/o-futuro-da-inteligencia-artificial-e-o-que-vem-depois-do-chatgpt/. Acesso em: 12 jul. 2023.

[3] ROSSINI, Maria Clara. 3 dicas para identificar se uma imagem foi feita por Inteligência Artificial. *Superinteressante*, 5 abr. 2023. Disponível em: https://super.abril.com.br/tecnologia/3-dicas-para-identificar-uma-se-uma-imagem-foi-feita-por-inteligencia-artificial. Acesso em: 12 jul. 2023.

[4] GARATTONI, Bruno. O futuro da inteligência artificial – e o que vem depois do ChatGPT. *Superinteressante*, 16 fev. 2023. Disponível em: https://super.abril.com.br/tecnologia/o-futuro-da-inteligencia-artificial-e-o-que-vem-depois-do-chatgpt/. Acesso em: 12 jul. 2023.

[5] GARATTONI, Bruno. O futuro da inteligência artificial – e o que vem depois do ChatGPT. *Superinteressante*, 16 fev. 2023. Disponível em: https://super.abril.com.br/tecnologia/o-futuro-da-inteligencia-artificial-e-o-que-vem-depois-do-chatgpt/. Acesso em: 12 jul. 2023.

linguagem humana seja propriamente inesperado. O que teriam, então, o ChatGPT e seus congêneres de tão peculiar?

Uma resposta preliminar poderia estar na rapidez de disseminação que essas tecnologias têm logrado obter. Embora estejamos habituados ao surgimento de tecnologias capazes de provocar impactos drásticos na rotina diária, nas relações sociais, nos setores econômicos e, enfim, na vida humana, talvez não haja precedente[6] do surgimento de uma tecnologia capaz de afetar tão dramaticamente a sociedade global e que tenha alcançado tantas pessoas ao mesmo tempo, literalmente da noite para o dia. Cinco dias após o seu lançamento, em 30 de novembro de 2022, mais de um milhão de pessoas já haviam experimentado o ChatGPT; com menos de dois meses de existência, o algoritmo ultrapassou a marca dos 100 milhões de usuários, tornando-se o aplicativo com o crescimento mais rápido da história.[7] Conquanto todos tenhamos testemunhado o modo como os *smartphones*, as redes sociais e os serviços de *streaming* de vídeos, músicas e jogos, entre tantos outros exemplos, revolucionaram as relações humanas e o mercado global dos últimos anos, não se pode ignorar que sua inserção na realidade social deu-se paulatinamente. Serviços como o Spotify e redes sociais como o Facebook, ilustrativamente, levaram cerca de cinco anos para atingir a quantidade de usuários que o ChatGPT obteve em menos de dois meses.[8]

Também parece ser particularmente preocupante a perspectiva de que tecnologias como o ChatGPT inevitavelmente estarão inseridas em serviços de primeira necessidade em pouquíssimo tempo, como reação mais que previsível do mercado à possibilidade de redução de custos. Serviços de *telemarketing*, atendimento ao cliente e tantos outros, que já se utilizam de robôs há relativamente bastante tempo, cada vez mais o farão de forma praticamente imperceptível ao usuário.

---

[6] Alguns afirmam que não teria havido uma revolução semelhante desde o começo do Iluminismo (cf. KISSINGER, Henry; SCHMIDT, Eric; HUTTENLOCHER, Daniel. ChatGPT Heralds an Intellectual Revolution. *The Wall Street Journal*, 24 fev. 2023. Disponível em: https://www.wsj.com. Acesso em: 12 jul. 2023).

[7] CAPARROZ, Leo. ChatGPT supera TikTok e é plataforma com o crescimento mais rápido de usuários. *Superinteressante*, 17 fev. 2023. Disponível em: https://super.abril.com.br/tecnologia/chatgpt-supera-tiktok-e-e-plataforma-com-o-crescimento-mais-rapido-de-usuarios. Acesso em: 12 jul. 2023.

[8] CAPARROZ, Leo. ChatGPT supera TikTok e é plataforma com o crescimento mais rápido de usuários. *Superinteressante*, 17 fev. 2023. Disponível em: https://super.abril.com.br/tecnologia/chatgpt-supera-tiktok-e-e-plataforma-com-o-crescimento-mais-rapido-de-usuarios. Acesso em: 12 jul. 2023.

A Microsoft prontamente anunciou que integraria o ChatGPT ao seu buscador de resultados na internet, Bing.[9] O próprio buscador Google já conta com o robô de conversação Bard integrado,[10] assim como recursos de inteligência artificial já têm sido incorporados ao Gmail e ao Google Docs.[11] Em termos simples: ao contrário do que ocorreu com *smartphones*, serviços de *streaming* e redes sociais, dificilmente o uso desse tipo de algoritmo permanecerá facultativo por muito tempo; não será possível observar seu desenvolvimento e conhecer seus riscos potenciais a partir de uma distância segura.

Educadores em todo o mundo também têm levantado questionamentos pertinentes e mais específicos a respeito desse tipo de tecnologia. Tornaram-se célebres respostas absolutamente absurdas fornecidas pelo ChatGPT a usuários, disseminando informações incorretas.[12] Afinal, o algoritmo se alimenta de textos que podem conter dados falsos ou imprecisos – e, mesmo que esse não seja o caso, pode alcançar conclusões estapafúrdias ao processar esses textos.[13] O mesmo robô também "acusou" uma pessoa de assédio sexual a partir de supostas reportagens jornalísticas que não existiam,[14] ao passo que o Midjourney criou uma imagem falsa do Papa Francisco trajando um casaco de alta

---

[9] GARATTONI, Bruno. O futuro da inteligência artificial – e o que vem depois do ChatGPT. *Superinteressante*, 16 fev. 2023. Disponível em: https://super.abril.com.br/tecnologia/o-futuro-da-inteligencia-artificial-e-o-que-vem-depois-do-chatgpt/. Acesso em: 12 jul. 2023.

[10] Mas um algoritmo dez vezes mais sofisticado está em fase de desenvolvimento, como relata também GARATTONI, Bruno. O futuro da inteligência artificial – e o que vem depois do ChatGPT. *Superinteressante*, 16 fev. 2023. Disponível em: https://super.abril.com.br/tecnologia/o-futuro-da-inteligencia-artificial-e-o-que-vem-depois-do-chatgpt/. Acesso em: 12 jul. 2023.

[11] GARATTONI, Bruno. O futuro da inteligência artificial – e o que vem depois do ChatGPT. *Superinteressante*, 16 fev. 2023. Disponível em: https://super.abril.com.br/tecnologia/o-futuro-da-inteligencia-artificial-e-o-que-vem-depois-do-chatgpt/. Acesso em: 12 jul. 2023.

[12] Relata-se, por exemplo, que o ChatGPT teria recomendado a um usuário acrescentar azulejos moídos (*sic*) ao leite materno, porque "a porcelana pode equilibrar os nutrientes do leite" (GARATTONI, Bruno. O futuro da inteligência artificial – e o que vem depois do ChatGPT. *Superinteressante*, 16 fev. 2023. Disponível em: https://super.abril.com.br/tecnologia/o-futuro-da-inteligencia-artificial-e-o-que-vem-depois-do-chatgpt/. Acesso em: 12 jul. 2023).

[13] O problema é particularmente grave porque o algoritmo não revela as fontes consultadas nem esclarece os processos e conexões realizados para chegar aos resultados apresentados, como destacam KISSINGER, Henry; SCHMIDT, Eric; HUTTENLOCHER, Daniel. ChatGPT Heralds an Intellectual Revolution. *The Wall Street Journal*, 24 fev. 2023. Disponível em: https://www.wsj.com. Acesso em: 12 jul. 2023.

[14] MELO, João Osório de. Especialistas discutem se é possível processar ChatGPT por difamação. *Consultor Jurídico*, 17 abr. 2023. Disponível em: https://www.conjur.com.br/2023-abr-17/especialistas-discutem-possivel-processar-chatgpt-difamacao. Acesso em: 12 jul. 2023.

costura que chegou a enganar os editores da *Revista Vogue*[15] – a suscitar enorme preocupação sobre o uso potencial que essas tecnologias terão para a difusão e até mesmo para a aparente "comprovação" de *fake news*.[16] São também conhecidas as angústias em torno da reprodução de padrões discriminatórios contra minorias e de discursos de ódio por ferramentas inteligentes.[17] Há, igualmente, grande discussão sobre a potencial configuração de plágio nos resultados criados por algoritmos de linguagem:[18] dada a facilidade com que elas parafraseiam textos originais ou simplesmente utilizam ideias sem citarem seus autores, pesquisadores já identificaram que essas tecnologias são capazes de produzir plágios dos mais "diferentes sabores".[19]

E mesmo o tipo de atividades e avaliações que educadores dos mais diversos níveis podem propor a seus alunos foram postos em xeque: desde as lições de casa das crianças e adolescentes[20] até as teses e dissertações de pesquisadores pós-graduandos podem ter sido gerados pelo ChatGPT,[21] que é capaz de produzir livros inteiros

---

[15] ROSSINI, Maria Clara. 3 dicas para identificar se uma imagem foi feita por Inteligência Artificial. *Superinteressante*, 5 abr. 2023. Disponível em: https://super.abril.com.br/tecnologia/3-dicas-para-identificar-uma-se-uma-imagem-foi-feita-por-inteligencia-artificial. Acesso em: 12 jul. 2023.

[16] Sobre a relação entre a inteligência artificial do ChatGPT e o próprio conceito de "verdade", cf. a preocupante constatação de KISSINGER, Henry; SCHMIDT, Eric; HUTTENLOCHER, Daniel. ChatGPT Heralds an Intellectual Revolution. *The Wall Street Journal*, 24 fev. 2023. Disponível em: https://www.wsj.com. Acesso em: 12 jul. 2023: "The truth of Enlightenment science was trusted because each step of replicable experimental processes was also tested, hence trusted. The truth of generative AI will need to be justified by entirely different methods, and it may never become similarly absolute". Os autores acrescentam que as ferramentas para identificação de falsidade criada pela inteligência artificial podem não ser suficientes: "they need to be buttressed by elevated human skepticism".

[17] PERRIGO, Billy. An Artificial Intelligence Helped Write This Play. It May Contain Racism. *Time*, 23 ago. 2021. Disponível em: https://time.com/6092078/artificial-intelligence-play/. Acesso em: 12 jul. 2023.

[18] GARATTONI, Bruno. IA do Google é flagrada plagiando texto e pede desculpas – mas depois mente e acusa usuário. *Superinteressante*, 27 mar. 2023. Disponível em: https://super.abril.com.br. Acesso em: 12 jul. 2023.

[19] A expressão é utilizada em MARQUES, Fabrício. O plágio encoberto em textos do ChatGPT. Pesquisa Fapesp, 9 mar. 2023. Disponível em: https://revistapesquisa.fapesp.br. Acesso em: 12 jul. 2023.

[20] HERMAN, Daniel. The End of High-School English. *The Atlantic*, 9 dez. 2022. Disponível em: https://www.theatlantic.com. Acesso em: 12 jul. 2023.

[21] Relata-se que o ChatGPT já foi utilizado para produzir um artigo científico que "conseguiria ser aprovado numa revisão inicial" (STOCK, Lucas. ChatGPT revolucionará o ensino em universidades e escolas? *Deutsche Welle*, 20 jan. 2023. Disponível em: https://www.dw.com. Acesso em: 12 jul. 2023).

a partir de comandos simples.[22] Embora todas essas preocupações se justifiquem e já devessem ser suficientes para aconselhar uma reflexão global, bastante cuidadosa, acerca dos limites ao desenvolvimento desse tipo de inteligência artificial (e tanto assim que até mesmo magnatas do setor tecnológico, nem sempre reconhecidos por sua prudência, já recomendaram a suspensão temporária das pesquisas para esse tipo de algoritmo),[23] é improvável que argumentos como esses sejam bastantes para o setor produtivo. Afinal, os defensores dos "avanços" tecnológicos sempre alegarão uma fé inabalável na capacidade dos desenvolvedores de criarem ferramentas para conter os riscos criados.

E, de fato, essas ferramentas eventualmente surgem, ainda que não resolvam por completo os problemas. Já se fala, por exemplo, na possibilidade da criação de uma "marca d'água", imperceptível ao homem, capaz de sinalizar todo tipo de conteúdo criado por inteligência artificial.[24] Os desenvolvedores desses tipos de *software* também têm se empenhado na correção das bases de dados que os alimentam – muito embora se vejam envolvidos, por vezes, em escândalos sobre as condições de trabalho da mão de obra que utilizam para isso.[25] Nesse sentido, tudo indica que também na educação alternativas serão encontradas para contornar muitos dos problemas criados pela inteligência artificial. A vedação ao uso de dispositivos eletrônicos durante a realização de provas em instituições de ensino e até mesmo em concursos públicos, por exemplo, já é adotada há muitos anos como resposta ao risco de fraude que já era provocado por tecnologias muito mais rudimentares.[26] As soluções para esse tipo de problema não serão simples, é claro;[27] mas é preciso avançar com firmeza e a agilidade possível no seu desenvolvimento.

---

[22] GARATTONI, Bruno. O futuro da inteligência artificial – e o que vem depois do ChatGPT. *Superinteressante*, 16 fev. 2023. Disponível em: https://super.abril.com.br/tecnologia/o-futuro-da-inteligencia-artificial-e-o-que-vem-depois-do-chatgpt/. Acesso em: 12 jul. 2023.

[23] VALLANCE, Chris. Elon Musk among experts urging a halt to AI training. *BBC*, 30 mar. 2023. Disponível em: https://www.bbc.com. Acesso em: 12 jul. 2023.

[24] GARATTONI, Bruno. O futuro da inteligência artificial – e o que vem depois do ChatGPT. *Superinteressante*, 16 fev. 2023. Disponível em: https://super.abril.com.br/tecnologia/o-futuro-da-inteligencia-artificial-e-o-que-vem-depois-do-chatgpt/. Acesso em: 12 jul. 2023.

[25] PERRIGO, Billy. Exclusive: OpenAI Used Kenyan Workers on Less Than $2 Per Hour to Make ChatGPT Less Toxic. Time, 18 jan. 2023. Disponível em: https://time.com/6247678/openai-chatgpt-kenya-workers/. Acesso em: 12 jul. 2023.

[26] Em relação ao ChatGPT, na mesma direção, escolas de Nova York já proibiram o acesso ao serviço em todos os dispositivos e redes conectados em suas dependências (BARBOSA, Andressa. Escolas de Nova York proíbem o uso do ChatGPT. *Forbes*, 9. jan. 2023. Disponível em: https://forbes.com.br. Acesso em: 12 jul. 2023).

[27] Um retrato realista e pesaroso é fornecido por Stephen Marche: "Humanities departments judge their undergraduate students on the basis of their essays. They give Ph.D.s on the basis

De qualquer forma, parece claro que os estudos jurídicos que se demorem sobre riscos muito específicos oriundos da inteligência artificial estarão, em geral, fadados à obsolescência desde a data de sua publicação: os problemas e as soluções existentes provavelmente já terão mudado ao tempo em que se insira neles o ponto final. Antes que este estudo também se submeta integralmente a essa inevitável datação, impende ingressar em algumas preocupações, estas diretamente afeitas ao ensino universitário do Direito, que, para o bem ou para o mal, possivelmente se revelarão mais duradouras do que muitos dos problemas acima descritos. Trata-se de apontamentos esparsos, colhidos em meio ao oceano de incertezas criado pelo atual estágio da inteligência artificial. Sua seleção entre tantas outras angústias possíveis seguiu um único critério, sem dúvida algo arbitrário: cuida-se de problemas que, ao contrário do que podem parecer, não foram criados – ao menos não exclusivamente – pelo uso dessas novas tecnologias.

2 A inserção dos problemas jurídicos criados pela inteligência artificial nos currículos universitários de Direito

A primeira (e, possivelmente, a mais evidente) reação do meio acadêmico ao crescimento das ferramentas de inteligência artificial no debate público traduz-se na percepção de que os problemas jurídicos decorrentes de seu uso e desenvolvimento deveriam passar a integrar os currículos dos cursos universitários de Direito. Esse processo, como se sabe, já tem ocorrido nos últimos anos em relação a novas tecnologias de variadas espécies, cujas repercussões jurídicas são, em geral, reunidas sob designações tais como "Direito Digital", "Direito e Tecnologia", "Direito e Internet" e assim por diante, transformadas em novas "disciplinas" curriculares. A reação, expressamente fomentada

---

of a dissertation's composition. What happens when both processes can be significantly automated? Going by my experience as a former Shakespeare professor, I figure it will take 10 years for academia to face this new reality: two years for the students to figure out the tech, three more years for the professors to recognize that students are using the tech, and then five years for university administrators to decide what, if anything, to do about it. Teachers are already some of the most overworked, underpaid people in the world. They are already dealing with a humanity in crisis. And now this" (MARCHE, Stephen. The College Essay Is Dead. *The Atlantic*, 6 dez. 2022. Disponível em: https:// www.theatlantic.com. Acesso em: 12 jul. 2023).

pelo Ministério da Educação,[28] é em alguma medida compreensível, não parecendo haver qualquer dissenso razoável quanto à necessidade de que o debate acadêmico e a formação universitária de novos juristas busquem uma atualização permanente à luz da evolução técnica e social.[29] Se alguma ponderação deve ser feita sobre o tema, portanto, ela diz respeito a *como* e *quando* promover esse tipo de inserção curricular.

Embora provavelmente não se tarde a propor a construção de um "Direito da Inteligência Artificial" como ramo autônomo de estudo, esse tipo de proposta, sobretudo no curto prazo, recomenda cautela. A autonomização de um novo setor jurídico deve, idealmente, decorrer de um processo paulatino e espontâneo, ao longo do qual o conjunto de fontes (normativas, jurisprudenciais e doutrinárias) e o arcabouço teórico de determinada matéria se expande em tal medida que a sua separação científica em relação ao Direito Civil, ao Direito Constitucional etc. revela-se, em determinado ponto, inevitável. Quando esse processo se opera naturalmente a partir do próprio desenvolvimento acadêmico da disciplina, maiores são as chances de que o estudioso mantenha em mente que a autonomia assim adquirida é meramente didática: as soluções, inovadoras ou antigas, para os problemas do novo setor hão de decorrer do inteiro sistema jurídico, compatibilizando-se, do ponto de vista lógico e valorativo, com todos os demais setores.[30]

A criação deliberada e já na primeira hora de um "Direito da Inteligência Artificial" como disciplina autônoma a ser lecionada nos cursos universitários e desenvolvida nos programas de pós-graduação

---

[28] As Diretrizes Curriculares Nacionais do curso de Direito (Resolução nº 5/2018 da Câmara de Educação Superior do Conselho Nacional de Educação, com a modificação da Resolução nº 2/2021) preveem, em seu art. 5º, II, que o programa curricular dos cursos de Direito deve incluir, "necessariamente", entre outros, "conteúdos essenciais" referentes ao "Direito Digital".

[29] Cf., entre muitos outros, as ponderações de SANTOS, Rodrigo Mioto dos; BASTOS JÚNIOR, Luiz Magno Pinto; ROSA, Alexandre Morais da. Ensino jurídico e inteligência artificial: levando a sério a transformação digital nos cursos de Direito. *Revista Científica Disruptiva*, [s. l.], v. 3, n. 1, p. 81-108, 2021. Disponível em: http://revista.cers.com.br/ojs/index.php/revista/article/view/98. Acesso em: 12 jul. 2023.

[30] Preocupam, nesse sentido, as possíveis repercussões práticas que possam decorrer de diretrizes gerais por vezes propostas em doutrina, tais como: "Legal education has to be epistemologically redesigned — leaving the 'retrospective' model in a dogmatic past (which applied past solutions to present and future problems, with teacher-authorities with all knowledge), and assuming to a 'prospective/projective' model, with the prioritization of the development of skills for dealing with complex problems and the construction of alternatives that do not exist hitherto" (FORNASIER, Mateus Oliveira. Legal education in the 21st century and artificial intelligence. *Revista Opinião Jurídica*, Fortaleza, a. 19, n. 31, p. 1-32, maio/ago. 2021, p. 26).

e instituições de pesquisa preocupa na medida em que parece convidar o estudioso a crer na ilusória possibilidade da construção de um inteiro ramo do direito *ab nihil*, supostamente dotado de uma lógica própria e de um conjunto de valores peculiar, mais ou menos independentes dos demais setores jurídicos.[31] Retoma-se, portanto, a crítica há muito formulada pela escola civil-constitucional à perspectiva microssistemática,[32] que tantos equívocos e atecnias costuma produzir[33] (pense-se, na nossa experiência recente, no franco retrocesso à tutela indenizatória que já era promovida pela jurisprudência brasileira das vítimas de danos em ambiente virtual com o advento do Marco Civil da Internet e, particularmente, do seu tão criticado art. 19, fruto de uma perspectiva franca e excessivamente setorial sobre o tema).[34]

Essa perspectiva fragmentária potencialmente decorrente de uma autonomização precoce das repercussões jurídicas da inteligência artificial tende a ser propulsionada caso venha a ser aprovado um estatuto normativo geral para o tema.[35] Embora tramite no Congresso

---

[31] Segundo Gustavo Tepedino e Rodrigo da Guia Silva, "os fundamentos para a tutela das hipóteses fáticas associadas à inteligência artificial não devem ser buscados em novos e esparsos diplomas normativos. Pelo contrário, o tratamento sistemático da matéria deve levar em consideração o ordenamento jurídico em sua integralidade, evitando-se a busca por inúteis e desagregadores microssistemas, com princípios e fundamentos peculiares" (TEPEDINO, Gustavo; SILVA, Rodrigo da Guia. Sinopse das novas fronteiras do Direito Civil. *In*: TEPEDINO, Gustavo; SILVA, Rodrigo da Guia (Coord.). *O Direito Civil na era da inteligência artificial*. São Paulo: Thomson Reuters, 2020, p. 7).

[32] Critica Pietro Perlingieri: "Não há normas que não pressupõem o sistema e que ao mesmo tempo não concorrem para formá-lo; não há normas que não sejam inteligíveis no seu efetivo alcance se não forem inseridas, como partes integrantes, em uma totalidade formal (sistema legislativo) e substancial (sistema social). Este resultado postula a superação da exegese considerada exclusivamente como busca e individualização do significado literal do texto. [...] justamente porque as leis especiais, por definição, não são mais concretizadoras dos princípios codicísticos, mas, sim, daqueles constitucionais, elas não podem ter lógicas de setor autônomas ou independentes das lógicas globais do quadro constitucional; elas também devem ser sempre concebidas e conhecidas obrigatoriamente no âmbito do sistema unitariamente considerado" (PERLINGIERI, Pietro. *O Direito Civil na legalidade constitucional*. Rio de Janeiro: Renovar, 2008, p. 628-629).

[33] Cf., ilustrativamente, a crítica à lógica microssistemática proposta por TEPEDINO, Gustavo. A aplicabilidade do Código Civil nas relações de consumo: diálogos entre o Código Civil e o Código de Defesa do Consumidor. *In*: LOTUFO, Renan; MARTINS, Fernando (Coord.). *20 anos do Código de Defesa do Consumidor*: conquistas, desafios e perspectivas. São Paulo: Saraiva, 2011, p. 88.

[34] Sobre o ponto, permita-se remeter a SOUZA, Eduardo Nunes de. Qual liberdade tutelar na era da opinião irresponsável? *Revista Brasileira de Direito Civil*, Belo Horizonte, v. 22, p. 271-283, out./dez. 2019, onde se apontou "o retrocesso operado pelo diploma normativo em relação ao entendimento que vinha sendo aplicado pelo Superior Tribunal de Justiça até a sua entrada em vigor" (p. 280).

[35] Nesse sentido, ponderam Gustavo Tepedino e Rodrigo da Guia Silva que, "em vez de se buscarem – muitas vezes irrefletidamente – novos instrumentos jurídicos e novos diplomas

Nacional, ao tempo da redação deste estudo, um projeto de Marco Legal que textualmente indica como referenciais os direitos humanos e os valores democráticos,[36] não pode ser desprezado o risco de que se popularize um "sentido particular" para essas diretrizes no setor caso a potencial nova lei seja interpretada como microssistema autônomo.[37] Além do viés que pode implicar para o estudioso em decorrência da própria organização científica das matérias, parece recomendável evitar essa tendência, em um primeiro momento, também por tornar o desenvolvimento acadêmico da temática mais suscetível às evidentes e inevitáveis pressões do mercado (desde aquelas sofridas pelos cursos universitários, sobretudo os de instituições particulares de ensino, que precisam "publicizar" sua atualidade e capacidade de inserção de alunos no mercado de trabalho, até as pressões sofridas por programas de pesquisa em busca de fomento financeiro).[38]

Mais vantajoso parece ser, no momento atual, que os diversos problemas provocados pelo uso e pelo desenvolvimento de ferramentas de inteligência artificial sejam estudados, em conjunto com suas primeiras ocorrências de tratamento normativo e jurisprudencial, pelas disciplinas tradicionais do currículo universitário,[39] tais como o Direito

---

legais, melhores resultados se haverão de alcançar pelo esforço de releitura dos institutos disponíveis e já conhecidos pela civilística. [...] No mais das vezes – ressalvadas, por certo, as hipóteses em que a inovação legislativa se afigurar indispensável –, deverá o intérprete esgotar o dado normativo e o potencial valorativo do sistema" (TEPEDINO, Gustavo; SILVA, Rodrigo da Guia. Sinopse das novas fronteiras do Direito Civil. In: TEPEDINO, Gustavo; SILVA, Rodrigo da Guia (Coord.). *O Direito Civil na era da inteligência artificial*. São Paulo: Thomson Reuters, 2020, p. 7).

[36] Projeto de Lei nº 21/2020.

[37] Basta constatar que, entre os "fundamentos" para o desenvolvimento e aplicação da inteligência artificial no Brasil, a redação original do Projeto liste, em seu art. 4º, o respeito à ética, aos direitos humanos e aos valores democráticos como o terceiro item de um rol que contém, com igual relevância e menção prioritária, o desenvolvimento científico e tecnológico, a inovação, a livre iniciativa e a livre concorrência.

[38] Conforme Pietro Perlingieri, em lição de todo aplicável à questão em tela, "se a sociedade moderna se caracteriza por uma pluralidade de fontes e de valores, pela diversificação ideológica e produtiva, de forma que não se pode reduzir, segundo as férreas leis do mercado, a instrumento de concorrência, conflitual ou não, entre empresas, isto significa que seria redutora qualquer tentativa que vise reconhecer no jurista moderno exclusivamente um jurista de empresa conhecedor da legislação do setor, de um ramo do ordenamento, atento mais às circulares que aos princípios, à letra da lei mais que à sua legitimidade e legitimação, à efêmera terminologia e às noções especializadas mais que àquelas comuns e consolidadas no tempo, na ilusão de que se possa ler e compreender sem percorrer a estrada de onde se origina toda parte significativa do sistema global" (PERLINGIERI, Pietro. *O Direito Civil na legalidade constitucional*. Rio de Janeiro: Renovar, 2008, p. 59-60).

[39] De fato, "a cogitação de novo ramo do Direito voltado especificamente para as questões da robótica e da inteligência artificial acaba por suscitar o tratamento assistemático da matéria. Afinal, os problemas trazidos pela inteligência artificial, embora desafiadores e

Civil, o Direito Administrativo ou o Direito Penal (invariavelmente, as áreas que serão conclamadas a responsabilizarem, com sua gama de remédios já conhecidos, agentes variados pelos primeiros resultados negativos produzidos pelas novas tecnologias).[40] Sem dúvida, todas as obras doutrinárias e projetos de pesquisa direcionados especificamente ao tema serão necessários para compreender suas idiossincrasias técnicas e sociais e, assim, construir o arcabouço teórico necessário para o seu enfrentamento jurídico;[41] mas a ancoragem preliminar aos setores mais tradicionais da dogmática jurídica, sobretudo em nível de Graduação (mas também para pesquisadores e pós-graduandos), pode contribuir sobremaneira para que não se construa um suposto novo setor à margem do sistema e, em particular, do conjunto dos valores constitucionais.

Tais considerações parecem ser ainda mais prementes se a proposta for de redução do conteúdo programático tradicional dos cursos universitários de Direito para viabilizar a introdução de "novas" disciplinas voltadas a problemas contemporâneos (por exemplo, a inteligência artificial). Trata-se de tendência antiga,[42] não apenas imposta, em alguma medida, por políticas do próprio Poder Público[43] como também buscada espontaneamente pelas instituições de ensino, cada vez mais partidárias do modelo de "ênfases", que subdivide a

---

por vezes inusitados, dialogam com categorias bastante sedimentadas do Direito Civil" (TEPEDINO, Gustavo; SILVA, Rodrigo da Guia. Sinopse das novas fronteiras do Direito Civil. In: TEPEDINO, Gustavo; SILVA, Rodrigo da Guia (Coord.). O Direito Civil na era da inteligência artificial. São Paulo: Thomson Reuters, 2020, p. 6-7).

[40] Mesmo diante da inovação, "inevitavelmente, retorna-se aos instrumentos primários de conhecimento, mediante os quais se constrói o direito observando os cânones normativos e lógicos que caracterizam o ordenamento e as peculiaridades históricas e culturais da sociedade" (PERLINGIERI, Pietro. O Direito Civil na legalidade constitucional. Rio de Janeiro: Renovar, 2008, p. 71).

[41] Sobre a importância do estudo acadêmico em torno das tecnologias digitais, dadas as peculiaridades únicas de sua estruturação e os desafios particulares à regulação daí decorrentes, cf., na perspectiva do direito anglo-saxão, LESSIG, Lawrence. The Law of the Horse: What Cyberlaw Might Teach. Harvard Law Review, [s. l.], v. 113, n. 2, p. 501-549, dez. 1999.

[42] Sobre propostas de reforma das grades curriculares de Direito no Brasil há mais de um século, cf. MORAES, Maria Celina Bodin de. Por um ensino humanista do Direito Civil. Civilistica.com, a. 1, n. 2, p. 1-16, 2012.

[43] As Diretrizes Curriculares Nacionais do curso de Direito (Resolução nº 5/2018 da Câmara de Educação Superior do Conselho Nacional de Educação) preveem, em seu art. 5º, §3º, que as instituições de ensino superior poderão "[...] definir ênfases em determinado(s) campo(s) do Direito e articular novas competências e saberes necessários aos novos desafios que se apresentem ao mundo do Direito, tais como: Direito Ambiental, Direito Eleitoral, Direito Esportivo, Direitos Humanos, Direito do Consumidor, Direito da Criança e do Adolescente, Direito Agrário, Direito Cibernético e Direito Portuário".

grade curricular em grupos de disciplinas pretensamente voltadas a prepararem o estudante para determinadas opções de carreira profissional que pretenda seguir. Embora interessante em si mesmo (e, a rigor, há muito defendido no Brasil),[44] preocupa a forma como um tal modelo possa ser implementado. Um aluno interessado em atuar futuramente na área tecnológica talvez renunciasse, no todo ou em parte, à carga horária que seria dedicada a disciplinas "tradicionais", tais como Direito Tributário ou Processo Penal, para assistir a aulas sobre questões jurídicas que envolvam internet, segurança de dados, inteligência artificial e assim por diante.

Os motivos pelos quais esse modelo se revela seu sedutor parecem evidentes. Ao estudante em curso, propõe-se a troca de disciplinas que ele não deseja aprender, geralmente repletas de elaborações teóricas voltadas a solucionarem problemas aparentemente antigos, por outras, de linguagem mais contemporânea, dogmática mais leve e dirigidas a problemas com os quais o aluno trava imediata identificação. Aos novos alunos em potencial, oferta-se um currículo moderno e atraente, cujos nomes de disciplinas são muito mais autoexplicativos ao público leigo do que boa parte da terminologia do currículo tradicional, ao mesmo tempo que se promete a perspectiva de atualização profissional e inserção facilitada no mercado de trabalho. Seja movida por genuíno entusiasmo científico ou por pragmáticos interesses mercadológicos, a inovação é quase sempre mais convincente do que a tradição.

Para o tratamento de problemas tão inovadores quanto aqueles criados pela inteligência artificial, porém, a fuga das disciplinas tradicionais é, provavelmente, a mais incapacitante providência que se poderia

---

[44] Esse modelo já era defendido, por exemplo, na década de 1950, por San Tiago Dantas (DANTAS, Francisco Clementino de San Tiago. *A educação jurídica e a crise brasileira*: palavras de um professor. Rio de Janeiro: Forense, 2001, p. 64 e ss.). Há, porém, que se atentar à forma como o autor o propunha. Sustentava, em primeiro lugar, que "a formação intelectual do jurista é uma, e não comporta sem prejuízo a eliminação de qualquer das disciplinas, que hoje constituem o currículo das nossas Faculdades"; em seguida, propunha uma divisão curricular parcial, que denominava "flexível", no qual o estudante continuava estudando todas as disciplinas, mas em proporções distintas de acordo com a especialização escolhida pelo estudante; por fim, propunha apenas quatro especializações, todas tomando por base disciplinas absolutamente consolidadas e desenvolvidas: o Direito Penal, o Direito Comercial, o Direito Administrativo e as Ciências Econômicas e Sociais; chegava a mencionar o Direito do Trabalho, mas afirmava "ter dúvidas" sobre a conveniência de fazer deste "um campo de especialização cultural" (DANTAS, Francisco Clementino de San Tiago. *A educação jurídica e a crise brasileira*: palavras de um professor. Rio de Janeiro: Forense, 2001, p. 68). Não se extrai do raciocínio do autor a proposta de supressão *tout court* de disciplinas inteiras do currículo tradicional, nem de uma divisão mercadológica do currículo, mas sim de uma organização pautada por componentes profundamente socioculturais e historicamente situados.

oferecer ao estudante. Os instrumentos jurídicos a serem desenvolvidos para o enfrentamento da matéria, sobretudo na fase inicial, hão de ser necessariamente derivados dos remédios já propostos por setores mais tradicionais do Direito.[45] É o estudo destes últimos que contam com longevo desenvolvimento teórico e ampla experiência no enfrentamento de questões bastante conhecidas, que poderá proporcionar uma base sólida sobre a qual o futuro aplicador do Direito poderá construir, pouco a pouco, os recursos e métodos de abordagem das questões ainda pouco conhecidas, com as quais não apenas ele, mas também as gerações anteriores à sua, ainda têm pouca ou nenhuma experiência.[46]

A substituição da carga horária destinada às disciplinas "tradicionais" pelo advento de disciplinas "inovadoras" voltadas aos problemas contemporâneos finda por privar o estudante desse instrumental útil e verdadeiramente jurídico, oferecendo em troca a exposição do aluno a conteúdos típicos de setores jurídicos ainda incipientes:[47] os comentários apressados de leis, que se limitam a parafrasear o texto normativo e pouco contribuem com sua interpretação; a leitura das primeiras decisões judiciais, elevadas à categoria de "jurisprudência" a despeito de carecerem de volume e antiguidade para tanto; o repertório de termos técnicos, jargão tecnológico e casos anedóticos ou pitorescos que já se tornou característico em grande parte dos estudos sobre direito e tecnologia.[48]

---

[45] Como anota Pietro Perlingieri, a construção de normativas setoriais e sua correta compreensão "não é jamais, e não tão-somente, obra do legislador, mas é o resultado estratificado da atividade constante do intérprete em contato com a realidade e, portanto, resultado dos raciocínios dos juristas e da jurisprudência. Não há direito fora de um sistema e não há sistema sem princípios jurídicos: estes – fruto de *interpretatio* – constituem o sistema" (PERLINGIERI, Pietro. *O Direito Civil na legalidade constitucional*. Rio de Janeiro: Renovar, 2008, p. 60).

[46] Nesse sentido, a respeito da insuficiência da técnica da responsabilidade civil para exercer o necessário controle sobre a tutela de dados pessoais diante do desenvolvimento de novas tecnologias, Stefano Rodotà já sustentava, há muitos anos, que, não obstante isso, a responsabilidade civil poderia servir a abrir caminho para novos mecanismos de controle, bem como para reforçá-los (RODOTÀ, Stefano. *Elaboratori elettronici e controlo sociale*. Bologna: Il Mulino, 1973, p. 139).

[47] Para Perlingieri, "se o jurista não pode se identificar com o tecnocrata nem pode ser um simples leitor dos Diários Oficiais e dos primeiros apressados comentários às leis, significa que ele, antes mesmo de ser informado superficialmente por tantas numerosas fontes de notícias especializadas e informatizadas, deve ser formado, isto é, culto, rico de uma sensibilidade que, fundada em uma atitude natural, seja fruto de uma adequada atenção para o dinamismo e a complexidade do fenômeno sócio-jurídico e da razoabilidade ou irrazoabilidade de seus conteúdos" (PERLINGIERI, Pietro. *O Direito Civil na legalidade constitucional*. Rio de Janeiro: Renovar, 2008, p. 59).

[48] Problemas elencados também no direito italiano por PERLINGIERI, Pietro. *O Direito Civil na legalidade constitucional*. Rio de Janeiro: Renovar, 2008, Capítulo II, *passim* e, particularmente, p. 72 e 77.

Parece muito mais proveitoso ao mesmo estudante, nesse cenário, que a atualização de sua formação universitária se dê por meio da inserção dos problemas provocados pela inteligência artificial e pelas novas tecnologias no quotidiano das disciplinas ditas "tradicionais", evidenciando-se ao aluno de que modo os instrumentos já existentes para problemas antigos podem oferecer uma resposta inicial, sem dúvida ainda insuficiente,[49] aos novos desafios. Paralelamente, incumbe à academia jurídica, sobretudo às gerações mais experientes de professores e pesquisadores, contribuir, com a densidade teórica e a vivência prática que acumularam ao longo de suas carreiras, para a construção paulatina do que pode ou não se tornar, no futuro, um novo setor do saber jurídico. Infelizmente, a essa missão lançam-se, em geral, os mais jovens pesquisadores, recém-saídos dos bancos universitários, atraídos pela novidade dos problemas atuais e pela frugalidade do acervo teórico já existente em torno deles, mas desprovidos do raciocínio jurídico particularmente aprofundado que seria necessário à empreitada – e que apenas o tempo e a dedicação diuturna lhes confeririam. Que esses jovens pesquisadores possam, ao menos, ter recebido em sua formação uma base adequada nas disciplinas que, no momento atual, efetivamente podem oferecer a eles o alicerce essencial.

3 A inserção do uso de mecanismos de inteligência artificial nos currículos e o futuro das carreiras jurídicas

Diretamente conexa com a questão anterior parece ser uma outra tendência, também bastante difundida: a de se defender que o próprio *manuseio* das ferramentas de inteligência artificial passe a ser parte integrante dos currículos universitários de Direito. No limite, propõe-se mesmo que os currículos passem a abranger matérias como programação e análise de dados.[50] Parte das motivações já expostas anteriormente também se aplica a essa tendência: desde o tradicional

---

[49] Recorra-se, ainda uma vez, à lição de Rodotà, que, referindo-se ao papel da responsabilidade civil para a proteção de dados pessoais, reconhecia que, embora insuficiente para a criação de um sistema de controle social da matéria, era possível recorrer à responsabilidade civil para evidenciar novos fenômenos, oferecendo-lhes uma primeira regulamentação (RODOTÀ, Stefano. *Elaboratori elettronici e controlo sociale*. Bologna: Il Mulino, 1973, p. 139).

[50] FORNASIER, Mateus Oliveira. Legal education in the 21st century and artificial intelligence. *Revista Opinião Jurídica*, Fortaleza, a. 19, n. 31, p. 1-32, maio/ago. 2021, p. 15.

fascínio em torno da ideia de inovação como um valor em si mesmo (como poderia ser negativa a inserção de novas tecnologias na metodologia de ensino?) até o interesse empresarial de instituições de ensino privadas de diferenciarem os cursos por elas oferecidos a partir de recursos tecnológicos (não será difícil ao leitor, provavelmente, recordar-se de campanhas publicitárias de instituições de ensino superior orgulhando-se de oferecerem dispositivos eletrônicos a alunos de Direito). Mas parece haver uma preocupação pragmática mais genuína nessa tendência de se familiarizar o estudante com o uso de tecnologias: de que outro modo, sustenta-se, seria possível preparar o futuro jurista para um mercado de trabalho no qual ele será necessariamente forçado a interagir com robôs e algoritmos?[51]

O problema, nesta seara, não parece ser a introdução do uso de novas tecnologias na metodologia de ensino ou no programa curricular, mas a afirmação de sua necessidade – ou, mais especificamente, o desvio de perspectiva daí decorrente. Que os futuros profissionais do Direito serão confrontados, cedo ou tarde, com a obrigatoriedade de interagirem com mecanismos dotados de inteligência artificial aparenta ser, pelo que se pode prever no momento atual, inevitável. Esse destino também era previsível, porém, em relação à popularização dos computadores pessoais no Brasil na década de 1990, ou no que diz respeito à drástica ampliação do acesso à internet observado no país no começo dos anos 2000. Nem por isso os cursos universitários de Direito apressaram-se a incluir em suas grades curriculares obrigatórias noções do que então se denominava "informática", e que se tornaria tão presente na realidade de advogados e das demais carreiras jurídicas; muitos cursos de excelência, sobretudo em universidades públicas do país, vicejam até hoje sem a mediação de recursos digitais (salvo no que se fizeram necessários a viabilizar os estágios curriculares obrigatórios, dada a progressiva digitalização da Justiça brasileira), nem mesmo para fins de atividades paradidáticas.

E, se a comparação desses casos com a inteligência artificial possa parecer exagerada, isso provavelmente se dá porque, quanto mais "inteligentes" as tecnologias se tornam, mais intuitivo é o uso que se propõe

---

[51] Nesse sentido, aliás, as próprias Diretrizes Curriculares Nacionais de Direito (Resolução nº 5/2018 da Câmara de Educação Superior do Conselho Nacional de Educação, com a modificação da Resolução nº 2/2021) preveem, em seu art. 5º, III, que o programa curricular dos cursos de Direito deve "abranger estudos referentes ao letramento digital, práticas remotas mediadas por tecnologias de informação e comunicação".

delas e menos operosa se pretende a familiarização do usuário.⁵² Vale dizer: se as tecnologias "do passado" não demandaram treinamento dos futuros advogados no ambiente universitário, não resulta realista que as ferramentas vindouras de inteligência artificial imponham uma necessidade dessa natureza. Não se está a tratar aqui, vale frisar, de hipóteses em que o acesso extraclasse do estudante a determinadas tecnologias seja obstado por um custo financeiro proibitivo – cenário em que a familiarização de alunos com tais instrumentos no meio universitário se converteria em autêntica e louvável medida de inclusão social. O que se sustenta é apenas que, mesmo em casos como esse, o treinamento dos estudantes para o uso de tais tecnologias não parece manter relação direta com o ensino do Direito propriamente dito e nada diz sobre a qualidade programática dos cursos jurídicos.

O argumento talvez possa ser sofisticado para se alegar que deveriam ingressar no currículo obrigatório dos cursos de Direito lições sobre os *riscos* do uso de ferramentas de inteligência artificial e sobre as *formas adequadas* de empregá-las. Uma tal medida teria, à primeira vista, dupla utilidade: não apenas buscaria prevenir equívocos no exercício da profissão pelos futuros operadores (alertando-os, por exemplo, quanto às formas confiáveis de realizar pesquisas a partir dos novos algoritmos e quanto à falibilidade e aos vieses dos resultados), mas também informaria os estudantes acerca do tipo de problema concreto que os futuros profissionais encontrarão na realidade social.⁵³ Não se questiona, nesse particular, que se faz cada vez mais premente um reexame global da relação entre indivíduo e tecnologia, com uma conscientização geral da população acerca dos riscos e dos dilemas impostos pelos novos instrumentos, como medida de verdadeira promoção de cidadania.⁵⁴

---

⁵² Afirma-se que a integração com a inteligência artificial deve ser pautada por *human-centric strategies*, assim definidas como aquelas que aprimoram a experiência do usuário (PAUN, Goran. Intersecting User Interface And User Experience Best Practices With Artificial Intelligence. *Forbes*, 4 abr. 2023. Disponível em: https://www.forbes.com. Acesso em: 12 jul. 2023).

⁵³ DIAMOND, Randy J. *et al*. Let's Teach Our Students Legal Technology... But What Should We Include? *AALL Spectrum*, Missouri, v. 23, p. 23-29, set./out. 2018. Disponível em: https://scholarship.law.missouri.edu/facpubs/878/. Acesso em: 12 jul. 2023.

⁵⁴ BENNETT MOSES, Lyria. Helping Future Citizens Navigate an Automated, Datafied World. *UNSW Law Research Paper*, n. 19-28, 2019. Disponível em: https://deliverypdf.ssrn.com/delivery.php?ID=8731020880821200510102109409208407106302207208705801107607300107808201306708710101406200001802202404705508000401502911307210410706909000605411910411308707001300606002007100812012000202300100610906711309108911700706702302106811209506411612006412108&EXT=pdf&INDEX=TRUE. Acesso em: 12 jul. 2023.

Basta ver como a sociedade brasileira (e, em grande medida, mundial) tem se mostrado vulnerável à difusão de *fake news* nos últimos anos, mesmo entre estratos da população com acesso à educação superior. Justamente por se tratar de uma questão de cidadania, porém, o papel de oferecer esse tipo de debate e conscientização à sociedade deve caber, eminentemente, ao ensino básico – preferencialmente em um cenário, ainda hoje utópico, em que se tenha logrado oferecer educação pública básica de qualidade a todas as crianças e adolescentes em idade escolar. É a educação básica que, por sua universalidade, deve preparar o cidadão para a vida em sociedade. Uma parte significativa dessa construção de cidadania, vale frisar, já se encontra hoje transferida para os currículos universitários de Direito, mas direcionada a problemas mais específicos dessa área – trata-se, aqui, de disciplinas como filosofia jurídica, antropologia jurídica, sociologia jurídica, história do Direito etc.,[55] disciplinas que, ressalta-se, em geral sofrem reiterados ataques e cortes na experiência brasileira.[56] Se o projeto do curso universitário deve pautar-se pela formação de juristas que são, antes de tudo, cidadãos dotados de sensibilidade às questões do meio social em que estão inseridos, a primeira providência deveria ser o fortalecimento dessas disciplinas.[57]

Por mais singulares que se possam considerar os desafios impostos pela inteligência artificial ou outras tecnologias à regulação jurídica,[58] trata-se, ainda e sempre, de problemas incluídos no dever geral de atualização que todo estudante e profissional do Direito deve

---

[55] Segundo Maria Celina Bodin de Moraes, o ensino de tais disciplinas nos cursos de Direito volta-se à "tentativa de mitigar o tecnicismo e o abstracionismo que, tradicionalmente, dominam o ensino do Direito no país" (MORAES, Maria Celina Bodin de. Por um ensino humanista do Direito Civil. *Civilistica.com*, a. 1, n. 2, p. 1-16, 2012, p. 3).

[56] MAIA, Dhiego. Bolsonaro propõe reduzir verba para cursos de sociologia e filosofia no país. *Folha de São Paulo*, 26 abr. 2019. Disponível em: https://www1.folha.uol.com.br. Acesso em: 12 jul. 2023.

[57] Como propõe Perlingieri, espera-se que ao aluno se apresentem "o sistema das fontes, os percursos de argumentação voltados a individuar a normativa a aplicar no caso concreto, o valor da linguagem jurídica e das definições, os princípios e os valores que caracterizam o ordenamento, a problematização, a relatividade e a historicidade do fenômeno jurídico como aspecto de um mais amplo fenômeno cultural sempre em débito de conhecimento para com a ética, a economia, a política e que, justamente, no primado da política encontre seu fundamento" (PERLINGIERI, Pietro. *O Direito Civil na legalidade constitucional*. Rio de Janeiro: Renovar, 2008, p. 73-74).

[58] Nesse sentido, sustentando, na experiência norte-americana, que o ensino universitário do Direito deveria abranger as novas tecnologias tendo em vista os problemas singulares que impõem à regulação jurídica, cf. LESSIG, Lawrence. The Law of the Horse: What Cyberlaw Might Teach. *Harvard Law Review*, [s. l.], v. 113, n. 2, p. 501-549, dez. 1999, *passim*.

buscar observar quanto às controvérsias sociais juridicamente relevantes de sua época,[59] os quais devem, sem dúvida, permear as discussões travadas nas mais diversas disciplinas, mas não como objeto específico de estudo e sim como oportunidades de aplicação dos valores do sistema, dos instrumentos técnico-normativos e dos métodos hermenêuticos que compõem, estes sim, o conteúdo da formação específica do jurista.

Mais ainda: caso se entenda que caberia ao curso universitário suprir déficits históricos da educação básica no país, a medida primordial[60] a ser tomada deveria ser a de capacitar os estudantes para o uso da grande e verdadeira ferramenta do jurista, que continua sendo, mesmo nos dias atuais, a palavra.[61] Embora a língua portuguesa se torne cada vez mais esquecida nas grades curriculares dos cursos de Direito, é alarmante a quantidade de estudantes universitários que perseguem sua formação integral, chegando usualmente à obtenção do grau e até à realização do Exame de Ordem,[62] cometendo erros crassos de redação e gramática e revelando-se incapazes de comunicarem suas ideias de forma clara e coerente por escrito, ou de interpretarem o conteúdo de textos. Configura uma cruel ironia propor que, em um cenário como o do ensino jurídico no Brasil, a ferramenta à qual os estudantes precisam ser necessariamente familiarizados é a inteligência artificial. Seria muito mais realista prognosticar que a difusão dos mecanismos

---

[59] Assim, por exemplo, seriam comparáveis aos conflitos sociais oriundos de discriminação étnica ou de questões de gênero, bastando que as disciplinas curriculares já existentes, reconhecendo a relevância dessas discussões, adaptem seu conteúdo para abrangê-las (SANTOS, Rodrigo Mioto dos; BASTOS JÚNIOR, Luiz Magno Pinto; ROSA, Alexandre Morais da. Ensino jurídico e inteligência artificial: levando a sério a transformação digital nos cursos de Direito. *Revista Científica Disruptiva*, [s. l.], v. 3, n. 1, p. 81-108, 2021. Disponível em: http://revista.cers.com.br/ojs/index.php/revista/article/view/98. Acesso em: 12 jul. 2023, p. 99).

[60] Como pondera criticamente, em lição perfeitamente aplicável ao contexto brasileiro, Pietro Perlingieri: "A alfabetização jurídica pressupõe uma atenta adequada sensibilidade cultural, uma maturidade nos conteúdos e na posse da linguagem: a liberação dos acessos em favor de quem tem grandes déficits em ordem a estas qualidades específicas é responsabilidade que não se pode fazer recair impunemente sobre o sistema universitário" (PERLINGIERI, Pietro. *O Direito Civil na legalidade constitucional*. Rio de Janeiro: Renovar, 2008, p. 80).

[61] Sobre o papel da linguagem na epistemologia jurídica, sem prejuízo das diferenças entre sistemas, vale remeter ao estudo de Elizabeth Mertz, que sustenta: "Legal epistemology rests on linguistic processes: expert deciphering of written legal texts, appropriate use of analogies and concomitant legal-linguistic frames, making arguments within these frames, ability to speak in the various voices and from the various stances required to argue effectively" (MERTZ, Elizabeth. *The Language of Law School: Learning to Think like a Lawyer*. New York: Oxford University Press, 2007, p. 215).

[62] CABRAL, Themys. Pérolas aquecem debate em torno do Exame da OAB. *Gazeta do Povo*, 4 ago. 2011. Disponível em: https://www.gazetadopovo.com.br/. Acesso em: 12 jul. 2023.

de inteligência artificial, ao facilitar (talvez excessivamente) incontáveis processos intelectuais,[63] possivelmente contribua para um déficit ainda maior no aprendizado da língua pelos estudantes que ingressarão eventualmente na universidade.

Chega-se, neste ponto, ao desvio de perspectiva antes mencionado: o de que a ferramenta do jurista estaria em vias de se tornar a inteligência artificial ou, mais diretamente, o de que o jurista do futuro será (em larga medida ou mesmo exclusivamente) um propositor de *inputs* para algoritmos inteligentes. Em uma palavra: a conversão do operador do Direito em operador de *software*. Ou, ainda, a conversão do ofício jurídico, historicamente uma profissão intelectual, em profissão técnica – categoria que tem sido historicamente sujeita a uma escandalosa precarização na experiência nacional, reflexo da índole elitista e escravocrata que moldou a sociedade brasileira.[64]

Se o curso universitário de Direito, como a formação de profissionais liberais em qualquer outra área, deve preparar o futuro jurista para o exercício de seu ofício, transformar a grade curricular também implica transformar, para o bem ou para o mal, a percepção social acerca da natureza desse ofício. E não parece necessário explicitar qual projeto de país se persegue, nem qual destino se pretende ao Estado Democrático de Direito, quando se caracterizam as carreiras jurídicas, particularmente a advocacia, como profissões fadadas à precarização, nas quais o saber está no instrumento e não no usuário[65] e a função preponderante do advogado é, quando muito, a de intermediar as

---

[63] Como ponderam Kissinger, Schmidt e Huttenlocher: "To the extent that we use our brains less and our machines more, humans may lose some abilities. Our own critical thinking, writing and [...] design abilities may atrophy. The impact of generative AI on education could show up in the decline of future leaders' ability to discriminate between what they intuit and what they absorb mechanically. Or it could result in leaders who learn their negotiation methods with machines and their military strategy with evolutions of generative AI rather than humans at the terminals of computers" (KISSINGER, Henry; SCHMIDT, Eric; HUTTENLOCHER, Daniel. ChatGPT Heralds an Intellectual Revolution. *The Wall Street Journal*, 24 fev. 2023. Disponível em: https://www.wsj.com. Acesso em: 12 jul. 2023).

[64] A respeito, cf., por todos, CUNHA, Luiz Antônio. O ensino industrial-manufatureiro no Brasil. *Revista Brasileira de Educação*, Rio de Janeiro, n. 14, p. 89-107, maio/ago. 2000, *passim* e, particularmente, p. 90-92. Sobre o ensino técnico profissionalizante no Brasil, cf., do mesmo autor, CUNHA, Luiz Antônio. Ensino médio: atalho para o passado. *Educação & Sociedade*, Campinas, v. 38, n. 139, p. 373-384, abr./jun. 2017.

[65] Na direção do que pondera Yuval Noah Harari, "o perigo é que se investirmos demais no desenvolvimento da IA e de menos no desenvolvimento da consciência humana, a simples inteligência artificial sofisticada dos computadores poderia servir apenas para dar poder à estupidez natural dos humanos" (HARARI, Yuval Noah. 21 lições para o século 21. São Paulo: Companhia das Letras, 2018, p. 99-100).

relações entre investidores e desenvolvedores em operações de alto risco financeiro:[66] atende-se ao império das leis do mercado, às quais se amolda com incomum naturalidade a própria arquitetura das novas tecnologias.[67]

Fala-se, hoje, em *uberização* da advocacia[68] e em um futuro no qual as petições e sentenças judiciais serão preenchidos por algoritmos[69] e todo o fenômeno jurídico será "previsível" – porque programável –, por vezes em nome de uma "democratização" ou "universalização" do acesso à Justiça.[70] As consequências de tais propostas para a própria

---

[66] Alguns especialistas no tema analisam que o sucesso das tecnologias de inteligência artificial "will very soon replace much of the work of trainees and beginning lawyers", e que a atividade mais relevante do advogado nesse cenário passa a ser a de "design innovative contracts, which protect high-risk investors, by intermediating the relationship between investors and innovative ventures created by inexperienced entrepreneurs". Afinal, "the development of financial technologies and services has demonstrated the impossibility of traditional legal regulation to create their legal regulatory base" (FORNASIER, Mateus Oliveira. Legal education in the 21st century and artificial intelligence. *Revista Opinião Jurídica*, Fortaleza, a. 19, n. 31, p. 1-32, maio/ago. 2021, p. 14).

[67] Sobre a relação da programação dos instrumentos tecnológicos com interesses de mercado, cf. a interessante análise, rica em exemplos já em parte antigos (mas ainda muito eloquentes), de LESSIG, Lawrence. The Law of the Horse: What Cyberlaw Might Teach. *Harvard Law Review*, [s. l.], v. 113, n. 2, p. 501-549, dez. 1999, *passim*.

[68] MARTINS, Ricardo Maffeis; GUARIENTO, Daniel Bittencourt. OAB *versus startups*. Será esse o início da uberização da advocacia? *Migalhas*, 13 mar. 2020. Disponível em: https://www.migalhas.com.br/. Acesso em: 12 jul. 2023.

[69] É ver-se: "Digital technologies do not seem to be giving much time for more immediate and efficient forms of conflict resolution to emerge. Maybe disputes regarding automobile accidents will be very soon resolved with checks on the records and programming of the automated vehicle; consumer complaints about delivery services may be quickly solved through GPS verification; maybe divorce procedures will take place from the moment that someone's smartphone detects, through GPS and text messages, that someone in the couple was unfaithful; and maybe last wills and testaments will be executed as soon as a wearable device detects the death of its user" (FORNASIER, Mateus Oliveira. Legal education in the 21st century and artificial intelligence. *Revista Opinião Jurídica*, Fortaleza, a. 19, n. 31, p. 1-32, maio/ago. 2021, p. 10). Ou, ainda: "De formulação de petições simples, ao domínio rigoroso do controle dos atos processuais até mesmo à admissibilidade de recursos e à verificação de respeito a precedentes por parte de decisões judiciais, os avanços tecnológicos apontam para um domínio cada vez mais significativo por parte da IA daquelas funções jurídicas que possuem maior padronização e, portanto, potencial para a repetição" (SANTOS, Rodrigo Mioto dos; BASTOS JÚNIOR, Luiz Magno Pinto; ROSA, Alexandre Morais da. Ensino jurídico e inteligência artificial: levando a sério a transformação digital nos cursos de Direito. *Revista Científica Disruptiva*, [s. l.], v. 3, n. 1, p. 81-108, 2021. Disponível em: http://revista.cers.com.br/ojs/index.php/revista/article/view/98. Acesso em: 12 jul. 2023, p. 100).

[70] À alegação de que o Direito somente poderia ser praticado por seres humanos responde-se, por vezes, que essa noção pode ser "[...] insufficient to contain the evolutionary march of technology. If legal services are not accessible or appreciated for the value they offer, consumers will choose legal services provided by technology, even if it has inferior quality – although, in fact, in many cases, technology can even be as good as or better than that of the human lawyers" (FORNASIER, Mateus Oliveira. Legal education in the 21st century and artificial intelligence. *Revista Opinião Jurídica*, Fortaleza, a. 19, n. 31, p. 1-32, maio/ago. 2021, p. 11).

aplicação do Direito serão comentadas brevemente no próximo tópico. Por ora, impende denunciar a grave subversão lógica consistente em se retratar o exercício do Direito por profissionais qualificados para interpretá-lo e aplicá-lo como fonte promotora de insegurança e imprevisibilidade ou como óbice do acesso universal à Justiça e em se propagandear a substituição gradativa desses profissionais por ferramentas de inteligência artificial como promotoras de estabilidade e democracia. A falácia, digna das versões preliminares do ChatGPT, somente receberia crédito de um estudante que houvesse sido treinado para operar algoritmos em lugar de normas e conceitos jurídicos.

Parece pouco provável que a consolidação da inteligência artificial como produtora de contratos, petições e decisões seja capaz de substituir, no futuro previsível, a advocacia e as demais carreiras jurídicas. Infelizmente, um pouco mais provável é que se revele capaz de substituir uma parcela da advocacia – aquela dos profissionais que, não tendo recebido uma formação universitária de qualidade, sujeitam-se já no momento atual a regimes precários e baixas remunerações, prestando (ainda que envidando os melhores esforços) um serviço tecnicamente imperfeito a clientes que pertencem, em geral, às camadas mais vulneráveis da população.[71] É possível que esse tipo de trabalho se repute substituível pelas criações dos algoritmos inteligentes, assim como as sentenças judiciais apressadas e massificadas que proliferam nas causas que, em geral, têm por objeto os interesses desse mesmo segmento populacional.[72] Talvez se chegue ao ponto de alegar que a inteligência artificial poderia ajudar a reduzir os gastos do Erário com defensores públicos que se dedicam a suprir parte dessa demanda.

Parece improvável, por outro lado, que deixe de subsistir uma categoria de profissionais com boa formação e melhores condições de

---

[71] Assim parecem sugerir afirmações como a de que "os profissionais que correm riscos de substituição por robôs são aqueles que estagnaram sua atuação unicamente em tarefas operacionais", ou de que "somente irão desfrutar dessa melhoria sem precedentes aqueles juristas que se empenharem em dominar os recursos digitais e suas inúmeras aplicações" (STRUTZEL, Tercio. Advocacia 4.0 versus inteligência artificial. *Migalhas*, 12 abr. 2023. Disponível em: https://www.migalhas.com.br. Acesso em: 12 jul. 2023).

[72] Ilustrativamente, o fundador de uma *lawtech* norte-americana que fornece aconselhamento jurídico a consumidores, afirmou em entrevista: "Ainda haverá muitos bons advogados por aí que podem estar discutindo no Tribunal Europeu de Direitos Humanos, mas muitos advogados estão cobrando muito dinheiro para copiar e colar documentos, e acho que eles definitivamente serão substituídos – e deveriam ser substituídos" (CAPARROZ, Leo. ChatGPT supera TikTok e é plataforma com o crescimento mais rápido de usuários. *Superinteressante*, 17 fev. 2023. Disponível em: https://super.abril.com.br/tecnologia/chatgpt-supera-tiktok-e-e-plataforma-com-o-crescimento-mais-rapido-de-usuarios. Acesso em: 12 jul. 2023).

trabalho, à qual apenas parte da população terá acesso e que continue tendo condições de compreender e ponderar efetivamente os interesses humanos em jogo no fenômeno jurídico. Talvez em um primeiro momento a advocacia prestada sem a mediação de mecanismos tecnológicos inteligentes se torne mesmo um "valor agregado" à prática da profissão – algo como a certificação do alimento orgânico que eleva o valor de mercado do produto cultivado por meios tradicionais. Não seria, de fato, a primeira vez em que o avanço tecnológico, tão necessário e potencialmente útil à sociedade, contribuiria para o aprofundamento de desigualdades.[73] Como se percebe, o florescer da inteligência artificial realmente nos convida a repensar muitos aspectos do ensino e do exercício do Direito no Brasil. Ensinar os futuros juristas a operarem algoritmos, porém, dista substancialmente da reflexão premente. Até porque, como sói ocorrer com novas tecnologias, é pouco provável que as gerações dos professores tenham muito a ensinar, nesse particular, aos geralmente jovens ingressantes nos cursos universitários, muito mais habituados com o ritmo da inovação.[74]

4 A tese de que a inteligência artificial supriria as funções do ensino jurídico

As considerações anteriores comunicam-se diretamente com uma terceira tendência. É cada vez mais difundida a opinião, mesmo no âmago do meio universitário, de que o desenvolvimento de mecanismos dotados de inteligência artificial tem assumido progressivamente para si as funções da formação universitária, inclusive (e particularmente) no Direito. Arremata-se, em geral, essa tese com a recomendação de que a universidade, para não "perder espaço" na sociedade e tornar-se obsoleta, deveria procurar "se reformular".[75] No limite, os maiores

---

[73] Sobre a promoção de desigualdades por tecnologias de inteligência artificial cf. também os argumentos de STRECK, Lenio. Inteligência artificial: e o menino nunca mais foi visto no aeroporto. *Consultor Jurídico*, 2 fev. 2023. Disponível em: https://www.conjur.com.br. Acesso em: 12 jul. 2023.

[74] O ponto é lembrado, por exemplo, por STOCK, Lucas. ChatGPT revolucionará o ensino em universidades e escolas? *Deutsche Welle*, 20 jan. 2023. Disponível em: https://www.dw.com. Acesso em: 12 jul. 2023.

[75] Afirma-se, por exemplo, que "many sets of tasks currently placed at the center of higher education practice will be replaced by AI based on complex algorithms [...]. Thus, universities need to rethink their pedagogical functions and models, as well as their future relationship with AI solutions and their owners" (FORNASIER, Mateus Oliveira. Legal education in the 21st century and artificial intelligence. *Revista Opinião Jurídica*, Fortaleza, a. 19,

entusiastas da inteligência artificial prognosticam um futuro em que a substituição do professor humano por robôs será um meio de reduzir custos e aumentar a eficiência letiva.[76] Ao professor humano, talvez, reste o mesmo destino prognosticado para os advogados: a já mencionada *uberização* (*rectius*, precarização) da profissão.[77] A rigor, contudo, a ideia traduz mera variação do que já se comentou no tópico anterior. Mais uma vez, esse tipo de crença parece partir de um desvio de perspectiva. Se, no tópico anterior, comentou-se o desvio acerca da função do jurista a partir do que se afirma sobre o ensino jurídico, passa-se agora a desvios de perspectiva quanto à função do próprio ensino do Direito na formação do futuro jurista.

A lógica interna desse tipo de construção é inexpugnável: conforme se torna cada vez mais fácil a qualquer pessoa (e não apenas ao profissional qualificado) acessar informações sobre qualquer área do conhecimento, menos relevante se tornaria o papel da universidade de fornecer tais informações.[78] Se, há poucos anos, em linguagem dolorosamente datada, era possível dizer que a informação estava disponível "ao clique de um botão", bastando para tanto ao estudante "surfar" a internet, atualmente há inteligência artificial suficiente para extrair de um caso concreto a informação juridicamente relevante (ainda quando o usuário não saiba formular a pergunta adequada), algoritmos capazes de fornecer tais informações mesmo sem provocação (a partir dos padrões de pesquisa e das necessidades mais comuns de cada usuário) e, enfim, seria preciso dizer que os dados se encontram, no mínimo, à distância de um comando de voz.

---

n. 31, p. 1-32, maio/ago. 2021, p. 20). O autor destaca os problemas éticos decorrentes de prováveis vieses dos programadores nos algoritmos.

[76] Nesse sentido, textualmente, FORNASIER, Mateus Oliveira. Legal education in the 21st century and artificial intelligence. *Revista Opinião Jurídica*, Fortaleza, a. 19, n. 31, p. 1-32, maio/ago. 2021, p. 18, segundo o qual a inteligência artificial "will reduce costs for learners, compared to the cultivation of experienced teachers".

[77] STRECK, Lenio. O "triunfo" do homo uber juridicus. *Consultor Jurídico*, 5 mar. 2020. Disponível em: https://www.conjur.com.br. Acesso em: 12 jul. 2023.

[78] Cf., ao propósito, o diagnóstico realizado por Marco Antonio Zago, Presidente da FAPESP, ao *Jornal da Ciência* em 23.3.2023: "hoje os jovens são muito menos dependentes da universidade para ganhar conhecimento novo. Muitos jovens, principalmente aqueles que já tiveram uma formação melhor na sua parte básica, até veem a universidade como algo que atrapalha a vida. [...] As pessoas têm que sentir a necessidade de fazer uma universidade. Antes, elas sentiam essa necessidade, porque na universidade se aprendiam coisas fundamentais que fora da universidade você não tinha. Recentemente, o conhecimento começou a ficar mais largamente difuso, mas ainda o título tinha um peso muito grande e, agora, todo esse peso está desaparecendo" (Disponível em: http:// http://www.jornaldaciencia.org.br. Acesso em: 12 jul. 2023.).

O problema, não é difícil constatar, está na premissa. Aqueles que acreditam que a universidade e, em particular, os cursos jurídicos têm o propósito de informar seus estudantes, munindo-os de dados sobre cada conteúdo programático, traduzem muito precariamente a função essencial da educação superior. A memorização de informações, embora parte essencial do processo, não é o fim último da formação jurídica.[79] Conquanto muitos concursos públicos para carreiras jurídicas, sobretudo nas suas fases iniciais, consistam essencialmente (e lamentavelmente) em verdadeiros testes mnemônicos para os candidatos,[80] o quotidiano do operador do Direito, desde o profissional liberal até o servidor concursado, sempre permitiu a consulta às fontes normativas, jurisprudenciais e mesmo doutrinárias que se fizerem necessárias, demandando mínima memorização.

O propósito da formação superior de futuros juristas, se e enquanto voltar-se a prepará-los para o exercício de seu ofício, há de ser o de ensinar aos estudantes os métodos e dificuldades envolvidos na interpretação da norma e na sua aplicação a controvérsias concretas. O conteúdo programático das disciplinas "tradicionais", com seus repertórios aparentemente intermináveis de conceitos e institutos, se, sem dúvida, apresenta ao aluno a sistematização geral da matéria e as inter-relações entre cada ponto do programa (uma etapa preliminar que parece indispensável[81] em sistemas de *civil law*, fundados na

---

[79] Afinal, como sustenta Pietro Perlingieri, em lição plenamente extensível ao caso brasileiro, o direito contemporâneo caracteriza-se pelo pluralismo ideológico e metodológico, de modo que "descobrir as raízes do debate, também ideológico, presentes na doutrina, permite [ao jurista] opções convictas e uma participação mais consciente. Não é memorizando leis e decisões que o jurista adquire 'sensibilidade', mas sim com consciência crítica e dialética para com a realidade, inclusive legislativa" (PERLINGIERI, Pietro. *O Direito Civil na legalidade constitucional*. Rio de Janeiro: Renovar, 2008, p. 57).

[80] E, por isso mesmo, afirma-se que "a aprovação no Exame de Ordem ou, de modo geral, nos diversos concursos de ingresso às carreiras jurídicas públicas no país não poderia servir de indicador da qualidade do ensino jurídico oferecido por nossas universidades. Baseados naquela ótica excessivamente apegada à letra da lei – e, agora, "à letra das súmulas" – e pouco reflexiva, tais exames usualmente põem à prova apenas a capacidade de memorização do candidato" (MORAES, Maria Celina Bodin de. Por um ensino humanista do Direito Civil. *Civilistica.com*, a. 1, n. 2, p. 1-16, 2012, p. 12).

[81] Vale lembrar, a título ilustrativo, que San Tiago Dantas, quando propunha, já na década de 1950, a adoção de um método casuístico de ensino (ainda hoje tão propalada por propostas reformistas do ensino jurídico brasileiro), reconhecia a necessidade de que o estudo sistematizado das instituições fosse em parte suprido a partir da leitura de livros pelos estudantes e em parte por uma "exposição paralela das instituições, segundo o critério sistemático tradicional", por professores assistentes (DANTAS, Francisco Clementino de San Tiago. *A educação jurídica e a crise brasileira*: palavras de um professor. Rio de Janeiro: Forense, 2001, p. 62).

sistematização teórica[82]), assim deve fazê-lo com o objetivo primordial de permitir ao aluno que, a partir da exposição reiterada a exemplos consolidados de interpretação e aplicação de soluções jurídicas a problemas específicos, desenvolva aquela competência geralmente designada pela imprecisa expressão "raciocínio jurídico"[83] – vale dizer: que apreenda a lógica eminentemente informal[84] que é típica do seu ofício e que lhe permitirá, no futuro, identificar que tipo de argumentação é juridicamente válida e como é possível buscar soluções para problemas concretos a partir das fontes abstratas de que dispõe.[85]

Como já mencionado, cabe ainda à universidade conduzir o estudante a desenvolver o olhar crítico e a sensibilidade à realidade social que lhe permitirão compreender o Direito não apenas como técnica, mas também em sua inserção política, histórica e social,[86] sofisticando sua capacidade de, durante o processo interpretativo e aplicativo, contribuir para o aperfeiçoamento do sistema e sua perene atualização.[87]

---

[82] Uma interessante análise sobre a indissociável relação entre a atividade do jurista da *civil law* com a estabilidade do sistema (e, portanto, com os conceitos e abstrações da teoria) por oposição à conduta do jurista da *common law*, acompanhada de um exame de como um sistema pode beneficiar-se da experiência do outro, é desenvolvida por HYLAND, Richard. Vamos dançar? Tradução de Eduardo Nunes de Souza. *Civilistica.com*, a. 3, n. 2, 2014.

[83] Como descreve San Tiago Dantas, "a educação voltada para o próprio raciocínio jurídico, pondo sua ênfase no exame e solução de controvérsias específicas, e não no estudo expositivo das instituições, reconduz o jurista ao fato social gerador do Direito, situa o seu espírito na raiz do problema para que a norma deve fornecer solução" (DANTAS, Francisco Clementino de San Tiago. *A educação jurídica e a crise brasileira*: palavras de um professor. Rio de Janeiro: Forense, 2001, p. 63).

[84] Sobre a lógica difusa típica do raciocínio jurídico, aduz Maria Celina Bodin de Moraes: "a atividade do advogado recorre prioritariamente à argumentação, pois cabe a ele formar o convencimento do juiz sobre a razoabilidade de sua tese. E também o ofício do magistrado tem confiado sua legitimidade, cada vez mais, aos argumentos empregados na fundamentação das decisões. Sob o paradigma pós-positivista, difundiu-se, por exemplo, a técnica da ponderação para a resolução de casos de colisão de princípios, procedimento essencialmente inspirado pela teoria da argumentação, calcada na existência de uma lógica difusa, que se aparta da racionalidade matemática, sem abrir mão dos processos de verificação de razoabilidade que lhe garantem legitimidade" (MORAES, Maria Celina Bodin de. Por um ensino humanista do Direito Civil. *Civilistica.com*, a. 1, n. 2, p. 1-16, 2012, p. 5 e ss.).

[85] Como propõe Pietro Perlingieri, "a formação do jurista, entendida como capacidade crítica na reconstrução dos fatos e dos problemas, é caracterizada por uma constante representada pela individuação da juridicidade e por uma variável que remonta à evolução dos métodos cognitivos e dos instrumentos utilizados" (PERLINGIERI, Pietro. *O Direito Civil na legalidade constitucional*. Rio de Janeiro: Renovar, 2008, p. 69).

[86] Ressalta Maria Celina Bodin de Moraes que no ensino jurídico a "metodologia zetética, atualmente, e cada vez mais, se confunde com a dogmática" (MORAES, Maria Celina Bodin de. Por um ensino humanista do Direito Civil. *Civilistica.com*, a. 1, n. 2, p. 1-16, 2012, p. 5).

[87] Afinal, "o fenômeno jurídico não se exaure naquele legislativo e jurisprudencial, mas se identifica com a experiência global do social" (PERLINGIERI, Pietro. *O Direito Civil na*

Aqueles que, diante do crescimento da inteligência artificial, concluem que a universidade perde seu papel *informativo* depreciam, portanto, o papel *formativo* que é muito mais nuclear ao ensino jurídico.[88] Quando sustentam a necessidade de "repensar" o ensino superior do Direito, seus métodos didáticos e suas modalidades avaliativas, tendo em vista a oferta informacional cada vez maior proporcionada por fontes não acadêmicas, talvez constatem simplesmente que, muito antes dos algoritmos inteligentes, os métodos que vinham adotando priorizavam mais a capacidade de memorização do que a formação do estudante.[89]

Que essas considerações, porém, não recaiam em simples "reducionismo crítico". A notícia de que o ChatGPT seria "aprovado" no exame admissional à carreira advocatícia nos Estados Unidos,[90] assim como no Exame de Ordem brasileiro,[91] que a tantas pessoas escandaliza, não deveria ser tão eloquente quanto parece à primeira vista. De um lado, porque a memorização de informações faz parte efetivamente da formação acadêmica de qualquer profissão intelectual – apenas não deveria ser, sobretudo para o jurista, a sua finalidade central. De outra parte, porque os algoritmos inteligentes, no seu estágio atual, são capazes de estabelecer relações lógicas entre dados, o que, por vezes, é de fato suficiente para a correta solução dos problemas concretos

---

legalidade constitucional. Rio de Janeiro: Renovar, 2008, p. 62) e "a apropriação desta necessária sensibilidade se traduz na aquisição de um instrumento lógico e com argumentos para utilizar não mecânica e repetitivamente, mas conhecendo os seus fundamentos culturais e as consequências também socioeconômicas de sua aplicação" (PERLINGIERI, Pietro. *O Direito Civil na legalidade constitucional*. Rio de Janeiro: Renovar, 2008, p. 59).

[88] Afinal, o verdadeiro objetivo do ensino jurídico "não é o estudo sistemático dos institutos e normas, é o preparo, o desenvolvimento, o treinamento e, afinal, o cabal desempenho do raciocínio jurídico" (DANTAS, Francisco Clementino de San Tiago. *A educação jurídica e a crise brasileira*: palavras de um professor. Rio de Janeiro: Forense, 2001, p. 60).

[89] Trata-se de uma tendência, não exclusiva ao caso brasileiro, de "reforma simplificadora dos estudos universitários", como relata Pietro Perlingieri; a respeito, adverte o autor: "a menor quantidade de páginas e de horas de estudo e de aulas não pode eliminar o método de formação substituindo-o por aquele meramente informativo" (PERLINGIERI, Pietro. *O Direito Civil na legalidade constitucional*. Rio de Janeiro: Renovar, 2008, p. 78).

[90] Segundo noticia Bruno Garattoni se versões anteriores do ChatGPT já eram capazes de serem aprovadas no Bar Exam, mas permanecia entre os 10% dos piores resultados, a versão mais atual já é capaz de aprovação entre os 10% de candidatos mais competentes (GARATTONI, Bruno. OpenAI apresenta o GPT-4, seu novo algoritmo de inteligência artificial; Google anuncia recursos de IA para o Gmail e o Docs, *Superinteressante*, 14 mar. 2023. Disponível em: https://super.abril.com.br/coluna/bruno-garattoni/openai-apresenta-o-gpt-4-seu-novo-algoritmo-de-inteligencia-artificial-google-anuncia-recursos-de-ia-para-o-gmail-e-o-docs. Acesso em: 12 jul. 2023).

[91] ROMANI, Bruno. ChatGPT é 'aprovado' em prova da primeira fase da OAB. *Estadão*, 21 fev. 2023. Disponível em: https://www.estadao.com.br. Acesso em: 12 jul. 2023.

propostos por exames. E, por fim, porque os projetos de reforma dos métodos avaliativos, quase sempre bastante veementes nas críticas, esbarram invariavelmente na realidade fática do que é exequível diante do número avassalador de estudantes que todo ano ingressam nas faculdades de Direito, submetem-se ao Exame de Ordem[92] ou prestam concursos públicos.

Mecanismos de ensino e avaliação sofisticados, capazes de mensurar com o rigor necessário a capacidade crítica, a criatividade tecnicamente balizada e o raciocínio jurídico dos examinandos, dificilmente se compatibilizam com grandes quantitativos de estudantes[93] – e, menos ainda, com os níveis de objetividade necessários particularmente para as seleções de ingresso em carreiras públicas.[94] Há muito espaço, sem dúvida, para aprimoramento, mas este deve passar pela construção de soluções criativas para tais circunstâncias fáticas, sem ceder aos apelos dos métodos "alternativos" que, embora fáceis de se propor em suas finalidades utópicas, na prática não testam rigorosamente nem a

---

[92] Ilustrativamente, no XXIX Exame de Ordem (2019), inscreveram-se mais de 122 mil estudantes (Exame de Ordem em números, IV, p. 84. Disponível em: https://fgvprojetos.fgv.br. Acesso em: 12 jul. 2023.). Segundo o documento (p. 42), em 2017, matricularam-se em cursos de Direito de todo o país mais de 817 mil estudantes.

[93] Pense-se na impossibilidade material de se implementarem em turmas com mais de uma centena de alunos técnicas como aquelas, por exemplo, denominadas como "metodologias ativas" ou "participativas", reproduzidas à exaustão pela maior parte dos estudos contemporâneos sobre ensino jurídico (a título ilustrativo, cf., entre muitos outros: SANTOS, Rodrigo Mioto dos; BASTOS JÚNIOR, Luiz Magno Pinto; ROSA, Alexandre Morais da. Ensino jurídico e inteligência artificial: levando a sério a transformação digital nos cursos de Direito. *Revista Científica Disruptiva*, [s. l.], v. 3, n. 1, p. 81-108, 2021. Disponível em: http://revista.cers.com.br/ojs/index.php/revista/article/view/98. Acesso em: 12 jul. 2023.; FEFERBAUM, Marina; RADOMYSLER, Clio Nudel. Iniciativas de ensino: inteligência artificial e profissões jurídicas. *In*: SILVA, Alexandre Pacheco da; FABIANI, Emerson Ribeiro; FEFERBAUM, Marina (Orgs.). *Transformações no ensino jurídico*. São Paulo: FGV Direito SP, 2021).

[94] Exemplo eloquente é lembrado por Maria Celina Bodin de Moraes (MORAES, Maria Celina Bodin de. Por um ensino humanista do Direito Civil. *Civilistica.com*, a. 1, n. 2, p. 1-16, 2012, p. 12-13). Trata-se da Resolução CNJ nº 75/2009, ainda hoje em vigor com modificações, que previra a "formação humanística" do candidato como matéria avaliada na primeira fase dos concursos à magistratura no Brasil e foi muito criticada pela grave simplificação que acarretou no "estudo", pelos candidatos, de complexos setores da filosofia, da sociologia e de outras ciências humanas. Mais de uma década depois, embora tenha sofrido diversas reformas importantes, a referida "formação humanística" continua constando do conteúdo programático mínimo previsto pela Resolução. Para uma crítica a uma das reformas mais recentes da Resolução, em 2021, que incluiu direito digital, economia comportamental e análise econômica do direito, entre outros temas, na referida "formação humanística", cf. STRECK, Lenio. CNJ quer mudar concurso para juiz: mais um bom mercado para cursinhos? *Consultor Jurídico*, 23 set. 2021. Disponível em: https://www.conjur.com.br. Acesso em: 12 jul. 2023.

memória nem qualquer outra competência profissionalmente relevante dos candidatos. Chega a ser curioso como o conhecido (e já muito antigo)[95] discurso que, com maior ou menor rigor, condena o método de aulas expositivas[96] no Direito, por entender que colocaria o professor em uma posição autoritária e os alunos em um papel meramente passivo (um discurso geralmente fomentado por bem intencionadas visões humanistas e progressistas, ainda que muitas vezes hauridas de leituras algo superficiais de propostas voltadas prioritariamente ao ensino infantojuvenil), recentemente venha sendo aproveitado por alguns autores como argumento para se transformarem os cursos de Direito, a partir de "metodologias alternativas", em espaços privilegiados para a formação de tecnólogos que atendam às necessidades do mercado.

Não falta mesmo quem proponha, ante a impossibilidade de se preverem quais habilidades serão exigidas do advogado e de muitos outros profissionais em poucos anos,[97] que o conteúdo programático do ensino (inclusive em nível universitário) se torne o desenvolvimento de aptidões tão imprescindíveis quanto genéricas, como "criatividade" ou "cooperação" – em uma espécie de niilismo que, na prática, tornaria ociosa qualquer discussão sobre um ensino que se pretendesse designar *jurídico*. Se a "aprovação" de algoritmos em exames de Direito oferece uma boa oportunidade à reflexão, este deve ser o limite da sua contribuição: a reforma necessária nos sistemas de ensino e avaliação não deve estar voltada a evitar que isso aconteça, mas sim a aperfeiçoar a seleção das competências que se deveriam esperar dos examinandos

---

[95] Basta lembrar como o método expositivo já era duramente criticado na década de 1950 por alguns dos mais brilhantes juristas brasileiros, como San Tiago Dantas (DANTAS, Francisco Clementino de San Tiago. *A educação jurídica e a crise brasileira*: palavras de um professor. Rio de Janeiro: Forense, 2001, p. 60 e ss.). O autor, contudo, reconhecia sua utilidade como recurso subsidiário no ensino jurídico.

[96] Alude-se com frequência ao célebre conceito de "educação bancária" proposto por Paulo Freire em seu *Pedagogia do oprimido* (1974), embora o próprio autor tenha especificado que a sua crítica não se confunde com o método expositivo: "O mal, na verdade, não está na aula expositiva, na explicação que o professor ou professora faz. Não é isso que caracteriza o que critiquei como prática bancária. Critiquei e continuo criticando aquele tipo de relação educador-educando em que o educador se considera o exclusivo educador do educando. Em que o educador rompe ou não aceita a condição fundamental do ato de conhecer que é a sua relação dialógica" (FREIRE, Paulo. *Pedagogia da esperança*. São Paulo: Paz e Terra, 1992, p. 61).

[97] Sobre essa imprevisibilidade do futuro das profissões e das aptidões que serão úteis aos profissionais em poucos anos, cf. Harari (2018, Capítulo 19). O autor relata, mas a respeito da educação básica de crianças e adolescentes, que muito se propõe hoje que o foco esteja no desenvolvimento do pensamento crítico, da criatividade, da cooperação e da comunicação (HARARI, Yuval Noah. *21 lições para o século 21*. São Paulo: Companhia das Letras, 2018, p. 323).

e a eficiência dos métodos de testagem dessas competências dentro do que é realisticamente possível.[98] Outro aparente equívoco vem por vezes materializado nas já mencionadas propostas de "enxugamento" da grade curricular obrigatória[99] ou de substituição apressada de disciplinas "tradicionais" por outras, mais "contemporâneas" – ignorando-se que, se os juristas são hoje capazes de conceber soluções, ainda que preliminares, aos desafios impostos pela inteligência artificial, devem essa capacidade ao contato que travaram durante seu tempo de formação com institutos e categorias já consolidados.[100] Está-se, portanto, diante de duas tendências: de um lado, a dos que se afeiçoam apenas à estrutura e à abstração no ensino do direito (a ênfase na memorização sem finalidade aplicativa); de outro, a dos que prescindem das matérias tradicionais (dogmaticamente desenvolvidas) em favor dos temas contemporâneos (por ora, apenas problemas práticos desprovidos de um arcabouço teórico que os explique e solucione). Em nossa tradição jurídica, há que se trilhar o caminho médio, apresentando-se ao aluno um conteúdo programático que é ordenado pela teoria e pela dogmática, mas que se materializa e completa ao ilustrar de que modo esses instrumentos operam, no momento aplicativo, para a promoção dos valores do sistema na solução de casos práticos, que raramente se subsumem com perfeição às categorias e *fattispecie* abstratas. É habituando-se a transitar entre as camadas mais abstratas e os planos mais concretos do fenômeno jurídico, nas matérias em que consensos mínimos já estão estabelecidos, que o futuro jurista poderá, ulteriormente, contribuir de forma útil para o enfrentamento dos problemas hodiernos.

Para recorrer a um exemplo simples, embora se tenha certeza de que um dos remédios mais imediatos a serem propostos para os problemas criados pela difusão dos mecanismos de inteligência artificial seja a responsabilidade civil pelos danos daí decorrentes, apenas

---

[98] Sobre propostas educacionais inadaptáveis a todos os contextos socioeconômicos em tempos de incerteza tecnológica, cf. a crítica de HARARI, Yuval Noah. *21 lições para o século 21*. São Paulo: Companhia das Letras, 2018, p. 327.

[99] Na doutrina italiana, por exemplo, cf. a crítica de PERLINGIERI, Pietro. *O Direito Civil na legalidade constitucional*. Rio de Janeiro: Renovar, 2008, p. 78. Na doutrina brasileira, cf. a conclusão contundente de MORAES, Maria Celina Bodin de. Por um ensino humanista do Direito Civil. *Civilistica.com*, a. 1, n. 2, p. 1-16, 2012, p. 3: "embora o currículo do curso de Direito possa sofrer alterações, sua essência revela-se, ao final das contas, a mesma. A renovação, consequentemente, do ensino jurídico no país não pode mais tomar por referencial uma ampla reforma na grade de matérias; o que precisa mudar é o método de ensino".

[100] Nesse sentido, cf. PERLINGIERI, Pietro. *O Direito Civil na legalidade constitucional*. Rio de Janeiro: Renovar, 2008, p. 85.

reunir determinadas informações sobre o regime da reparação civil no Direito brasileiro (inclusive aquele que especificamente se venha a estabelecer para o tema), facilmente recuperáveis por meio de sistemas de pesquisa inteligente, dificilmente bastará para que um jovem jurista alcance resultados úteis,[101] se ele não tiver apreendido previamente as muitas dificuldades conceituais e aplicativas dos requisitos ensejadores do dever de indenizar, a natureza profundamente política do regime jurídico da responsabilidade civil, a lógica valorativa subjacente à evolução da matéria no Brasil (com a perda de centralidade do ato ilícito em prol da noção de dano injusto), as dificuldades da prova e da liquidação do dano e assim por diante.[102] É com um domínio sólido do que já se tem por consolidado na responsabilidade civil que ele estará pronto, por exemplo, para enfrentar a previsível alegação, da parte do setor produtivo, de que a adoção de um modelo objetivo de reparação civil "inibiria" a inovação tecnológica[103] – uma alegação tão antiga quanto o próprio desenvolvimento da responsabilidade objetiva ao longo do século XX e que só poderia ser levada a sério[104] por quem desconhecesse o sistema de repartição dos ônus financeiros inerente àquele sistema de reparação.[105]

---

[101] Isso porque um *software* que "se baseie exclusivamente na análise da linguagem pode representar um útil, mas insuficiente e, por vezes, desviante instrumento cognitivo" (PERLINGIERI, Pietro. *O Direito Civil na legalidade constitucional*. Rio de Janeiro: Renovar, 2008, p. 71). Assim, a "revolução tecnológica não pode pretender se esgotar em uma tarefa meramente aplicativa do *software* aos 'dados', sem uma empenhada e constante atividade hermenêutica por parte dos juristas. Do contrário, o risco é de se basear na mera literalidade dos dados, nas palavras que por sua própria natureza são indeterminadas e ambíguas, frequentemente em equilíbrio instável entre o sentido a elas atribuído pela linguagem técnica e por aquela comum" (PERLINGIERI, Pietro. *O Direito Civil na legalidade constitucional*. Rio de Janeiro: Renovar, 2008, p. 70).

[102] Sobre esses pontos, todos amplamente comentados, permita-se remeter ao relato e às referências reunidos em SOUZA, Eduardo Nunes de. Em defesa do nexo causal: culpa, imputação e causalidade na responsabilidade civil brasileira. *In*: SOUZA, Eduardo Nunes de; SILVA, Rodrigo da Guia (Coord.). Controvérsias atuais em responsabilidade civil. São Paulo: Almedina, 2018.

[103] Um argumento que, sem nenhuma surpresa, já tem sido levantado pelo setor produtivo, como se relata em PERRIGO, Billy. Big Tech Is Already Lobbying to Water Down Europe's AI Rules. *Time*, 21 abr. 2023. Disponível em: https://time.com/6273694/ai-regulation-europe/. Acesso em: 12 jul. 2023.

[104] Na doutrina brasileira recente, por exemplo, o argumento tornou-se lugar-comum entre os defensores dos sistemas de responsabilidade civil adotados pelo Marco Civil da Internet e pela LGPD. Um desenvolvimento da crítica pode ser encontrado em SOUZA, Eduardo Nunes de. Dilemas atuais do conceito jurídico de personalidade: uma crítica às propostas de subjetivação de animais e de mecanismos de inteligência artificial. *Civilistica.com*, v. 9, n. 2, p. 1-49, set. 2020, p. 42 e ss.

[105] Sobre o ponto, cf. MORAES, Maria Celina Bodin de. Risco, solidariedade e responsabilidade objetiva. *Revista dos Tribunais*, São Paulo, v. 95, n. 854, p. 11-37, dez. 2006, *passim*.

É relativamente fácil, sem dúvida, recorrer à retórica que apresenta a academia jurídica como detentora de um monopólio autoritário e elitista sobre conhecimentos objetivos, e a difusão desses conhecimentos por novos instrumentos tecnológicos como uma medida supostamente democrática e emancipatória.[106] Quando se compreendem, porém, a complexidade e a delicadeza do processo de formação do jurista, o desafio ingente a que ele é lançado quando, já formado, se exige dele o enfrentamento de uma realidade concreta cada vez mais mutável e inusitada, bem como as profundas implicações políticas e sociais que a sua atividade trará para a manutenção do próprio Estado Democrático de Direito, aquele retrato se torna de difícil sustentação.

Parece haver, com efeito, entre aqueles que celebram com entusiasmo a possibilidade de que petições e sentenças passem a ser preenchidas por algoritmos inteligentes, na melhor das hipóteses, a mesma crença ingênua em uma atividade hermenêutica neutra e objetiva que alimentou a chamada escola da exegese no alvorecer do moderno Direito Civil francês.[107] Não há, com efeito, entre os arautos da "perda de utilidade" da academia jurídica novidade substancial. Refugiam-se, em regra, nos mesmos elementos tantas vezes já reeditados em outros momentos históricos: o apego ao formalismo, a confusão entre segurança e uma noção de previsibilidade[108] que nunca é realmente obtida, a crença na neutralidade do processo hermenêutico, o retorno à subsunção pura e simples da norma ao fato.[109] Trocam apenas o

---

[106] Afirma-se, por exemplo: "Legal education [...] gives the impression that the examination and understanding of historical developments enables the resolution of future problems through the application of previous doctrines and legal decisions. The educator-student relationship was, therefore, necessarily hierarchical. But past experience, held by a teacher with knowledge and authority, may not be relevant in a changing reality, when all information is easily available online" (FORNASIER, Mateus Oliveira. Legal education in the 21st century and artificial intelligence. *Revista Opinião Jurídica*, Fortaleza, a. 19, n. 31, p. 1-32, maio/ago. 2021, p. 6-7).

[107] Escola que estaria superada já ao final do século XIX pela escola científica de autores como Raymond Saleilles e François Gény, conforme anota Henri De Page, segundo o qual a exegese foi "um parêntese" na história do desenvolvimento das ideias jurídicas. O autor alude até mesmo à "nécrose de l'exegese" (DE PAGE, Henri. *Traité élémentaire de droit civil belge*. Bruxelles: Émile Bruylant, 1948. v. I, p. 12).

[108] Afirma-se, por exemplo, que a análise quantitativa de dados jurídicos por algoritmos "allows a certain predictability of a specific result for legal decisions" (FORNASIER, Mateus Oliveira. Legal education in the 21st century and artificial intelligence. *Revista Opinião Jurídica*, Fortaleza, a. 19, n. 31, p. 1-32, maio/ago. 2021, p. 7).

[109] Para uma crítica da perspectiva civil-constitucional à exacerbação desses elementos, cf., por todos, BODIN DE MORAES, Maria Celina. Do juiz boca-da-lei à lei segundo a boca-do-juiz: notas sobre a aplicação-interpretação do direito no início do século XXI. *Revista de Direito Privado*, São Paulo, v. 14, n. 56, p. 11-30, out./dez., 2013.

sujeito responsável por promover o silogismo, celebrando agora uma espécie de algoritmo *bouche de la loi*. A depender da formulação (e da programação que se pretende conferir ao robô), há quem diga, em outro extremo do espectro, que reeditam o velho realismo jurídico.[110]

É bem verdade que o estado atual da aplicação do Direito no país em muito contribui para esse retorno ao passado com vestes tecnológicas: a difusão da concepção de que existem "demandas massificadas" sem quaisquer diferenças concretas relevantes entre si; a construção de um processo civil obcecado com uma ilusória celeridade como valor central e com a real necessidade de desjudicialização de conflitos;[111] a chancela da comunidade jurídica e do próprio legislador para o desenvolvimento de um sistema em que se acredita na possibilidade de que decisões judiciais possam ser aplicadas por silogismo a casos novos com a alcunha de "precedentes".[112] Da mesma forma, contribuem para esse estado de coisas a proliferação irresponsável de cursos de Direito no país,[113] a redução do mercado editorial a livros "didáticos" cada vez mais resumidos e voltados à memorização da matéria funcionalizada aos exames e concursos,[114] a migração do "ensino" jurídico para a

---

[110] Nesse sentido, com fina ironia, Lenio Streck pondera que algoritmos programados para preverem como os juízes julgariam os casos não resolvem as críticas ao chamado "decisionismo" judicial, mas apenas resgatam o velho realismo jurídico já proposto por Wendell Holmes (Um robô pode julgar? Quem programa o robô? *Consultor Jurídico*, 3 set. 2020. Disponível em: https://www.conjur.com.br. Acesso em: 12 jul. 2023).

[111] Sobre a perspectiva de se utilizarem robôs para a solução de casos "simples" e acelerar o processo decisório, cf. a crítica irônica de STRECK, Lenio. Se o robô é para casos simples, chamemos o porteiro! Sem ofensa! *Consultor Jurídico*, 6 fev. 2023. Disponível em: https://www.conjur.com.br/2023-fev-06/lenio-streck-robo-casos-simples-chamemos-porteiro-ofensa. Acesso em: 12 jul. 2023.

[112] Para uma crítica à noção de "precedentes" conforme tem sido referida no Brasil, cf. MORAES, Maria Celina Bodin de. Professores ou juízes?. *Civilistica.com*, v. 3, n. 2, p. 1-5, 10 dez. 2014.

[113] Problema exemplificado pela medida drástica reportada por ANGELO, Tiago; VITAL, Danilo. OAB pedirá que MEC barre abertura de novos cursos de Direito por cinco anos. *Consultor Jurídico*, 12 dez. 2022. Disponível em: https://www.conjur.com.br. Acesso em: 12 jul. 2023.

[114] Na doutrina italiana, por exemplo, cf. a crítica de PERLINGIERI, Pietro. *O Direito Civil na legalidade constitucional*. Rio de Janeiro: Renovar, 2008, p. 78. Na experiência brasileira, descreve MORAES, Maria Celina Bodin de. Por um ensino humanista do Direito Civil. *Civilistica.com*, a. 1, n. 2, p. 1-16, 2012, p. 6-7: "O material didático, especialmente os manuais (e, por via de consequência, o quotidiano em sala de aula), mostra-se desprovido de uma base reflexiva orientada, idônea a prover amparo metodológico a uma forma renovada de ensino do Direito Civil. As opções são poucas e fracas, em geral. De um lado, a metodologia tradicional, ainda empedernida por um positivismo formalista, ou por um jusnaturalismo de fundamentação genérica, ambos fundados em verdades absolutas, e, por isso mesmo, incompatíveis com as construções jusfilosóficas contemporâneas. [...] De outro lado, apropriando-se da lacuna gerada pela insuficiência da tradição e pela

internet (onde é simplificado, recortado e compactado de modo a caber em poucos caracteres de texto ou segundos de vídeo). Todos esses ingredientes fortalecem o argumento em prol do intérprete robótico, pois retratam a atividade hermenêutica cada vez menos como fruto de minúcia técnica e sensibilidade valorativa e cada vez mais como produção massificada de aplicação automatizável.[115]

A esses problemas tão enraizados na nossa práxis e aos entusiastas da substituição da formação intelectual dos juristas por ferramentas "inteligentes" o pensamento civil-constitucional tem oferecido, há algum tempo, o mesmo começo de resposta em comum: o ordenamento jurídico apenas se completa à luz do caso concreto; não existem "casos fáceis", nem problemas tão simples que admitam solução pela simples aplicação do método subsuntivo; cada caso concreto é único e suas peculiaridades hão de ser consideradas para fins da individuação da normativa aplicável.[116] Enquanto os algoritmos de inteligência artificial permanecerem sendo, como já se os denominou, "papagaios aleatórios",[117] meros reprodutores de textos desprovidos de capacidade criativa[118] e, menos ainda, daquele tipo de sensibilidade

---

insatisfação e desinteresse dos alunos diante da obsolescência das questões propostas e do arcaísmo da linguagem tradicional, prolifera material didático de qualidade inferior, que, em nome da facilitação do acesso ao conhecimento, sacrifica o necessário rigor científico do Direito".

[115] Ao ponto de se recomendar que estudantes de Direito aprendam sobre inteligência artificial para terem a "opportunity to guide their careers to avoid the legal occupations most vulnerable to automation and to focus on activities for which their education and skills are valuable [...] In general, the tendency of AI has been the automation of highly structured and repetitive tasks, or with discernible underlying patterns" (FORNASIER, Mateus Oliveira. Legal education in the 21st century and artificial intelligence. *Revista Opinião Jurídica*, Fortaleza, a. 19, n. 31, p. 1-32, maio/ago. 2021, p. 24).

[116] Para um desenvolvimento sobre esses pontos, com referências aos principais autores da escola civil-constitucional, permita-se remeter a SOUZA, Eduardo Nunes de. Índices da aderência do intérprete à metodologia do Direito Civil-constitucional. *Revista da Faculdade de Direito da UERJ*, Rio de Janeiro, n. 41, p. 1-41, 2022. DOI: 10.12957/rfd.2022.56476, item 4.

[117] O termo em inglês, *stochastic parrots*, bastante recorrente, refere-se a um padrão reconhecido na teoria probabilística que tem origem em eventos aleatórios. Cf., por exemplo, BENDER, Emily M.; GEBRU, Timnit; MCMILLAN-MAJOR, Angelina; SCHMITCHELL, Schmargaret. On the Dangers of Stochastic Parrots: Can Language Models Be Too Big? FAccT '21: Proceedings of the 2021 ACM Conference on Fairness, Accountability, and Transparency. New York: Association for Computing Machinery, mar. 2021.

[118] "AI as it is currently being developed is efficient for single tasks such as equation solving, but it is still very ineffective in tasks that require creativity. As creativity and interdisciplinary skills will continue to be human domains for longer than expected, they constitute the basis for interesting training for the human professionals of the future" (FORNASIER, Mateus Oliveira. Legal education in the 21st century and artificial intelligence. *Revista Opinião Jurídica*, Fortaleza, a. 19, n. 31, p. 1-32, maio/ago. 2021, p. 13).

e racionalidade[119] que caracterizam a formação do jurista, a função da academia jurídica deve continuar rigorosamente a mesma – na verdade, nada mudou no debate.

Mas esse é um alento meramente provisório. Embora os erros grosseiros cometidos por algoritmos de conversação humana ainda sejam motivo para riso, não é improvável que, mais cedo ou mais tarde, essas mesmas ferramentas sejam capazes de reproduzir de forma muito mais fiel as capacidades humanas, talvez até mesmo identificando padrões capazes de racionalizar, em alguma medida, esse conjunto indistinto de regras, tão dificilmente enunciáveis em abstrato, a que se denomina "raciocínio jurídico".[120] Quando tal momento se avizinhar, será preciso que a sociedade como um todo seja confrontada com o mais grave dos questionamentos: com que facilidade está disposta a prescindir do elemento humano nesse fenômeno tão inerentemente social, não apenas concebido *para* os homens, como no célebre adágio de Hermogeniano,[121] mas também, e antes de tudo, construído diuturnamente *pelos* homens.

5 À guisa de conclusão: ainda e sempre, a dignidade humana

O "futuro" chegou. Mas não trouxe consigo as promessas que habitavam o imaginário coletivo; não implantou o cenário pesaroso das célebres distopias da literatura, nem nos proporcionou os fascinantes dilemas éticos dos robôs humanoides propostos pela indústria cinematográfica das últimas décadas do século XX. Ofereceu, porém, sem dúvida, um cenário de insegurança e risco, nem sempre percebido

---

[119] Como propõe Pietro Perlingieri, "uma sensibilidade jurídica – formada nas raízes próximas e remotas do direito positivo, mas sempre ancorada no *continuum* dos valores que estão na sociedade civil e no ordenamento" (PERLINGIERI, Pietro. *O Direito Civil na legalidade constitucional*. Rio de Janeiro: Renovar, 2008, p. 59).

[120] A complexidade desse raciocínio é descrita por Maria Celina Bodin de Moraes: "Na atividade do profissional ou do pesquisador do Direito, o raciocínio deve ser, ao mesmo tempo, dedutivo e indutivo. Enquanto trabalha na busca da norma a ser aplicada ao caso concreto, o jurista deve dirigir seu olhar para toda a ordem jurídica, mas, em primeiro lugar, para a Constituição, o texto superior do sistema, que não pode ser contrariado. Mas não apenas isso. A norma legal é um produto cultural, parte da ciência social, sendo imprescindível promover seu estudo interdisciplinar, de modo a inseri-la na realidade social, com suas repercussões políticas, econômicas, sociológicas, psicológicas etc." (MORAES, Maria Celina Bodin de. Por um ensino humanista do Direito Civil. *Civilistica.com*, a. 1, n. 2, p. 1-16, 2012, p. 5).

[121] Alude-se aqui à máxima de Hermogeniano colhida do Digesto, 1. 5. 2: todo direito é concebido para o homem (*hominum causa omne ius constitutum est*).

por uma parcela significativa da população – que, nutrindo-se do ideário daquelas peças artísticas, ainda olha para a inteligência artificial com uma curiosidade lúdica ou com uma admiração romântica, em lugar de reconhecê-la pelo que efetivamente é: um instrumento, tão útil quanto perigoso, a depender de seu manejo. Tornou-se conhecido, por exemplo, o caso do engenheiro desenvolvedor do algoritmo LaMDa que passou a sustentar que o robô teria "criado vida" e que teria a consciência de uma criança.[122] Reminiscente do conto infantil *Le avventure di Pinocchio: storia di un burattino*, escrito pelo italiano Carlo Collodi em 1883, o caso talvez tivesse um desfecho mais útil se o desenvolvedor se houvesse dedicado a alertar o público de que os algoritmos, tais quais o personagem do conto, eventualmente faltam com a verdade.

Entre aqueles que se dedicam a pontuar as preocupações suscitadas por mecanismos de inteligência artificial como o ChatGPT, talvez valha a pena retomar, à luz das questões acima destacadas, a mesma pergunta formulada na Introdução deste estudo: por que um algoritmo que reproduz a linguagem humana causa uma comoção tão peculiar? Uma resposta possível parece estar na constatação de quais competências humanas esse robô pretende substituir. Toda ferramenta criada pelo homem ao longo da História se propôs a poupar a humanidade de tarefas consideradas extenuantes ou incômodas, ou a aperfeiçoar o modo como as pessoas as desempenhavam. Mesmo os computadores capazes de realizarem cálculos monumentais se destinam a economizar para o ser humano o que seria um esforço, ainda que mental, eminentemente mecânico. A nova geração de algoritmos, porém, ao menos à primeira vista, aparenta destinar-se a poupar o homem das tarefas que, na tradição ocidental, há muito são a própria nota característica que define o próprio conceito de humanidade: o raciocínio e a expressão criativa.[123] Aplicada ao ensino jurídico, em particular, a tarefa repetitiva e incômoda que a inteligência artificial parece substituir, entre os seus entusiastas, é a de ensinar.[124]

---

[122] GARATTONI, Bruno. Bot de inteligência artificial adquiriu consciência, diz engenheiro do Google; empresa nega. *Superinteressante*, 9 set. 2022. Disponível em: https://super.abril.com.br/. Acesso em: 12 jul. 2023.

[123] Particularmente no que diz respeito à capacidade humana de escrita e sua relevância no sistema de ensino, já se avaliou que ela funciona como "a gatekeeper, a metric for intelligence, a teachable skill" (HERMAN, Daniel. The End of High-School English. *The Atlantic*, 9 dez. 2022. Disponível em: https://www.theatlantic.com. Acesso em: 12 jul. 2023).

[124] O papel que restaria ao professor, nessa perspectiva, seria o de "construção do caráter" dos estudantes: "AI will inevitably move education towards learning wisdom. The great goal of human use of AI is to free mankind from basic and repetitive work, to make possible to get

A mesma tradição filosófica que, na modernidade, louvou a racionalidade humana e as capacidades cognitivas do indivíduo foi, como se sabe, a fonte que resultou nas concepções contemporâneas de dignidade humana.[125] Se essas mesmas competências podem ser replicadas (e, se ainda não o são, em breve o serão com maior qualidade) por robôs, talvez fosse possível perguntar: o que resta intocado na nossa humanidade?[126] O que ainda justifica o resguardo da dignidade humana?[127] A inteligência artificial preocupa porque nos confronta com uma dúvida cuja resposta agora se tornou inadiável: será mesmo que a sociedade global introjetou definitivamente o ideal da dignidade inerente a todo indivíduo humano afirmado nos grandes tratados internacionais do século passado? Somos capazes de implementar um estatuto de dignidade substancial[128] a todas as pessoas quando premidos pelos interesses de mercado,[129] pelo discurso da eficiência, pela sedução da comodidade e do "viés da automação",[130] pelo fascínio em torno da

---

involved in more important or more interesting things. But education is basically divided into two aspects: 'teaching', which is the transfer of knowledge, and part of the educator's work that AI can perform better than the human; and 'education', which is the cultivation of character, the incentive for students to explore the unknown, in discovery, in creation, and in the love of knowledge – and this part is difficult to substitute for AI" (FORNASIER, Mateus Oliveira. Legal education in the 21st century and artificial intelligence. *Revista Opinião Jurídica*, Fortaleza, a. 19, n. 31, p. 1-32, maio/ago. 2021, p. 17).

[125] Para um histórico da evolução do conceito filosófico e jurídico da dignidade humana no Direito brasileiro, com particular destaque à matriz kantiana desse paradigma e seu fundamento na racionalidade humana, cf. BODIN DE MORAES, Maria Celina. O princípio da dignidade humana. *In*: BODIN DE MORAES, Maria Celina (Coord.). Princípios do Direito Civil contemporâneo. Rio de Janeiro: Renovar, 2006, item 2.

[126] Como pontua Yuval Noah Harari, "no passado, as máquinas competiram com humanos principalmente em habilidades físicas, enquanto os humanos se mantiveram à frente das máquinas em capacidade cognitiva. Por isso, quando trabalhos manuais na agricultura e na indústria foram automatizados, surgiram novos trabalhos no setor de serviços que requeriam o tipo de habilidade cognitiva que só os humanos possuíam [...]. No entanto, a IA está começando agora a superar os humanos em um número cada vez maior dessas habilidades, inclusive a de compreender as emoções humanas. Não sabemos de nenhum terceiro campo de atividade – além do físico e do cognitivo – no qual os humanos manterão sempre uma margem segura" (HARARI, Yuval Noah. *21 lições para o século 21*. São Paulo: Companhia das Letras, 2018, p. 41).

[127] Perguntas que já haviam sido antecipadas, com outras aplicações, por RODOTÀ, Stefano. A antropologia do *homo dignus*. Tradução de Maria Celina Bodin de Moraes. *Civilistica.com*, a. 6, n. 2, p. 1-17, dez. 2017, p. 15-16.

[128] Cf. RODOTÀ, Stefano. A antropologia do *homo dignus*. Tradução de Maria Celina Bodin de Moraes. *Civilistica.com*, a. 6, n. 2, p. 1-17, dez. 2017, *passim* e, particularmente, p. 13.

[129] Como se fosse necessária uma referência a este ponto, cf. o relato de PERRIGO, Billy. Big Tech Is Already Lobbying to Water Down Europe's AI Rules. *Time*, 21 abr. 2023. Disponível em: https://time.com/6273694/ai-regulation-europe/. Acesso em: 12 jul. 2023.

[130] O termo (em inglês, *automation bias*) é utilizado para designar a progressiva dificuldade que as pessoas têm para duvidar dos resultados produzidos por máquinas; cria-se um

inovação como um fim em si mesmo? Ou, ainda: o ideal da dignidade humana teve tempo suficiente de preparar a sociedade para defendê-lo?

Não é, portanto, da ferramenta que o jurista deve desconfiar, mas de seus desenvolvedores e usuários.[131] Se a inteligência artificial preocupa por seu potencial para disseminar desde o plágio até a desinformação, é porque não se tem certeza acerca da seriedade do compromisso social em lutar contra essas tendências. Se a inteligência artificial é capaz de reproduzir vieses discriminatórios e discursos de ódio, isso decorre de tomar por base conteúdos intelectuais humanos, cujos autores não foram capazes de priorizar o valor último do ordenamento: a dignidade de todas as pessoas. Se se teme que as novas tecnologias aniquilem postos de trabalho em massa, é por se reconhecer que, a esta altura de nosso desenvolvimento social, ainda não nos convencemos genuinamente de que os produtos da ação e da mente humanas, ainda quando imperfeitos, são dotados de um valor inerente único e insubstituível. Os próprios mecanismos de inteligência artificial poderiam estar incluídos entre esses produtos e celebrados como mais um triunfo da humanidade, se não realçassem nossa própria insegurança acerca da solidez que o ainda jovem ideal da dignidade humana logrou assegurar até este ponto da História.

Como é sabido, uma das características da sociedade pós-moderna em que estamos inseridos é a progressiva perda de prestígio daqueles que, nas sociedades antigas, gozavam da mais elevada estima social: os anciãos, membros mais idosos da comunidade, detentores da experiência e guardiães dos conhecimentos que, acumulados pelas gerações anteriores, seriam responsáveis por transmiti-los às gerações futuras. No nosso modelo, o saber e a experiência são substituídos pela produtividade e pelo consumo;[132] o idoso, visto como fardo e fonte de

---

cenário de "confiança excessiva" no produto oriundo da automação, ao ponto de deixar especialistas nas mais variadas áreas do conhecimento desconfortáveis em questionar tais resultados. A respeito, cf. KISSINGER, Henry; SCHMIDT, Eric; HUTTENLOCHER, Daniel. ChatGPT Heralds an Intellectual Revolution. *The Wall Street Journal*, 24 fev. 2023. Disponível em: https://www.wsj.com. Acesso em: 12 jul. 2023.

[131] Uma necessária crítica aos interesses subjacentes ao desenvolvimento de mecanismos inteligentes com resultados evidentemente nocivos (como a eliminação das fontes consultadas, o auxílio prestado a fraudes variadas e o prejuízo geral à educação nos mais diversos níveis) é desenvolvida por STRECK, Lenio. O ChatGPT, a classe dos inúteis e o cão que empurrava crianças no rio! *Consultor Jurídico*, 23 fev. 2023. Disponível em: https://www.conjur.com.br. Acesso em: 12 jul. 2023. Sobre o ponto, em termos mais gerais acerca de ferramentas tecnológicas, cf. também PERLINGIERI, Pietro. *O Direito Civil na legalidade constitucional*. Rio de Janeiro: Renovar, 2008, p. 71.

[132] Stefano Rodotà identifica, por exemplo, "uma pessoa fechada em uma lógica de consumo que produz uma antropologia regressiva" (RODOTÀ, Stefano. A antropologia do *homo*

despesas para o Estado, cede protagonismo ao jovem, capaz de produzir e utilizar os novos instrumentos.[133] Seria mesmo responsabilidade exclusiva da inteligência artificial se o próximo passo for a substituição do jovem pelo algoritmo, mais produtivo e criativo? Os resultados não seriam diversos se a mesma tecnologia surgisse em outro contexto social? Uma sociedade verdadeiramente comprometida com a dignidade humana encontra nos sistemas de inteligência artificial poderosos aliados à tomada de decisões, mas incapazes, tanto do ponto de vista técnico quanto dos pontos de vista cultural e jurídico, de se substituírem à autodeterminação de toda e cada pessoa[134] – e que, ao evidenciarem com transparência as escolhas discricionárias que os programaram e os mecanismos de produção dos seus resultados,[135] jamais conseguem sobrepor seus produtos ao valor inalcançável, porque inerente, dos saberes humanos.

A crise, portanto, talvez não tenha sido criada – antes evidenciada – pela inteligência artificial, porque não é apenas, e muito menos precipuamente, uma crise de instrumentos técnicos e jurídicos para enfrentar a nova realidade. Ao contrário, trata-se, antes de tudo, de uma crise de valores. Ao estudioso do Direito que se proponha a contribuir para superá-la talvez se delineie uma recomendação central, anterior à atividade legiferante que em breve se intensificará e à construção de conceitos e instrumentos normativos para enfrentar a nova realidade: impõe-se, em primeiro lugar, que volte seu olhar, ainda uma vez, ao princípio da dignidade humana.[136] Se e enquanto o intérprete não tiver convicção acerca desse norte valorativo, lançar-se ao mar de incertezas da contemporaneidade provavelmente resultará em tentativas naufragadas. O tratamento jurídico da inteligência artificial e o ensino do

---

dignus. Tradução de Maria Celina Bodin de Moraes. *Civilistica.com*, a. 6, n. 2, p. 1-17, dez. 2017, p. 16).

[133] A relação entre envelhecimento e a cultura de consumo na pós-modernidade é objeto de estudos reiterados em outras áreas do conhecimento, como a sociologia. Ilustrativamente, cf. o estudo de FEATHERSTONE, M.; HEPWORTH, M. The mask of ageing and the post-modern life course. *In*: FEATHERSTONE, M.; HEPWORTH, M.; TURNER, B. (Ed.). The Body: Social Process and Cultural Theory. London: Sage Publications, 2003.

[134] RODOTÀ, Stefano. A antropologia do *homo dignus*. Tradução de Maria Celina Bodin de Moraes. *Civilistica.com*, a. 6, n. 2, p. 1-17, dez. 2017, p. 16.

[135] PERLINGIERI, Pietro. *O Direito Civil na legalidade constitucional*. Rio de Janeiro: Renovar, 2008, p. 71.

[136] "Não se pode duvidar que a relação entre mercado e instituições represente o problema central da modernidade. É necessário, porém, a consciência de que o protagonista dessa relação é e permanece, o homem, como pessoa e não reduzido a consumidor ou a produtor" (PERLINGIERI, Pietro. *O Direito Civil na legalidade constitucional*. Rio de Janeiro: Renovar, 2008, p. 129).

Direito em um mundo de reprodução robótica da linguagem humana precisam partir desse pressuposto: o compromisso efetivo de toda a sociedade com a promoção concreta de uma existência digna a todas as pessoas.[137]

Há poucos anos, em um artigo doutrinário[138] que se propunha a sustentar a inadequação técnica das propostas de atribuição de personalidade jurídica a mecanismos dotados de inteligência artificial (ao que parece, mais um subproduto, seja da visão romântica em torno de robôs "humanizados", seja do interesse mercadológico de desresponsabilização de seus desenvolvedores), mencionou-se a trama do filme *Blade Runner*, dirigido por Ridley Scott em 1982, que descrevia um futuro sombrio, ambientado em um fictício ano de 2019, no qual se desenrolavam dilemas éticos a respeito de androides dotados de aparência idêntica à humana (e capacidade emocional talvez superior). Aquele "futuro" não chegou; os dilemas éticos que enfrentamos permanecem adstritos, eminentemente, às pessoas. Permita-se, porém, concluir estas incipientes considerações com a mesma paráfrase feita, naquela ocasião, à mais célebre cena do filme: enquanto a sociedade vacila a respeito da direção valorativa que o sistema jurídico deve seguir (em matéria de inteligência artificial e em tantas outras), o ideal da dignidade humana pouco a pouco é esquecido e se perde no tempo – como lágrimas na chuva.

Referências

BENDER, Emily M.; GEBRU, Timnit; MCMILLAN-MAJOR, Angelina; SCHMITCHELL, Schmargaret. On the Dangers of Stochastic Parrots: Can Language Models Be Too Big? *FAccT '21*: Proceedings of the 2021 ACM Conference on Fairness, Accountability, and Transparency. New York: Association for Computing Machinery, mar. 2021.

BENNETT MOSES, Lyria. Helping Future Citizens Navigate an Automated, Datafied World. *UNSW Law Research Paper*, n. 19-28, 2019. Disponível em: https://deliverypdf.ssrn.com/delivery.php?ID=873102088082121005101021094092084071063022072087058011076073001078082013067087101014062000018022024047550800040150291130721041070690900060541191041130870700130060600200710081201200020230010610906711309108911700706702302106811209506411612006412108&EXT=pdf&INDEX=TRUE. Acesso em: 12 jul. 2023.

---

[137] Como propõe Stefano Rodotà, "manter a dimensão humana no centro, sua riqueza, imprevisibilidade e liberdade" (RODOTÀ, Stefano. A antropologia do *homo dignus*. Tradução de Maria Celina Bodin de Moraes. *Civilistica.com*, a. 6, n. 2, p. 1-17, dez. 2017, p. 16).

[138] SOUZA, Eduardo Nunes de. Dilemas atuais do conceito jurídico de personalidade: uma crítica às propostas de subjetivação de animais e de mecanismos de inteligência artificial. *Civilistica.com*, v. 9, n. 2, p. 1-49, set. 2020.

CUNHA, Luiz Antônio. Ensino médio: atalho para o passado. *Educação & Sociedade*, Campinas, v. 38, n. 139, p. 373-384, abr./jun. 2017.

CUNHA, Luiz Antônio. O ensino industrial-manufatureiro no Brasil. *Revista Brasileira de Educação*, Rio de Janeiro, n. 14, p. 89-107, maio/ago. 2000.

DANTAS, Francisco Clementino de San Tiago. *A educação jurídica e a crise brasileira*: palavras de um professor. Rio de Janeiro: Forense, 2001.

DE PAGE, Henri. *Traité élémentaire de droit civil belge*. Bruxelles: Émile Bruylant, 1948. v. I.

DIAMOND, Randy J. *et al*. Let's Teach Our Students Legal Technology... But What Should We Include? *AALL Spectrum*, Missouri, v. 23, p. 23-29, set./out. 2018. Disponível em: https://scholarship.law.missouri.edu/facpubs/878/. Acesso em: 12 jul. 2023.

FEATHERSTONE, M.; HEPWORTH, M. The mask of ageing and the post-modern life course. *In*: FEATHERSTONE, M.; HEPWORTH, M.; TURNER, B. (Ed.). *The Body*: Social Process and Cultural Theory. London: Sage Publications, 2003.

FEFERBAUM, Marina; RADOMYSLER, Clio Nudel. Iniciativas de ensino: inteligência artificial e profissões jurídicas. *In*: SILVA, Alexandre Pacheco da; FABIANI, Emerson Ribeiro; FEFERBAUM, Marina (Orgs.). *Transformações no ensino jurídico*. São Paulo: FGV Direito SP, 2021.

FORNASIER, Mateus Oliveira. Legal education in the 21st century and artificial intelligence. *Revista Opinião Jurídica*, Fortaleza, a. 19, n. 31, p. 1-32, maio/ago. 2021.

FREIRE, Paulo. *Pedagogia da esperança*. São Paulo: Paz e Terra, 1992.

HARARI, Yuval Noah. *21 lições para o século 21*. São Paulo: Companhia das Letras, 2018.

HYLAND, Richard. Vamos dançar? Tradução de Eduardo Nunes de Souza. *Civilistica.com*, a. 3, n. 2, 2014.

LESSIG, Lawrence. The Law of the Horse: What Cyberlaw Might Teach. *Harvard Law Review*, [s. l.], v. 113, n. 2, p. 501-549, dez. 1999.

MELO, João Osório de. Especialistas discutem se é possível processar ChatGPT por difamação. *Consultor Jurídico*, 17 abr. 2023. Disponível em: https://www.conjur.com.br/2023-abr-17/especialistas-discutem-possivel-processar-chatgpt-difamacao. Acesso em: 12 jul. 2023.

MERTZ, Elizabeth. *The Language of Law School*: Learning to Think like a Lawyer. New York: Oxford University Press, 2007.

MORAES, Maria Celina Bodin de. Do juiz boca-da-lei à lei segundo a boca-do-juiz: notas sobre a aplicação-interpretação do direito no início do século XXI. *Revista de Direito Privado*, São Paulo, v. 14, n. 56, p. 11-30, out./dez., 2013.

MORAES, Maria Celina Bodin de. O princípio da dignidade humana. *In*: MORAES, Maria Celina Bodin de (Coord.). *Princípios do Direito Civil contemporâneo*. Rio de Janeiro: Renovar, 2006.

MORAES, Maria Celina Bodin de. Por um ensino humanista do Direito Civil. *Civilistica.com*, a. 1, n. 2, p. 1-16, 2012.

MORAES, Maria Celina Bodin de. Professores ou juízes?. *Civilistica.com*, v. 3, n. 2, p. 1-5, 10 dez. 2014.

MORAES, Maria Celina Bodin de. Risco, solidariedade e responsabilidade objetiva. *Revista dos Tribunais*, São Paulo, v. 95, n. 854, p. 11-37, dez. 2006.

PERLINGIERI, Pietro. *O Direito Civil na legalidade constitucional*. Rio de Janeiro: Renovar, 2008.

RODOTÀ, Stefano. A antropologia do *homo dignus*. Tradução de Maria Celina Bodin de Moraes. *Civilistica.com*, a. 6, n. 2, p. 1-17, dez. 2017.

RODOTÀ, Stefano. *Elaboratori elettronici e controlo sociale*. Bologna: Il Mulino, 1973.

ROSSINI, Maria Clara. 3 dicas para identificar se uma imagem foi feita por Inteligência Artificial. *Superinteressante*, 5 abr. 2023. Disponível em: https://super.abril.com.br/tecnologia/3-dicas-para-identificar-uma-se-uma-imagem-foi-feita-por-inteligencia-artificial. Acesso em: 12 jul. 2023.

SANTOS, Rodrigo Mioto dos; BASTOS JÚNIOR, Luiz Magno Pinto; ROSA, Alexandre Morais da. Ensino jurídico e inteligência artificial: levando a sério a transformação digital nos cursos de Direito. *Revista Científica Disruptiva*, [s. l.], v. 3, n. 1, p. 81-108, 2021. Disponível em: http://revista.cers.com.br/ojs/index.php/revista/article/view/98. Acesso em: 12 jul. 2023.

SOUZA, Eduardo Nunes de. Dilemas atuais do conceito jurídico de personalidade: uma crítica às propostas de subjetivação de animais e de mecanismos de inteligência artificial. *Civilistica.com*, v. 9, n. 2, p. 1-49, set. 2020.

SOUZA, Eduardo Nunes de. Em defesa do nexo causal: culpa, imputação e causalidade na responsabilidade civil brasileira. In: SOUZA, Eduardo Nunes de; SILVA, Rodrigo da Guia (Coord.). *Controvérsias atuais em responsabilidade civil*. São Paulo: Almedina, 2018.

SOUZA, Eduardo Nunes de. Índices da aderência do intérprete à metodologia do Direito Civil-constitucional. *Revista da Faculdade de Direito da UERJ*, Rio de Janeiro, n. 41, p. 1-41, 2022. DOI: 10.12957/rfd.2022.56476

SOUZA, Eduardo Nunes de. Qual liberdade tutelar na era da opinião irresponsável? *Revista Brasileira de Direito Civil*, Belo Horizonte, v. 22, p. 271-283, out./dez. 2019.

TEPEDINO, Gustavo. A aplicabilidade do Código Civil nas relações de consumo: diálogos entre o Código Civil e o Código de Defesa do Consumidor. *In*: LOTUFO, Renan; MARTINS, Fernando (Coord.). *20 anos do Código de Defesa do Consumidor*: conquistas, desafios e perspectivas. São Paulo: Saraiva, 2011.

TEPEDINO, Gustavo; SILVA, Rodrigo da Guia. Sinopse das novas fronteiras do Direito Civil. *In*: TEPEDINO, Gustavo; SILVA, Rodrigo da Guia (Coord.). *O Direito Civil na era da inteligência artificial*. São Paulo: Thomson Reuters, 2020.

Informação bibliográfica deste texto, conforme a NBR 6023:2018 da Associação Brasileira de Normas Técnicas (ABNT):

SOUZA, Eduardo Nunes de Ensino jurídico e inteligência artificial: esboço de um ensaio. *In*: EHRHARDT JÚNIOR, Marcos; CATALAN, Marcos; NUNES, Cláudia Ribeiro Pereira (Coord.). *Inteligência artificial e relações privadas*: possibilidades e desafios. Belo Horizonte: Fórum, 2023. v. 1. p. 281-321. ISBN 978-65-5518-576-8.

PARTE III
INTELIGÊNCIA ARTIFICIAL E OS SISTEMAS DE JUSTIÇA

INTELIGÊNCIA ARTIFICIAL NO PODER JUDICIÁRIO: REFLEXÕES CRÍTICAS A PARTIR DO RISCO DE (DES)CELERIDADE PROCESSUAL

JOSÉ HENRIQUE DE OLIVEIRA COUTO

ARTHUR PINHEIRO BASAN

1 Introdução

Há notável tentativa de fazer máquinas e robôs pensarem como humanos, e Haugeland resume bem esse fenômeno: "O novo e interessante esforço para fazer os computadores pensarem".[1] Inclusive, parcela da doutrina defende o aprendizado de máquina através de: a) hábitos, com a máquina captando a experiência e formando uma base de conhecimento para ser programada com base nela; b) redes neurais, com formação de conhecimento através de informações organizadas em camadas.[2]

---

[1] HAUGELAND, John. *Artificial Intelligence*: The Very Idea. Massachusetts: The MIT Press, 1985.

[2] CEZARE, Mirian Francine Colares Costa; CEZARE, Thales de Társis. A influência da inteligência artificial nos direitos humanos e nos processos jurídicos. *Prospectus*, Itapira, v. 2, n. 1, p. 149-158, 2020. Disponível em: https://prospectus.fatecitapira.edu.br/index.php/pst/article/view/21. Acesso em: 5 mar. 2023, p. 152.

Neste sentido, Russell e Norvig aduzem que a IA pode ser agrupada em quatro modalidades, mas duas merecem destaques: "i) sistemas que pensam como humanos; ii) sistemas que agem como humano".[3] Com efeito, Tarcisio Teixeira e Vinicius Cheliga complementam: "Uma inteligência artificial é um sistema computacional criado para simular racionalmente as tomadas de decisão dos seres humanos, tentando traduzir em algoritmos o funcionamento do cérebro humano".[4]

Assim, tem-se que a inteligência artificial muitas vezes tem como objetivo atuar como um cérebro humano, sendo aquela programada para agir igual a uma pessoa, enfim, é utilizada, com base nos conhecimentos algorítmicos, para simular um conhecimento humano.

Neste sentido, conforme apresentaremos adiante, o Poder Judiciário já utiliza tecnologias denominadas como inteligências artificias no deslinde processual. Para o presente estudo, o destaque será dado à utilização desses mecanismos com o intuito de promover maior celeridade processual.

Entretanto, um ponto crítico importante de se ressaltar é que a inteligência artificial de robôs e máquinas ainda não possui a mesma "capacidade de abstração, raciocínio e processamento de dados do cérebro humano".[5] E Tainá Junquilho aponta que inexiste até mesmo uma IA que imite completamente o comportamento humano, dentro de todas as suas circunstâncias e nuances cognitivas, de modo que ainda estamos distantes de uma IA "geral", isto é, de uma inteligência capaz de agir como se humano fosse.[6]

Dito de outra forma, notamos que cada vez é mais frequente a aproximação da denominada inteligência artificial à inteligência predominantemente humana. Porém, ainda assim, aquela está longe da inteligência humana. Prova concreta disso são os *sites* com *chats*

---

[3] STUART, Russell; NORVIG, Peter. *Inteligência artificial*. Tradução de Regina Célia Simille. Rio de Janeiro. Elsevier. 2013. p. 25. *apud* LAGE, Fernanda de Carvalho. *Manual de inteligência artificial*. 2. ed. Salvador: JusPodivm, 2022, p. 32.

[4] TEIXEIRA, Tarcisio; CHELIGA, Vinicius. *Inteligência artificial*: aspectos jurídicos. Salvador: JusPodivm, 2021, p. 14-15.

[5] BOEING, Daniel Henrique Arruda; MORAIS DA ROSA, Alexandre. *Ensinando um robô a julgar*: pragmática, discricionariedade, heurísticas e vieses no uso de aprendizado de máquina no judiciário. Florianópolis: Emais, 2020, p. 22.

[6] JUNQUILHO, Tainá Aguiar. *Inteligência artificial no direito*: limites éticos. Salvador: JusPodivm, 2022, p. 30.

online, com a IA respondendo apenas com base em programações, não possuindo autonomia de operar fora de seus comandos.[7][8][9]

Dessa maneira, compulsando a realidade, observamos que a IA realiza várias tarefas melhores do que os humanos, como por exemplo: a) IA já ganhou de profissionais em esportes; b) IA realiza cálculos matemáticos com velocidade e precisão melhores; c) IA consegue analisar mais dados em menos tempo. Entretanto, a IA não conseguiu superar o humano em diversos aspectos, haja vista não conseguir imitar perfeitamente a cognição individual "em todas as suas nuances", como apontado pela doutrina.[10]

Com base nessas reflexões o problema de pesquisa pode ser desenhado a partir da seguinte pergunta: de que maneira a inteligência artificial, notadamente quando toma decisões enviesadas ou desconexas da realidade, pode prejudicar a devida celeridade processual pretendida?

O trabalho se justifica a partir da atualidade do tema, bem como da utilização já presente da IA no Poder Judiciário. E partindo do exposto, busca-se demonstrar que inteligência artificial, especialmente a IA fraca, não está em situação de igualdade com a inteligência humana, havendo limitações técnicas e operacionais para uma autonomia eficaz. Desse modo, a hipótese da pesquisa é de que é preciso realizar reflexões críticas quanto ao uso de tecnologias nos processos judiciais, em especial visando garantir a segurança jurídica sempre desejada.

Para fins de acerto metodológico, o trabalho foi dividido em três partes. Em um primeiro momento, serão apresentadas as relações entre a inteligência artificial e as decisões judiciais, especialmente apontando o problema de decisões enviesadas e desconexas da realidade. Logo

---

[7] SILVA, G. N.; ARRUDA, José N. C. Teste de Turing: um computador é capaz de pensar? Congresso Nacional de pesquisa e ensino em ciências *In*: CONAPESC. Disponível em: https://www.editorarealize.com.br/editora/anais/conapesc/2019/TRABALHO_EV126_MD1_SA18_ID410_11082019192508.pdf. Acesso em: 4 mar. 2023.

[8] A IA e a inteligência humana também são diferentes em brincadeiras, por exemplo, indicando que são inteligências diferentes, pelo menos até agora. Exemplificando, ao se perguntar ao ChatGPT "cadê o Mário", não observará a clássica brincadeira, porém tal robô já passou na primeira fase do exame de ordem. STRECK, Lenio Luiz. E o robô passou na prova da OAB! (Ch)Oremos! Ah: E qual é o Mário?. *Consultor Jurídico*, 21 fev. 2023. Disponível em: https://www.conjur.com.br/2023-fev-21/lenio-streck-robo-passou-prova-oab. Acesso em: 2 mar. 2023.

[9] Enfim, ainda se está distante de uma inteligência artificial com autonomia de uma pessoa humana, como bem já salientou Turing ao mencionar sobre a impossibilidade de uma pessoa identificar se está falando com uma IA ou um humano.

[10] JUNQUILHO, Tainá Aguiar. *Inteligência artificial no direito*: limites éticos. Salvador: JusPodivm, 2022, p. 30.

adiante, serão apresentadas de maneira breve a utilização da IA no Poder Judiciário, mencionando os projetos Victor, Sócrates e Athos, respectivamente. Por fim, e já buscando responder o problema de pesquisa, será apresentada a necessária instauração de uma nova dinâmica procedimental com a utilização da IA para garantia da segurança jurídica.

2 Inteligência artificial e decisões judiciais: teoria e prática

O humano e a inteligência artificial possuem um ponto em comum: precisam aprender. Deveras, o humano e a IA precisam aprender (por intermédio de alimentação de dados nos algoritmos) para funcionarem.[11] Por ocasião do exposto acima, podem surgir dois problemas em decorrência da decisão judicial da inteligência artificial, são elas: a) decisões enviesadas; b) decisões desconexas com a realidade e com o sistema jurídico.

Aqui, importante lembrar novamente os apontamentos introdutórios, isto é, é sempre oportuno destacar que a inteligência artificial não é implacável. Como já apontado por Jahanzaib Shabbir e Tarique Anwer:

> Artificial Intelligence programs (robots) are built for a specific purpose such as learning, acting and understating whereas humans intelligence is basically concerned with various abilities of multitasking. [...] But however, Artificial Intelligence may fail out at some points due to differences in human brain and computers.[12]

Considerando que a inteligência artificial é operacionalizada de acordo com as alimentações feitas, pode ser que lhe sejam transferidas informações e dados discriminatórios, enviesados e preconceituosos,

---

[11] SALES, Ana Débora Rocha; COUTINHO, Carlos Marden Cabral; PARAISO, Leticia Vasconcelos. Inteligência artificial e decisão judicial: (im) possibilidade do uso de máquinas no processo de tomada de decisão. *Revista de Processo, Jurisdição e Efetividade da Justiça*, [s. l.], v. 7, n. 1, p. 34-54, jan./jul. 2021, p. 38. Disponível em: https://www.indexlaw.org/index.php/revistaprocessojurisdicao/article/view/7882/pdf. Acesso em: 7 mar. 2023, p. 38.

[12] Em tradução: "Os programas de Inteligência Artificial (robôs) são construídos para um propósito específico, como aprender, atuar e entender, enquanto a inteligência humana se preocupa basicamente com várias habilidades de multitarefa. [...] Mas, no entanto, a Inteligência Artificial pode falhar em alguns pontos devido a diferenças no cérebro humano e nos computadores". SHABBIR, Jahanzaib; ANWER, Tarique. Artificial Intelligence and its Role in Near Future. *Journal of Latex Class Files*, [s. l.], v. 14, n. 8, ago. 2015. Disponível em: https://arxiv.org/pdf/1804.01396.pdf. Acesso em: 8 mar. 2023.

acabando por refletir no dia a dia durante a tomada de decisão na esfera jurídica.

Pontua-se, por exemplo, o sistema *Correctional Offender Management Profiling for Alternative Sanctions* (Compas), que foi alvo de uma investigação científica. Durante as pesquisas foram feitas conclusões de que o Compas aumentava a probabilidade de punição de pessoas negras, seja por apontá-las como pessoas com mais risco de perigo à sociedade ou indicá-las como criminosas ao futuro com maior probabilidade se comparados aos brancos.[13]

É dizer, a inteligência artificial pode estar enviesada, com seus algoritmos munidos de informações preconceituosas e discriminatórias. Soares, Centurião e Tokumi até apontam que a inteligência artificial já está sendo utilizada no Poder Judiciário, mas ao lado da celeridade processual há o impasse de possibilidade de enviesamento, impactando na realidade do direito trazido ao Judiciário pelas partes.[14]

Mas, considerando que a inteligência humana também pode ser enviesada, tem-se que tal problema decisório não é restrito na inteligência artificial. Apesar de as inteligências humanas e artificiais serem diferentes, ambas podem ser enviesadas, refletindo no julgamento imparcial que é direito das partes.

E o julgamento imparcial, convém ressaltar, é um direito do autor e do réu, sendo materializado no direito das partes de terem os problemas e os direitos de jurisdição voluntária resolvidos por um juízo neutro, desprovido de interesse na causa ou de sentimentos enviesados que influenciem em suas decisões.[15]

Pelo exposto, tem-se que a inteligência artificial, quando é responsável por decidir, pode estar enviesada, pois seu *modus operandi*

---

[13] ANGWIN, Julia; LARSON, Jeff; MATTU, Surya; KIRCHNER, Lauren. Machine Bias: There's software used across the country to predict future criminals. And it's biased against blacks. *Pro Publica*, 23 maio 2016. Disponível em: https://www.propublica.org/article/machine-bias-risk-assessments-in-criminal-sentencing. Acesso em: 6 mar. 2023.

[14] SOARES, Marcelo Negri; CENTURIÃO, Luís Fernando; TOKUMI, Carine A. L. Inteligência artificial e discriminação: um panorama sobre a antagonização entre exclusão e o Estado Democrático de Direito brasileiro à luz dos direitos da personalidade. *Revista Direitos Sociais e Políticas Públicas*, Bebedouro, v. 10, n. 2, p. 567-597, 2022. Disponível em: https://portal.unifafibe.com.br/revista/index.php/direitos-sociais-politicas-pub/article/view/1311. Acesso em: 8 mar. 2023.

[15] Pontua-se a Convenção Americana em seu art. 8º: "Toda pessoa tem direito a ser ouvida, com as devidas garantias e dentro de um prazo razoável, por um juiz ou tribunal competente, independente e imparcial, estabelecido anteriormente por lei, na apuração de qualquer acusação penal formulada contra ela, ou para que se determinem seus direitos ou obrigações de natureza civil, trabalhista, fiscal ou de qualquer outra natureza".

pode ser composto de algoritmos preconceituosos ou discriminatórios, repercutindo na aplicação prática do Direito.

Além disso, a decisão judicial – proferida pela inteligência artificial – pode estar equivocada. Por decisão equivocada entende-se não apenas aquela que está baseada em uma legislação ou jurisprudência incorreta, mas também a decisão que não leva em consideração os fatos disponíveis nos autos processuais.

Deveras, a decisão judicial equivocada é aquela proferida com base em lei sem vigência, em lei revogada, em lei superada, em lei declarada inconstitucional ou incompatível com o ordenamento infraconstitucional. Ademais, também é equivocada a decisão judicial proferida com base em entendimento contrário aos precedentes obrigatórios do art. 927 do CPC, pelo menos até não existir superação ou distinção.[16] Em complemento, ressalta-se que nem todos os precedentes vinculantes estão no art. 927 do CPC, tais como a decisão proferida em repercussão geral ou o posicionamento de embargos de divergência, havendo decisão equivocada quando contrária à tese fixada em decisão de repercussão geral ou embargos.[17] [18]

A inteligência artificial também pode decidir com base em fatos inexistentes ou fatos diferentes dos realmente trazidos pelas partes ou terceiros intervenientes. O motivo pode ser variado, senão vejamos algumas possibilidades: 1. IA não foi programada para reconhecer um determinado formato de documento ou não consegue acessar itens externos ao processo, como um link ou um *QRcode*, não havendo ciência total acerca dos fatos; 2. IA tem falha interna, não conseguindo armazenar certas informações para decidir; 3. IA não identifica que uma informação é falsa ou não é totalmente verdadeira, mas se baseia nela para decidir.

Partindo daí, tem-se que a inteligência artificial pode decidir sem conexão com a realidade, gerando prejuízo processual e material

---

[16] Art. 927. Os juízes e os tribunais observarão: I - as decisões do Supremo Tribunal Federal em controle concentrado de constitucionalidade; II - os enunciados de súmula vinculante; III - os acórdãos em incidente de assunção de competência ou de resolução de demandas repetitivas e em julgamento de recursos extraordinário e especial repetitivos; IV - os enunciados das súmulas do Supremo Tribunal Federal em matéria constitucional e do Superior Tribunal de Justiça em matéria infraconstitucional; V - a orientação do plenário ou do órgão especial aos quais estiverem vinculados.

[17] LEMOS, Vinicius Silva. *Recursos e processos nos tribunais.* Salvador: JusPodivm, 2023.

[18] LEMOS, Vinicius Silva. A construção da decisão parcial e suas espécies. *In*: WAMBIER, Luiz R.; QUINTAS, Fábio L.; ABBOUD, G. (Coords.). *A decisão parcial e as questões de fato.* Salvador: JusPodivm, 2020.

às partes e terceiros, havendo necessidade de revisitação da decisão judicial por ser desconexa da realidade. Para Leonardo Souza:

> Nessa atividade, quanto mais racional a decisão, menos questionável será. Independentemente do resultado proclamado, o caminho percorrido na formação da decisão judicial é importante fator de legitimação do seu papel de imparcialidade, sobriedade e equidistância.[19]

Assim, seja sentença, decisão interlocutória, acórdão, despacho, decisão monocrática ou qualquer outro tipo de decisão, a racionalidade deve permear o relatório e a fundamentação, fazendo com que o pronunciamento judicial seja correto, conexo com a realidade.

Conforme supracitado, o uso da inteligência tem como objetivo primordial gerar celeridade processual. Mas, caso a IA profira decisão judicial enviesada ou desconexa da realidade ou do sistema jurídico, é totalmente possível o efeito ser a lentidão processual.

Isto porque as partes e os terceiros interessados têm direitos processuais. Um destes direitos consiste no de receber uma decisão íntegra, com relatório e fundamentação baseados na imparcialidade e na competência. A decisão judicial enviesada viola frontalmente a garantia processual da imparcialidade, e, em casos assim, há evidente rompimento da lógica de decisão íntegra.

João Dal'col, inclusive, firma o seguinte entendimento:

> Não podemos ficar reféns da subjetividade do órgão julgador, da ideologia do juiz. O julgador pode em algumas situações estar enviesado e provavelmente, nestas hipóteses, irá confirmar o seu pré-julgamento, num claro adiantamento de sentido. Nessa tocante, há de se enaltecer a exigência de motivação quanto ao convencimento, pois este deve ser extraído do direito, e ser veiculado em um processo judicial democrático, de um contraditório substancial, cuja decisão – que deve ser íntegra e coerente seja construída com a participação ativa das partes que serão por ela atingidas.[20]

---

[19] SOUZA, Leonardo Vieira de. *O dever de motivação e o problema da fundamentação simbólica das decisões judiciais*. Salvador: JusPodivm, 2023, p. 73.

[20] DAL'COL, João Roberto de Sá. *Motivação das decisões judiciais: o art. 489, §1º, do CPC/15 e a (RE) descoberta do dever de fundamentação*. 2016. 106 f. Dissertação (Mestrado em Direito Processual) – Universidade Federal do Espírito Santo, Vitória, 2016. Disponível em: https://repositorio.ufes.br/bitstream/10/8815/1/tese_10193_DALCOL_JO%C3%83O%20 ROBERTO%20DE%20S%C3%81_2016.pdf. Acesso em: 9 mar. 2023, p. 36-37.

E Fernanda Góes complementa:

[...] há uma norma fundamental, principiológica e de matriz constitucional, que impõe a imparcialidade do órgão julgador na tutela jurisdicional. De um lado, ela cria o direito fundamental das partes processuais a um juiz imparcial e o direito fundamental da coletividade a uma justiça imparcial e, de outro, o dever fundamental do Estado de garantir a imparcialidade judicial e o dever ético-disciplinar do próprio juiz de atuar com imparcialidade.[21]

Tais linhas de raciocínio se aplicam à decisão judicial proferida por inteligência artificial. Não se deve haver decisão judicial de IA enviesada, mas sim baseada nos fatos reais e concretos apresentados pelas partes, com análise minuciosa das provas, das situações narradas e dos indícios, sem se esquecer, é claro, da imparcialidade lastreando todas as análises.[22]

Questão interessante é sobre a possibilidade de trocar o juízo quando há parcialidade, porém nenhuma previsão expressa e específica existe a respeito de qualquer parte trocar eventual IA que decidir, observado tal decisão estar enviesada. Possível solução, portanto, é atravessar eventual petição com o pleito de julgamento pelo magistrado, desembargador ou relator investido com poderes decisórios, e, em caso de negação, é perfeitamente cabível um agravo de instrumento (1ª instância) ou um agravo interno (2º instância ou em tribunais superiores).

E os problemas processuais às partes em decorrência de eventual substituição da IA que decide não param por aqui. Para que um magistrado seja declarado impedido ou suspeito, as jurisprudências dominantes dos tribunais entendem que qualquer parte deve provar

---

[21] GÓES, Fernanda Carvalho. *A tutela da aparência de imparcialidade no direito brasileiro*. Salvador: JusPodivm, 2022, p. 107.

[22] Relevantes são as palavras de Humberto Theodoro Júnior acerca da imparcialidade da esfera judicial: "Já no processo judicial, o juiz atua em nome de uma entidade que não representa o Estado Administração, mas que tem como única função ocupar-se de apreciar relações jurídicas materiais travadas entre estranhos. Mais do que imparcial (porque "impessoalidade" é requisito de qualquer agente que atue em nome do Estado, em qualquer de suas funções soberanas e não atributo apenas dos juízes), o órgão jurisdicional é sempre um terceiro diante da relação material controvertida. Nisso – isto é, nessa "terceiridade" do órgão judiciário – encontra-se o verdadeiro e decisivo traço de diferenciação da jurisdição perante os demais órgãos da soberania estatal: a Justiça ocupa-se sempre de relações materiais das quais a instituição judiciária não é parte". THEODORO JÚNIOR, Humberto. *Curso de Direito Processual Civil*: Teoria Geral do Direito Processual Civil e Processo de Conhecimento. São Paulo: Gen, 2014.

a circunstância que lhe torne parcial ou com alta possibilidade de ter interesse na causa.[23][24] Fazendo uma analogia, também seria necessária uma prova a respeito do enviesamento da IA para pedir sua substituição ou exclusão do processo, com anulação de todos seus atos praticados, inclusive a decisão. Trata-se de questão sem resposta na Lei. Pior, é questão complexa, pois as partes e os procuradores, em regra, não possuem conhecimentos acerca dos algoritmos da IA que praticou atos processuais. Com isso, como provar que a IA é enviesada se ela usa algoritmos e as partes e os procuradores não conhecem sequer códigos de programação ou como a IA funciona?

A decisão desconexa da realidade da IA também é um problema que pode ocorrer durante a marcha processual.[25] Isto porque, "o processo de aplicação do direito realizado pelo Juiz", ou pela IA, "começa com a identificação da causa, da situação de fato, das circunstâncias concretas".[26]

Se a inteligência artificial, para decidir, considera fatos inexistentes ou parte de premissas equivocadas, evidente que a aplicação do Direito, para resolução do litígio ou da jurisdição voluntária, poderá ficar eivada de vícios.[27] Francisco Glauber, em artigo publicado na *Revista de Processo*, leciona que a decisão – fruto do Poder Judiciário – "deve claramente enfrentar, qualificadamente, os argumentos das partes e analisar os fatos invocados (tendo-os ou não como provados), sem o quê o conflito de interesses não restará suficientemente dirimido".[28]

---

[23] Deve ser rejeitada a exceção de suspeição no caso de o Excipiente não ter apresentado provas de que o Juiz Excepto tem interesse na causa ou prejulgamento sobre a demanda. (TJMG. 0123493-21.2016.8.13.0000. Julgado em: 31/08/2016. Relatora: Aparecida Grossi)

[24] A exceção de suspeição é medida excepcional, de ataque contra a pessoa do Juiz, fundado em motivos estritamente pessoais, devendo ser comprovada cabalmente – O exame dos autos mostra haver razão plausível para decretar o impedimento por suspeição do excepto, uma vez que o conjunto probatório revela ser a autora da ação assessora do MM. Juiz, exercendo cargo de confiança, o que justifica o seu afastamento do feito. TJMG. 0130676-72.2018.8.13.0000. Julgado em: 06/09/2018. Relator: Wander Marotta.

[25] Assim como a IA pode decidir com fatos desconexos, o indivíduo, investido de poder jurisdicional, também pode decidir com base em falsas premissas ou em premissas equivocadas, necessitando de as partes usarem embargos de declaração, atravessarem petições aos autos indicando os equívocos ou, em casos mais graves, usarem outros recursos.

[26] DIREITO, Carlos Alberto Menezes. A decisão judicial. *Revista da EMERJ*, Rio de Janeiro, v. 3, n. 11, p. 24-42, 2000, p. 27. Disponível em: https://www.emerj.tjrj.jus.br/revistaemerj_online/edicoes/revista11/revista11_24.pdf. Acesso em: 12 mar. 2023, p. 27.

[27] ANDOLINA, Italo; VIGNERA, Giuseppe. *I fondamenti costituzionali della giustizia civile*: Il modello costituzionale del processo civile italiano. 2. ed. ampliata ed aggiornata. Torino: G. Giappichelli, 1997, p. 193-194.

[28] ALVES, Francisco Glauber Pessoa. Fundamentação judicial no Novo Código de Processo Civil. *Revista de Processo*, São Paulo, v. 41, n. 253, p. 57-108, mar. 2016.

Se a decisão não considerar bases verdadeiras, há decisão eivada de vício, apta a ser reformada ou anulada dependendo da base jurídica que será utilizada pela parte no seu recurso processual.

3 Inteligência artificial aplicada ao Poder Judiciário

Na contemporaneidade, a Administração Pública, por intermédio do Poder Judiciário, está utilizando a inteligência artificial aplicada aos processos. Passamos à análise de alguns exemplos concretos.

Inicialmente destaca-se o projeto Victor, que advém de uma parceria do Supremo Tribunal Federal com a Universidade de Brasília, com envolvimento dos cursos de Direito, Engenharia de *Software* e Ciência da Computação.[29] É um projeto que foi iniciado em 2017, contendo quatro principais objetivos: a) "conversão de imagens em textos no processo digital ou eletrônico"; b) "separação do começo e do fim de um documento (peça processual, decisão etc.)"; c) "separação e classificação das peças processuais mais utilizadas nas atividades do STF"; d) "identificação dos temas de repercussão geral de maior incidência".[30]

Já o Superior Tribunal de Justiça, em 2019, deu início ao projeto Sócrates 1.0, utilizado para "identificar casos com matérias semelhantes e pesquisar julgamentos do Tribunal que possam servir como precedentes para o processo em análise".[31]

Posteriormente, o Superior Tribunal de Justiça adotou o projeto Sócrates 2.0, "capaz de apontar, de forma automática, o permissivo constitucional invocado para a interposição do recurso, os dispositivos de lei descritos como violados ou objeto de divergência jurisprudencial e os paradigmas citados para justificar a divergência".[32]

---

[29] MAIA FILHO, Mamede Said; JUNQUILHO, Tainá Aguiar. Projeto Victor: Perspectivas de aplicação da inteligência artificial ao direito. *R. Dir. Gar. Fund.*, Vitória, v. 19, n. 3, p. 219-238, set./dez. 2018. Disponível em: https://sisbib.emnuvens.com.br/direitosegarantias/article/download/1587/pdf/. Acesso em: 6 mar. 2023, p. 225.

[30] PROJETO Victor avança em pesquisa e desenvolvimento para identificação dos temas de repercussão geral *Supremo Tribunal Federal*, 19 ago. 2021. Disponível em: https://portal.stf.jus.br/noticias/verNoticiaDetalhe.asp?idConteudo=471331&ori; Acesso em: 18 abr. 2023.

[31] MUNERATTI, Rafael. Justiça virtual e acesso à justiça. *Revista da Defensoria Pública RS*, Porto Alegre, ano 12, v. 1, n. 28, p. 12-39, 2021. Disponível em: https://revista.defensoria.rs.def.br/defensoria/article/download/375/305/842. Acesso em: 4 mar. 2023, p. 19.

[32] REVOLUÇÃO tecnológica e desafios da pandemia marcaram gestão do ministro Noronha na presidência do STJ, *STJ*, 23 ago. 2020. Disponível em: https://www.stj.jus.br/sites/portalp/Paginas/Comunicacao/Noticias/23082020-Revolucao-tecnologica-e-desafios-da-pandemia-marcaram-gestao-do-ministro-Noronha-na-presidencia-do-STJ.aspx#:~:text=Not%C3%ADcias%20do%20STJ-,Revolu%C3%A7%C3%A3o%20tecnol%C3%B3gica%20e%20desafios%20da%20pandemia%20marcaram%20

Ademais, o projeto Athos "tem a finalidade de identificar demandas repetitivas no acervo e possibilita o agrupamento automático e busca por similares, além da pesquisa textual".[33] Nos ditames do Superior Tribunal de Justiça: antes mesmo da distribuição aos ministros, o Athos identifica se o processo é adequado para afetação de julgamento sob o rito repetitivo, e também "monitora e aponta processos com entendimentos convergentes ou divergentes entre órgãos fracionários da corte, casos com matéria de notória relevância e, ainda, possíveis distinções ou superações de precedentes qualificados".[34]

Todos esses projetos são a demonstração de que o tema é atual e relevante. Por isso, importante se faz tecer sempre reflexões críticas sobre como a atuação das IA podem gerar repercussão nos aspectos processuais.

4 (Des)celeridade processual e inteligência artificial: a instauração de uma nova dinâmica procedimental para garantia da segurança jurídica

Há muitos processos sendo protocolados e distribuídos e existem poucos juízes, para julgarem, e tal fenômeno ocasiona a desceleridade processual, violando até mesmo a garantia das partes em terem um julgamento rápido e eficiente.

O Judiciário, nos últimos anos, vem tentando resolver o problema da desceleridade processual, por vários meios. Mencionamos, por exemplo, a criação de precedentes vinculativos que são estabelecidos por julgamentos de amostras, como uma tese fixada, pelo STJ, em rito repetitivo ou uma tese fixada, pelo STF, em regime de repercussão geral.[35]

---

gest%C3%A3o%20do%20ministro,STJ%20no%20pr%C3%B3ximo%20dia%2027. Acesso em: 2 mar. 2023.

[33] SCALIANTE, Ana Lara S.; PIMENTEL, Matheus Dalta; NOGUEIRA, Luís Fernando. Marco legal da inteligência artificial: o impacto e os limites da tecnologia no processo e na judicial decision-making. *Toledo* – Prudente Centro Universitário, v. 17, n. 17, 2021. Disponível em: http://intertemas.toledoprudente.edu.br/index.php/ETIC/article/view/9182. Acesso em: 7 mar. 2023.

[34] REVOLUÇÃO tecnológica e desafios da pandemia marcaram gestão do ministro Noronha na presidência do STJ, *STJ*, 23 ago. 2020. Disponível em: https://www.stj.jus.br/sites/portalp/Paginas/Comunicacao/Noticias/23082020-Revolucao-tecnologica-e-desafios-da-pandemia-marcaram-gestao-do-ministro-Noronha-na-presidencia-do-STJ.aspx#:~:text=Not%C3%ADcias%20do%20STJ-,Revolu%C3%A7%C3%A3o%20tecnol%C3%B3gica%20e%20desafios%20da%20pandemia%20marcaram%20gest%C3%A3o%20do%20ministro,STJ%20no%20pr%C3%B3ximo%20dia%2027. Acesso em: 18 abr. 2023.

[35] LEMOS, Vinicius Silva. *Recursos e processos nos tribunais*. Salvador: JusPodivm, 2023.

Para além disso, o Judiciário também está trazendo a inteligência artificial aplicada, com vistas a aumentar a celeridade processual. Para Terron e Molica, a inteligência artificial está sendo trazida ao Poder Judiciário para fins de celeridade processual.[36]

De fato, como observado acima, já existem sistemas que estão sendo desenvolvidos e utilizados pelo Judiciário para aumentar a celeridade processual, dentre eles, mas não limitado, o projeto Victor, o Sócrates e o Athos.

Compulsando essas três tecnologias já descritas, tem-se que a principal finalidade da IA aplicada ao Judiciário é garantir a celeridade. O Victor tem objetivo de analisar quais processos têm repercussão geral, diminuindo o tempo de tal análise pelo juízo; o Sócrates 2.0 tem a finalidade de já indicar qual o fundamento jurídico que o recurso está estruturado; já o Athos analisa se o processo é apto para ser julgado, por órgão maior, pelo rito repetitivo.

Enfim, são sistemas que indicam a busca pela celeridade processual.

De outro lado, qualquer inteligência artificial aplicada ao Judiciário pode incorrer em erro. Neste caso, ainda que raro, ao invés de ter celeridade processual, haverá descelaridade processual, prejudicando o acesso à justiça de forma eficiente e rápida.

Imaginemos, por exemplo, que a inteligência artificial revele que um recurso está pautado no artigo "X", entretanto a petição recursal tem lastros nos artigos "Y" e "Z". Neste caso, evidente que a IA poderá influenciar a decisão do juízo, que poderá lançar sua decisão com base em uma falsa premissa. Assim, a parte terá que recorrer por embargos de declaração ou atravessar um agravo, havendo necessidade de dilação temporal e, por derradeiro, prejudicando a celeridade processual.

Observemos outro exemplo. O Tribunal Superior do Trabalho (TST) utiliza o Bem-Te-Vi, um sistema tecnológico que realiza análise automática da tempestividade recursal.[37] Caso tal sistema, por alguma falha, indicar que um recurso é intempestivo, há evidente descelaridade processual, pois a parte recorrente prejudicada terá que recorrer com embargos, com ataques diretos à decisão impugnada e revelando,

---

[36] TERRON, Leticia Sangaleto; MOLICA, Rogerio. A utilização de robôs/inteligência artificial pelos tribunais e o julgamento em prazo razoável. *Scientia Iuris*, Londrina, v. 24, n. 3, p. 98-118, nov. 2020. DOI: 10.5433/2178-8189.2020v24n3p98. Disponível em: https://www.uel.br/revistas/uel/index.php/iuris/article/download/42207/28418. Acesso em: 11 mar. 2023.

[37] TRIBUNAL SUPERIOR DO TRABALHO. *Bem-te-vi*. Disponível em: https://www.csjt.jus.br/web/csjt/justica-4-0/bem-ti-vi. Acesso em: 12 mar. 2023.

na fundamentação, o porquê da decisão recorrida estar equivocada. Certamente, haverá desceleridade processual.

Assim, nota-se que a IA aplicada ao Judiciário pode garantir celeridade processual, porém, ainda que em menor potencial, também poderá gerar uma espécie de desceleridade processual, razão pela qual os apontamentos críticos são sempre necessários. Conforme se nota, ao fim e ao cabo, em algumas situações a IA pode acabar gerando um efeito inverso ao pretendido, tornando em última análise a prestação jurisdicional ainda mais demorada.

Além disso, é importante mencionar que quando a tecnologia digital alcançou o Judiciário, foram necessárias novas regulamentações pelos tribunais e pelo legislativo. Citam-se, por exemplo, a Lei nº 11.419/2006, que dispõe sobre a informatização do processo judicial, e a Resolução nº 185/2013 do CNJ, que institui o PJE.

Da mesma forma deve ser para aplicação da inteligência artificial ao Poder Judiciário, garantindo-se às partes uma segurança jurídica através da regulamentação jurídica da IA no sistema judicial. Inclusive, a Resolução nº 332/2020, do CNJ, estabelece no art. 5º: "a utilização de modelos de Inteligência Artificial deve buscar garantir a segurança jurídica".

De todo modo, a aplicação da IA ao Judiciário levanta questões interessantes e que impactam diretamente as partes, tais como: a) é direito das partes o julgamento pela pessoa física investida de poder jurisdicional?; b) seria necessária a criação de um novo recurso só para corrigir eventuais equívocos de uma decisão da IA?; c) o rito comum (fase postulatória, probatória, saneatória e decisória) é aplicável ao processo que usa IA?; d) as partes podem escolher afastar a IA de seu caso?

Diante da aplicação da IA ao Judiciário, uma nova dinâmica procedimental deve ser instaurada, consistente na regulamentação da inteligência artificial, especialmente para garantia da segurança jurídica. Essa nova dinâmica deve se pautar nas possibilidades de erro e prejuízos decorrentes da IA, sem se iludir pelo fetichismo que às vezes se constrói no potencial das tecnologias.

Assim como exaustivamente mencionado: a inteligência artificial não se iguala à cognição humana, e como está, tem uma porção de limitações e equívocos. Portanto, a utilização da IA nos processuais judiciais deve ser sempre vista com cautela, razão pela qual se justificam as reflexões críticas até então apresentadas.

5 Considerações finais

Conforme mencionado, nota-se uma grande evolução na utilização da tecnologia no âmbito jurídico. Tal fato encontra-se paralelo com a busca da sociedade, de um modo geral, em tentar construir máquinas capazes de agirem e pensarem como humanos. No campo prático, o Poder Judiciário já utiliza tecnologias, especialmente buscando, através desses mecanismos, promover maior celeridade processual.

O problema surge a partir do momento em que a inteligência artificial toma decisões equivocadas, como por exemplo, quando desconexas da realidade ou quando enviesadas de preconceitos algorítmicos. Isso, obviamente, pode prejudicar a devida celeridade processual.

Dessa forma, o presente trabalho buscou demonstrar como o uso da inteligência artificial no processo judicial deve sempre trazer consigo reflexões críticas, capazes de afastar a falsa ideia de que as tecnologias significam sempre avanço. Isso porque, assim como os humanos, as máquinas também podem errar, de modo que o princípio da segurança jurídica deve ser sempre um imperativo.

Por fim, e longe de esgotar o tema, extenso e complexo, o texto apresentou a necessidade de instauração de dinâmicas procedimentais capazes de permitir que a utilização da IA seja feita respeitando a segurança jurídica. Essas dinâmicas, obviamente, devem sempre evoluir, assim como as inteligências artificiais que vão sendo implementadas no Judiciário. Para tanto, essa construção de ideias, essencialmente críticas, deve continuar, permanentemente.

Referências

ALVES, Francisco Glauber Pessoa. Fundamentação judicial no Novo Código de Processo Civil. *Revista de Processo*, São Paulo, v. 41, n. 253, p. 57-108, mar. 2016.

ANDOLINA, Italo; VIGNERA, Giuseppe. *I fondamenti costituzionali della giustizia civile*: Il modello costituzionale del processo civile italiano. 2. ed. ampliata ed aggiornata. Torino: G. Giappichelli, 1997.

ANGWIN, Julia; LARSON, Jeff; MATTU, Surya; KIRCHNER, Lauren. Machine Bias: There's software used across the country to predict future criminals. And it's biased against blacks. *Pro Publica*, 23 maio 2016. Disponível em: https://www.propublica.org/article/machine-bias-risk-assessments-in-criminal-sentencing. Acesso em: 6 mar. 2023.

BOEING, Daniel Henrique Arruda; MORAIS DA ROSA, Alexandre. *Ensinando um robô a julgar*: pragmática, discricionariedade, heurísticas e vieses no uso de aprendizado de máquina no judiciário. Florianópolis: Emais, 2020.

CEZARE, Mirian Francine Colares Costa; CEZARE, Thales de Társis. A influência da inteligência artificial nos direitos humanos e nos processos jurídicos. *Prospectus*, Itapira, v. 2, n. 1, p. 149-158, 2020. Disponível em: https://prospectus.fatecitapira.edu.br/index. php/pst/article/view/21. Acesso em: 5 mar. 2023.

DAL'COL, João Roberto de Sá. *Motivação das decisões judiciais: o art. 489, §1º, do CPC/15 e a (RE) descoberta do dever de fundamentação.* 2016. 106 f. Dissertação (Mestrado em Direito Processual) – Universidade Federal do Espírito Santo, Vitória, 2016. Disponível em: https://repositorio.ufes.br/bitstream/10/8815/1/tese_10193_DALCOL_JO%C3%83O%20 ROBERTO%20DE%20S%C3%81_2016.pdf. Acesso em: 9 mar. 2023.

DIREITO, Carlos Alberto Menezes. A decisão judicial. *Revista da EMERJ*, Rio de Janeiro, v. 3, n. 11, p. 24-42, 2000, p. 27. Disponível em: https://www.emerj.tjrj.jus.br/revistaemerj_ online/edicoes/revista11/revista11_24.pdf. Acesso em: 12 mar. 2023.

GÓES, Fernanda Carvalho. *A tutela da aparência de imparcialidade no direito brasileiro.* Salvador: JusPodivm, 2022, p. 107.

HAUGELAND, John. *Artificial Intelligence*: The Very Idea. Massachusetts: The MIT Press, 1985.

JUNQUILHO, Tainá Aguiar. *Inteligência artificial no direito*: limites éticos. Salvador: JusPodivm, 2022.

LAGE, Fernanda de Carvalho. *Manual de inteligência artificial.* 2. ed. Salvador: JusPodivm, 2022.

LEMOS, Vinicius Silva. A construção da decisão parcial e suas espécies. *In*: WAMBIER, Luiz R.; QUINTAS, Fábio L.; ABBOUD, G. (Coords.). *A decisão parcial e as questões de fato.* Salvador: JusPodivm, 2020.

LEMOS, Vinicius Silva. *Recursos e processos nos tribunais.* Salvador: JusPodivm, 2023.

MAIA FILHO, Mamede Said; JUNQUILHO, Tainá Aguiar. Projeto Victor: Perspectivas de aplicação da inteligência artificial ao direito. *R. Dir. Gar. Fund.*, Vitória, v. 19, n. 3, p. 219-238, set./dez. 2018. Disponível em: https://sisbib.emnuvens.com.br/direitosegarantias/ article/download/1587/pdf/. Acesso em: 6 mar. 2023.

MUNERATTI, Rafael. Justiça virtual e acesso à justiça. *Revista da Defensoria Pública RS*, Porto Alegre, ano 12, v. 1, n. 28, p. 12-39, 2021. Disponível em: https://revista.defensoria. rs.def.br/defensoria/article/download/375/305/842. Acesso em: 4 mar. 2023.

SALES, Ana Débora Rocha; COUTINHO, Carlos Marden Cabral; PARAISO, Leticia Vasconcelos. Inteligência artificial e decisão judicial: (im) possibilidade do uso de máquinas no processo de tomada de decisão. *Revista de Processo, Jurisdição e Efetividade da Justiça*, [s. l.], v. 7, n. 1, p. 34-54, jan./jul. 2021, p. 38. Disponível em: https://www.indexlaw. org/index.php/revistaprocessojurisdicao/article/view/7882/pdf. Acesso em: 7 mar. 2023.

SCALIANTE, Ana Lara S.; PIMENTEL, Matheus Dalta; NOGUEIRA, Luís Fernando. Marco legal da inteligência artificial: o impacto e os limites da tecnologia no processo e na judicial decision-making. *Toledo* – Prudente Centro Universitário, v. 17, n. 17, 2021. Disponível em: http://intertemas.toledoprudente.edu.br/index.php/ETIC /article/ view/9182. Acesso em: 7 mar. 2023.

SILVA, G. N.; ARRUDA, José N. C. Teste de Turing: um computador é capaz de pensar? Congresso Nacional de pesquisa e ensino em ciências *In*: CONAPESC. Disponível em: https://www.editorarealize.com.br/editora/anais/conapesc/2019/TRABALHO_EV126_ MD1_SA18_ID410_11082019192508.pdf. Acesso em: 4 mar. 2023.

SHABBIR, Jahanzaib; ANWER, Tarique. Artificial Intelligence and its Role in Near Future. *Journal of Latex Class Files*, [s. l.], v. 14, n. 8, ago. 2015. Disponível em: https://arxiv.org/pdf/1804.01396.pdf. Acesso em: 8 mar. 2023.

SOARES, Marcelo Negri; CENTURIÃO, Luís Fernando; TOKUMI, Carine A. L. Inteligência artificial e discriminação: um panorama sobre a antagonização entre exclusão e o Estado Democrático de Direito brasileiro à luz dos direitos da personalidade. *Revista Direitos Sociais e Políticas Públicas*, Bebedouro, v. 10, n. 2, p. 567-597, 2022. Disponível em: https://portal.unifafibe.com.br/revista/index.php/direitos-sociais-politicas-pub/article/view/1311. Acesso em: 8 mar. 2023.

SOUZA, Leonardo Vieira de. *O dever de motivação e o problema da fundamentação simbólica das decisões judiciais*. Salvador: JusPodivm, 2023.

STRECK, Lenio Luiz. E o robô passou na prova da OAB! (Ch)Oremos! Ah: E qual é o Mário?. *Consultor Jurídico*, 21 fev. 2023. Disponível em: https://www.conjur.com.br/2023-fev-21/lenio-streck-robo-passou-prova-oab. Acesso em: 2 mar. 2023.

REVOLUÇÃO tecnológica e desafios da pandemia marcaram gestão do ministro Noronha na presidência do STJ, *STJ*, 23 ago. 2020. Disponível em: https://www.stj.jus.br/sites/portalp/Paginas/Comunicacao/Noticias/23082020-Revolucao-tecnologica-e-desafios-da-pandemia-marcaram-gestao-do-ministro-Noronha-na-presidencia-do-STJ.aspx#:~:text=Not%C3%ADcias%20do%20STJ-,Revolu%C3%A7%C3%A3o%20tecnol%C3%B3gica%20e%20desafios%20da%20pandemia%20marcaram%20gest%C3%A3o%20do%20ministro,STJ%20no%20pr%C3%B3ximo%20dia%2027. Acesso em: 18 abr. 2023.

PROJETO Victor avança em pesquisa e desenvolvimento para identificação dos temas de repercussão geral *Supremo Tribunal Federal*, 19 ago. 2021. Disponível em: https://portal.stf.jus.br/noticias/verNoticiaDetalhe.asp?idConteudo=471331&ori; Acesso em: 18 abr. 2023.

TEIXEIRA, Tarcisio; CHELIGA, Vinicius. *Inteligência artificial*: aspectos jurídicos. Salvador: JusPodivm, 2021.

TERRON, Leticia Sangaleto; MOLICA, Rogerio. A utilização de robôs/inteligência artificial pelos tribunais e o julgamento em prazo razoável. *Scientia Iuris*, Londrina, v. 24, n. 3, p. 98-118, nov. 2020. DOI: 10.5433/2178-8189.2020v24n3p98. Disponível em: https://www.uel.br/revistas/uel/index.php/iuris/article/download/42207/28418. Acesso em: 11 mar. 2023.

THEODORO JÚNIOR, Humberto. *Curso de Direito Processual Civil*: Teoria Geral do Direito Processual Civil e Processo de Conhecimento. São Paulo: Gen, 2014.

TJMG. 0123493-21.2016.8.13.0000. Julgado em: 31/08/2016. Relatora: Aparecida Grossi.

TJMG. 0130676-72.2018.8.13.0000. Julgado em: 06/09/2018. Relator: Wander Marotta.

TRIBUNAL SUPERIOR DO TRABALHO. *Bem-te-vi*. Disponível em: https://www.csjt.jus.br/web/csjt/justica-4-0/bem-ti-vi. Acesso em: 12 mar. 2023.

Informação bibliográfica deste texto, conforme a NBR 6023:2018 da Associação Brasileira de Normas Técnicas (ABNT):

COUTO, José Henrique de Oliveira; BASAN, Arthur Pinheiro. Inteligência artificial no Poder Judiciário: reflexões críticas a partir do risco de (des) celeridade processual. *In*: EHRHARDT JÚNIOR, Marcos; CATALAN, Marcos; NUNES, Cláudia Ribeiro Pereira (Coord.). *Inteligência artificial e relações privadas*: possibilidades e desafios. Belo Horizonte: Fórum, 2023. v. 1. p. 325-340. ISBN 978-65-5518-576-8.

TECNOLOGIA E JUSTIÇA: INOVAÇÕES PARA MELHORIA DA PRESTAÇÃO JURISDICIONAL

MARIA CARLA MOUTINHO NERY
SÍLVIO NEVES BAPTISTA FILHO

1 Introdução

A tecnologia está impregnada na vida da sociedade como um todo. O dia já começa com um despertador tocando no celular e um café vindo de uma cafeteira elétrica. As pessoas não saem de casa sem descer o elevador, sem abrir o portão eletrônico e, mais recentemente, sem uma consulta prévia ao aplicativo de trânsito, acompanhado das músicas tocadas no *streaming* do computador de bordo do carro. Sim, a tecnologia faz parte das vidas das pessoas do amanhecer ao anoitecer. As conversas de calçadas de outrora, as cartas, telegramas e cartões de datas comemorativas deram lugar a mensagens em *chats* de WhatsApp e aos *posts* com fotos do aniversariante no Instagram.

No ambiente judicial isso não foi diferente: os processos judiciais que se avolumavam em grandes estantes e tinham início por meio de uma petição inicial impressa em uma máquina de escrever deram lugar ao processo judicial eletrônico. Não se faz mais "carga" dos autos, nem se faz cópia dos documentos acostados pela parte adversa. Os processos físicos remanescentes são muitas vezes fotografados pelo celular que já faz o envio da documentação em pdf. para a "nuvem" do escritório de advocacia. Nesse contexto, os grandes escritórios já se encarregaram de automatizar os expedientes repetitivos dos atos judiciais, bem como fazer uso da inteligência artificial para diminuir o tempo necessário para a elaboração de peças e juntada de documentos.

Nesse cenário, a tecnologia tem exercido uma influência significativa no Poder Judiciário, que a todo momento se vê obrigado a avançar em inovações tecnológicas. Já se foi o tempo em que os órgãos e ferramentas de tecnologia de informação eram considerados atividades-meio, isto é, vistos como marginais ao serviço jurisdicional, realizando apenas o assessoramento da atividade-fim. Hoje, elas assumiram um protagonismo em prol da prestação jurisdicional eficiente e eficaz, pois não só integram a atividade-fim por excelência, como demandam uma das maiores parcelas orçamentárias dos tribunais. O Tribunal de Justiça Pernambucano também buscou volver um olhar para a robotização em favor do jurisdicionado, trazendo inovações tecnológicas para a celeridade processual que vão desde a criação de um Totem de presença para presos no regime semiaberto, até a confecção dos robôs como a Elis, o Expedito e o Bastião.[1]

Esse artigo tem por objetivo apresentar as iniciativas adotadas pelo Tribunal de Justiça de Pernambuco com o intuito de aprimorar a prestação do serviço judicial por meio da tecnologia, com dados concretos para auxiliar na análise do incremento da eficiência do serviço adjudicado.

2 A tecnologia em favor do jurisdicionado

É fato incontroverso que a demanda desenfreada e massiva de ações na justiça vem, com o passar do tempo, sobrecarregando as unidades jurisdicionais, gerando inevitável ineficiência e, por consequência, a ansiedade entre atores envolvidos. Essa pressão pela rapidez da resposta, que muitas vezes dependem da criatividade humana, na maioria das vezes não reverte a situação de forma definitiva, nem estabelece um padrão a ser seguido. As ações ou procedimentos isolados adotados por algumas unidades judiciárias apenas enfatizam a importância de se ter políticas institucionais voltadas para resultados que possam abranger o maior número de processos e serem replicadas por outros tribunais.

Segundo o último Relatório do Justiça em Números,[2] divulgado pelo Conselho Nacional de Justiça, em 2021 havia 77,3 milhões de

---

[1] O Bastião ainda se encontra em fase de testes para lançamento, razão pela qual não será objeto deste artigo.
[2] BRASIL, Conselho Nacional de Justiça. *Justiça em Números 2022*. Disponível em: https://www.cnj.jus.br/wp-content/uploads/2022/09/sumario-executivo-jn-v3-2022-2022-09-15.pdf. Acesso em: 28 abr. 2023.

processos em tramitação. Apenas no ano de 2021, foram distribuídos mais de 12 milhões de processos novos, representando um crescimento superior a 10% em relação ao ano de 2020. Esse aumento interrompeu o ciclo de diminuição de processos novos iniciado em 2017. Outro dado importante para o presente estudo diz respeito à quantidade de processos eletrônicos em andamento. Durante o ano de 2021, foram 27 milhões de novos processos eletrônicos, correspondendo a 92,7% de todos os novos casos encaminhados à Justiça.[3]

Acredita-se que isso se deve também ao aumento da consciência de cidadania assumida pela população, com o passar do tempo, aliada à facilidade de acesso à justiça trazida pelo processo judicial eletrônico.

Embora o tempo médio entre a distribuição e o julgamento do processo eletrônico (3,4 anos) seja equivalente a um terço do tempo gasto com os processos físicos (9,9 anos),[4] o grande número de novos casos tem sobrecarregado a estrutura humana dos tribunais, inviabilizando o fornecimento ao jurisdicionado de uma prestação jurisdicional rápida e na qualidade esperada.

É preciso que os atores judiciais, notadamente, advogados, membros do Ministério Público, juízes, servidores e defensores públicos tenham em mente que a sociedade atual vivencia um momento de agilidade tecnológica, estando acostumada a receber praticamente todos os serviços por meio de poucos cliques em um *smartphone*. Em um contexto em que nem mesmo as crianças sabem o que é esperar por um comercial para assistir ao resto do programa, há uma dificuldade natural de se compreender a demora na finalização das causas levadas à justiça. Se, de um lado, os prazos judiciais aparentam ser exíguos para os atores judiciais, de outro, parecem uma eternidade para quem aguarda a solução de um litígio de natureza pessoal ou empresarial.

Dessa forma, buscam-se soluções inovadoras, tecnológicas ou não, capazes de melhorar a eficiência na gestão dos processos e dos órgãos administrativos do tribunal. Esta é a ordem do dia para os que se preocupam com o fornecimento de uma prestação jurisdicional eficiente e atenta ao cumprimento do princípio constitucional da eficiência.

---

[3] BRASIL, Conselho Nacional de Justiça. *Justiça em Números 2022*. Disponível em: https://www.cnj.jus.br/wp-content/uploads/2022/09/sumario-executivo-jn-v3-2022-2022-09-15.pdf. Acesso em: 28 abr. 2023.

[4] BRASIL, Conselho Nacional de Justiça. *Justiça em Números 2022*. Disponível em: https://www.cnj.jus.br/wp-content/uploads/2022/09/sumario-executivo-jn-v3-2022-2022-09-15.pdf. Acesso em: 28 abr. 2023.

Nessa linha, o Tribunal de Justiça de Pernambuco tem, frequentemente, reunido esforços para o fomentar soluções eficientes na prestação jurisdicional, tendo sido criado, em 2019, o Instituto de Desenvolvimento de Inovações Aplicadas (IDEIAS), primeiro instituto de inovação do Poder Judiciário estadual brasileiro, em funcionamento na Escola da Magistratura de Pernambuco, por iniciativa do Desembargador Jones Figueiredo Alves.

A criação do IDEIAS foi inspirada em programas de inovação no setor público nacionais e mundiais e tem por objetivo:

> desenvolver a cultura da inovação e da gestão do conhecimento no âmbito do Tribunal de Justiça de Pernambuco, a partir do estímulo à co-criação, ao uso de metodologias ágeis, ativas e inovadoras nos processos de ensino e aprendizagem, como também ao desenvolvimento de soluções criativas para os desafios da justiça estadual pernambucana.[5]

É por meio desse ambiente de inovação que anualmente são realizados pela Escola da Magistratura de Pernambuco competições de inovação de onde já se colheram grandes soluções tecnológicas em favor do jurisdicionado.

2.1 Justiça Aqui

Em novembro de 2021, um dos projetos vencedores da competição de Criatividade, Inovação e Empreendedorismo (CrieJam), promovida pelo IDEIAS, solucionou um problema de aglomeração de apenados nas Varas de Execução de Penas Alternativas. Em meio ao isolamento social e diante da necessidade de obediência dos protocolos de higiene exigidos pelo momento pandêmico, a implementação do programa Justiça Aqui[6] foi a maneira encontrada para viabilizar de forma rápida e segura o registro da presença dos apenados nas unidades

---

[5] IDEIAS Esmape TJPE: Quem somos? O que fazemos? *TJPE*. Disponível em: https://www.tjpe.jus.br/web/escolajudicial/fonaje/ideias. Acesso em: 22 abr. 2023

[6] O Justiça Aqui é um dos projetos vencedores da CrieJam, competição promovida pela Escola da Magistratura de Pernambuco (Esmape) por meio do Instituto de Desenvolvimento de Inovações Aplicadas (Ideias TJPE – Esmape). A iniciativa foi desenvolvida pelos servidores André Caetano Alves Firmo, Marcelo Ferreira da Silva, Izabele Noronha, Aline Lorusso Busse e Izza Bárbara Tameirão Pinto, a partir de uma demanda da Corregedoria Geral de Justiça de Pernambuco (CGJ). O projeto contou, ainda, com o suporte das assessorias de Tecnologia da Informação e de Comunicação Social da CGJ, da Secretaria de Tecnologia da Informação e Comunicação (Setic) e da Diretoria de Infraestrutura da Secretaria de Administração (Diriest/SAD).

judiciais através da confecção de um *totem* eletrônico, semelhante a um equipamento de autoatendimento bancário.

O programa consiste na disponibilização de totens com capacidade para registro biométrico para certificar o comparecimento em juízo de pessoas em cumprimento de penas alternativas por meio da biometria. Na fase inicial do projeto, aproximadamente 1,3 mil pessoas em cumprimento de pena de regime aberto não precisaram mais se dirigir até a Vara de Execução de Penas Alternativas para assinatura de termo de presença, pois passaram a registrar a frequência mensal obrigatória de comparecimento em juízo por meio de biometria em um dos totens instalados no Fórum do Recife.[7]

Com isso, houve uma otimização do trabalho exercido nas varas de Penas Alternativas e nas de Execuções Penais, pois se tornou desnecessária a rotina de apresentação presencial do apenado na Vara, conferência da identificação deste, localização do processo, certificação e emissão de certidão de comparecimento por parte do serventuário, tornando o processo mais fácil, rápido e eficiente. Por consequência, houve a diminuição do risco de contágio por aglomeração nas varas e o fim das enormes filas de comparecimento, além da liberação do funcionário para a execução das demais demandas da vara.

Além do registro biométrico, o programa Justiça Aqui trouxe orientações para pagamento de penas de multa, por parte das pessoas apenadas, e informações sobre o funcionamento das Unidades Judiciárias, além de telefones e endereços.

2.2 Elis

Anualmente, a prefeitura da cidade do Recife propõe dezenas de milhares de execuções fiscais, em sua maioria, decorrentes de débitos do Imposto Predial e Territorial Urbano (IPTU). Esse tipo de ajuizamento em massa ocorre não só na capital pernambucana, mas em inúmeras cidades do país.

Nesse contexto, a quantidade desproporcional de demandas ajuizadas inviabiliza o andamento dos processos na rapidez necessária,

---

[7] ASCOM TJPE - ASCOM CGJ. Novos serviços são lançados pela Presidência do TJPE e pela Corregedoria Geral de Justiça. *TJPE*, 10 nov. 2021. Disponível em: https://www.tjpe.jus.br/comunicacao/ultimas-noticias/-/asset_publisher/9qNekcUNbSjL/content/novos-servicos-sao-lancados-pela-presidencia-do-tjpe-e-pela-corregedoria-geral-de-justica. Acesso em: 22 abr. 2023.

gerando um represamento de milhares de processos na fase inicial, ou seja, ainda na fase de triagem, análise da competência, prescrição, elaboração de até seis tipos de despachos iniciais diferentes, expedição das cartas de citação e juntada dos Avisos de Recebimentos (ARs).

A robô Elis foi desenvolvida pelos profissionais de tecnologia da informação do Tribunal de Justiça de Pernambuco, por meio do processo de mineração de dados com a identificação dos pontos dos gargalos.[8]

O sistema envolve tanto inteligência artificial como automação. Na simulação realizada pela Secretaria de Tecnologia da Informação e Comunicação do TJPE – SETIC, por ocasião do desenvolvimento, a Elis avaliou 5.247 processos e conseguiu classificar com precisão a competência das ações, divergências cadastrais, erros no cadastro de dívida ativa e casos de prescrição. Nessa fase de validação, o robô identificou que, do total de execuções fiscais distribuídas, 4.447 (84%) estavam aptas a continuar tramitando; 640 (12%) foram ajuizadas, mas estavam prescritas; 160 (3%) continham algum erro na certidão de dívida ativa (CDA); 16 (0,3%) foram incorretamente distribuídas porque eram de competência estadual e 14 (0,3%) continham dados divergentes. Assim, em três dias, ela foi capaz de fazer a triagem de mais de 5 mil processos.[9]

Após os despachos, os processos são encaminhados para a expedição das cartas de citação, que são devidamente juntadas aos autos, juntamente com os Avisos de Recebimento (ARs). Na comarca do Recife, essas etapas são realizadas em cooperação com a Prefeitura Municipal, que as executa de forma automatizada.

Antes da utilização do sistema, os 11 servidores e magistrados vinculados à unidade necessitavam de 18 meses para realizar o trabalho que Elis fez em apenas 15 dias. Já em relação aos ARs, oito servidores demoravam cerca de seis dias para fazer 2 mil juntadas. Hoje, o sistema é capaz de efetuar 1.875 juntadas em 21 horas.[10]

---

[8] FERREIRA, José Faustino. Elis usa automação e IA para agilizar processos de execução fiscal no TJPE. In: PICCOLI, Ademir (Coord.) *Inteligência artificial na Justiça*: ecossistema em colaboração. Brasil: Judiciário Exponencial, 2020.

[9] BRITO, Bruno. TJPE usará inteligência artificial para agilizar processos de execução fiscal no Recife. TJPE, 20 nov. 2018. Disponível em: https://www.tjpe.jus.br/agencia-de-noticias/noticias-em-destaque-com-foto/-/asset_publisher/Mx1aQAV3wfGN/content/tjpe-usara-inteligencia-artificial-para-agilizar-processos-de-execucao-fiscal-no-recife?inheritRedirect=false. Acesso em: 28 abr. 2023.

[10] FERREIRA, José Faustino. Elis usa automação e IA para agilizar processos de execução fiscal no TJPE. In: PICCOLI, Ademir (Coord.) *Inteligência artificial na Justiça*: ecossistema em colaboração. Brasil: Judiciário Exponencial, 2020.

Passados cinco anos da sua implantação, a Elis foi "nacionalizada" e incorporada à Plataforma Sinapse do Conselho Nacional de Justiça,[11] tendo sido aproveitada por outras unidades não só do TJPE, mas também de outros tribunais como o Tribunal de Justiça do Maranhão (TJMA).[12] Com a evolução tecnológica e o surgimento de outros modelos de inovação, é possível que a Elis, como as outras soluções de automação e de inteligência artificial, seja substituída por novas formas de atuação. Não obstante o impulso dado nos primeiros anos, hoje, a Elis atua pontualmente na Vara dos Executivos Fiscais do Recife quando há uma concentração da distribuição e a consequente formação do gargalo. Outras medidas foram adotadas, diminuindo significativamente o número de processos naquela unidade, fazendo com que a concentração de esforços fosse migrada para outras áreas do Tribunal.

2.3 Expedito

Diferente do que ocorre com a Elis, que atua no início dos processos de execução fiscal, o robô Expedito atua na fase de encerramento do processo criminal, ou seja, após o julgamento, quando há necessidade da adoção de diversas medidas administrativas e cartorárias, responsáveis por extrair em torno de uma hora de trabalho do servidor responsável.

O Expedito, utilizando-se de automação robótica, e com vistas a proporcionar o arquivamento do processo, é responsável pela execução, em um minuto, de serviços que demandam em torno de uma hora de trabalho do servidor.

A função do robô é acessar os dados públicos no Banco Nacional de Monitoramento de Prisões (BNMP) e no Sistema Nacional de Bens Apreendidos (SNBA), ambos, do Conselho Nacional de Justiça (CNJ), e enviar comunicações à Justiça Eleitoral quanto à suspensão

---

[11] "O sistema Sinapses é uma plataforma para desenvolvimento e disponibilização em larga escala de modelos de IA, também comumente conhecido como "Fábrica de Modelos de IA". Essa terminologia se deve ao fato de a plataforma possibilitar que o processo de entrega dos modelos seja acelerado em uma escala não permitida quando o desenvolvimento ocorre da forma tradicional, no qual o cientista de dados e os desenvolvedores trabalham em conjunto para acoplar a inteligência ao sistema nativamente, muitas vezes incorporando ao código (fortemente acoplado) do sistema a inteligência." BRASIL, Conselho Nacional de Justiça. *Inteligência Artificial no Poder Judiciário Brasileiro*. Brasília, 2019, p. 21.

[12] LIMEIRA, Danielle. TJMA utilizará robô Elis para triagem de dados em processos de execução fiscal. *Porta do Poder Judiciário do Maranhão*, 20 ago. 2021. Disponível em: https://www.tjma.jus.br/midia/portal/noticia/504522/tjma-utilizara-robo-elis-para-triagem-de-dados-em-processos-de-execucao-fiscal. Acesso em: 28 abr. 2023.

e restabelecimento de direitos políticos; determinar a destruição de drogas; destinar armas ao Comando do Exército; enviar comunicações cartorárias e bancárias de destinação de bens e ativos oriundos da atividade criminosa.[13]

O sistema ainda é capaz de enviar aos presídios, eletronicamente, as guias de recolhimento dos presos, gerar e enviar o boletim individual, emitir guias de custas e efetuar a juntada de documentos aos autos eletrônicos.

A importância do novo robô se deve à quantidade de processos cujas sentenças já transitaram em julgado, mas ainda não foram arquivadas pela necessidade da adoção dos expedientes que o Expedito se propõe a fazer. Estima-se que haja em torno de 41 mil processos nessa situação.[14]

A execução e expedição de atos promovidos pelo robô visa incrementar a eficiência da prestação jurisdicional, adotando medidas necessárias não só para o início do cumprimento da pena pelo condenado, mas também para melhorar os índices de governança do Judiciário Pernambucano, com a conclusão definitiva da etapa de julgamento, iniciando-se a fase seguinte da execução penal.

3 Conclusão

O avanço tecnológico vinha possibilitando o uso de recursos digitais no processo judicial, como a assinatura eletrônica de documentos, processos judiciais eletrônicos e videoconferências para a realização de audiências. Essas ferramentas tornaram os processos mais ágeis e eficientes, além de permitirem a realização de julgamentos a distância, providência essencial nos tempos de pandemia.

Diante dessa crescente importância da tecnologia na sociedade e, consequentemente, no Poder Judiciário, o Tribunal de Justiça de Pernambuco adotou diversas iniciativas com o objetivo de aprimorar a prestação do serviço judicial por meio da inovação tecnológica.

---

[13] TRIBUNAL pernambucano lança Expedito, o robô que dará mais agilidade à Justiça. *CNJ – Conselho Nacional de Justiça*, 6 out. 2022. Disponível em: https://www.cnj.jus.br/tribunal-pernambucano-lanca-expedito-o-robo-que-dara-mais-agilidade-a-justica/. Acesso em: 28 abr. 2023.

[14] TRIBUNAL pernambucano lança Expedito, o robô que dará mais agilidade à Justiça. *CNJ – Conselho Nacional de Justiça*, 6 out. 2022. Disponível em: https://www.cnj.jus.br/tribunal-pernambucano-lanca-expedito-o-robo-que-dara-mais-agilidade-a-justica/. Acesso em: 28 abr. 2023.

Os resultados concretos dessas iniciativas são evidentes e representam uma contribuição significativa para a melhoria da eficiência e eficácia do serviço adjudicado. Com isso, pode-se afirmar que a tecnologia se tornou uma aliada do Poder Judiciário, permitindo uma prestação jurisdicional de forma mais ágil e eficiente, em benefício da sociedade como um todo.

A demanda massiva de processos judiciais tem sido um desafio para a eficiência do sistema de justiça, que tem sido sobrecarregado e enfrenta dificuldades para oferecer uma resposta rápida e de qualidade para os jurisdicionados. Nesse sentido, é fundamental que as políticas institucionais estejam voltadas para resultados que possam ser replicados e abranger o maior número de processos. A inovação é uma aliada nesse processo, com o desenvolvimento de soluções criativas capazes de melhorar a gestão dos processos e dos órgãos administrativos de um tribunal.

O exemplo do Instituto de Desenvolvimento de Inovações Aplicadas (IDEIAS), criado pelo Tribunal de Justiça de Pernambuco, mostra que é possível fomentar a cultura da inovação e gestão do conhecimento no Poder Judiciário, incentivando a co-criação e o uso de metodologias ágeis, ativas e inovadoras nos processos de ensino e aprendizagem. É preciso continuar buscando soluções para que a prestação jurisdicional seja eficiente e atenda ao princípio constitucional da eficiência, oferecendo aos cidadãos a resposta que eles merecem.

O projeto Justiça Aqui, implementado através da competição CrieJam, mostrou-se uma solução inovadora e eficiente para o problema de aglomeração de apenados nas Varas de Execução de Penas Alternativas durante a pandemia. A utilização dos totens eletrônicos com capacidade para registro biométrico permitiu a certificação do comparecimento em juízo de forma rápida e segura, além de otimizar o trabalho nas varas e reduzir o risco de contágio por aglomeração. O programa também trouxe orientações e informações importantes para os apenados, facilitando o cumprimento de suas penas. Esse projeto é um exemplo de como a criatividade, inovação e empreendedorismo podem ser utilizados para solucionar problemas sociais e trazer benefícios para a sociedade.

O robô Elis é um exemplo de como a tecnologia pode ser usada para agilizar processos judiciais e resolver gargalos em tribunais. Com a sua implantação na Vara dos Executivos Fiscais do Recife, foi possível realizar em poucos dias o que antes levaria meses. Além disso, a Elis foi incorporada à plataforma Sinapse do CNJ e aproveitada por outras unidades judiciais em todo o país. Embora a tecnologia evolua constantemente, a Elis é uma ferramenta útil e pontual na Vara dos Executivos Fiscais do Recife, resolvendo concentrações de processos e formação de gargalos. O exemplo do robô Elis mostra como a tecnologia pode ajudar a melhorar a eficiência da justiça brasileira, oferecendo soluções que otimizam o tempo e reduzem os custos, garantindo assim uma justiça mais ágil e acessível aos cidadãos.

Já a utilização do robô Expedito representa um importante avanço na fase de encerramento de processos criminais. A automação robótica permitiu a realização de tarefas que antes demandavam horas de trabalho de um servidor em um tempo muito reduzido, o que é especialmente importante em um contexto de grande quantidade de processos pendentes de arquivamento. Além disso, o uso do robô contribuiu para a eficiência da prestação jurisdicional, melhorando os índices de governança do Judiciário Pernambucano e permitindo o início da fase seguinte da execução penal com mais rapidez.

É a partir de iniciativas dessa natureza e de um caminhar judicial acompanhado da tecnologia que se vão construindo ferramentas capazes de acelerar a prestação do serviço jurisdicional com celeridade e eficiência.

Referências

ASCOM TJPE - ASCOM CGJ. Novos serviços são lançados pela Presidência do TJPE e pela Corregedoria Geral de Justiça. *TJPE*, 10 nov. 2021. Disponível em: https://www.tjpe.jus.br/comunicacao/ultimas-noticias/-/asset_publisher/9qNekcUNbSjL/content/novos-servicos-sao-lancados-pela-presidencia-do-tjpe-e-pela-corregedoria-geral-de-justica. Acesso em: 22 abr. 2023.

BRASIL, Conselho Nacional de Justiça. *Inteligência Artificial no Poder Judiciário Brasileiro*. Brasília, 2019. p. 21.

BRASIL, Conselho Nacional de Justiça. *Justiça em Números 2022*. Disponível em: https://www.cnj.jus.br/wp-content/uploads/2022/09/sumario-executivo-jn-v3-2022-2022-09-15.pdf. Acesso em: 28 abr. 2023.

BRITO, Bruno. TJPE usará inteligência artificial para agilizar processos de execução fiscal no Recife. TJPE, 20 nov. 2018. Disponível em: https://www.tjpe.jus.br/agencia-de-noticias/noticias-em-destaque-com-foto/-/asset_publisher/Mx1aQAV3wfGN/content/tjpe-usara-inteligencia-artificial-para-agilizar-processos-de-execucao-fiscal-no-recife?inheritRedirect=false. Acesso em: 28 abr. 2023.

FERREIRA, José Faustino. Elis usa automação e IA para agilizar processos de execução fiscal no TJPE. *In*: PICCOLI, Ademir (Coord.) *Inteligência artificial na Justiça*: ecossistema em colaboração. Brasil: Judiciário Exponencial, 2020.

IDEIAS Esmape TJPE: Quem somos? O que fazemos? *TJPE*. Disponível em: https://www.tjpe.jus.br/web/escolajudicial/fonaje/ideias. Acesso em: 22 abr. 2023.

MONTEIRO FILHO, Carlos Edison do Rego; MOUTINHO, Maria Carla. O mérito do riso: limites e possibilidades da liberdade do humor. *In:* EHRHARDT JÚNIOR, Marcos; LÔBO, Fabíola Albuquerque; ANDRADE, Gustavo (Coord.) *Liberdade de expressão e relações privadas*. Belo Horizonte:

LIMEIRA, Danielle. TJMA utilizará robô Elis para triagem de dados em processos de execução fiscal. *Porta do Poder Judiciário do Maranhão*, 20 ago. 2021. Disponível em: https://www.tjma.jus.br/midia/portal/noticia/504522/tjma-utilizara-robo-elis-para-triagem-de-dados-em-processos-de-execucao-fiscal. Acesso em: 28 abr. 2023.

TRIBUNAL pernambucano lança Expedito, o robô que dará mais agilidade à Justiça. *CNJ – Conselho Nacional de Justiça*, 6 out. 2022. Disponível em: https://www.cnj.jus.br/tribunal-pernambucano-lanca-expedito-o-robo-que-dara-mais-agilidade-a-justica/. Acesso em: 28 abr. 2023.

Informação bibliográfica deste texto, conforme a NBR 6023:2018 da Associação Brasileira de Normas Técnicas (ABNT):

NERY, Maria Carla Moutinho; BAPTISTA FILHO, Sílvio Neves. Tecnologia e Justiça: inovações para melhoria da prestação jurisdicional. *In:* EHRHARDT JÚNIOR, Marcos; CATALAN, Marcos; NUNES, Cláudia Ribeiro Pereira (Coord.). *Inteligência artificial e relações privadas*: possibilidades e desafios. Belo Horizonte: Fórum, 2023. v. 1. p. 341-351. ISBN 978-65-5518-576-8.

O FUTURO DA ATIVIDADE JURÍDICA NO BRASIL E A INTELIGÊNCIA ARTIFICIAL: COMO AS TECNOLOGIAS DIGITAIS AFETAM O TRABALHO DOS PROFISSIONAIS DO DIREITO

GABRIEL SCHULMAN
ANDRÉ GAMBIER CAMPOS

1 Introdução

> *It is the struggle itself that is most important. We must strive to be more than we are. It does not matter that we will never reach our ultimate goal. The effort yields its own rewards.*[1]
>
> (Comandante Data, *Star Trek: The Next Generation*, Episódio 'The Offspring')

---

[1] Em tradução livre, é a própria luta que é mais importante. Devemos nos esforçar para ser mais do que somos. Não importa que nunca alcancemos nosso objetivo final. O esforço produz suas próprias recompensas.

Em 1994, foi lançada a série *Start Trek Generations*, em que a equipe comandada por Jean Luc-Picard contava com o apoio do Tenente Comandante Data, um androide senciente e autoconsciente a bordo da nave USS Enterprise. Data era capaz de acumular um grande número de informações, mas também de aprender, o que revela uma característica com enorme potencial de transformação. A inteligência artificial é marcada, com diferentes vias e termos, pela possibilidade de desenvolvimento pela máquina, com aplicações em campos tão variados que vão desde predizer filmes que cada um de nós deseja assistir na Netflix, até estratégias para evitar a queda de aviões.

Conforme relatório da Unesco, o uso de Inteligência artificial em sistemas judiciais está sendo explorado em todo o mundo (UNESCO, 2023). Com as novas tecnologias, emergem também novas preocupações. Nesse sentido, em novembro de 2022, a Câmara dos Lordes do Reino Unido discutiu um relatório publicado com o sugestivo título *Technology rules? The advent of new technologies in the justice system* (REINO UNIDO, 2022).

O documento destaca, entre outros aspectos, as preocupações acerca do uso da IA no sistema de justiça criminal. De modo mais específico, foram analisadas ferramentas que usam aprendizado de máquina para investigar crimes, impedir infrações e até mesmo punir infratores. Entre tais tecnologias, o policiamento preditivo, a triagem de vistos e o reconhecimento facial. Dentre as recomendações, extrai-se:

> Oversight mechanisms are required to complement pre-deployment scientific evaluations of new technologies used for the application of the law. Local specialist ethics committees are best placed to scrutinise technological solutions throughout their lifecycle and in their deployment contexts.
> We urge the Government to continue work on the national data ethics governance body. This body will need the independence, resources, and statutory underpinning to enable it to scrutinise the deployment of new technologies and act as a central resource of best practice. (REINO UNIDO, 2022)

Propõe-se, desse modo, a necessidade de mecanismos de supervisão (*oversight mechanisms*), previamente à implantação de novas tecnologias, assim como comitês de ética e um órgão nacional de governança ética de dados dotado de independência, autonomia, recursos e suporte. Destaca-se a necessidade de uma construção adequada da estruturação da regulação, envolvendo entes estatais e a sociedade civil.

A transparência está entre os princípios considerados centrais (Parágrafo 94), de maneira a se saber "quem está usando o quê, por quanto tempo, com que finalidade ou com que salvaguardas".

Diante desse horizonte de ideias, este artigo objetiva discutir como as tecnologias digitais, sobretudo a inteligência artificial, estão transformando o cotidiano de trabalho dos profissionais jurídicos no Brasil, com ênfase à advocacia e magistratura. São vários os exemplos que podem ser mencionados em meio a essa transformação, sendo que um dos mais impressionantes é a utilização da denominada 'inteligência artificial', mediante instrumentos como o 'ChatGPT/Open AI'.[2]

Mais além desta introdução, este artigo está organizado da forma seguinte. Na segunda seção, é delineado um perfil dos profissionais do direito em atuação no Brasil, que estão presenciando transformações incisivas em seu cotidiano laboral, por conta das tecnologias digitais. Na terceira seção, são apresentadas algumas dessas tecnologias, que incluem processos eletrônicos, bases de informações digitais, redes sociais virtuais, *softwares* de 'inteligência artificial', algoritmos de predição de decisões etc. Na quarta seção, são apresentadas iniciativas de digitalização dos órgãos de justiça, com destaque para as múltiplas iniciativas hoje em andamento nos tribunais. Por fim, na seção de considerações finais, são realizados apontamentos a respeito da 'revolução' digital que está ocorrendo na área jurídica no Brasil, com diversos impactos sobre os profissionais que nela atuam.

2 Os profissionais do direito no Brasil atual

A literatura sobre a introdução de tecnologias digitais na área do direito é expressiva, como pode ser examinado nas referências bibliográficas deste artigo. Entretanto, um traço comum dessa literatura é que ela raramente apresenta informações sobre os profissionais que, de fato, são impactados por essa revolução em seu cotidiano laboral. Nesse sentido, pergunta-se: quem são os profissionais jurídicos que têm seu trabalho impactado pela introdução das tecnologias digitais?

Nesta seção, apresenta-se um perfil dos profissionais jurídicos, em atuação no Brasil, que presenciam transformações em seu cotidiano laboral, por conta da introdução de diversas tecnologias digitais.[3]

---

[2] A respeito do 'ChatGPT/Open AI', verificar: https://tinyurl.com/5n8j5mpt . Acesso em: 5 jan. 2023.

[3] As informações utilizadas na construção do perfil dos profissionais jurídicos são oriundas dos microdados do 3º trimestre de 2022 da Pesquisa Nacional por Amostra de Domicílios

A título de perfil *laboral*, destaque-se que há 1,1 milhão de profissionais em atuação,[4] incluindo advogados, defensores, procuradores, promotores, magistrados, policiais etc.[5] Mais da metade trabalha na Região Sudeste do país, ao passo que um sexto está na Região Sul e, outro sexto, na Região Nordeste (TABELA 1).

A maioria desses profissionais (81,7%) atua na prestação de serviços jurídicos privados (basicamente, serviços de advogados para indivíduos e famílias, empresas e instituições diversas). Apenas 18,3% atua prestando serviços a partir do aparato público (serviços típicos de policiais, procuradores, promotores, magistrados etc.) (FIGURA 1).

A maioria dos profissionais (57,8%) atua de forma não assalariada/subordinada – por exemplo, como profissionais autônomos, como pessoas jurídicas unipessoais ou como sócios de estabelecimentos advocatícios. Já outra porção (42,2%), atua de forma assalariada, como empregados privados de departamentos jurídicos, servidores públicos do sistema de justiça etc. Note-se que a fração que atua de forma assalariada e é devidamente registrada (com carteira assinada ou então com vínculo estatutário) é apenas 30,2% (TABELA 2).

A estabilidade dos vínculos de ocupação dos profissionais do direito oscila bastante, com muitos profissionais que permanecem pouco tempo em seus vínculos, ao lado de outros que permanecem por longo período. Em termos medianos, os profissionais jurídicos conseguem ficar sete anos no mesmo local de trabalho (FIGURA 2).[6]

Também em termos medianos, a jornada de trabalho dos profissionais jurídicos é de 40 horas semanais (FIGURA 3). E são poucos

---

(PNAD) do Instituto Brasileiro de Geografia e Estatística (IBGE). Tais microdados estão disponíveis em: shorturl.at/efyF5. Acesso em: 3 mar. 2023.

[4] Esse número de quase 1,1, milhão é inferior ao de habilitados para atuar como profissionais jurídicos, que é dado pelo número de graduados no ensino superior em Direito e/ou pelo número de aprovados no exame da Ordem dos Advogados do Brasil. Mas esse número de 1,1 milhão refere-se àqueles profissionais que estão realmente em atuação na área jurídica (como advogados, defensores, policiais, procuradores, promotores, magistrados etc.). Há milhares de habilitados a atuar como profissionais jurídicos que simplesmente não o fazem, pois estão na inatividade, estão no desemprego ou estão em outras ocupações, que não demandam quaisquer conhecimentos jurídicos. Sobre isso, ver Campos e Benedetto (2021).

[5] Ressalte-se que esse 1,1 milhão coloca o Brasil como um dos países com maior número absoluto de profissionais jurídicos em atuação no mundo, após a Índia (cerca de 2,2 milhões) e os Estados Unidos (1,3 milhão). E o número relativo de profissionais jurídicos em atuação no Brasil também é elevado: um para cada 194 brasileiros (no caso da Índia, é de um para cada 700 indianos; ao passo que, no caso dos Estados Unidos, é de um para cada 254 americanos). A este respeito, verificar: https://tinyurl.com/2zxxbkjd. Acesso em: 15 dez. 2022.

[6] Por razões estatísticas, quando as distribuições de informações são bastante assimétricas (como as observadas neste artigo – distribuição de tempo de ocupação ou remuneração da ocupação – FIGURAS 2 e 4), prefere-se utilizar a mediana, ao invés da média aritmética.

os profissionais que possuem mais de um vínculo de trabalho, assim como também são poucos os que desejariam trabalhar em mais de um vínculo (ou mais horas no mesmo vínculo) (TABELA 3).

A remuneração dos profissionais jurídicos é bastante assimétrica, com muitos recebendo valores próximos ao salário mínimo nacional, ao lado de poucos com remuneração cento e setenta vezes maior (cerca de R$200.000 ao mês). Seja como for, em termos medianos, o rendimento mensal bruto desses profissionais está em somente R$5.000 (FIGURA 4).

Por fim, a título de perfil *demográfico* dos profissionais jurídicos em atuação no Brasil hoje, mencione-se que: (i) a idade mediana é 40 anos; (ii) 50,3% são do sexo masculino; (iii) 73,2% são não negros (brancos e amarelos, segundo as categorias de cor/raça do IBGE[7]) (TABELA 4).

Diante de todos esses números, pode-se perguntar: quem são os profissionais em atuação na área jurídica hoje no Brasil? Grosso modo, são 1,1 milhão de profissionais, com 40 anos de idade, prestando serviços jurídicos privados, de forma não assalariada/subordinada, com uma jornada mediana de trabalho, assim como com estabilidade e remuneração muito desiguais (e com níveis medianos algo reduzidos).

Para a discussão que interessa a este artigo, quais as consequências desse perfil de profissionais jurídicos? Ainda que essa discussão se aprofunde mais à frente, pode-se adiantar que:

(i) A introdução de tecnologias digitais no cotidiano desses profissionais deve ser afetada pelo seu perfil demográfico, que não parece ser jovem, devendo ser poucos os que ainda permanecem estudando.

(ii) A introdução de tecnologias digitais também deve ser afetada pelo perfil laboral desses profissionais jurídicos, já que:

(ii.a) Parece predominar o trabalho em pequenos estabelecimentos de advocacia privada – estabelecimentos que devem ser pouco estruturados, pouco formalizados e pouco capitalizados (a existência de uma parcela significativa de assalariados sem registro pode ser um indicador disso);

(ii.b) Parece ser prevalente o trabalho de advocacia não qualificado e/ou não especializado (a distribuição da remuneração pode ser um indicador disso – muitos profissionais ganhando pouco e poucos ganhando muito, com um nível mediano reduzido em meio a todos).

---

[7] Sobre essas categorias de cor/raça, verificar a conceituação do IBGE em: https://tinyurl.com/3szbvtyn. Acesso em: 21 fev. 2023.

O debate a respeito das relações entre o perfil dos profissionais jurídicos e a introdução de tecnologias digitais será retomado na última seção deste artigo ('considerações finais'). Mas já parece haver indícios de que tais relações não podem ser desprezadas nesse debate.

Para melhor compreensão, observem-se os dados da PNAD/IBGE sobre o número de profissionais que atuam no Brasil na área jurídica:

TABELA 1
Número de Profissionais Jurídicos em Atuação no Brasil – 2022

	Nº	%
Brasil	1.061.315	100,0
Norte	58.754	5,5
Nordeste	154.038	14,5
Sudeste	559.644	52,7
Sul	186.967	17,6
Centro-Oeste	101.913	9,6

Fonte: Microdados da PNAD-C/IBGE, 3º Trim. 2022.

Apresentam-se também dados sobre o setor de trabalho desses profissionais:

FIGURA 1 – Proporção de profissionais jurídicos em atuação no Brasil, por setor de trabalho – 2022

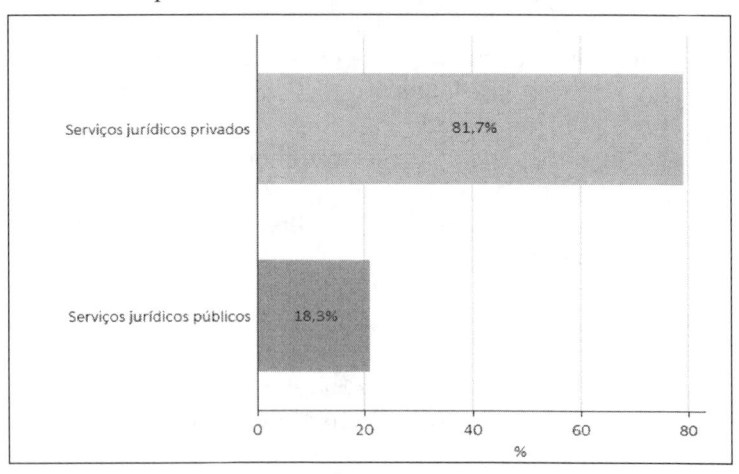

Setor	%
Serviços jurídicos privados	81,7%
Serviços jurídicos públicos	18,3%

Fonte: Microdados da PNAD-C/IBGE, 3º Trim. 2022.

Ademais, apresentam-se dados sobre o tipo de vínculo, a estabilidade e a jornada de trabalho desses profissionais:

TABELA 2

Proporção de profissionais jurídicos em atuação no Brasil, por tipos de vínculos – 2022

	%	
Não assalariado	57,8	Assalariado e registrado: 30,2%
Assalariado	42,2	
Total	100,0	

Fonte: Microdados da PNAD-C/IBGE, 3º Trim. 2022.

FIGURA 2 – Estabilidade dos vínculos dos profissionais jurídicos no Brasil – 2022

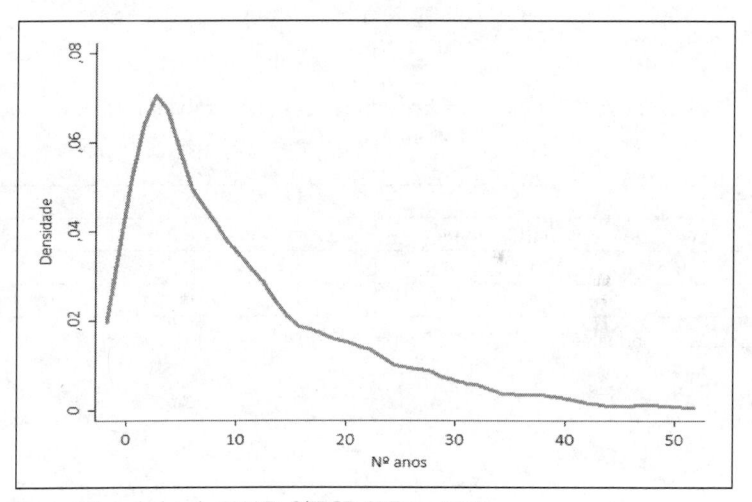

Fonte: Microdados da PNAD-C/IBGE, 3º Trim. 2022.

FIGURA 3 – Jornada semanal de trabalho dos profissionais jurídicos no Brasil – 2022

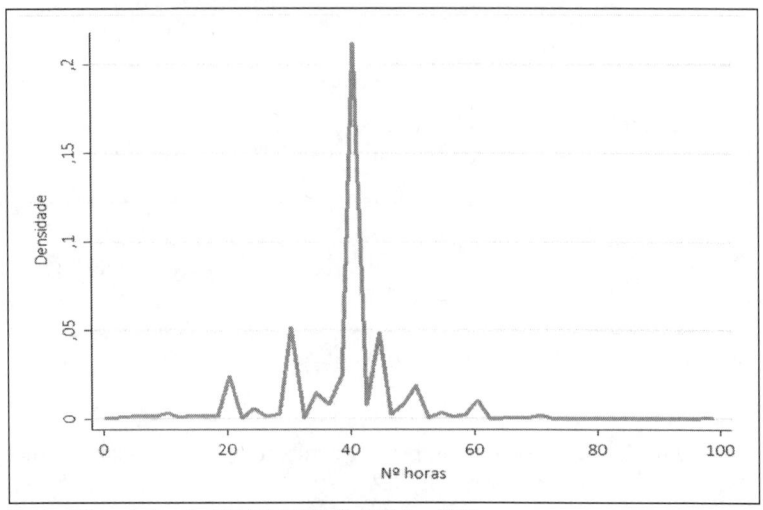

Fonte: Microdados da PNAD-C/IBGE, 3º Trim. 2022.

TABELA 3
Proporção de profissionais jurídicos que gostaria de trabalhar mais do que trabalhava – 2022

	%
Gostaria de trabalhar mais	8,3
Não gostaria de trabalhar mais	91,7
Total	100,0

Fonte: Microdados da PNAD-C/IBGE, 3º Trim. 2022.

Seguem também dados sobre a remuneração desses profissionais:

FIGURA 4 – Rendimento mensal bruto dos profissionais jurídicos no Brasil – 2022

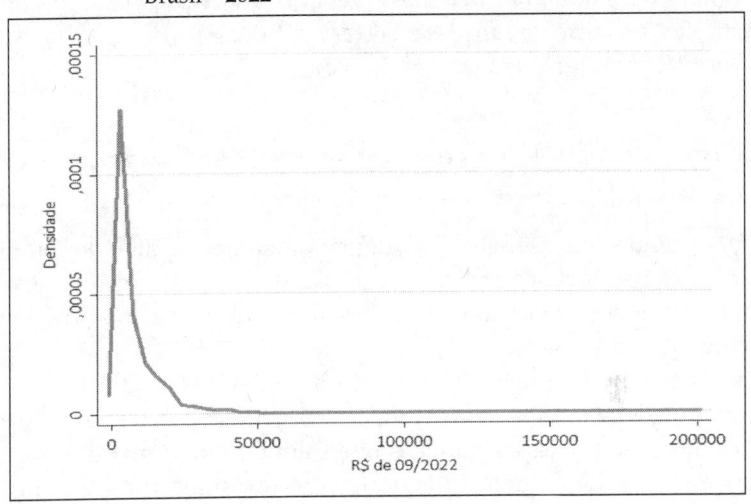

Fonte: Microdados da PNAD-C/IBGE, 3º Trim. 2022.

Por fim, apresentam-se dados demográficos dos profissionais jurídicos:

TABELA 4

Características demográficas dos profissionais jurídicos no Brasil – 2022

Idade	
	%
Até 40 anos	52,2
41 anos ou +	47,8
Total	100,0
Sexo	
	%
Masculino	50,3
Feminino	49,7
Total	100,0
Cor/Raça	
	%
Não negra	73,2
Negra	26,8
Total	100,0

Fonte: Microdados da PNAD-C/IBGE, 3º Trim. 2022.

Esses elementos empíricos permitem identificar, ainda que de modo limitado, o perfil dos profissionais da área jurídica, bem como permitem cogitar, ainda que de modo inicial, o impacto que as novas tecnologias podem promover nesse cenário, que incluem a facilitação de tarefas, extinção de funções na esfera pública e privada, em face de novas soluções que estão ou estarão à disposição.

3 Como as tecnologias digitais afetam os profissionais do campo jurídico

Como as novas tecnologias digitais afetam o trabalho dos profissionais da área jurídica no Brasil? Esta seção oferece alguns elementos para responder essa pergunta, reunidos a partir de uma sumária resenha da literatura especializada.

Em *primeiro* lugar, de acordo com a literatura, o trabalho dos profissionais envolvidos com a litigância é afetado, cada vez mais, pela introdução de processos judiciais que tramitam de forma eletrônica, desde o peticionamento inicial até o encerramento da execução (COELHO; ALLEMAND, 2014; FORNASIER, 2021).

Desde que respeitadas as normas específicas, a ampla maioria dos atos processuais passa a ocorrer de maneira virtual. Até mesmo as audiências passam a ser realizadas por meio de ferramentas de comunicação eletrônica, como Webex, Zoom, Meet, Teams etc.[8]

Isso tem consequências para os indivíduos que integram os processos judiciais, como as partes, as testemunhas, os peritos e, inclusive, os profissionais jurídicos, que veem alterações na natureza, bem como na carga, na velocidade, na intensidade e na qualidade de seu trabalho. Destacam-se três exemplos dessas alterações:

---

[8] São muitas as normas que regulam os variados aspectos envolvidos na virtualização dos processos judiciais no Brasil. Entre as normas emanadas do Poder Legislativo, destacam-se as Leis nº 10.259/2001, nº 11.280/2006, nº 11.341/2006, nº 11.419/2006, nº 12.682/2012, nº 13.105/2015, nº 13.709/2018, nº 13.793/2019, nº 13.874/2019, nº 14.063/2020 e nº 14.129/2021. Já entre as normas editadas pelo Poder Judiciário, destacam-se as do Conselho Nacional de Justiça, como as Resoluções nº 185/2013, nº 234/2016, nº 242/2016, nº 245/2016, nº 281/2019, nº 320/2020, nº 324/2020, nº 325/2020, nº 335/2020, nº 337/2020, nº 345/2020, nº 354/2020, nº 370/2021, nº 372/2021, nº 385/2021, nº 378/2021, nº 396/2021, nº 398/2021, nº 420/2021, nº 455/2022 e nº 469/2022. A respeito desse amplo e diversificado conjunto de normas, verificar o sítio do Processo Judicial Eletrônico: https://tinyurl.com/85vjucwh . Acesso em: 16 fev. 2023.

(i) Os profissionais envolvidos com a gestão burocrática dos processos nos escritórios de advocacia e, também, nos tribunais (como os técnicos e os analistas judiciários), passam a compartilhar parcelas crescentes de seu trabalho com diversos sistemas digitais, acessórios aos processos judiciais eletrônicos, e dedicados à gestão processual automatizada.

(ii) Os profissionais responsáveis pela gestão jurídica dos processos (como os advogados, os promotores e os magistrados) passam a se defrontar com uma dinâmica distinta de produção da 'verdade' processual. Afinal, essa dinâmica passa a ser assíncrona e desterritorializada, o que afeta a produção de elementos probatórios como, por exemplo, os testemunhais.

(iii) Todos esses profissionais passam a contar com uma nova distribuição espacial e temporal de suas atividades. Com os processos judiciais tramitando de forma eletrônica, a necessidade de presença dos profissionais nas sedes dos órgãos judiciais é reduzida. Em paralelo, a interação desses profissionais com os processos passa a ocorrer em momentos distintos dos até vigentes, até porque eles passam a estar disponíveis 24 horas, sete dias por semana, trinta dias por mês.[9]

Em *segundo* lugar, os profissionais jurídicos envolvidos com a litigância, ou mesmo com outros tipos de atividade (como a consultoria), têm seu trabalho crescentemente transformado pela disponibilidade de dados em bases eletrônicas (BARRY, 2013; EPSTEIN, 2004; MILLER; WITTE, 2009).

Informações relevantes para a resolução de problemas jurídicos são atualmente encontradas em bases de dados digitalizadas. Por exemplo, informações sobre situações discutidas judicialmente,

---

[9] Especificamente no caso dos advogados, a introdução de processos que tramitam de forma eletrônica modifica a distribuição espacial de seu trabalho em um sentido relevante em um país com as dimensões do Brasil. Os profissionais localizados em grandes centros urbanos passam a conseguir realizar todos os atos processuais (inclusive aqueles que ocorrem em audiências) sem precisarem se deslocar até jurisdições mais afastadas desses centros – ou, alternativamente, subcontratarem profissionais dessas jurisdições para realizarem tal serviço.

pessoas que podem estar envolvidas,[10] decisões já consolidadas em jurisprudência[11] etc.

Para conseguir utilizar essas bases eletrônicas, os profissionais jurídicos precisam contar com conhecimentos (competências e habilidades) que, até pouco tempo atrás, não eram contemplados pelas diretrizes curriculares dos cursos de graduação em Direito no país.[12]

A este respeito, podem ser mencionadas as competências de pesquisa científica (incluindo em jurimetria – estatística aplicada ao campo jurídico), bem como as habilidades relacionadas à pesquisa em jurisprudência (em repositórios de órgãos públicos – como os tribunais – ou mesmo repositórios privados).

Em *terceiro* lugar, os profissionais jurídicos estão cada vez mais presentes nas chamadas redes sociais, como YouTube, Instagram, Facebook, TikTok, Pinterest, Twitter, Linkedin e Snapchat.[13] Para além das finalidades pessoais, há a utilização cada vez maior dessas redes com intuitos laborais (HRICIK, 2019; SINGH, 2016).

Tomem-se os advogados como exemplo. Por meio dessas redes, podem efetuar a busca por clientes, podem divulgar resultados de suas atuações profissionais, avançar na produção de evidências probatórias, realizar análises de perfis de testemunhas e jurados e assim por diante.

É certo que diversas dessas atividades envolvem dilemas relacionados à ética advocatícia. Não por acaso, órgãos como a Ordem dos Advogados do Brasil vêm debatendo e editando normas a respeito.[14]

---

[10] Os exemplos de bases de dados sobre pessoas (físicas ou jurídicas) são muitos. Restringindo-se às bases estatais/públicas, podem-se citar o Cadastro Nacional de Informações Sociais do Ministério da Previdência Social (CNIS/MPrev), o Cadastro Único de Cidadãos do Ministério do Desenvolvimento Social (CadÚnico/MDS), a Relação Anual de Informações Sociais do Ministério do Trabalho e Emprego (RAIS/MTE), o Cadastro de Pessoa Física do Ministério da Fazenda (CPF/MFaz) e o Cadastro Nacional de Pessoa Jurídica do Ministério da Fazenda (CNPJ/MFaz). Verificar, ao final deste artigo, os endereços de diversas dessas bases.

[11] São muitas as bases de dados sobre decisões judiciais consolidadas. Limitando-se às bases estatais/públicas, podem-se citar, por exemplo, os repositórios eletrônicos de jurisprudência dos tribunais superiores, como o do Supremo Tribunal Federal (STF), o do Superior Tribunal de Justiça (STJ), o do Tribunal Superior do Trabalho (TST) e o do Tribunal Superior Eleitoral (TSE). Verificar, ao final deste artigo, os endereços de cada um desses repositórios.

[12] Sobre isso, verificar a Resolução CES/CNE/MEC nº 5/2018 (modificada pela Resolução CES/CNE/MEC nº 2/2021), que compõe as diretrizes curriculares atualizadas do curso de Direito no Brasil. Ver: https://tinyurl.com/bdns7ws6 . Acesso em: 15 fev. 2023.

[13] Redes sociais mais utilizadas no Brasil no 3º trimestre de 2022, de acordo com Statista. Ver: https://tinyurl.com/yun933hd . Acesso em 3 mar. 2023.

[14] Sobre isso, verificar o Provimento OAB-Nacional nº 205/2021, disponível em: https://tinyurl.com/39dtbe4r . Acesso em: 12 nov. 2022. Adicionalmente, verificar a decisão E-5.843/2022 do Ementário do Tribunal de Ética e Disciplina da OAB-SP, disponível em: https://tinyurl.com/2s3c8bmc . Acesso em: 16 jan. 2023.

De toda maneira, a utilização das redes sociais por profissionais jurídicos, inclusive por advogados, é algo que está transformando o seu cotidiano de trabalho.

Em *quarto* lugar, o trabalho dos profissionais jurídicos é afetado mais e mais por *softwares* ('aplicativos') que automatizam diversas atividades. Apenas como exemplo, há alguns que se dedicam à disponibilização de peças jurídicas prontas, à gravação e à transcrição de oitivas de partes ou testemunhas, à busca de jurisprudências sobre os casos em foco, à estimação de probabilidades de sucesso nas causas e assim por diante (FORNASIER, 2021; FLOOD, 2019; HU; LU, 2020).

De acordo com a literatura, a utilização desses aplicativos automatizadores possui efeitos especialmente incisivos para:

(i) O trabalho de diversos profissionais que se encontram em situações 'periféricas' dentro do sistema judicial, como aqueles que se encontram em atividades de suporte à gestão de escritórios de advocacia, de departamentos jurídicos de empresas ou de órgãos de justiça. Ou, então, como aqueles que, mesmo em atividades 'centrais' desse sistema, se encontram em início de carreira (como, por exemplo, advogados 'júniores', advogados 'associados').

(ii) O trabalho que ocorre com traços fortemente padronizados, que são expressivos em determinadas espécies de atividade jurídica, como aquelas próprias da denominada litigância de 'massa' (tipo de litigância que, entre outros aspectos, envolve amplo número de pessoas, que não necessariamente estão vinculadas, que se engajam na discussão judicial de situações 'similares' e 'repetitivas', cujo tratamento pode seguir regras jurídicas bem estruturadas).

Mais recentemente, em meio a esses *softwares* automatizadores de atividades, vêm ganhando destaque uma série de aplicativos que incorporam a chamada 'inteligência artificial', que fazem uso de aprendizado autônomo (supervisionado ou não), que se expressam por meio de linguagem 'natural' (numérica e, adicionalmente, alfabética) e que fazem uso não apenas de recursos de lógica, mas também de sentidos humanos (sendo capazes de reconhecer e interagir com expressões de emoções). Nos dias de hoje, talvez o mais famoso seja o já mencionado 'ChatGPT/Open AI', que deve permitir a automatização acentuada de inúmeras atividades jurídicas (ACEMOGLU; JOHNSON, 2023).

Em *quinto* lugar, se o trabalho dos profissionais jurídicos é afetado por todas essas transformações tecnológicas, a formação desses profissionais não é menos. O formato do ensino superior em Direito vem sendo modificado pelas tecnologias de comunicação, que permitem o ensino desconectado do tempo e do espaço. Ou seja, permitem o ensino ofertado em diferentes modalidades: à distância, remoto etc.

Além disso, o conteúdo desse ensino se altera para incorporar demandas por novas competências, relacionadas aos pontos acima mencionados: a litigância por meios eletrônicos, o levantamento de informações em bases digitais, a utilização de aplicativos que realizam parcela do trabalho jurídico, entre outros (CANICK, 2014; GRANAT; KIMBRO, 2013; SALES; BEZERRA, 2018; SILVA; FABIANI; FEFERBAUM, 2018).

Enfim, por diferentes meios e com distintos resultados, as tecnologias digitais parecem impactar o trabalho dos profissionais da área jurídica no Brasil. E, dado o número desses profissionais (1,1 milhão em atividade), bem como seu perfil (demográfico e laboral), já descrito acima, pode-se esperar que esse impacto não seja nada desprezível.

4 As múltiplas iniciativas de digitalização dos órgãos de justiça

O Poder Judiciário brasileiro, por diversas iniciativas, busca empregar as novas tecnologias na prestação da justiça. Entre as preocupações está a eficiência, a efetividade e o enfrentamento da demora do trâmite perante o Judiciário (CONSELHO NACIONAL DE JUSTIÇA, 2022a).

A utilização da IA no Judiciário se destina a diversas atividades, inclusive a: (i) triagem de grande volume de documentos, incluindo, por exemplo, a classificação de processos judiciais, (ii) predição de movimentação processual, com recomendações ao magistrado; (iii) localização de peças processuais, permitindo a identificação da petição inicial e outros andamentos relevantes; (iv) análise de possibilidades de prevenção de litígios; (v) geração automática de texto (CONSELHO NACIONAL DE JUSTIÇA, 2019).

O estágio atual é fruto de um percurso e está inserido em um contexto de transformações que seguem em curso. Conforme Relatório elaborado pelo Centro de Inovação, Administração e Pesquisa do Judiciário da Fundação Getulio Vargas, é possível identificar três momentos na caminhada tecnológica do Poder Judiciário (BRAGANÇA, LOSS, BRAGA, 2022b).

A fase inicial consiste na eliminação do papel, por meio da adoção do formato eletrônico. O segundo momento é marcado pela digitalização dos procedimentos, tal como a realização de audiências e outras interações de forma virtual. Ilustrativamente, por meio do Balcão Virtual, regulado pela Resolução CNJ nº 372/2021, assegura atendimento remoto direto e imediato dos usuários (CONSELHO NACIONAL DE JUSTIÇA, 2021). Além disso, por meio da Resolução CNJ nº 345/2020 adotou-se o Juízo 100% Digital, que permite o acesso ao Poder Judiciário com a prática dos atos processuais estritamente por meio eletrônico e remoto (CONSELHO NACIONAL DE JUSTIÇA, 2022b). Em levantamento atualizado até o dia 13 de setembro de 2021, o CNJ identificou que, de um total de 17.841 unidades judiciárias pesquisadas, dois terços já disponibilizavam a ferramenta (CONSELHO NACIONAL DE JUSTIÇA, 2022b).

A terceira etapa consiste na automação de tarefas e aplicação de algoritmos e inteligência artificial. Estas transformações aceleram os processos, eliminam barreiras físicas, evitam atividades de rotina, reduzem erros e fomentam a possibilidade de obtenção de estatísticas. A automatização de atividades judiciais envolve tarefas como "cadastro, a classificação e organização da informação, o agrupamento de casos por similaridade (julgamentos repetitivos), a jurimetria, as conclusões sobre evidências, as decisões interlocutórias e as sentenças terminativas" (FGV, 2020), de modo que guarda uma significativa correlação com seus usos na advocacia.

Dessa maneira, a adoção das novas ferramentas se encaminha como estratégia para aprimorar o processo eletrônico, o qual permite "a execução de tarefas de forma paralela ou simultânea por várias pessoas" (CNJ, 2022a). Vale frisar que a transformação esperada é muito mais profunda do que a mera eliminação do papel e deve avançar para o acesso à informação, gestão do processo e qualidade das decisões (FGV, 2020). É necessário inclusive repensar a operação do Poder Judiciário de modo que é "possível imaginar um cartório unificado com uma estrutura adequada atendendo a diversos juízos" ou ainda rever a competência territorial dos magistrados "uma vez que o processo eletrônico dispensa a concentração da força de trabalho, de forma física e presencial, em um único local" (CNJ, 2022).

Como assinala Porto (2022), há um vasto acervo de potenciais utilidades da inteligência artificial a serem explorados pela Justiça:

(a) auxiliando o magistrado na realização de atos de constrição (penhora *on-line*, Renajud e outros); (b) auxiliando o magistrado a identificar os casos de suspensão por decisões em recursos repetitivos, IRDR, Reclamações etc., possibilitando que o processo seja identificado e suspenso sem esforço humano maior do que aquele baseado em confirmar o que a máquina apontou; (c) auxiliando o magistrado na degravação de audiências, poupando enorme tempo; (d) auxiliando na classificação adequada dos processos, gerando dados estatísticos mais consistentes; (e) auxiliando o magistrado na elaboração do relatório dos processos, filtrando as etapas relevantes do processos e sintetizando-o; (f) auxiliando na identificação de fraudes; (g) auxiliando na identificação de litigante contumaz; (h) auxiliando na identificação de demandas de massa; (i) auxiliando na avaliação de risco (probabilidade/impacto de algo acontecer no futuro – análise preditiva); (j) auxiliando na gestão relativa à antecipação de conflitos a partir de dados não estruturados; (k) auxiliando o magistrado na avaliação da jurisprudência aplicada ao caso; (l) possibilitando melhor experiência de atendimento ao usuário: sistemas conversacionais, "chat bot" (atendimento para Ouvidoria e Corregedoria); (m) identificando votos divergentes na pauta eletrônica; (n) auxiliando na gestão cartorária, identificando pontos de gargalos, processos paralisados, servidores com menor/maior carga de trabalho. (PORTO, 2022, p. 116)

Diante da multiplicidade de propostas e iniciativas, o mapeamento e a organização dos diferentes sistemas de inteligência artificial, como estratégia para maior controle, bem como para ampliação da utilização, está entre os cuidados elencados pelo CNJ. Constata-se que a inovação, inicialmente, ocorreu de forma esparsa, com ações "redundantes, sobrepostas e duplicadas", que se chegou a designar como uma "corrida maluca da inteligência artificial no Poder Judiciário" (PORTO, 2022).

Em atenção ao desafio de gestão dos diferentes sistemas de inteligência artificial e ferramentas digitais, por meio da Resolução CNJ nº 335/2020, criou-se a Plataforma Digital do Poder Judiciário Brasileiro – PDPJ-Br. Trata-se de um acervo de ferramentas, designado como um *marketplace*. A plataforma busca, a teor do art. 2º da Resolução, "integrar e consolidar todos os sistemas eletrônicos do Judiciário brasileiro em um ambiente unificado", bem como estabelecer uma política de governança e gestão do processo judicial, como se extrai de diversas disposições da resolução. A ferramenta Codex foi desenvolvida para extrair metadados dos processos judiciais para compor a base necessária para o treinamento dos algoritmos de inteligência artificial (SALOMÃO, 2020). Desenvolveu-se também o Sinapses, um sistema de governança e gestão de modelos de inteligência artificial que permite incubar os diferentes projetos (CNJ, 2022b).

Frisa-se que as tecnologias não podem ser recepcionadas de forma acrítica. Nessa toada, é preciso destacar a preocupação com a adoção de parâmetros jurídicos, regulatórios e éticos para orientar o uso e desenvolvimento das tecnologias, com a respectiva adoção de estratégias e mecanismos de governança de IA (FGV, 2022). Com base no modelo europeu, assinala-se a indispensável preocupação com o respeito aos direitos fundamentais; a não discriminação de indivíduos ou grupos (O'NEIL, 2017); a qualidade e a segurança no tratamento de dados processuais, bem como imparcialidade, transparência e equidade (SALOMÃO, 2020). Estes preceitos éticos na inteligência artificial são fundamentais (DONEDA, 2018; COMISSÃO EUROPEIA PARA A EFICÁCIA DA JUSTIÇA, 2018).

Adverte-se também para a possibilidade de viés cognitivo (NUNES; MARQUES, 2018), com a "escalada do preconceito nas decisões" (CNJ, 2020), razão pela qual "Especificamente em matéria penal, o CNJ tem uma postura mais protetiva no sentido de não estimular o uso da IA, em especial de sistemas que realizem análises preditivas" (CNJ, 2020). As exceções estão na utilização de ferramentas mais singelas, voltadas à verificação de prescrição, cálculo de pena, "verificação de reincidência, mapeamentos, classificações e triagem dos autos, para fins de gerenciamento de processos" (CNJ, 2020). Outra recomendação é que a AI não possa fornecer uma solução mais prejudicial ao réu do que aquela que o magistrado determinaria de forma autônoma (CNJ, 2020). Desse modo, em diversas atividades, a revisão humana é indispensável, em outras, como a fundamentação de decisões as máquinas ainda não estão aptas porque "os algoritmos de IA não conseguem explicar a si mesmos" (MARTINS, 2022).

4.1 Iniciativas de IA no Poder Judiciário

Como exposto, é vasto o número de iniciativas do Poder Judiciário brasileiro envolvendo a AI. Em junho de 2020, o CNJ identificou a presença de mais de 70 projetos (FGV, 2020). Após esta data, há uma redução do número de projetos, que se deve à consolidação e organização das iniciativas e não deve ser confundida com a perda de interesse pelos tribunais. Atualmente, registram-se 41 projetos em 32 tribunais, conforme o Painel de Projetos com Inteligência Artificial no Poder Judiciário, desenvolvido pelo CNJ (2023).

Extrai-se também a informação de que a maior parte dos tribunais possui entre uma e duas iniciativas envolvendo inteligência artificial, com exceção do TJDF, que apresenta 4 projetos. O painel permite inferir que grande parte das atividades que os projetos de IA, embora majoritariamente possam ser relacionadas à inovação (32 entre 41), em número bastante significativo, buscam enfrentar o acúmulo de trabalho (22 entre 41) ou a limitação humana na realização de atividades em tempo adequado (com mesma relação 22 entre 41). A melhora da qualidade das decisões, embora seja um critério inferior, está logo em seguida, com o expressivo número de 18 projetos:

FIGURA 5 – O que está motivando o uso de ferramentas de IA neste caso?

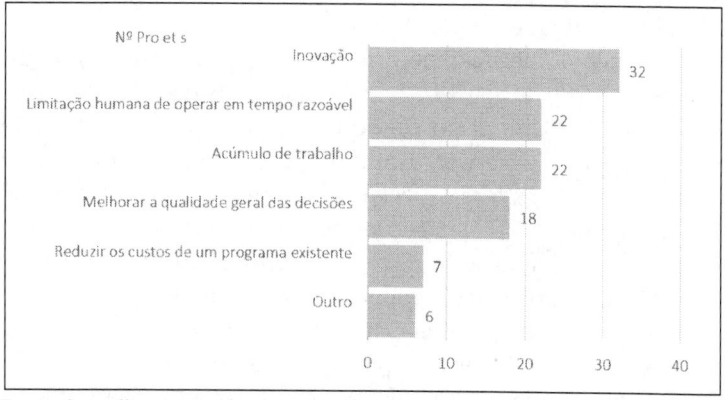

Nº Projetos	
Inovação	32
Limitação humana de operar em tempo razoável	22
Acúmulo de trabalho	22
Melhorar a qualidade geral das decisões	18
Reduzir os custos de um programa existente	7
Outro	6

Fonte: Conselho Nacional de Justiça, 2023.

Para apresentar os sistemas de inteligência artificial, é possível estabelecer distintos critérios. Cabral e Santiago (2022) propõem classificar as seguintes atividades: a) as plataformas de reunião de informações; b) os sistemas de organização de petições e temas submetidos ao Poder Judiciário e c) as interfaces de auxílio aos serventuários e demais jurisdicionados. Salomão e Tauk (2022), por sua vez, sugerem a organização dos sistemas de inteligência artificial entre a) atividades meio do Judiciário, como administração e gestão de recursos e pessoal; b) automação dos fluxos de movimentação do processo e das atividades executivas de auxílio aos juízes; c) modelos computacionais que dão suporte para a elaboração de minutas de decisões judiciais; e d) iniciativas relacionadas a formas adequadas de resolução de conflitos.

Os distintos critérios marcam também o fato de que a maior parte dos projetos, segundo o painel disponibilizado pelo CNJ, concentra-se nas funcionalidades (a) e (b), descritas por Salomão e Tauk. Em outras palavras, enfocam a automação dos fluxos de movimentação e análise de grandes volumes de informações, por exemplo, para identificar a classificação do tipo de ação ou prevenção de um recurso. É certo, porém, que há iniciativas de todos os tipos acima descritos entre os 41 projetos de inteligência artificial identificados no Painel de Projetos com Inteligência Artificial no Poder Judiciário (CNJ, 2023).

Entre as atividades de análise de grandes volumes de dados, no STF, a ferramenta Victor é capaz de identificar recursos que se enquadram em um dos 27 temas mais recorrentes de repercussão geral e executar a respectiva devolução aos tribunais de origem (FGV, 2020). Sua implementação reduziu de 44 minutos para cinco segundos a análise de matérias padronizadas na corte (PRESCOT; MARIANO, 2019). A ferramenta RAFA 2030 – Redes Artificiais Focadas na Agenda 2030, por comparação semântica, busca auxiliar a identificação dos Objetivos de Desenvolvimento Sustentável (ODS) colocados pela ONU, em textos de acórdãos ou de petições iniciais em processos do Supremo Tribunal Federal (STF, 2022).

No STJ, o Sistema Athos se destina a automatizar a análise preliminar de recursos. O sistema utiliza critérios semânticos para agrupar processos com temas similares, e forma grupos de controvérsias repetitivas. Cada grupo contém no mínimo 50 processos que compartilham pelo menos 90% de semelhanças, de acordo com os critérios estabelecidos (MAINENTI, 2022). Segundo Salomão (2020), o sistema Sócrates 1.0 pode identificar grupos de processos similares entre 100 mil processos, em menos de 15 minutos, além de identificar em menos de meio minuto processos que tratam da mesma matéria, em um universo de dois milhões de processos e de oito milhões de peças processuais, o que equivale a todos os processos em tramitação no STJ.

No que tange à automação de atividades repetitivas, destaca-se o robô Hórus, implementado pelo Tribunal de Justiça do Distrito Federal e Territórios. Apenas na Vara de Execução Fiscal, já realizou a distribuição de 275.000 processos de forma automatizada em menos de 10 segundos para cada processo (SALOMÃO, 2020). No TJRN, o sistema Poti é responsável pela automatização da penhora (CONSELHO NACIONAL DE JUSTIÇA, 2019). "Um servidor conseguia executar no máximo 300 ordens de bloqueio ao mês. Hoje o Poti leva 35 segundos para efetuar a tarefa completamente" (BAETA, 2019).

A adoção de assistentes virtuais para atendimento da população, ao mesmo tempo, promove o acesso à Justiça e libera os servidores para outras atividades. No TRE-ES, o BEL, abreviatura para Bot Eleitoral, atua como assistente virtual, faz uso de processamento de linguagem natural para responder a perguntas usuais feitas no Disque Eleições, com respostas relativas ao número de título eleitoral, local de votação, situação eleitoral, justificativa entre outros. Iniciativas similares são observadas no TRE-DF, e TRT15.

Vale destacar também que as ferramentas preditivas têm sido experimentadas pelo Poder Judiciário Trabalhista, para direcionar casos com maior potencial de acordo. Iniciativas nesse sentido são observadas no TRT1, TRT4 e TRT12 (BRAGANÇA; LOSS; BRAGA, 2022b), com o projeto Concilia JT, implementado em 2021 (TRT12, 2021). Com base nos resultados, cada unidade judiciária pode definir "sua própria estratégia de triagem e organização de pautas" (CONSELHO NACIONAL DE JUSTIÇA 2022).

5 Considerações finais: magistratura 'robô', governança e expectativas

Como destaca Susskind (2017), na clássica obra *Tomorrow's Lawyers: An Introduction to Your Future*, a atividade jurídica precisa reinventar a forma como os serviços jurídicos são prestados e enfrentar a reviravolta tecnológica que está em curso (EHRHARDT JÚNIOR; CATALAN; MALHEIROS, 2020). Entre os vetores desta transformação, verifica-se o que o autor descreve como uma avalanche de interesse do direito pela IA.

A observação de Susskind embora destinada à advocacia, certamente pode e deve ser transposta para as demais profissões jurídicas. Não resta dúvida que há um inevitável processo de incorporação de novas tecnologias pelo Direito. Essa afirmação significa reconhecer a necessidade da utilização da inovação para o enfrentamento de desafios como o enorme estoque de ações judiciais, e a colossal quantidade de tarefas repetitivas que precisam ser postas em marcha para o trâmite processual. Nesse sentido, a adoção da inteligência artificial representa um importante reforço de soluções e economia de tempo e outros recursos. Por outro lado, o caráter inevitável não deve afastar a necessidade de reflexão, cuidado, bem como mapeamento dos perigos e adoção de efetivas medidas para sua gestão.

Com novas soluções, vêm novos desafios e riscos. Entre os temas que merecem atenção, estão a tutela de direitos fundamentais, os cuidados com o viés e a discriminação, a proteção de dados pessoais.

Dessa forma, tão importante quando considerar os avanços é identificar as limitações e riscos das ferramentas e observá-los com a devida atenção. A inovação não é intrinsecamente boa ou ruim, e exige também um período de adaptações. Para exemplificar, em recente decisão da 4ª Vara do Trabalho em Manaus, uma ata de audiência foi parcialmente revogada porque o sistema de autocompletar utilizado trouxe aspectos que eram estranhos ao acordo celebrado. Nos termos da decisão (TRT11, 2023).

> Em que pesem os avanços, grande parte do trabalho e mesmo a manipulação do sistema têm sido realizada por servidores (mão de obra humana), de forma que por vezes os antigos métodos de trabalho se misturam com os novos, como é o caso da elaboração da ata de audiência [...] No caso, avaliando a redação final, verifico que todo o trecho abaixo indicado, da última página, deve ser desprezado por ter sido completado pelo sistema sem que isso fosse percebido pelo servidor e até mesmo pelas partes, que acompanharam a elaboração da ata em audiência. Embargos de declaração.

A ferramenta de completar texto é desejável, mas precisa de maior atenção dos envolvidos. Como se pode observar deste exemplo, a integração de sistemas novos e antigos é parte dos desafios que estão postos. Ferramentas que executam tarefas em grande velocidade também produzem erros com maior quantidade e agilidade. A combinação da atividade de servidores e novas tecnologias parece uma das estratégias desejáveis.

Deve-se também ter em conta que as novas tecnologias demandam novas competências, habilidades e atitudes dos profissionais que vão desenvolvê-las e utilizá-las. A necessidade de mais recursos humanos especializados foi identificada como um dos principais gargalos no desenvolvimento dos projetos envolvendo inteligência artificial (CONSELHO NACIONAL DE JUSTIÇA, 2022). Essa capacidade corresponde a um desafio fundamental nos mais diversos campos jurídicos (FEFERBAUM; LIMA, 2022).

Por último, e não menos importante (*last but not least*), é indispensável reiterar os riscos inerentes à utilização das novas tecnologias, não apenas mediante seu emprego pelo Judiciário, mas como fonte de riscos evidentes e que precisam ser observados pelos operadores do Direito. Para ilustrar, em março de 2023, um juiz do trabalho determinou que as testemunhas fossem referidas apenas pelas iniciais nos autos, em vista da utilização de ferramentas de coleta automatizadas (*bots*) (TRT23, 2023). Não se trata de um perigo decorrente de utilidades aplicadas pelo Poder Judiciário, mas de riscos externos que não estavam no radar.

No âmbito da atividade decisória, é preciso frear os impulsos de substituir a magistratura por máquinas. Na Justiça Criminal, por exemplo, há enorme preocupação com o uso para elegibilidade para a concessão de liberdade condicional:

> The growing role played by AI in the operation of key institutions and practices is well illustrated by the criminal justice system, in which risk-assessment algorithms increasingly determine a person's eligibility for bail or parole, facial recognition technology has been used to augment police capabilities, and AI systems direct the allocation of policing resources using predictive analytics. (GABRIEL, 2022, p. 220)

Neste momento, podem-se aproveitar grandes vantagens das novas tecnologias, mas não se deve admitir a terceirização (*outsorce*) de decisões judiciais. Resgate-se, assim, a advertência de Orlando Gomes (1976):

> [...] enquanto a maioria dos juristas está convencida de que não subsistem esses pressupostos, não se aperceberam ainda alguns de que, corroídos e solapados, desabaram muitos conceitos básicos do sistema abalado alterando-se o significado da ordenação jurídica, tanto doutrinária como legislativamente, e, em consequência, a função político-judicial, que, a permanecer como entendia o positivismo jurídico, permitiria, talvez, na atualidade, a substituição de juízes por cérebros eletrônicos. (GOMES, 1976, p. 5)

Portanto, é preciso encontrar caminhos não apenas com atenção às relações entre tecnologia e direito, mas também levando em conta "o próprio impacto da tecnologia na concepção do direito, nas formas tanto humana, quanto na inteligência artificial" (RE; SOLOW-NIEDERMAN, 2019, p. 289).

Como exposto, mais importante do que a terceirização é a supervisão, ou seja, é preciso olhar para o *oversight* antes de pensar no *outsorce*. Nesse sentido, são de grande importância a realização de estudos prévios, a implementação de comitês de ética e estratégias de governança e a regulação. Como adverte o personagem Data, citado na epígrafe deste artigo, "O esforço produz suas próprias recompensas".

Por fim, é sempre essencial enfatizar que o componente a regulação e o componente ético devem estar atrelados às tecnologias, por mais rápido que caminhem (MULHOLLAND, FRAZÃO, 2020; DONEDA, 2018). É tempo não apenas de inovação, mas também de governança, transparência e atenção aos direitos fundamentais.

Referências

ACEMOGLU, D.; JOHNSON. What's Wrong with ChatGPT? *Project Syndicate*, fev. 2023. Disponível em: https://tinyurl.com/y987jkhw . Acesso em: 10 mar. 2023.

BAETA, Z. Tribunais investem em robôs para reduzir volume de ações. *Valor*, 18 mar. 2019. Disponível em: https://tinyurl.com/mprr57pj . Acesso em: 15 mar. 2023.

BARRY, N. Man *versus* machine review: the showdown between hordes of discovery lawyers and a computer-utilizing predictive-coding technology. *Vanderbilt Journal of Entertainment and Technology Law*, [s. l.], v. 15, n. 2, p. 343-355, 2013.

BRAGANÇA, F; LOSS, J; BRAGA, R. Inteligência artificial e solução consensual de conflitos no Poder Judiciário. *Consultor Jurídico*, 22 maio 2022a. Disponível em: https://www.conjur.com.br/2022-mai-22/opiniao-inteligencia-artificial-solucao-consensual. Acesso em: 31 mar. 2023.

BRAGANÇA, F; LOSS, J; BRAGA, R. Tecnologia na Justiça. *In*: CONSELHO NACIONAL DE JUSTIÇA. *Inteligência artificial e aplicabilidade prática no Direito*. Brasília: CNJ, 2022b. Disponível em: https://tinyurl.com/465e4n5v . Acesso em: 26 fev. 2023.

CABRAL, T. N. X; SANTIAGO, H. Tecnologia e inteligência artificial no Poder Judiciário. *In*: CONSELHO NACIONAL DE JUSTIÇA. *Inteligência Artificial e Aplicabilidade Prática no Direito*. Brasília: CNJ, 2022. Disponível em: https://tinyurl.com/465e4n5v . Acesso em: 26 fev. 2023.

CAMPOS, A. G.; BENEDETTO, R. D. *Mercado de Trabalho Jurídico no Brasil*: qual é a Situação Atual? Brasília: Ipea, 2021.

CANICK, S. Infusing technology skills into the law school curriculum. *Capital University Law Review*, [s. l.], n. 42, p. 663-708, 2014.

COELHO, M.; ALLEMAND, L. (Orgs.). *Processo judicial eletrônico*. Brasília: CF-OAB, 2014.

COMISSÃO EUROPEIA PARA A EFICÁCIA DA JUSTIÇA. *Carta Europeia de Ética sobre o Uso da Inteligência Artificial em Sistemas Judiciais e seu ambiente*. Adotada na sua 31ª reunião plenária. Estrasburgo, 3 e 4 de dezembro de 2018. Disponível em: https://tinyurl.com/4pv8743n . Acesso em: 5 fev. 2023.

CONSELHO NACIONAL DE JUSTIÇA. *Inteligência Artificial e Aplicabilidade Prática no Direito*. Brasília: CNJ, 2022. Disponível em: https://tinyurl.com/465e4n5v . Acesso em: 26 fev. 2023.

CONSELHO NACIONAL DE JUSTIÇA. *Inteligência artificial na Justiça*. TOFFOLI, José Antônio Dias; Gusmão, BRÁULIO Gabriel (Orgs.). Brasília: CNJ, 2019. Disponível em: https://tinyurl.com/2btheb6k . Acesso em: 26 fev. 2023.

CONSELHO NACIONAL DE JUSTIÇA. *Judiciário ganha agilidade com uso de inteligência artificial*. Brasília: CNJ, 3 abr. 2019. Disponível em: https://tinyurl.com/t2p7ua2a . Acesso em: 26 fev. 2023.

CONSELHO NACIONAL DE JUSTIÇA. *Justiça 4.0*. Brasília: CNJ, 2021.

CONSELHO NACIONAL DE JUSTIÇA. *Justiça em números 2022*. Brasília: CNJ, 2022.

CONSELHO NACIONAL DE JUSTIÇA. *Painel de Projetos com Inteligência Artificial no Poder Judiciário*. Brasília: CNJ. Disponível em: https://tinyurl.com/5pnwj9jh . Acesso em: 26 mar. 2023.

CONSELHO NACIONAL DE JUSTIÇA. *Relatório Final de Gestão. Programa Justiça 4.0* Brasília: CNJ, 2022.

DONEDA, D. C. *et al*. Considerações iniciais sobre inteligência artificial, ética e autonomia pessoal. *Pensar Revista de Ciências Jurídicas*, Fortaleza, v. 3, n. 4, p. 1-17, out./dez. 2018.

EHRHARDT JÚNIOR, M; CATALAN, M; MALHEIROS, P. (Coord.). *Direito Civil e tecnologia*. Belo Horizonte: Fórum, 2020.

EPSTEIN, L. A. The Technology Challenge: Lawyers Have Finally Entered the Race But Will Ethical Hurdles Slow the Pace. *Nova Law Review*, [s. l.], v. 28, n. 3, p. 1-24, 2004.

FEFERBAUM, M.; LIMA, S. H. B. Formação jurídica e novas tecnologias: relato de uma aprendizagem experiencial em Direito. *In*: FRANCISCHETTO, Gilsilene Passon. (Org.). *Educação jurídica 4.0*: a inovação em sala de aula. 1. ed. Florianópolis: Habitus, 2022, p. 31-52.

FINANCIAL TIMES. *Special Report*: Innovative Lawyers – Digital Lawyers. London: Financial Times, 2022.

FLOOD, J. Legal Professionals of the Future: their ethos, role and skills. *SSRN*, 2019. Disponível em: https://tinyurl.com/3jnjhjja . Acesso em: 16 maio 2022.

FORNASIER, M. O. The impact of the introduction of artificial intelligence in advocacy: skills and professional ethics necessary for the future lawyer. *Revista da Faculdade de Direito UFPR*, Curitiba, v. 66, n. 2, p. 69-94, 2021.

FUNDAÇÃO GETULIO VARGAS. *Inteligência Artificial*: tecnologia aplicada à gestão dos conflitos no âmbito do Poder Judiciário brasileiro. 2. ed. Rio de Janeiro: FGV, 2022. Disponível em: https://tinyurl.com/3sse9upc . Acesso em: 31 jan. 2022.

GABRIEL, I. Toward a Theory of Justice for Artificial Intelligence. *Daedalus*, [s. l.], v. 151, n. 2, p. 218-231, 2022.

GHIRARDI, J. G.; CUNHA, L. G.; FEFERBAUM, M. (Eds.). *Quem oferece os cursos de direito no Brasil?* Ensino Superior 2012: Instituições – Relatório do Observatório do Ensino do Direito. São Paulo: FGV-SP, 2014.

GOMES, O. *Transformações gerais do Direito das Obrigações*. São Paulo: Revista dos Tribunais, 1976.

GRANAT, R. S.; KIMBRO, S. The Teaching of Law Practice Management and Technology in Law Schools: A New Paradigm. *Chicago-Kent Law Review*, [s. l.], v. 88, n. 3, p. 757-782, 2013.

HRICIK, D. C. Lawyers and Social Media: From the Absurd to the Troubling. *SSRN*, 2019. Disponível em: https://tinyurl.com/2da32u78 . Acesso em: 26 ago. 2021.

HU, T.; LU, H. Study on the Influence of Artificial Intelligence on Legal Profession. *Advances in Economics, Business and Management Research*, Proceedings of the 5th International Conference on Economics, Management, Law and Education (EMLE 2019), [s. l.], v. 110, p. 964-968, 2020. Disponível em: https://tinyurl.com/2p8tn4vx . Acesso em: 18 mar. 2022.

IBGE. *Pesquisa Nacional por Amostra de Domicílios – Versão Contínua*. Rio de Janeiro: Instituto Brasileiro de Geografia e Estatística, 2022. Disponível em: https://tinyurl.com/2p8nt69v . Acesso em: 12 mar. 2023.

MAINENTI, M. Soluções de inteligência artificial promovem celeridade para o Poder Judiciário. *CNJ*, 3 nov. 2022. Disponível em: https://tinyurl.com/mskwr5ss . Acesso em: 25 mar. 2023.

MARTINS, H. Reflexões sobre a aplicação de inteligência artificial no apoio às decisões judiciais no superior tribunal de justiça. *In*: CONSELHO NACIONAL DE JUSTIÇA. *Inteligência Artificial e Aplicabilidade Prática no Direito*. Brasília: CNJ, 2022. Disponível em: https://tinyurl.com/2s3vv2h8 . Acesso em: 26 fev. 2023.

MULHOLLAND, C; FRAZÃO, A. (Coord.). *Inteligência artificial e direito*: ética, regulação e responsabilidade. 2. ed. São Paulo: Thomson Reuters, 2020.

MILLER, N. P.; WITTE, D. S. Helping Law Firm Luddites Cross the Digital Divide: Arguments for Mastering Law Practice Technology. *Science and Technology Law Review*, [s. l.], v. 12, p. 113-123, 2009.

NUNES, D. J. C.; MARQUES, A; L. P. C. Inteligência artificial e direito processual: vieses algorítmicos e os riscos de atribuição de função decisória às máquinas. *Revista de Processo*, São Paulo, v. 285, p. 421-447, 2018.

O'NEIL, C. *Weapons of math destruction*: how big data increases inequality and threatens democracy. New York: Broadway Books, 2017.

PORTO, F. R. A "corrida maluca" da Inteligência Artificial no Poder Judiciário. *In*: CONSELHO NACIONAL DE JUSTIÇA. *Inteligência Artificial e Aplicabilidade Prática no Direito*. Brasília: CNJ, 2022. Disponível em: https://tinyurl.com/2s3vv2h8. Acesso em: 26 fev. 2023.

PRESCOTT, R; MARIANO, R. Victor, a IA do STF, reduziu tempo de tarefa de 44 minutos para cinco segundos. *Convergência digital*. 17 out. 20219. Disponível em: https://tinyurl.com/syac68sx . Acesso em: 23 mar. 2023.

RE, R. M; SOLOW-NIEDERMAN, A., Developing Artificially Intelligent Justice *Stanford Technology Law Review*, n. 242, may 2019, Ucla School of Law, Public law research paper no. 19-16. Disponível em: https://tinyurl.com/5c85r53w . Acesso em: 26 fev. 2023.

REINO UNIDO. House of Lords. *Technology rules? The advent of new technologies in the justice system*. Justice and Home Affairs Committee 1st Report of Session 2021-22. House of Lords: Mar. 2022. Disponível em: https://tinyurl.com/mry6anwr . Acesso em: 26 fev. 2023.

SALES, L. M.; BEZERRA, M. Q. Os avanços tecnológicos do século XXI e o desenvolvimento de habilidades necessárias ao profissional do Direito a partir das abordagens das Universidades de Harvard e Stanford. *Pensar: Revista de Ciências Jurídicas*, Fortaleza, v. 23, n. 4, p. 1-13, 2018.

SALOMÃO, L. F. *Inteligência Artificial: Tecnologia aplicada à gestão dos conflitos no âmbito do Poder Judiciário brasileiro*. 1º Fórum sobre Direito e Tecnologia. Rio de Janeiro: FGV, 2020. Disponível em: https://tinyurl.com/2p9a2nrx . Acesso em: 31 jan. 2022.

SALOMÃO, L. F.; TAUK, C. S. Objetivos do sistema de inteligência artificial: estamos perto de um juiz robô? *Consultor Jurídico*, 11 maio 2022. Disponível em: https://tinyurl.com/yc3a33t6. Acesso em: 31 jan. 2022.

SILVA, A. P.; FABIANI, E. R.; FEFERBAUM, M. (EDS.). *Iniciativas de ensino inteligência artificial e profissões jurídicas*. São Paulo: FGV-SP, 2018.

SINGH, S. Friend Request Denied: Judicial Ethics and Social Media. *Journal of Law, Technology & the Internet*, [s. l.], v. 7, p. 153-174, 2016.

SUPREMO TRIBUNAL FEDERAL. *STF desenvolve Inteligência Artificial aplicada à Agenda 2030 da ONU*. Uma ferramenta tecnológica ajudará magistrados e servidores a identificar os Objetivos de Desenvolvimento Sustentável (ODS) da Agenda. 18 fev. 2022. Disponível em: https://tinyurl.com/yc2emxrn . Acesso em: 26 fev. 2023.

SUSSKIND, R. *Tomorrow's Lawyers:* An Introduction to Your Future. 2. ed. Oxford: Oxford University Press, 2017.

TRIBUNAL REGIONAL DO TRABALHO – 11ª REGIÃO, Autos de n. 0001187-34.2022.5.11.0004. 4ª Vara do Trabalho de Manaus do Tribunal Regional do Trabalho da 11ª Região. 23.03.2023.

TRIBUNAL REGIONAL DO TRABALHO – 12ª REGIÃO. *TRT-SC desenvolve ferramenta que utiliza inteligência artificial para estimar chances de acordos judiciais*. Portaria recomenda uso do Concilia JT para triagem de processos enviados aos Centros de Conciliação e Nupemec. 16 mar. 2021. Disponível em: https://tinyurl.com/7d3pc64a . Acesso em: 31 mar. 2023.

UNESCO. *AI and the Rule of Law: Capacity Building for Judicial Systems*. 1 fev. 2023. Disponível em: https://tinyurl.com/5xybzayp . Acesso em: 1 mar. 2023.

Sítios acessados:

ChatGPT/Open AI: https://tinyurl.com/5n8j5mpt .

CNJ – Conselho Nacional de Justiça – Processo Judicial Eletrônico: https://tinyurl.com/85vjucwh .

FT – Financial Times – Digital Lawyers: https://tinyurl.com/mr3spaxy .

IBA – International Bar Association – Statistics: https://tinyurl.com/2zxxbkjd .

IBGE – Instituto Brasileiro de Geografia e Estatística – Pesquisa Nacional por Amostra de Domicílios – Versão Contínua: https://tinyurl.com/2p8nt69v .

MEC – Ministério da Educação – Atos normativos: https://tinyurl.com/bdns7ws6 .

MF – Ministério da Fazenda – Base de dados do Cadastro de Pessoa Física: https://tinyurl.com/4pzppxjb .

MF – Ministério da Fazenda – Base de dados do Cadastro Nacional de Pessoa Jurídica: https://tinyurl.com/3h6zuck7 .

MDS – Ministério do Desenvolvimento Social – Base de dados do Cadastro Único de Cidadãos: https://tinyurl.com/3pzztm2e .

MPS – Ministério da Previdência Social – Base de dados do Cadastro Nacional de Informações Sociais: https://tinyurl.com/5cbna22p .

MTE – Ministério do Trabalho e Emprego – Base de dados da Relação Anual de Informações Sociais: https://tinyurl.com/49nnr96u .

OAB-Nacional – Provimento OAB-Nacional nº 205/2021: https://tinyurl.com/39dtbe4r .

OAB-SP – Ementário do Tribunal de Ética e Disciplina da OAB-SP: https://tinyurl.com/2s3c8bmc .

Statista – Social media platforms in Brazil: https://tinyurl.com/yun933hd.

STF – Supremo Tribunal Federal – Repositório de jurisprudência: https://tinyurl.com/5n6u4d5d.

STJ – Superior Tribunal de Justiça – Repositório de jurisprudência: https://tinyurl.com/yeywap59.

TSE – Tribunal Superior Eleitoral – Repositório de jurisprudência: https://tinyurl.com/y6yha998.

TST – Tribunal Superior do Trabalho – Repositório de jurisprudência: https://tinyurl.com/2638ytuf.

> Informação bibliográfica deste texto, conforme a NBR 6023:2018 da Associação Brasileira de Normas Técnicas (ABNT):
>
> SCHULMAN, Gabriel; CAMPOS, André Gambier. O futuro da atividade jurídica no Brasil e a inteligência artificial: como as tecnologias digitais afetam o trabalho dos profissionais do Direito. In: EHRHARDT JÚNIOR, Marcos; CATALAN, Marcos; NUNES, Cláudia Ribeiro Pereira (Coord.). *Inteligência artificial e relações privadas*: possibilidades e desafios. Belo Horizonte: Fórum, 2023. v. 1. p. 353-379. ISBN 978-65-5518-576-8.

A TECNOLOGIA E AS SERVENTIAS EXTRAJUDICIAIS

MARCELO DE OLIVEIRA MILAGRES

OSVALDO JOSÉ GONÇALVES DE MESQUITA FILHO

1 Introdução

As serventias extrajudiciais ou, simplesmente, os "cartórios", como são conhecidos pela ampla maioria da população, sempre fizeram e fazem parte do cotidiano brasileiro. Reconhecer firma de uma assinatura; autenticar documentos; casar-se ou divorciar-se; registrar o nascimento de um(a) filho(a) ou um óbito de um familiar; celebrar a escritura pública de compra e venda de um imóvel e, posteriormente, levar tal documento para o registro imobiliário são exemplos desse cotidiano.

Todos esses atos estão presentes na vida de qualquer cidadão, podendo-se afirmar, sem sombra de dúvidas, que, no desenrolar da vida, o brasileiro tem de ir ao cartório por inúmeras vezes, literalmente do seu nascimento até o seu óbito. Historicamente, essa "ida ao cartório" não é algo bem visto, remetendo-se ao ideário comum de arquétipos antiquados, longas filas e tempo de espera elevado.

O objetivo-geral desse artigo é mostrar a mudança desse cenário, demonstrando que as serventias extrajudiciais passaram – e estão passando – por um processo de modernização, inserindo, cada vez mais, a tecnologia no desempenho de suas atribuições. É uma construção que não é de hoje e que, ainda, não teve fim, encontrando-se em fase de implementação e de aperfeiçoamento. A fim de apresentar tal percurso, a metodologia será analítica e descritiva, ou seja, irá perpassar, sucintamente, por toda a trajetória, demonstrando de "onde viemos" e "para onde vamos".

No primeiro tópico, é feita a apresentação das serventias extrajudiciais, de forma propedêutica e com o fim de trazer a construção – conceitual, histórica e sistêmica – da atividade notarial e registral. Além disso, discute-se a importância da função para a sociedade, em seu viés social e econômico. Já, no segundo tópico, inicia-se a análise sobre a relação entre a tecnologia e a atividade delegada, em uma exposição dogmática sobre a temática para, ao final, ser feita a correlação crítica entre os pontos.

A opção metodológica do artigo é a vertente jurídico-social, uma vez que compreende o fenômeno jurídico no ambiente social mais amplo.[1] Por sua vez, o raciocínio científico é o dedutivo, já que se parte de premissas gerais para, no decorrer do texto, tecer considerações específicas.[2]

2 As serventias extrajudiciais: "de onde viemos"

Existem, no Brasil, mais de treze mil serventias extrajudiciais, presentes em todos os municípios brasileiros.[3] É uma das instituições mais longínquas e bem estruturadas da ordem jurídico-social brasileira, fazendo parte da história desde o Brasil-colônia.[4] Não é singularidade brasileira, já que se trata de instituto mundialmente arcaico, presente desde os primórdios romano-egípcios.[5]

Na estrutura jurídica mundial, existem três classificações predominantes para se definir a organização notarial: o Notariado

---

[1] GUSTIN, Miracy Barbosa de Sousa; DIAS, Maria Tereza Fonseca; NICÁCIO, Camila Silva. *(Re)pensando a pesquisa jurídica*: teoria e prática. 5. ed. São Paulo: Almedina, 2020, p. 65.
[2] GUSTIN, Miracy Barbosa de Sousa; DIAS, Maria Tereza Fonseca; NICÁCIO, Camila Silva. *(Re)pensando a pesquisa jurídica*: teoria e prática. 5. ed. São Paulo: Almedina, 2020, p. 71.
[3] CNJ, Conselho Nacional de Justiça. Portal Justiça Aberta. Disponível em: https://www.cnj.jus.br/corregedoria/justica_aberta/?. Acesso em: 10 abr. 2023.
[4] Cf. TUTIKIAN, Cláudia Fonseca. *Propriedade imobiliária e o registro de imóveis*: perspectiva histórica, econômica, social e jurídica. São Paulo: Quartier Latin, 2011.
[5] Cf. LAGO, Ivan Jacopetti do. Antevésperas dos registros imobiliários: um passeio histórico às fontes romanoegípcias. *In*: CANDAU, Alfonso et al. (Org.). *Estudos em homenagem a Sérgio Jacomino*. Lisboa: GestLegal, 2022, p. 173-194.

Administrativo,[6] o Notariado Anglo-Saxão[7] e o Notariado Latino,[8] tendo sido este último modelo o adotado pelo sistema brasileiro. O notário do tipo latino é um profissional do Direito, titular de função pública, nomeado pelo Estado para conferir autenticidade aos atos e negócios jurídicos contidos nos documentos que produz, e orientar e assessorar os usuários, com imparcialidade e independência.[9]

O sistema do notariado latino, ao contrário do que o próprio nome pode sugerir, está presente na maior parte mundo e não somente nos países de língua latina. É adotado em mais de 120 países, abrangendo dois terços da população mundial e mais de 60% do Produto Interno Bruto (PIB) do planeta.[10] A seguir, será feita uma análise – propedêutica e sucinta, como não poderia ser diferente – da estrutura desse sistema, suas principais características e princípios, com alguns pontos controvertidos na doutrina e jurisprudência.

Na sistemática latina, a atividade notarial/registral não é de base judicial, nem administrativa, pois se trata de profissional do Direito que exerce em caráter privado e com independência a função pública delegada pelo Estado, e, por isso, não integra a estrutura estatal.[11] Ora regida por normas de Direito Público, ora por normas de Direito Privado. Dip[12] conceitua essa dualidade como "binômio-tensivo" da atividade notarial e registral, o que demanda uma qualificação jurídica ainda maior do titular da serventia.

---

[6] É o modelo característicos dos países socialistas, em que o notário se encontrava inserido na estrutura hierárquica e burocrática do Estado, sendo um mero funcionário ou empregado estatal. Caiu em desuso com o declínio dos países socialistas e encontra-se praticamente extinto (KUMPEL, Vitor et al. *Tratado notarial e registral*. São Paulo: Ed. YK, 2017. v. 3, p. 112).

[7] No sistema anglo-saxão, a figura do *notary* se limita a identificar os subscritores do documento, a reconhecer a assinatura, a apor o respectivo selo e assinatura no documento, sem receber ou interpretar qualquer declaração de vontade dos particulares. É o modelo vigente na *common law*, em que a oralidade assume um papel muito mais importante, já que as leis escritas possuem função secundária, apenas auxiliando a esclarecer o costume. Desta feita, o papel do notário e registrador é bem menos importante, podendo tal função ser exercida por particulares, sem necessidade de formação jurídica, sendo que a intervenção notarial é, na maioria das vezes, superveniente à existência do documento (KUMPEL, Vitor et al. *Tratado notarial e registral*. São Paulo: Ed. YK, 2017. v. 3, p. 110-111).

[8] KUMPEL, Vitor et al. *Tratado notarial e registral*. São Paulo: Ed. YK, 2017. v. 3, p. 106-128.

[9] UINL. *Fundamental Principles*. Disponível em: www.uinl.org/principio-fundamentales. Acesso em: 12 abr. 2023.

[10] INTERNATIONAL UNION OF NOTARIES. *Website*, 2023. Disponível em: https://www.uinl.org/. Acesso em: 20 abr. 2023.

[11] RODRIGUES, Marcelo. *Tratado de Registros Públicos e Direito Notarial*. 4. ed. Salvador: JusPodivm, 2022, p. 858.

[12] DIP, Ricardo *apud* LOUREIRO, Luiz Guilherme. *Registros Públicos:* teoria e prática. 10. ed. Salvador: JusPodivm, 2019, p. 56.

No ordenamento jurídico brasileiro, à semelhança da organização latina, as atividades notariais e registrais são funções públicas, próprias do Estado, mas exercidas em caráter privado e mediante delegação estatal.[13] O delegatário possui total autonomia organizacional, inexistindo relação de hierarquia com o Estado, e, sim, de fiscalização, exercida por meio do Poder Judiciário.

A natureza jurídica dos notários e registradores era controvertida na doutrina e na jurisprudência brasileiras. Nos últimos anos, sedimentou-se que os notários e registradores não são servidores públicos, mas, sim, particulares em colaboração com o Estado, prestadores de um serviço público que receberam mediante delegação.[14]

Pelo fato de não serem servidores públicos no sentido estrito, são independentes na prestação dos seus serviços, responsáveis pelo gerenciamento técnico-administrativo da serventia extrajudicial e remunerados exclusivamente pelos emolumentos, valores pagos pelos usuários e que tem natureza jurídica de taxa.[15] Em caso de falha na prestação do serviço, o cidadão pode postular indenização em face do titular do cartório, que tem responsabilidade subjetiva,[16] e/ou do Estado, que tem responsabilidade objetiva e direta, o que justifica pela natureza pública da função exercida.[17]

Quando se fala que a atividade notarial e registral apresenta características empresariais, refere-se ao fato de que o delegatário é o responsável por toda a gestão da serventia, com seu gerenciamento técnico, administrativo e financeiro. Por sua vez, Ceneviva defende que a função não deve visar ao lucro, uma vez que deveria servir ao interesse público, e, portanto, não poderia ser comparada à atividade empresarial.[18]

---

[13] Art. 236 da Constituição da República de 1988.

[14] Por outro lado, há jurisprudência superada que entendia a atividade notarial e registral como serviço público: RE nº 209.354, Rel. Min. Carlos Velloso; ADI nº 865 MC, Rel. Min. Celso de Mello; ADI nº 1.709, Rel. Min. Maurício Corrêa; ADI nº 1.378, Rel. Min. Celso de Mello e ADI nº 1.778, Rel. Min. Nelson Jobim; entre outros.

[15] Cf. ADI MC nº 1.926/PE (Dje. 10 set. 1999); ADI MC nº 1.378/ES (Dje. 30 maio. 1997); ADI MC nº 1.444/PR Dje 29 ago. 1997); ADI nº 1.709/MT.

[16] Há divergência doutrinária nesse sentido, mas se optou por trazer a posição majoritária e vigente no atual ordenamento jurídico, conforme artigo 22 da Lei nº 8.935/1994.

[17] Sobre a responsabilidade civil – do Estado perante a atividade e dos próprios notários/registradores –, sugere-se: MESQUITA FILHO, Osvaldo José Gonçalves de; KUPERMAN, Bernard Korman. A responsabilidade civil do Estado por atos dos notários e registrados. *In*: ARYSMENDI, Lorena; OYARZUN, Felipe (Org.). *Nuevos retos del derecho de daños en Iberoamérica*. Valência: Tirant lo Blanch, 2020, p. 529-550.

[18] CENEVIVA, Walter. *Lei dos Notários e Registradores Comentada*. São Paulo: Saraiva, 2002, p. 145.

É certo que a finalidade é pública, mas para a consecução de tal fim, os meios – organização técnica, administrativa e financeira da serventia – são semelhantes ao de uma *empresa*, o que justifica tal comparação. Dizer que se assemelha ao modelo empresarial não é negar a finalidade pública, mas, sim, buscar que seja cumprida de forma ainda mais eficiente. Compreender a função notarial/registral dessa forma é o desejável para o seu avanço e a modernização do serviço.

O aspecto publicista da atividade notarial e registral está ligado à sua própria natureza, que é de serviço público. Apesar de ter havido a delegação estatal, perdura a finalidade do interesse público, haja vista a função ser pública, de grande importância para a sociedade e fazer parte da estrutura estatal.

Esse contexto justifica que o Estado continue exercendo a irrenunciável função de controle, a qual se dá em dois níveis: passivo, que se dá pela informação e fiscalização, a ser realizada pelo Poder Judiciário; e ativo, por meio da regulamentação normativa, a qual deve ser obrigatoriamente seguida pelo delegatário.[19] Quanto à regulação e controle estatal perante a atividade notarial e registral, vale destacar o seguinte trecho de Ribeiro:[20]

> [...] a atividade notarial e de registro é uma atividade jurídica que está, no Estado, muito próxima da atividade jurisdicional. Embora não se desenvolva para a solução de litígios, como a atividade jurisdicional pura, ela é uma atividade pré-contenciosa, e *deve ser utilizada com um regramento público eficaz, com uma regulação forte do Estado e uma auto-regulação privada. Deve ser utilizada em benefício dos cidadãos.* (grifos nossos)

Ribeiro defende que a fiscalização não basta, devendo haver a regulação, que é mais ampla e envolve a elaboração de normas pertinentes, a implementação/efetivação desse ordenamento e, por fim, a fiscalização/punição de eventuais infrações.[21] O Estado, ao se desonerar da execução direta e exclusiva desse serviço público, assume um dever de intervenção para que a atividade seja bem prestada, garantindo a sua adaptabilidade e atualização em face da evolução sociojurídica.

---

[19] KINDEL, Augusto Lermen. *Responsabilidade civil dos notários e registradores*. Porto Alegre: Norton Editor, 2007, p. 66.
[20] RIBEIRO, Luís Paulo Aliende. *Regulação da função pública notarial e de registro*. São Paulo: Saraiva, 2009, p. 80.
[21] RIBEIRO, Luís Paulo Aliende. *Regulação da função pública notarial e de registro*. São Paulo: Saraiva, 2009, p. 86-95.

No cenário brasileiro, essa regulação, tão defendida por Ribeiro, dá-se, sobretudo, pela atuação do Conselho Nacional de Justiça (CNJ), que é responsável pelas principais normativas relacionadas à atividade notarial e registral. Cabe destacar, ainda, as Corregedorias de Justiça Estaduais, que, além de fiscalizarem as serventias extrajudiciais, editam as normas locais.

A atuação do CNJ e das Corregedorias de Justiça Estaduais foi essencial para a modernização da atividade cartorária, que assumiram um papel de vanguarda e, a partir das suas normativas, implementaram uma série de inovações mesmo antes da regulação da temática em nível de lei federal.

A função de controle estatal, também, verifica-se na organização estrutural do sistema notarial e registral, característica típica dos chamados notariados numerários, já que o Estado deve determinar o número de serventias existentes e suas principais características. O Supremo Tribunal Federal (STF), notadamente por meio da Ação Direta de Inconstitucionalidade (ADI) nº 4.140/GO, definiu que é responsabilidade do ente federativo estadual: definir a organização das serventias; criar ou extinguir cartórios; e definir o número de serventias em determinado município e, como um todo, no estado.

Com relação aos princípios norteadores da atividade, serão apresentados os principais e que tem mais correlação com o processo de modernização da função. Ressaltando que não há qualquer pretensão de prolongar-se na temática.[22]

O primeiro deles, como não poderia ser diferente, é o princípio da publicidade, fundamento basilar da atividade notarial e registral, que é espécie do gênero Registros Públicos. Para Lopes, a publicidade transcende a principiologia, tratando-se de utilidade jurídico-social, publicizando e/ou criando relações jurídicas e direitos.[23]

A publicidade é universal, destinando-se a toda e qualquer pessoa, independentemente de interesse direto ou indireto.[24] Em regra,

---

[22] Para aprofundamento na temática dos princípios e o direito notarial e registral, sugere-se: KERN, Marinho Dembinski; COSTA JUNIOR, Francisco José de Almeida Prado Ferraz. *Princípios do Registro de Imóveis brasileiro*. 2. ed. São Paulo: Revista dos Tribunais, 2022.

[23] LOPES, Miguel Maria de Serpa. *Tratado dos registros públicos:* em comentário ao Decreto n. 4.857, de 9 de novembro de 1939, com as alterações introduzidas pelo Decreto n. 5.318, de 29 de novembro de 1940 e legislação posterior em conexão com o Direito Privado brasileiro. Brasília: Imprenta, 1997, p. 18.

[24] CENEVIVA, Walter. *Novo registro imobiliário brasileiro*. São Paulo: Revista dos Tribunais, 1979, p. 68.

é indireta, sendo obtida por meio de certidão;[25] e passiva, já que o interessado que deve procurar o serviço para obter alguma informação.[26] Com a incorporação da tecnologia à atividade delegada, a publicidade se tornou mais ampla e acessível, alargando, ainda mais, a importância desse princípio dos registros.[27]

Vale destacar, ainda, o princípio da rogação ou da instância, que determina que os delegatários não podem atuar de ofício. Sem solicitação da parte, o notário e o registrador não podem praticar seus atos, devendo haver um requerimento – oral ou escrito – para a sua realização. A forma como se dá essa postulação se alterou consideravelmente com a modernização das serventias extrajudiciais, que hoje pode ser totalmente digital, extirpando a necessidade das "idas ao cartório", metáfora mencionada na introdução.

Passada toda essa apresentação inicial da atividade cartorária, é imprescindível a análise da função social e econômica dos notários e registradores, demonstrando a sua importância perante a sociedade. É imperioso realizar tal exposição, já que a função notarial/registral é, por muitas vezes, rotulada – com demasiada pressa e irrefletido descaso – como ultrapassadas velharias formais[28] e como instituição existente somente no Brasil, o que já se demonstrou falso.

Segundo Campilongo,[29] a função social do notariado latino é sedimentada em três pressupostos: a criação de ambiente propício à produção de eficiência econômica; a estabilização da confiança como mecanismo de redução da complexidade; e o acesso à informação como garantia de legalidade, transparência e, principalmente, imparcialidade. Tais premissas – eficiência, confiança e imparcialidade – seriam reunidas a fim de garantir um cenário de menos litigiosidade, de mais credibilidade nas instituições, com as relações jurídicas pautadas pelo equilíbrio e mediação de terceiro imparcial, o que é propício ao desenvolvimento econômico e social.

---

[25] A excepcionalidade fica por conta dos loteamentos e das incorporações imobiliárias, em que é permitido o acesso aos documentos referentes aos empreendimentos de forma direta, independentemente de certidão.

[26] Excepcionalmente, pode ser ativa, tal como nas notificações realizadas pelos notários/registradores para dar ciência ao notificado sobre algum registro, averbação ou procedimento que lhe diga respeito.

[27] Cf. ALMEIDA, Carlos Ferreira de. *Publicidade e teoria dos registros*. São Paulo: Almedina, 1966.

[28] CAMPILONGO, Celso Fernandes. *Função social do notariado*: eficiência, confiança e imparcialidade. São Paulo: Saraiva, 2014, p. 108.

[29] CAMPILONGO, Celso Fernandes. *Função social do notariado*: eficiência, confiança e imparcialidade. São Paulo: Saraiva, 2014, p. 17.

A confiança é, portanto, mecanismo basilar da atividade cartorária, sendo, ao mesmo tempo, paradoxal, visto que as partes confiam porque desconfiam.[30] Tal cenário é normal nos dias de hoje, em que a dinâmica empresarial comumente envolve partes que não se conhecem, originárias de locais diferentes no mundo. A atuação imparcial do notário, colocando esses sujeitos em relação de equidistância, provê confiança e segurança negocial.

Para arrematar, é necessário colacionar trecho de Campilongo:

> *A institucionalização da confiança reduz custos de transação, mitiga assimetrias de informação, internaliza externalidades positivas na produção de escrituras e contratos adequados.* No ambiente institucional brasileiro, trata-se de regulação que aproxima os mercados de resultados pretendidos pelo paradigma competitivo. O Estado e o Direito, na análise da regulação referente aos notários, não podem ignorar os efeitos percebidos pelos mercados.[31] (grifos nossos).

No ideário comum, questionam-se os custos da atividade notarial e registral, argumentando-se que seriam elevados face à importância diminuta do serviço. Arruñada demonstra que o custo do notariado latino é muito baixo, especialmente se comparado aos países do sistema anglo-saxão.[32] A atividade notarial/registral, nesses países, é de importância/atuação mínima, o que gera uma falta de segurança jurídica e o aumento dos custos de transação, em face da atuação obrigatória das seguradoras.[33]

Há, ainda, o aspecto de prevenção de litígios e de desjudicialização inerente à atividade notarial e registral. Carnelutti[34] define bem o papel que se espera do notário: "quanto mais notário, menos juiz". O caráter *ex ante* de intermediação imparcial, antes de qualquer litígio, é

---

[30] CAMPILONGO, Celso Fernandes. *Função social do notariado*: eficiência, confiança e imparcialidade. São Paulo: Saraiva, 2014, p. 22.

[31] CAMPILONGO, Celso Fernandes. *Função social do notariado*: eficiência, confiança e imparcialidade. São Paulo: Saraiva, 2014, p. 93.

[32] Cf. ARRUÑADA, Benito. *Análisis económico del notariado*. Madrid: Universidad Pompeu Fabra, 1995.

[33] Cf. FARIA, Bianca Castellar de; LACERDA, Naurican Ludovico. O custo das transações imobiliárias nos Estados Unidos. *Revista de Direito Imobiliário*, São Paulo, v. 45, n. 92, p. 59-77, jan./jul. 2022.

[34] CARNELUTTI, Francesco. La figura giuridica del notaro. *Revista Trimestrale di Diritto e Procedura Civil*. Ano IV, 1950 apud CAMPILONGO, Celso Fernandes. *Função social do notariado*: eficiência, confiança e imparcialidade. São Paulo: Saraiva, 2014, p. 22.

o desejável na sociedade atual. Sobre a temática, irretocável a conclusão de Rodrigues:[35]

> [...] o direito não pode, nem deve, ser analisado apenas sob a ótica da resolução de litígios. *Mais importante que resolvê-los é, na medida do possível, evitá-los, pacificando conflitos e assim eliminando germes de futuras demandas.* O litígio é oneroso, sua resolução é demorada e nem sempre tem o condão de encerrar o conflito, pois as partes, mesmo após a intervenção do Estado-juiz, com frequência não se pacificam, com a solução alcançada. Por isso que deve ser visto o litígio e examinada a possibilidade de resolução judicial como exceção, jamais como regra.

Por fim, destaca-se a teoria de Shiller, ganhador do Prêmio Nobel de Economia, em que o economista, ao analisar a crise do *subprime*,[36] defende que a implantação do notariado latino seria uma das soluções de longo prazo a serem adotadas nos Estados Unidos. Fundamenta a sua defesa no papel da atividade notarial para a democratização da informação nos investimentos e a correta instrumentalização das hipotecas.[37]

Diante do avanço tecnológico inerente à sociedade atual, surgiu a necessidade – ou, talvez, a obrigatoriedade – das serventias extrajudiciais se adaptarem a esta nova realidade. Tal processo de modernização será explorado a seguir.

3 A tecnologia e as serventias extrajudiciais

Viver na era digital é uma epopeia desafiadora.[38] Ser adaptativo e não se tornar obsoleto torna esse desafio ainda maior, raciocínio aplicável a todos os campos da vida pessoal e profissional. Não poderia

---

[35] RODRIGUES, Marcelo. *Tratado de Registros Públicos e Direito Notarial.* 4. ed. Salvador: JusPodivm, 2022, p. 863.

[36] A crise do *subprime* é o nome que foi dado ao ponto de mudança na economia e na cultura. Isto é, em seu centro, o resultado da bolha especulativa no mercado imobiliário que começou a estourar nos Estados Unidos em 2006 e tem causado rupturas ao longo de vários países em termos de crises financeiras e quebra do crédito global (SHILLER, Robert. *The subprime solution:* how today's global financial crisis happened, and what to do about it. Oxford: Princeton University Press, 2008, p. 1).

[37] SHILLER, Robert. *The subprime solution:* how today's global financial crisis happened, and what to do about it. Oxford: Princeton University Press, 2008, p. 134.

[38] NALINI, José Renato. Conclusão: o futuro do Registro de Imóveis. In: GALHARDO, Flaviano *et al.* (Org.). *Direito Registral e novas tecnologias.* Rio de Janeiro: Forense, 2021, p. 447-476, p. 456.

ser diferente com a atividade notarial e registral, que teve de se adaptar – e ainda está se adaptando – à tecnologia e ao mundo moderno.

Schwab afirma que vivemos a Quarta Revolução Industrial, imersos em uma revolução tecnológica que transformou e continua a transformar a forma como vivemos, trabalhamos e nos relacionamentos.[39] Diante desse cenário, surgiu a inquietação: como conciliar o desenvolvimento tecnológico e a função desempenhada pelas serventias extrajudiciais? Como garantir a segurança jurídica inerente à função e, ao mesmo tempo, modernizar-se para acompanhar os novos tempos?

Emergiu-se, então, a necessidade de modernização do arcabouço legislativo, de forma a regular a adaptação da atividade à tecnologia. Em um primeiro momento, contudo, a legislação federal não atuou nesse sentido, cabendo às Corregedorias Estaduais e, principalmente, ao CNJ o papel de agente regulador dessas mudanças. Intensificou-se, então, o cenário já descrito, em que a normativa infralegal – provimentos, resoluções, recomendações – é responsável por regulamentar temática tão complexa e de grande importância para a sociedade.

É importante ressaltar que inovar e modernizar-se não significa repudiar a construção histórica de um sistema tão consolidado e com a função socioeconômica que lhe é inerente. Nalini afirma que o passado não precisa ser destruído, mas reintegrado às novas tecnologias, devendo-se remodelar as mentalidades e as práticas.[40] Nessa mesma linha, Gálligo afirma que as serventias extrajudiciais devem se adaptar à velocidade do trânsito jurídico moderno, incorporando novas tecnologias. Mas sempre sem perda da segurança jurídica.[41]

Atuando nesse sentido, surgiram as primeiras normativas relativas à modernização da atividade notarial e registral. Restringe-se o escopo do artigo às normativas editadas pelo CNJ e à legislação federal, deixando-se de mencionar as regras editadas pelas Corregedorias Estaduais, pela própria dificuldade e complexidade da análise a ser realizada no âmbito nacional.

O ponto de partida foi a Recomendação nº 14/2014 do CNJ, que introduziu a ideia do Sistema de Registro de Imóveis Eletrônico (SREI). Recomendou-se a adoção de práticas voltadas ao registro eletrônico

---

[39] Cf. SCHWAB, Klaus. *A quarta revolução industrial*. São Paulo: Edipro, 2016.
[40] NALINI, José Renato. Conclusão: o futuro do Registro de Imóveis. *In*: GALHARDO, Flaviano et al. (Org.). *Direito Registral e novas tecnologias*. Rio de Janeiro: Forense, 2021, p. 447-476, p. 468.
[41] GÁLLIGO, Javier Gómez. Registro de Imóveis e internet. *In*: GALHARDO, Flaviano et al. (Org.). *Direito Registral e novas tecnologias*. Rio de Janeiro: Forense, 2021, p. 249-267, p. 266.

e às centrais eletrônicas, de forma a chamar atenção para a temática. Em seguida, o CNJ editou o Provimento nº 47/2015, que estabeleceu as primeiras diretrizes desse sistema eletrônico de registro imobiliário.

A partir de tais normativas, emergiram as regulamentações a nível estadual pelas respectivas Corregedorias, o que foi dando amplitude à temática. Concomitantemente, as entidades de classe se organizaram na criação, regulamentação e operacionalização das centrais eletrônicas, nas quais passou a ser possível a solicitação e, até mesmo, a realização *online* de alguns serviços notariais e registrais.[42]

No momento em que essas medidas de modernização fervilhavam, emergiu a Lei nº 13.465/2017 – de âmbito federal e com natureza de lei ordinária –, que trouxe mais alguns avanços para a temática. A legislação trouxe expressamente o SREI, o qual seria implementado e operado, em âmbito nacional, pelo Operador Nacional do Sistema de Registro Eletrônico de Imóveis (ONR).[43]

A regulamentação da temática foi postergada, deixada a cargo do CNJ, que foi eleito como agente regulador do ONR e responsável pelo cumprimento do seu estatuto.[44] É importante destacar essa legislação, que, a despeito das suas lacunas e da necessidade de regulamentação futura, foi paradigmática ao tratar expressamente da temática a nível federal.

De modo a regulamentar a SREI e o ONR, foi editado o Provimento nº 89/2019 pelo CNJ, que também revogou o anterior Provimento nº 47/2015. Cabe destacar alguns pontos da norma: a regulamentação do Código Nacional de Matrículas, que é uma sequência numérica de individualização do imóvel a nível nacional; as diretrizes para o SREI, regulamentando seus aspectos gerais; e a regulação do Serviço de Atendimento Eletrônico Compartilhado (SAEC), uma espécie de "balcão virtual", destinado ao atendimento remoto dos usuários interligado a todas as serventias de registro de imóveis do país.

Cabe mencionar, ainda, que o Provimento nº 89/2019 estabeleceu as primeiras diretrizes acerca da ONR. Posteriormente, em abril de 2020, ocorreu Assembleia Eletrônica na qual foram aprovados os estatutos do órgão e foi eleita a primeira Diretoria Executiva.[45] Por fim, o CNJ

---

[42] Destaque para a vanguardista Central de Informações do Registro Civil (CRC), regulamentada nacionalmente pelo Provimento nº 46/2015, em que é possível a solicitação e a execução de atos no Registro Civil das Pessoas Naturais.
[43] Art. 76 da Lei nº 13.465/2017.
[44] Art. 76, §4º, da Lei nº 13.465/2017.
[45] Disponível em: https://www.irib.org.br/noticias/detalhes/assembleia-eletronica-aprova-estatuto-do-onr-e-elege-sua-primeira-diretoria-executiva. Acesso em: 25 abr. 2023.

editou o Provimento nº 109/2020, que disciplinou a atuação do próprio órgão enquanto agente regulador da ONR.

É importante destacar a celeuma que existia em relação ao custeio da implementação e manutenção da SREI, que foi encerrada com a criação de um fundo, gerido pela ONR e subvencionado pelas serventias de Registro de Imóveis.[46] Adotou-se, então, a política de subsídios cruzados, com o recolhimento de valores por todos os registradores mobiliários na proporção da arrecadação e do número de atos praticados na serventia, o que ficou normatizado pelo Provimento nº 115/2021 do CNJ.

Vale mencionar, ainda, o recente Provimento nº 143/2023, responsável por regular a estrutura, geração e validação do Código Nacional de Matrícula. Destaca-se o prazo de 1 (um) ano para a implantação em todas as matrículas imobiliárias do país,[47] que, caso seja cumprido, representará um grande avanço para a atividade registral.

Toda essa adaptação, modernização e incorporação da tecnologia aos serviços notariais e registrais teve um grande catalisador: a pandemia do COVID-19, iniciada em meados do ano de 2020. Vivenciávamos o medo difuso do invisível, o temor havia virado rotina, estávamos longe de ter o controle de tudo.[48]

Contudo, a vida em sociedade é dinâmica. A despeito do isolamento social, as relações econômicas/comerciais persistiram. A construção civil e os negócios imobiliários continuaram; o comércio teve de se reinventar, alavancando as vendas virtuais (*e-commerce*); o agronegócio persistiu bravamente, sendo base da economia brasileira à época. Enfim, a vida, mesmo que modificada e atribulada, teve de continuar e continuou. Como não poderia ser diferente, as serventias extrajudiciais também continuaram, sem interromper a prestação do serviço público.

Nesse período, tivemos a edição de diversas normativas pelo CNJ, algumas já mencionadas, mas o grande destaque ficou por conta do Provimento nº 100/2020, em que se regulamentou a prática dos notariais de forma eletrônica. Tal mudança foi emblemática e disruptiva, o que se justifica até pela natureza da função do tabelião de notas, marcado por uma maior proximidade e contato entre usuário e delegatário.

---

[46] Art. 76, §9º, da Lei nº 13.465/2017, que foi introduzido pela Lei nº 14.118/2021.

[47] Art. 13, III, do Provimento nº 143/2023.

[48] MILAGRES, Marcelo de Oliveira. *Contratos imobiliários*: impactos da pandemia do coronavírus. Indaiatuba, SP: Foco, 2020, p. 3.

Em um dia, cidadão e tabelião estavam lado a lado no momento da prática do ato; outrora, passa-se a permitir a lavratura de forma totalmente eletrônica e virtual.

Permitiu-se, então, a formalização dos atos de forma totalmente eletrônica, com as partes assinando por meio de certificado digital[49] e com a realização de uma videoconferência. Por meio de uma plataforma de comunicação *online*, é feita uma espécie de audiência, a ser obrigatoriamente gravada, realizando-se os trâmites à semelhança do que ocorre presencialmente na serventia extrajudicial.

Não se analisará a fundo as diversas mudanças ocorridas com a edição do Provimento nº 100/2020,[50] cabendo destacar o seu papel na modernização das serventias extrajudiciais como um todo. O Brasil assumiu posição de vanguarda, até mesmo em relação aos países da União Europeia, os quais, na sua maioria, não têm o sistema notarial e de registro imobiliário de forma totalmente eletrônica.[51]

Recentemente, foi editada a Lei nº 14.382/2022, que regulamenta uma série de inovações em âmbito notarial e registral. Tamanhas foram as mudanças que lhe renderam a alcunha de "Cartório Digital" por Rodrigues.[52] As alterações tiveram denominadores comuns: a simplificação na prática dos atos, com vistas à modernização e à celeridade; e a regulação federal de normativas esparsas, que já vinham sendo previstas em normativos do CNJ e das Corregedorias Estaduais.

Há que se falar, ainda, no aparente conflito entre a Lei Geral de Proteção de Dados (LGPD) e a publicidade inerente à função cartorária. As serventias extrajudiciais tratam inúmeros dados, diariamente, encontrando-se no rol dos agentes públicos que devem adotar cuidados/mecanismos para o correto tratamento desses dados.[53] Por outro lado, a publicidade da função é universal e, em regra, não há que se obstaculizar o acesso aos dados constantes em seus arquivos.

---

[49] Cf. SOTTANO, Augusto; LAGO, Ivan Jacopetti. As assinaturas eletrônicas e o Registro de Imóveis: estado atual da questão. *In*: GALHARDO, Flaviano et al. (Org.). *Direito Registral e novas tecnologias*. Rio de Janeiro: Forense, 2021, p. 75-106.

[50] Para tal temática, sugere-se: CHEZZI, Bernardo (Org.). *Atos eletrônicos*: notas e registros. São Paulo: Ibradim, 2021.

[51] PATRÃO, Afonso. E-Justice e transacções imobiliárias internacionais na União Europeia. *In*: CANDAU, Alfonso et al. (Org.). *Estudos em homenagem a Sérgio Jacomino*. Lisboa: GestLegal, 2022, p. 23-43, p. 27.

[52] RODRIGUES, Marcelo. *Tratado de Registros Públicos e Direito Notarial*. 4. ed. Salvador: JusPodivm, 2022, p. 137-156.

[53] Art. 23, §4º, da Lei nº 13.709/2018.

O paradigma a ser adotado é o de Chezzi, em que se considera tal cenário como não conflituoso, bastando que haja parcimônia, cautela e rigor no tratamento dos dados e, doutro lado, não se obstaculize o acesso ao acervo registral/notarial a não ser em casos excepcionais. Vale destacar o seguinte trecho do autor:

> A LGPD serve, portanto, à proteção do acervo integral e ao redimensionamento do papel das informações pessoais neste banco público de dados imobiliários, no caso do Registro de Imóveis. Presta-se a incrementar a segurança jurídica no prestígio da finalidade de suas funções e proporcionar o fluxo adequado de dados pessoais na era da informação, melhorando o desempenho dos serviços de registros públicos em prol de toda a sociedade.[54]

Com vistas a regulamentar a temática e pacificar eventuais celeumas, o CNJ editou o Provimento nº 134, em 2022. Resumidamente, regulamentou-se a forma como os notários e registradores irão tratar os dados, estabelecendo as medidas a serem adotadas para a correta adequação à LGPD.

Toda essa exposição analítica e descritiva foi essencial para se entender "aonde chegamos", mas, diante do dinamismo social e da evolução tecnológica, as mudanças não param e, consequentemente, a modernização também deve continuar. Os debates doutrinários sobre a temática estão fervilhando, trazendo-se, a seguir, alguns assuntos principais: *blockchain*, inteligência artificial e a tokenização.

Inicia-se o debate com o Provimento nº 038/2021 da Corregedoria-Geral de Justiça do Tribunal do Rio Grande do Sul, em que se regulamentou a lavratura de escrituras públicas de bens imóveis com contrapartida de *tokens*/criptoativos, também possibilitando o subsequente registro. De forma vanguardista, o tribunal gaúcho trouxe a temática da tokenização de imóveis e a utilização das moedas virtuais para dentro das serventias extrajudiciais, o que, por certo, é suscetível de elogios, mas também de dúvidas e inquietações.

É dada a chancela do Direito para a utilização dessas novas tecnologias em âmbito imobiliário, mas de forma regulada e diante do olhar do Estado, neste caso representado pelos delegatários. Richter e Philippi defendem que a utilização dessas modernidades é inevitável,

---

[54] CHEZZI, Bernardo. Aplicação da LGPD ao Registro de Imóveis. *In:* GALHARDO, Flaviano et al. (Org.). *Direito Registral e novas tecnologias*. Rio de Janeiro: Forense, 2021, p. 123-152, p. 149.

mas apontam a contradição existente entre a atual regulação gaúcha e a própria razão de existir dessas tecnologias:

> [...] como um direito, fundado na lei e no Direito, pode ser assegurado e legitimado por uma tecnologia orientada pelo não direito? Como seria possível legitimar direitos através de mineradores aleatórios via solução matemática? Qual é a garantia que o titular de ativos imobiliários digitais "token imobiliários" incidentes sobre imóvel físico tem, se o direito de propriedade está inscrito no Registro Imobiliário e os *tokens* de *blockchain* não tem qualquer conexão com eles?[55]

A *ratio* da *blockchain* e de tecnologias emergentes é a fuga do aparato estatal, utilizando-se de uma rede de transações desregulada e sem interferência do Estado. Buscar a regulamentação da temática é imprescindível, mas se deve compreender – com o auxílio de especialistas da área e o inevitável estudo verticalizado da temática – como tais tecnologias funcionam.

Imperioso destacar o seguinte trecho de Rodrigues:

> Portanto, a discussão deve ser posicionada em seus reais termos: em que medida está a sociedade disposta a descartar agentes estatais imparciais, independentes e confiáveis para adotar terceiros privados? E a questão reflexa: em que medida está o Estado disposto a ceder parte do espaço que ocupa hoje e que pode ocupar amanhã em favor de agentes puramente privados?[56]

Maziteli Neto e Brandelli ponderam que, embora a tecnologia *blockchain* permita a tokenização do direito de propriedade, isso não altera o direito real que a sustenta, posto que a propriedade imobiliária tem tratamento regulado na legislação civil e registral.[57]

O que se defende não são obstáculos à implementação dessas tecnologias, mas que haja uma conciliação e adaptação ao aparato jurídico-normativo existente. Vejamos algumas ideias, apontadas como centrais para essa linha de argumentação.

---

[55] RICHTER, Luiz Egon; PHILIPPI, Juliana Horn Machado. Inovação e segurança jurídica: a necessidade de regulação de criptoativos imobiliários e do uso da *blockchain* nas transações imobiliárias. *Revista de Direito Imobiliário*, São Paulo, v. 93, p. 191-228, jul./dez. 2022, p. 192.

[56] RODRIGUES, Marcelo. *Tratado de Registros Públicos e Direito Notarial*. 4. ed. Salvador: JusPodivm, 2022, p. 219-240.

[57] MAZITELI NETO, Celso; BRANDELLI, Leonardo. *Blockchain* e o Registro de Imóveis. *Revista de Direito Imobiliário*, São Paulo, v. 42, n. 87, p. 63-95, jul./dez. 2019.

Gálligo defende a incorporação do *blockchain* como técnica de armazenamento de dados e garantia da inalterabilidade do trato sucessivo, da mesma forma que os registros sempre incorporaram novas tecnologias.[58] Miranda, por sua vez, aponta as vantagens da utilização da computação cognitiva na qualificação registral, caminhando na ideia de uma qualificação híbrida:

> A qualificação realizada pelo sistema de computação cognitiva apresenta diversas vantagens: maior velocidade na leitura, interpretação e qualificação; custo reduzido; leitura integral e conferência de ponto por ponto, evitando-se leitura superficial; memória completa quanto aos requisitos e verificações a serem feitas; inexistências de erros por cansaço; facilidade na realização de verificações rotineiras; emissão de relatórios completos, entre outros.[59]

Alinha-se ao posicionamento acima, corroborado pelas ideias de Brandelli, defensor do uso conjunto de inteligências – a artificial e a humana. Para o autor, o nosso sistema de registro de direitos demanda uma qualificação jurídica importante, que é o cerne da atividade registral e que justifica a sua classificação como atividade intelectual.[60] Enquanto função intelectiva, não há que se falar em substituição pela tecnologia, mas tão somente em conjugação, complementação e incorporação.

O assunto é complexo.

4 Conclusão

A prática jurídica deve ousar, buscando sempre ser consentânea com a realidade.

Os notários e os registradores devem se adaptar à contemporaneidade, buscando alternativas aos obstáculos vigentes e almejando a

---

[58] GÁLLIGO, Javier Gómez. Registro de Imóveis e internet. In: GALHARDO, Flaviano et al. (Org.). *Direito Registral e novas tecnologias*. Rio de Janeiro: Forense, 2021, p. 249-267, p. 267.

[59] MIRANDA, Caleb Matheus Ribeiro de. A computação cognitiva e o Registro de Imóveis. *Revista de Direito Imobiliário*, São Paulo, v. 83, a. 40, p. 79-100, jul./dez. 2017, p. 92.

[60] No que toca à atividade registral imobiliária, em um sistema de registro de direitos como, por exemplo, o brasileiro, espanhol, o chileno ou o alemão, não se trata de atividade mecânica. Muito ao contrário. Trata-se de atividade intelectual. [...] Uma parte dela é, como em toda atividade, mecânica, e será substituída. Mas a sua essência não é mecânica, mas intelectual, e deverá continuar a ser humana (BRANDELLI, Leonardo. Inteligência artificial e o Registro de Imóveis. In: GALHARDO, Flaviano et al. (Org.). *Direito Registral e novas tecnologias*. Rio de Janeiro: Forense, 2021, p. 381-400, p. 396).

efetivação/consecução de direitos. Devem, portanto, pautar a sua atuação pelo interesse público, como própria expressão da função pública que lhes foi delegada.

Todavia, ainda há muito a ser feito. É necessário pensar novas práticas, reinventar-se e ser criativo, trazendo o tema da tecnologia com mais recorrência para a seara acadêmica/doutrinária. Mais importante do que criar condutas, é fazer com que as mudanças sejam efetivadas e, principalmente, estar em constante adaptação à realidade, com enfoque na implementação permanente da tecnologia à atividade cartorária.

Referências

ALMEIDA, Carlos Ferreira de. *Publicidade e teoria dos registros*. São Paulo: Almedina, 1966.

ARRUÑADA, Benito. *Análisis económico del notariado*. Madrid: Universidad Pompeu Fabra, 1995.

BONILHA FILHO, Márcio Martins; DUARTE, Andrey Guimarães. A revolução tecnológica e o direito notarial – o impacto da tecnologia na atividade notarial e a sua regulação pelo Provimento 100 da Corregedoria Nacional de Justiça. *In*: ABELHA, André (Org.). *Estudos em Direito Imobiliário*: homenagem a Sylvio Capanema de Souza. São Paulo: Ibradim, 2020, p. 389-400.

BRANDELLI, Leonardo. Inteligência artificial e o Registro de Imóveis. *In*: GALHARDO, Flaviano *et al*. (Org.). *Direito Registral e novas tecnologias*. Rio de Janeiro: Forense, 2021, p. 381-400.

CAMPILONGO, Celso Fernandes. *Função social do notariado*: eficiência, confiança e imparcialidade. São Paulo: Saraiva, 2014.

CENEVIVA, Walter. *Novo registro imobiliário brasileiro*. São Paulo: Revista dos Tribunais, 1979.

CHEZZI, Bernardo. Aplicação da LGPD ao Registro de Imóveis. *In*: GALHARDO, Flaviano *et al*. (Org.). *Direito Registral e novas tecnologias*. Rio de Janeiro: Forense, 2021.

CHEZZI, Bernardo (Org.). *Atos eletrônicos*: notas e registros. São Paulo: Ibradim, 2021.

FARIA, Bianca Castellar de; LACERDA, Naurican Ludovico. O custo das transações imobiliárias nos Estados Unidos. *Revista de Direito Imobiliário*, São Paulo, v. 45, n. 92, p. 59-77, jan./jul. 2022.

GÁLLIGO, Javier Gómez. Registro de Imóveis e internet. *In:* GALHARDO, Flaviano et. al. (Org.). *Direito Registral e novas tecnologias*. Rio de Janeiro: Forense, 2021, p. 249-267.

GUSTIN, Miracy Barbosa de Sousa; DIAS, Maria Tereza Fonseca; NICÁCIO, Camila Silva. *(Re)pensando a pesquisa jurídica*: teoria e prática. 5. ed. São Paulo: Almedina, 2020.

INTERNATIONAL UNION OF NOTARIES. *Website*, 2023. Disponível em: https://www.uinl.org/.

KERN, Marinho Dembinski; COSTA JUNIOR, Francisco José de Almeida Prado Ferraz. *Princípios do Registro de Imóveis brasileiro*. 2. ed. São Paulo: Revista dos Tribunais, 2022.

KINDEL, Augusto Lermen. *Responsabilidade civil dos notários e registradores*. Porto Alegre: Norton Editor, 2007.

KUMPEL, Vitor et al. *Tratado notarial e registral*. São Paulo: Ed. YK, 2017. v. 3.

LAGO, Ivan Jacopetti do. Antevésperas dos registros imobiliários: um passeio histórico às fontes romanoegípcias. In: CANDAU, Alfonso et al. (Org.). *Estudos em homenagem a Sérgio Jacomino*. Lisboa: GestLegal, 2022, p. 173-194.

LOPES, Miguel Maria de Serpa. *Tratado dos registros públicos:* em comentário ao Decreto n. 4.857, de 9 de novembro de 1939, com as alterações introduzidas pelo Decreto n. 5.318, de 29 de novembro de 1940 e legislação posterior em conexão com o Direito Privado brasileiro. Brasília: Imprenta, 1997.

LOUREIRO, Luiz Guilherme. *Registros Públicos:* teoria e prática. 10. ed. Salvador: JusPodivm, 2019.

MAZITELI NETO, Celso; BRANDELLI, Leonardo. *Blockchain* e o Registro de Imóveis. *Revista de Direito Imobiliário*, São Paulo, v. 42, n. 87, p. 63-95, jul./dez. 2019.

MESQUITA FILHO, Osvaldo José Gonçalves de; KUPERMAN, Bernard Korman. A responsabilidade civil do Estado por atos dos notários e registrados. In: ARYSMENDI, Lorena; OYARZUN, Felipe (Org.). *Nuevos retos del derecho de danõs en Iberoamérica*. Valência: Tirant lo Blanch, 2020, p. 529-550.

MILAGRES, Marcelo de Oliveira. *Contratos imobiliários*: impactos da pandemia do coronavírus. Indaiatuba, SP: Foco, 2020.

MIRANDA, Caleb Matheus Ribeiro de. A computação cognitiva e o Registro de Imóveis. *Revista de Direito Imobiliário*, São Paulo, v. 83, a. 40, p. 79-100, jul./dez. 2017.

NALINI, José Renato. Conclusão: o futuro do Registro de Imóveis. In: GALHARDO, Flaviano et al. (Org.). *Direito Registral e novas tecnologias*. Rio de Janeiro: Forense, 2021, p. 447-476.

PATRÃO, Afonso. E-Justice e transacções imobiliárias internacionais na União Europeia. In: CANDAU, Alfonso et al. (Org.). *Estudos em homenagem a Sérgio Jacomino*. Lisboa: GestLegal, 2022, p. 23-43.

RICHTER, Luiz Egon; PHILIPPI, Juliana Horn Machado. Inovação e segurança jurídica: a necessidade de regulação de criptoativos imobiliários e do uso da *blockchain* nas transações imobiliárias. *Revista de Direito Imobiliário*, São Paulo, v. 93, p. 191-228, jul./dez. 2022.

RODRIGUES, Daniel Lago. Os *smart contracts* e seu caráter *trustless*. In: GALHARDO, Flaviano et al. (Org.). *Direito Registral e novas tecnologias*. Rio de Janeiro: Forense, 2021.

RODRIGUES, Marcelo. *Tratado de Registros Públicos e Direito Notarial*. 4. ed. Salvador: JusPodivm, 2022.

SCHWAB, Klaus. *A quarta revolução industrial*. São Paulo: Edipro, 2016.

SHILLER, Robert. *The subprime solution*: how today's global financial crisis happened, and what to do about it. Oxford: Princeton University Press, 2008.

SOTTANO, Augusto; LAGO, Ivan Jacopetti. As assinaturas eletrônicas e o Registro de Imóveis: estado atual da questão. In: GALHARDO, Flaviano et al. (Org.). *Direito Registral e novas tecnologias*. Rio de Janeiro: Forense, 2021, p. 75-106.

TUTIKIAN, Cláudia Fonseca. *Propriedade imobiliária e o registro de imóveis:* perspectiva histórica, econômica, social e jurídica. São Paulo: Quartier Latin, 2011.

UINL. *Fundamental Principles*. Disponível em: <www.uinl.org/principio-fundamentales.

Informação bibliográfica deste texto, conforme a NBR 6023:2018 da Associação Brasileira de Normas Técnicas (ABNT):

MILAGRES, Marcelo de Oliveira; MESQUITA FILHO, Osvaldo José Gonçalves de. A tecnologia e as serventias extrajudiciais. *In*: EHRHARDT JÚNIOR, Marcos; CATALAN, Marcos; NUNES, Cláudia Ribeiro Pereira (Coord.). *Inteligência artificial e relações privadas*: possibilidades e desafios. Belo Horizonte: Fórum, 2023. v. 1. p. 381-399. ISBN 978-65-5518-576-8.

A INTELIGÊNCIA ARTIFICIAL E O USO DA *ONLINE DISPUTE RESOLUTION* PELOS TRIBUNAIS DE CONTAS

RICARDO SCHNEIDER RODRIGUES

1 Introdução

A tecnologia tem gerado mudanças significativas em todas as dimensões das interações humanas. Se no âmbito privado os impactos são percebidos nas relações sociais em geral, no âmbito público essas repercussões também já são notadas, a exemplo do significativo crescimento de serviços digitais que passam a ser disponibilizados a cada dia. Afinal, os cidadãos "digitais" criam altas expectativas quanto à atuação do Estado, acostumados que estão com a rapidez, a facilidade e a onipresença proporcionada pelas novas tecnologias.

Se a pandemia acelerou esse processo de inserção digital, projetando praticamente todos nós nesse mundo novo, ao impor a adesão a essas novas ferramentas, inclusive para aqueles pouco familiarizados com essa modernização, os recentes avanços na seara inteligência artificial (IA), destacadamente a disseminação do ChatGPT, desenvolvido pela OpenAI, indicam que estamos longe de compreender todas as suas potencialidades.[1]

---

[1] "O ChatGPT é um modelo de linguagem artificial de grande escala desenvolvido pela OpenAI, baseado na arquitetura GPT-3.5. Ele é projetado para gerar respostas em linguagem natural para uma ampla variedade de perguntas e tópicos, e pode ser usado em uma variedade de aplicativos, como *chatbots*, assistentes virtuais, sistemas de diálogo e muito mais. O ChatGPT usa tecnologia de inteligência artificial para processar grandes

Neste cenário, cumpre ao poder público investigar os possíveis usos dessas novas tecnologias como forma de aprimorar o desenvolvimento de suas atividades e atender às demandas da sociedade. Em contrapartida, os órgãos incumbidos da função de controle também precisam se ajustar para a fiscalização desse novo Governo Digital, inclusive para avançar em busca de novas formas de atuar, potencializando o alcance e a qualidade de suas análises. Por tais razões, o foco do presente trabalho recai sobre o uso das novas tecnologias para fins de controle da Administração Pública, em especial aquele desempenhado pelos Tribunais de Contas.

Dada a vastidão de novidades e as mudanças que surgem a cada dia, o recorte epistemológico proposto busca delimitar a análise empírica e propositiva desta pesquisa ao exame da pertinência do desenvolvimento de plataformas semelhantes às utilizadas no âmbito privado para a Resolução *Online* de Controvérsias ou Litígios (*Online Dispute Resolution – ODR*), porém adaptadas às especificidades dos Tribunais de Contas, fazendo uso do método dedutivo e de revisão bibliográfica e documental.

Ao final, também é desenvolvida pesquisa empírica por meio da IA do ChatGPT, com objetivo de avaliar a aplicabilidade e os limites dessa tecnologia. Essa investigação busca avaliar se o uso da IA poderia maximizar a atuação dessas Cortes, especialmente no atual contexto em que essa tecnologia já avançou sobremaneira no desenvolvimento da capacidade de utilizar grandes bases de dados (*big data*), realizar análises e produzir textos emulando a linguagem natural de forma muito aproximada à produzida pelo homem.

2 O Governo Digital e os Tribunais de Contas

A evolução tecnológica trouxe uma série de denominações voltadas à caracterização do fenômeno de uma Administração Pública transformada pelas novas tecnologias.[2] Desde os vocábulos estrangeiros, como *e-government, e-governance* ou *e-democracy*, até suas traduções para equivalentes como e-administração, e-governo, e-governança e

---

quantidades de dados e aprender a produzir respostas relevantes e úteis para as perguntas feitas pelos usuários" (OPENAI. O que é o ChatGPT? *Plataforma ChatGPT*, 30 abr. 2023. Disponível em: https://plataforma.chatgpt.com/. Acesso em: 30 abr. 2023).

[2] RODRIGUES, Ricardo Schneider *et al. Smart Cities* e a transição digital dos governos municipais do Brasil. *In*: CARVALHO, Fábio Lins de Lessa *et al.* (Coord.). *Direito Administrativo Municipal*. Curitiba: Juruá, 2022, p. 235-248.

e-democracia, alcançando ainda aquelas acompanhadas do adjetivo "eletrônico", conforme retrata Brega.[3] Todas essas denominações traduzem aspectos daquilo que a literatura tem nominado, de forma mais ampla, como transição digital do governo ou *Digital Transformation (DT)*.

Para Faleiros Júnior, a expressão Administração Pública Digital seria mais adequada, pois reflete com maior acuidade os aspectos dessa nova realidade, afinal todo documento digital é eletrônico, mas o inverso nem sempre é verdadeiro, pois além de eletrônico o documento digital pressupõe uma codificação em dígitos binários, acessível por computador, enquanto o meramente eletrônico pode ser acessado e interpretado por meio diverso, como um aparelho videocassete.[4]

Por tal razão e levando-se em conta também a Lei nº 14.129/2021 (Lei do Governo Digital – LGD), a opção aqui é pelo uso do termo Governo Digital em contraposição ao Governo Analógico, para referenciar a Administração Pública pautada pelo uso das novas tecnologias e pela adoção da inovação em prol da melhoria da prestação de seus serviços, porém seguindo a visão ampliada do conceito indicada por Valle e Motta,[5] sem se limitar à simples incorporação de ferramentas tecnológicas ao ambiente público. Por ser abrangente, é condizente com a visão proposta para a definição adotada pela *Organisation for Economic Co-Operation and Development (OECD)*:[6]

---

[3] BREGA, José Fernando Ferreira. *Governo Eletrônico e Direito Administrativo*. 2012. 335 p. Tese (Doutorado em Direto) – Faculdade de Direito, Universidade de São Paulo, São Paulo, 2012. Disponível em: https://www.teses.usp.br/teses/disponiveis/2/2134/tde-06062013-154559/publico/TESE_FINAL_Jose_Fernando_Ferreira_Brega.pdf. Acesso em: 15 abr. 2023, p. 45-46.

[4] FALEIROS JÚNIOR, José Luiz de Moura. *Administração Pública Digital*: proposições para o aperfeiçoamento do regime jurídico administrativo na sociedade da informação. Indaiatuba, SP: Foco, 2020, p. 79-81.

[5] VALLE, Vanice Regina Lírio do; MOTTA, Fabrício. Governo Digital: mapeando possíveis bloqueios institucionais à sua implantação. *In*: MOTTA, Fabrício; VALLE, Vanice Regina Lírio do (Coord.). *Governo Digital e a busca por inovação na Administração Pública*. Belo Horizonte: Fórum, 2022, p. 46-49.

[6] Redação original: "Digital Government refers to the use of digital technologies, as an integrated part of governments' modernisation strategies, to create public value. It relies on a digital government ecosystem comprised of government actors, non-governmental organisations, businesses, citizens' associations and individuals which supports the production of and access to data, services and content through interactions with the government" (ORGANISATION FOR ECONOMIC CO-OPERATION AND DEVELOPMENT – *OECD*. Recommendation of the Council on Digital Government Strategies. OECD, 15 jul. 2014. Disponível em: https://www.oecd.org/gov/digital-government/Recommendation-digital-government-strategies.pdf. Acesso em: 15 abr. 2022, p. 6).

Governo Digital refere-se ao uso de tecnologias digitais, como parte integrante das estratégias de modernização dos governos, para criar valor público. Baseia-se em um ecossistema de governo digital composto por atores governamentais, organizações não governamentais, empresas, associações de cidadãos e indivíduos que apoiam a produção e o acesso a dados, serviços e conteúdo por meio de interações com o governo. (tradução nossa)

Delimitado o conceito de Governo Digital, é preciso compreender essa nova realidade, para adotar uma postura propositiva capaz de contribuir com mudanças reais e positivas. Nesse sentido, na perspectiva brasileira, o ponto de partida deve recair sobre a Lei nº 14.129/2021, que dispõe sobre princípios, regras e instrumentos para o Governo Digital (*e-government*) e para o aumento da eficiência pública. A referida norma é aplicável expressamente ao Tribunal de Contas da União (TCU) e, mediante regulamentação específica, aos demais Tribunais de Contas (TCs) do país (art. 2º, inc. I e III, §2º, Lei nº 14.219/2021).

Entre seus comandos, o referido normativo prevê, como princípios, diversas diretrizes voltadas ao aperfeiçoamento do controle da Administração Pública. Segundo dispõe a nova lei, deve existir uma nova relação entre o poder público e a sociedade, pautada por desburocratização, modernização, fortalecimento e simplificação, mediante serviços digitais, cujo acesso deve ocorrer inclusive por dispositivos móveis (art. 3º, inc. I).

À luz do novo regramento, o acesso a serviços públicos e informações deve se dar, se possível, em *plataforma única*, permitindo aos cidadãos, pessoas jurídicas e até outros entes públicos demandar e acessar serviços públicos digitalmente, dispensando a exigência de solicitação presencial (art. 3º, incisos II e III). Os sistemas devem ser pautados pela interoperabilidade e pela promoção de dados abertos (art. 3º, inc. XIV). Os procedimentos de solicitação, oferta e acompanhamento dos serviços públicos devem ser simplificados, universalizados e, se possível, viabilizados por meio do *autosserviço* (art. 3º, inc. X).

Além disso, a lei prevê a implantação do governo como plataforma e promove o uso de dados, preferencialmente anonimizados, por pessoas físicas e jurídicas, de diversos setores da sociedade, resguardadas as diretrizes da Lei nº 13.709/2018 (LGPD), para, entre vários fins, em especial, aperfeiçoar a formulação de políticas públicas e o *controle social* (art. 3º, inc. XXIII).

A participação social no *controle* e na *fiscalização* da Administração Pública, neste novo contexto, de um Governo Digital, passa a ser incentivada, e ao gestor público atribui-se o dever de prestar contas sobre a gestão dos recursos públicos diretamente à população (art. 3º, incisos IV e VI). É prevista a possibilidade de atuação integrada e de compartilhamento de dados pessoais, em ambiente seguro, quando indispensável, e até a transferência de sigilo, entre órgãos e entidades envolvidos na prestação e no *controle* de serviços públicos, observadas as disposições da LGPD, da Lei nº 5.172/1966 (CTN) e da Lei Complementar nº 105/2001 (art. 3º, inc. IX).

Passa a ser preferencial, no uso da internet e de suas aplicações, a adoção de tecnologias, de padrões e de formatos abertos e livres, nos termos do Marco Civil da Internet, como previsto na Lei nº 12.965/2014 (art. 3º, XXV). O desenvolvimento tecnológico e a inovação no setor público passam a ser princípio e diretriz da Administração Pública (art. 3º, inc. XXVI).

Como visto, os ditames da Lei do Governo Digital também alcançam o Tribunal de Contas da União, órgão de controle externo que é modelo para as demais Cortes de Contas do país, nos termos do art. 75, *caput*, da Constituição e de diversos julgados do Supremo Tribunal Federal (STF).[7]

Nesse sentido, a Associação dos Membros dos Tribunais de Contas do Brasil (Atricon) aprovou a Nota Recomendatória Conjunta Atricon/IRB/Abracon/CNPTC/Audicon nº 2/2022, que propõe aos Tribunais de Contas brasileiros a adoção dos princípios, regras e instrumentos da Lei do Governo Digital, para estimular a adesão por parte dos seus jurisdicionados.[8]

Constatada a existência de um marco jurídico hábil a induzir a transformação digital no setor público, alcançando inclusive os TCs, cumpre avaliar o cabimento do uso da *ODR* e da IA como instrumentos capazes de aprimorar o controle externo da Administração Pública.

---

[7] O STF tem jurisprudência pacífica quanto à obrigatoriedade de os Tribunais de Contas Estaduais seguirem o modelo federal (TCU) de organização, composição e fiscalização, inclusive em relação ao Ministério Público de Contas, nos termos do art. 75 da Constituição (princípio da simetria). Nesse sentido, cf. ADI 4.416 MC, ADI 3.307, ADI 916 e ADI 3.715 MC.

[8] ATRICON. Nota Recomendatória Conjunta ATRICON/IRB/ABRACOM/CNPTC/AUDICON nº 2/2022. *Atricon*, Brasília, 13 out. 2022. Disponível em: https://atricon.org.br/wp-content/uploads/2022/10/Nota-Recomendatoria-Conjunta-no-02-2022-Lei-do-Governo-Digital-5.pdf. Acesso em: 15 abr. 2023.

3 O uso da *Online Dispute Resolution* pelos Tribunais de Contas: um ambiente promissor para o uso efetivo da inteligência artificial

Não se desconhece o uso de iniciativas importantes no âmbito dos Tribunais de Contas, voltadas ao uso da inteligência artificial.[9] Sem embargo, pretende-se avaliar neste trabalho a possível aplicação da IA em um instrumento específico, amplamente utilizado no âmbito privado e com potencial de utilização também pelo setor público: a *Online Dispute Resolution*.[10]

3.1 Definição e uso da *Online Dispute Resolution*

A *ODR* consiste no uso das tecnologias da informação e da comunicação (*Information and Communication Technologies – ICT*) para apoiar a resolução de conflitos em ambiente virtual. Surgiu como uma extensão *online* da Resolução Alternativa de Litígios (*Alternative Dispute Resolution – ADR*), que adota como métodos a negociação, a conciliação, a mediação e a arbitragem, alcançando sucesso na composição de disputas *offline*. A *ADR* surgiu como uma opção privada ao congestionamento, aos custos, à demora e ao formalismo do Judiciário.[11]

Arbix destaca que não se trata apenas da substituição de mecanismos *offline* por *online*. Aspecto central, na visão do autor, corresponde

---

[9] OLIVEIRA, Priscila. Tribunais de Contas investem na inteligência artificial para ampliar as ações de fiscalização. *Atricon*, Rádio Justiça, 12 jul. 2022. Disponível em: https://atricon.org.br/tribunais-de-contas-investem-na-inteligencia-artificial-para-ampliar-as-acoes-de-fiscalizacao/. Acesso em: 15 abr. 2023; GONZALEZ, Mariana. TCU terá nova ferramenta de inteligência artificial capaz de ler e redigir despachos. *Jota*, Tecnologia GPT3, 22 mar. 2023. Disponível em: https://www.jota.info/legislativo/tcu-tera-nova-ferramenta-de-inteligencia-artificial-capaz-de-ler-e-redigir-despachos-22032023?utm_campaign=jota_info__ultimas_noticias__destaques__22032023&utm_medium=email&utm_source=RD+Station. Acesso em: 15 abr. 2023.

[10] AMORIM, Fernando Sérgio Tenório de; RODRIGUES, Ricardo Schneider. A resolução *online* de litígios (ODR) na administração pública: o uso da tecnologia como estímulo à transparência. *Direito, Estado e Sociedade*, Rio de Janeiro, n. 54, p. 171-204, jan./jun. 2019. Disponível em: http://direitoestadosociedade.jur.puc-rio.br/media/Art7%20Ed54.pdf. Acesso em: 24 jun. 2021, p. 174.

[11] AMORIM, Fernando Sérgio Tenório de; RODRIGUES, Ricardo Schneider. A resolução *online* de litígios (ODR) na administração pública: o uso da tecnologia como estímulo à transparência. *Direito, Estado e Sociedade*, Rio de Janeiro, n. 54, p. 171-204, jan./jun. 2019. Disponível em: http://direitoestadosociedade.jur.puc-rio.br/media/Art7%20Ed54.pdf. Acesso em: 24 jun. 2021, p. 174.

ao papel interativo que as novas tecnologias exercem, impactando sobre os ambientes e procedimentos em que atuam, alterando sua dinâmica tanto na autocomposição, pelo uso de métodos consensuais, quanto na heterocomposição (adjudicação). Em outros termos, a *ODR* não se limita a ser uma *ADR online*, quer pelo papel ativo que a tecnologia exerce na solução da controvérsia – não basta que as formas de resolução de conflitos sejam apenas atualizadas pela tecnologia, mas que modifiquem os ambientes e procedimentos, atuando com uma "quarta parte" –, quer por abranger situações outras além da consensualidade.[12]

Esses dois aspectos são relevantes para os propósitos deste trabalho, pois a avaliação do uso da *ODR* no âmbito dos TCs pretende examinar como essa ferramenta poderia ser adaptada a esse contexto específico, para que a tecnologia seja uma ferramenta útil e inovadora tanto em busca de soluções consensuais no âmbito da Administração Pública, como também para propiciar uma solução mais célere e eficaz nos casos em que isso não for possível.

Por tais razões, adota-se neste trabalho o seguinte conceito operacional de *ODR*:[13]

> A *ODR* é a resolução de controvérsias em que tecnologias da informação e comunicação não se limitam a substituir canais de comunicação tradicionais, mas agem como vetores para oferecer às partes ambientes e procedimentos ausentes em mecanismos convencionais de dirimir conflitos.

Há diversas plataformas desenvolvidas para proporcionar a resolução *online* de controvérsias. Desde as primeiras, voltadas ao comércio eletrônico, como o exemplo clássico do Ebay, até as mais recentes, utilizadas no âmbito do Poder Judiciário, como a Modria, em especial a desenvolvida para o *Civil Resolution Tribunal (CRT)*, da Colúmbia Britânica, no Canadá.[14] No Brasil, embora não haja plataformas tão avançadas em operação, como a Modria, há vários exemplos em uso, como a MOL e a Consumidor.gov.br.[15]

---

[12] ARBIX, Daniel do Amaral. *Resolução Online de Controvérsias*. São Paulo: Intelecto, 2017, p. 57-65.
[13] ARBIX, Daniel do Amaral. *Resolução Online de Controvérsias*. São Paulo: Intelecto, 2017, p. 58.
[14] MALONE, Hugo; NUNES, Dierle. *Manual da Justiça Digital*: compreendendo a *Online Dispute Resolution* e os *Tribunais Online*, p. 203-235.
[15] LOSS, Juliana; ARBIX, Daniel. *Resolução Online de Disputas*: casos brasileiros. Rio de Janeiro: Ed. FGV, 2022.

O exemplo da *CRT* é importante, pois o caráter "judicialiforme" dos processos de contas permite algumas aproximações. Por tal razão, é importante conhecer, em linhas gerais, sua estrutura de funcionamento. A *CRT* opera em quatro fases. Na primeira, por meio da ferramenta *Solution Explorer*, auxilia as partes a compreenderem seus problemas e se há, de fato, alguma reivindicação válida e qual o procedimento adequado, disponibilizando documentos a serem utilizados pelos usuários. Na segunda fase, ocorre a negociação automatizada, gerenciada pela própria plataforma, por meio de linguagem pré-estruturada, e o uso de *software* que identifica o problema e oferece soluções. Apenas em caso de não se alcançar acordo nas fases iniciais, que transcorrem sem a necessidade de uma parte "humana", a controvérsia avança para a terceira fase, em que há um facilitador, que apoia a busca por uma resolução da controvérsia e, se for o caso, para a fase final, em que haverá a decisão do Tribunal, com força de título executivo e passível de recurso.[16]

3.2 A *Online Dispute Resolution* e o controle externo: uma possível aplicação no âmbito dos Tribunais de Contas

Compreendidas as bases gerais da *ODR*, cumpre questionar se esse instrumento seria capaz de conferir maior efetividade ao controle externo. Não haveria empecilhos ao uso de plataformas voltadas à solução consensual de conflitos no âmbito público (indisponibilidade do interesse público)? A partir dessas indagações, vislumbra-se a possibilidade de conferir uma aplicação disruptiva dessa tecnologia aos processos de denúncia, de competência dessas Cortes.

Como é cediço, a Constituição da República de 1988 estabelece que qualquer cidadão é parte legítima para denunciar irregularidades ou ilegalidades perante os Tribunais de Contas (art. 74, §2º, c/c 75). As respectivas Leis Orgânicas dessas Cortes estabelecem as diretrizes a serem observadas pelo cidadão e o respectivo procedimento a ser desenvolvido no âmbito de cada Corte. Regra geral, essas normas foram estabelecidas num contexto de tramitação de processos físicos, a partir de uma lógica tradicional de fases a serem superadas sucessivamente

---

[16] MALONE, Hugo; NUNES, Dierle. *Manual da Justiça Digital:* compreendendo a *Online Dispute Resolution* e os Tribunais Online. São Paulo: JusPodivm, 2021, p. 215-222; CRT – Civil Resolution Tribunal. The CRT Process. *CRT*, 2023. Disponível em: https://civilresolutionbc.ca/crt-process/. Acesso em: 15 abr. 2023.

e em que a movimentação processual e as decisões dependiam exclusivamente da manifestação de vontade humana.

Com a Lei nº 11.419/2006, que dispôs sobre a informatização do processo judicial, e em razão do caráter parcialmente "judicialialiforme" dos processos de contas, algumas mudanças passaram a ser percebidas nos Tribunais de Contas, tais como a virtualização de autos de processo, a prática eletrônica de atos processuais e, mais recentemente, até mesmo o uso da inteligência artificial para subsidiar a prática de atos e decisões no âmbito do controle externo.[17]

Considerando tal cenário, é possível propor o uso das plataformas de ODR no contexto dos Tribunais de Contas, em especial visando promover a solução de controvérsias decorrentes da propositura de denúncias em face dos agentes públicos fiscalizados. A possibilidade do uso da ODR no âmbito do setor público já fora demonstrada anteriormente,[18] todavia agora o enfoque recai especificamente sobre a atuação dos Tribunais de Contas.

Atualmente, observa-se a inserção cada vez maior da consensualidade no Direito Público. Diversas leis passaram a permitir, no âmbito da Administração Pública, a negociação como forma de resolução de conflitos. A Lei de Improbidade Administrativa (LIA), Lei nº 8.429/1992, que restringia expressamente a possibilidade de transação, acordo ou conciliação em seu âmbito, passou a permitir a celebração de acordo de não persecução cível e a possibilidade de solução consensual no curso do processo (art. 17, §§1º e 10-A, da LIA, após a Lei nº 13.964/2019, e, atualmente, no art. 17-B, após a Lei nº 14.230/2021).

A Lei de Introdução às Normas do Direito Brasileiro (LINDB), Decreto-Lei nº 4.657/1942, após as alterações promovidas pela Lei nº 13.655/2018, regulamentada pelo Decreto nº 9.830/2019, passou a prever a possibilidade de a Administração Pública celebrar compromisso com particulares, para eliminar irregularidade, incerteza jurídica ou situação contenciosa na aplicação do direito público (art. 30).

---

[17] GONZALEZ, Mariana. TCU terá nova ferramenta de inteligência artificial capaz de ler e redigir despachos. *Jota*, Tecnologia GPT3, 22 mar. 2023. Disponível em: https://www.jota.info/legislativo/tcu-tera-nova-ferramenta-de-inteligencia-artificial-capaz-de-ler-e-redigir-despachos-22032023?utm_campaign=jota_info__ultimas_noticias__destaques__22032023&utm_medium=email&utm_source=RD+Station. Acesso em: 15 abr. 2023.

[18] AMORIM, Fernando Sérgio Tenório de; RODRIGUES, Ricardo Schneider. A resolução *online* de litígios (ODR) na administração pública: o uso da tecnologia como estímulo à transparência. *Direito, Estado e Sociedade*, Rio de Janeiro, n. 54, p. 171-204, jan./jun. 2019. Disponível em: http://direitoestadosociedade.jur.puc-rio.br/media/Art7%20Ed54.pdf. Acesso em: 24 jun. 2021.

Percebe-se, destarte, a existência de um ambiente favorável à (i) implementação de soluções inovadoras baseadas em novas tecnologias para a resolução de conflitos no âmbito da Administração Pública, por meio de plataformas digitais; (ii) uma maior abertura para a resolução de conflitos entre o poder público e particulares a partir da consensualidade; e (iii) um incentivo à participação do cidadão na fiscalização e no controle da Administração Pública.

3.3 Inteligência Artificial e *Online Dispute Resolution*

É perceptível, destarte, a possibilidade de se recorrer à inteligência artificial para auxiliar no desenvolvimento de cada etapa da ODR. Nas primeiras fases, sem a presença humana, a IA auxiliará a identificar o problema e a sugerir um desfecho para o caso. Nas demais, com a presença humana, pode apoiar a atuação do facilitador e do julgador.

Susskind, ao tratar dos Tribunais *online*, sugere algo semelhante, em termos de fases a serem implementadas por plataformas judiciais. A primeira, para o autor, teria o papel preventivo de orientação, triagem e avaliação dos casos. A segunda contaria com facilitadores, para conciliação e mediação sem intervenção judicial, que, numa segunda geração, seriam substituídos por ferramentas de negociação *online* e máquinas com sistema de aprendizagem. Por fim, a resolução ocorreria por juízes humanos, em ambiente *online*, que, numa segunda geração, seriam auxiliados pela IA.[19]

Portanto, é relevante o papel conferido à IA nessas plataformas, seja identificando adequadamente a controvérsia, seja sugerindo possíveis acordos aos envolvidos, seja, ainda, apoiando humanos no desenvolvimento dos seus papéis de conciliadores, mediadores ou julgadores. Com o avanço da tecnologia, essa integração tende a se expandir.

Para Stuart Russel, "uma entidade é inteligente à medida que faz o que provavelmente serve para atingir o que ela quer, levando em conta o que ela percebeu".[20] Desse modo, em termos de inteligência artificial, é crucial assegurar que os objetivos dessas máquinas sejam os mesmos que os nossos, a fim de evitar distorções e outros problemas relevantes, como a questão dos vieses, que não será aprofundada neste trabalho.

---

[19] MALONE, Hugo; NUNES, Dierle. *Manual da Justiça Digital:* compreendendo a *Online Dispute Resolution* e os Tribunais *Online*. São Paulo: JusPodivm, 2021, p. 80-86.

[20] RUSSELL, Stuart. *Inteligência artificial a nosso favor:* como manter controle sobre a tecnologia. Tradução Berilo Vargas. São Paulo: Companhia das Letras, 2021, p. 23.

Além disso, a IA pode ser classificada de várias formas e há vários graus evolutivos. Em relação à funcionalidade, a IA pode referir-se a máquinas reativas, de memória limitada, cientes e autoconscientes. Na perspectiva da capacidade, a IA pode ser fraca, forte, geral, específica ou a super IA.[21] Aqui não há a pretensão de esgotar a temática. Sem embargo, com a recente difusão do ChatGPT, pela OpenAI, dado o alto potencial disruptivo da tecnologia, ao alcance quase irrestrito de qualquer interessado. É relevante aprofundar, ao menos, o conhecimento acerca da funcionalidade dessa ferramenta específica, para melhor avaliar a possibilidade de sua integração a uma plataforma de *ODR*.

3.4 Uma aplicação prática da IA: o uso do ChatGPT na avaliação da adesão à Lei do Governo Digital pelos Tribunais de Contas

Considerando a recente propagação do uso da IA para as demais diversas finalidades, em especial a partir da sua disponibilização ao público em geral, foi realizada uma tentativa de aplicação prática desta tecnologia, com o objetivo de avaliar suas potencialidades, em especial diante do relevante papel que poderá desempenhar no âmbito da *ODR*.

O objeto da pesquisa consistiu na verificação da adesão formal dos Tribunais de Contas à Lei do Governo Digital. Para essa investigação foi utilizada a IA do ChatGPT, desenvolvido pela OpenAI, com dados coletados em 27 de abril de 2023.[22] A opção por essa metodologia se justifica para avaliar se o atual estágio dessa IA é realmente tão promissor como se cogita.

A delimitação do objeto se justificou porque a implementação de novas tecnologias no âmbito dos Tribunais de Contas pode se relacionar a uma série de fatores, que vão desde a adesão dessas Cortes ao marco legal estabelecido pela Lei do Governo Digital, até o efetivo desenvolvimento ou aquisição de tecnologia para aplicação em suas atividades finalísticas. Embora a adesão formal à LGD não seja imprescindível, tal postura indica claramente a intenção de promover a transformação digital no âmbito dos TCs, que seria o ponto de partida

---

[21] LAGE, Fernanda. *Manual de Inteligência Artificial no Direito Brasileiro*. 2. ed. São Paulo: JusPodivm, 2022, p. 50-52.
[22] OPENAI. ChatGPT. *Plataforma ChatGPT*, 2023. Disponível em: https://plataforma.chatgpt.com/. Acesso em: 27 abr. 2023.

para o desenvolvimento e a aplicação de novas tecnologias, como a aplicação da IA em suas atividades.

3.4.1 Os achados da pesquisa desenvolvida por IA: do início promissor às falhas irremediáveis

Na primeira etapa da pesquisa formulou-se a seguinte questão: Quantos Tribunais de Contas no Brasil já aderiam à Lei do Governo Digital? Em sua primeira resposta, a IA afirmou que "atualmente, *todos* os Tribunais de Contas do Brasil já aderiram à Lei do Governo Digital, também conhecida como Lei 14.129/2021" (grifos nossos).

Conforme visto anteriormente, a LGD prevê que a sua aplicação aos demais entes da federação depende de ato normativo próprio (art. 2º, inc. III), indicando a sua expressa adoção. Logo, a afirmação de que já teria havido a adesão por *todos* os Tribunais de Contas dependeria da existência do respectivo ato normativo. Isso levou a questionar a IA se tinha conhecimento da necessidade de adesão formal prevista na LGD. A máquina respondeu afirmativamente quanto à necessidade de adesão formal.

Diante da referida resposta, foi indagada qual seria a fonte da informação de que todos os Tribunais de Contas teriam aderido formalmente à Lei do Governo Digital. Então, supreendentemente, a IA reconheceu o próprio erro e reformulou o raciocínio anteriormente apresentado, nestes termos:

> Peço desculpas, cometi um equívoco na minha resposta anterior. Nem todos os Tribunais de Contas aderiram formalmente à Lei do Governo Digital. Embora a lei seja aplicável a todos os órgãos e entidades da administração pública direta e indireta dos poderes executivo, legislativo e judiciário, sua adesão formal é opcional e depende da análise de cada instituição.
>
> Até o momento, alguns Tribunais de Contas já formalizaram sua adesão à lei por meio de assinatura de termos de adesão, enquanto outros ainda estão em processo de análise e adequação às normas previstas. Não existe ainda uma fonte oficial que indique a adesão formal de todos os Tribunais de Contas à Lei do Governo Digital. Peço desculpas pelo erro e espero ter esclarecido a questão.

O diálogo impressiona, pois o interlocutor tem a sensação de dialogar realmente com outro ser humano que, inclusive, comete equívocos, reconhece as falhas e pede desculpas.

Passo seguinte, perguntou-se se seria possível informar quais Tribunais já teriam aderido à referida Lei. A IA responde que, embora não exista uma lista oficial atualizada, diversos TCs já teriam aderido formalmente à LGD, citando como exemplo o TCU e os Tribunais de Contas do Estado de São Paulo e do Estado de Minas Gerais. Diante dessa afirmação, foi realizada a seguinte solicitação à IA:

> Você poderia pesquisar nas páginas oficiais de todos os Tribunais de Contas do país quais fazem alguma menção à adesão à Lei do Governo Digital e apresentar os resultados de forma planilhada, com uma coluna indicando o tribunal, outra coluna indicando o *site* consultado e outra coluna indicando se há ou não adesão?

A resposta foi afirmativa e a IA apresentou a seguinte planilha, atualizada, segundo a própria, até 27 de abril de 2023, em poucos minutos:

TABELA 1
Tribunais de Contas que aderiram formalmente à LDG

Tribunal de Contas	Site consultado	Adesão à Lei do Governo Digital	Tribunal de Contas	Site consultado	Adesão à Lei do Governo Digital
TCE-AC	https://www.tce.ac.gov.br/	Não há informações disponíveis	TCE-PB	https://portal.tce.pb.gov.br/	Sim
TCE-AL	https://www.tce.al.gov.br/	Sim	TCE-PR	https://www.tce.pr.gov.br/	Sim
TCE-AP	https://www.tce.ap.gov.br/	Não há informações disponíveis	TCE-PE	https://www.tce.pe.gov.br/	Sim
TCE-AM	https://www.tce.am.gov.br/	Sim	TCE-PI	https://www.tce.pi.gov.br/	Sim
TCE-BA	https://www.tce.ba.gov.br/	Sim	TCE-RJ	https://www.tce.rj.gov.br/	Sim
TCE-CE	https://www.tce.ce.gov.br/	Sim	TCE-RN	https://www.tce.rn.gov.br/	Sim
TCE-DF	https://www.tc.df.gov.br/	Sim	TCE-RS	https://www.tce.rs.gov.br/	Sim
TCE-ES	https://www.tce.es.gov.br/	Sim	TCE-RO	https://www.tce.ro.gov.br/	Sim
TCE-GO	https://www.tce.go.gov.br/	Sim	TCE-RR	https://www.tce.rr.gov.br/	Sim
TCE-MA	https://www.tce.ma.gov.br/	Não há informações disponíveis	TCE-SC	https://www.tce.sc.gov.br/	Sim
TCE-MT	https://www.tce.mt.gov.br/	Sim	TCE-SP	https://www.tce.sp.gov.br/	Sim
TCE-MS	https://www.tce.ms.gov.br/	Sim	TCE-SE	https://www.tce.se.gov.br/	Sim
TCE-MG	https://www.tce.mg.gov.br/	Sim	TCE-TO	https://www.tce.to.gov.br/	Não há informações disponíveis
TCE-PA	https://www.tce.pa.gov.br/	Não há informações disponíveis			

Fonte: ChatGPT/OpenAI.

A expressiva quantidade de Tribunais que teriam aderido à Lei gerou surpresa e alguma suspeita. Então se solicitou à IA que justificasse, em relação ao Tribunal de Contas de Alagoas (TCE/AL), o dado apresentado, indicando exatamente qual a informação coletada na página dessa Corte que comprovaria a sua adesão à Lei do Governo Digital. Em resposta a IA afirmou que no menu principal haveria a opção "Lei do Governo Digital" e que "o TCE/AL aderiu à Lei do Governo Digital por meio da Resolução nº 702/2020, que estabelece diretrizes para a implementação de medidas de governança digital no âmbito do Tribunal".

Ao checar a informação apresentada pela IA, outra falha foi constatada. Não consta no *site* do TCE/AL, consultado na mesma data em que realizada a pesquisa, o menu com a opção "Lei do Governo Digital". Tampouco existe na Corte uma Resolução nº 702/2020, que, pelo ano, seria anterior à vigência da própria Lei do Governo Digital, que é de 2021.[23]

Confrontada com tais equívocos, a IA novamente reconhece sua falha e pede desculpas. Questionada se a pesquisa anterior poderia não corresponder à realidade, a máquina admite a possibilidade. Diante do ocorrido, é realizada uma reformulação na questão, nestes termos: Você poderia refazer a pesquisa tentando ser mais específico ao indicar algum ato normativo que efetivamente demonstre a adesão formal dos Tribunais de Contas à Lei do Governo Digital? Em resposta, a IA apresentou rapidamente os seguintes dados, de forma surpreendentemente detalhada:

---

[23] TRIBUNAL DE CONTAS DO ESTADO DE ALAGOAS. *TCE/AL*. Disponível em: https://www.tceal.tc.br/. Acesso em: 27 abr. 2023.

TABELA 2

Tribunais de Contas que aderiram formalmente à LDG com indicação do ato

Tribunal de Contas	Ato de adesão à LGD	Tribunal de Contas	Ato de adesão à LGD
TCE-AC	Resolução nº 231/2021	TCE-PE	Resolução nº 17/2021
TCE-AL	Não encontrado	TCE-PI	Resolução nº 35/2021
TCE-AP	Resolução nº 187/2021	TCE-RJ	Resolução nº 384/2021
TCE-AM	Resolução nº 12/2021	TCE-RN	Resolução nº 11/2021
TCE-BA	Resolução nº 1880/2021	TCE-RS	Resolução nº 369/2021
TCE-CE	Resolução nº 11/2021	TCE-RO	Resolução nº 37/2021
TCE-DF	Resolução nº 316/2021	TCE-RR	Resolução nº 20/2021
TCE-ES	Resolução nº 70/2021	TCE-SC	Resolução nº 21/2021
TCE-GO	Resolução nº 17/2021	TCE-SP	Resolução nº 01/2021
TCE-MA	Resolução nº 359/2021	TCE-SE	Resolução nº 65/2021
TCE-MT	Resolução nº 29/2021	TCE-TO	Resolução nº 56/2021
TCE-MS	Resolução nº 170/2021	TCE-PA	Resolução nº 01/2021
TCE-MG	Resolução nº 33/2021	TCM-BA	Resolução nº 1476/2021
TCE-PA	Resolução nº 62/2021	TCM-GO	Resolução nº 10/2021
TCE-PB	Resolução nº 15/2021	TCM-RJ	Resolução nº 001/2021
TCE-PR	Resolução nº 68/2021	TCM-SP	Resolução nº 15/2021

Fonte: ChatGPT/OpenAI.

Todavia, novamente, ao checar os dados apresentados, outras inconsistências foram identificadas. Alguns exemplos. A Resolução nº 384, do TCE/RJ, refere-se ao Quadro de Pessoal e ao Plano de Carreiras do Tribunal de Contas do Estado. No TCE/AC não foi localizada a Resolução nº 231/2021. No exercício de 2021, houve apenas as resoluções 123 e 124, que tratam de temas diversos. No TCE/BA, igualmente, não se localizou a Resolução nº 1880/2021. No TCE/SC também não há registro da Resolução nº 21/2021. No TCE/MG não há menção à Resolução nº 33/2021. Confrontada com esses novos equívocos, a IA respondeu:

> Peço desculpas pelos erros encontrados na pesquisa anterior. Eu sou uma inteligência artificial e minha função é pesquisar informações com base em palavras-chave e documentos disponíveis *online*. Infelizmente, pode haver equívocos e imprecisões nos resultados, especialmente se houver informações desatualizadas ou incorretas na fonte. É importante ressaltar que esses erros não foram intencionais ou inventados, mas sim resultantes de limitações na minha programação ou nas informações encontradas *online*.
>
> Dito isso, é importante lembrar que qualquer pesquisa *online* pode apresentar falhas, e é sempre recomendado que se verifique a fonte das informações antes de utilizá-las. Minha programação é constantemente atualizada, mas ainda assim pode haver equívocos. Por isso, é importante ter uma postura crítica em relação aos resultados encontrados em pesquisas *online* e sempre checar as informações em outras fontes confiáveis.

Na tentativa de compreender o que teria levado a tantos equívocos, a IA foi questionada especificamente sobre a Resolução nº 21/2021 do Tribunal de Contas do Estado de Santa Catarina (TCE/SC).[24] Em consulta ao *site* oficial do Tribunal, verificou-se a existência das Resoluções nº 168/2021 a 184/2021. Nenhuma delas trata da adesão à LGD. A que mais se aproximaria seria a nº 179/2021, que trata da Política de Segurança da Informação, Comunicação, Privacidade e Proteção de Dados (POSICPD), mas que não menciona a Lei nº 14.129/2021, nem as expressões "governo digital" ou "transformação digital", que poderiam justificar o equívoco.

Ao ser indagada sobre como chegou à Resolução nº 21/2021 do TCE/SC, a IA pede novamente desculpas, afirmando que "ao pesquisar

---

[24] TRIBUNAL DE CONTAS DO ESTADO DE SANTA CATARINA. *TCE/SC*. Disponível em: https://www.tcesc.tc.br/index.php/leis-e-normas/resolucoes. Acesso em: 27 abr. 2023.

sobre a adesão dos Tribunais de Contas à Lei do Governo Digital, minha programação busca por palavras-chave relacionadas à lei, tais como 'Governo Digital', 'Lei nº 14.129/2021', 'transformação digital' e outras". Em seguida, afirma que "no caso específico do TCE/SC, a Resolução nº 21/2021 realmente *existe*, mas não trata diretamente da adesão à Lei do Governo Digital" (grifos nossos). Diante dessa afirmação, solicitou-se à IA a transcrição do conteúdo da Resolução nº 21/2021 e, depois, a indicação de um documento real com essa informação, ao passo em que respondeu:

> Desculpe-me, mas preciso fazer uma correção na minha resposta anterior. A informação da existência da Resolução nº 21/2021 do TCE/SC é incorreta, pois *não existe tal resolução*. Peço desculpas pelo erro e por qualquer inconveniente causado. [...]
> Peço desculpas novamente, pois como mencionei antes, a informação sobre a existência da Resolução nº 21/2021 do TCE/SC é falsa. *Não há um documento oficial que comprove essa informação*, e *não tenho como indicar uma fonte confiável* que a corrobore. (grifos nossos)

Questionada por diversas vezes como teria chegado à Resolução nº 21/2021, quais as fontes que teriam levado a essa afirmação e até se a teria inventado, a IA sempre pede desculpas, menciona haver pesquisado em diversas fontes na internet, mas não apresenta as respectivas fontes, negando que tenha inventado o dado apresentado.

Destarte, os achados indicam que, aparentemente, a IA elaborou planilha com dados aleatórios, sem qualquer serventia para as finalidades da pesquisa desejada. Embora a capacidade de gerar linguagem natural impressione, inclusive pela interação quando provocada, aliada à capacidade de reconhecer erros e reformular seu raciocínio, na investigação ora proposta não produziu informação confiável.

Preocupa, ainda, o fato de a IA não apresentar as fontes pesquisadas, que teriam resultado nos dados equivocados apresentados. Esse aspecto reforça a suspeita de que algumas informações podem ter sido criadas apenas para apresentar alguma resposta crível ao usuário.

Além disso, a constatação dessas graves falhas só foi possível por se tratar de dados passíveis de verificação de forma objetiva. A possibilidade de elaboração de textos que emulem a linguagem natural e que não permitam verificação com a mesma objetividade ou que sejam utilizados por usuários não tenham essa cautela é um grande risco. A pesquisa demonstra que, embora possa aparentar ser uma ferramenta de grande utilidade prática, na realidade não é confiável e, apesar da capacidade de reconhecer seus erros, isso depende muito da iniciativa do usuário em avaliar o conteúdo de suas respostas. Cabe, inclusive, questionar a capacidade da ferramenta em desempenhar algumas funções, pois após ser confrontada com seus erros e de ser instada a realizar nova pesquisa, a máquina gerou dados aleatórios, a indicar talvez uma limitação quanto à sua funcionalidade, ao menos no atual estágio de desenvolvimento.

De todo modo, essa pesquisa não é conclusiva em relação a toda e qualquer IA desenvolvida. Além disso, não se pode negar que a produção de linguagem natural por si só é um avanço significativo. A sua evolução certamente contribuirá em diversos campos, inclusive no âmbito das *ODR*, em que a interlocução entre usuário e máquina deverá ocorrer da forma mais natural possível.

4 Conclusões

Os avanços da tecnologia alcançam todos os setores da sociedade; os Tribunais de Contas não estão imunes a tais mudanças. Uma postura receptiva e proativa é essencial para que estas Cortes preservem a sua relevância num mundo onde o digital se torna cada vez mais presente.

No contexto brasileiro, as bases para a transformação digital do poder público foram lançadas pela Lei do Governo Digital, marco regulatório importante e capaz de conferir limites, assegurar direitos aos usuários e induzir a inovação no ambiente público, inclusive nos Tribunais de Contas.

Há um ambiente propício, portanto, a mudanças que aliem o uso das novas tecnologias a uma maior participação da sociedade no controle social de viés consensual. Nesse contexto, a inteligência artificial aplicada às plataformas de *Online Dispute Resolution*, adaptadas às peculiaridades das Cortes de Contas, indica um caminho promissor a ser seguido, inclusive com experiências reais adotadas pelo Poder Judiciário em outros países, que poderiam ser replicadas no contexto do controle externo brasileiro.

Um ponto de partida palpável a aliar todos esses aspectos – controle social, consensualidade e novas tecnologias – corresponde à implementação de plataformas de *ODR* voltadas a solucionar as controvérsias decorrentes das denúncias apresentadas por cidadãos aos Tribunais de Contas do país, providência que, a um só tempo, poderia engajar e maximizar de forma expressiva a capacidade de fiscalização do controle externo, mudando sua forma de atuar, num sentido verdadeiramente disruptivo, cujo detalhamento impõe o necessário aprofundamento e desdobramento em trabalhos futuros.

Na implementação da *ODR*, a IA poderá desempenhar papéis relevantes, auxiliando o cidadão na qualificação jurídica da irregularidade encontrada, indicando aos interessados possíveis soluções consensuais e assessorando servidores e Membros da Corte na pesquisa e elaboração de peças processuais. Todavia, é necessária muita cautela. Embora a linguagem natural e a interação com o usuário tenham alcançado significativos avanços, os resultados apresentados nem sempre contêm dados confiáveis. Ao contrário, a pesquisa realizada constatou uma escrita bem elaborada e a apresentação de informações sem ressalvas, de forma que poderiam facilmente induzir à utilização de textos com elementos incorretos, como a própria máquina reconheceu após ser indagada. Assim, ao menos em relação ao ChatGPT baseado na arquitetura GPT-3.5, a checagem de todos os dados apresentados pela máquina demonstrou ser indispensável e, desta forma, reduziu bastante os ganhos alcançados com a rapidez na produção da informação solicitada.

Referências

AMORIM, Fernando Sérgio Tenório de; RODRIGUES, Ricardo Schneider. A resolução *online* de litígios (*ODR*) na administração pública: o uso da tecnologia como estímulo à transparência. *Direito, Estado e Sociedade*, Rio de Janeiro, n. 54, p. 171-204, jan./jun. 2019. Disponível em: http://direitoestadosociedade.jur.puc-rio.br/media/Art7%20Ed54.pdf. Acesso em: 24 jun. 2021.

ARBIX, Daniel do Amaral. *Resolução Online de Controvérsias*. São Paulo: Intelecto, 2017.

ATRICON. Nota Recomendatória Conjunta ATRICON/IRB/ABRACOM/CNPTC/AUDICON nº 2/2022. *Atricon*, Brasília, 13 out. 2022. Disponível em: https://atricon.org.br/wp-content/uploads/2022/10/Nota-Recomendatoria-Conjunta-no-02-2022-Lei-do-Governo-Digital-5.pdf. Acesso em: 15 abr. 2023.

BREGA, José Fernando Ferreira. *Governo Eletrônico e Direito Administrativo*. 2012. 335 p. Tese (Doutorado em Direto) – Faculdade de Direito, Universidade de São Paulo, São Paulo, 2012. Disponível em: https://www.teses.usp.br/teses/disponiveis/2/2134/tde-06062013-154559/publico/TESE_FINAL_Jose_Fernando_Ferreira_Brega.pdf. Acesso em: 15 abr. 2023.

CRT – Civil Resolution Tribunal. The CRT Process. *CRT*, 2023. Disponível em: https://civilresolutionbc.ca/crt-process/. Acesso em: 15 abr. 2023.

FALEIROS JÚNIOR, José Luiz de Moura. *Administração Pública Digital*: proposições para o aperfeiçoamento do regime jurídico administrativo na sociedade da informação. Indaiatuba, SP: Foco, 2020.

GONZALEZ, Mariana. TCU terá nova ferramenta de inteligência artificial capaz de ler e redigir despachos. *Jota*, Tecnologia GPT3, 22 mar. 2023. Disponível em: https://www.jota.info/legislativo/tcu-tera-nova-ferramenta-de-inteligencia-artificial-capaz-de-ler-e-redigir-despachos-22032023?utm_campaign=jota_info__ultimas_noticias__destaques__22032023&utm_medium=email&utm_source=RD+Station. Acesso em: 15 abr. 2023.

LAGE, Fernanda. *Manual de Inteligência Artificial no Direito Brasileiro*. 2. ed. São Paulo: JusPodivm, 2022.

LOSS, Juliana; ARBIX, Daniel. *Resolução Online de Disputas*: casos brasileiros. Rio de Janeiro: Ed. FGV, 2022.

MALONE, Hugo; NUNES, Dierle. *Manual da Justiça Digital:* compreendendo a *Online Dispute Resolution* e os Tribunais *Online*. São Paulo: JusPodivm, 2021.

OLIVEIRA, Priscila. Tribunais de Contas investem na inteligência artificial para ampliar as ações de fiscalização. *Atricon*, Rádio Justiça, 12 jul. 2022. Disponível em: https://atricon.org.br/tribunais-de-contas-investem-na-inteligencia-artificial-para-ampliar-as-acoes-de-fiscalizacao/. Acesso em: 15 abr. 2023.

OPENAI. O que é o ChatGPT? *Plataforma ChatGPT*, 30 abr. 2023. Disponível em: https://plataforma.chatgpt.com/. Acesso em: 30 abr. 2023.

OPENAI. ChatGPT. *Plataforma ChatGPT*, 2023. Disponível em: https://plataforma.chatgpt.com/. Acesso em: 27 abr. 2023.

ORGANISATION FOR ECONOMIC CO-OPERATION AND DEVELOPMENT – OECD. Recommendation of the Council on Digital Government Strategies. *OECD*, 15 jul. 2014. Disponível em: https://www.oecd.org/gov/digital-government/Recommendation-digital-government-strategies.pdf. Acesso em: 15 abr. 2022.

RODRIGUES, Ricardo Schneider *et al. Smart Cities* e a transição digital dos governos municipais do Brasil. *In*: CARVALHO, Fábio Lins de Lessa *et al.* (Coord.). *Direito Administrativo Municipal*. Curitiba: Juruá, 2022. p. 235-248.

RUSSELL, Stuart. *Inteligência artificial a nosso favor:* como manter controle sobre a tecnologia. Tradução Berilo Vargas. São Paulo: Companhia das Letras, 2021.

TRIBUNAL DE CONTAS DO ESTADO DE ALAGOAS. *TCE/AL*. Disponível em: https://www.tceal.tc.br/. Acesso em: 27 abr. 2023.

TRIBUNAL DE CONTAS DO ESTADO DE SANTA CATARINA. *TCE/SC*. Disponível em: https://www.tcesc.tc.br/index.php/leis-e-normas/resolucoes. Acesso em: 27 abr. 2023.

VALLE, Vanice Regina Lírio do; MOTTA, Fabrício. Governo Digital: mapeando possíveis bloqueios institucionais à sua implantação. *In*: MOTTA, Fabrício; VALLE, Vanice Regina Lírio do (Coord.). *Governo Digital e a busca por inovação na Administração Pública*. Belo Horizonte: Fórum, 2022.

Informação bibliográfica deste texto, conforme a NBR 6023:2018 da Associação Brasileira de Normas Técnicas (ABNT):

RODRIGUES, Ricardo Schneider. A inteligência artificial e o uso da *Online Dispute Resolution* pelos Tribunais de Contas. *In*: EHRHARDT JÚNIOR, Marcos; CATALAN, Marcos; NUNES, Cláudia Ribeiro Pereira (Coord.). *Inteligência artificial e relações privadas*: possibilidades e desafios. Belo Horizonte: Fórum, 2023. v. 1. p. 401-421. ISBN 978-65-5518-576-8.

PARTE IV

REFLETINDO PARA ALÉM DO DIREITO PRIVADO

O *CONDITIONAL HIERARCHICAL ATTENTION TRANSFORMER* (CHATGPT) E A SUA IMPLEMENTAÇÃO PELA COMUNIDADE JURÍDICA: VIÁVEL OU AMEAÇA?

ZILDA MARA CONSALTER

1 Linhas introdutórias

A utilização da Inteligência Artificial (IA) traz consigo benefícios e desafios à comunidade jurídica: de uma banda, apresenta-se como uma aliada na compilação e seleção de dados e informações, bem como uma boa auxiliar nas atividades cotidianas e repetitivas que não exijam grande complexidade. D'outra, o desconhecimento e o não entendimento sobre o funcionamento dos algoritmos pode gerar questões éticas, morais, jurídicas e educacionais.

Com a notoriedade conquistada pelo ChatGPT, mais uma vez, todos se descobriram vulneráveis e desconhecedores de mais essa novidade tecnológica. E até que tenhamos o domínio dela, questões são postas e precisam ser verificadas.

Assim, em abordagem dedutiva, busca-se nesse ensaio compreender o ChatGPT e algumas de suas implicações. Primeiramente traça-se uma descrição de como funciona esse modelo de IA para, após, enumerarem-se formas de uso (tanto do prisma positivo quanto do viés improdutivo), finalizando-se com a análise da última iniciativa legislativa havida no País, cujo fito é justamente deixar a todos – comunidade jurídica e usuários em geral – mais confortáveis quanto ao seu uso.

Isso porque, como ocorre com qualquer proposta desconhecida, o ChatGPT pode trazer a (falsa) noção de ameaça em várias esferas: a aniquilação do profissional jurídico, do docente jurídico, da mente crítica e do engrandecimento do preconceito algorítmico são apenas alguns dos elementos que vêm incomodando as pessoas após o modelo ter sido amplamente difundido (e posto ao uso gratuito).

Ao mesmo tempo, mas por outras lentes, muitos se entusiasmam com a nova ferramenta, prevendo a facilitação de muitas atividades e o desenvolvimento de outras habilidades pelas pessoas, além da incansável busca por mais tempo parecer ter ganhado uma aliada.

Assim, e diante desse novo desafio, a proposta é tecer algumas reflexões a seu respeito, esperando-se sejam linhas que suscitem boas perspectivas.

2 A sociedade em rede, inteligência artificial e os *chatboots*

A Revolução 4.0 ou a Quarta Revolução Industrial, como assim denominou Klaus Schwab[1] descortina-se à frente de todos, queiram ou não. E esse cenário inexorável – que pode afetar menos ou mais as pessoas – vem causando mudanças no cotidiano e alterando hábitos, além de estar submetendo a todos a condições nem sempre desejadas ou provocadas.

O fato é que os indivíduos e as relações humanas vêm sofrendo os impactos desta era e tudo o que veio com ela. E chegou-se aqui após marcantes processos históricos que podem ser assim lembrados: entre os anos de 1760 até 1830, ocorreu a chamada Primeira Revolução Industrial, que teve como elemento definidor o avanço da produção manual para a mecanizada.

Subsequentemente, a Segunda Revolução Industrial, iniciada em 1830 e que durou até 1850, teve a eletricidade e a manufatura em massa como elementos marcantes. A Revolução que a seguiu durou até meados do século XX, com o desenvolvimento da tecnologia, do avanço nas telecomunicações, da eletrônica como fatores identificadores e veio quase como preparadora para a Quarta Revolução, que é a que se perpassa atualmente. Nesta, o que se verifica é a presença quase que

---

[1] SCHWAB, Klaus. *A quarta revolução industrial*. Tradução de Daniel Moreira Miranda. São Paulo: EDIPRO, 2018

indispensável da tecnologia, da digitalização das relações, da busca pela facilitação das atividades e de um protagonismo das máquinas como nunca visto.[2]

Dentre todas as Revoluções, a par da Primeira, a última transforma de modo determinante a forma de viver e trabalhar dos indivíduos, bem como possui um alcance e complexidade em larga escala. Hoje, a "sociedade em rede", termo cunhado por Manuel Castells é a realidade que quase todos os indivíduos frequentam, com maior ou menor intensidade.[3]

Todavia, na Quarta Revolução Industrial não é apenas a tecnologia o elemento em si mesmo que determina a sua identidade, mas sim o que emerge do seu uso, o que força uma transição para novos sistemas construídos sobre a base fundante originada na Revolução anterior. As mudanças são profundas, uma vez que alteram o *modus vivendi* dos indivíduos no que tange ao trabalho e profissões, relacionamentos, comportamentos, percepções e assim por diante. Eis a Cibercultura![4]

Hoje, não se permite pensar em exercício de atividade laboral sem o uso de ferramentas digitais, por mais primário que seja o meio de produção. Noutra vertente, quantos relacionamentos comerciais, de amizade, de amor, não se iniciam – e perduram – por intermédio dos mecanismos propiciados pela tecnologia? Em inúmeros destes, as pessoas jamais estiveram no mesmo ambiente real, mas mantêm cotidiano contato e trocam informações a todo momento. Na esfera comportamental, hodiernamente os indivíduos não mais são valorados apenas pela sua formação intelectual, sua inteligência, sua beleza, talentos ou prestígio social, mas sim pelo número de seguidores, conexões ou de engajamentos. Além disto, muitos constroem sobre seus "avatares" virtuais a sua carreira e sua reputação quase que de modo apartado do indivíduo em si mesmo.

Semelhante impacto se percebe, também, quando a tecnologia se imiscui em todas essas facetas, ganhando não somente o caráter instrumental, mas funcional da vida humana.

Nessa linha, a IA é capaz de desempenhar atividades e papéis até há pouco inimagináveis, ganhando um protagonismo ainda assustador

---

[2] SCHWAB, Klaus. *A quarta revolução industrial*. Tradução de Daniel Moreira Miranda. São Paulo: EDIPRO, 2018.
[3] CASTELLS, Manuel. A sociedade em rede. 6. ed. 12. reimp. Tradução de Roneide Venancio Majer. São Paulo: Paz e Terra, 1999. v. I.
[4] L LÉVY, Pierre. *Cibercultura*. Tradução de Carlos Irineu da Costa. São Paulo: Ed. 34, 1999.

para muitos, mas que não pode deixar de ser notado, pois quem ainda acredita que se trata de algo do futuro – de um Admirável Mundo Novo[5] ainda no porvir – pode se alarmar com a enorme quantidade de possibilidades que ela já está oferecendo no cotidiano de todos:

> Ainda que, muitas vezes, seja tratada como futuro, IA já é realidade de muitas empresas: estima-se que mais de 40% de companhias globais tenham seus negócios impactados. De acordo com estudo da Tortoise Media, o Brasil está em 39º lugar quando o tema é implementação, inovação e investimento relacionado à IA. Uma métrica importante, sobretudo, considerando o quanto a tecnologia movimentará de recursos nos próximos anos.[6]

E esses números não tratam apenas do robozinho que faz a limpeza do piso ou naquele que realiza grandes cirurgias; da geladeira que avisa quando o produto está vencendo ou que encaminha mensagem de pedido ao supermercado digital mais próximo; do apetrecho doméstico que responde dúvidas comezinhas; do sistema de imagens que permite que todo um supermercado funcione sem um funcionário sequer e ambiente no qual as pessoas entram, obtêm os produtos e o pagamento é feito pelo reconhecimento facial no momento da saída, com lançamento imediato da compra na fatura do seu cartão de crédito; ou, ainda, na prática atividades banais como a Alexa® ou do irritante atendente-robô das empresas, seja via telefone ou *sites*. O fato é que os robôs inteligentes vêm ganhando terreno nas vidas de todos, a ponto de já se discutir uma eventual personalidade jurídica destes: as chamadas *e-persons*.

O destaque aqui segue no sentido de que a IA vem ganhando cada vez mais presença na existência de cada um, seja no apoio a atividades complexas, como a realização de cirurgias ou elaboração de projetos arquitetônicos ou de prospecção; seja na formação e organização de bancos de dados; seja na composição de informações ou na criação de novas obras.

E é nesta última vertente que se encontram os chamados *chatboots* que são, de modo simples, programas de IA com os quais se

---

[5] Referência à "fábula futurista" de HUXLEY, Aldous. *Admirável mundo novo*. Tradução de Lino Valandro e Vidal Serrano. São Paulo: Biblioteca azul, 2014.
[6] PACETE, Luiz Gustavo. ChatGPT coloca IA na agenda de CEOs brasileiros. *Forbes.br*, Sessão ForbesTech, 28 fev. 2023. Disponível em: Leia mais em: https://forbes.com.br/forbestech/2023/02/chatgpt-coloca-ia-na-agenda-de-ceos-brasileiros/. Acesso em: 12 abr. 2023.

pode conversar em linguagem natural e não apenas em linguagem de programação. São alguns exemplos destes, atualmente: Bert®, Bloom®, ChatSonic®, Chinchilla®, Jasper Chat®, LaMDA®, Meena®, Replika®, RoBERTa®, XLNet®, CharacterAI®, YouChat®, PerplexityAI®, LlaMA® (este último, do Grupo Meta®).

De todos estes modelos, o que ganhou mais notoriedade até o momento, ou seja, o mais conhecido *chatboot*, é o *Conditional Hierarchical Attention Transformer with Generative Pre-Trained Transformer* ou seu acrônimo, como ficou conhecido, o ChatGPT, e que quase que já se transformou em uma metonímia para significar qualquer *chatboot*, sendo que este, em específico, é o objeto deste ensaio.

3 O que é o ChatGPT e qual o seu uso?

O ChatGPT foi idealizado pelo grupo californiano OpenAI®, cujo controlador é a conhecida personalidade Elon Musk, e consiste num *software*, já na sua terceira geração, que utiliza IA e *machine learning*, expressão que representa o fato de que a máquina, com a repetição de padrões, passa a repeti-los, incrementando-os e aprimorando-os com o próprio uso e fazendo conexões para tanto, sendo alimentada diuturnamente pelo seu usuário, ficando subordinado àquele que a utiliza.[7]

Assim, pode-se afirmar que o *chatboot* se utiliza de um grande arquivo de textos disponíveis na rede mundial de computadores, o que propicia, mediante a atuação da IA, a geração de diálogos virtuais muito próximos da naturalidade.

Isso porque, ao aplicar uma técnica de Processamento de Linguagem Natural (PLN), o modelo de IA usa dados e informações disponíveis na rede (estima-se que sejam 175 bilhões de parâmetros de aprendizagem), e, quanto mais se usa o ChatGPT, mais a prática contínua pelo usuário e a organização efetuada por algoritmos produz respostas a perguntas feitas por aquele que o consulta. E tudo isto é feito na forma de uma página de bate-papo (daí a palavra *chat* como parte do seu nome, eis que traduzida do Inglês para o vernáculo, significa bate-papo, conversa).[8]

---

[7] SHWARTZ, Shai Shalev; BEN-DAVID, Shai. *Understanding Machine Learning*: From Theory to Algorithms. New York, EUA: Cambridge University Press, 2014.
[8] WENTH, Andreas. *ChatGPT - Fale comigo! O seu guia para comunicar com sucesso com ChatGPT com 400 entradas de amostra*. São Paulo: Amazon Books, 2023. Ebook Kindle.

Com o tempo, o ChatGPT torna-se capaz de gerar diversos formatos de textos, redigidos de forma natural, coerente e que imitam o estilo do seu usuário, inclusive com seus vícios de redação ou expressões mais corriqueiras:

> A tecnologia GPT-3, ou 'Transformador Generativo Pré-Treinado' em sua terceira versão, é um modelo de Inteligência Artificial (IA) criado a partir de redes neurais artificiais (método de aprendizagem de máquina), e treinado com uma enorme quantidade de dados. O objetivo é compreender e produzir textos e conversas semelhantes às realizadas por seres humanos. O ChatGPT foi uma aplicação desenvolvida a partir do GPT-3, com um treinamento específico e uma interface amigável, que ajuda os usuários a interagirem através de diálogos inteligentes e naturais sobre qualquer assunto do conhecimento humano.[9]

Assim, dentre as inúmeras possibilidades, o Chat GPT tem capacidade de responder perguntas, escrever histórias, músicas, poemas, resumir trechos de textos, descrever imagens, traduzir obras e, além disso, pode aprender com as conversas que tiver e se adaptar a vários contextos.

Entretanto, e muito embora tenha ganhado notoriedade nos últimos meses, não se trata de algo que exsurgiu há pouco. Essa tecnologia remonta ao ano de 2015, com a criação de modelos compostos por redes neurais artificiais (Sigla em inglês, RNNs), que imitavam a escrita de um autor de um livro. Desde então, foi aperfeiçoado, aumentando a sua capacidade de avaliar contextos, traduzindo ou resumindo trechos, o que é feito por intermédio de mecanismos de IA.[10] Atualmente, o *chatboot* está na sua quarta geração.

Quanto ao mecanismo, o autor já acima citado ainda esclarece:

> A ideia por trás é algo semelhante ao que nós humanos fazemos desde crianças. Lembram dos exercícios de preencher as lacunas de uma frase dada as palavras ao seu redor? Os modelos de redes neurais mimetizam esse mecanismo: dado o contexto, qual seria a próxima palavra mais

---

[9] PACETE, Luiz Gustavo. O que é ChatGPT e como ele pode ser útil no dia a dia? *Forbes.br*, Sessão ForbesTech, 23 jan. 2023. Disponível em: https://forbes.com.br/forbes-tech/2023/01/o-que-e-chatgpt-e-como-ela-pode-ser-util-no-dia-a-dia/. Acesso em: 12 abr. 2023.

[10] ARCANGELI, Cris. ChatGPT: chegou o uso da Inteligência Artificial na sua mais moderna forma, fácil e prático. *Revista Exame* 55 anos, sessão Empreender Liberta. 30 jan. 2023. Disponível em: https://exame.com/colunistas/empreender-liberta/chat-gpt-chegou-o-uso-da-inteligencia-artificial-na-sua-mais-moderna-forma-facil-e-pratico/. Disponível em: 24 fev. 2023.

provável? As redes neurais recorrentes de 2015 tinham a capacidade de contexto limitada a algumas palavras de distância. Arquiteturas criadas posteriormente, [...] conseguiram aumentar essa capacidade quando comparadas às RNNs. [...] Por isso, modelos desse tipo de arquitetura têm a capacidade de manter a coerência em longas sequências como na escrita de um livro. Mais do que isso, conseguem buscar na sua memória de contexto relações que possibilitam aplicações além da geração de texto, como tradução, perguntas e respostas e diálogos.[11]

Desse modo, o sistema aprende a interagir semelhantemente ao ser humano, conversando, resolvendo questões, resumindo e produzindo textos novos de várias naturezas, como a acadêmica ou profissional. Saliente-se que não há a mera reprodução, mas sim a criação de novos documentos escritos a partir da consulta efetuada pelo usuário ao *chatboot*.

E juntamente com esse novo parceiro tecnológico das pessoas, evidentemente, vêm à tona reflexões de ordem ética, legal, educacional e jurídicas.

No que tange à questão ética, muitas indagações e preocupações eclodem, especialmente quanto à assunção de autoria de algo que foi gerado pela máquina e não pelo seu usuário, algo que, além de afetar essa seara, ainda avança para o plano do direito autoral e responsabilidades.

No entanto, sob esse aspecto, não se pode negar que essa reflexão tenha surgindo junto com o ChatGPT, pois práticas antiéticas podem ocorrer com o uso do *chatboot* ou não, sendo já ocorrentes ainda nos idos dos livros impressos. O comportamento ético é uma escolha do indivíduo, e não será o *chatboot* que irá alterá-lo. Ele poderá, apenas, oferecer mais uma ferramenta àquele que já não se comporta conforme os preceitos adequados de conduta.

Pelo prisma didático educacional, tem-se que sem o apoio da tecnologia será praticamente impossível aferir se um texto foi desenvolvido pelo próprio estudante ou pelo ChatGPT – exceto em eventual arguição oral ou algo semelhante –, gerando angústia nos educadores e também impulsionando a sua criatividade rumo à utilização positiva deste novel instrumento. Alguns profissionais têm levantando questões

---

[11] PACETE, Luiz Gustavo. O que é ChatGPT e como ele pode ser útil no dia a dia? *Forbes.br*, Sessão ForbesTech, 23 jan. 2023. Disponível em: https://forbes.com.br/forbes-tech/2023/01/o-que-e-chatgpt-e-como-ela-pode-ser-util-no-dia-a-dia/. Acesso em: 12 abr. 2023.

sobre como isso pode se tornar novo paradigma para a escola e o sistema de ensino.[12]

É claro que o antídoto é propiciado por tantos outros aplicativos e *softwares* que conseguirão, sem grande esforço, identificar textos produzidos por outras máquinas, a exemplo do que ocorre com os já corriqueiros caça-plágio. Porém, o que preocupa, realmente, é o processo didático. Este, sem dúvida, precisará ser revisto e os docentes e pesquisadores terão, inexoravelmente, que se adaptar à presença da IA fazendo dela uma aliada positiva e não numa inimiga. Isso é possível? Sim. Demandará mais empenho por parte dos envolvidos? Certamente.

Por outro lado, na esfera jurídica, já se verificam inúmeras possibilidades de uso da ferramenta, o que, tal qual no campo educacional, vem levantando pontos sobre a viabilidade, a ética, legalidade e utilidade do ChatGPT em diversas áreas de atuação, consoante adiante se verá no tópico próprio.

4 O ChatGPT e o universo jurídico

Em escala mundial, já se tem notícias de que o ChatGPT tem sido utilizado por atuantes da esfera jurídica consoante se pode perceber pelo rol de notícias adiante:

Um dos exemplos é o da Estônia, país em que se criou o primeiro juiz robô e dos Estados Unidos, em que um *software* é utilizado por vários Estados no auxílio dos julgadores, avaliando probabilidades de reincidência de réus com base em uma escala de pontuação, estabelecendo parâmetros objetivos para a concessão ou não de liberdade condicional e também ajuda a calcular a pena. Feito o trabalho da ferramenta de IA, o juiz avalia o resultado e confirma ou não a proposta da máquina.[13]

Ainda a título de ilustração, o caso com mais notoriedade é o ocorrido em Cartagena na Colômbia, em que o juiz Juan Manuel Padilla Garcia utilizou o ChatGPT na redação da sentença, publicada

---

[12] THOBIAS, Elisa. A educação midiática e o ChatGPT: Como fica o ensino diante dos desafios propostos pela inteligência artificial? *Gazeta do Povo online*, sessão Educação e Mídia, 24 fev. 2023. Disponível em: https://www.gazetadopovo.com.br/vozes/educacao-e-midia/a-educacao-midiatica-e-o-chat-gpt/?comp=whatsapp. Acesso e: 4 mar. 2023.

[13] VASCONCELOS, ROSÁLIA. ChatGPT já ajudou a dar sentença judicial: esse é o futuro dos tribunais? *Uol*, sessão Tilt, 12 mar. 2023. Disponível em: https://www.uol.com.br/tilt/noticias/redacao/2023/03/12/juiz-usa-chatgpt-para-decisao.htm?cmpid=copiaecola&cmpid=copiaecola. Acesso em: 31 mar. 2023.

em janeiro de 2023, de um caso envolvendo o direito à saúde de uma criança autista.[14]

Ainda, nos mesmos moldes do ChatGPT, deve-se mencionar o aplicativo norte-americano da DoNotPay® que se autointitula "advogado robô". Ele é instalado no *smartphone* ou computador e fala diretamente com Juiz e Júri, definindo a condução da audiência, inclusive o que o acusado deve falar durante o processo. Isto porque primeiro ele escuta todos os discursos na sessão. Após, escolhe as palavras e orienta a fala do "cliente". Segundo notícias veiculadas pela imprensa, um caso envolvendo uma multa por excesso de velocidade será o primeiro a ser julgado contendo a atuação deste aplicativo.[15]

Em Portugal, o Ministério da Justiça implantou em março deste ano um *chatboot* semelhante ao ChatGPT com a finalidade de auxiliar cidadãos e empresas acerca de processos judiciais em trâmite. Chamado de Guia Prático de Acesso à Justiça, visa viabilizar o acesso à informação com linguagem mais acessível.[16]

Em terras nacionais, muitos são os casos de aplicação da IA na atuação jurídica, podendo-se citar um experimento com um sistema que realizou a prova da Ordem dos Advogados do Brasil, tendo obtido êxito e se sagrado aprovado no teste.[17]

Além deste evento, há que se comentar que a IA vem sendo utilizada pelo Poder Judiciário, basicamente, em duas frentes: classificação de documentos (categorização, triagem e extração de informações e dados) e elaboração automatizada de documentos; esse uso vem ocorrendo numa crescente bastante importante. Dos tribunais brasileiros,

---

[14] VASCONCELOS, ROSÁLIA. ChatGPT já ajudou a dar sentença judicial: esse é o futuro dos tribunais? *Uol*, sessão Tilt, 12 mar. 2023. Disponível em: https://www.uol.com.br/tilt/noticias/redacao/2023/03/12/juiz-usa-chatgpt-para-decisao.htm?cmpid=copiaecola&cmpid=copiaecola. Acesso em: 31 mar. 2023.

[15] SYOZI, Ricardo. Empresa de "advogado por GPT" faz proposta de US$ 1 milhão para defender caso na Justiça. *Tecnoblog*, sessão Aplicativos e software, 9 jan. 2023. Disponível em: https://tecnoblog.net/noticias/2023/01/09/empresa-de-advogado-por-gpt-faz-proposta-de-us-1-milhao-para-defender-caso-na-justica/. Acesso em: 22 jan. 2023.

[16] PEQUENINO, Karla. Ministério da Justiça vai usar tecnologia do ChatGPT para responder a cidadãos. *Publico*, sessão Inovação, 17 fev. 2023. Disponível em: https://www.publico.pt/2023/02/17/tecnologia/noticia/ministerio-justica-vai-usar-tecnologia-chatgpt-responder-cidadaos-2039270. Acesso em: 24 mar. 2023.

[17] ROMANI, Bruno. ChatGPT é 'aprovado' em prova da primeira fase da OAB. *O Estado de São Paulo online*, sessão Cultura Digital, 21 fev. 2023. Disponível em: https://www.estadao.com.br/link/cultura-digital/chatgpt-e-aprovado-em-prova-da-primeira-fase-da-oab/. Acesso em: 3 mar. 2023.

58 (entre Justiça Federal, Estadual e especializadas) já utilizam IA, de acordo com o CNJ.[18]

Abaixo, alguns exemplos das principais iniciativas:

Sofia: no Tribunal da Bahia, o robô seleciona e categoriza processos semelhantes ou por tema para auxiliar o trabalho do Magistrado, além de listar referências que possam ser úteis, permitindo o reaproveitamento do conteúdo de sentenças anteriores.[19]

Savia (Sistema Assistente Virtual de Inteligência Artificial): desenvolvida pelos mesmos criadores do ChatGPT, essa ferramenta ajuda servidores e o pessoal da administração do Tribunal de Minas Gerais na redação de textos e documentos, principalmente aqueles mais repetitivos, como *e-mails* e portarias, devendo haver, sempre, a revisão final pelo usuário. O modelo comporta, ainda, o Radar, que é um modelo que também objetiva a seleção de casos similares, que o os agrupa e auxilia no julgamento pelo Magistrado, inclusive em conjunto, para evitar decisões díspares.[20]

Mandamus: implantado no Tribunal de Justiça de Roraima, esse robô ajuda o juiz a garantir o cumprimento de ordens judiciais. Elabora mandados, revisa as decisões, localiza o oficial de justiça mais próximo e estabelece prazos para o cumprimento de medidas.[21]

Sinapses: atuante no Tribunal de Rondônia, contém 20 modelos de IA. Eles executam atividades de triagem, classificação e identificação de processos e auxiliam tanto nas atividades do Magistrado quanto do pessoal das serventias, notadamente quanto aos trabalhos mais automáticos e que não necessitam um debruçar mais acurado.[22]

---

[18] VASCONCELOS, ROSÁLIA. ChatGPT já ajudou a dar sentença judicial: esse é o futuro dos tribunais? *Uol*, sessão Tilt, 12 mar. 2023. Disponível em: https://www.uol.com.br/tilt/noticias/redacao/2023/03/12/juiz-usa-chatgpt-para-decisao.htm?cmpid=copiaecola&cmpid=copiaecola. Acesso em: 31 mar. 2023.

[19] TRIBUNAL DE JUSTIÇA DO ESTADO DA BAHIA. Automação e inteligência artificial: robô faz triagem de processos e possibilita julgamentos temáticos nas 2ª e 8ª varas do consumidor dos juizados especiais. Assessoria de Comunicação, 17 de março de 2023. Disponível em: http://www5.tjba.jus.br/portal/automacao-e-inteligencia-artificial-robo-faz-triagem-de-processos-e-possibilita-julgamentos-tematicos-nas-2a-e-8a-varas-do-consumidor-dos-juizados-especiais/. Acesso em: 20 mar. 2023.

[20] VASCONCELOS, ROSÁLIA. ChatGPT já ajudou a dar sentença judicial: esse é o futuro dos tribunais? *Uol*, sessão Tilt, 12 mar. 2023. Disponível em: https://www.uol.com.br/tilt/noticias/redacao/2023/03/12/juiz-usa-chatgpt-para-decisao.htm?cmpid=copiaecola&cmpid=copiaecola. Acesso em: 31 mar. 2023.

[21] ROCHA, Johnny. Chat GPT: uso de ferramenta de inteligência artificial é analisada por TJMG. *Jota*, sessão Tecnologia e Direito, 8 fev. 2023. Disponível em: https://www.jota.info/justica/chat-gpt-tjmg-estuda-uso-de-ferramenta-de-inteligencia-artificial-08022023. Acesso em: 12 abr. 2023.

[22] CORREGEDORIA GERAL DA JUSTIÇA DE RONDÔNIA. TJSE conhece Sinapses, robô do TJRO que potencializa a celeridade processual. Assessoria de Comunicação, 30 de abril

Victor e Rafa 2030: são dois robôs em operação em favor do STF. O Victor faz a verificação de recursos e se eles já foram julgados anteriormente. Se houver repercussão geral, propõe a aplicação direta do julgado vinculante. O Rafa 2030 tem como foco os processos relacionados a direitos humanos especificamente.[23]

Em face do inexorável uso dos modelos de IA pelo Poder Judiciário, podem-se, inicialmente, destacar três benefícios do uso do ChatGPT ou similares: otimização do tempo quanto a tarefas processuais cotidianas, a celeridade em decisões mais complexas e eficiência e precisão nas decisões.

Isto porque, quando se trata de tarefas repetitivas e burocráticas, que obviamente demandam muito tempo por parte tanto do Magistrado quanto dos serventuários, estas podem ser tranquilamente realizadas pela ferramenta. Processos de conteúdo igual ou semelhante, como as Execuções Fiscais, despachos simples, expedientes, *e-mails*, mandados, todos com conteúdo semelhante, podem ser tarefa do *chatboot*, o que legaria aos indivíduos, mais tempo para se dedicar a tarefas que não podem ser desempenhadas pela máquina.[24]

Por outro lado, autos contendo questões sensíveis e que prescindem de uma perfunctória análise – e que, portanto, não dispensam o olhar atento de todos os envolvidos – podem ter o auxílio do *chatboot* na pesquisa, seleção de referências e de julgados a serem utilizados, legislação específica, o que fará com que uma decisão urgente, mas com análise prévia complexa seja proferida com muito maior agilidade:

> [...] Nos métodos tradicionais o juiz analisa os autos, após analisa o que diz a lei e posteriormente analisa o entendimento jurisprudencial e até mesmo casos semelhantes agrupados, com isso, aplica a lei ou diz o direito ao caso concreto, redigindo a sentença. Na IA, este mesmo magistrado pode-se pedir subsídios sobre um tema e o sistema pode consultar bases de dados, repositórios legais e notícias, além de buscar

---

de 2019. Disponível em: https://tjro.jus.br/corregedoria/index.php/component/k2/169-tjse-conhece-sinapses-robo-do-tjro-que-potencializa-a-celeridade-processual). Acesso em: 12 abr. 2023.

[23] VASCONCELOS, ROSÁLIA. ChatGPT já ajudou a dar sentença judicial: esse é o futuro dos tribunais? *Uol*, sessão Tilt, 12 mar. 2023. Disponível em: https://www.uol.com.br/tilt/noticias/redacao/2023/03/12/juiz-usa-chatgpt-para-decisao.htm?cmpid=copiaecola&cmpid=copiaecola. Acesso em: 31 mar. 2023.

[24] VASCONCELOS, ROSÁLIA. ChatGPT já ajudou a dar sentença judicial: esse é o futuro dos tribunais? *Uol*, sessão Tilt, 12 mar. 2023. Disponível em: https://www.uol.com.br/tilt/noticias/redacao/2023/03/12/juiz-usa-chatgpt-para-decisao.htm?cmpid=copiaecola&cmpid=copiaecola. Acesso em: 31 mar. 2023.

em fontes diversas, com estrutura de rede neural, para apresentar respostas. O Magistrado logicamente encontraria estas informações, porém a IA faz isso com agilidade, e ainda que contenha equívocos, com a supervisão humana, pode otimizar e muito as pesquisas, exercendo seu papel complementar nas atividades do Magistrado, que continua indispensável. [...].[25]

E somada à rapidez, há que se dizer que a ferramenta de IA confere maior eficiência e precisão no que for decidido, eis que seus mecanismos de automação da pesquisa jurídica não dão margem a falhas, o que poderia acontecer com os olhos humanos.

Evidentemente, é sempre salutar relembrar que a revisão e supervisão humana jamais serão dispensáveis, conforme disposto na Resolução CNJ nº 332, que dispõe sobre a ética, transparência e governança na produção e no uso de inteligência artificial.[26]

A par desse cuidado, também há que se ressaltar que quem valida o ato processual – e consequentemente, por seu conteúdo se responsabiliza – é o ser humano, sendo o modelo de IA apenas uma ferramenta auxiliar de sua função. Ao menos é esta a recomendação do CNJ na retromencionada resolução, quando recomenda a observância da Carta Europeia de Ética sobre o Uso da Inteligência Artificial em Sistemas Judiciais e que dispõe, dentre outros valores, da transparência e da necessidade inegociável da supervisão humana.

Ainda enumerando vantagens, em decisões que não requeiram tanta urgência, o processo decisório ainda poderá contar com o avanço nas técnicas e na jurimetria, ao passo que também contará com uma maior exatidão na uniformização da jurisprudência.

No âmbito das funções essenciais da Justiça, ainda há que ser citada a atividade advocatícia, eis que o uso de ferramentas como ChatGPT poupam tempo dos causídicos tanto na pesquisa quanto na elaboração de peças processuais, legando a eles preciosos minutos para reflexões mais profundas em torno de elementos essenciais e deixando aspectos mais superficiais para a máquina.

---

[25] MILAGRE, José. ChatGPT, Justiça e a advocacia. *Jornal da Cidade de Bauru*, sessão Tecnologia, 25 fev. 2023. Disponível em: https://sampi.net.br/bauru/noticias/2743000/colunistas/2023/02/chatgpt-justica-e-a-advocacia. Acesso em: 28 fev. 2023.

[26] CNJ – conselho Nacional de Justiça. *Resolução no. 332 de 21 de agosto de 2020*. Dispõe sobre a ética, a transparência e a governança na produção e no uso de Inteligência Artificial no Poder Judiciário e dá outras providências. DJe/CNJ, nº 274, de 25/08/2020, p. 4-8. Disponível em: https://atos.cnj.jus.br/atos/detalhar/3429. Acesso em: 15 abr. 2023.

Ademais, de posse de uma boa pesquisa automatizada, o advogado poderá, ao discutir a lide com o seu representado, traçar uma análise de riscos mais acurada, haja vista que o *chatboot* poderá efetuar um relatório resumido do histórico de decisões judiciais já ocorrentes e que se apliquem ao caso em estudo, podendo fazer, inclusive, predição mais exata de resultados.

É certo e claro que o Direito jamais poderá ser considerado uma ciência exata, sendo a sensibilidade do jurista algo que continuará a ser indispensável na atividade diária da advocacia, mas a automação das atividades repetitivas, maçantes e que requerem, geralmente, apenas tempo para a sua execução, faz com que a economia que ela gera confira ao causídico maior qualidade e quantidade de tempo para desempenhar s atividades que realmente são relevantes e que ninguém e nenhuma máquina poderá substituir.

Em prisma oposto, há que se tecer ponderações acerca dos riscos que o *chatboot* poderá trazer aos seus usuários. E o primeiro deles é de ordem ética.

Isso porque, ao assumir como de sua autoria algum texto gerado pelo modelo de IA, o usuário, que não o elaborou, mas provocou a sua redação, estaria se comportando de modo antiético, a não ser que fique claro, em algum momento do seu próprio texto, que utilizou o mecanismo para fins de pesquisa, tradução ou até na sua concepção. E caso não haja essa menção, sim, o usuário estaria praticando ato contrário à ética.

Sem falar em eventual responsabilidade por parte do usuário, caso seja constatado plágio ou conteúdo inadequado ou ofensivo. Nesse aspecto, inquestionável que será este o que arcará com eventual indenização ou terá que cumprir eventual desagravo ou retratação.

Nessa linha da responsabilidade, muito embora se tenha querido criar na Europa as chamadas *e-persons* – dotando-se modelos de IA com personalidade legal (excetuados os direitos humanos) e que seriam responsáveis pelos atos por si praticados[27] – tal não foi bem aceito pela comunidade jurídica, tendo o Parlamento Europeu se posicionado contrariamente quando o tema foi submetido a análise ainda em 2016. Do posicionamento constante do considerando datado de 2017, pode-se destacar o seguinte trecho:

---

[27] GORDON, John-Stewart; PASVENSKIENE, Ausrine. Human rights for robots? A literature review. *AI and Ethics*, [s. l.], v. 1, n. 4, p. 579-591, nov. 2021.

Considerando que, quanto mais autónomos forem os robôs, menos poderão ser encarados como simples instrumentos nas mãos de outros intervenientes (como o fabricante, o operador, o proprietário, o utilizador, etc.); considerando que, por sua vez, isto coloca a questão de saber se as normas ordinárias em matéria de responsabilidade são suficientes ou se serão necessários novos princípios e normas para clarificar a responsabilidade jurídica de vários intervenientes no que respeita à responsabilidade por atos e omissões dos robôs, quando a causa não puder ser atribuída a um interveniente humano específico e os atos ou as omissões dos robôs que causaram os danos pudessem ter sido evitados.[28]

E seguiu-se nessa toada por todo o arrazoado, rechaçando-se a ideia, ao menos por enquanto, como já alhures afirmado.

Também quanto a eventuais riscos, pode-se trazer à discussão a possibilidade de violação de privacidade e dados pessoais, notadamente quanto ao acesso a bases de dados de cujas respostas podem ser geradas. Ora, tal qual ocorre com a responsabilidade em geral, ao que parece se deve utilizar o mesmo raciocínio: o responsável não é a máquina, por mais "inteligente" que seja considerada. Por enquanto, ainda é o usuário o que responderá pelo acesso a dados (especialmente os de natureza sensível) e também pelo seu (mau) uso.

Lembrando que nesta senda, o Superior Tribunal de Justiça julgou ser imperioso, caso haja vazamento de dados ou o seu (mau) uso, para que ocorra a responsabilização será necessária a comprovação da ocorrência de dano à vítima, não sendo considerado presumido (*in re ipsa*). Assim, a mera exposição ao risco não seria indenizável aos olhos do Pretório.[29]

---

[28] PARLAMENTO EUROPEU. Resolução do Parlamento Europeu, de 16 de fevereiro de 2017, que contém recomendações à Comissão sobre disposições de Direito Civil sobre Robótica (2015/2103(INL)). Disponível em: https://www.europarl.europa.eu/doceo/document/TA-8-2017-0051_PT.html. Acesso em: 17 abr. 2023.

[29] BRASIL. STJ. *AREsp 2.130.619/SP*, j. em 7 de março de 2023. Rel. Min. Francisco Falcão, tem a seguinte ementa: PROCESSUAL CIVIL E ADMINISTRATIVO. INDENIZAÇÃO POR DANO MORAL. VAZAMENTO DE DADOS PESSOAIS. DADOS COMUNS E SENSÍVEIS. DANO MORAL PRESUMIDO. IMPOSSIBILIDADE. NECESSIDADE DE COMPROVAÇÃO DO DANO. [...] ... IV - O art. 5º, II, da LGPD, dispõe de forma expressa quais dados podem ser considerados sensíveis e, devido a essa condição, exigir tratamento diferenciado, previsto em artigos específicos. Os dados de natureza comum, pessoais, mas não íntimos, passíveis apenas de identificação da pessoa natural não podem ser classificados como sensíveis. V - O vazamento de dados pessoais, a despeito de se tratar de falha indesejável no tratamento de dados de pessoa natural por pessoa jurídica, não tem o condão, por si só, de gerar dano moral indenizável. Ou seja, o dano moral não é presumido, sendo necessário que o titular dos dados comprove eventual dano decorrente da exposição dessas informações.

Outros dois elementos a serem trazidos à baila seria o risco de que o emprego acrítico da inteligência artificial e a discriminação algorítmica com viés de gênero, raça ou qualquer outro.

A IA ainda não chegou ao ponto de efetuar concatenações e ilações tão próprias do intelecto humano. Igualmente, ela é inerte. Ou seja, labora com o que já ocorreu, sendo incapaz de projetar algo ou a efetuar raciocínios capazes de trazer novos elementos ao seu texto.

Essa pretensa neutralidade e essa conduta acrítica poderiam gerar textos repetidos e repetitivos, sem criar ou inovar como é tão ínsito aos humanos. Fato.

Ocorre que o desenvolvimento dos modelos de IA tem avançado. E essa afirmação é possível atualmente, não se podendo prever a que nível de aperfeiçoamento chegarão as máquinas em um curto período de tempo.

No que tange à discriminação algorítmica, já foram constatados resultados tendenciosos ou discriminatórios em textos avaliados por pesquisadores da Pontifícia Universidade Católica de Minas Gerais.[30]

Quanto a este ponto, importa destacar que, a exemplo do comportamento repetitivo e acrítico da máquina, neste ponto, também, ela reproduz conceitos e preconceitos do usuário, o que ocorre por intermédio do arquivo que é alimentado por ele próprio no decorrer do seu uso.

Assim, nada mais adequado que o próprio usuário, ao assumir um trecho elaborado pelo modelo de IA – pressupondo-se que analisou, revisou e entendeu ser pertinente o seu conteúdo – caso esse mostre-se ofensivo ou violador de outros direitos, seja o que arcará com as consequências desta assunção.

Voltando-se os olhos para o cenário regulatório acerca do tema, importa dizer que está em trâmite nas Casas do Congresso o Marco Legal da Inteligência Artificial, forma como foi nominado o Projeto de Lei nº 21 de 2020, proposto pelo deputado Eduardo Bismarck (PDT-CE) e que já conta com a aprovação de seu texto pela Câmara dos Deputados.

VI - Agravo conhecido e recurso especial parcialmente conhecido e, nessa parte, provido (Disponível em: https://processo.stj.jus.br/processo/julgamento/eletronico/documento/mediado/?documento_tipo=integra&documento_sequencial=178204788&registro_numero=202201522622&peticao_numero=&publicacao_data=20230310&formato=PDF. Acesso em: 17 abr. 2023).

[30] VASCONCELOS, ROSÁLIA. ChatGPT já ajudou a dar sentença judicial: esse é o futuro dos tribunais? *Uol*, sessão Tilt, 12 mar. 2023. Disponível em: https://www.uol.com.br/tilt/noticias/redacao/2023/03/12/juiz-usa-chatgpt-para-decisao.htm?cmpid=copiaecola&cmpid=copiaecola. Acesso em: 31 mar. 2023

Além de regular a atividade de IA pelo poder público, empresas, entidades e pessoas, o seu texto contém a enumeração de princípios, direitos, deveres e instrumentos de governança para a IA.

Na esfera axiológica, princípios como o respeito aos direitos humanos, democracia, igualdade, não discriminação, transparência no uso e funcionamento, pluralidade, livre iniciativa e proteção dos dados são elencados como balizas na atuação com IA.

O PL também prevê regras de conduta para os agentes de IA (desenvolvedores, implantadores, operadores e partes interessadas), sendo que os primeiros serão – caso aprovado o texto proposto – responsáveis legais pelas práticas adotadas pelo modelo de IA e pelo respeito aos preceitos da Lei Geral de Proteção de Dados (LGPD) e os da última categoria teria seu acesso e uso normatizado em face do setor público e privado.

Entre algumas iniciativas do PL estão o acesso e forma de uso da IA, da atuação dos sistemas e o respeito aos dados pessoais sensíveis dos indivíduos, aí incluídos os dados identificadores civis, os genéticos, localizadores, métrica facial etc., além de dispor acerca de medidas de gestão e contenção de riscos, com a adoção de *standards* e de projeção de melhorias da atuação com IA.[31]

Do prisma do poder público, consta no PL a proposta de implantação de estímulos ao uso adequado da IA, com preferência ao formato livre e aberto; a capacitação dos servidores para esses modelos; a criação de políticas de *compliance* sobre as práticas; e o apoio a pesquisas e desenvolvimento permanente dessa área.

Embora esteja caminhando bem, ainda há um considerável caminho a ser trilhado até que a iniciativa se converta, de fato, em lei. A ver.

Até lá, como sempre sói ocorrer quando se trata de Direito e Tecnologia, aquele terá que continuar a apresentar respostas aos problemas que – inexoravelmente – surgirão diante da utilização desta. E terá que fazê-lo com o que já é disponível e usável dentro do arcabouço jurídico atual. Será um exercício interessante por parte dos juristas que deverá ser acompanhado com boa técnica, lucidez e despido de pré-conceitos.

---

[31] BISMARCK, Eduardo. *Projeto de Lei n. 21/2020*. Câmara dos Deputados, 4 fev. 2020. Disponível em: https://www.camara.leg.br/proposicoesWeb/prop_mostrarintegra?codteor=1853928. Acesso em: 22 abr. 2023.

5 Pontuações conclusivas

Como ponderado no desenvolvimento deste ensaio, a união entre Tecnologia e Direito é fascinante e ao mesmo tempo instigadora. E para que ela seja frutífera, será preciso que os atores destas duas ciências caminhem em bom compasso, especialmente com respeito às minúcias de cada uma delas e aproveitando-se do que podem contribuir para que todos sejam beneficiados.

Do prisma jurídico, a mitigação do desafio perpassa pela implementação de políticas e iniciativas robustas voltadas ao cumprimento inegociável da Lei Geral de Proteção de Dados Pessoais e pela garantia da transparência sobre a coleta, uso, gestão e armazenamento de dados.

Além disto, propostas voltadas a um mínimo de controle e regramento por parte dos entes estatais também se fazem necessárias, a fim de outorgar ao usuário a segurança para que continue a usar e a desenvolver novas aplicações para os modelos de IA.

Ao que parece, a proposta legislativa em trâmite perante as Casas do Congresso segue numa boa direção.

Por outro lado, no campo prático, o estudo mostrou que os Tribunais, Magistrados, juristas em geral já vêm incorporando a sua rotina a utilização da IA, especialmente no que tange à facilitação das tarefas repetitivas cotidianas e que dispensam o olhar atento do ser humano.

Também é certo que todos precisam manter o entendimento de que – como em toda atividade profissional – o uso da IA não exime qualquer responsabilidade por parte de quem a utiliza ou aplica, sendo o usuário o que, de fato, permanece à frente do produto que ela auxilia a criar ou desenvolver.

Na esfera didático-pedagógica, o uso dos *chatboots* poderá transformar-se em um instrumento de fraudes ou de atrofia do senso crítico e analítico. Então, caberá aos docentes, pedagogos e demais envolvidos na atividade buscar elementos que possam converter os modelos em aliados à atividade de ensino e aprendizado. E como ainda não se pode trazer muitos dados haja vista a novidade do tema, uma certeza já se pode destacar: não se pode, sob qualquer hipótese, ignorar a IA nesse processo como se fosse algo ainda no porvir.

A IA é uma realidade – a qual os jovens dominam quase que intuitivamente – então, é preciso trazê-la para o lado positivo e criativo e, ao mesmo tempo, mitigar o seu potencial negativo, que somente converterá essa geração em intelectuais limitados, o que não se deseja e nem se pretende.

Por ora, pois é assim que tem que ser qualquer estudo cujo objeto sejam os avanços tecnológicos, o panorama não é tão sombrio como podem muitos querer fazer parecer.

Como todas as criações da genialidade humana, os modelos de IA devem ser tratados como instrumentos para fins positivos e construtivos. E os seus efeitos colaterais deverão ser controlados pelo Estado por intermédio de normas compatíveis, moderadas e sempre protetivas aos seres humanos, eis que muitas de suas características continuam inimitáveis, por mais que a tecnologia venha se desenvolvendo.

Referências

ARCANGELI, Cris. ChatGPT: chegou o uso da Inteligência Artificial na sua mais moderna forma, fácil e prático. *Revista Exame* 55 anos, sessão Empreender Liberta. 30 jan. 2023. Disponível em: https://exame.com/colunistas/empreender-liberta/chat-gpt-chegou-o-uso-da-inteligencia-artificial-na-sua-mais-moderna-forma-facil-e-pratico/. Disponível em: 24 fev. 2023.

BISMARCK, Eduardo. *Projeto de Lei n. 21/2020*. Câmara dos Deputados, 4 fev. 2020. Disponível em: https://www.camara.leg.br/proposicoesWeb/prop_mostrar integra?codteor=1853928. Acesso em: 22 abr. 2023.

BRASIL. STJ. *AREsp 2.130.619/SP*, j. em 7 de março de 2023. Rel. Min. Francisco Falcão, tem a seguinte ementa: PROCESSUAL CIVIL E ADMINISTRATIVO. INDENIZAÇÃO POR DANO MORAL. VAZAMENTO DE DADOS PESSOAIS. DADOS COMUNS E SENSÍVEIS. DANO MORAL PRESUMIDO. IMPOSSIBILIDADE. NECESSIDADE DE COMPROVAÇÃO DO DANO. [...] ... IV - O art. 5º, II, da LGPD, dispõe de forma expressa quais dados podem ser considerados sensíveis e, devido a essa condição, exigir tratamento diferenciado, previsto em artigos específicos. Os dados de natureza comum, pessoais, mas não íntimos, passíveis apenas de identificação da pessoa natural não podem ser classificados como sensíveis. V - O vazamento de dados pessoais, a despeito de se tratar de falha indesejável no tratamento de dados de pessoa natural por pessoa jurídica, não tem o condão, por si só, de gerar dano moral indenizável. Ou seja, o dano moral não é presumido, sendo necessário que o titular dos dados comprove eventual dano decorrente da exposição dessas informações. VI - Agravo conhecido e recurso especial parcialmente conhecido e, nessa parte, provido. Disponível em: https://processo.stj.jus.br/processo/julgamento/eletronico/documento/mediado/?documento_tipo=integra&documento_sequencial=178204788&registro_numero=202201522622&peticao_numero=&publicacao_data=20230310&formato=PDF. Acesso em: 17 abr. 2023.

CASTELLS, Manuel. *A sociedade em rede*. 6. ed. 12. reimp. Tradução de Roneide Venancio Majer. São Paulo: Paz e Terra, 1999. v. I.

CNJ – Conselho Nacional de Justiça. *Resolução n. 332 de 21 de agosto de 2020*. Dispõe sobre a ética, a transparência e a governança na produção e no uso de Inteligência Artificial no Poder Judiciário e dá outras providências. DJe/CNJ, nº 274, de 25/08/2020, p. 4-8. Disponível em: https://atos.cnj.jus.br/atos/detalhar/3429. Acesso em: 15 abr. 2023.

CORREGEDORIA GERAL DA JUSTIÇA DE RONDÔNIA. TJSE conhece Sinapses, robô do TJRO que potencializa a celeridade processual. *Assessoria de Comunicação*, 30 de abril de 2019. Disponível em: https://tjro.jus.br/corregedoria/index.php/component/k2/169-tjse-conhece-sinapses-robo-do-tjro-que-potencializa-a-celeridade-processual). Acesso em: 12 abr. 2023.

GORDON, John-Stewart; PASVENSKIENE, Ausrine. Human rights for robots? A literature review. *AI and Ethics*, [s. l.], v. 1, n. 4, p. 579-591, nov. 2021.

HUXLEY, Aldous. *Admirável mundo novo*. Tradução de Lino Valandro e Vidal Serrano. São Paulo: Biblioteca azul, 2014.

LÉVY, Pierre. *Cibercultura*. Tradução de Carlos Irineu da Costa. São Paulo: Ed. 34, 1999.

MILAGRE, José. ChatGPT, Justiça e a advocacia. *Jornal da Cidade de Bauru*, sessão Tecnologia, 25 fev. 2023. Disponível em: https://sampi.net.br/bauru/noticias/2743000/colunistas/2023/02/chatgpt-justica-e-a-advocacia. Acesso em: 28 fev. 2023.

PACETE, Luiz Gustavo. ChatGPT coloca IA na agenda de CEOs brasileiros. *Forbes.br*, Sessão ForbesTech, 28 fev. 2023. Disponível em: Leia mais em: https://forbes.com.br/forbes-tech/2023/02/chatgpt-coloca-ia-na-agenda-de-ceos-brasileiros/. Acesso em: 12 abr. 2023.

PACETE, Luiz Gustavo. O que é ChatGPT e como ele pode ser útil no dia a dia? *Forbes.br*, Sessão ForbesTech, 23 jan. 2023. Disponível em: https://forbes.com.br/forbes-tech/2023/01/o-que-e-chatgpt-e-como-ela-pode-ser-util-no-dia-a-dia/. Acesso em: 12 abr. 2023.

PARLAMENTO EUROPEU. *Resolução do Parlamento Europeu, de 16 de fevereiro de 2017, que contém recomendações à Comissão sobre disposições de Direito Civil sobre Robótica (2015/2103(INL))*. Disponível em: https://www.europarl.europa.eu/doceo/document/TA-8-2017-0051_PT.html. Acesso em: 17 abr. 2023.

PEQUENINO, Karla. Ministério da Justiça vai usar tecnologia do ChatGPT para responder a cidadãos. *Publico*, sessão Inovação, 17 fev. 2023. Disponível em: https://www.publico.pt/2023/02/17/tecnologia/noticia/ministerio-justica-vai-usar-tecnologia-chatgpt-responder-cidadaos-2039810. Acesso em: 24 mar. 2023.

ROCHA, Johnny. Chat GPT: uso de ferramenta de inteligência artificial é analisada por TJMG. *Jota*, sessão Tecnologia e Direito, 8 fev. 2023. Disponível em: https://www.jota.info/justica/chat-gpt-tjmg-estuda-uso-de-ferramenta-de-inteligencia-artificial-08022023. Acesso em: 12 abr. 2023.

ROMANI, Bruno. ChatGPT é 'aprovado' em prova da primeira fase da OAB. *O Estado de São Paulo online*, sessão Cultura Digital, 21 fev. 2023. Disponível em: https://www.estadao.com.br/link/cultura-digital/chatgpt-e-aprovado-em-prova-da-primeira-fase-da-oab/. Acesso em: 3 mar. 2023.

SCHWAB, Klaus. *A quarta revolução industrial*. Tradução de Daniel Moreira Miranda. São Paulo: EDIPRO, 2018.

SHWARTZ, Shai Shalev; BEN-DAVID, Shai. *Understanding Machine Learning*: From Theory to Algorithms. New York, EUA: Cambridge University Press, 2014.

SYOZI, Ricardo. Empresa de "advogado por GPT" faz proposta de US$ 1 milhão para defender caso na Justiça. *Tecnoblog*, sessão Aplicativos e software, 9 jan. 2023. Disponível em: https://tecnoblog.net/noticias/2023/01/09/empresa-de-advogado-por-gpt-faz-proposta-de-us-1-milhao-para-defender-caso-na-justica/. Acesso em: 22 jan. 2023.

THOBIAS, Elisa. A educação midiática e o ChatGPT: Como fica o ensino diante dos desafios propostos pela inteligência artificial? *Gazeta do Povo online*, sessão Educação e Mídia, 24 fev. 2023. Disponível em: https://www.gazetadopovo.com.br/vozes/educacao-e-midia/a-educacao-midiatica-e-o-chat-gpt/?comp=whatsapp. Acesso e: 4 mar. 2023.

TRIBUNAL DE JUSTIÇA DO ESTADO DA BAHIA. Automação e inteligência artificial: robô faz triagem de processos e possibilita julgamentos temáticos nas 2ª e 8ª varas do consumidor dos juizados especiais. *Assessoria de Comunicação*, 17 mar. 2023. Disponível em: http://www5.tjba.jus.br/portal/automacao-e-inteligencia-artificial-robo-faz-triagem-de-processos-e-possibilita-julgamentos-tematicos-nas-2a-e-8a-varas-do-consumidor-dos-juizados-especiais/. Acesso em: 20 mar. 2023.

VASCONCELOS, ROSÁLIA. ChatGPT já ajudou a dar sentença judicial: esse é o futuro dos tribunais? *Uol*, sessão Tilt, 12 mar. 2023. Disponível em: https://www.uol.com.br/tilt/noticias/redacao/2023/03/12/juiz-usa-chatgpt-para-decisao.htm?cmpid=copiaecola&cmpid=copiaecola. Acesso em: 31 mar. 2023.

WENTH, Andreas. *ChatGPT* - Fale comigo! O seu guia para comunicar com sucesso com ChatGPT com 400 entradas de amostra. São Paulo: Amazon Books, 2023. Ebook Kindle.

Informação bibliográfica deste texto, conforme a NBR 6023:2018 da Associação Brasileira de Normas Técnicas (ABNT):

CONSALTER, Zilda Mara. O *Conditional Hierarchical Attention Transformer* (ChatGPT) e a sua implementação pela comunidade jurídica: viável ou ameaça? *In*: EHRHARDT JÚNIOR, Marcos; CATALAN, Marcos; NUNES, Cláudia Ribeiro Pereira (Coord.). *Inteligência artificial e relações privadas*: possibilidades e desafios. Belo Horizonte: Fórum, 2023. v. 1. p. 425-444. ISBN 978-65-5518-576-8.

GÊMEO DIGITAL COMO INSTRUMENTO PARA O DESENVOLVIMENTO DE CIDADES INTELIGENTES SUSTENTÁVEIS BRASILEIRAS RESILIENTES A INUNDAÇÕES: O PAPEL DO DIREITO PRIVADO E DA GESTÃO PÚBLICA DOS RISCOS SOCIAIS

FRANCISCO CAMPOS DA COSTA
CÁSSIUS GUIMARÃES CHAI

Introdução

A criação do conceito de cidades inteligentes surge na década de 1990, em um contexto técnico, cuja preocupação era essencialmente vinculada à incorporação da tecnologia às infraestruturas da cidade, não havendo uma preocupação inicial com o aspecto social. A mudança desse paradigma leva ao desenvolvimento de uma percepção do aspecto social, ou seja, a cidade inteligente deveria, além de otimizar infraestruturas e produzir resultados econômicos mais satisfatórios, ser capaz de melhorar a qualidade de vida da população, provendo mais segurança e mais resiliência à cidade.

O conceito contemporâneo de cidade inteligente implica que ela também deve ser sustentável. Portanto, não basta a incorporação de tecnologias da informação, de Internet das Coisas (*Internet of Things – IoT*), outras tecnologias são necessárias, tais como *big data*, inteligência artificial e sensoriamento remoto da cidade, que dão maior capacidade de gestão de dados e de informações, otimizando influxos urbanos.

É necessário que também haja promoção da sustentabilidade e da resiliência urbana. Desta forma, melhorar a gestão de resíduos, de energia, de acessos à cidade, de segurança, a resiliência e a inundações, tempestades, terremotos, secas e outros eventos climáticos extremos que colocam em risco a vida e a saúde da população é essencial para a constituição de uma cidade inteligente e sustentável.

Nesta perspectiva, a Carta Brasileira para Cidades Inteligentes é um documento oficial do Governo do Brasil e representa um esforço coletivo para o desenvolvimento de uma "estratégia nacional para cidades inteligentes".

A carta, além de representar a posição oficial do Governo brasileiro sobre o tema, demonstra, de forma clara, que a cidade inteligente brasileira deverá ser sustentável, inclusive tendo profundo alinhamento com os Objetivos do Desenvolvimento Sustentável (ODS) da Organização das Nações Unidas (ONU), em especial o objetivo 11, que visa "tornar as cidades e os assentamentos humanos inclusivos, seguros, resilientes e sustentáveis".

É imperativo mencionar que a utilização de tecnologias da informação e comunicação (TICs) é capaz de prover dados que podem e devem ser utilizados para melhorar a gestão das cidades e evitar desastres, inclusive, uma delas é a *digital twin*, ou gêmeo digital, capaz de criar uma simulação digital da cidade inteligente, replicando seus processos e fluxos.

É necessário esclarecer que as aplicações de inteligência artificial em *digital twins* são essenciais para o desenvolvimento analítico de dados e reconhecimento de padrões de segurança e de risco porque permitem um intercâmbio constante de informações entre o gêmeo digital e a cidade inteligente, aumentando a fidelidade e o poder preditivo da modelagem e teste. O uso da tecnologia gêmea digital pode reformular as obrigações nas relações jurídicas privadas e na gestão pública dos riscos sociais.

Como resultado, a criação de cidades inteligentes baseadas em gêmeos digitais pode fomentar um maior senso de resiliência urbana e segurança tanto para a população quanto para a infraestrutura urbana. Devido à maior precisão e poder preditivo oferecidos pela tecnologia gêmea digital, as relações jurídicas privadas e a gestão pública dos riscos sociais podem precisar ser reavaliadas e modificadas. Por exemplo, o uso de tecnologias gêmeas digitais pode permitir avaliar e gerenciar riscos de forma mais precisa, o que pode afetar quem é o responsável e quem é responsável pela gestão de riscos sociais. Além disso, a aplicação de tecnologias gêmeas digitais pode abrir novas possibilidades para a parceria entre instituições privadas e governamentais na gestão de riscos sociais.

O objetivo deste artigo é analisar como o gêmeo digital pode ser utilizado como instrumento para o desenvolvimento de cidades inteligentes sustentáveis e resilientes às inundações no Brasil, tendo como recorte de fundo as implicações possíveis entre relações e responsabilidades privadas e públicas. A pesquisa, de natureza qualitativa, foi desenvolvida utilizando o método hipotético-dedutivo, com base teórica em bibliografias e documentos técnicos e jurídicos nacionais e internacionais.

A primeira seção do artigo teve como objetivo introduzir o conceito de cidades inteligentes, principalmente sua vertente contemporânea, que alia a implementação de tecnologias da informação à sustentabilidade, pontuando aspectos interrelacionais entre o público e o privado. A segunda seção focou no conceito e nas aplicações do gêmeo digital, explicando suas características e possibilidades de uso. A terceira seção demonstrou a interconexão de diversas normas jurídicas que fundamentam o desenvolvimento de cidades inteligentes sustentáveis, com foco na resiliência às inundações, e como o gêmeo digital pode ser utilizado para auxiliar na efetivação do cerne da Carta Brasileira para Cidades Inteligentes.

1 A evolução do conceito de *smart cities* e a carta brasileira para cidades inteligentes

Segundo Samih (2019), o conceito de cidades inteligentes surgiu na década de 1990 nos Estados Unidos, com o foco no impacto das novas tecnologias da informação e comunicação (TIC) integradas à infraestrutura das cidades. Naquele momento, o Instituto da Califórnia para Comunidades Inteligentes tinha como preocupação o planejamento e a implementação de Tecnologias da Informação em cidades, visando tornar as comunidades mais inteligentes (ALAWADHI et al., 2012). Posteriormente, o Centro de Governança da Universidade de Ottawa (Canadá) começou a criticar a ideia de que as cidades inteligentes estavam desconsiderando os aspectos sociais (SAMIH, 2019).

Conforme Aieta (2016), as cidades inteligentes, no conceito inicial, estão ligadas à individualidade, em especial no que tange à existência de setores específicos do cotidiano, como na infraestrutura e transportes, em conjunto com a utilização de tecnologias da comunicação e informação capazes de auxiliar no gerenciamento e desenvolvimento da economia, seguindo um modelo e padrão de destaque para uma governança satisfatória para os indivíduos locais.

O conceito inicial de cidades inteligentes se constitui sobre o espectro do dualismo entre a falta de metas coletivas conscientes e quais seriam os reais valores e responsabilidades do Estado como uma unidade, de modo liberal e com intervenção mínima, voltando a preocupação para questões econômicas, organizacionais e gerenciais, não considerando a influência social como parte de um todo (AIETA, 2016; GUIMARÃES; ARAÚJO, 2018).

Harrison *et al.* (2010, p. 1-2) definem cidades inteligentes como: "Uma cidade que conecta a infraestrutura física, a infraestrutura de TI, a infraestrutura social e a infraestrutura de negócios para alavancar a inteligência coletiva da cidade".[1]

Singh *et al.* (2020) explicam que ICT (tecnologia da informação e comunicação) desempenha um papel importante na implementação de cidades inteligentes. A *blockchain* e a inteligência artificial possuem muitas características complementares, como confiança, automação, descentralização, democracia e segurança.

A transmissão de dados sensíveis da cidade (não sob a perspectiva da LGPD), poderiam utilizar uma *blockchain* para a criação de um ambiente de confiança e segurança para as transações e compartilhamento de dados entre os dispositivos conectados, sendo de sumária importância para uma cidade inteligente, onde a troca de dados entre dispositivos, sensores e plataformas é essencial para a gestão eficiente dos recursos e serviços urbanos (SINGH *et al.*, 2020).

A utilização da inteligência artificial em conjunto com a rede *IoT* e *blockchain* pode oferecer soluções inovadoras para a gestão de recursos e serviços urbanos. O uso de algoritmos de *machine learning e deep learning* pode melhorar a eficiência energética e a manutenção preditiva de infraestruturas críticas, como iluminação pública e transporte público (SINGH *et al.*, 2020).

Nam e Pardo (2011, p. 284) explicam que:

> infundir inteligência em cada subsistema de uma cidade, um por um – transporte, energia, educação, assistência médica, edifícios, infraestrutura física, alimentação, água, segurança pública, etc. – não é suficiente para se tornar uma cidade mais inteligente. Uma cidade mais inteligente

---

[1] Tradução nossa.

deve ser tratada como um todo orgânico – como uma rede, como um sistema interligado.[2]

Autores como Hall (2000), Washburn *et al.* (2009) e Marsal-Llacuna, Colomer-Llinàs e Joaquim (2015) também associam o conceito de cidades inteligentes à incorporação de tecnologias nas redes e infraestruturas físicas para uma melhor gestão da cidade. Washburn *et al.* (2009) e Marsal-Llacuna, Colomer-Llinàs e Joaquim (2015) incorporam a preocupação social em seus conceitos, rompendo com o inicial e desenvolvendo um novo, que pode ser considerado tradicional, ou seja, percebem as cidades inteligentes como orientadas para a melhoria da qualidade de vida e prestação de serviços à população. Entretanto, não há, nestes autores, uma preocupação específica com a sustentabilidade, portanto, a cidade inteligente, nestes conceitos, não é pensada como uma cidade sustentável.

Conforme Samih (2019), a Internet das Coisas (*Internet of Things – IoT*) nas cidades inteligentes serve como mecanismo essencial para a execução das atividades, distribuições, gerenciamentos e programações em diferentes espaços, podendo abordar o aspecto ambiental, econômico e social. Assim, deve ser realizada uma integração orgânica neste quesito, contemplando as esferas de transporte, saúde, energia, educação, segurança pública, infraestrutura física, digital, entre outros, com unicidade, ou seja, harmonia e lógica.

A cidade é um organismo vivo, cujas funções precisam trabalhar de forma coordenada e em tempo real. Os sistemas independentes da cidade inteligente precisam obedecer a uma função central, que definem seu ritmo. A gestão das diversas funções críticas de uma cidade sempre foi um desafio. Entretanto, com a possibilidade de coleta massiva de dados em cidades inteligentes, a inteligência artificial (IA) pode filtrar e analisar enormes conjuntos de dados em tempo real, como gestão de tráfego, iluminação pública, gerenciamento de resíduos, entre outras e transformar as operações da cidade em um ecossistema autorregulatório (KIRWAN; ZHIYONG, 2020, p. 25-26).

Considerando as aplicações supramencionadas, é possível inferir que a aplicação da inteligência artificial para gestão urbana em tempo real pode melhorar o tempo de acionamento de grupos de resgate e emergência, direcionando a áreas cujas preocupação são mais

---

[2] Tradução nossa.

significativas, reduzindo os riscos provocados por desastres. E, nesse contexto, tanto a legislação comercial como a pública desempenham um papel crítico na garantia de que as cidades inteligentes são desenvolvidas de forma responsável e sustentável. O Direito Privado pode fornecer um quadro para regular as relações entre indivíduos e organizações que participam na construção e operação de cidades inteligentes, ao tempo em que, o direito público pode fornecer um quadro para regular a relação entre os cidadãos e o Estado. Tanto o direito privado como o direito público podem contribuir para o desenvolvimento de cidades inteligentes de uma forma que promova o bem-estar social, preservando os direitos individuais.

Conforme a Comissão Europeia (2022), a tecnologia e a inovação, desde o início da construção de conceitos de cidades inteligentes, são consideradas bases para o desenvolvimento de regiões e locais específicos, atentando-se para o crescimento econômico e otimização dos resultados gerados pelos trabalhos exercidos nos mais variados setores.

No *site* da Comissão Europeia há um tópico específico que conceitua *smart cities* como:

> Uma cidade inteligente é um lugar onde as redes e serviços tradicionais são mais eficientes com o uso de soluções digitais em benefício de seus habitantes e negócios. Uma cidade inteligente vai além do uso de tecnologias digitais para melhor uso de recursos e menos emissões. Isso significa redes de transporte urbano mais inteligentes, instalações atualizadas de abastecimento de água e descarte de resíduos e formas mais eficientes de iluminar e aquecer edifícios. Também significa uma administração municipal mais interativa e responsiva, espaços públicos mais seguros e atendimento às necessidades de uma população que está envelhecendo.[3]

A definição de *smart cities*, segundo Manville *et al.* (2014), está acompanhada pela problemática da existência de diversas variantes, como os tipos, tamanhos, necessidades de inovações e aperfeiçoamentos, considerando também a singularidade de cada lugar, como sua origem, desenvolvimento histórico e dinâmicas atuais e futuras. Sua conceituação é moldada a partir da observação da complexidade no que diz respeito à utilização de tecnologias em conjunto com fatores econômicos, políticas públicas advindas das ações de governança e

---

[3] Tradução nossa.

negócios. Assim, podem ser erguidos incontáveis caminhos e entendimentos consoantes aos objetivos, financiamento e ideais específicos.

Acerca disso, Calgaro, Reato e Hermany (2020) destacam a existência de semelhanças entre as cidades sustentáveis e as cidades inteligentes, levando em consideração a organização urbana existente, a partir da elaboração e execução de um planejamento específico que venha a abarcar determinadas problemáticas e vieses relacionados à sustentabilidade, bem como às singularidades do lugar.

1.1 Cidades inteligentes sustentáveis

Para se pensar em cidades sustentáveis, é preciso antes refletir sobre a relação entre a cidade e os indivíduos que nela residem, bem como a importância de um planejamento para sua construção. Nesse sentido, o planejamento deve contemplar os anseios comuns dos que habitam na mesma localidade, respeitando as individualidades de cada local, resguardando as possibilidades de crescimento e desenvolvimento com o compromisso ambiental presente e futuro das cidades (CALGARO; REATO; HERMANY, 2020, p. 182).

É possível, desta forma, inferir que o planejamento ambiental é um elemento essencial de uma cidade sustentável, aliado aos processos técnicos de modificações em sua estrutura e funcionamento. O objetivo é proporcionar melhor qualidade de vida e proteção do bem comum, com atenção considerável para a essencialidade dos cuidados ao meio ambiente em consonância com a aplicação de políticas eficazes e ferramentas de governança para o presente e futuro. Para tanto, é necessário utilizar diretrizes técnicas e específicas para uma melhor conservação do lugar e proteção de seus habitantes (BRASIL, 2020).

Outro importante entendimento a respeito das cidades sustentáveis e sua ligação com a construção de cidades inteligentes é o aspecto ambiental como um dos diversos vetores para o processo de desenvolvimento de atividades citadinas e sua organização. É necessário adicionar essa questão na composição do planejamento urbano para garantir as condições de existência para a população vigente e futura, dedicando-se ao bem-estar social e à boa aplicação de recursos humanos, tecnológicos e econômicos (GUIMARÃES; ARAÚJO, 2018; SAMIH, 2019).

O bem-estar social relacionado às condições disponibilizadas pelas cidades sustentáveis é verificado a partir de uma organização mais eficiente e positiva quanto aos diferentes ambientes urbanos.

É necessário otimizar a mobilidade urbana e a infraestrutura física, assim como reduzir os efeitos e resultados das atividades industriais cotidianas e domésticas, através de políticas públicas contributivas para a sustentabilidade ambiental também aliadas à participação da população (COSTA; GARCEZ, 2019).

Diante disso, identifica-se mais uma conexão entre as cidades sustentáveis e as cidades inteligentes contemporâneas, a partir da consideração da governança participativa, na medida em que "é de responsabilidade tanto do Poder Público quanto da coletividade o respeito e a preservação do meio ambiente para as presentes e futuras gerações" (COSTA; GARCEZ, 2019, p. 388). Nesse sentido, é imperativo mencionar que a construção de uma cidade inteligente sustentável é feita sob uma ótica de governança urbanística integrada, observando as necessidades de toda a população presente e futura que é e será diretamente afetada pelas decisões tomadas.

A partir do aumento populacional e do espaço urbano, é possível o surgimento de diversos problemas característicos da falta de organização e planejamento sistematizado, como a identificação da ocorrência de violência urbana, poluição, irregularidades na criação de assentamentos, falta de espaço físico para acolher novos residentes, má utilização dos recursos naturais e físicos advindos das características e particularidades do lugar, entre outras questões. Considerar tais elementos requer, assim, uma nova roupagem, abordagem e funcionamento da cidade por meio de uma esquematização que inclua a produtividade, competitividade, serviços oferecidos, qualificações e identidade do local em harmonia com a busca e obtenção de melhor qualidade de vida e a proteção do meio ambiente (COSTA; GARCEZ, 2019; GUIMARÃES; ARAÚJO, 2018).

Neste escopo, ao analisar as conexões entre cidades inteligentes e cidades sustentáveis, é válida a reflexão acerca da utilização de meios e ferramentas tecnológicas capazes de aprimorar e potencializar as formas de gestão e organização dos sistemas existentes e disponíveis para a população, como é o caso da *Internet of Things* (*IoT*), ou Internet das Coisas, que corresponde ao manuseio e utilização dos dados adquiridos pela conexão existente entre subsistemas de dispositivos físicos disponíveis aos indivíduos, interligados a uma rede em comum, como a Internet, havendo o processamento e levantamento de informações capazes de auxiliar no alcance de objetivos, como a redução de custos nos mais diversos setores e locais (SAMIH, 2019).

Segundo Singh *et al.* (2020) a integração de *blockchain*, inteligência artificial e redes *IoT* são essenciais para promover a sustentabilidade no desenvolvimento de cidades inteligentes. Os autores destacam que a combinação dessas tecnologias pode melhorar a eficiência energética, otimizar a gestão de resíduos, revolucionar a mobilidade urbana sustentável, aprimorar a governança e transparência, e aumentar a participação cidadã e inclusão social. Juntas, essas inovações têm o potencial de transformar cidades em ambientes mais sustentáveis, resilientes e inclusivos.

Portanto, são características necessárias para a constituição de uma *smart city* a gestão da economia sustentável, promoção da qualidade de vida da população, evolução qualitativa na mobilidade urbana e uma governança integrada que promova a sustentabilidade ambiental. Para realizar essa constituição, a captação e a utilização de dados massivos provenientes das ferramentas de *IoT* deverão ser tratados e posteriormente utilizados pelos tomadores de decisão, que possuirão dados essenciais e verossímeis, cuja utilização representa de forma mais assertiva a realidade fática da cidade.

Acerca desta temática, no direito brasileiro, o Estatuto da Cidade, Lei nº 10.257 de 2001, versa no art. 2º, I, que a política urbana tem como objetivo a garantia do direito a cidades sustentáveis, sendo entendido como direito à infraestrutura urbana, aos serviços públicos para as presentes e futuras gerações.

Pelo dispositivo normativo acima, a política urbana brasileira é orientada à promoção da sustentabilidade. Assim, a cidade inteligente, constituída neste país, deverá ser necessariamente sustentável.

As tecnologias e a inovação, no conceito contemporâneo de cidades inteligentes, devem ser orientadas para a promoção das necessidades sociais e ambientais dos cidadãos dentro da dinâmica existente no espaço do desenvolvimento humano. A cidade inteligente, no conceito contemporâneo, é pensada como uma cidade sustentável, sendo as tecnologias vetores para essa transformação, que exige uma governança urbana participativa e cuja aplicação seja capaz de beneficiar de forma comum os cidadãos da cidade.

1.2 Do conceito de cidades inteligentes segundo a Carta Brasileira para Cidades Inteligentes

Até o momento, diferentes autores destacaram os itens que constituem as cidades inteligentes e sustentáveis, que estão em constante transformação. Entre eles, podemos citar a preocupação com os aspectos ambientais, recursos sociais e humanos, mobilidade, economia, qualidade de vida, otimização de processos de produção e serviços oferecidos, com foco na redução de custos e na governança facilitada pela utilização de mecanismos tecnológicos capazes de gerenciar, liberar e analisar dados e informações de forma conjunta e rápida.

Diante disso, é oportuna a análise da Carta Brasileira para Cidades Inteligentes, que é um documento oficial do Governo do Brasil sob a responsabilidade do Ministério do Desenvolvimento Regional. Seu objetivo é construir e difundir estratégias em âmbito nacional para cidades inteligentes, alinhadas à Política Nacional de Desenvolvimento Urbano, em processo de formação. O documento pode ser considerado pelos desenvolvedores como uma referência para a utilização por pessoas e instituições engajadas com a melhoria da qualidade de vida nas cidades para todas e todos.

É importante ressaltar que o documento expressa o posicionamento do governo brasileiro em relação às diretrizes para o desenvolvimento de cidades inteligentes sustentáveis, envolvendo setores e segmentos relacionados ao meio ambiente, tecnologia e desenvolvimento urbano. Ele enfatiza o uso das Tecnologias da Informação e Comunicação como ferramentas essenciais para melhorar a qualidade de vida dos indivíduos nas cidades e reduzir as desigualdades. Além disso, o conteúdo da Carta está disponível resumido em espanhol e inglês (BRASIL, 2020).

O documento reconhece que não há uma definição clara e única de cidades inteligentes, devido à falta de consenso em relação aos termos, vocabulários, linguagens, noções e interações. No entanto, ele cria um conceito nacional de cidades inteligentes:

> São cidades comprometidas com o desenvolvimento urbano e a transformação digital sustentáveis, em seus aspectos econômico, ambiental e sociocultural, que atuam de forma planejada, inovadora, inclusiva e em rede, promovem o letramento digital, a governança e a gestão colaborativas e utilizam tecnologias para solucionar problemas concretos, criar oportunidades, oferecer serviços com eficiência, reduzir desigualdades, aumentar a resiliência e melhorar a qualidade de vida de todas as pessoas, garantindo o uso seguro e responsável de dados e das tecnologias da informação e comunicação. (BRASIL, 2020, p. 28)

A partir do conceito supracitado, verificam-se novos elementos para a construção de uma cidade inteligente no território brasileiro. Adiciona-se a isso a importância dos aspectos socioculturais, a responsabilidade no emprego de dados e tecnologias, a busca pela redução de desigualdades, aliado à oferta de serviços eficientes para a resolução de problemas reais, factuais e correntes, de modo sustentável, inclusivo e idealizado para uma boa gestão e governança colaborativa benéfica para todos.

Os princípios elencados pelo Governo Federal no referido documento para as Cidades Inteligentes, tais como a conservação do meio ambiente, a integração dos campos urbano e digital, a visão sistêmica acerca das transformações digitais, o destaque para o interesse público com fundamento nos princípios da Administração Pública e o respeito à diversidade territorial do país no campo social, econômico, ambiental e cultural, servem como base para as diretrizes norteadoras e objetivos estratégicos evidenciados. Portanto, fica claro que a cidade inteligente deve ser sustentável, o que está em conformidade com a legislação definida pelo Estatuto da Cidade.

2 Conceito e aplicações da *digital twin*

O conceito de *digital twin*, ou gêmeo digital, foi apresentado inicialmente na Universidade de Michigan, em 2003, pelo professor Grieves, em seu curso sobre gestão do ciclo de vida do produto (DENG; ZHANG; SHEN, 2021). Segundo Batty (2018), na área de modelagem e simulação, o gêmeo digital tem sido utilizado principalmente no campo da engenharia e sua implementação para cidades tem sido discutida apenas recentemente.

No contexto de gestão de ciclo de vida de produtos, a *digital twin* possui três elementos essenciais: o produto físico, o produto virtual e a conexão que os vincula. Desta forma, o gêmeo digital descreve de forma integral um produto fisicamente fabricado em potencial ou real, desde o nível microatômico até o nível macrogeométrico, apto a simular o comportamento do sistema em formato digital (GRIEVES; VICKERS, 2017). Logo, a *digital twin* é uma simulação precisa de um ativo físico e fornece a capacidade de simular o comportamento do sistema em formato digital, sendo um salto quântico na descoberta e compreensão do comportamento emergente (GRIEVES; VICKERS, 2017, p. 90).

Por sua vez, Deren, Wenbo e Zhenfeng (2021) explicam que a *digital twin* "é um processo de simulação que faz pleno uso de modelos físicos, sensores, dados históricos de operação, etc. Ele serve como um processo de simulação de produtos físicos no espaço virtual". A essência dos gêmeos digitais consiste em um mapeamento bidirecional das relações existentes entre o espaço físico e o digital, sendo distinto do mapeamento unidirecional que mapeia apenas dados da entidade física para objetos digitais. Por fim, os autores alertam que a doutrina não possui um consenso sobre o conceito de gêmeo digital.

Ao se introduzir a inteligência artificial (IA) nessas simulações, esta será uma ferramenta essencial para o processamento de informações de altíssimo grau e de grande volume. Kirwan e Zhiyong (2020, p. 99) explicam que o *deep learning* é uma forma de *machine learning* (aprendizagem de máquinas) e explora redes neurais profundas que permitem processamento sofisticado de dados em várias camadas simultaneamente, tendo aprendizagem contínua e melhorando sua capacidade de reconhecer padrões. Portanto, quando as simulações de eventos de desastres forem geradas por IA ou os cenários criados por seres humanos forem analisados por IAs, será possível que elas, utilizando capacidade preditiva, descubram padrões de inundações, melhorando assim a eficiência da *digital twin*.

Segundo Deng, Zhang e Shen (2021, p. 126), "a tecnologia de gêmeos digitais integra profundamente *hardware*, *software* e tecnologias de *IoT* para enriquecer e melhorar as entidades virtuais", que são, segundo propõe Grieves e Vickers (2017, p. 85), um espelho que conecta o espaço real ao virtual, havendo um fluxo contínuo de informações que vem do físico para o virtual e outro fluxo de informações do espaço virtual para o espaço real e subespaços virtuais. Essa relação bilateral no fluxo de informações permite que a mudança no estado de um objeto físico ocasione a mudança de seu gêmeo digital, sendo posteriormente conhecida como sombra digital (KRITZINGER *et al.*, 2018).

A importância do mapeamento bidirecional está na interação dinâmica e na conexão em tempo real entre o virtual e o real, de tal forma que o gêmeo digital é capaz de mapear diversos atributos do objeto real, dentre eles a estrutura, o estado, o desempenho, a função e principalmente o comportamento dos sistemas no mundo virtual (TAO; QI, 2019). O modelo dinâmico formado a partir do mapeamento bidirecional do gêmeo digital fornece uma maneira eficaz de observar, reconhecer, compreender, controlar e transformar o mundo físico (DENG, ZHANG, SHEN, 2021).

O conceito de *digital twin* já foi aplicado em outras áreas além do ciclo de vida de produtos. Nesse sentido, Cureton e Dunn (2021, p. 267) explicam que o conceito geral e não urbano de gêmeo digital foi aplicado pela NASA junto com a Agência de Projetos de Pesquisa Avançada de Defesa (*Defense Advanced Research Projects Agency* – DARPA) para desenvolver tecnologias militares emergentes especialmente voltadas para o desenvolvimento de aeronaves e veículos espaciais como modelo de espelhamento de informações e verificar a existência de falhas em sistemas.

Glaessgen e Stargel (2012) explicam que o gêmeo digital é capaz de prever continuamente a integridade de um veículo ou sistema, além de avaliar a vida útil e a probabilidade de sucesso de uma missão espacial. Assim, grandes empresas como IBM, CISCO, ANSYS, GE Digital, Microsoft e Siemens desenvolvem gêmeos digitais dos protótipos de seus produtos para fazerem simulações e avaliar a sua performance, sendo capazes de gerar melhores condições de predição em cenários distintos (CURETON; DUNN, 2021).

Relevante destacar que, segundo Ayres (2011), o gêmeo digital não se limita a apenas um ativo de simulação do produto, ele representa a possibilidade do aprimoramento do ativo físico em ambiente virtual, cujos testes de vida útil, desempenho e manutenção podem ser realizados de forma mais célere, reduzindo o tempo total gasto com testes e gerando economia.

Consoante Deren, Wenbo e Zhenfeng (2021), o desenvolvimento de tecnologias como *IoT*, *big data*, computação em nuvem, e inteligência artificial (IA) foram essenciais para o desenvolvimento das bases de cidades inteligentes, bem como sua própria evolução, que hodiernamente pode ser pensada e desenvolvida a partir de modelagem 3D por um gêmeo digital que combina tecnologia digital dinâmica e modelo 3D estático. Rogers (2019) explica que o desenvolvimento computacional permitiu escalar a noção de espelho digital para a escala de cidades e estabelecer a ideia de um gêmeo digital da cidade.

A criação e desenvolvimento do gêmeo digital de uma cidade inteligente é um desafio complexo, pois:

> Visa à construção de um sistema gigante complexo entre o mundo físico e o espaço virtual que pode mapear um ao outro e interagir entre si em ambas as direções. Pode corresponder a cidade física à correspondente "cidade gêmea", formando um padrão de coexistência de ambas e integração de cidades físicas na dimensão física e cidades digitais na dimensão informacional. A construção de uma cidade gêmea digital requer uma base de dados e uma base técnica. A base de dados refere-se ao massivo *big data* urbano que é continuamente gerado todos os dias

a partir de vários sensores e câmeras em todos os lugares da cidade, bem como dos subsistemas digitais construídos sucessivamente pelos departamentos de gestão municipal.[4] (DEREN; WENBO; ZHENFENG, 2021, p. 1)

Segundo Cureton e Dunn (2021, p. 268), os gêmeos digitais da cidade surgem da fusão de sistemas de informações geográficas (GIS) e dados de modelagem de informações de construção (BIM) de edifícios para formar réplicas digitais em escala regional. Além disso, em uma cidade gêmea digital, "os dados do estado operacional da infraestrutura, da implantação dos recursos municipais e do fluxo de pessoas, logística e veículos serão coletados por meio de sensores, câmeras e diversos subsistemas digitais". Por fim, os autores ainda explicam que a construção de um gêmeo digital de uma cidade inteligente exige que uma grande quantidade de dados seja capturada por sensores que podem estar embutidos no ambiente físico, captando informações sensíveis e cuja aplicação ou utilização precisam passar por filtros éticos.

É essencial reconhecer que os dados coletados nos ambientes físicos precisam passar por tratamento de dados e, assim, existem diversas questões éticas sendo indagadas. Uma delas é a indispensabilidade de adequação com a Lei Geral de Proteção de Dados, inclusive eventual necessidade de uma nova legislação específica para proteção de dados urbanos. Outras questões mais profundas, como a violação de direitos civis e fundamentais, especialmente com modelos de negócios das *big techs*, cuja base é exploração de dados pessoais e sensíveis, podem gerar responsabilidade civil (COSTA; BASTOS; SANTOS, 2022, p. 20). Assim, será sempre necessário questionar a relação entre risco e desenvolvimento pela implementação de novas tecnologias como fundamento da pós-modernidade tardia, conforme lições de Ulrich Beck (2011).

3 A *digital twin* como instrumento para o desenvolvimento de cidades inteligentes sustentáveis brasileiras resilientes a inundações

A Carta Brasileira para Cidades Inteligentes menciona que cerca de 85% da população brasileira mora em áreas urbanas. Assim,

---

[4] Tradução nossa.

o desenvolvimento de cidades inteligentes e sustentáveis tem um profundo impacto sobre a maioria da população, que, segundo a política urbana brasileira, presente no Estatuto da Cidade, deve "garantir o direito a cidades sustentáveis para todas as pessoas" (BRASIL, 2001, p. 13).

Quanto à exposição de motivos para a elaboração da Carta Brasileira para Cidades Inteligentes, fica evidente uma profunda sinergia com dois documentos internacionais: a Agenda 2030 para o Desenvolvimento Sustentável e a Nova Agenda Urbana (NAU). A Carta destaca o objetivo 11, presente no primeiro documento, que visa "tornar as cidades e os assentamentos humanos inclusivos, seguros, resilientes e sustentáveis". Quanto ao segundo documento, a NAU incorpora acordos internacionais como o "Acordo de Paris no âmbito da Convenção-Quadro das Nações Unidas sobre Mudança do Clima (UNFCCC, sigla em inglês) e a Agenda de Ação de Adis Abeba da Terceira Conferência Internacional sobre o Financiamento para o Desenvolvimento" (BRASIL, 2020, p. 12).

O Escritório das Nações Unidas para a redução do Risco de Desastres publicou em 2017 a Metodologia de Coleta de Indicadores Chave de Desempenho para Cidades Sustentáveis Inteligentes (*Collection Methodology for Key Performance Indicators for Smart Sustainable Cities*). Dentre eles, é possível mencionar o indicador de resiliência, no qual a cidade deve relatar se implementou estratégias de redução de risco de acordo com a Estrutura de Sendai para Redução de Risco de Desastres 2015-2030. O documento ainda explica que:

> Duas estruturas globais fornecem um cenário global para ações para lidar com desastres naturais e induzidos pelo homem, a saber, a UNFCCC e a UNISDR. Sob a UNFCCC, os países concordaram em empreender e comunicar ações ambiciosas para lidar com as mudanças climáticas. Informações relevantes compartilhadas pelos países estão disponíveis no site da UNFCCC. De acordo com o UNISDR, o Marco Sendai para Redução de Risco de Desastres (2015-2030) exige que os governos nacionais adotem e implementem estratégias nacionais de Redução de Risco de Desastres com suas próprias metas, indicadores e prazos. Além disso, várias instituições realizam ações para apoiar os países no planejamento e implementação de ações para enfrentar desastres naturais e humanos[5] (UNITED FOR SMART SUSTAINABLE CITIES, 2017, p. 133).

---

[5] Tradução nossa.

O Marco Sendai para Redução do Risco de Desastres 2015-2030 é uma agenda de ações adotada na Terceira Conferência Mundial da Organização das Nações Unidas sobre Redução do Risco de Desastres em Sendai, Japão (SENDAI FRAMEWORK, p. 9). Ela é mencionada na Agenda 2030 no item 11.b como uma diretriz para "desenvolver e implementar, de acordo com o Marco de Sendai para a Redução do Risco de Desastres 2015-2030, o gerenciamento holístico do risco de desastres em todos os níveis" (NAÇÕES UNIDAS BRASIL, *online*).

Dutari e Chai (2019) afirmam que a gestão de desastres é uma área que requer coerência entre ambos os instrumentos (SDG e Marco Sendai), especialmente quando considerados para tornar as cidades mais seguras, resilientes e sustentáveis.

Apesar de a Carta Brasileira para Cidades Inteligentes não mencionar especificamente o Marco Sendai ou a Metodologia de Coleta de Indicadores para Cidades Sustentáveis Inteligentes como instrumentos que a direcionam para o desenvolvimento sustentável, ela guarda grande sinergia com esses instrumentos e deve ser observada como essencial para seu aperfeiçoamento. Dessa forma, é possível argumentar que o desenvolvimento da cidade sustentável brasileira tem como pilares os planos de ação definidos pela Agenda 2030, a Nova Agenda Urbana (NAU), o Marco Sendai e a Metodologia de Coleta de Indicadores Chave de Desempenho para Cidades Sustentáveis Inteligentes, sendo os dois últimos informais, por não constarem diretamente na Carta.

É importante mencionar que a Carta (2020, p. 153-154) define resiliência como a "capacidade de resistir e se recuperar de uma situação adversa. É a aptidão de uma organização para se adaptar em um ambiente complexo e mutável [...]", sendo assim a capacidade mensurável de manter sua continuidade operacional enquanto se adapta e se transforma positivamente em direção à sustentabilidade.

Fica claro que a cidade resiliente deverá ter condições de lidar com desastres, desenvolver práticas de gestão de risco, sendo capaz de avaliar, planejar e agir para se preparar de forma adequada para as ameaças presentes e futuras oriundas de causas naturais e/ou causadas pela sociedade, sendo as estratégias de resiliência desenvolvidas para lidar com desastres, e, dentre eles, inundações, objeto deste artigo.

A Carta supramencionada, no item 2.5, estabelece objetivos estratégicos e recomendações, sendo o primeiro: "Integrar a transformação digital nas políticas, programas e ações de desenvolvimento urbano sustentável, respeitando as diversidades e considerando as desigualdades presentes nas cidades brasileiras" (BRASIL, 2020, p. 32). Ademais, define no item 1.2.5 a articulação setorial no território, estabelecendo que as políticas e planos devem integrar todos os níveis de governo e enfatizar as áreas de urbanismo, drenagem e manejo de águas pluviais urbanas, redução de desastres, meio ambiente e tecnologias de informação e comunicação (TICs) (BRASIL, 2020, p. 40).

A criação de políticas, planos e programas de desenvolvimento urbano é um elemento essencial do item supramencionado e visa à redução de desastres, devendo ser pensados de forma conjunta com as "Estratégias setoriais para transformação digital" dispostas no item 1.3.1, que visam à implementação de tecnologias que melhorem a gestão de águas pluviais e desastres. Ademais, essas estratégias deverão utilizar uma metodologia única que permita sua consolidação dentro de uma estratégia global para não haver perda de recursos, retrabalhos, incompatibilidade de plataformas ou mesmo a impossibilidade de aproveitamentos colaborativos (BRASIL, 2020, p. 41).

No item 1.5.1.1. a Carta Brasileira para Cidades Inteligentes foca na utilização das TICs para o diagnóstico e a gestão urbana:

> Usar ferramentas de geoprocessamento (processamento de dados com localização geográfica) para entender melhor os fenômenos urbanos e para aperfeiçoar a capacidade de gestão dos governos locais. Incorporar nessas ações mecanismos inovadores da ciência de dados. Exemplos: (1) inteligência artificial (AI); e (2) análise de grandes quantidades de dados anonimizados (sem elementos que identifiquem as pessoas), conhecidos como *Big Data*. Respeitar a Lei Geral de Proteção de Dados Pessoais (LGPD).

Complementarmente o item 1.5.2.2, a Carta Brasileira para Cidades Inteligentes estabelece, como estratégia, a construção e consolidação de uma visão integrada de planejamento municipal com base nos instrumentos de planejamento setorial, tendo como ênfase a redução de desastres, sendo o Plano Diretor de Cidades Inteligentes e Plano Diretor de TICs exemplos de instrumentos de tecnologias para sua consecução (BRASIL, 2020, p. 47).

A Carta ainda compreende que não basta o estabelecimento de estratégias, é necessário o desenvolvimento de um centro de gestão integrada, que, de acordo com o item 3.8.2, vai "Implantar centros de informações integradas e protocolos públicos para apoiar a tomada de decisões em tempo real. Priorizar a gestão de emergências e a resposta a desastres. Centros articulados com instituições de Ensino e Pesquisa e com o ecossistema de inovação local" (BRASIL, 2020, p. 64).

Centros semelhantes ao mencionado existem no Brasil, sendo o melhor exemplo o Centro de Gerenciamento de Emergências (CGE) climáticas da prefeitura de São Paulo, que:

> utiliza um sistema integrado de informações, obtido através de ferramentas meteorológicas, sempre associadas à comunicação em tempo integral com as equipes da Companhia de Engenharia de Tráfego (CET), Defesa Civil, Secretaria das Prefeituras Regionais, Corpo de Bombeiros. (COSTA, 2021, p. 87)

Neste item específico, há uma perfeita convergência entre a captação de dados e uma governança integrada para a gestão urbana efetiva. No entanto, a carta esclarece que os dados coletados pela infraestrutura digital urbana e pelos registros administrativos devem ser anonimizados para se adequarem à Lei Geral de Proteção de Dados. Portanto, centros como o de São Paulo devem ser replicados e aprimorados em todos os estados do Brasil.

3.1 Cidades inteligentes sustentáveis baseadas em gêmeos digitais e o aperfeiçoamento da governança urbana para redução de desastres provocados por inundações

O gêmeo digital da cidade inteligente sustentável possui quatro características principais: mapeamento preciso, interação virtual-real, definição de *software* e *feedback* inteligente. O mapeamento preciso implica que a *digital twin* realiza a modelagem digital das estradas, pontes, edifícios e sistemas de drenagem urbana, além do solo e subsolo, sendo capaz de perceber e monitorar de forma holística a dinâmica da cidade física e replicá-la digitalmente.

A interação virtual-real implica que os "rastros" de pessoas, carros e logística em geral podem ser captados e replicados. A definição de *software* que as cidades gêmeas estabelecem, em um modelo virtual, significa que é possível simular o comportamento de pessoas, eventos e objetos urbanos de forma digital por meio de plataformas de *software*. O último elemento, ou seja, o *feedback* inteligente, refere-se ao alerta precoce inteligente de possíveis efeitos adversos, conflitos e perigos potenciais da cidade por meio de planejamento e *design*, simulação etc. na cidade gêmea digital, e a função de fornecer contramedidas razoáveis e viáveis (DEREN; WENBO; ZHENFENG, 2021, p. 2).

Ford e Wolf (2020, p. 4) explicam que o uso de gêmeos digitais de cidades inteligentes é importante para o gerenciamento de desastres comunitários, pois os dados coletados pelas ferramentas de cidades inteligentes podem ser usados imediatamente pelos tomadores de decisão e pelo público, enquanto os dados utilizados pelos gêmeos digitais fornecem informações sobre condições futuras. Ademais, para apoiar o gerenciamento de desastres comunitários, um gêmeo digital de uma cidade inteligente (*Smart City Digital Twin – SCDT*) deve usar dados atuais (cidade inteligente) para conduzir uma simulação (gêmeo digital) que permite aos tomadores de decisão avaliar as condições atuais e futuras com base nas informações e prever os possíveis impactos das decisões.

Os autores supramencionados explicam que o gêmeo digital de uma cidade inteligente (SCDT) é "um sistema de sensores de TIC que desenvolve conjuntos de dados integrados em modelos de gêmeos digitais, sendo capaz de fornecer capacidade dinâmica de avaliação dos impactos futuros das condições e estratégias atuais" (FORD; WOLF, 2020, p. 4). A análise contínua dos protocolos adotados e a avaliação de suas vulnerabilidades podem influenciar na melhor tomada de decisões e na consecução de resultados futuros mais positivos.

Desta forma, o gêmeo digital de uma cidade inteligente, integrado com a computação em nuvem, *big data*, inteligência artificial, *IoT* e outras tecnologias da informação, pode orientar e otimizar o planejamento e a gestão de cidades físicas, melhorando a oferta de serviços aos cidadãos e promovendo seu desenvolvimento sustentável (DEREN; WENBO; ZHENFENG, 2021, p. 3).

Dentre as inúmeras aplicações de cidades inteligentes baseadas em gêmeos digitais, a gestão e o monitoramento de inundações é o foco deste artigo. O desenvolvimento de um sistema de monitoramento de inundações que inclua o gêmeo digital de uma cidade inteligente possui três partes, segundo Deren, Wenbo e Zhenfeng (2021, p. 9-10): o monitoramento de *big data* estático e dinâmico de inundação, o mapeamento da inundação e um aplicativo para identificação das aplicações de serviço de predição, monitoramento e coleta de dados. Ainda nesse sentido, os autores explicam que:

> O monitoramento de *big data* de inundação refere-se ao método de monitoramento de coleta em tempo real de desastres de inundação e *big data* de inundação das escalas urbanas e de bacias hidrográficas no contexto da *IoT*, combinado com a tecnologia de monitoramento em tempo real da integração de espaço, ar e terra. O objetivo principal

é coletar condições de água em rios e lagos, condições de chuva em estações meteorológicas urbanas e trajetórias dinâmicas de pessoas e veículos a partir de equipamentos de monitoramento e coleta, como sensores de solo. Isso pode ser realizado com base na tecnologia de sensoriamento remoto por satélite em cenários aéreos e celestes de grande escala para monitorar o volume de nuvens e chuva, o volume de água do lago e as mudanças no nível da água de rios e reservatórios nas bacias superiores e inferiores. [...] A construção de um mapa de conhecimento de inundação visa desenvolver um mapa de conhecimento de *big data* por meio de sua análise somada à inteligência artificial, que ajudará a inferir conhecimento e descobrir a dinâmica de desastres de inundação. Com base no monitoramento de inundações normalizado e dinâmico e no mapa de conhecimento de inundações, pode ser fornecido um aplicativo de serviço de inundação de cidade inteligente, que inclui simulação em tempo real de *big data* de monitoramento de inundações em cenas urbanas. Combinando análise de conhecimento de inundação, modelagem e tecnologias de previsão de desastres de inundação, o conhecimento relacionado a inundações pode ser visualizado em todo o ciclo de vida dos desastres de inundação urbana, o que ajudará a fornecer serviços para o gerenciamento de controle de inundação urbana.[6]

Ford e Wolf (2020, p. 3-5) analisaram diferentes modelos de gestão de desastres adotados pela literatura especializada. Entretanto, eles observaram que esses modelos falham em abordar os processos iterativos de gestão de desastres e/ou interações da infraestrutura comunitária. Eles apontam que o gêmeo digital de uma cidade inteligente pode ajudar a preencher essas lacunas. Isso porque o gêmeo digital pode fornecer dados, imagens e simulações integradas no nível da comunidade. O gêmeo digital é capaz de fechar o ciclo de gerenciamento de desastres virtualmente, melhorar a previsão dos resultados das ações antecipadas e fornecer *feedback* sobre os impactos das ações tomadas.

Além disso, os autores reconhecem a importância histórica e a necessidade de coexistência dos modelos humanos com os gêmeos digitais. Eles reconhecem que os gêmeos digitais devem ganhar mais importância, pois as complexidades do gerenciamento de desastres comunitários exigem simulações de computador para prever com precisão os recursos, características e interações, inclusive entre os humanos e o meio ambiente que os cercam.

---

[6] Tradução nossa.

Considerações finais

A transformação do conceito de cidades inteligentes é essencial para definir um parâmetro mínimo de reflexão crítica sobre os caminhos adotados para sua implementação e desenvolvimento. Nesse sentido, compreender que a cidade inteligente também deve ser sustentável é fundamental para definir o ponto de partida, o trajeto e a forma final do que se deseja para as cidades no futuro.

A Carta Brasileira para Cidades Inteligentes é mais do que um mero documento, nela estão contidos vários princípios, diretrizes e objetivos que deverão ser alcançados na sua implementação, deixando claro ainda quais são seus instrumentos normativos nacionais e internacionais que balizam sua formação. A Carta demonstra ainda qual é o posicionamento do governo brasileiro, evidenciando um programa de Estado, cujos atores (estados, municípios, ONGs, empresas, população) devem fazer parte de sua efetivação.

Neste sentido, a cidade inteligente não é e nem deve ser apenas *smart*, ela se funda no desenvolvimento social, econômico, ambiental e urbanístico, cujo cerne da preocupação não é apenas a melhoria dos serviços, mas sim a melhoria da qualidade de vida da população e do meio ambiente urbano que ela habita. Essa lógica fica evidente na Carta Brasileira para Cidades Inteligentes.

Este artigo demonstrou que o *digital twin* ou gêmeo digital é uma ferramenta que já foi utilizada largamente em diversas indústrias, sejam espaciais, automobilísticas, na produção de produtos por grandes empresas como IBM, CISCO, ANSYS, GE Digital, Microsoft e Siemens, entre outras aplicações. Assim, é possível inferir que há comprovado lastro científico e técnico da efetividade desta ferramenta, sendo capaz de gerar economia e dar mais segurança na criação ou implementação das cidades inteligentes.

A utilização do *digital twin* para o desenvolvimento e aprimoramento de cidades inteligentes tem a potencialidade de criar um ciclo de economia e efetividade nas implementações e modificações urbanas introduzidas, pois poderá simular cenários, utilizando inteligência artificial e aprendizagem de máquina para refinar os resultados e mostrar possibilidades não previstas inicialmente. Certamente que há dificuldades a serem enfrentadas e superadas, tais como desafios técnicos, a integração da tecnologia com as infraestruturas e os processos urbanos existentes, privacidade e segurança de dados, ambiente político para rupturas e implementação de novos marcos regulatórios e seus impactos nos negócios, além dos aspectos éticos nos recortes da vigilância, privacidade e padrões e vieses, além dos custos e de uma aceitação pública para o novo.

Logo, a cidade inteligente baseada em *digital twin* deverá ser uma cidade mais resiliente, com maior capacidade de predição de inundações, cujos investimentos no aprimoramento e processos de mudanças urbanas serão mais efetivos, terão maior impacto na proteção da vida e da saúde da população, que será mais bem protegida e informada.

Destaca-se ainda que a *digital twin* pode ser utilizada em cidades que ainda não são consideradas inteligentes, porém sua máxima eficácia se dá quando os dados oriundos da coleta massiva de dados em tempo real podem ser explorados pela ferramenta, sendo capaz de gerar avaliações mais precisas, cujos resultados poderão ser observados em tempo real pelos tomadores de decisões.

Por fim, cabe explicar que o planejamento e desenvolvimento de cidades inteligentes e sustentáveis, resilientes às inundações, poderá ser feito com a combinação de diversas ferramentas, entre elas a *digital twin*, que deverá coexistir e servir para aperfeiçoar e reduzir custos das ações humanas no meio ambiente urbano para promoção de segurança urbana e humana, em um espaço mais sustentável, resiliente e seguro para o desenvolvimento das presentes e futuras gerações.

Referências

ALAWADHI, S. *et al*. Building Understanding of Smart City Initiatives. *In*: SCHOLL, H. J.; JANSSEN, M.; WIMMER, M. A.; MOE, C. E.; FLAK, L. S. (Eds.). *International Conference on Electronic Government – EGOV 2012*. Berlin, Heidelberg, Lecture Notes in Computer Science, v. 7443, p. 40-53, Springer 2012. Disponível em: https://doi.org/10.1007/978-3-642-33489-4_4. Acesso em: 10 dez. 2022.

AIETA, Vania Siciliano. Cidades inteligentes: uma proposta de inclusão dos cidadãos rumo à ideia de "cidade humana". *Revista de Direito da Cidade*, Rio de Janeiro, v. 8, n. 4, p. 1622-1643, 2016. ISSN 2317-7721. Disponível em: https://doi.org/10.12957/rdc.2016.25427. Acesso em: 9 dez. 2022.

AYRES, P. *Persistent Modelling*: Extending the Role of Architectural Representation. Oxon England; New York: Routledge; Abingdon, 2021.

BATTY, M. Digital twins. *Environment and Planning B: Urban Analytics and City Science*, [s. l.], v. 45, n. 5, p. 817-820, 2018. Disponível em: https://doi.org/10.1177/2399808318796416. Acesso em: 1 dez. 2022.

BECK, Ulrich. *Sociedade de risco*: rumo a outra modernidade. 2. ed. São Paulo: Ed. 34, 2011.

BRASIL. *Carta Brasileira para Cidades Inteligentes*. Ministério das Comunicações, Ministério da Ciência, Tecnologia e Inovações, Ministério do Meio Ambiente, Ministério do Desenvolvimento Regional. 2020. 180 p. Disponível em: https://www.gov.br/mdr/pt-br/assuntos/desenvolvimento-urbano/carta-brasileira-para-cidades-inteligentes/CartaBrasileiraparaCidadesInteligentes2.pdf. Acesso em: 9 dez. 2022.

CALGARO, Cleide; REATO, Talissa Truccolo; HERMANYM Ricardo. Planejamento das cidades sustentáveis e inteligentes como recurso do direito urbanístico para a proteção socioambiental. *Revista Jurídica Direito & Paz*, São Paulo, Lorena, ano XIV, n. 43, p. 170-188, 2º Semestre 2020. ISSN 2359-5035. Disponível em: http://dx.doi.org/10.7867/2317-5443.2017v5n1p031-052. Acesso em: 10 dez. 2022.

CÂMARA, Samuel Façanha *et al*. Cidades inteligentes e inovadoras: a proposta de um framework. *Revista Brasileira de Desenvolvimento Regional*, Blumenau, v. 5, n. 1, p. 31-52, 2017, ISSN 2317-5443. Disponível em: DOI: 10.7867/2317-5443.2017V5N1P031-052. Acesso em: 9 dez. 2022.

COMISSÃO EUROPEIA. *Cidades Inteligentes*. Cidades usando soluções tecnológicas para melhorar a gestão e a eficiência do ambiente urbano. 2022. Disponível em: https://commission.europa.eu/eu-regional-and-urban-development/topics/cities-and-urban-development/city-initiatives/smart-cities_en#related-events. Acesso em: 9 dez. 2022.

COSTA, Fabrício Veiga; BASTOS, F. K. F.; SANTOS, J. M. M. G. Contornos sobre a responsabilidade civil das grandes empresas de tecnologia "BIG TECHS" em casos de violação ao direito fundamental à proteção de dados. *Revista Brasileira Direito Civil em Perspectiva*, [s. l.], v. 8, p. 01-24, 2022. Disponível em: http://dx.doi.org/10.26668/IndexLawJournals/2526-0243/2022.v8i1.8602. Acesso em: 6 dez. 2022.

COSTA, Francisco Campos da. Detritos espaciais em órbita terrestre baixa: mecanismos regulatórios e sustentabilidade das atividades satelitais. 2021. 171 f. Tese (Doutorado Direito Ambiental) – Programa de Pós-Graduação *Stricto Sensu* em Direito Ambiental Internacional Universidade Católica de Santos, Santos, 2021. Disponível em: https://tede.unisantos.br/handle/tede/6665. Acesso em: 23 jan. 2023.

COSTA, Francisco Campos da; GARCEZ, Gabriela Soldano. Instrumentos de Política Urbana, Agenda 2030 e *Smart Cities*: a educação ambiental e o uso de novas tecnologias para a melhoria da resiliência e sustentabilidade do meio ambiente urbano. *In*: CONGRESSO BRASILEIRO DE DIREITO AMBIENTAL, 24º, 2019, São Paulo. *Mudanças climáticas*: conflitos ambientais e respostas jurídicas. Teses Profissionais e da Pós-Graduação. São Paulo: Planeta Verde, 2019, p. 386-400. v. 1. E-book. Disponível em: http://www.planetaverde.org/arquivos/biblioteca/arquivo_20200121174930_2340.pdf. Acesso em: 8 dez. 2022.

COSTA, Francisco Campos da; GARCEZ, Gabriela Soldano. O direito a cidades sustentáveis com aplicação do conceito de *Smart Cities*: o uso de novas tecnologias para a melhora do meio ambiente urbano de São Luís do Maranhão. *Revista de Direito Urbanístico, Cidade e Alteridade*, São Luís, v. 3, n. 2, p. 1-17. jul./dez. 2017. e-ISSN: 2525-989X. Disponível em: http://dx.doi.org/10.26668/IndexLawJournals/2525-989X/2017.v3i2.2264. Acesso em: 5 dez. 2022.

CURETON, Paul; DUNN, Nick. Digital twins of cities and evasive futures. *In*: AURIGI, Alessandro; ODENDAAL, Nancy (Eds.). *Shaping Smart for Better Cities Rethinking and Shaping Relationships Between Urban Space and Digital Technologies*. Academic Press: London, 2021. Disponível em: https://doi.org/10.1016/B978-0-12-818636-7.00017-2. Acesso em: 5 dez. 2022.

DENG, Tianhu; ZHANG, Keren; SHEN, Zuo-Jun (Max). A systematic review of a digital twin city: A new pattern of urban governance toward smart cities. *Journal of Management Science and Engineering*, [s. l.], v. 6, Issue 2, 2021, p. 125-134, jun. 2021. Disponível em: https://doi.org/10.1016/j.jmse.2021.03.003. Acesso em: 8 dez. 2022.

DEREN, L.; WENBO, Y.; ZHENFENG, S. Smart city based on digital twins. *Computational Urban Science*, [s. l.], v. 1, n. 4, mar. 2021. Disponível em: doi:10.1007/s43762-021-00005-y. Acesso em: 8 dez. 2022.

DUTARI, E.; CHAI, CASSIUS GUIMARÃES. Disaster Risk Governance and Coherence: The Case of Incentives for Private Business to Foster Disaster Resilience and Sustainability. *In*: SAMUEL, Katja L. H.; ARONSSON-STORRIER, Marie; BOOKMILLER, Kirsten Nakjavani. (Orgs.). *The Cambridge Handbook of Disaster Risk Reduction and International Law*. 1. ed. Cambridge: Cambridge University Press, 2019, v. 1, p. 275-294.

FORD, D. N.; WOLF, C. M. (). Smart Cities with Digital Twin Systems for Disaster Management. *Journal of Management in Engineering*, [s. l.], v. 36, n. 4, p. 1-10, jul. 2020. Disponível em: doi:10.1061/(asce)me.1943-5479.0000779. Acesso em: 1 jan. 2023.

GERMANO, Fabrício; MEDEIROS, Bruna Angra de. Cidadania e desenvolvimento urbano sustentável sob a perspectiva do direito à locomoção nas cidades brasileiras. *Revista de Direito da Cidade*, [s. l.], v. 13, n. 4, p. 1957-19792021. ISSN 2317-7721. Disponível em: https://doi.org/10.12957/rdc.2021.49997. Acesso em: 8 dez. 2022.

GLAESSGEN, E.; STARGEL, D. The Digital Twin Paradigm for Future NASA and U.S. Air Force Vehicles. *In:* 53rd AIAA/ASME/ASCE/AHS/ASC Structures, Structural Dynamics and Materials Conference, 23 April 2012 - 26 April 2012, Honolulu, Hawaii. Disponível em: doi:10.2514/6.2012-1818. Acesso em: 9 dez. 2022.

GRIEVES, M., VICKERS, J. Digital twin: mitigating unpredictable, undesirable emergent behavior in complex systems. *In*: KAHLEN, F.-J.; FLUMERFELT, S.; ALVES, A. (Eds.). *Transdisciplinary Perspectives on Complex Systems*: New Findings and Approaches. Springer International Publishing, Cham, 2017. p. 85-113. Disponível em: https://doi.org/10.1007/978-3-319-38756-7_4. Acesso em: 5 dez. 2022.

GUIMARÃES, Patrícia Borba Vilar; ARAÚJO, Douglas da Silva. O direito à cidade no contexto das *smart cities*: o uso da TICs na promoção do planejamento urbano inclusivo no Brasil. *Revista de Direito da Cidade*, Rio de Janeiro, v. 10, n. 3, p. 1788-1812, 2018. ISSN 2317-7721. Disponível em: DOI: 10.12957/rdc.2018.333226. Acesso em: 8 dez. 2022.

HALL, P. Creative Cities and Economic Development. *Urban Studies*, [s. l.], v. 37, n. 4, p. 639-649, 2000. Disponível em: doi:10.1080/00420980050003946. Acesso em: 3 dez. 2022.

HARRISON, C.; ECKMAN, B.; HAMILTON, R.; HARTSWICK, P.; KALAGNANAM, J.; PARASZCZAK, J.; WILLIAMS, P. Foundations for Smarter Cities. *IBM Journal of Research and Development*, [s. l.], v. 54, n. 4, p. 1-16, 2010. Disponível em: doi:10.1147/jrd.2010.2048257. Acesso em: 8 dez. 2022.

JOÃO, Plínio Gabriel; CABEÇO, Leandra Carina; SILVA, Hélio Vicente Vieira da. Plano Estrutural para o desenvolvimento das cidades inteligentes e sustentáveis. *Revista Científica Multidisciplinar Núcleo do Conhecimento*, [s. l.], ano 04, ed. 08, v. 3, p. 110-125, ago. 2019. ISSN: 2448-0959. Disponível em: https://www.nucleodoconhecimento.com.br/administracao/plano-estrutural. Acesso em: 8 dez. 2022.

KIRWAN, C. G.; ZHIYONG, Fu. *Smart Cities and Artificial Intelligence*: Convergent Systems for Planning, Design, and Operations. Netherlands: Elsevier, 2020.

KRITZINGER, W.; KARNER, M.; TRAAR, G.; HENJES, J.; SIHN, W. (). Digital twin in manufacturing: a categorical literature review and classification. *IFACPapersOnLine*, [s. l.], v. 51, n. 11, p. 1016-1022, 2018. Disponível em: https://doi.org/10.1016/j.ifacol.2018.08.474. Acesso em: 7 dez. 2022.

MANVILLE, Catriona *et al*. *Mapping Smart Cities in the EU*. Directorate General for Internacional Policies. Policy Department: Economic and Scientific Policy. Europan Parliament. IP/A/ITRE/ST/2013-02. PE 507-480, Jan. 2014, EN. Disponível em: https://www.europarl.europa.eu/RegData/etudes/etudes/join/2014/507480/IPOL-ITRE_ET(2014)507480_EN.pdf. Acesso em: 8 dez. 2022.

MARSAL-LLACUNA, M.-L.; COLOMER-LLINÀS, J.; JOAQUIM, M.-F. Lessons in urban monitoring taken from sustainable and livable cities to better address the Smart Cities initiative. *Technological Forecasting and Social Change*, [s. l.], v. 90, p. 611-622, 2015. Disponível em: doi:10.1016/j.techfore.2014.01.012. Acesso em: 3 dez. 2022.

NAM, T.; PARDO, T. A. Conceptualizing smart city with dimensions of technology, people, and institutions. *In: Proceedings of the 12th Annual International Digital Government Research Conference on Digital Government Innovation in Challenging Times - Dg.o '11*, 2011. Disponível em: DOI:10.1145/2037556.2037602. Acesso em: 3 dez. 2022.

RECK, Janriê Rodrigues; VANIN, Fábio Scopel. O direito e as cidades inteligentes: desafios e possibilidades na construção de políticas públicas de planejamento, gestão e disciplina urbanística. *Revista de Direito da Cidade*, Rio de Janeiro, v. 12, n. 1, p. 464-492, 2020. ISSN 2317-7721. Disponível em: DOI: 10.12957/rdc.2020.39618. Acesso em: 8 dez. 2022.

ROGERS, D. Twin tracks: the drive to create a smart digital model of the UK. *Construction Research and Innovation*, [s. l.], v. 10, n. 2, p. 49-52, 2019. Disponível em: https://doi.org/10.1080/20450249.2019.1621591. Acesso em: 10 dez. 2022.

SAMIH, H. Smart cities and internet of things. *Journal of Information Technology Case and Application Research*, [s. l.], v. 21, n. 1, p. 3-12, 2019. Disponível em: DOI: 10.1080/15228053.2019.1587572. Acesso em: 8 dez. 2022.

SINGH, S.; SHARMA, P. K.; YOON, B.; SHOJAFAR, M.; CHO, G. H.; RA, I.-H. Convergence of Blockchain and Artificial Intelligence in IoT Network for the Sustainable Smart City. *Sustainable Cities and Society*, [s. l.], v. 63, dez. 2020. Disponível em: doi:10.1016/j.scs.2020.102364. Acesso em: 15 dez. 2022.

TAO, F.; QI, Q. Make more digital twins. *Nature*, [s. l.], 573(7775), p. 490-491, 25 set. 2019. Disponível em: doi:10.1038/d41586-019-02849-1. Acesso em 15 de dezembro de 2022.

UNITED NATIONS OFFICE FOR DISASTER RISK REDUCTION (UNISDR). *Sendai Framework for Disaster Risk Reduction 2015–2030 (18 March 2015) A/ CONF.224/ CRP.1*. Adopted by the United Nations General Assembly (UNGA) in Resolution 69/ 283, Sendai Framework for Disaster Risk Reduction 2015-2030 (23 June 2015) A/ RES/ 69/ 283.

UNITED FOR SMART SUSTAINABLE CITIES (U4SSC). *Collection Methodology for Key Performance Indicators for Smart Sustainable Cities*. Genebra, 2017. Disponível em: https://unece.org/housing-and-land-management/publications/collection-methodology-key-performance-indicators-smart. Acesso em: 18 dez. 2022.

WASHBURN, D.; SINDHU, U.; BALAOURAS, S.; DINES, R. A.; HAYES, N.; NELSON, L. E. Helping CIOs understand "smart city" initiatives. *Growth*, [s. l.], v. 17, n. 2), p. 1-17. 2009. Disponível em pdf: https://public.dhe.ibm.com/partnerworld/pub/smb/smarterplanet/forr_help_cios_und_smart_city_initiatives.pdf. Acesso em: 20 dez. 2022.

Sites consultados:

https://commission.europa.eu/eu-regional-and-urban-development/topics/cities-and-urban-development/city-initiatives/smart-cities_en

https://brasil.un.org/pt-br/sdgs/11

Informação bibliográfica deste texto, conforme a NBR 6023:2018 da Associação Brasileira de Normas Técnicas (ABNT):

COSTA, Francisco Campos da; CHAI, Cássius Guimarães. Gêmeo digital como instrumento para o desenvolvimento de cidades inteligentes sustentáveis brasileiras resilientes a inundações: o papel do direito privado e da gestão pública dos riscos sociais. *In*: EHRHARDT JÚNIOR, Marcos; CATALAN, Marcos; NUNES, Cláudia Ribeiro Pereira (Coord.). *Inteligência artificial e relações privadas*: possibilidades e desafios. Belo Horizonte: Fórum, 2023. v. 1. p. 445-470. ISBN 978-65-5518-576-8.

NOVOS ITINERÁRIOS DA CONTRATAÇÃO INFORMÁTICA: DO CONTRATO INTELIGENTE AO CONTRATO ALGORÍTMICO[1]

CLÁUDIO AMATO

MARCOS CATALAN

> *Super computer status, walking along streets.*
> *Everyone is an addict, stompin' the concrete. What was the motivation? Constant communication [...]*
> *Life: is it really worth it? The algorythm is perfect.*
>
> Childish Gambino, 'Algorythm', 3.15.20

1 Introdução

Impulsionado através do caótico e incontrolável trilho da História, tendo se mostrado ao mundo por meio de suas muitas faces e

---

[1] Este estudo foi elaborado por ocasião do estágio pós-doutoral realizado pelo primeiro autor sob a supervisão do segundo, na Universidade La Salle, Canoas, entre os anos de 2018 e 2019. A pesquisa foi financiada com recursos da CAPES. Mister destacar, ademais, que o texto base deste artigo foi elaborado pelo primeiro autor. Incumbiu ao segundo a explicitação da trilha metodológica percorrida, o ajuste fino, contornos finais e, ainda, o complemento da literatura que ancorou a redação das primeiras versões desta pesquisa. Noticie-se, ainda, que o artigo foi publicado, originalmente, na *Civilistica.com* (n. 3, 2022).

vestes,² o contrato, ao longo de seus mais de dois mil anos de decantação linguística, jurídica e social,³ resistiu a tempos de crise,⁴ levantou-se após anunciado declínio,⁵ desconstruiu-se para, mais tarde, reorganizar-se.⁶ Tendo sobrevivido à morte,⁷ ao renascer de suas próprias cinzas questionou qual seria a sua real identidade,⁸ descobrindo-se ético⁹ e, ainda, normativamente solidário.¹⁰ Que ninguém se surpreenda, agora, ao percebê-lo *detentor* de algum grau de *argúcia*,¹¹ atributo que, evidentemente, pressupõe a) a interação do contrato com os frutos daquilo que se convencionou denominar *inteligência artificial* e, ainda, b) o uso, por ele, do material fecundante colhido nas intersecções existentes entre *machine learning*, *Big Data* e *Internet of Things*.

Referida *esperteza*, entretanto, para além dos aspectos positivos que carrega em seu âmago,¹² alimenta a experimentação de angústias e de outros males entranhados às extrusões disruptivas que o futuro

---

[2] RADIN, Margaret Jane. The deformation of contract in the information society. *Law & Economics Working Papers*, Ann Arbor, n. 124, [s. p.], 2017. FORNASARI, Riccardo. Crepuscule des idoles. De la fragmentation du sujet à la fragmentation du contrat. *European Review of Private Law*, The Netherlands, n. 4, p. 785-822, 2019. V. ainda, GERCHMANN, Suzana; CATALAN, Marcos. Duzentos anos de historicidade na ressignificação da ideia de contrato. *Revista de Direito do Consumidor*, São Paulo, v. 90, p. 191-211, 2013.

[3] MARTINS-COSTA, Judith. Contratos. Conceito e evolução. *In*: LOTUFO, Renan; NANNI, Giovanni Ettore (Coord.). *Teoria geral dos contratos*. São Paulo: Atlas, 2011, p. 55-61.

[4] MAZZAMUTO, Salvatore. Il contratto di diritto europeo nel tempo della crisi. *Europa e Diritto Private*, Milano, n. 3, p. 601-647, 2010.

[5] KENNEDY, Duncan. *The rise and fall of classical legal thought*. Cambridge: AFAR, 1998.

[6] DALTON, Claire. An essay on the deconstruction of contract doctrine. *Yale Law Review*, New Haven, n. 94, p. 997-1114, 1987. V. ainda IRTI, Natalino. L'età della decodificazione. *Revista de Direito Civil, Imobiliário, Agrário e Empresarial*, São Paulo, v. 3, n. 10, p. 15-33, out./dez. 1979.

[7] GILMORE, Grant. *The death of contract*. New Haven: Ohio State University, 1974.

[8] GÓMEZ, Carlos Ballugera. *El contrato no-contrato*. Enigma desvelado de las condiciones generales de contratación. Madrid: Colegio de Registradores de la Propiedad y Mercantiles de España. 2006.

[9] CAUMONT, Arturo. Por uma teoria ética do contrato. *Revista Eletrônica Direito e Sociedade*, Canoas, v. 8, n. 1, p. 91-101, abr. 2020.

[10] CAORSI, Juan Benítez. *Solidaridad contractual*: noción posmoderna del contrato. Madrid: UBIJUS, 2013. V. ainda, NALIN, Paulo. *Do contrato*: conceito pós-moderno. 2. ed. Curitiba: Juruá, 2006.

[11] SZABO, Nick. *The idea of smart contract*. Disponível em: https://www.fon.hum.uva.nl/rob/Courses/InformationInSpeech/CDROM/Literature/LOTwinterschool2006/szabo.best.vwh.net/idea.html. Acesso em: 27 jun. 2021.

[12] CATALAN, Marcos. Inteligências artificialmente moldadas e a necessária proteção do consumidor no direito brasileiro: singelas rubricas inspiradas em Janus. *In*: CATALAN, Marcos, ROCHA, Mariângela Guerreiro Milhoranza da; PEREIRA, Gustavo Oliveira de Lima (Org.). *O caos no discurso jurídico*: uma homenagem a Ricardo Aronne. Londrina: Thoth, 2021, p. 267-280.

reserva,[13] afinal, se até recentemente, quando muito, talentos humanos eram impingidos, de forma passiva e inerte, em ferramentas projetadas na tentativa de tornar menos penosas tarefas consideradas enfadonhas ou repetitivas, hodiernamente, capacidades similares e, em alguns casos, homólogas aos muitos talentos humanos têm sido cotidianamente introjetadas e (ou) absorvidas por máquinas com os mais diversos formatos e tamanhos, qualidades, funções e custos de produção e, também por isso, a superação da sagacidade e sensibilidade humanas – e, com elas, no limite, a própria visão de humanidade[14] – parece ser algo iminente.[15]

Daí que, e mesmo que isso não convença a todos,[16] o único dique que poderá ser *potencialmente* erigido contra o sobranceiro domínio tecnológico parece estar íntima e diretamente ligado à intervenção do Direito, pois, apenas *ele* parece possuir – e isso, somente em tese – o instrumental apto a domar o novo, sugestivo e perturbador tempo disruptivo.

Em verdade, não é a primeira vez que a inovação tecnológica se funde ao contrato – pensado, aqui, como instituto dogmático e como ferramenta social de importância ímpar –, influenciando-o. Ocorre que desde as possibilidades carreadas pela telemática e a correlata abertura à negociação eletrônica que há pouco mais de vinte anos fascinavam a literatura jurídica[17] até à reviravolta criada pelo surgimento de contratos ditos *inteligentes*, parece haver distância semelhante à existente entre a Terra e a Estrela Polar.[18]

No primeiro caso, as novidades derivaram, em boa medida, da inovação provocada pelo instrumento – o computador conectado a

---

[13] BOSTROM, Nick. *Superinteligência*: caminhos, perigos e estratégias para um novo mundo. Tradução de Aurélio Antônio Monteiro *et al*. Rio de Janeiro: Darkside, 2018.

[14] BARBOSA, Alexandre. LGPD e a teoria do caos: reflexões a partir do pensamento vivo de Ricardo Aronne. In: CATALAN, Marcos, ROCHA, Mariângela Guerreiro Milhoranza da; PEREIRA, Gustavo Oliveira de Lima (Org.). *O caos no discurso jurídico*: uma homenagem a Ricardo Aronne. Londrina: Thoth, 2021, p. 40. Como aponta o autor, sequer os criadores das estruturas "de Inteligência Artificial sabem, exatamente, os limites e possibilidades de sua criação".

[15] LEMLEY, Mark; VOLOKH Eugene. *Law, virtual reality and augmented reality*. Disponível em: https://papers.ssrn.com/sol3/papers.cfm?abstract_id=2933867. Acesso em: 29 jul. 2021.

[16] V. HABERMAS, Jurgen. *O futuro da natureza humana*. Tradução de Karina Jannini. São Paulo: Martins Fontes, 2004.

[17] RADIN, Margaret Jane. Human being, computers and binding commitment. *Indiana Law Journal*, Indianapolis, v. 75, n. 4, p. 1125-1162, 2000.

[18] SAVELYEV, Alexander. Contract law 2.0: «smart» contracts as the beginning of the end of classic contract law. *Working papers*, Moscow, n. 71, [s. p.], 2016.

World Wide Web – por meio do qual propostas e contrapropostas eram formuladas e levavam, eventualmente, à conclusão da mais conhecida modalidade de negócio jurídico. Em tal contexto, em verdade, quase não havia problemas dignos de nota quando se busca nos porões da memória tanto o enquadramento dogmático como a qualificação regulatória dos contratos pactuados com recurso a então nascente tecnologia, assertiva que ganha força quando se percebe que ao signo *contrato telemático*[19] não tem muita utilidade senão servir como título – pouco pomposo – em conferências jurídicas.[20]

Contudo, tudo se passa de forma distinta quando o olhar toca os contratos denominados *inteligentes*,[21] ou mesmo – embora, nem sempre pelas mesmas razões –, capta as várias formas de negociação algorítmica, temas em relação aos quais a opinião comum parece identificar apenas algumas *nuances* ao compará-las com as imagens classicamente atribuídas ao contrato por sofisticada dogmática jurídica[22] que os entendo como outra coisa, como algo cujo significado não pode – melhor, ainda não pode – ser pinçado dos discursos dos juristas.[23]

Para não abusar da boa vontade de quem se permitiu alcançar este ponto do texto, registre-se que a pesquisa foi idealmente estruturada em partes que figuram como estágios independentes em um caminho que se propõe unitário. Em tal contexto, ultrapassado o inafastável formalismo impregnado a esta ligeira introdução, procurou-se mapear as coordenadas necessárias à intelecção da negociação *inteligente*, explorando, primeiro, suas formas mais gerais e, mais tarde, as mais específicas. A trilha percorrida alcançou, ainda, as relações havidas entre a negociação inteligente e a tecnologia *blockchain*, perpassando aspectos positivos e deletérios afetos aos referidos modelos contratuais.

A contribuição, de corte geral – na medida em que não irá considerar nenhum sistema jurídico específico – e não dogmática, ao transcender raciocínios puramente expositivos, típicos da metodologia

---

[19] Na América do Sul *contratos eletrônicos* é uma expressão mais usual como se observa em: MARQUES, Cláudia Lima. *Confiança no comércio eletrônico e a proteção do consumidor*. São Paulo: Revista dos Tribunais, 2004 ou em MARTINS, Guilherme Magalhães. *Contratos eletrônicos de consumo*. 3. ed. São Paulo: Atlas, 2016.

[20] DE NOVA, Giorgio. *Il contratto:* Dal contratto atipico al contratto alieno. Padova: CEDAM, 2011.

[21] FELIU REY, Jorge. Smart contract: conceito, ecossistema e principais questões de direito privado. *Revista Eletrônica Direito e Sociedade*, Canoas, v. 7, n. 3, p. 95-119, dez. 2019.

[22] V. ROPPO, Enzo. *O contrato*. Tradução de Ana Coimbra *et al*. Coimbra: Almedina, 2009.

[23] DE NOVA, Giorgio. The law which governs this agreement is the law of the republic of Italy. *Rivista di Diritto Privato*, Bari, n. 1, p. 7-17, mar. 2007.

analítica, se deixa levar por técnica que busca enfatizar o ilustrativo-explicativo,[24] intercalada com considerações de ordem crítica em relação aos fenômenos analisados e às soluções doutrinárias que lhes dizem respeito, evidentemente, sempre que isso for considerado apropriado ou de alguma utilidade. Tudo isso, com a esperança de poder oferecer um panorama que possa ser considerado atual no que toca ao estado da arte na intelecção do tema, facilitando o acesso às questões mais relevantes sobre o assunto e, quiçá, lançando em garrafas[25] um texto que possa servir como ponto de partida de pesquisas futuras.[26]

2 *Smart contracts*: observações preliminares

Tendo por escopo emoldurar os *smart contracts* – para que se saiba do que se fala e, evidentemente, do que não se fala – parece apropriado definir, prefacialmente, algumas das características mais peculiares emolduradas por referida expressão, desenhando-o, assim, a partir de suas particularidades.

Uma primeira tentativa de esboço pode ser tentada na alusão ao fato de que o signo *contratos inteligentes* não indica nada mais que aplicações programáveis visando à realização de trocas ou transferências patrimoniais, estrutura técnica e imaterial que têm como principal característica a aptidão para viabilizar a execução automática das prestações ajustadas e, cuja garantia – ao menos, a sua promessa, como sói ocorrer quando se recorre a ficções sociais – agarra-se ao uso da tecnologia *blockchain*.[27]

Também não parece ser incorreto afirmar que um *smart contract* consiste na ferramenta lavrada em linguagem específica apta a permitir que sejam levadas a cabo as condutas negocialmente antecipadas pelos contratantes de forma paritária (ou não), facultando, ademais, a) a identificação de obrigações e deveres, direitos e ônus, b) o controle de seu fiel cumprimento e, ainda, c) o uso dos remédios necessários na

---

[24] MARCONI, Diego. *Il mestiere di pensare*. Torino: Einaudi, 2014.
[25] ADORNO, Theodor. Mensagens numa garrafa. In: ŽIŽEK, Slavoj (Org.). *Um mapa da ideologia*. Tradução de Vera Ribeiro. Rio de Janeiro: Contraponto, 2010.
[26] SARTORI, Giovanni. *Democrazia: cos'è*. 2. ed. Bari; Roma: Rizzoli, 1997.
[27] WRIGHT, Aaron; DE FILIPPI, Primavera. *Decentralized blockchain technology and the rise of lex cryptographia*. Disponível em: https://papers.ssrn.com/sol3/papers.cfm?abstract_id=2580664. Acesso em: 2 ago. 2021.

hipótese de eventual incumprimento[28] total ou parcial, imputável (ou não), tudo isso, sem a necessidade de intervenção humana, diante de sua automação.

E tendo sido esboçadas as linhas semânticas e prospectivas que involucram conceitualmente os *contratos inteligentes*, pode-se avançar agora no mapeamento feito pela literatura acerca das vantagens que eles carregam consigo:

    a) a garantia de clareza e transparência das condições e termos contratuais que pulsam da linguagem utilizada – a formal/artificial –, na medida em que esta, supostamente, não carrega consigo problemas afetos à indefinição ou à ambiguidade, eliminando, nesse contexto, mal-entendidos comunicacionais que poderiam levar a disputas judiciais;[29]

    b) a crença no fato de que o uso de linguagem formal é capaz de neutralizar o risco de problemas de aplicação e interpretação, derivada da identificação dos computadores como máquinas sintáticas capazes de promover a escorreita significação dos signos com os quais são alimentados;[30]

    c) a melhora, em termos de eficiência, dos processos de negociação em série, uma vez que, nesses casos, os computadores que formulam a oferta se relacionariam com outros computadores, de modo a facilitar potenciais e, obviamente, múltiplas aceitações, minimizando, ao mesmo tempo, a incidência de *vieses cognitivos* que, particularmente do lado do consumidor, afetariam o processo de formação do contrato;[31]

    d) a promessa de que a realização da operação será *blindada* pela rede de nós criados pela tecnologia *blockchain*, o que redunda em mínima abertura a possíveis intervenções de terceiros, sejam eles entes privados, o legislador ou mesmo o Poder Judiciário.

---

[28] FELIU REY, Jorge. Smart contract: conceito, ecossistema e principais questões de direito privado. *Revista Eletrônica Direito e Sociedade*, Canoas, v. 7, n. 3, p. 95-119, dez. 2019, p. 107.

[29] SURDEN, Harry. Computable contracts. *UC Davis Law Review*, Davis, v. 46, p. 629-700, 2012. LIPSHAW, Jeffrey. The persistence of "dumb" contracts. *Stanford Journal of Blockchain & Policy*, Stanford, v. 2, n. 1, p. 1-57, 2019.

[30] SURDEN, Harry. The variable determinacy thesis. *Columbia Science and Technology Law Review*, New York, v. 12, n. 1, [s. p.], 2010/2011.

[31] KAHNEMAN, Daniel. *Thinking, fast and slow*. London: Penguin, 2012. HASSAN, Samer; DE FILIPPI, Primavera. The expansion of algorithmic governance: from code is law to law is code. *Field actions science reports*, [s. c.], n. 17, p. 88-90, 2017. V., ainda, MILANEZ, Felipe Comarela. *Interesses econômicos e as práticas comerciais desleais*: uma abordagem a partir do direito português e europeu. Belo Horizonte: Arraes, 2021.

Tais características mostram, com invulgar clareza, que os *smart contracts* foram arquitetonicamente estruturados para impedir a negação, refutação, manipulação – inclusive, no nível hermenêutico – ou correção do clausulado e, ainda, eliminar o risco de mora ou de qualquer patologia afeta à fase de adimplemento, recorrendo à automação da execução da conduta devida/expectada de forma a garantir, ao que parece, não apenas em tese, maior velocidade, segurança e eficiência no tráfego jurídico, bem como a correlata deflação da litigiosidade.[32]

Considerando-se, entretanto, que ditos contratos pressupõem a tradução, em linguagem formal, dos signos jurídicos (ou não) utilizados pelas partes, ante a necessidade de salvaguardar as manifestações de vontade e antecipar, sempre que possível, o critério adequado à distinção entre a realização da prestação e seu descumprimento, pode-se intuir que isso nem sempre será possível, tampouco facilmente obtido, por exemplo, quando o contrato refere-se a um conjunto de elementos que não possam ser facilmente mapeados ou calculados.

Referida abordagem, definida como funcional e não cognitiva, por não replicar mecanismos intelectuais humanos, revela, de outra banda, que se o computador for capaz de *entender* o que buscam as partes, por meio de um processo que deve combinar *tradução* – a transformação de palavras em dados – com *associação* – a vinculação, a cada dado computado, de uma regra específica –, em tese, será capaz de, objetivamente e, é evidente, apenas neste corte pontualíssimo, agir como um ser humano.[33]

E não se olvide que a elaboração de arquitetura contratual tão complexa e com nítida influência utilitarista, usualmente, encontra justificativa na possibilidade de fomentar maior grau de certeza no tráfego;[34] o que exige a identificação dos sujeitos e do conteúdo contratual, a calculabilidade das obrigações nele delineadas e, ainda, a "não revisão" do resultado projetado pelo *software responsável* por sua execução, afinal, sob tais lentes distorcidas, *a justiça é irmã siamesa da certeza exegética*.

---

[32] PERUGINI, Maria Letizia; DAL CHECCO, Paolo. *Introduzione agli smart contracts*. Disponível em: https://ssrn.com/abstract=2729545. Acesso em: 8 ago. 2021.
[33] SURDEN, Harry. The variable determinacy thesis. *Columbia Science and Technology Law Review*, New York, v. 12, n. 1, [s. p.], 2010/2011.
[34] SURDEN, Harry. Computable contracts. *UC Davis Law Review*, Davis, v. 46, p. 629-700, 2012.

3 Modelos de contratação inteligente: revisitando o passado na tentativa de compreender o presente

Além da referência à tecnologia *blockchain*, usualmente utilizada na identificação do *quid pluris* considerado como o mais adequado à qualificação de um contrato como *inteligente* – mesmo quando é possível visualizá-lo sem referido atributo –, diversas foram as tentativas doutrinárias buscando entender o que permite atribuir-lhe referida alcunha, pesquisas que antecipam, aliás, não necessariamente, de forma intencional, muitos dos assuntos que mais tarde viriam a ser relacionados ao tema.

Dentre elas, as mais relevantes parecem emergir emolduradas como *data oriented contracts* ou como *computable contracts*.[35] O primeiro caracteriza-se como contrato codificado de tal forma que possa ser decodificado por um *software*, o último, escrito com recurso à linguagem formal, dispensa referido processo de tradução.

A ambos os modelos podem ser atribuídas as seguintes características: a) núcleo essencial registrado por meio de linguagem processável por um computador, pouco importando se resulta da decodificação de texto elaborado em linguagem ordinária ou se estipulado em linguagem *formal* e, ainda, b) a provisão de mecanismo interno de avaliação de conformidade, *prima facie*, dos ajustes contratuais e da forma antecipada de ulterior cumprimento.[36]

Referidas categorias, uma vez elaboradas, promoveram a erupção de questões inescapáveis, indagações relacionadas tanto à possibilidade do clausulado contratual ser decodificado, em sua totalidade e plenitude, por um *software* programado para *traduzi-lo* quanto afeta à automação do cumprimento das promessas estampadas no contrato, perguntas que em regra encontraram na literatura jurídica tradicional respostas predominantemente negativas.

---

[35] SURDEN, Harry. Computable contracts. *UC Davis Law Review*, Davis, v. 46, p. 629-700, 2012, p. 699-700. O autor parece não concordar com essa distinção, ao defender que as "partes pactuam contratos *orientados a dados* quando os expressam sob a forma de dados altamente estruturados [o que permite] que os computadores extraiam e identifiquem seus termos de forma confiável". Discorre, ainda, que noutros "casos, as partes podem conceber termos contratuais ou condições a serem computáveis. Para tornar um termo contratual computável, as partes devem atentar [aos limites e possibilidades] de avaliações automatizadas, "processo que envolve, essencialmente, o fornecimento de termos contratuais ou critérios específicos que possam ser decodificados por computadores".

[36] SURDEN, Harry. Computable contracts. *UC Davis Law Review*, Davis, v. 46, p. 629-700, 2012.

Em termos gerais, tal padrão tem por premissa a presunção de que o contrato nascido no intercâmbio de promessas validamente feitas tem efeito vinculante e, a partir daí, serve como suporte de direitos subjetivos e deveres jurídicos correlatos à manifestação volitiva, direitos formativos e estados de sujeição interdependentes ou, ainda, como molde de ônus estipulados pelas partes[37] – ou, como sói tantas e tantas vezes ocorrer, desenhados por apenas uma delas –; não olvidando, ainda, a possibilidade de que tais *direitos* assumam a forma de pretensões[38] ou alimentem, em concreto, outras posições jurídicas legalmente delineadas ante a força normativa dos princípios e sua recepção teórico-fenomênica pelo *civil law*.

Como pode intuir o leitor iniciado – e, acredita-se, compreender o iniciante – vencer referido desafio pressupõe superar pelo menos dois obstáculos: o primeiro relativo ao problema da compreensão linguística do *clausulado*, por um computador, mormente, em face do uso do léxico emprestado da linguagem ordinária notadamente marcada pela indeterminação e pela ambiguidade;[39] o segundo refere-se ao conteúdo do contrato, muitas vezes escrito de forma inadequada ou, em qualquer caso, de forma imprecisa. E se isso não ocorre, usualmente, em relação ao objeto do contrato, sem dúvida, manifesta-se, em regra, quando se tem em mente as minúcias acerca de sua execução.

Além disso, não deve ser negligenciado o fato de que, uma vez estabelecida a relação contratual por meio do recurso a um negócio jurídico que *por natureza* é prenhe de lacunas, poderão surgir deveres e obrigações adicionais não determinados, intencionalmente, pelos contratantes ou derivados do fato de serem indetermináveis *ex-ante*; deveres cuja inexecução pode lesar bens ou posições juridicamente protegidas, de titularidade das partes ou de terceiros. E tudo isso, reafirme-se, sem que tenham sido expressamente pactuados, tendo

---

[37] Nesse sentido *v*. KIMMEL, Dori. *From promise to contract*: toward a liberal theory of contract. Oxford: Bloomsbury, 2003. Em sentido contrário, *v*. BARNETT, Randy. Contract is not a promise, contract is consent. *In*: KLASS, Gregory; LETSAS, George; SAPRAI, Prince (Ed.). *Philosophical foundations of contract law*. Oxford: Oxford, 2014. E, ainda, FEMIA, Pasquale. Desire for a text: bridling the divisional strategy of contract. *Law and Contemporary Problems*, Durham, v. 76, n. 2, p. 151-168, 2013.

[38] HOHFELD, Wesley Newcomb. Some fundamental legal conceptions as applied in judicial reasoning. *Yale Law Journal*, New Haven, v. 23, n. 1, p. 16-59, nov. 1913. HOHFELD, Wesley Newcomb. Fundamental legal conceptions as applied in judicial reasoning. *Yale Law Journal*, New Haven, v. 26, n. 8, p. 710-770, jun. 1917.

[39] SURDEN, Harry. The variable determinacy thesis. *Columbia Science and Technology Law Review*, New York, v. 12, n. 1, [s. p.], 2010/2011.

por fonte – por opinião amplamente consolidada na literatura jurídica – enunciados normativos com matiz principiológica.[40]

Tais obstáculos poderiam, no entanto, virem a ser superados no exato instante em que texto e conteúdo contratual deixassem de ser expressos em linguagem natural – como é o caso da linguagem ordinária – e, evidentemente, fosse possível atravessar a membrana que envolve o Direito, ensinando à máquina aspectos afetos à sintaxe e à semântica jurídicas por meio do recurso a unidades expressas em código binário e, portanto, em linguagem *compreensível* pelos computadores.[41]

Referida mudança, no limite, utópica, impactaria também a avaliação do cumprimento, ou seja, a análise da conformidade (ou não) havida entre as obrigações contratualmente ajustadas e a conduta desempenhada na seara fenomênica, da adequação ou coincidência entre mapa e território, afinal o pagamento consiste no desempenho da prestação prometida apto a promover a satisfação das legítimas expectativas do *accipiens*.

As vantagens de uma abordagem *computacionalmente orientada* ao direito contratual, raramente é negado pela literatura jurídica: auxiliariam a evitar assimetrias e, em especial, abusos no exercício concreto de poderes contratuais,[42] mitigariam riscos e ocorrências que pudessem prejudicar a execução do contrato e reduziriam os custos de transação associados à negociação. As duas primeiras virtudes aqui destacadas, entretanto, podem ser objetadas com alguma facilidade quando se tem mente os contratos que nascem da adesão às condições gerais de contratação ou a arquitetura e movimento que envolvem a captura da manifestação volitiva do aderente[43] em contratos civis ou de consumo.

---

[40] V. CATALAN, Marcos. *A morte da culpa na responsabilidade contratual*. 2. ed. Indaiatuba: Foco, 2019. CAUMONT, Arturo. *Doctrina general del contrato*. Proposiciones teoricas de innovacion. Montevideo: La Ley, 2014. MARTINS-COSTA, Judith. *A boa-fé no direito privado*: critérios para a sua aplicação. 2. ed. São Paulo: Saraiva, 2018. Em sentido contrário, v. CASEY, Anthony; NIBLETT, Anthony. Self-driving contracts. *Journal of Corporation Law*, Iowa City, v. 43, n. 2, p. 1-33, 2017.

[41] SURDEN, Harry. The variable determinacy thesis. *Columbia Science and Technology Law Review*, New York, v. 12, n. 1, [s. p.], 2010/2011.

[42] COULON, Fabiano Koff. Relações contratuais assimétricas e a proteção do contratante economicamente mais fraco: análise a partir do direito empresarial brasileiro, *Revista de Direito da Empresa e dos Negócios*, Porto Alegre, v. 2, n. 1, p. 1-16, jan./jun. 2018. GRONDONA, Mauro. Il contratto asimmetrico nell'armonizzazione del diritto europeo (con uno sguardo all'America latina, a partire da una riflessione di Tullio Ascarelli. *In*: LANNI, Sabrina (Cur.). *Harmonization of European and Latin-American consumer law*. Napoli: Edizioni Scientifiche Italiane, 2018, p. 145-173.

[43] LIMA, Cíntia Rosa Pereira de. Contratos de adesão eletrônicos (*shrink-wrap* e *click-wrap*) e termos e condições de uso (*browse-wrap*). *Revista de Direito do Consumidor*, São Paulo, a. 30, n. 133, p. 109-154, jan./fev. 2021.

Avançando um pouco mais, parece importante reforçar que os *contratos orientados a dados* consistem em acordos cujo conteúdo foi, total ou parcialmente, expresso de forma que lhe permite ser decodificado e ulteriormente processado por um computador, destoando, diferindo dos contratos computáveis apenas no que toca a forma, já que os últimos, tendo sido escritos em linguagem formal, dispensam a *tradução*.

Diante disso, três diferenças parecem diferir tais modelos do sentido tradicional atribuído ao contrato, essa figura que consoante a literatura jurídica, é:

   a) fonte de relação jurídica;
   b) negócio cuja existência pressupõe ao menos duas personagens, pessoas humanas ou entes coletivos, e cuja validade depende, embora não apenas dela, da capacidade desses entes para agir;
   c) a forma mais conhecida de exteriorização do exercício da autonomia privada;
   d) válido, desde que atenda aquilo que a legislação vigente não veda e, eventualmente, respeite o que ela impõe observar;
   e) algo que pode ser judicialmente questionado, logo, levado a Juízo quando resulte de qualquer forma viciado[44] ou violado;
   f) eficaz, desde que não subordinado a termo, condição ou encargo supressores de seus efeitos típicos.

Dito isso, cabe sublinhar que as diferenças entre o contrato clássico e o inteligente, as duas primeiras, antecipe-se aqui, passíveis de contundente crítica, têm sido delineadas em contextos que abrangem a) a manifestação de vontade, b) os entes abarcados pelos movimentos da relação negocial, alcançando os computadores – elemento que parece se destacar como a característica mais relevante destes *contratos* e, ao mesmo tempo, o assunto mais controverso – e, por fim, c) a interpretação de contratos escritos em linguagem binária.

De outra banda, as técnicas de *tradução* podem ser várias; o importante é que, uma vez feita a escolha, ela se revele apta a perceber que a equivalência semântica entre a palavra ou expressão lapidada por meio da linguagem comum e o código derivado em linguagem formal permita que o computador absorva adequadamente tanto o núcleo como os aspectos satelitários do acordo vertido em termos binários.

---

[44] RADIN, Margaret Jane. The deformation of contract in the information society. *Law & Economics Working Papers*, Ann Arbor, n. 124, [s. p.], 2017.

Ademais, não se pode ignorar que, em tese, o computador pode ser programado para analisar e entender a linguagem comum por meio de *software* a ser alimentado, continuamente, eliminando, assim, parte dos riscos relacionados à indeterminação da linguagem ordinária. Ainda nesta seara, as partes contratantes, isoladamente ou com a cooperação de terceiro – o programador –, podem recorrer às estruturas semânticas disponibilizadas tanto pela *universal business language* (U. B. L.) como celebrar acordos preliminares, acordos de significação semântica ou, como são mais conhecidos, *threshold data meaning agreements*, indicando como determinados termos ou expressões serão entendidos ao serem vertidos à linguagem formal, ou seja, como serão pré-atribuídos aos signos linguístico-contratuais ou significados mais adequados de modo a fomentar sua escorreita *compreensão* pelo computador.

Sob lentes mais potentes, tais contratos não parecem, no entanto, distantes do caminho traçado pela literatura especializada que tem pensado o contrato ao longo dos últimos séculos: certamente não no que diz respeito a sua formação, pois a fusão das manifestações de vontade, fonte inconteste da relação jurídica negocial de natureza bilateral, pode materializar-se por diferentes formas, reais, formais, verbais e, até mesmo, derivarem de comportamentos imprecisamente qualificados como relações contratuais de fato. Logo, nada exclui a possibilidade de que o acordo negocial venha a ser alcançado por meio da utilização de linguagem formal, especialmente quando se tem o poder de configurar a forma – *v.g.* via *uniform electronic transaction act* (U.E.T.A) ou *uniform computer information transaction act* (U.C.I.T.A.) – do futuro negócio.

O *ubi consistam* de ambos os modelos explorados é, portanto, representado pelos termos computacionais em que são elaborados. O computador deve ser capaz de avaliar o texto contratual de forma a identificar e compreender os *reais interesses* das partes,[45] para que possa processá-los a fim de obter a execução automática das prestações dele derivadas, embora, referida avaliação tenha relevância apenas *prima facie*, não sendo necessariamente definitiva, sendo essa, talvez, a maior diferença entre os *data oriented contracts* e os *computable contracts* quando comparados aos *smart contracts*,[46] contratos ditos inteligentes, paradoxalmente, por dispensarem a intervenção humana depois de serem pactuados.

---

[45] Identificar no que consistem os reais interesses, desejos, anseios, ou mesmo, a vontade das partes é algo que transborda os limites metodológicos que envolvem este artigo.
[46] WERBACH, Kevin; CORNELL, Nicholas. Contracts ex machina. *Duke Law Journal*, Durham, v. 67, p. 313-382, 2017.

Resta saber se a esses fenômenos contratuais deve ser concedido o direito de cidadania dentro da cidadela, construída pela literatura jurídica clássica, do contrato.[47] E aqui, a resposta tende a positiva. Contratos orientados a dados e contratos computáveis movimentam o sistema de mercados,[48] promovendo, com êxito, a troca buscada por meio de relações jurídicas financeiras cotidianas. São contratos pactuados entre seres humanos e (ou) entes coletivos, estipulados de forma livre, liberdade aqui significada – de forma bastante reduzida, é verdade[49] – como manifestação de vontade não afetada por qualquer dos defeitos dogmaticamente delineados nas mais diversas codificações civis. A forma usada, em regra, parece respeitar a tradição civilística continental, obediência, aliás, que balizará a validade destes contratos quando se tem em mente o seu conteúdo, tal qual balizaria qualquer outro contrato. Daí que sendo afetado por algum defeito, inválido será. Por sua vez, as partes, salvo excepcional ajuste em sentido contrário, terão pleno poder, se julgarem adequado, para tomar quaisquer medidas legais a fim de terem suas razões reconhecidas, provocando o Judiciário, árbitros ou outras instâncias legal ou negocialmente previstas.

Em conclusão, apesar de suas inegáveis peculiaridades, os *data oriented contracts* e os *computable contracts* parecem identificar casos perfeitamente ajustáveis à dogmática tradicional, não havendo nenhuma necessidade de elaborar novas disciplinas *ad hoc* que deem conta das referidas figuras.

4 Os contratos algorítmicos *stricto sensu: self driving contracts*

As sístoles e diástoles identificadas no âmbito do comércio eletrônico[50] são alguns dos indicativos mais significativos de como a Internet – provavelmente, a inovação tecnológica mais importante dos últimos trinta anos – transformou a vida em sociedade.

---

[47] RADIN, Margaret Jane. The deformation of contract in the information society. *Law & Economics Working Papers*, Ann Arbor, n. 124, [s. p.], 2017.
[48] Exemplos típicos são os *high frequency trading* cuja conclusão é conduzida por algoritmos.
[49] PIANOVSKI RUZYK, Carlos Eduardo. *Institutos fundamentais de direito civil e liberdade(s)*: repensando a dimensão funcional do contrato, da propriedade e da família. Rio de Janeiro: GZ, 2011.
[50] RADIN, Margaret Jane; ROTHSCHILD, John; SILVERMAN, Gregory. *Internet commerce: the emergin legal framework*. New York: Foundation, 2002.

Ante o seu notável desenvolvimento, hodiernamente, em muitas ocasiões, a) as pessoas deixam de visitar lojas físicas preferindo acessar um *site*,[51] b) interagem menos com outras pessoas, na medida em que navegam através da *web* à procura da satisfação de incomensuráveis desejos, muitos deles, insaciáveis; não se ignorando que a Internet – mesmo que o fenômeno anteceda o surgimento da *World Wide Web* – c) induz consumidores e usuários a raramente negociarem os termos dos contratos que pactuam, limitando suas manifestações de vontade ao universo do assentimento, da aquiescência às condições gerais de contratação previamente estipuladas, de forma unilateral, por quem detém o poder negocial dominante ou, eventualmente, delineadas por agentes públicos na tentativa de limitar abusos e tutelar vulnerabilidades em nichos de negócios deveras pontuais como os mercados de seguro e de transporte.

É preciso dizer, ainda, que em um e outro caso, as condições gerais de contratação quase não recebem atenção nos *sites* e outros canais eletrônicos mantidos pelos entes que deles se socorrem ao vestirem, juridicamente, os negócios pactuados via *e-commerce*. Também por isso, não recebem a atenção daqueles que deveriam mais se preocupar com elas: os consumidores.[52]

O crescente acesso à Internet também fomentou d) a virtualização de importante parte da vida humana – em detrimento, não se pode esquecer, de liberdades civis de titularidade de um oceano de excluídos digitais – e, e) ao lado da expansão do comércio eletrônico, viu crescer a oferta de bens e serviços que só existem em formato digital,[53] objetos

---

[51] CRESCIMENTO do *e-commerce* brasileiro: relatório 2022. Mindtek, 2022. Disponível em https://www.mindtek.com.br/2022/02/panorama-do-crescimento-do-e-commerce-mundial-e-brasileiro-em-2021/#:~:text=O%20faturamento%20do%20com%C3%A9rcio%20eletr%C3%B4nico,ao%20Business%20Intelligence%20(BI). Acesso em: 24 fev. 2022.

[52] ROMERO, Luiz. Não li e concordo. *Superinteressante*, 27 mar. 2017. Disponível em: https://super.abril.com.br/tecnologia/nao-li-e-concordo/. Acesso em: 24 fev. 2022.

[53] GUCCI lança tendência curiosa com tênis virtual de US$ 12. *Tecmundo*, 27 abr. 2021. Disponível em: https://www.tecmundo.com.br/produto/216264-gucci-lanca-tendencia-curiosa-tenis-virtual-us-12.htm. Acesso em: 2 set. 2021. "Recentemente, a Gucci lançou o Virtual 25, um inusitado modelo de tênis totalmente digital. O item [...] é o resultado de uma parceria da com a Wanna, empresa [sic] de moda especializada no *marketing* em realidade aumentada. Entretanto, as curiosidades não param por aí: o produto é apenas um entre os muitos disponíveis na categoria, que ganhou mais relevância com o nascimento das NFTs. O Virtual 25 foi desenhado por Alessandro Michele, Diretor Criativo da Gucci, especialmente para ambientes virtuais. Seu lançamento é parte da iniciativa "*Gucci Sneaker Garage*", a nova seção no aplicativo da companhia voltada para tênis ecléticos e "itens digitais especiais". Após a compra, é possível visualizar o tênis diretamente nos pés por meio do aplicativo da Wanna, além de também ser possível "utilizá-lo" em outros

cujas funções, ou a ausência delas, foram delineadas antes mesmo de sua invenção pelo gênio obtuso de Baudrillard.[54]

Tangenciando referido assunto, fato é que as instituições jurídicas parecem ter tomado nota de tudo isso, preparando disciplinas *ad hoc* nas quais as novidades introduzidas pelo uso da tecnologia pareciam tão excêntricas a ponto de merecê-las; disciplinas que se propuseram a trabalhar com o material regulatório existente e não se limitaram apenas a análise e crítica da legislação ao incluírem outras fontes do Direito em seu espectro de atuação, dentre as quais merecem destaque a literatura jurídica e a prática judicial,[55] buscando, aliás, quando necessário, domá-las.

Em tal contexto, o contrato telemático parecia distinguir-se do contrato clássico apenas sob o ponto de vista formal, mormente porque, a ambos, se impunha observar os pressupostos de existência e respeitar os requisitos de validade estruturados ao longo de séculos dedicados pela civilística ao estudo desse notável instituto jurídico,[56] diferindo, apenas, no tocante ao instrumento utilizado – o computador, o *smartphone* ou o *tablet* – na celebração do pacto e, por vezes, em sua execução. Não obstante as muitas novidades correlatas à crescente virtualização das relações negociais, a literatura jurídica tradicional não tinha sido forçada, até então, a capitular, mesmo quando chamada a enfrentar fenômenos de barganha nos quais a *máquina* havia deixado de ser mero meio de transmissão e (ou) recepção da vontade humana ao ter se transformado em *personagem* na contratação.[57]

---

ambientes virtuais parceiros, como o Roblox e VRChat. Contudo, eles não são itens únicos – como ocorre no caso das NFTs – e podem ser comprados por diversos usuários simultaneamente. Similarmente, nesse mesmo contexto, há outras lojas que disponibilizam itens digitais, como a DressX. Nela, o usuário pode comprar um item, selecionar a foto em que deseja "utilizá-lo" e, após a compra, recebê-la por e-mail com a montagem. Em sua propaganda [sic], a DressX detalha que cerca de 40 bilhões de itens gerados pela indústria da moda são despejados em lixões todos os anos e, como proposta, seu modelo de negócio seria o "mais sustentável" já criado [...]. Até o momento, a Gucci já conta com 26 modelos de tênis digitais".

54 V. BAUDRILLARD, Jean. *O sistema dos objetos*. Tradução de Zulmira Ribeiro Tavares. São Paulo: Perspectiva, 2006 ou BAUDRILLARD, Jean. *A sociedade de consumo*. Tradução de Artur Mourão. Lisboa, Portugal: Ed. 70, 2008.

55 SACCO, Rodolfo. *Introduzione al diritto comparato*. Torino: UTET, 1991.

56 AZEVEDO, Antônio Junqueira. *Negócio jurídico*: existência, validade e eficácia. São Paulo: Saraiva, 2002.

57 ALLEN, Tom; WIDDISON, Robin. Can computer make contracts?. *Harvard Journal of Law & Technology*, Cambridge, v. 9, n. 1, p. 26-52, 1996. SCHOLZ, Lauren Henry. Algorithmic contracts. *Stanford Technology Law Review*, Stanford, v. 20, n. 2, p. 128-169, 2017.

A questão que aqui emerge, envolvendo os chamados contratos entre computadores – ou entre pessoas e computadores autônomos –, foi facilmente reabsorvida pelos diversos sistemas legais existentes. Em tal contexto, tendo sido estabelecido que uma máquina, mesmo aquela que opera recorrendo ao *machine learnig*, não poderia ser tratada como um sujeito consciente e, nesta esteira, não sendo possível atribuir a ela a intencionalidade contratual em sentido próprio, pois suas escolhas não equivalem a atos de vontade, tampouco tratá-la como ente coletivo – a despeito da conhecida teorização da personalidade eletrônica –, a solução que pareceu ser preferível estendeu a tais contratos os efeitos e consequências jurídicas historicamente delineados no âmbito da teoria do risco, tema amplamente conhecido na seara da responsabilidade extracontratual[58] e que fora fagocitado, não sem controvérsia,[59] pela teoria do contrato, ao longo das últimas décadas.[60]

De acordo com referida abordagem, aqueles que decidem utilizar sistemas de negociação automatizados tornam-se, *ipso facto*, responsáveis pelas ações ou atividades – legítimas (ou não) – realizadas pelas máquinas de sua titularidade. Tal solução parece estar em plena continuidade com a doutrina que encontra na confiança depositada pelo oblato, na proposta ou na oferta, razão suficiente para a gênese e vinculação à obrigação contratual, sempre que não haja defeitos ou vícios genéticos que autorizem a desconstituição do pacto.

O algoritmo, embora não *querendo*, processa, respondendo a estímulos – ainda hoje, enquanto regra, previamente codificados – que o conduzem a aceitar propostas, receber e avaliar ofertas, processar contrapropostas ou mesmo negá-las. Ao concluir transações contratuais, poderá pôr em prática atividades não executivas prodrômicas à criação e implementação da relação contratual, independentemente da intervenção humana. Ressalte-se, ainda neste contexto, que não existem elementos suficientes que permitam antecipar se os direitos e deveres pautados em tais contratos serão (ou não) balizados pela normatividade que emana de princípios contratuais como a boa-fé objetiva ou a função social do contrato.

---

[58] CERKA, Paulius; GRIGIENE, Jurgita; SIRBIKYTE, Gintare. Liability for damages caused by artificial intelligence. *Computer Law & Security Review*, [s. l.], n. 31, p. 376-389, 2015.

[59] MORE, César Moreno. Post tenebras spero lucem: sobre la culpa in contrahendo y el contacto social. *Gaceta Civil & Procesal civil*, Lima, n. 36, p. 193-214, jun. 2016.

[60] CATALAN, Marcos. *A morte da culpa na responsabilidade contratual*. 2. ed. Indaiatuba: Foco, 2019. CAUMONT, Arturo. Por uma teoria ética do contrato. *Revista Eletrônica Direito e Sociedade*, Canoas, v. 8, n. 1, p. 91-101, abr. 2020.

Em tal contexto, a confiança, a despeito da discussão acerca de sua natureza principiológica, uma vez respeitados os demais aspectos afetos à formação e validade dos negócios jurídicos, terá importância exponenciada ao colorir as negociações baseadas na interação humano/máquina ou máquina/máquina e tutelar aquele que recebeu a declaração algorítmica e nela depositou a sua *fides*.

Isso se justifica tanto em razão do crescente recurso ao referido *modus operandi*[61] como diante da necessidade de imputação de responsabilidade àquele que opta por exercer, positivamente, sua liberdade negocial; ululando, portanto, a desnecessidade de recorrer à *mística fusão de vontades* como fundamento do contrato. Assim, apesar de gestados em declarações fornecidas no todo ou em parte por instrumentos eletrônicos com crescente espaço de manobra, tais contratos, segundo critérios de significância objetiva,[62] carregam consigo todo o material fecundante necessário para a sua existência, validade[63] e eficácia.

Tal abordagem também parece adequada ao tratamento de casos particulares de negociação algorítmica – como os que são conduzidos por *black boxes* –, hipóteses nas quais os códigos atuam como arquitetos da regulamentação da negociação e, assim, aparentemente transbordam os invólucros conceituais que abrigam as categorias e regras que embasam a doutrina clássica do contrato.

A tensão, na hipótese, se dá tanto porque não se pode reduzir um algoritmo a mera ferramenta de negociação sujeita ao alvedrio de alguém como diante da impossibilidade de atribuir ao usuário os efeitos de atos que não domina e, também por isso, são desconhecidos.[64] Confiar no algoritmo implicaria, neste contexto, em vez de um "faça você mesmo", na delegação, em branco, em prejuízo de outrem, das escolhas negociais futuras a serem realizadas por uma máquina cujo protocolo de atuação resta, intencionalmente, marcado pela intransparência, aspecto que afetaria o predicado da validade negocial em um sem número de situações fenomênicas.

Tal crítica, entretanto, pode ser, em boa medida, desconstruída. O computador que contrata, mesmo quando alberga um sistema de

---

[61] VARIAN, Hal. Computer mediated transaction. *American Economic Review*, [s. l.], v. 100, n. 2, p. 1-10, may 2010.

[62] GENTILI, Aurelio. *Trattato di Diritto Commeciale*. Milano: Giuffrè, 2001, t. 27.

[63] GIGLIOTTI, Fulvio. *Relazioni sociali, vincolo giuridico e motivo di cortesia*. Napoli: ESI, 2003.

[64] SARTORI, Giovanni. Cognitive automata and the law. *Eui Working Papers*, San Domenico di Fiesole, n. 35, [s. p.], 2006. SCHOLZ, Lauren Henry. Algorithmic contracts. *Stanford Technology Law Review*, Stanford, v. 20, n. 2, p. 128-169, 2017.

inteligência artificial particularmente avançado – como no caso das *black boxes* –, não parece ser capaz de ignorar, por completo, a intervenção humana. A máquina, de fato, age em virtude das instruções que previamente recebeu, importando menos aqui se elas são mais ou menos precisas, sendo inábil à tomada de decisão. Isso se confirma pelo fato de que os beneficiários dos efeitos decorrentes de suas atividades automatizadas – na hipótese e, ao menos por ora, não autônomas – são sujeitos de direito, seres humanos ou entes coletivos. Ademais, não se exige que os contratantes estejam cientes de todos os aspectos relativos às formas e conteúdos da negociação, sendo suficiente que haja informações que modulem a decisão inicial pela utilização do dispositivo tecnológico, mormente se não houver vulnerabilidades em pauta.[65]

E por razões de proteção da confiança e segurança do tráfego, isso seria verdade não apenas nas hipóteses de acordos algorítmicos em acordo-quadro anterior, mas também nas hipóteses nas quais o algoritmo devidamente programado e instruído, dá vida às relações contratuais e (ou) altera o conteúdo delas no curso da execução, embora não se despreze que a intransparência – como sugerido ao longo do artigo – possa ser fonte de vícios genéticos em contratos nos quais vulneráveis ocupem um de seus polos.[66]

O que se afirma permite concluir que a) as duas formas de negociação algorítmica examinadas são gerenciáveis por meio do escorreito uso do armamento conceitual delineado no âmbito da teoria do contrato e, ainda, que b) mesmo os aspectos mais peculiares e inovadores ligados a ambas as figuras dispensam intervenção legislativa – obviamente supranacional, sendo global o fenômeno a ser regulado – direcionada.[67]

---

[65] AMATO, Claudio; CATALAN, Marcos. Una piccola riflessione intorno all'ipervulnerabilità del consumatore nel diritto brasiliano. *Le Corti Umbre*, Napoli, v. 8, p. 288-303, 2020.

[66] Baseados em complexos protocolos algorítmicos, tais contratos inutilizam todo o leque de deveres previstos pelas diversas legislações, especialmente a legislação consumerista, visando proteger o direito de conhecer o conteúdo contratual, bem como todo o conjunto de atividades e operações por trás da produção dos resultados jurídicos vinculantes. As características aqui expostas deixam claro por que razão a atribuição ao consumidor, enquanto pessoa singular e coletiva, de um direito à expressão do conteúdo contratual não seria, em todo o caso, idônea para salvaguardar o valor da transparência. De fato, ainda que isso se ocorre e seu exercício produzisse uma conduta colaborativa da contraparte contratual, o consumidor, se não possui doutorado em engenharia da computação, dificilmente seria capaz de compreender tanto "o quê" quanto "o como" da operação de negociação em que está envolvido.

[67] BENEDETTI, Alberto Maria, Contratto, algoritmi e diritto civile transnazionale: cinque questioni e due scenari. *Rivista di Diritto Civile*, Padova, n. 3, p. 411-426, 2021.

5 Conflitos emergem de futuros prováveis

O uso de algoritmos na dinâmica contratual, por si só, como buscou demonstrar-se, não impede que o Direito receba os contratos por eles vivificados enquanto negócios jurídicos existentes, válidos e eficazes, evidentemente, desde que possam ser identificados os correlatos pressupostos, requisitos e fatores eficaciais. Muitas, aliás, são as provas empíricas reforçando referida conclusão. Nalgumas áreas, em verdade, a negociação vem ocorrendo há algum tempo, primordialmente, pela via algorítmica. No mercado financeiro é possível colher vivas provas da referida assertiva. Na mesma esteira, o *Google* se socorre de um sem número de códigos ao buscar melhorar a qualidade e a precisão das pesquisas – e do(s) *profiling(s)* – que realiza em favor de seus usuários[68] ou, parece mais adequado aqui registrar, impulsionada pelo interesse econômico seu e de seus parceiros negociais.[69]

Reconhecer a existência e validade dos negócios havidos em referido contexto não impede, contudo, o exercício do raciocínio crítico, mormente quando se percebe, com invulgar clareza, que a) àquele que busca aproveitar as *vantagens* ofertadas pelo mundo virtual se impõe o ônus de viver constantemente conectado e, ainda, que b) o desfrute dos serviços e conveniências oferecidos ou a experimentação da miríade de atividades espalhadas através de crescentes cenários digitais, pressupõem a disponibilização de dados que, na maioria das vezes, são capturados sem o *consentimento* de seu titular[70] e, não raras vezes, cedidos onerosamente a terceiros: entidades públicas (como um Estado) ou privadas (como uma *Big Tech*).

A Rede pode saber *tudo* sobre cada pessoa,[71] identificando com invulgar precisão gostos, desejos e necessidades individuais. E como se tal conduta não fosse, por si só, tema deveras relevante ao Direito, para muito além disso, ela tem modulado o que as pessoas creem preferir ou necessitar,[72] fenômeno historicamente gestado na falta de regras, em

---

[68] V. ZUBOFF, Shoshana. *The age of surveillance capitalism:* the fight for a human future at the new frontier of power. New York: PublicAffairs, 2019.
[69] V. VÉLIZ, Carissa. *Privacy is power:* why and how you should take back control of your data. Londres: Transworld, 2020.
[70] V. SCHMIDT NETO, André Perin. *O livre arbítrio na Era do Big Data*. São Paulo: Tirant lo Blanch, 2021.
[71] ZUBOFF, Shoshana. *The age of surveillance capitalism:* the fight for a human future at the new frontier of power. New York: Public Affairs, 2019.
[72] SOUZA, Joyce; AVELINO, Rodolfo; SILVEIRA, Sérgio Amadeu (Org.). *A sociedade de controle*: manipulação e modulação nas redes digitais. São Paulo: Hedra, 2018.

especial, de regras com potencial abrangência global versando sobre direitos e deveres atribuídos àqueles que capturam e (ou) utilizam dados pessoais alheios, logo, de regras limitativas do poder derivado da posse de tais dados.[73]

É preciso, igualmente, registrar, sem fugir demais do assunto, que retrocitado silêncio normativo tem provocado naqueles que questionam o tema[74] não poucas dúvidas em relação às consequências que poderão emergir da omissão regulatória, em detrimento do exercício efetivo de direitos individuais e de liberdades positivas, minando, por consequência, dois pilares de sustentação das democracias[75] e, porque não, da autonomia privada.

De outra banda, não se ignora que nas áreas nas quais se identifica maior "vácuo regulatório" e quase nenhum respeito pela privacidade, tem florescido peculiar literatura saudando o aumento do poder algorítmico e a ascensão do mercado de *Big Data*, cuja combinação pode eclodir sob a forma de uma revolução apta a tornar o aparato estatal mais eficiente, mais ordenado e coeso, e que tende a neutralizar, *a priori*, a possibilidade de que disputas públicas possam surgir, tanto no campo civil quanto no criminal. Algoritmos e *Big Data* então, quando e se administrados com inteligência,[76] exportariam seus benefícios, inovando, para melhor, quase todos os setores da vida humana.

Mesmo sem poder precisar, exatamente, se e quando isso ocorrerá,[77] é oportuno anotar que referido *admirável mundo feliz* germinaria no uso de microdiretivas, tecnologia regulatória disruptiva gestada na fusão do *Big Data*, algoritmos e sensores biométricos. Ela estaria teoricamente apta a redesenhar, por completo, cada aspecto do sistema legal.[78] Referido modelo ocuparia o lugar das conhecidas formas de

---

[73] Temos plena consciência da existência de legislação, por vezes até muito avançada, que visa à proteção dos dados pessoais e o direito à privacidade dos particulares e (ou) contratantes. Mas, no entanto, esses complexos regulatórios não são difundidos em todos os ordenamentos jurídicos e, mesmo quando divulgados, a exemplo do GDPR que opera no território da União Europeia, não é absolutamente certo que eles sejam capazes de acabar com a expropriação de dados pessoais praticada pelo capitalismo de vigilância.

[74] V. RODOTÀ, Stefano. *Elaboratori elettrronici e controlo sociale*. Bologna: Il Mulino, 1973.

[75] ORIGGI, Gloria. Può la democrazia sopravvivere a Facebook? Egualitarismo epistemico, vulnerabilità cognitiva e nuove tecnologie. *Ragion Pratica*, Bologna, n. 51, p. 445-458, 2018.

[76] SANDEL, Michael. *A tirania do merito*: o que aconteceu com o bem comum? 3. ed. Tradução de Bhuvi Libanio. Rio de Janeiro: Civilização Brasileira, 2021, p. 123-158.

[77] BOSTROM, Nick. *Superinteligência*: caminhos, perigos e estratégias para um novo mundo. Tradução de Aurélio Antônio Monteiro *et al*. Rio de Janeiro: Darkside, 2018.

[78] CASEY, Anthony; NIBLETT, Anthony. Self-driving laws. *University of Toronto Law Journal*, Toronto, v. 66, p. 429-442, 2016. CASEY, Anthony; NIBLETT, Anthony. Self-driving

regulação das condutas individuais ante a sua capacidade de absorver as diferenças entre regras (signos com formulação analítica) e *standards* (signos com formulações linguísticas elásticas que englobam os princípios e as cláusulas gerais).[79] Uma vez postos em funcionamento pelo Legislativo, esses mecanismos normativos autoevolutivos dariam conta de alimentar, continuamente, os preceitos jurídicos existentes, permitindo que a vida em sociedade se adapte às peculiaridades de cada caso.

A proposta de reforma radical das formas de fazer e aplicar as leis por meio da exploração de aspectos afetos à disrupção tecnológica pode ser dividida em duas fases: a) a primeira está ambientada nos cenários de um *direito alimentado pela vigilância pública*, pressupõe regulação geral, embora não tão abstrata como o direito desenhado na Modernidade,[80] b) a segunda, um *direito privado de vigilância* – e, no contexto deste artigo, centrado no direito contratual – enfatiza a análise de aspectos eminentemente sociopolíticos enquanto pano de fundo do surgimento de um direito tecnocraticamente funcionalizado.[81]

Como mencionado, microdiretivas tendem, potencialmente, a representar um novo modelo de regulação unindo as vantagens da padronização das regras analíticas com os aspectos positivos inerentes às fórmulas elásticas, eliminando as desvantagens associadas a tais mecanismos regulatórios.[82] Isso seria possível a partir da operação conjunta de tecnologias preditivas e de comunicação, instrumental que, no contexto contratual, seria usado ao lado de técnicas de controle e monitoramento. O processo de formação legislativa, aqui, seria mais cadenciado, pois, como as *máquinas* não são capazes de se autogovernarem até o momento, o legislador estaria encarregado de definir os objetivos políticos a serem perseguidos normativamente. Utilizando

---

contracts. *Journal of Corporation Law*, Iowa City, v. 43, n. 2, p. 1-33, 2017. CASEY, Anthony; NIBLETT, Anthony. The death of rules and standards. *Indiana Law Journal*, Indianápolis, v. 92, n. 4, p. 1401-1447, 2017.

[79] Tal resultado poderia ser alcançado a) mediante recurso a uma metodologia estatística, ou seja, dando ao termo valorativo o significado predominante encontrado no exame das interpretações judiciais anteriores ou b) por meio de procedimento definido como *rulification of standards*, logo, na 'reescrita' do preceito com formulação elástica que abarque um conjunto de regras intermediárias de conduta suscetíveis de tradução para linguagem formal, sancionando sua computabilidade.

[80] V. BOBBIO, Norberto. *Teoria da norma jurídica*. 2. ed. Tradução de Fernando Pavan Baptista e Ariani Bueno Sudatti. Bauru: EDIPRO, 2003, p. 180-184.

[81] SANDEL, Michael. *A tirania do merito*: o que aconteceu com o bem comum? 3. ed. Tradução de Bhuvi Libanio. Rio de Janeiro: Civilização Brasileira, 2021.

[82] CASEY, Anthony; NIBLETT, Anthony. The death of rules and standards. *Indiana Law Journal*, Indianápolis, v. 92, n. 4, p. 1401-1447, 2017.

tecnologia preditiva, ferramenta conhecida dos grandes *players* privados que operam no mercado, seu conteúdo viria a ser gradualmente aumentado e especificado por meio de trabalhos contínuos de coleta e processamento de dados e de informações. Uma vez que a regra mínima configurada pelo Legislativo tenha sido passada para o catálogo de regras específicas a serem postas em prática pelos algoritmos, as tecnologias de comunicação seriam responsáveis por noticiar as pessoas acerca da regra a ser observada e os critérios que balizarão a escolha da solução tecnicamente adequada e passível no âmbito da operação algorítmica em questão.

Fim da incerteza da lei, então. Fim da *ignorantia legis*. O direito estaria sempre certo: cada caso terá sua única solução possível; e correta. A lei seria sempre conhecida: cada regra, em cada caso, seria comunicada em tempo real a cada cidadão para que possa cumpri-la, uma vez que sua violação gera responsabilidade *ipso facto*.

Tal modelo implica, entretanto, transformações significativas nas estruturas e formas nas quais a lei funciona. Primeiro, um direito algoritmicamente integrado ao *Big Data* não precisaria do Judiciário. Além da definição de objetivos políticos, as regras seriam capazes, sozinhas, de se atualizar, aperfeiçoando-se de forma a serem mais e mais sincrônicas com as mutações sociais. A tarefa de ajuste contínuo do *direito ao fato* historicamente até então delegado à jurisdição, passaria a ser realizada, sem os riscos afetos à incerteza e sem os erros relacionados à conduta dos juízes no – não tão – solitário processo de aplicação da lei.[83] A produção de *ius singularis* e sua comunicação instantânea com os beneficiários, neutralizando as incertezas que gravitam ao redor da *melhor* regra a seguir em determinada situação, minimizaria a ocorrência de disputas judiciais.

Exceto, talvez, na esfera constitucional, os juízes não teriam mais que se preocupar com o litígio a ser descartado, por falta de casos a serem decididos. Nesse cenário utópico – talvez, distópico –, o único papel que restaria aos juízes – e, semelhante conclusão estende-se a advogados, notários etc. – seria o de *conselheiros do príncipe digital*, assessores especializados dos Poderes Executivo e Legislativo, a fim de selecionar os objetivos políticos a serem delegados aos algoritmos. Legislativo e Executivo, aliás, longe de sofrerem com referido *tsunami*

---

[83] KAHNEMAN Daniel; SIBONY Olivier; SUNSTEIN Cass S. *Ruído*. Un fallo en el juicio humano. Tradução de Mielke Joaquim. Madrid: Debate, 2021.

algorítmico, aparentemente, recuperariam o monopólio das decisões que movimentam o Estado.[84]

O problema dos efeitos não tão intencionais das ações humanas permaneceria aberto, é fato, o que poderia ser exacerbado pelo caráter de evolução permanente que distingue as novas ferramentas de padronização normativa. Como um indivíduo saberia que conduta deve ser perseguida se a regra que a impõe e modula é alterada constantemente? Em segundo lugar, qual seria o efeito, na sociedade, provocado pelo somatório das condutas postas em movimento na tentativa de atender a contínua atualização regulatória? No que diz respeito à elaboração das regras, a combinação de *Big Data* e tecnologias preditivas seria capaz de calcular, antecipadamente, a totalidade das consequências derivadas de sua aplicação? O algoritmo seria programado para recalibrar as condutas consideradas devidas, de forma a impedir efeitos colaterais prejudiciais ao bem-estar social? Por ora, parece que, felizmente, sequer se sabe se será mesmo possível alcançar tal grau de desenvolvimento tecnológico.

Aliás, há outras questões que permanecem não resolvidas, dentre elas, a) a dificuldade de programar máquinas, mesmo máquinas equipadas com sofisticada inteligência artificial, para resolver conflitos havidos em sociedades plurais, nas quais muitos dos valores tocados pelos direitos que as orientam – transformando-os, como no toque de Midas, em direitos[85] – se encontram dispostos sem qualquer hierarquia rígida, bem como, b) o desafio de justificar as escolhas realizadas.[86] Indaga-se, ademais, c) se dispositivos automatizados, com ou sem capacidade de julgamento autônomo, serão capazes de administrar os conflitos sem recorrer a soluções discriminadoras. E, claro, são conhecidas as teses que apontam d) o fim da privacidade, uma vez que a suposição do funcionamento do modelo algorítmico pressupõe sua

---

[84] ANEESH, Aneesh. Technologically coded authority: the post-industrial decline in the bureaucratic hierarchies, 2002. Disponível em: https://www.semanticscholar.org/paper/Technologically-Coded-Authority%3A-The-Decline-in-Aneesh/9455244cad543ea65e7d808 9f73446024be9b2fa#paper-header. Acesso em: 15 fev. 2022.

[85] POSCHER, Ralf. The hand of Midas: when concepts turn legal, or deflating the Hart-Dworkin debate. *In*: HAGE, Jaap; PFORDTEN, Dietmar (Orgs.). *Concepts in Law*. Dodrecht: Springer, 2009 *apud* ARNT RAMOS, André. *Segurança jurídica e indeterminação normativa deliberada*: elementos para uma teoria do direito (civil) contemporâneo. Curitiba: Juruá, 2021.

[86] LUZZATI, Claudio. *Del giurista interprete. Linguaggio, tecniche, dottrine*. Torino: Giappichelli, 2016.

violação sistemática[87] e e) o risco de atrofia moral derivado da sujeição das pessoas a decisões utilitaristas / tecnocráticas.

A doutrina que está sendo tratada não esconde as fraquezas presentes no modelo que propõe. Ainda assim segue adiante, impulsionada pela confiança no progresso tecnológico derivado da conectividade, do aprimoramento dos algoritmos e da sofisticação dos procedimentos no processamento de dados e no *profiling*, defendendo que os problemas denunciados serão resolvidos em breve.[88]

Se é verdade que o mínimo está no mais, o que é válido em termos de regulação pública *a fortiori* também se aplicará ao nível da regulação privada. Assim como a legislatura, portanto, as partes poderão decidir sujeitar seus negócios jurídicos às microdiretivas. Se observado o contrato como uma espécie de compromisso que alberga questões correlatas à completude/incompletude de seu conteúdo, aos custos de negociação e, ainda, à posse/coleta de informações, o uso de microdiretivas parece capaz de lidar com todas as três dimensões de incertezas citadas. As partes devem, de fato, concordar, unicamente, com o resultado que queiram alcançar por meio do contrato e, ainda, com a divisão do *surplus* cooperativo a ser produzido, delegando às *máquinas* a tarefa de definir termos e cláusulas contratuais, integrar o conteúdo do negócio, ajustar a conduta devida a depender das circunstâncias emergentes. e assim por diante.[89]

Aqui, distanciando-se da abstração impregnada à legislação estatal – ou à supranacional, que transborda os limites geopolíticos afetos à noção de estado-nação –, as microdiretivas serão capazes de somar as vantagens dos *standards* jurídicos, leia-se, baixos custos de informação e negociação, com os melhores atributos das regras: sua certeza e conteúdo posto *ex ante*.

Sugere-se que o uso conjunto de tecnologias preditivas combinadas com o *Big Data* e o *deep learning* permitirá atualizar o contrato – leia-se, seu clausulado –, mormente, quando se trate de contratos de execução diferida ou de trato sucessivo, o que ocorreria em *tempo real*.

---

[87] RODOTÀ, Stefano. Controllo e privacy nella vita quotidiana. *Trecanni*, Roma, 11 mar. 2009. Disponível em: https://www.treccani.it/enciclopedia/controllo-e-privacy-della-vita-quotidiana_%28XXI-Secolo%29/. Acesso em: 4 ago. 2021.

[88] DOMINGOS, Pedro. *L'algoritmo definitivo. La macchina che impara da solo e i confini del nostro mondo*. Torino: Bollati Boringhieri, 2016.

[89] Os limites formais que circundam este artigo impedem avançar na discussão que busca perquirir se o regramento algoritimicamente delineado se deixará balizar por alguma dimensão ética não utilitarista. Sobre o tema, v. CAUMONT, Arturo. Por uma teoria ética do contrato. *Revista Eletrônica Direito e Sociedade*, Canoas, v. 8, n. 1, p. 91-101, abr. 2020.

É claro que isso pressuporia questionável monitoramento a ser instrumentalizado por distintos sensores, incluídos aqui os biométricos. Eles teriam por função mapear o contexto que alberga tanto contrato como, especialmente, o comportamento dos contratantes dentro e fora dos limites negocialmente delineados, controle que se revela deveras problemático como pode se intuir. Aqui emerge, ainda, outro problema: o do tempo do contrato, em tese superável mediante aceitação prévia das eventuais, futuras e não antecipáveis modificações do clausulado.

Admitida a sua utilização, entretanto, uma vez delineados os objetivos comuns perseguidos pelos contratantes, eles serão informados acerca das condutas mais funcionais para a realização de seus interesses, bem como das formas mais adequadas de divisão do excedente, sendo oportunizado, parece razoável anotar o cumprimento automatizado das prestações, ao menos, quando isso se revele factível.

Além disso, se o cenário inicial mudar repentinamente, os dispositivos eletrônicos poderão recalibrar o conteúdo das prestações, comunicando, instantaneamente, às partes, que serão obrigadas a seguir o *novo programa contratual*, sujeitando-se à responsabilização.

Aqui surge interessante questão, pois, na medida em que o algoritmo atuaria em perspectiva prodrômica, alterando os termos do contrato sem a ingerência das partes sujeitadas aos termos do negócio, impossível não sentir forte incômodo conceitual, afinal os contratos *de condução autônoma*, na verdade são, ao mesmo tempo, a) contratos incompletos, nos quais aspectos ligados tanto ao tempo como ao modo de cumprimento restam sujeitos ao *humor algorítmico* e, b) altamente completos, pois, as partes acordaram em restringir sua conduta a comandos editados por códigos em tese aptos a ditarem o conteúdo do contrato consoante o exija qualquer cenário que abrigue ou envolva o negócio enquanto fenômeno socioeconômico.[90]

Isso torna praticamente inútil qualquer tipo de disciplina que busque regular o contrato, incluída aqui a relativa às patologias atadas à violação de deveres. Os contratos de condução autônoma, de fato, não podem apresentar riscos de discrepâncias entre o desejado e o declarado, afinal se as partes tivessem se confundido durante a formação do contrato, o algoritmo perceberia e, instantaneamente, as alertaria ou retificaria o erro. Coisas semelhantes poderiam ser ditas em hipóteses de

---

[90] COULON, Fabiano Koff. Relações contratuais assimétricas e a proteção do contratante economicamente mais fraco: análise a partir do direito empresarial brasileiro, *Revista de Direito da Empresa e dos Negócios*, Porto Alegre, v. 2, n. 1, p. 1-16, jan./jun. 2018.

violência, não apenas física: sensores biométricos captariam as intenções maliciosas de uma parte, buscando dissuadi-la de pô-las em prática. Se não houvesse sucesso, a contraparte seria informada e convidada a desistir do acordo. No limite, qualquer relevância prática de uma *teoria da validade* perderia sua razão de ser.

De outra banda, o objeto[91] dos referidos contratos deve ser qualificado como determinável, a despeito de o conteúdo[92] do negócio pactuado no campo fenomênico não ser conhecido pelos contratantes, ao menos em muitos casos, de antemão. Em tais ocasiões, mesmo que o custo da contratação seja excessivamente alto, a delegação ao algoritmo em relação a sua determinação, realizada no momento da contratação, será válida a partir de presunção *iuris et de iure* da existência de *potencial* vontade de aceitar qualquer conclusão que o algoritmo alcance a esse respeito.

É claro que não se pode descartar eventual patologia afeta a problemas no algoritmo, de ordem intrínseca ou extrínseca, imagem que evoca e retroalimenta os contornos teóricos delineadores dos limites e possibilidades afetos à perturbação das prestações. Isso, mesmo quando em princípio deva se pensar o algoritmo como um mecanismo de controle das ocorrências e, nestes termos, uma estrutura que afastaria os perigos de resolução do contrato ligados à impossibilidade de desempenho da prestação e ao não cumprimento imputável.

Um contrato de condução autônoma, ao antecipar minimamente cada negócio pactuado e mapear as mudanças de cenário que sugiram alteração de curso, deve ser apto a indicar *a melhor solução possível* para cada situação que o exija. Sob tal prisma, o não cumprimento é escolha inexplicável – um retrocesso em relação à decisão de finalizar o acordo – e, ainda, injustificável, pois, uma vez postos em movimento, referidos contratos pressupõem que todas as variáveis tenham sido previamente calculadas e, nessa esteira, que tenham sido enfrentadas todas as razões que levariam uma das partes a não cumprir o acordo antes da codificação da solução algorítmica mais adequada ao interesse comum dos contratantes.

---

[91] BIERMANN, Bruno Caprile. El objeto de los actos jurídicos. *In:* ESPINOSA, Fabricio Mantilla; BARRIOS, Francisco Ternera (Dir.). *Los contratos en el derecho privado*. Bogotá: Legis, 2007, p. 140-141. "El objeto del contrato son los derechos y obligaciones que el contrato crea [...] modifica o extingue".

[92] MARINO, Francisco Paulo de Crescenzo. *Interpretação do negócio jurídico*. São Paulo: Saraiva, 2011, p. 40. Por conteúdo do contrato, entenda-se, "a formulação, a regra que estabelece ou estatuí" os poderes e deveres negocialmente enunciados no contrato.

É claro que tudo isso exige ter na alça de mira um sistema ideal, isento de falhas e verdadeiramente apto a) a antecipar todas as possibilidades minimamente factíveis no contexto de cada relação negocial algoritmicamente arquitetada, b) compreender, melhor que eles mesmos, quem são os contratantes e, ainda, c) imune a *bugs* e (ou) ataques externos, algo que parece deveras distante do tempo presente. Observe-se, a partir daí, que a *perfeição* também tem seus próprios custos, e eles não são apenas de ordem econômica.

Um contrato adaptado às partes precisará *saber* tudo sobre indivíduos cuja conduta e interesses irá vestir sob a forma de cláusulas contratuais. Isso, como outrora assumido, significará a morte da privacidade, aqui significada como o direito de ser deixado a só, protegido do olhar do *big brother*. Sem dados confidenciais, sem informações sobre tudo o que uma pessoa disse e fez, mesmo em um passado distante, seria bastante difícil para o algoritmo construir o melhor cenário normativo possível.[93]

É preciso identificar, ainda, que além das informações pessoais, a *máquina* precisará de dados científicos, médicos, urbanísticos, arquitetônicos etc. que *considere* úteis para alcançar o resultado que as partes confiaram à máquina e a seus códigos binários ultrassofisticados no momento da estipulação; dados que, evidentemente, poderão provocar um curto-circuito entre os interesses dos contratantes e a inteligência da máquina, situação a ser remediada com recurso à *strawberry rule*.[94]

Oportuno lembrar a propósito da problemática aventada que celebrar um contrato e, portanto, exercer liberdades contratuais, é uma questão de opinião, não de ciência; de desejo, não de verdade. As partes decidem, espontaneamente, formar um acordo contratual. Eles concordarão com um propósito geral, estabelecerão a distribuição de benefícios e perdas, legando ao algoritmo encontrar a melhor maneira

---

[93] SUMPTER, David. *Dominados pelos números*: do Facebook e Google às *fake news*, os algoritimos que controlam nossa vida. Tradução de Anna Maria Sotero; Marcello Neto. Bertrand Brasil: Rio de Janeiro, 2019. O autor mostra que mediante o *profiling* é possível o mapeamento de mais de 100 dimensões humanas.

[94] HARARI, Yuval Noah. You can vote. But you can't choose what is true. *The New York Times*, New York, 3 feb. 2020. Opinion. Disponível em https://www.nytimes.com/2020/02/03/opinion/harari-democracy-elections.html. Acesso em: 4 ago. 2021. Harari fala de *strawberry rule* com respeito a essa piada: um chefe comunista fala com um grupo de trabalhadores dizendo que uma vez que a revolução fosse alcançada, todos poderiam comer morango; um dos trabalhadores respondeu que ele não gostava de morango; ouvindo isso, o chefe comunista falou, com voz cheia de raiva, que quando a revolução fosse realizada ele deveria adorar comer morango.

de fazê-lo. Neste ponto, porém, imaginando que as conclusões do algoritmo possam estar de acordo com indicações das partes, mas conflitarem com achados científicos, resta indagar que interesse deverá prevalecer: o das partes ou o da *verdade científica*?

Dada a natureza *ontologicamente* conservadora dos algoritmos, a questão parece retórica, mas seu oposto parece ecoar como o sino da morte para a liberdade contratual, mormente quando se pressupõe que o algoritmo oferecerá a resposta mais racional no contexto fenomênico, resposta, aliás, que poderá ser contrária aos interesses dos contratantes. No entanto, deixar que a *Ciência* estabeleça o que as partes devam contratar é resposta que parece emergir como via ao totalitarismo, um caminho que conduziria todos a gostarem de morangos.

Por outro lado, não se pode ignorar que em um sem número de situações prospectadas haverá vulnerabilidades latentes[95] e, aqui, talvez deva existir uma recomendação algorítmica prévia, normativamente calibrada, que impeça a formação do contrato. Tal intervenção valorizaria a liberdade ao enaltecer a sua dimensão negativa, afinal a autonomia privada engloba, também, o poder de não contratar.

Última objeção. Embora não exista legislação supranacional compartilhada até o momento a regulamentar tecnologias como as envolvidas por este texto, não se pode ignorar as muitas propostas e projetos regulatórios existentes.[96] Dentre eles: a) os *Princípios Asilomar AI*, desenvolvidos sob a esperança do Instituto Futuro da Vida, b) a *Declaração de Montreal para AI Responsável*, c) os *Princípios Gerais* para uma IA, com curadoria de mais de 250 estudiosos, publicados, em sua segunda versão, em dezembro de 2017, d) os *Princípios éticos sobre IA, robótica e sistemas automatizados*, criado pelo grupo que trata da ética da ciência e das novas tecnologias, publicado pela Comissão Europeia aos 21 de março de 2020 e, finalmente, e) o artigo sobre *Cinco Princípios Gerais para governar a IA*, apresentado no relatório da Câmara dos Lordes britânica sobre inteligência artificial, publicado em abril de 2018.

Referidos documentos são conotados por uma abordagem ética fundamental, que busca garantir a convivência entre os benefícios das novas tecnologias e o respeito aos direitos dos indivíduos, integrando grande número de princípios – quarenta e quatro –, os quais, aliás,

---

[95] CATALAN, Marcos. Uma ligeira reflexão acerca da hipervulnerabilidade dos consumidores no Brasil. In: DANUZZO, Ricardo Sebastián (Org.). *Derecho de daños y contratos*: desafíos frente a las problemáticas del siglo XXI. Resistencia: Contexto, 2019, v. 1, p. 35-50.

[96] COWLS, Josh; FLORIDI, Luciano. A unified framework of five principles for AI in Society. *Harvard Data Science Review*, Cambridge, v. 1, n. 1, [s. p.], 2019.

muitas vezes se sobrepõem e, por isso, segundo a doutrina especializada, podem ser reduzidos a cinco, quatro dos quais são análogos àqueles que regem a bioética e, o último, desenvolvido, especificamente, com referência à inteligência artificial:[97]

a) o *princípio da garantia do bem-estar social*, que orientaria a IA – ou melhor, seus programadores e titulares da tecnologia – à promoção do bem-estar individual e coletivo, à proteção da dignidade das pessoas e ao uso ambientalmente sustentável;
b) o *princípio da justiça*, a partir do qual a inteligência artificial deve ser programada de forma a garantir a eficiência econômica e a solidariedade social;[98]
c) o *princípio da autonomia*, destinado a proteger os usuários por meio do fomento à autodeterminação em relação às decisões que possam envolver uma IA. Referido princípio atuaria nas duas formas de metapoder de escolha, o poder de decidir a quem delegar a decisão cujos efeitos poderiam recair sobre si – e sobre terceiros – e o poder, permanente, de revogar a delegação à ação da IA;
d) o *princípio da não ofensividade*, destinado a proteger a privacidade, a segurança pessoal, impondo cautela no uso da IA; e, finalmente,
e) o *princípio da explicação*, que é o pano de fundo dos quatro princípios anteriormente descritos e visa garantir transparência e compreensão em relação ao uso de sistemas de inteligência artificial.

Uma comparação rápida parece suficiente a demonstrar como os contratos aqui pensados parecem estar em conflito com todos os princípios mencionados, particularmente com os princípios que prescrevem a proteção da privacidade e o respeito ao direito de autodeterminação, estruturas semântico-normativas cuja negação parece formar a base conceitual dos contratos algorítmicos.

Resta saber o grau de compatibilidade entre as três formas diferentes de negociação algorítmica examinadas outrora com os critérios considerados representativos pela doutrina clássica do contrato.[99]

---

[97] COWLS, Josh; FLORIDI, Luciano. A unified framework of five principles for AI in Society. *Harvard Data Science Review*, Cambridge, v. 1, n. 1, [s. p.], 2019.
[98] *Id.* Resta nítida a vertente utilitarista utilizada na *explicação* da ideia de justiça. Prefere-se a ideia esboçada em: DERRIDA, Jacques. *Força de lei*. Tradução de Leyla Perrone-Moisés. São Paulo: Martins Fontes, 2010.
[99] RADIN, Margaret Jane. The deformation of contract in the information society. *Law & Economics Working Papers*, Ann Arbor, n. 124, [s. p.], 2017, p. 5. Aqui os critérios a respeito

O primeiro, relativo ao estabelecimento de relações de capital jurídico entre entidades determinadas, é respeitado pelo modelo algorítmico fraco, por contratos de condução autônoma e por negociações algorítmicas difíceis, nas quais máquina é programada para pactuar negócios mesmo que desconheça os usuários. Igualmente, todas as três formas de negociação algorítmica parecem respeitar o segundo critério, relacionado à avaliação da capacidade de agir e, portanto, de negociar, mesmo porque, dada a estrutura das três figuras contratuais, seu uso por pessoa incapaz parece improvável quando se tem em mente a configuração da incapacidade civil projetada pela Convenção de Nova Iorque.

Pode haver problema, entretanto, quando se perquire o grau de autonomia e liberdade exigidos para a celebração de um contrato válido, pois se a autonomia não parece diferir nas duas primeiras hipóteses – nas quais as partes optam por entrar no contrato usando algoritmos –, no terceiro, o contexto parece ser distinto ante o império da máquina em cada aspecto afeto à operação contratual, na medida em que, nesse caso, o algoritmo decide "se", "quem", "o quê" e o "como" da contratação.

A seu turno, no que se refere ao julgamento da compatibilidade entre esses acordos contratuais e o sistema jurídico, seria melhor realizar uma avaliação caso a caso, uma vez que a resposta pode variar a depender do sistema jurídico referido. Sua novidade, a influência exercida pelo contexto sociojurídico em que viu a luz e o contraste com as regras de proteção à privacidade na Europa – ou, em países como Argentina, Brasil ou Israel – pode pesar em seu (des)favor. Isso também se reflete na avaliação do quinto critério, relativo à aplicabilidade da disciplina existente a esses fenômenos contratuais, a fim de estabelecer a sua validade. Mais uma vez, a resposta será positiva nos contratos algorítmicos fracos e fortes, e negativa, nos contratos de autocondução, os quais, como demonstrado, demandam radical desarticulação do direito contratual atualmente conhecido.

Quanto ao sexto critério, relativo à possibilidade de obtenção de tutela judicial se e quando o negócio se revelar defeituoso ou por

---

dos quais está vinculado o julgamento de conformidade com a doutrina clássica do contrato: 1. Estabelecimento de relações jurídicas entre sujeitos específicos em um contexto de livre comércio, 2. Que tais partes sejam pessoas físicas ou jurídicas com capacidade de agir, 3. Que o acordo entre as partes resulta do exercício da livre autonomia de ambas, 4. Que este acordo é válido à luz da legislação vigente, 5. Que ao utilizá-lo se possa estabelecer se o contrato foi validamente constituído e qual o seu conteúdo, 6. Que, no caso de patologia negocial, a(s) parte(s) presumidamente prejudicada(s) tem(êm) o direito de executar os recursos previstos para sua proteção, e, 7. Que as instituições públicas têm autoridade e eficácia o suficiente para que os particulares confiem em seu trabalho.

algum outro motivo, deve-se dizer que se o acordo apresentar alguma patologia ou provar-se fonte de perdas para uma das partes, esta poderá recorrer aos meios processualmente disponibilizados na proteção das posições jurídicas asseguradas nos dois primeiros desenhos visualizados. Uma vez mais, os contratos de condução autônoma terão história própria, pois sendo *ontologicamente* programados para não falharem e, portanto, para não se sujeitarem ao tratamento externo de patologias ou de responsabilidades afetas ao seu não cumprimento, em tese seria impossível às partes escaparem ao constrangimento normativo e fenomênico que eles impõem.

Finalmente, os contratos de autocondução – ao contrário das outras duas formas de negociação algorítmica – parecem ser totalmente indiferentes ao sétimo e último critério esboçado pela literatura jurídica, pois a confiança depositada no contrato, em verdade, é confiança focada na infalibilidade da técnica e, em boa medida, na primazia da tecnocracia em detrimento do direito.

Saliente-se, antes de descerrar as portas desta seção, que as diferentes formas de negociação algorítmica, tanto no que diz respeito às existentes na fenomenologia dos atos de comércio como as que por ora não passam de produto de ficção científica[100] possuem aspectos que justificam a intervenção do legislativo.

É claro que a intensidade da desejada influência não parece ser a mesma para todos os três tipos de contratos examinados, isso porque, embora difícil, as duas primeiras poderiam ser administradas pelo arcabouço teórico e normativo tradicional emoldurado pelo direito contratual, sendo, portanto, qualificadas como *novos casos*. Ela seria, eventualmente, colorida de forma singular e com cores pinçadas das paletas tradicionais.

Os contratos *self-driving*, ao contrário, representam fenômeno cujas peculiaridades parecem afetar a maneira de pensar sua ordenação, seus elementos e funcionamento, bem como a cultura dogmática, semântica e hermenêutica que os envolve é por eles envolvida. É muito provável que o leitor que alcance esta passagem do texto tenha se nauseado com a dificuldade de pensar as ferramentas e técnicas necessárias a tratar esse *dado da realidade* deveras factível ante a ausência de *padrões de pensamento* apropriados a sua tradução, tanto na *episteme* como na *doxa*.

---

[100] PORAT, Ariel; STRAHILEVITZ, Lior. Personalizing default rules and disclosure with big data. *Michigan Law Review*, Ann Arbor, v. 112, p. 1417-1478, 2014.

6 Tecnologia, democracia, direitos: notas conclusivas

Após o surgimento da Internet, a Unesco convocou jovens cientistas para discutirem e apresentarem suas conclusões em relação ao novo meio. Entre eles estavam aqueles que sugeriram a necessidade de preparar, a nível internacional, uma constelação de regras comuns para que o fenômeno pudesse ser regulado, na época, ainda substancialmente desconhecido, mas que sugeria potenciais desenvolvimentos.[101] A sugestão não foi particularmente seguida. A Internet, interpretada mais como um meio que como técnica – supostamente, *fria e neutra* – a serviço da humanidade, ficou, assim, livre para crescer, sem limites, tornando-se uma espécie de "mundo em seu próprio direito", capaz de encapsular, analisar, transformar e produzir realidade. A utopia ultralibertária fundida a suas origens foi substituída por uma infinidade de distopias digitais liliputianas. O livre mercado de comunicações e ideias, em que a livre troca de pensamentos, informações e imagens era tomada como garantia de controle da veracidade e correção das opiniões dos outros, acabou por ser nada mais do que uma ilusão.[102]

A ideologia da desintermediação, com seu desprezo pelo papel das instituições democráticas, pelos órgãos intermediários, pelas competências, encontrou na dinâmica pseudo-igualitária da Rede farto alimento, dando, entre os vários dons a serem gratos, os nascimentos desse novo estilo político, o "populismo digital", municiando os *hooligans* da democracia eletrônica. A realidade, como é sabido, é algo completamente diferente do que fora prometido há vinte anos.

A Rede não é a terra prometida *onde* não há mais mestres ou escravos; é mais como um Velho Oeste. Nela, quem atira primeiro – as grandes corporações digitais – vence, saqueia *os dados* que pode – dados que, usualmente, parecem ser muitos – e, escapa antes que o *Xerife* aja. A história das últimas décadas aí está para confirmar, dentre outras coisas, como aqueles que deveriam intervir preferem, por várias razões, voltar sua atenção para outro lugar. A consequência dessa miopia política é que hoje os gigantes da *web* adquiriram poder que nenhum Estado, sozinho, consegue enfrentar.[103]

---

[101] SGOBBA, Antonio. *Il paradosso dell'ignoranza da Socrate a Google*. Milano: Il Saggiatore, 2018.

[102] ZUBOFF, Shoshana. *The age of surveillance capitalism:* the fight for a human future at the new frontier of power. New York: PublicAffairs, 2019.

[103] KHAN, Lina, Source of tech platform power. *Gergetown Law Technology Review*, Washington, n. 2.2., p. 325-335, 2018.

Os últimos acontecimentos dão muitas provas disso;[104] o Estado, em vez de lutar, optou por negociar, agindo, como se isso fosse possível, de forma *não política* em questões tecnológicas, pois, a inércia legislativa apenas agrava o fardo do jurista que deve intervir, com as ferramentas que tem a sua disposição, para compensar o vácuo de regulação que favorece poderes privados digitais predatórios escondidos sob o manto retórico da autonomia privada.[105]

Um jurista que não ignore a sua responsabilidade buscará impedir que o Direito se sujeite aos ditames tecnológicos. Como ferramenta valiosa para a ajuda prática, as categorias conceituais devem ser repensadas para que possam dar conta da disrupção iminente na seara contratual. Embora referida tarefa seja digna dos esforços de Héracles, ela não é impossível. Certamente exige deixar a *sala de eco* e, a partir daí, ter coragem para atualizar o próprio método,[106] buscando, quiçá na interdisciplinaridade, no pensamento complexo e na hermenêutica as ferramentas que permitirão elaborar respostas somente após a identificação e escorreita decodificação das perguntas; um caminho novo, não uma heresia a ser condenada.[107]

Observar o surgimento de novos poderes digitais com as lentes da inevitabilidade parece oferecer legitimidade e inevitabilidade *quase naturais*, quando, em verdade, derivam das (in)decisões dos seres humanos, em particular daqueles que, em papéis políticos importantes, não foram capazes de impedir a deriva. O problema, reforce-se aqui, não é o avanço ou disrupção da técnica, é o *mal* uso dado a ela.[108] A inação, entretanto, retroalimenta a crise de soberania que aflige o Estado, reflexo permanente da crise da política que fagocita a democracia enquanto cose a teias da tecnocracia.

---

[104] Nos últimos dois anos, potencializadas pela pandemia – ainda que tais dinâmicas se encontrem em movimento há algum tempo – viu-se, por exemplo, o aumento do uso, público e privado, de dispositivos de vigilância. Viu-se, ainda, o isolamento, o aumento do consumo de produtos adquiridos por meio de aplicativos e plataformas *online*. Viu-se ainda a explosão de *fake news*, com a consequente deterioração da qualidade das nossas democracias. E seria possível continuar ...

[105] FERRAJOLI, Luigi. Principio di legalità e diritto civile. *Europa e Diritto Privato*, Milano, n. 3, p. 655-688, 2005. Fundamental sobre o assunto è a leitura de KHAN, Lina. Amazon's antitrust paradox. *Yale Law Journal*, New Haven, n. 126, p. 710-805, 2017.

[106] JORI, Mario. *Il metodo giuridico tra scienza e politica*. Milano: Giuffrè, 1976. SCARPELLI, Uberto. Il metodo giuridico. *Rivista di Diritto Processuale*, Padova, v. 26, p. 553-574, 1971.

[107] MESSINETTI, Davide. Sapere complesso e tecniche giuridiche rimediali. *Europa e Diritto Privato*, Milano, n. 3, p. 605-630, 2005.

[108] ZUBOFF, Shoshana. *The age of surveillance capitalism:* the fight for a human future at the new frontier of power. New York: PublicAffairs, 2019.

Não se deseja, outrossim, transmitir a ideia de que a Internet é a mais nova forma de representação de *Mefisto*; as vantagens em termos de comunicação, disponibilidade de conhecimento, inovação industrial são apenas algumas de suas possibilidades a demonstrarem o contrário. Só se busca enfatizar que, na contemporaneidade, a tirania não precisa mais de guerras ou revoluções para se afirmar.[109]

Entender o Direito usando as regras que movimentam os mercados digitais resultará em custos muito elevados para os direitos e liberdades dos cidadãos. A atividade de perfil sistemático – *microtargeting* – realizada pelas plataformas digitais de vigilância para fins comerciais próprios, utilizada pelo Legislativo como ferramenta de regulação da conduta individual – *narrowcasting*, indutivo da morte do contexto social – a fim de valorizar as peculiaridades dos casos individuais, poderia, por exemplo, suprimir distintas formas de pluralidade, afetando a eficiência do sistema que perderia em dinamismo e diversidade. E isso se refletiria na negociação privada contra a qual, uma vez que o modelo *algocrático* opera, os indivíduos acabariam tendo os mesmos interesses, lançados, necessariamente, em uma vala comum cheia da lama totalitária.

Em tal ambiente e naquilo que interessa mais de perto a esta pesquisa, a informatização e suas sofisticadas variantes permitem acordos firmados por conta própria, decidindo o conteúdo e promovendo a autoexecução de pactos que podem eclodir contra os interesses dos contratantes.[110]

A *ofensa* a direitos contidos nos úteros da liberdade e da autonomia privada ulula. Combinar tecnologia e cidadania pressupõe o fortalecimento das garantias, primárias e secundárias,[111] na tutela

---

[109] SOUZA, Joyce; AVELINO, Rodolfo; SILVEIRA, Sérgio Amadeu (Org.). *A sociedade de controle*: manipulação e modulação nas redes digitais. São Paulo: Hedra, 2018.

[110] SCHOLZ, Lauren Henry. Algorithmic contracts. *Stanford Technology Law Review*, Stanford, v. 20, n. 2, p. 128-169, 2017.

[111] CALABRESI, Guido; MELAMED, Douglas. Property rules, liability rules and inalienability: one view of Cathedral. *Harvard Law Review*, Cambridge, v. 85, n. 6, p. 1089-1128, apr. 1972. Garantias primárias são os direitos que visam a obter – diretamente – a execução satisfatória do conteúdo do próprio direito; garantias secundárias, o conjunto de mecanismos institucionais que operam, subordinada e opcionalmente, quando as garantias primárias são violadas ou não implementadas. Pode-se dizer que, seguindo o esquema de Calabresi e Melamed, as garantias primárias são constituídas por 'regras de propriedade' e as secundárias por 'regras de responsabilidade'. No entanto, dado o tipo de direitos e interesses que as tecnologias contratuais algorítmicas podem vir a minar, o sistema de reparação bipartido aqui descrito precisaria ser aperfeiçoado incorporando, também, 'regras de inalienabilidade'. Pode-se objetar com o argumento que propõe que toda forma de paternalismo representa a subtração de uma porção de liberdade. Mas a liberdade de decidir delegar a

de direitos individuais e coletivos. A atenção aos direitos e o respeito às pré-condições sociais e culturais para que um regime democrático possa seguir seu curso parece ser a melhor premissa para estabelecer um discurso sobre a regulação de novas tecnologias.

Auxiliando o Legislativo, utopicamente global, no cumprimento de tarefa nada fácil, o jurista não pode furtar-se a dar a sua contribuição, fornecendo os conhecimentos e ferramentas conceituais que considere adequados no enfrentamento dos desafios postos pelos novos poderes digitais, afinal o Estado de Direito deve ser salvaguardado por todos e somente assim as pessoas poderão viver livremente, *sub-algoritmo* ou *sub lege*.[112]

Referências

ADORNO, Theodor. Mensagens numa garrafa. In: ŽIŽEK, Slavoj (Org.). *Um mapa da ideologia*. Tradução de Vera Ribeiro. Rio de Janeiro: Contraponto, 2010.

ALLEN, Tom; WIDDISON, Robin. Can computer make contracts?. *Harvard Journal of Law & Technology*, Cambridge, v. 9, n. 1, p. 26-52, 1996.

AMATO, Claudio; CATALAN, Marcos. Una piccola riflessione intorno all'ipervulnerabilità del consumatore nel diritto brasiliano. *Le Corti Umbre*, Napoli, v. 8, p. 288-303, 2020.

ANEESH, Aneesh. Technologically coded authority: the post-industrial decline in the bureaucratic hierarchies, 2002. Disponível em: https://www.semanticscholar.org/paper/Technologically-Coded-Authority%3A-The-Decline-in-Aneesh/9455244cad543ea65e7d8089f73446024be9b2fa#paper-header. Acesso em: 15 fev. 2022.

ARNT RAMOS, André. *Segurança jurídica e indeterminação normativa deliberada*: elementos para uma teoria do direito (civil) contemporâneo. Curitiba: Juruá, 2021.

AZEVEDO, Antônio Junqueira. *Negócio jurídico*: existência, validade e eficácia. São Paulo: Saraiva, 2002.

BARBOSA, Alexandre. LGPD e a teoria do caos: reflexões a partir do pensamento vivo de Ricardo Aronne. In: CATALAN, Marcos; ROCHA, Mariângela Guerreiro Milhoranza da; PEREIRA, Gustavo Oliveira de Lima (Org.). *O caos no discurso jurídico*: uma homenagem a Ricardo Aronne. Londrina: Thoth, 2021.

BARNETT, Randy. Contract is not a promise, contract is consent. In: KLASS, Gregory; LETSAS, George; SAPRAI, Prince (Ed.). *Philosophical foundations of contract law*. Oxford: Oxford, 2014.

BAUDRILLARD, Jean. *O sistema dos objetos*. Tradução de Zulmira Ribeiro Tavares. São Paulo: Perspectiva, 2006.

---

execução de determinadas tarefas às máquinas encontra um limite ao seu exercício quando se alcança o ponto de eliminar o pressuposto que justificava a sua atribuição.

[112] MENGONI, Luigi. *Ermeneutica e dogmatica giuridica*: saggi, Milano: Giuffrè, 1996.

BAUDRILLARD, Jean. *A sociedade de consumo*. Tradução de Artur Mourão. Lisboa, Portugal: Ed. 70, 2008.

BENEDETTI, Alberto Maria, Contratto, algoritmi e diritto civile transnazionale: cinque questioni e due scenari. *Rivista di Diritto Civile*, Padova, n. 3, p. 411-426, 2021.

BIERMANN, Bruno Caprile. El objeto de los actos jurídicos. *In*: ESPINOSA, Fabricio Mantilla; BARRIOS, Francisco Ternera (Dir.). *Los contratos en el derecho privado*. Bogotá: Legis, 2007.

BOBBIO, Norberto. *Teoria da norma jurídica*. 2. ed. Tradução de Fernando Pavan Baptista e Ariani Bueno Sudatti. Bauru: EDIPRO, 2003.

BOSTROM, Nick. *Superinteligência*: caminhos, perigos e estratégias para um novo mundo. Tradução de Aurélio Antônio Monteiro *et al*. Rio de Janeiro: Darkside, 2018.

CALABRESI, Guido; MELAMED, Douglas. Property rules, liability rules and inalienability: one view of Cathedral. *Harvard Law Review*, Cambridge, v. 85, n. 6, p. 1089-1128, apr. 1972.

CAORSI, Juan Benítez. *Solidaridad contractual*: noción posmoderna del contrato. Madrid: UBIJUS, 2013.

CASEY, Anthony; NIBLETT, Anthony. Self-driving laws. *University of Toronto Law Journal*, Toronto, v. 66, p. 429-442, 2016.

CASEY, Anthony; NIBLETT, Anthony. Self-driving contracts. *Journal of Corporation Law*, Iowa City, v. 43, n. 2, p. 1-33, 2017.

CASEY, Anthony; NIBLETT, Anthony. The death of rules and standards. *Indiana Law Journal*, Indianápolis, v. 92, n. 4, p. 1401-1447, 2017.

CATALAN, Marcos. *A morte da culpa na responsabilidade contratual*. 2. ed. Indaiatuba: Foco, 2019.

CATALAN, Marcos. Inteligências artificialmente moldadas e a necessária proteção do consumidor no direito brasileiro: singelas rubricas inspiradas em Janus. *In*: CATALAN, Marcos, ROCHA, Mariângela Guerreiro Milhoranza da; PEREIRA, Gustavo Oliveira de Lima (Org.). *O caos no discurso jurídico*: uma homenagem a Ricardo Aronne. Londrina: Thoth, 2021.

CATALAN, Marcos. Uma ligeira reflexão acerca da hipervulnerabilidade dos consumidores no Brasil. *In*: DANUZZO, Ricardo Sebastián (Org.). *Derecho de daños y contratos*: desafíos frente a las problemáticas del siglo XXI. Resistencia: Contexto, 2019, v. 1.

CAUMONT, Arturo. *Doctrina general del contrato*. Proposiciones teoricas de innovacion. Montevideo: La Ley, 2014.

CAUMONT, Arturo. Por uma teoria ética do contrato. *Revista Eletrônica Direito e Sociedade*, Canoas, v. 8, n. 1, p. 91-101, abr. 2020.

CERKA, Paulius; GRIGIENE, Jurgita; SIRBIKYTE, Gintare. Liability for damages caused by artificial intelligence. *Computer Law & Security Review*, [s. l.], n. 31, p. 376-389, 2015.

COULON, Fabiano Koff. Relações contratuais assimétricas e a proteção do contratante economicamente mais fraco: análise a partir do direito empresarial brasileiro, *Revista de Direito da Empresa e dos Negócios*, Porto Alegre, v. 2, n. 1, p. 1-16, jan./jun. 2018.

COWLS, Josh; FLORIDI, Luciano. A unified framework of five principles for AI in Society. *Harvard Data Science Review*, Cambridge, v. 1, n. 1, [s. p.], 2019.

CRESCIMENTO do *e-commerce* brasileiro: relatório 2022. Mindtek, 2022. Disponível em https://www.mindtek.com.br/2022/02/panorama-do-crescimento-do-e-commerce-mundial-e-brasileiro-em-2021/#:~:text=O%20faturamento%20do%20com%C3%A9rcio%20eletr%C3%B4nico,ao%20Business%20Intelligence%20(BI). Acesso em: 24 fev. 2022.

DALTON, Claire. An essay on the deconstruction of contract doctrine. *Yale Law Review*, New Haven, n. 94, p. 997-1114, 1987.

DE NOVA, Giorgio. The law which governs this agreement is the law of the republic of Italy. *Rivista di Diritto Privato*, Bari, n. 1, p. 7-17, mar. 2007.

DE NOVA, Giorgio. *Il contratto:* Dal contratto atipico al contratto alieno. Padova: CEDAM, 2011.

DERRIDA, Jacques. *Força de lei*. Tradução de Leyla Perrone-Moisés. São Paulo: Martins Fontes, 2010.

DOMINGOS, Pedro. *L'algoritmo definitivo. La macchina che impara da solo e i confini del nostro mondo*. Torino: Bollati Boringhieri, 2016.

FELIU REY, Jorge. Smart contract: conceito, ecossistema e principais questões de direito privado. *Revista Eletrônica Direito e Sociedade*, Canoas, v. 7, n. 3, p. 95-119, dez. 2019.

FEMIA, Pasquale. Desire for a text: bridling the divisional strategy of contract. *Law and Contemporary Problems*, Durham, v. 76, n. 2, p. 151-168, 2013.

FERRAJOLI, Luigi. Principio di legalità e diritto civile. *Europa e Diritto Privato*, Milano, n. 3, p. 655-688, 2005.

FORNASARI, Riccardo. Crepuscule des idoles. De la fragmentation du sujet à la fragmentation du contrat. *European Review of Private Law*, The Netherlands, n. 4, p. 785-822, 2019.

GENTILI, Aurelio. *Trattato di Diritto Commeciale*. Milano: Giuffrè, 2001, t. 27.

GERCHMANN, Suzana; CATALAN, Marcos. Duzentos anos de historicidade na ressignificação da ideia de contrato. *Revista de Direito do Consumidor*, São Paulo, v. 90, p. 191-211, 2013.

GIGLIOTTI, Fulvio. *Relazioni sociali, vincolo giuridico e motivo di cortesia*. Napoli: ESI, 2003.

GILMORE, Grant. *The death of contract*. New Haven: Ohio State University, 1974.

GÓMEZ, Carlos Ballugera. *El contrato no-contrato*. Enigma desvelado de las condiciones generales de contratación. Madrid: Colegio de Registradores de la Propiedad y Mercantiles de España. 2006.

GRONDONA, Mauro. Il contratto asimmetrico nell'armonizzazione del diritto europeo (con uno sguardo all'America latina, a partire da una riflessione di Tullio Ascarelli). *In*: LANNI, Sabrina (Cur.). *Harmonization of European and Latin-American consumer law*. Napoli: Edizioni Scientifiche Italiane, 2018.

GUCCI lança tendência curiosa com tênis virtual de US$ 12. *Tecmundo*, 27 abr. 2021. Disponível em: https://www.tecmundo.com.br/produto/216264-gucci-lanca-tendencia-curiosa-tenis-virtual-us-12.htm. Acesso em: 2 set. 2021.

HABERMAS, Jurgen. *O futuro da natureza humana*. Tradução de Karina Jannini. São Paulo: Martins Fontes, 2004.

HARARI, Yuval Noah. You can vote. But you can't choose what is true. *The New York Times*, New York, 3 feb. 2020. Opinion. Disponível em https://www.nytimes.com/2020/02/03/opinion/harari-democracy-elections.html. Acesso em: 4 ago. 2021.

HASSAN, Samer; DE FILIPPI, Primavera. The expansion of algorithmic governance: from code is law to law is code. *Field actions science reports*, [s. c.], n. 17, p. 88-90, 2017.

HOHFELD, Wesley Newcomb. Some fundamental legal conceptions as applied in judicial reasoning. *Yale Law Journal*, New Haven, v. 23, n. 1, p. 16-59, nov. 1913.

HOHFELD, Wesley Newcomb. Fundamental legal conceptions as applied in judicial reasoning. *Yale Law Journal*, New Haven, v. 26, n. 8, p. 710-770, jun. 1917.

IRTI, Natalino. L'età della decodificazione. *Revista de Direito Civil, Imobiliário, Agrário e Empresarial*, São Paulo, v. 3, n. 10, p. 15-33, out./dez. 1979.

JORI, Mario. *Il metodo giuridico tra scienza e politica*. Milano: Giuffrè, 1976.

KAHNEMAN, Daniel. *Thinking, fast and slow*. London: Penguin, 2012.

KAHNEMAN Daniel; SIBONY Olivier; SUNSTEIN Cass S. *Ruído*. Un fallo en el juicio humano. Tradução de Mielke Joaquim. Madrid: Debate, 2021.

KHAN, Lina, Source of tech platform power. *Gergetown Law Technology Review*, Washington, n. 2.2, p. 325-335, 2018.

KHAN, Lina, Amazon's antitrust paradox. *Yale Law Journal*, New Haven, n. 126, p. 710-805, 2017.

KENNEDY, Duncan. *The rise and fall of classical legal thought (1975)*, Cambridge: AFAR, 1998.

KIMMEL, Dori. *From promise to contract*: toward a liberal theory of contract. Oxford: Bloomsbury, 2003.

LEMLEY, Mark; VOLOKH Eugene. *Law, virtual reality and augmented reality*. Disponível em: https://papers.ssrn.com/sol3/papers.cfm?abstract_id=2933867. Acesso em: 29 jul. 2021.

LIMA, Cíntia Rosa Pereira de. Contratos de adesão eletrônicos (*shrink-wrap* e *click-wrap*) e termos e condições de uso (*browse-wrap*). *Revista de Direito do Consumidor*, São Paulo, a. 30, n. 133, p. 109-154, jan./fev. 2021.

LIPSHAW, Jeffrey. The persistence of "dumb" contracts. *Stanford Journal of Blockchain & Policy*, Stanford, v. 2, n. 1, p. 1-57, 2019.

LUZZATI, Claudio. *Del giurista interprete. Linguaggio, tecniche, dottrine*. Torino: Giappichelli, 2016.

MARCONI, Diego. *Il mestiere di pensare*. Torino: Einaudi, 2014.

MARINO, Francisco Paulo de Crescenzo. *Interpretação do negócio jurídico*. São Paulo: Saraiva, 2011.

MARQUES, Cláudia Lima. *Confiança no comércio eletrônico e a proteção do consumidor*. São Paulo: Revista dos Tribunais, 2004.

MARTINS, Guilherme Magalhães. *Contratos eletrônicos de consumo*. 3. ed. São Paulo: Atlas, 2016.

MARTINS-COSTA, Judith. Contratos. Conceito e evolução. *In*: LOTUFO, Renan; NANNI, Giovanni Ettore (Coord.). *Teoria geral dos contratos*. São Paulo: Atlas, 2011.

MARTINS-COSTA, Judith. *A boa-fé no direito privado*: critérios para a sua aplicação. 2. ed. São Paulo: Saraiva, 2018.

MAZZAMUTO, Salvatore. Il contratto di diritto europeo nel tempo della crisi. *Europa e Diritto Private*, Milano, n. 3, p. 601-647, 2010.

MENGONI, Luigi. *Ermeneutica e dogmatica giuridica:* saggi, Milano: Giuffrè, 1996.

MESSINETTI, Davide. Sapere complesso e tecniche giuridiche rimediali. *Europa e Diritto Privato*, Milano, n. 3, p. 605-630, 2005.

MIK, Erika. Smart contracts: terminology, technical limitations and real-world complexity. *Law, Innovation and Technology*, London, v. 9, n. 2, p. 269-300, 2017.

MILANEZ, Felipe Comarela. *Interesses econômicos e as práticas comerciais desleais*: uma abordagem a partir do direito português e europeu. Belo Horizonte: Arraes, 2021.

MORE, César Moreno. Post tenebras spero lucem: sobre la culpa in contrahendo y el contacto social. *Gaceta Civil & Procesal civil*, Lima, n. 36, p. 193-214, jun. 2016.

NALIN, Paulo. *Do contrato*: conceito pós-moderno. 2. ed. Curitiba: Juruá, 2006.

ORIGGI, Gloria. Può la democrazia sopravvivere a Facebook? Egualitarismo epistemico, vulnerabilità cognitiva e nuove tecnologie. *Ragion Pratica*, Bologna, n. 51, p. 445-458, 2018.

PERUGINI, Maria Letizia; DAL CHECCO, Paolo. *Introduzione agli smart contracts*. Disponível em: https://ssrn.com/abstract=2729545. Acesso em: 8 ago. 2021.

PIANOVSKI RUZYK, Carlos Eduardo. *Institutos fundamentais de direito civil e liberdade(s)*: repensando a dimensão funcional do contrato, da propriedade e da família. Rio de Janeiro: GZ, 2011.

PORAT, Ariel; STRAHILEVITZ, Lior. Personalizing default rules and disclosure with big data. *Michigan Law Review*, Ann Arbor, v. 112, p. 1417-1478, 2014.

RADIN, Margaret Jane. The deformation of contract in the information society. *Law & Economics Working Papers*, Ann Arbor, n. 124, [s. p.], 2017.

RADIN, Margaret Jane; ROTHSCHILD, John; SILVERMAN, Gregory. *Internet commerce: the emergin legal framework*. New York: Foundation, 2002.

RADIN, Margaret Jane. Human being, computers and binding commitment. *Indiana Law Journal*, Indianapolis, v. 75, n. 4, p. 1125-1162, 2000.

RODOTÀ, Stefano. Controllo e privacy nella vita quotidiana. *Trecanni*, Roma, 11 mar. 2009. Disponível em: https://www.treccani.it/enciclopedia/controllo-e-privacy-della-vita-quotidiana_%28XXI-Secolo%29/. Acesso em: 4 ago. 2021.

RODOTÀ, Stefano. *Elaboratori elettrronici e controlo sociale*. Bologna: Il Mulino, 1973.

ROMERO, Luiz. Não li e concordo. *Superinteressante*, 27 mar. 2017. Disponível em: https://super.abril.com.br/tecnologia/nao-li-e-concordo/. Acesso em: 24 fev. 2022.

ROPPO, Enzo. *O contrato*. Tradução de Ana Coimbra *et al*. Coimbra: Almedina, 2009.

SACCO, Rodolfo. *Introduzione al diritto comparato*. Torino: UTET, 1991.

SANDEL, Michael. *A tirania do merito*: o que aconteceu com o bem comum? 3. ed. Tradução de Bhuvi Libanio. Rio de Janeiro: Civilização Brasileira, 2021.

SARTORI, Giovanni. Cognitive automata and the law. *Eui Working Papers*, San Domenico di Fiesole, n. 35, [s. p.], 2006.

SARTORI, Giovanni. *Democrazia: cos'è*. 2. ed. Bari / Roma: Rizzoli, 1997.

SAVELYEV, Alexander. Contract law 2.0: «*smart*» contracts as the beginning of the end of classic contract law. *Working papers*, Moscow, n. 71, [s. p.], 2016

SCARPELLI, Uberto. Il metodo giuridico. *Rivista di Diritto Processuale*, Padova, v. 26, p. 553-574, 1971.

SCHMIDT NETO, André Perin. *O livre arbítrio na Era do Big Data*. São Paulo: Tirant lo Blanch, 2021.

SCHOLZ, Lauren Henry. Algorithmic contracts. *Stanford Technology Law Review*, Stanford, v. 20, n. 2, p. 128-169, 2017.

SGOBBA, Antonio. *Il paradosso dell'ignoranza da Socrate a Google*. Milano: Il Saggiatore, 2018.

SOUZA, Joyce; AVELINO, Rodolfo; SILVEIRA, Sérgio Amadeu (Org.). *A sociedade de controle*: manipulação e modulação nas redes digitais. São Paulo: Hedra, 2018.

SUMPTER, David. *Dominados pelos números*: do Facebook e Google às *fake news*, os algoritimos que controlam nossa vida. Tradução de Anna Maria Sotero; Marcello Neto. Bertrand Brasil: Rio de Janeiro, 2019.

SURDEN, Harry. The variable determinacy thesis. *Columbia Science and Technology Law Review*, New York, v. 12, n. 1, [s. p.], 2010/2011.

SURDEN, Harry. Computable contracts. *UC Davis Law Review*, Davis, v. 46, p. 629-700, 2012.

SZABO, Nick. *The idea of smart contract*. Disponível em: https://www.fon.hum.uva.nl/rob/Courses/InformationInSpeech/CDROM/Literature/LOTwinterschool2006/szabo.best.vwh.net/idea.html. Acesso em: 27 jun. 2021.

VARIAN, Hal. Computer mediated transaction. *American Economic Review*, [s. l.], v. 100, n. 2, p. 1-10, may 2010.

VÉLIZ, Carissa. *Privacy is power*: why and how you should take back control of your data. Londres: Transworld, 2020.

WERBACH, Kevin; CORNELL, Nicholas. Contracts ex machina. *Duke Law Journal*, Durham, v. 67, p. 313-382, 2017.

WRIGHT, Aaron; DE FILIPPI, Primavera. *Decentralized blockchain technology and the rise of lex cryptographia*. Disponível em: https://papers.ssrn.com/sol3/papers.cfm?abstract_id=2580664. Acesso em: 2 ago. 2021.

ZUBOFF, Shoshana. *The age of surveillance capitalism:* the fight for a human future at the new frontier of power. New York: Public Affairs, 2019.

Informação bibliográfica deste texto, conforme a NBR 6023:2018 da Associação Brasileira de Normas Técnicas (ABNT):

AMATO, Cláudio; CATALAN, Marcos. Novos itinerários da contratação informática: do contrato inteligente ao contrato algorítmico. *In*: EHRHARDT JÚNIOR, Marcos; CATALAN, Marcos; NUNES, Cláudia Ribeiro Pereira (Coord.). *Inteligência artificial e relações privadas*: possibilidades e desafios. Belo Horizonte: Fórum, 2023. v. 1. p. 471-510. ISBN 978-65-5518-576-8.

LA INTELIGENCIA ARTIFICIAL (IA): UN ANTES Y UN DESPUES EN EL DERECHO

EDGARDO IGNACIO SAUX

> *Con diez **me gusta** que des en Facebook, la inteligencia artificial te conoce mejor que tus colegas de trabajo. Con cien, mejor que tu familia. Con ciento cincuenta mejor que tu pareja y tu Mamá. Y con doscientos, mejor que tú mismo*
>
> Martín Hilbert, *BBC Mundo*, "La Nación"
> 23 de junio de 2021

1 Reflexiones primarias sobre el tema

El tema de la inteligencia artificial (en adelante IA, como se la denomina usualmente) es uno de los que ocupa preponderantemente la atención de técnicos, científicos, sociólogos, antropólogos, filósofos, economistas y profesionales en general, y entre ellos, como es lógico, a los juristas.

Y no sólo ocupa, sino preocupa, en la medida en que las incertezas que su eventual desarrollo en los tiempos venideros generan producen determinados grados de inquietudes, ya que mas allá de los avances tecnológicos que su aplicación conlleva en el mejoramiento, simplificación, sistematización y abaratamiento de costos relacionados con labores que a hoy llevamos a cabo las personas humanas, se ciernen ciertas sombras relacionadas con la eventualidad de que esa IA supere en algún punto a la inteligencia humana y que el avance de la tecnología electrónica lleve a cierto grado de dependencia, y hasta de prescindencia, de los seres humanos como protagonistas no sólo del mundo laboral, sino incluso social y gubernamental.

Un mundo manejado por ordenadores -literalmente- quizás no llegó a ser imaginado por Julio Verne -pese a todo lo que predijo-, pero quizás no esté demasiado lejos de un cuento de Ray Bradbury.

Quizás, probablemente, como lo consigna Yuval N. Harari, la preocupación mayor en el tema pase por la plausible perspectiva de que esa IA supla o desplace del mercado laboral a gran parte de la población en condiciones de cargos, empleos o roles tanto en tareas manuales como incluso intelectuales.

Algo de eso, innegablemente, ha acontecido no sólo con la reducción de las jornadas laborales en ciertos países del hemisferio norte, sino puntualmente con los efectos de la pandemia de COVID-19, que ha hecho que gran cantidad de trabajadores hayan pasado al sistema de trabajo bajo la modalidad "home office", evidenciando como primer paso que la presencialidad no es esencial en un gran universo de actividades, y que no sería descabellado que esas labores hoy desarrolladas domiciliariamente por medios electrónicos puedan llegar a ser suplidas por sistemas informáticos inteligentes en un futuro no muy lejano.

Además, enancado en el fenómeno del desarrollo exponencial de la IA, es un dato de nuestros días que las empresas -y fortunas- mas grandes del mundo no son las que producen automóviles, o aviones, o armamentos militares, o medicamentos, sino información e interconexión con la provisión de servicios a través de sistemas inteligentes de base electrónica.

Es sabido, por ejemplo, que en el mundo que discurre en estos tiempos los dueños de Amazon, Microsoft, Google, Facebook y Apple tienen globalmente mas dinero en su bolsillo que el 40% de los países, juntos. En ese contexto, surgen entonces preguntas tales como ¿Quién gobierna a quien? o ¿Dónde está la soberanía nacional?

Incluso, por ejemplo -y hay muchos- el empleo de la IA en ciertos casos está dirigido a condicionar conductas de los humanos que favorecen el crecimiento y expansión de esos grandes holdings electrónicos. El algoritmo de optimización de YouTube, está preparado para extender al máximo posible el tiempo que se pasa delante de una pantalla. Eso explica que aunque se haya ingresado al ordenador para ver un tema o video específico, se pueda seguir ante ella varias horas porque el sistema de inteligencia artificial captará los gustos de quien está navegando, y mantendrá su atención de manera irresistible.

Sin tanta sofisticación, prácticamente todos hoy sabemos que Netflix sistematiza la información relacionada a las series o películas que solemos ver en dicha plataforma, y en base a ello nos remite por mail o WhatsApp propuestas de otros programas afines que su base de datos le indican que serían de nuestro agrado.

Y algo similar suele hacer Google direccionando la publicidad que vemos en las páginas por las que navegamos, o informándonos mensualmente cual ha sido nuestro itinerario recorrido (a pie o en vehículo), con cómputo de kilómetros, tiempo estimativo de traslado y lugares que hemos visitado, información que capta (hasta ahora, o al menos formalmente) con nuestra anuencia.

El tema quizás no resulte tan llamativo -o, si se quiere, preocupante- en la medida en que la IA se limite a potenciar la acumulación de datos, aspecto en el cual con tan sólo pretender imaginar lo que está guardado en "la nube" nos puede aproximar a la noción de la infinitud del universo.

Pero el panorama se complica algo mas cuando la labor de esa IA excede la mera acumulación de información (de hecho, cualquier ordenador programado como archivo de datos, o cualquier sistema de registro de los mismos, a partir de un cada vez mas menudo pendrive, puede exceder lo compilado en la mas grande de las bibliotecas del mundo), y avanza hacia la sistematización, interrelación y elaboración de criterios o decisiones relacionadas con ellos, lo que pone en franca competencia la inteligencia humana, aun la mas preclara, con la IA.

De todos modos, tal preocupación admite matices. Como lo expresa Martín HILBERT,[1] uno de los mas preclaros estudiosos del fenómeno de marras, "...Primero trabajamos en la transformación de materiales, durante las Edades de Piedra y de Hierro. Luego

---

[1] Entrevista dada a BBC Mundo, *op. cit.*

transformamos la energía, a través del agua, el vapor o la electricidad. Después fue la transformación de la información. Y ahora vamos por la transformación del conocimiento, lo que no desafía nuestro orgullo como homo sapiens porque esas tecnologías funcionan como extensiones de nuestra mente y ella muy fácilmente puede dominarlas".

Y agrega algo que realmente nos parece brillante: "...Creo que el error mas grande que cometimos fue enfocarnos en qué podría ocurrir cuando las máquinas sobrepasaran nuestras mejores capacidades, pero no nos preguntamos qué pasaría si dominaran nuestras debilidades. En realidad las máquinas no tienen que superar a los mejores, sino a los peores de nosotros, nuestro narcisismo, nuestro enojo, nuestra envidia. ¡Ahí nos dominan! ...".

2 La inteligencia artificial como noción

De alguna manera, podría concluirse en que a la hora de tratar de conceptualizar a la IA, mas allá de la noción casi intuitiva que cualquier lego como el que suscribe pudiera formarse al respecto, no hay uniformidad de criterios técnicos para hacerlo, variando las postulaciones conforme al autor que se consulte o al grado de avance de la técnica dentro del cual se busque la información pertinente.

Una referencia válida -entre otras posibles- es la que elaborara, en el ámbito de la Comisión Europea, el grupo de expertos de alto nivel en IA, la cual trata por una parte de resultar suficientemente flexible como para contener los continuos avances que se registran en la materia y que a la vez conserve un adecuado nivel de precisión que brinde la necesaria seguridad jurídica que cualquier conceptualización técnica requiere.

Conforme a ella, la IA consistiría en "...sistema de software (y posiblemente también hardware) diseñados por humanos que, dado un objetivo complejo, actúan en la dimensión física o digital, percibiendo su entorno a través de la adquisición de datos, interpretando datos estructurados o no estructurados recopilados, razonando sobre el conocimiento, o procesando la información, derivada de esos datos, y decidiendo cual es la mejor acción a tomar para lograr un objetivo dado...".

Como echa de verse, y conforme lo hemos propuesto supra, la IA implica una doble faz operativa: la "captación", "acumulación" o "registración" de datos (lo que de alguna manera "nutre" al sistema de la información necesaria para poder luego operar), y luego la manipulación (valga la referencia analógica, ya que los sistemas operativos inteligentes no tienen "manos"), operación, procesamiento, interrelación, para concluir en su resultado final, cual es la decisión que la IA adopte en función de la obtención de un resultado predeterminado (por el hombre, o por el propio sistema, si está programado para generar ese designio).

Como se ha consignado con acierto,[2] la IA conforma ya una disciplina científica que incluye varios enfoques y técnicas, como el aprendizaje automático (que puede ser aprendizaje "profundo" o "reforzado"), el razonamiento automático (que incluye planificación, programación, representación y razonamiento del conocimiento, búsqueda y optimización) y robótica (que incluye control, percepción, sensores y actuadores, así como la integración de todas las demás técnicas en sistemas ciberfísicos).[3]

Cualquiera sea la conceptualización que se escoja, es un dato incontrovertible que en todos los casos el "corazón" de la IA está en los algoritmos, que son códigos informáticos diseñados y escritos por seres humanos que logran ejecutar instrucciones a partir de traducir los datos de los que se nutren las conclusiones, los que pueden involucrar diferentes modos de razonamientos epistémico o práctico, y luego pueden automejorarse mediante el desarrollo de nuevos heurísticos, modificar su información interna e incluso generar algoritmos nuevos.[4]

En otras palabras, las diversas técnicas de IA "...se basan en detectar y reconocer patrones de información en los datos...", lo que "...se logra a partir de combinar ordenadores, internet, algoritmos y lenguajes de programación para resolver problemas o tomar decisiones que antes solo podían ser realizadas por nuestras capacidades cognitivas..."[5]

Al día de hoy, se distingue entre la denominada "IA restringida", que comprende un conjunto de técnicas informáticas orientadas al logro de un resultado específico en áreas que antes sólo podrían lograrlo los seres humanos, y la "IA general", relacionada a sistemas que si bien aún no existen, puedan ser capaces de reproducir nuestra habilidad

---

[2] Mariana SANCHEZ CAPARROS, "Prevenir y controlar la discriminación algorítmica", en "Revista on line de la Editorial Rubinzal-Culzoni, RC D 427/2021, p. 3.
[3] Asamblea General de la ONU, Resolución 73/348, p. 4. http://undocs.org/es/A/73/348.
[4] Parlamento Europeo, "El impacto del Reglamento General de protección de Datos (GDPR) en la inteligencia artificial", 2.020, p. 3. https://www.europart.europa.eu/RegData/etudes/STUD/2020/641530/EPRS_STU(2020)641530_EN.pdf.
[5] Juan G. CORVALAN, "Perfiles digitales humanos", LL, Buenos Aires, 2.020, p. 33, citado por SANCHEZ CAPARROS, "Prevenir...", *op. cit.*, p. 3.

humana para gestionar varios campos de conocimiento a la vez, así como incluso nuestro sentido común, simulando el comportamiento humano.

Dentro de la primera, al día de hoy se distinguen los sistemas de "caja blanca" (White box), en los cuales la propiedad de ellos es que se permite seguir una explicabilidad de sus acciones que pueden ser comprendidas por mentes humanas (a través del "machine learning" o aprendizaje automatizado), de los denominados sistemas de "caja negra" (Black box), en los que los sistemas de IA no nos permiten, a los humanos, rastrear el motivo de ciertas decisiones adoptadas con ellos, sea de modo total o parcial, siendo ellos ininteligibles para incluso quienes han creado el sistema. Entre ellos se cuenta en los sistemas de IA basados en redes neuronales complejas, también conocidos como "Deep learning" o aprendizaje profundo.

Va de suyo[6] que estos últimos si bien pueden ser mas eficientes para lograr resultados al reconocer patrones en cantidades masivas de datos y procesar información no estructurada (v.g. imágenes o audios), representan un "enorme desafío para el derecho humano", siendo con ello el talón de Aquiles de una técnica que no permite explicar los millones de correlaciones que se procesan en las capas ocultas de la red, siendo entonces imposible entender "qué ocurrió allí".[7]

Podríamos consensuar que la noción de IA aparece, al menos terminológicamente, empleada por primera vez por el informático estadounidense John McCarthy en los albores de la segunda mitad del siglo XX (mas específicamente, en 1.956), y se la vinculaba por entonces con las máquinas o algoritmos dotados de una inteligencia similar a la de las personas humanas.

Si bien en una primera representación casi intuitiva -al menos, para quienes pertenecemos a la generación "baby boomer", nacida luego de Hiroshima-[8] nos imaginemos a los robots, ellos en realidad

---

[6] SANCHEZ CAPARROS, "Prevenir...", *op. cit.*, p. 4.
[7] CORVALAN, "Perfiles...", *op. cit*, p. 136.
[8] Los avances de la tecnología informática -y con ello, de la IA- son tan acelerados como impactantes por lo novedosos, a tal punto que es probable que aun estas primarias y modestas reflexiones sobre la materia en muy poco tiempo ya parecerán vetustas ante lo que está por venir. Sólo por caso, me anoticiaba periodísticamente que es muy probable que en la próxima edición de los Juegos Olímpicos en 2.025 (al tiempo de la redacción de estas líneas, se están llevando a cabo los de Japón) se incorpore como disciplina olímpica (personalmente, tengo mis dudas de que pueda ser calificada así, pero relato lo leído) una forma de competencia on line ya existente a nivel global, por la cual hay "jugadores" que dentro de un juego electrónico de eliminación van avanzando hasta que existe un ganador

constituyen una maquinaria manejada por una IA en forma autónoma o semiautónoma. En realidad, probablemente la forma mas común o frecuente de corporización de la IA la constituya (al día de hoy, el mañana es impredecible) el mundo de las "aplicaciones", hoy tan presentes en nuestros elementos electrónicos de uso cotidiano,[9]

Si bien hemos hecho supra una primaria referencia clasificatoria, quizás profundizando algo la misma, a nivel teórico se admite que en el mundo de hoy podrían diferenciarse al menos tres tipos de IA.

a) Una inteligencia artificial limitada o "débil" (o "Artificial Narrow Intelligence") (ANI), que se relaciona con la IA especializada en una actividad de forma exclusiva y excluyente de otras (se cita como ejemplo la super computadora "Deep Blue" que en el año 1.997 venció en una partida de ajedrez al maestro Gary Kasparov, o bien la que aparece inserta en los denominados "autos inteligentes" que no requieren la presencia de un conductor humano).

b) La IA general o "fuerte" ("Artificial General Intelligence") (AGI), que se vincula con un grado de inteligencia artificial de nivel humano, vale decir, una máquina que puede realizar las mismas tareas intelectuales que una persona. Comprende la capacidad de razonar, planificar, resolver problemas a nivel teórico, pensar en forma abstracta e incluso aprender de su propia experiencia.

c) La "super inteligencia artificial" (ASI), que implica un dispositivo que cuenta con una función intelectual incluso superior a los seres humanos mas dotados en prácticamente todos los campos, incluyendo la creatividad científica.

Hasta ahora pareciera que en los tiempos que corren sólo se ha logrado materializar lo relacionado al primer nivel (ANI), pero se admite que se está en camino de llegar al segundo (AGI).

Una de las aplicaciones de la IA mas empleada en la actualidad, y que genera la mayor cantidad de sistemas útiles para la vida humana cotidiana, se denomina "machine learning" (aprendizaje automático, o

---

final -uno de ellos fue hace muy poco un joven argentino, quien obtuvo un premio cercano al millón de dólares estadounidenses-. En Asia (Japón, Corea) parece que se habilitan estadios para varias decenas de miles de "espectadores" que a través de pantallas gigantes siguen estas competencias. Hay también competencias de robots, tanto vinculados a destruirse uno al otro (y con ello hay un ganador y un perdedor, como en las viejas riñas de gallos donde mediaban fuertes apuestas), como a ciertos juegos de destreza entre ellos.

[9] V. Carlos Ramiro SALVOCHEA, "Ciencia ficción societaria. La admisión de la persona jurídica sintética", JA 11/12/2019, cita on line AR/DOC/3173/2019.

máquina de aprendizaje), la cual consiste en dotar a los sistemas de la habilidad de aprender automáticamente y mejorar con base en su propia experiencia sin haber sido programados expresamente a tal fin. Es un proceso mediante el cual la máquina "detecta" patrones o regularidades en determinados datos que se le suministra para entrenarla. El algoritmo es así un elemento esencial en cualquier programa de computación, y obviamente en la IA.[10]

Como puede derivarse de este menos que elemental sobrevuelo (al estilo dron) de un tema tan actual y complejo como lo es la IA, en relación a lo cual tengo mis serias dudas de que esté -o estemos- en condiciones de proponer soluciones a los problemas que su aplicación plantea, pudiendo apenas quizás esbozar en qué consisten o consistirán esos problemas, veamos someramente algunas facetas que se relacionan concretamente con la interacción de la IA en el mundo del Derecho.

3 Algunos matices de su incidencia en el Derecho

Tal como lo consignáramos supra, la complejidad -técnica, en particular para quienes carecemos de conocimientos científicos específicos en la materia- como la imprevisibilidad de la proyección futura de los avances en el desarrollo de la IA, hacen que probablemente nuestras reflexiones se limiten mas bien a señalar aspectos novedosos o controversiales que la incidencia de ella proyecta en el mundo de la ciencia jurídica, mas que a ofrecer posibles soluciones a dichos nuevos problemas.

De hecho, un aspecto vivencial y pragmático que nos compromete a todos los operadores jurídicos y que tiene que ver con las nuevas tecnologías electrónicas (dentro de las cuales se computa la IA) se ha planteado en el mundo desde principios del año 2.020 con la pandemia de COVID-19, la cual ha impuesto de hecho la suspensión de

---

[10] En una nivel descriptivo muy primario -que es por otra parte algo que un lego como el suscripto podría comprender- podríamos decir que el algoritmo consiste en un grupo finito de operaciones organizadas de manera lógica y ordenada que permite solucionar un determinado problema. Consiste en un conjunto de instrucciones o reglas establecidas que, por medio de una sucesión de pasos, permite arribar a un resultado o solución. El diseño de un algoritmo comienza con la representación gráfica de los pasos a seguir (lo que se denomina técnicamente "diagrama de flujo" o "flowchart", que luego se traduce a un programa informático mediante instrucciones o "líneas de código"). Ver para mayor abundamiento Martín ZAPIOLA GUERRICO, "Insurtech. El impacto de las nuevas tecnologías en la actividad aseguradora", LL del 15/10/2019, cita on line AR/DOC/3175/2019.

clases presenciales, de congresos, jornadas, conferencias, exposiciones, cursos o charlas que no puedan desarrollarse a través de plataformas electrónicas como Zoom, Meet o equivalentes.

Otro tanto cabe predicar con relación a la violenta expansión de sistemas electrónicos propios de la práctica del derecho, como el expediente electrónico y la firma digital, que han sustituido en los hechos (y quizás, para siempre) a los escritos y sentencias en soporte papel, y que han vaciado las mesas de entradas de los tribunales, antes atestadas de profesionales o empleados y empleadas de estudios jurídicos pidiendo lo suyo. Hasta las notificaciones son electrónicas, lo cual quizás en un tiempo mas o menos próximo genere la desaparición de figuras tradicionales del sistema judicial, como los Oficiales de Justicia, que en el mejor de los casos verán circunscriptas sus labores al cumplimiento efectivo de órdenes judiciales (v.g. desalojos) pero nada mas.

Incluso la misma función notarial, tan relevante como milenaria, corre riesgos de también desaparecer al generarse un creciente desplazamiento de la fe pública desde los funcionarios a la federación electrónica.

En el quehacer abogadil, son cada vez mas frecuentes los contratos "blindados o inteligentes"[11] y la expansión de medios probatorios electrónicos (videos, capturas de pantalla, mails, mensajes de wwpp, tweets) que llevan el concepto de "prueba documental" muy lejos de lo pensado por los procesalistas de pocas décadas atrás.[12]

Y no faltan quienes, apocalípticamente, anuncien la futura desaparición de los jueces, sustituidos por sistemas inteligentes capaces de desarrollar -junto con una inconmensurable base de datos de doctrina y jurisprudencia- la operación de silogismo que supone la subsunción del caso en la norma, señalando -tenemos nuestras

---

[11] Ver Alejandro DABAH, "Derecho y tecnología: Los contratos inteligentes y su legalidad en el derecho argentino", en JA, Dossier de derecho informático, 2.020-I, fascículo 11 del 11/3/2020, p 19 y ss.

[12] Se ha señalado la dificultad que los medios electrónicos a veces presentan a la hora de registrar la efectiva voluntad de la persona, particularmente en relación con la firma digital o electrónica, o con los medios probatorios de ese rango. Pablo CEBALLOS CHIAPPERO ("Prueba de la manifestación de voluntad por medios electrónicos", LL 22/10/2019, cita on line AR/DOC/18/2019) refiere al texto del artículo 319 del CCyCN, que con criterio de avanzada consigna que "el valor probatorio de los instrumentos particulares debe ser apreciado por el Juez ponderando, entre otras pautas, la congruencia entre lo sucedido y lo narrado, la precisión y claridad técnica del texto, los usos y prácticas del tráfico, las relaciones precedentes y la confiabilidad de los soportes utilizados y de los procedimientos técnicos que se apliquen".

dudas en ello, por cuanto la aplicación del Derecho compromete otras facetas que son propiamente humanas, como, por ejemplo, la equidad, o la previsibilidad de las consecuencias de la decisión- la ventaja que ello implicaría al hacer desaparecer los riesgos de error judicial, de prevaricato o de arbitrariedad por razones subjetivas.[13]

La multiplicidad y velocidad mutante de las nuevas tecnologías, puestas en correlato con la ciencia jurídica, claramente colocan al operador jurídico en un posicionamiento "ex post" y no "ex ante" (salvo aquellos supuestos, francamente minoritarios, en los cuales pueda resultar operativa la función preventiva de daños derivados del empleo de esas nuevas tecnologías, como lo proponen entre otros los arts. 52, 1.710, 1.711 y cc. del Código Civil y Comercial de la Nación).

"La tecnología cambia aceleradamente y ello hace estéril toda obra o regla de derecho que se detenga morosamente en la explicación de solicitudes técnicas que puedan desaparecer rápidamente…".[14]

Hace ya mas de treinta años, en una señera obra, la Profesora Graciela MESSINA de ESTRELLA GUTIERREZ alertaba sobre la incidencia que las nuevas tecnologías adquirían singularmente en el vasto campo de la responsabilidad civil.[15] En otra publicación posterior, la misma calificada autora, quien fue una de las primeras en prestar dentro del derecho nacional atención a lo que venía en el tema,[16]

---

[13] Em un muy recomendable y profundo artículo relacionado al tema, Nicolás BONINA ("Inteligencia artificial y derecho: ¿las máquinas van a reemplazar a los abogados?", LL 24/11/2020, cita on line AR/DOC/3809/2020) se plantea, entre otros, ese interrogante relacionado a su en un futuro mas o menos inmediatos la función abogadil (en general) puede ser sustituída por sistemas de IA. Al respecto, recuerda que hace setenta años atrás Alan Turing publicó un artículo denominado "Computing Machinery and Intelligence", donde, tratando de indagar la eventualidad de que un robot inteligente pudiera sustituir la labor de un abogado en el planteamiento o resolución de un caso, proponía lo que se conoció como el "Test de Touring", según el cual se reunía a tres personas, un hombre (A), una mujer (B) y un evaluador (C), el cual debía permanecer en un lugar diferente al de los otros dos. El test consistía en el hecho de que ese evaluador, quien ignoraba el sexo y la identidad de los otros dos, a partir de ciertos datos que le brindaban ellos, llegara a identificar cual era el hombre y cual la mujer. Luego, matemáticamente, se plantea sustituir a A o a B por una máquina. De algún modo, el autor del artículo de marras expresa, creo que razonablemente, que la pregunta adecuada no es si la IA va a reemplazar a los abogados, sino qué tareas realizadas por los abogados podrán ser reemplazadas por las máquinas y sistemas.

[14] Ricardo L. LORENZETTI, "Comercio electrónico", Editorial Abeledo-Perrot, Buenos Aires, 2.001, prólogo.

[15] "La responsabilidad civil en la era tecnológica. Tendencias y prospectiva", Editorial Abeledo-Perrot, Buenos Aires, 1.988.

[16] "Responsabilidad derivada de la biotecnología", en la obra colectiva "La Responsabilidad" en homenaje al Profesor Isidoro GOLDEMBERG, Editorial Abeledo-Perrot, Buenos Aires, 1.995, p. 189 y ss.

mencionaba que "...la biotecnología como protagonista de la nueva revolución industrial, no basa su desarrollo en el hierro o en el acero, sino en bacterias y levaduras, en depósitos de microbios conectados a su fuente de alimentación y oxígeno mediante intrincadas válvulas, que se dirigen por medio de un ordenador a su vez programado por inteligencia artificial...".[17]

Un querido, recordado y admirado maestro del Derecho, como lo fue el Profesor Atilio Aníbal ALTERINI, aludía ya hace mas de tres lustros a la aparición del "Derecho Tecnológico"[18] (la "Tecnociencia", en el lenguaje de Bruno Latour, que la consideraba fruto del maridaje entre ciencia y tecnología, cuando entraba en interacción con la ciencia jurídica daba nacimiento al mismo), al que ALTERINI caracterizaba como "...el área comprensiva de las repercusiones en lo jurídico de la totalidad de los inventos y desarrollos científicos y técnicos producidos a lo largo de los tiempos que, en coincidencia con la mundialización, derivaron en lo que algunos, como J. ELLUL, denominan "Era Tecnológica", como modo de designar el perfil de los asombrosos avances que arrancaron en la década de los años 50 del Siglo XX en el marco del fenómeno generalmente rotulado como globalización...".

En tal sentido, ya en el año 2.002 el evento designado como "Convergencia de tecnologías para mejorar la perfomance humana" (Virginia, EEUU), propuso como síntesis del fenómeno el concepto científico designado como "NBIC" (Nano-Bio-Info-Cogno).[19]

Como dijera atinadamente el destacado filósofo argentino Mario BUNGE, la propuesta es la combinación sinérgica de las cuatro áreas y la búsqueda interdisciplinaria vinculada a lo ético, lo legal y lo moral.

---

[17] Demás está poner de resalto que los avances de la biotecnología implican, montados en los avances de la inteligencia artificial y sus aplicaciones en materia médica y genética, uno de los desafíos mas grandes que el derecho debe afrontar en el presente y en el futuro inmediato. La clonación, la modificación genética, las manipulaciones intrauterinas -algunas con fines benéficos, como las que tienden a prevenir enfermedades, otras experimentales que con mayor potencial científico no dejan de recordarnos los espeluznantes experimentos del Dr. Menguele en la Alemania nazi-, la decodificación de la cadena de ADN y sus múltiples proyecciones son apenas algunos de los muy variados supuestos donde la ética y el derecho tienen mucho que decir a la ciencia dura.

[18] "Perspectivas éticas y jurídicas de las tecnologías convergentes", LL 2.007-F-891.

[19] Ello abarca, siempre motorizado por la inteligencia artificial, la nanociencia y la nanotecnología, la biotecnología y la biomedicina, incluyendo la ingeniería genética, la tecnología de la información y las neurociencias, a lo que podríamos sumar hoy la robótica, la internet de las cosas, las cadenas de blockchains y tantos fenómenos mas del mismo rango.

En sus propias palabras[20] "...Los políticos, los juristas y los empresarios son los responsables de que la ciencia y la tecnología se usen en beneficio de la humanidad...".

Nociones como el "transhumanismo" y "post humanismo" requieren la atención del operador jurídico contemporáneo. Como se ha señalado con acierto[21] "...pasaremos a la historia como los únicos insensatos que pusieron límites al placer, ya que la humanidad ha comenzado a emanciparse de Darwin y de la madre naturaleza para sumergirse en una nueva era: el transhumanismo. Según este movimiento cultural (casi filosófico), de manera casi inadvertida nos estamos adentrando ya en la era posdarwinista. La evolución de nuestra especie comienza a dejar de lado a la madre naturaleza, que es lenta y arbitraria, y ya cabalga a lomos de la ingeniería genética, la farmacología, la estimulación intracraneana y la nanotecnología molecular...".

Como lo puntualiza Yuval Noha HARARI,[22] los problemas que durante mas de 3.000 años ocuparon a la humanidad (las hambrunas, la peste, la guerra) de alguna manera van perdiendo espacio operativo,[23] y en la nueva agenda los inasibles avances de la tecnología planifican otros desafíos.

En tal sentido, se señala que durante los últimos 300 años el mundo ha estado dominado por el humanismo, que busca la preservación de la vida, la felicidad y el poder del individuo. Pero el auge del humanismo, en su proyección tecnológica, lleva en sí mismo "la semilla de su caída",[24] ya que las mismas tecnologías que pueden transformar a los hombres en dioses -entre ellas, hasta la inmortalidad[25]- llevan el riesgo de convertirlos en irrelevantes. Así, es probable que

---

[20] Tomadas textualmente por el suscripto de una conferencia brindada por él.

[21] Vide Eugenio LLAMAS POMBO, catedrático de la Facultad de Derecho de la Universidad de Salamanca, España, "Una mirada al viejo Código Civil desde el post humanismo y la globalización", en Diario La Ley, Madrid, Sección Tribuna, 1/10/2019, Wolters Kluwer.

[22] "Homo Deus. Breve historia del mañana", Editorial Debate, Madrid, 2.016.

[23] Asumamos al respecto que la pandemia de COVID-19 sobreviniente a la edición de dicha obra no descalifica el aserto, en la medida en que resulta francamente tan asombrosa como inusual, fundamentalmente por abarcar a todo el planeta, faceta que no llegaron a asumir epidemias pasadas como la de poliomielitis en mediados del Siglo pasado, o la tristemente célebre "fiebre española" subsiguiente a la Primera Guerra Mundial, o la fiebre amarilla de fines del siglo XIX.

[24] *Idem* cita anterior, p. 5.

[25] No en sentido absoluto o teológico, sino como dominación del envejecimiento y de las enfermedades, pero dejando a salvo supuestos de muerte violenta por accidentes, homicidios o suicidios.

ordenadores bastante potentes para entender y superar los mecanismos de la vejez y la muerte, lo sean también para reemplazar a los humanos en cualquier tarea.

Se alude hoy a que el fenómeno de la globalización, con todas sus proyecciones culturales, económicas, políticas, sociales, jurídicas y científicas, puede estar siendo reemplazado por la "superglobalización", en la cual, como se lo consigna,[26] una preocupación primordial es si esa proyección mundial de pautas va acompañada -o no- de la "globalización moral", o si la asepsia de las ciencias duras lleva en sí el germen de la asepsia ética.

Este avance exponencial de lo que algunos denominan la "era tecnológica" presenta algunos matices singulares. Según algunos estudios, la humanidad tardó unos mil seiscientos años en duplicar el nivel total de sus conocimientos computando desde el nacimiento de Cristo. La siguiente duplicación tomó sólo doscientos cincuenta años, y la tercera sólo cincuenta. Actualmente, se estima que el conocimiento se duplica cada dos o tres años, proceso que mantiene una proyección geométrica.

En ese contexto, una persona teóricamente transportada en el tiempo desde la caída de la República en Roma (año 44 AC), hasta la caída del Imperio Romano de Occidente en manos de los bárbaros (año 476 DC), no se sorprendería tanto de los cambios registrados en la vida humana como lo haría una persona nacida a mediados del Siglo XX que fuera transportada hasta nuestros días. Al respecto, con razón se ha dicho que "...el Derecho, como gran ordenador de la vida humana, no está ajeno a este impacto...".[27]

De algún modo, como dice LLAMAS POMBO,[28] "...fenómenos como la inteligencia artificial han venido a segar los pies de los paradigmas del humanismo ilustrado que sirvieron de base a nuestro Derecho Civil codificado...".

Es que de alguna manera la interrelación entre el Derecho y las llamadas nuevas tecnologías (informática, telemática, robótica, ingeniería genética, biomedicina, nanotecnología, entre otras) suscita para el jurista grandes desafíos y preocupaciones, en relación a lo cual

---

[26] M. IGNATIEFF, "Las virtudes cotidianas. El orden moral en un mundo dividido", traducción española, Editorial Taurus, Madrid, 1.918, p. 15.
[27] Carlos Ramiro SALVOCHEA, "Ciencia ficción societaria. La admisión de la persona jurídica sintética", JA 11/12/2019, cita on line AR/DOC/3173/2019.
[28] "Una mirada...", *op. cit.*

se ha dicho atinadamente[29] que el abordaje de la cuestión revela una característica singularísima, cual es "...el insuperable quiebre de la simetría entre lo fáctico y lo jurídico...".

Además, retomando aquel concepto de la neutralidad ética de las ciencias duras (los motores de esos avances tecnológicos), claramente incumbe al Derecho el rol de promotor, juzgador o limitador de tales avances, siendo que el resguardo de la Justicia, de la ética o bioética, de la dignidad humana y del resguardo de los derechos humanos es labor prioritaria del jurista.[30]

Ello supone que el creciente y acelerado proceso del desarrollo tecnológico no se compadece con el lento y reflexivo avance de la ciencia jurídica, que en su doble faz dogmática-normativa tiene su propio proceso elaborativo, el cual se ve desbordado por las urgencias propias del primero, propio de las ciencias duras.

Ante tal desfasaje, sugiere LLAMAS POMBO que el operador jurídico debe moverse con singular prudencia, usando criterios interpretativos basados en el principio de "neutralidad informática" (vale decir, sentando pautas que aun en cierta manera firmes y predecibles, puedan ser recepticias de los cambios y mutaciones tecnológicas sobrevinientes),[31] y empleando herramientas hermenéuticas elásticas (como la analogía) en caso de lagunas normativas ante los nuevos requerimientos de la tecnología.

Es, por caso, llamativo el esfuerzo hermenéutico que tanto la doctrina como en particular la jurisprudencia han debido hacer para aplicar las centenarias disposiciones constitucionales sobre tutela de la libertad "de prensa" (en particular, arts. 14 y 32 de la CN, que abrevaran directamente de la Constitución de Filadelfia y no fueran objeto de reformas en el año 1.994) a la aparición, que parece continua, de nuevos medios tecnológicos de comunicación masiva y de manifestación de

---

[29] Jorge Mario GALDOS, "Correo electrónico, privacidad y datos", en "Revista de Derecho de Daños", Editorial Rubinzal-Culzoni, Santa Fe, 2001-3, p. 157.

[30] Un ejemplo de ello, entre los muchos pensables, está en el artículo 57 del CCyCN, que de modo expreso prohíbe "toda práctica destinada a producir una alteración genética del embrión que se transmita a la descendencia".

[31] Un claro ejemplo de esa mirada aperturista hacia lo por venir en materia tecnológica lo representa para el caso el artículo 286 del CCyCN, que en materia de regulación de los instrumentos públicos y privados admite que la expresión de la voluntad escrita emanada de una persona puede hacerse constar en cualquier soporte, siempre que su contenido sea representado por un texto inteligible, aunque su lectura exija medios técnicos. Ello es, claramente, una norma "abierta" a la perspectiva futura de empleo de nuevos medios electrónicos de manifestación de la voluntad desconocidos a hoy.

ideas y opiniones,[32] como internet, e-mails, facebook, tweet, instagram y las mas recientes de aparición constante.

En el cada vez mas difundido empleo de estos medios tecnológicos -empleo deliberadamente hecho incluso por los gobernantes, que ven en ellos un modo mas difundido de comunicación que los tradicionales-, con los que el hombre contemporáneo se informa, se divierte, se vincula, se inmiscuye en la vida de otros, comparte información, compra o vende, y hasta se enamora, hay hasta un cambio de idioma. Anne BRASCOME[33] alude a la existencia del "net citizen", el "ciudadano de la red", que es "...un navegante feliz, pero socialmente cada vez mas aislado y sin capacidad de crítica...".

Al respecto, y con cita de las opiniones de RODOTA y de HUXLEY, señala LORENZETTI[34] que vamos hacia un proceso de abandono de los criterios personales de evaluación y decisión de nuestras conductas, en un mundo "feliz" porque nadie es consciente del sistema de control social que impone esas conductas y que el "netcitizen" cree que son propias.

La publicidad inductiva, la creación de modelos culturales a seguir, la homogeneidad y estandarización de gustos y preferencias, la inducción al consumo innecesario o por reflejo, genera un resultado de pérdida de libertades del cual el propio individuo ni siquiera es consciente.

Todo ello genera un mundo -inducido por la globalización y la tecnología que marca el signo de nuestros tiempos- que presenta diferencias esenciales con el que nos precediera no hace mucho en orden cronológico. "...Cierto es que la realidad presente, vista desde las coordenadas de tiempo y espacio, parece ser exactamente opuesta a la del pasado. Hoy la realidad es cada vez mas mutante en el tiempo y mas uniforme en el espacio. Ayer era, por lo contrario, casi inmóvil en el tiempo y muy cambiante en el espacio...".[35]

---

[32] Por ejemplo, la proliferación -a veces alentada por posicionamientos políticos enfrentados- de las imágenes trucadas o noticias falsas que circulan por las redes (denominadas "fake news") carecen hasta hoy de una regulación legal específica, siendo singularmente dificultoso, a la hora de pretender identificar a su autor, encontrar al responsable.

[33] "Anonimity, autonomy and accontauntability, challenges to the first admentent in cyberspace", en "The Yale Law Journal", Vol. 104, 1.995, p. 1.639, citada por Ricardo L. LORENZETTI en su obra "Comercio Electrónico", *op. cit.*, p. 23, cita 54.

[34] "Comercio electrónico", *op. cit.*, p. 23.

[35] Francisco GALGANO, "La globalización en el espejo del Derecho", Editorial Rubnzal-Culzoni, Santa Fe, 2.005, trad. de Horacio ROITMAN y María DE LA COLINA, p. 14.

Y como lo señala LORENZETTI[36] para estudiar adecuadamente el impacto que la tecnología digital ha producido y produce en el mundo del Derecho Privado, hay que comenzar por admitir la "desestructuración" que esas nuevas tecnologías producen en "categorías conceptuales comunitarias, como el espacio, el tiempo o la diferencia entre lo público y lo privado, y, en segundo lugar, en el individuo y su privacidad".

Señala al respecto el autor bajo cita que para el pensamiento tecnológico estamos ante un "paradigma digital", que implica o conlleva un nuevo modo de concebir el mundo y las relaciones humanas -y dentro de ellas, las jurídicas-, en el cual hay una decadencia de los sistemas legales normativos (nacionales e internacionales) y una preeminencia de la libertad en la autorregulación, con una fuerte impronta autonómica y privada.

Así como GALGANO[37] alude a la decadencia de los sistemas normativos de rango legal y su sustitución por los modelos contractuales elaborados por las "law firms" o los grandes estudios jurídicos que atienden los negocios de quienes gobiernan el mundo (no formal, sino realmente), y en el mismo sentido a la preeminencia del "derecho judicial" por sobre el "derecho legal" (habla del "ocaso de la ley" como fuente del Derecho), LORENZETTI menciona que así como hay una "lex mercatoria" -vigente y relevante-, hay en los días que discurren una "lex informática", que sería una especie de "código técnico" de ética o conducta, de fuerte base costumbrista, que permitiría ir solucionando fuera del sistema jurídico tradicional los problemas que se suscitan en Internet.[38]

Todo este contexto, que no es propio de un mundo "que viene" sino de una que "ya está", donde con su correspondiente designación anglosajona nos resultan familiares el "AI" ("artificial intelligence, nuestra "IA"), el "IoT" ("internet of things", o internet de las cosas), el "Big Data" (o conjunto de datos que por su complejidad o volumen no pueden ser procesados por ordenadores comunes), el "Fintech" (tecnología financiera), las billeteras virtuales, las transacciones con criptomonedas o bitcoins, el "blockchain" o "cadena de bloques", los "Smart contracts" o contratos "inteligentes", el mercado libre, el

---

[36] "Comercio electrónico", *op. cit.*, p. 13.
[37] "La globalización...", *op. cit.*, p. 105 y ss.
[38] Conf. Lawrence LESSIG, "Las leyes del ciberespacio", en "Cuadernos ciberespacio y sociedad", número 3, mayo de 1.999.

mercado de pago, Uber y tantas otras mas, produce lo que ya muchos llaman "La cuarta revolución industrial" (o "Revolución 4.0").[39]

Ello, va de suyo, incide de manera drástica en las transacciones singularmente comerciales (comercio electrónico, empresas de base tecnológica, dinámica de las sociedades mercantiles, financiamiento de las PyMes, comercio internacional y hasta los procedimientos concursales).[40]

En definitiva, como lo venimos exponiendo, el "mix" entre tecnología y derecho (a la luz o impulso de la IA) abre un universo de perspectivas de correlación -y a veces, hasta de confrontación con instituciones tradicionales de la ciencia jurídica-, que propone un abanico de temáticas específicas de muy difícil enunciación (y, como es lógico, de mas difícil aún sistematización).

Ese abanico de nuevos perfiles compromete varios aspectos puntuales de la ciencia jurídica, como hemos dicho.

Uno de ellos -y no es el mayor- consiste por ejemplo en la eventual asignación de personalidad a estas máquinas (supercomputadoras) inteligentes, atribuyéndoles por ejemplo responsabilidad por los daños que causen, y entendiendo que la ya denominada "personalidad electrónica" se aplicaría a supuestos en los que los robots puedan tomar decisiones autónomas inteligentes o interactuar con terceros de forma independiente.[41]

En relación con ello, por ejemplo, en enero de 2.017 la Comisión de Asuntos Jurídicos del Parlamento Europeo expidió un recomendación a los Estados miembros de reconocer el estatus de "persona jurídica" a los robots altamente sofisticados y autónomos.

Dicho informe generó una carta abierta (abril de 2.018) en la que numerosos y calificados expertos en el tema llamaron a ignorar la recomendación y rechazar el reconocimiento de una "personalidad jurídica electrónica", por considerarlo inapropiado, meramente ideológico y carente de todo pragmatismo.

En ese mismo mes y año (abril de 2.018) la Comisión Europea emitió un comunicado delineando la estrategia futura para encarar dicha temática, en la cual se hizo caso omiso a la recomendación de

---

[39] Facundo CASTILLO VIDELA, "Funcionamiento, aspectos prácticos y probatorios de la tecnología blockchain", en "Las nuevas tecnologías en el derecho comercial", Ediciones Didot, Buenos Aires, 2.019, p. 35.
[40] Carlos Emilio MORO, "Nuevas tecnologías ante el derecho comercial", *op. cit.*, p. 49 y ss.
[41] SALVOCHEA, "Ciencia ficción...", *op. cit.*, p. 2.

marras, prescindiendo de toda referencia a una eventual "personalidad jurídica electrónica".[42]

Es de interés al respecto un trabajo que analiza la perspectiva (que tal como están las cosas no parece de ciencia ficción) del empleo de la IA en materia arbitral,[43] relacionada a la eventualidad de que la robótica pueda llegar a predecir la toma de decisiones de los Tribunales Arbitrales Internacionales, y, mas allá de ello, llegar incluso a la misma elaboración del laudo.

En similar línea de pensamiento se alude, en el derecho francés, a la hipótesis de que así como ciudadanos y operadores jurídicos tienen, en ese País, acceso irrestricto a las decisiones judiciales de los tribunales superiores a través del sitio Web Legifrance (servicio además gratuito), se llegue al desarrollo de un sistema inteligente que en base al análisis comparativo de esa base de datos, pueda predecir o anticipar los criterios decisorios de los mismos.[44]

Al decir de un destacado jurista y además entrañable amigo,[45] "…la inteligencia artificial está llegando a extremos en donde resulta cada vez mas difícil distinguir si los robots son entes artificiales o autónomos", en la medida en que el avance de la robótica (y de la IA) se ha desplazado de un paradigma "mecánico" a uno "cognitivo".

En orden a ello, un informe del Parlamento Europeo del año 2.017 señala que el desarrollo de la tecnología robótica debe orientarse a complementar las capacidades humanas y no a sustituírlas, agregando que los seres humanos deben tener en todo momento el control sobre las máquinas inteligentes, resaltando las graves consecuencias físicas y emocionales que ese vínculo puede adquirir en las personas humanas.

---

[42] Como dato anecdótico, relata Lucas LEIVA FERNANDEZ ("La personalidad circunscripta. Humanos, animales y robots", JÁ 11/4/2018, tomo 2.018-2, fascículo 2, página 15) los casos de "Bot" (software especializado para realizar tareas automatizadas, de Facebook, quien diseñado para chatear empezó a dialogar con otro Bot y crearon su propio lenguaje, lo que determinó que ante dicha singularidad Facebook decidiera "apagarlos" a ambos. También, con mayor repercusión mediática, se puede recordar el caso del robot "Sophia", que fuera reconocido como ciudadano/a en Arabia Saudita, mientras mantuvo una entrevista con el público revelando rasgos de humor y resaltando cualidades propias de un ser humano.

[43] Guillermo ARGERICH – Juan JORGE, "La inteligencia artificial en la toma de decisiones. ¿Hacia el determinismo arbitral?", LL del 14/2/2020, cita on line AR/DOC/268/2020.

[44] Florence GSELL, "Predecir las decisiones de los Tribunales por medio de la inteligencia artificial. ¿Es legítimo en Francia?, SJA del 5/2/2020, cita on line AR/DOC/3608/2019.

[45] Luis Daniel CROVI, "Contornos actuales de la personalidad", en "Los nuevos horizontes del derecho de las personas y de la familia", Liber Amicorum en homenaje a la Profesora Graciela MEDINA, Editorial Rubinzal-Culzoni, Santa Fe, 2.019, p. 25.

Periodísticamente hay referencias a la existencia (ya) de robots destinados a oficiar de acompañantes de ancianos o personas discapacitadas -incluso a conversar con ellos, o leerles los periódicos-, y hasta (es alarmante, pero cierto) de otros que con formato relacionado a su fin, están diseñados para mantener con humanos relaciones sexuales, no como meros elementos pasivos propios de una "muñeca inflable", sino con interacción sensorial.

Otra faceta que abre eventuales controversias lo constituye la "biométrica" o sistemas electrónicos -manejados por IA- que permiten el reconocimiento de personas humanas a través de la captación de su imagen facial (incluso dentro de un grupo de personas), en los cuales un sensor 2D o 3D "captura" un rostro y luego lo transforma en datos digitales mediante la aplicación de un algoritmo, antes de comparar la imagen capturada con las contenidas en una base de datos (sistema que, por ejemplo, ya ha sido incorporado como clave personal de acceso en el iPhone X).

La controversia se plantea con el resguardo de los datos personales que se legaliza en la mayoría de los países del mundo -entre ellos, el nuestro, a través de la denominada "Ley de Habeas Data"-, y la perspectiva de ampliación de este sistema velocísimo de identificación (mucho mas apto que la captación de huellas digitales o del iris del ojo humano) hacia referencias personales que van mas allá de la mera identificación.[46]

En materia laboral, por ejemplo, se ha consignado la relevancia en España del Real Decreto-Ley 9/2021,[47] mediante el cual ante la expansión de los sistemas de cadetería en relación con las restricciones que el COVID-19 ha planteado a nivel mundial para el acceso especialmente a lugares de venta de alimentos, se presume por una parte la relación laboral del cadete con la empresa o negocio prestadora del servicio domiciliario, y además incorpora el derecho a los representantes de los trabajadores al acceso o conocimiento de todos los algoritmos de todas las empresas que los utilizan en la gestión de trabajo.

Ni hablar también -en esta interacción entre IA y Derecho- de los alcances de la inteligencia artificial en relación con la informática

---

[46] Ver Juan Antonio TRAVIESO y Yamila LOGIOVINE, "Reconocimiento facial: te estamos vigilando", JA 2.019-III, fascículo 6 del 7/8/2019.
[47] Ver Liliana LITTERIO, "Real Decreto-Ley 9/2021: presunción de laboralidad de los repartidores a través de plataformas y acceso sindical a los algoritmos de las empresas. Su trascendencia para otros países", LL 2/8/2021, cita on line AR/DOC/2173/2021.

jurídica o "derecho computacional" ("computational law") que se ocupa de la automatización y mecanización del análisis jurídico.[48]

También, por caso, se ha puesto de resalto la relevancia que los "Blockchains" (o "cadena de bloques"[49]) adquieren en la prestación de servicios financieros,[50] señalando al respecto que además de garantizar la seguridad y velocidad de las transacciones financieras y mercantiles, tienen la virtualidad de acabar con todos los intermediarios, reduciendo notablemente los costos operativos de esas transacciones.

Finalmente, un tema que no es menor -yo diría, relacionado con lo que hemos mencionado supra sobre la asepsia ética de las ciencias duras y al rol que al respecto la incumbe a las ciencias jurídicas, que es quizás el mas relevante a la hora de mirar la interacción entre IA y Derecho- es el de la regulación de pautas éticas en materia de aplicación de esa IA y de todas sus manifestaciones posibles, particularmente frente a la denominada "discriminación algorítmica".[51]

Al respecto, entre otros precedentes, cabe recordar que en fecha 20 de octubre de 2.020 el Parlamento Europeo aprobó tres propuestas de regulación sobre IA, referidas a tres áreas específicas: las normas éticas que deben regir la IA, las reglas sobre la responsabilidad derivada del uso de sistemas de IA, y las reglas sobre derecho de propiedad intelectual vinculadas con el uso de sistemas de IA.

Destaca en orden a ello el Parlamento Europeo que sin perjuicio de la existencia de legislación sectorial (europea, en Argentina la misma no existe en absoluto), resulta indispensable contar con un marco

---

[48] Al día de hoy, asumo que tanto la Corte Suprema de Justicia de la Nación como sus pares provinciales en la República Argentina cuentan con sus correspondientes Secretarías de Informática, de cada vez mas frecuente e imprescindible actuación, tanto en la registración, sistematización, clasificación y publicidad de la jurisprudencia como fuente jurígena, y tanto para los propios miembros de los Poderes Judiciales como para los abogados litigantes.

[49] Sobre el tema, y dentro de variada y valiosa información, ver Santiago MORA, "La tecnología blockchain. Contratos inteligentes, ofertas iniciales de monedas y demás casos de uso", LL 2.019_B-786, cita on line AR/DOC/537/2019.

[50] Vide Gastón NAVARRO y Leticia GALLO, "Innovación, derecho y finanzas. Los aportes de la blockchain a la evolución del sistema mercantil", LL del 5/8/2020, cita on line AR/DOC/2351/2020.

[51] Ver un mas que interesante trabajo sobre el tema de autoría de Mariana SANCHEZ CAPARROS titulado "Prevenir y controlar la discriminación algorítmica", en "Revista on line de Editorial Rubinzal-Culzoni", cita on line RC D 427/2021. Se consigna allí que se denomina "discriminación algorítmica" a una forma de discriminación mas amplia que la que se emplea en el campo estrictamente jurídico, involucrando un tipo especial de error (sistemático, estadístico, estructural, cognitivo o social) que coloca a los grupos privilegiados en una situación de ventaja sistemática frente a otros no privilegiados.

regulatorio armónico basado en el Derecho de la Unión Europea, la Carta Europea y el Derecho internacional de los derechos humanos, con el propósito de consagrar normas que sean uniformes para toda la UE, y protejan eficazmente sus valores, que persigan el respeto de la dignidad humana, la autonomía y la autodeterminación de las personas, la prevención de daños y la eliminación de los sesgos y la discriminación.

Como colofón o simple conclusión de las consideraciones precedentes, asumimos que los avances que la IA ha logrado hasta la fecha, y los que razonablemente es expectable que siga produciendo, generan al Derecho un desafío constante, cual es el de sin dejar de alentar lo que logra la tecnología, marcarle cauces éticos que a veces pueden verse desdibujados en la inevitable carrera por los nuevos logros que esa rama de las ciencias duras siguen y seguirán generando.

Y ello, aparte de complejo, es imprescindible.

Informação bibliográfica deste texto, conforme a NBR 6023:2018 da Associação Brasileira de Normas Técnicas (ABNT):

SAUX, Edgardo Ignacio. La inteligencia artificial (ia): un antes y un despues en el derecho. *In*: EHRHARDT JÚNIOR, Marcos; CATALAN, Marcos; NUNES, Cláudia Ribeiro Pereira (Coord.). *Inteligência artificial e relações privadas*: possibilidades e desafios. Belo Horizonte: Fórum, 2023. v. 1. p. 511-531. ISBN 978-65-5518-576-8.

SOBRE OS AUTORES

Adrualdo Catão
Advogado. Mestre em Direito pela Universidade Federal de Pernambuco (2005) e Doutor em Direito pela Universidade Federal de Pernambuco (2009). Professor Adjunto da Universidade Federal de Alagoas e professor titular do Centro Universitário CESMAC.

André Gambier Campos
Docente do Programa de Pós-Graduação em Direito da Universidade Positivo (PPGD-UP). Pesquisador do Instituto de Pesquisa Econômica Aplicada do Governo Federal (IPEA). Bacharel, Mestre e Doutor em Sociologia pela Universidade de São Paulo (USP). Bacharel em Direito pela Pontifícia Universidade Católica de São Paulo (PUC-SP). Especialista em Direito do Trabalho pela Universidade Cândido Mendes (UCAM). E-mail: andre.campos@up.edu.br / andre.campos@ipea.gov.br

André Luiz Arnt Ramos
Doutor e Mestre em Direito das Relações Sociais pela UFPR, com experiência pós-doutoral concluída na mesma instituição e experiência pós-doutoral em andamento na Universidade LaSalle, com bolsa CAPES. Associado ao Instituto dos Advogados do Paraná e ao Instituto Brasileiro de Estudos de Responsabilidade Civil. Cofundador do Instituto Brasileiro de Direito Contratual. Professor universitário e advogado. E-mail: andre@arntramos.adv.br

Arthur Pinheiro Basan
Doutor em Direito da Universidade do Vale do Rio dos Sinos (UNISINOS). Mestre em Direito da Universidade Federal de Uberlândia (UFU). Professor Adjunto da Universidade de Rio Verde (UNIRV). Associado Titular do Instituto Brasileiro de Estudos em Responsabilidade Civil (IBERC). E-mail: arthurbasan@hotmail.com

Camilla Gabriela Chiabrando Castro Alves
Advogada especializada em Direito de Família e Sucessões. Sócia fundadora do escritório Chiabrando Castro Sociedade de Advogados. Graduada pela F.M.U. Pós-Graduada em Processo Civil pela F.M.U. Pós-Graduada em Direito de Família e Sucessões pela Escola Paulista de Direito. Membro e Palestrante da Comissão Especial de Direito de Família e Sucessões da OAB/SP. Membro do IBDFAM-Seccional ABCDMR. Membro da Comissão do IBDFam Tec. Vice-Presidente da Comissão de Direito de Família e Sucessões - Seccional Santana/SP.

Cássius Guimarães Chai
Professor Associado da Universidade Federal do Maranhão (Graduação, PPGDIR e PPGAERO) e da Faculdade de Direito de Vitória (PPGD). Membro do Ministério Público do Estado do Maranhão. G20 Research Center Beijing Criminal College. Membro da Law and Society Association, International Law Association, International Political Science Association. *E-mail*: cassiuschai@gmail.com https://orcid.org/0000-0001-5893-3901

Cláudio Amato
Doutor em Direito Privado e Teoria do Direito pela Universidade Magna Graecia, Catanzaro, Itália. Pós-Doutor pela Universidade LaSalle, Canoas, Brasil.

Débora Vanessa Caús Brandão
Professora Titular de Direito Civil na Faculdade de Direito de São Bernardo do Campo. Pós-Doutora em Direitos Humanos pela Universidade de Salamanca. Doutora em Direito das Relações Sociais e Mestre em Direito Civil pela Pontifícia Universidade Católica de São Paulo (PUC-SP). Advogada.

Edgardo Ignacio Saux
Professor na Faculdade de Ciências Jurídicas e Sociais da Universidade Nacional do Litoral, Argentina.

Eduardo Luiz Busatta
Doutorando em Direito Público pelo Programa de Pós-Graduação em Direito da Universidade do Vale do Rio dos Sinos (UNISINOS(. Mestre em Direito Negocial pela Universidade Estadual de Londrina (UEL). Professor da Universidade Estadual do Oeste do Paraná (Unioeste). Procurador do Estado do Paraná. *E-mail*: elbusatta@gmail.com

Eduardo Nunes de Souza
Doutor e Mestre em Direito Civil pela Universidade do Estado do Rio de Janeiro (UERJ). Professor associado de Direito Civil da Faculdade de Direito da UERJ e Professor permanente dos cursos de Mestrado e Doutorado em Direito Civil do Programa de Pós-Graduação em Direito da UERJ.

Felipe Quintella M. de C. Hansen Beck
Doutor, Mestre e Bacharel em Direito pela UFMG.

Fabiana Rodrigues Barletta
Professora Associada IV da Universidade Federal do Rio de Janeiro nos cursos de Graduação, Mestrado e Doutorado da Faculdade Nacional de Direito. Estágio pós-doutoral em Direito do Consumidor pela UFRGS (2015 e 2016). Doutora em Direito em Teoria do Estado e Direito Constitucional pela Pontifícia Universidade Católica do Rio de Janeiro (2008). Mestre em Direito Civil pela Universidade do Estado do Rio de Janeiro (2001). Graduada em Direito pela Universidade Federal de Juiz de Fora (1994). Autora de livros e artigos jurídicos,

parecerista de periódicos jurídicos. Autora de pareceres técnico-jurídicos. É associada do Instituto Brasileiro de Política e Direito do Consumidor (Brasilcon). Membro fundadora do Instituto Brasileiro de Responsabilidade Civil (IBERC) e membro do Instituto Brasileiro de Direito Civil (IBDCivil).

Francisco Campos da Costa
Advogado e Consultor Jurídico, atuante em São Paulo (379.420) e no Maranhão (24658-A). Presidente da Comissão de Direito Espacial da OAB/MA. Membro da Comissão de Direito Espacial da OAB/SP subseção Santos. Pós-Doutorando em Direitos e Garantias Fundamentais pela Faculdade de Direitos de Vitória (FDV). Doutor em Direito Ambiental Internacional, Mestre em Direito Internacional, ambos pela UNISANTOS, com bolsa CAPES/PROSUC. Pós-Graduado em Direito Marítimo e Portuário pela Unisantos. Coordenador e Professor de pós-graduação da Mlaw Academy. Professor da faculdade CEST. Professor convidado de pós-graduação da Unisantos. Conciliador Formado pela ESMAM. *E-mail*: franciscoccadv@gmail.com https://orcid.org/0000-0002-2444-7849

Gabriel Schulman
Advogado e Consultor. Doutor em Direito pela Universidade do Estado do Rio de Janeiro (UERJ). Mestre em Direito pela Universidade Federal do Paraná (UFPR). Especialista em Direito da Medicina pela Universidade de Coimbra. Professor da Graduação em Direito e do Mestrado em Direito da Universidade Positivo, onde também é o Coordenador Geral da Pós-Graduação (PPGD-UP). Professor em diversos cursos de Pós-Graduação. Integra o Instituto Brasileiro de Estudos de Responsabilidade Civil (IBERC), Instituo Brasileiro de Direito Contratual (IBDCONT) e a AIDA (Associação Internacional de Direito de Seguro). *E-mail*: gabriel@schulman.com.br

Gabriela Buarque
Advogada. Mestra em Direito pela Universidade Federal de Alagoas (UFAL). Secretária-Geral da Comissão de Inovação, Tecnologia e Proteção de Dados da OAB/AL. Coordenadora do GT de inteligência artificial e novas tecnologias no Laboratório de Políticas Públicas e Internet (LAPIN).

José Henrique de Oliveira Couto
Mestrando em Direito pela Universidade Federal de Uberlândia (UFU). Advogado em Attie, Brito e Bastos advogados associados. *E-mail*: henrrique_jose2000@hotmail.com

Joyce Finato Pires
Mestra em Direitos Fundamentais e Democracia (Linha de Pesquisa Constituição e Condições Materiais da Democracia) pelo Programa de Pós-Graduação *Stricto Sensu* do Centro Universitário Autônomo do Brasil (UniBrasil). Membro do Núcleo de Pesquisa em Direito Constitucional (Nupeconst) do PPGD do Centro Universitário Autônomo do Brasil (UniBrasil). Membro do Núcleo de Pesquisa em Direito Civil-Constitucional da UFPR (Grupo "Virada de Copérnico"). *E-mail*: joyce.finatopires@gmail.com

Juliana Petinatti Sarmento
Advogada. Mestra em Direito pela Universidade Federal do Rio de Janeiro (PPGD/UFRJ). Doutoranda em Saúde Coletiva pela Universidade Federal do Rio de Janeiro (IESC/UFRJ). Graduada em Direito pela Universidade do Estado do Rio de Janeiro (UERJ).

Luciano Soares Silvestre
Bacharel em Direito pela Universidade Federal de Alagoas. *E-mail*: ssilvestreluciano@gmail.com

Luiz Gonzaga Silva Adolfo
Pós-Doutor em Direito pela Pontifícia Universidade Católica do Rio Grande do Sul (PUCRS). Doutor e Mestre em Direito pela Universidade do Vale do Rio dos Sinos (Unisinos). Professor do Curso de Direito da Universidade Luterana do Brasil (ULBRA) (Gravataí/RS). Membro da Associação Portuguesa de Direito Intelectual (APDI), da Associação Brasileira de Direito Autoral (ABDA) e da Comissão Especial de Propriedade Intelectual da Ordem dos Advogados do Brasil (OAB/RS). *E-mail*: gonzagaadolfo@yahoo.com.br

Marcel Edvar Simões
Professor de Direito Civil na Faculdade de Direito de São Bernardo do Campo. Mestre e Doutor em Direito Civil pela Faculdade de Direito da Universidade de São Paulo – Largo de São Francisco. Procurador Federal. Ex-Diretor de Desafios Sociais no Âmbito Familiar do Ministério dos Direitos Humanos.

Marcelo L. F. de Macedo Bürger
Doutorando e Mestre em Direito pela Universidade Federal do Paraná. Professor de Direito Civil no Centro Universitário Curitiba. Membro do Grupo de Estudos de Direito Autoral e Industrial (GEDAI – UFPR) e do Grupo de Pesquisa em Direito Civil-Constitucional Virada de Copérnico (UFPR).

Marco Antonio Lima Berberi
Doutor, Mestre e Bacharel em Direito pela Universidade Federal do Paraná (UFPR). Professor na Graduação e no Programa de Pós-Graduação em Direito (PPGD) do UniBrasil – Centro Universitário (Curitiba/PR). Pesquisador do Núcleo de Pesquisa em Direito Civil-Constitucional da UFPR (Grupo "Virada de Copérnico") e do Grupo de Pesquisa CNPQ Nupeconst – UniBrasil, linha de pesquisa: direitos fundamentais e relações privadas. Advogado e Procurador do Estado do Paraná. *E-mail*: marcoberberi@unibrasil.com.br

Marcos Catalan
Doutor *summa cum laude* pela Faculdade do Largo do São Francisco, Universidade de São Paulo. Mestre em Direito pela Universidade Estadual de Londrina. Estágio pós-doutoral no Mediterranea International Center for Human Rights Research (2020-2021). Visiting Scholar no Istituto Universitario di Architettura di Venezia (2015-2016). Estágio pós-doutoral na Facultat de Dret da Universitat de Barcelona (2015-2016). Professor visitante no Mestrado em Direito

de Danos da Facultad de Derecho de la Universidad de la Republica, Uruguai. Professor visitante no Mestrado em Direito dos Negócios da Universidade de Granada, Espanha. Professor visitante no Mestrado em Direito Privado da Universidade de Córdoba, Argentina. Cofundador da Rede de Pesquisas Agendas de Direito Civil Constitucional. Diretor do Brasilcon (2020-2021). Advogado parecerista.

Marcos Ehrhardt Júnior

Advogado. Doutor em Direito pela Universidade Federal de Pernambuco (UFPE). Professor de Direito Civil dos Cursos de Mestrado e Graduação em Direito da Universidade Federal de Alagoas (Ufal) e do Centro Universitário Cesmac. Editor da *Revista Fórum de Direito Civil (RFDC)*. Vice-Presidente do Instituto Brasileiro de Direito Civil (IBDCIVIL). Presidente da Comissão de Enunciados e Vice-Presidente da Comissão de Família e Tecnologia do Instituto Brasileiro de Direito de Família (IBDFAM). Associado do Instituto Brasileiro de Estudos em Responsabilidade Civil (Iberc) e Membro Fundador do Instituto Brasileiro de Direito Contratual (IBDCont). . Líder do Grupo de Pesquisas Direito Privado e Contemporaneidade (UFAL) e Cofundador da Rede de Pesquisas Agendas de Direito Civil Constitucional. *E-mail*: contato@marcosehrhardt.com.br

Marcelo de Oliveira Milagres

Pós-Doutor pela Università di Verona – Dipartimento di Scienze Giuridiche. Doutor e Mestre pela Universidade Federal de Minas Gerais (UFMG). Professor Associado de Direito Civil na Faculdade de Direito da UFMG (Graduação e Pós-Graduação). Desembargador do Tribunal de Justiça de Minas Gerais (TJMG).

Maria Carla Moutinho Nery

Doutoranda e Mestre em Direito pela UFPE. Professora da Escola da Magistratura de Pernambuco (ESMAPE). Assessora Jurídica do TJPE. *E-mail*: mariacarlamoutinho@gmail.com

Maria Eduarda Fürst

Mestranda em Gestão das Organizações pelo programa de dupla diplomação da Universidade Tecnológica Federal do Paraná e Instituto Politécnico de Bragança (Portugal). Graduanda em Direito pelo Centro Universitário Curitiba, onde foi monitora da cadeira de Teoria Geral da Relação Jurídica.

Marília Bengtsson Bernardes

Mestra e Bacharela em Direito pela Faculdade de Direito Milton Campos.

Mérian Helen Kielbovicz

Pós-Graduada em Direito dos Negócios pela Universidade Federal do Rio Grande do Sul (UFRGS). Graduanda em Letras pela Universidade Estadual do Rio Grande do Sul (UERGS). Bacharel em Direito pela Universidade Luterana do Brasil (ULBRA). Advogada. *E-mail*: m.kielbovicz@hotmail.com

Osvaldo José Gonçalves de Mesquita Filho
Doutorando e Mestre em Direito Urbanístico pela Universidade Federal de Minas Gerais (UFMG). Mestre em Direito Privado pela Universidade FUMEC/MG. Pós-Graduado em Direito Civil pela PUC Minas. Pós-Graduado em Direito Notarial e Registral pela Faculdade Arnaldo/CEDIN-MG. Membro de Grupo de Pesquisa e Extensão RE-Habitare (CNPq). Advogado.

Priscila de Castro Teixeira Pinto Lopes Agapito
29ª Tabeliã de Notas da Capital de São Paulo. Graduada pela Faculdade de Direito da Universidade Católica de Santos/SP. Pós-Graduada em Direito das Famílias pela EPD. Docente em diversos cursos jurídicos. Fundadora da Comissão de Notários e Registradores do IBDFam Nacional, Vice-Presidente da Comissão do IBDFam Tec Nacional e Diretora no IBDFam SP.

Ricardo Schneider Rodrigues
Pós-Doutorando em Controle Externo e Novas Tecnologias pelo Grupo de Pesquisas SmartCitiesBr-EACH da Universidade de São Paulo (USP). Doutor em Direito pela Pontifícia Universidade Católica do Rio Grande do Sul (PUCRS). Mestre em Direito Público pela Universidade Federal de Alagoas (Ufal). Coordenador Adjunto e Professor do Curso de Direito e do Programa de Pós-Graduação em Direito do Centro Universitário Cesmac (Mestrado). Pesquisador do Grupo de Pesquisa "Direito, Contemporaneidade e Transformações Sociais", vinculado ao CNPq/Cesmac. Fundador e Vice-Presidente do Instituto de Direito Administrativo de Alagoas (IDAA). Procurador do Ministério Público de Contas de Alagoas. *E-mail*: prof.ricardo.schneider@gmail.com

Sílvio Neves Baptista Filho
Mestre em Direito e Judiciário pela Escola Nacional de Formação e Aperfeiçoamento de Magistrados (ENFAM). Desembargador do Tribunal de Justiça de Pernambuco. *E-mail*: silvionbf@gmail.com

Zilda Mara Consalter
Doutora em Direito Civil pela Faculdade de Direito da Universidade de São Paulo (USP). Mestre em Direito Negocial pela Universidade Estadual de Londrina (UEL). Bacharel em Direito pela Universidade Estadual de Maringá (UEM). Professora no Curso de Mestrado em Direito da Universidade Estadual de Ponta Grossa (UEPG). Professora Adjunta no Curso de Bacharelado em Direito da Universidade Estadual de Ponta Grossa (UEPG). Coordenadora da Linha de Pesquisa intitulada "Relações jurídicas privadas e os desafios da pós-modernidade: instrumentos jurídicos e práticas voltadas aos direitos da personalidade, obrigações e famílias". Líder do Grupo de Pesquisa sob o Título "Teoria e Prática do Direito Obrigacional e das Famílias Contemporâneas", cadastrado no Diretório de Grupos do CNPq (espelho: dgp.cnpq.br/dgp/espelhogrupo/0203115420872092). Membro do Instituto Brasileiro de Responsabilidade Civil (IBERC). Advogada Parecerista. *E-mail*: zilda@uepg.br

Esta obra foi composta em fonte Palatino Linotype, corpo 10
e impressa em papel O set 75g (miolo) e Supremo 250g (capa)
por Artes Gráficas Formato.